Jon Duckett

Introdução à Programação WEB com HTML, XHTML e CSS

2ª Edição

Tradução:
Acauan Fernandes

Do original:
Beginning Web Programming with HTML, XHTML, and CSS, 2nd Edition

All rights Reserved, This translation published under license with the original publisher John Wiley & Sons, Inc. Portuguese language edition copyright © 2008 by Editora Ciência Moderna Ltda. All rights reserved.

Copyright © Editora Ciência Moderna Ltda., 2010

Todos os direitos para a língua portuguesa reservados pela EDITORA CIÊNCIA MODERNA LTDA.
De acordo com a Lei 9.610 de 19/2/1998, nenhuma parte deste livro poderá ser reproduzida, transmitida e gravada, por qualquer meio eletrônico, mecânico, por fotocópia e outros, sem a prévia autorização, por escrito, da Editora.

Editor: Paulo André P. Marques
Supervisão Editorial: Camila Cabete Machado
Tradução: Acauan Fernandes
Capa: Carlos Arthur Candal (baseada no original)
Copidesque: Nancy Juozapavicius
Diagramação: Abreu's System
Produção Editorial: Aline Vieira Marques

Várias **Marcas Registradas** aparecem no decorrer deste livro. Mais do que simplesmente listar esses nomes e informar quem possui seus direitos de exploração, ou ainda imprimir os logotipos das mesmas, o editor declara estar utilizando tais nomes apenas para fins editoriais, em benefício exclusivo do dono da Marca Registrada, sem intenção de infringir as regras de sua utilização.

FICHA CATALOGRÁFICA

DUCKETT, Jon
Introdução à Programação Web com HTML, XHTML e CSS - 2ª Edição
Rio de Janeiro: Editora Ciência Moderna Ltda., 2010.

1.Informática, 2. Linguagem de Programação.
I — Título
ISBN: 978-85-7393-896-8   CDD 001642

Editora Ciência Moderna Ltda.
R. Alice Figueiredo, 46 – Riachuelo
Rio de Janeiro, RJ – Brasil   CEP: 20.950-150
Tel: (21) 2201-6662/ Fax: (21) 2201-6896
LCM@LCM.COM.BR

Sobre o Autor

Jon Duckett publicou seu primeiro website em 1996 enquanto estudava para um bacharelado em psicologia na Brunel University, em Londres. Desde então, tem ajudado a criar uma ampla variedade de web sites para empresas de todos os tamanhos. Ele também co-escreveu mais de dez livros relacionados a programação, sobre tópicos de ASP a XML (através de muitas outras letras do alfabeto), cobrindo diversos aspectos da programação web, incluindo projeto, arquitetura e codificação.

Sobre o Editor Técnico

Ben Schupak tem mestrado em ciência da computação e mais de nove anos de experiência profissional em programação para empresas grandes e departamentos federais dos E.U.A. Ele mora na área metropolitana de Nova Iorque e gosta de viajar.

Sumário Resumido

Introdução	XXV
Capítulo 1: Criando Documentos Estruturados	1
Capítulo 2: Conexões e Navegações	63
Capítulo 3: Imagens e Objetos	93
Capítulo 4: Tabelas	131
Capítulo 5: Formulários	167
Capítulo 6: Frames	223
Capítulo 7: Cascading Style Sheets	255
Capítulo 8: Mais *Style Sheets* Cascading	327
Capítulo 9: Aparência da Página	385
Capítulo 10: Questões de Projeto	431
Capítulo 11: Aprendendo JavaScript	483
Capítulo 12: Trabalhando com JavaScript	545
Capítulo 13: Colocando seu Site na Web	605
Apêndice A: Respostas dos Exercícios	651
Apêndice B: Referência de Elementos XHTML	681
Apêndice C: Propriedades CSS	727
Apêndice D: Nomes e Valores de Cores	759
Apêndice E: Codificações de Caracteres	767
Apêndice F: Caracteres Especiais	771
Apêndice G: Códigos de Línguas	783
Apêndice H: Tipos de Mídia MIME	787
Apêndice I: Marcadores Desatualizados e Específicos de Navegadores	797
Índice	837

Sumário

Introdução	XXV
Capítulo 1: Criando Documentos Estruturados	**1**
Uma Web de Documentos Estruturados	1
Introduzindo XHTML	3
Elementos e Atributos Básicos	10
O Elemento <html>	11
O Elemento <head>	12
O Elemento <title>	12
O Elemento <body>	13
Grupos de Atributos	14
Atributos Básicos	14
Internacionalização	16
Eventos IU	18
Formatação Básica de Texto	19
Espaços em Branco e Fluxo	20
Criando Cabeçalhos Usando Elementos hn	21
Criando Parágrafos Usando o Elemento <p>	24
Criando Quebras de Linha Usando o Elemento 	25
Criando Texto Pré-formatado Usando o Elemento <pre>	27
Elementos de Apresentação	31
O Elemento <b>	32
O Elemento <i>	32

O Elemento <u< (desatualizado) 32
Os Elementos <s> e <strike> (desatualizados) 33
O Elemento <tt> 33
O Elemento <sup> 33
O Elemento <sub> 34
O Elemento <big> 34
O Elemento <small> 34
O Elemento <hr /> 35

Elementos de Expressão **35**
O Elemento <em> Adiciona Ênfase 36
O Elemento <strong> Adiciona Ênfase Forte 36
O Elemento <abbr> para Abreviações 37
O Elemento <acronym> é para Uso de Acrônimos 38
O Elemento <dfn> é para Termos Especiais 38
O Elemento <blockquote> é para Textos de Citações 39
O Elemento <q> é para Citações Curtas 40
O Elemento <cite> é para Citações 41
O Elemento <code> é para Códigos 41
O Elemento <kdb> é para Textos Digitados em um Teclado 42
O Elemento <var> é para Variáveis de Programação 43
O Elemento <samp> é para a Amostra do Programa 44
O Elemento <address> é usado para Endereços 44

Listas **45**
O Elemento <ul> para Criar Listas Não Ordenadas 45
Listas Ordenadas 46
Listas de Definição 49
Listas Aninhadas 49
Como Funciona 53

Editando Texto **55**
Usando <ins> para Indicar Novas Adições ao Texto 56
Usando <del> para Indicar Texto Excluído 57

Usando Entidades de Caracteres para Caracteres Especiais	57
Comentários	58
O Elemento <font> (desatualizado)	59
Entendendo Elementos de Bloco e Elementos de Linha	59
Agrupando Elementos com <div> e <span>	60
Resumo	61
Exercícios	62
Capítulo 2: Conexões e Navegações	**63**
Conexões Básicas	64
Conectando com Outros Documentos	64
Conectando com Endereços de Email	66
Entendendo Diretórios e estruturas de Diretórios	68
Com o Que Você Está se Conectando?	70
Do que uma URL é Feita	70
URLs Absolutas e Relativas	73
O Elemento <base>	77
Criando Conexões com o Elemento <a>	77
Criando uma Âncora de Origem com o Atributo href	78
Criando uma âncora de Destino Usando os Atributos name e id (conectando com uma parte específica de uma página)	79
Conexões de Email Avançadas	89
Resumo	90
Exercícios	91
Capítulo 3: Imagens e Objetos	**93**
Adicionando Imagens ao seu Site	93
Tipos de Formatos de Imagens	94
Imagens de Bitmaps	94
Imagens de Vetores	103
Adicionando Imagens Usando o Elemento <img>	104
Os Atributos do Elemento <object>	115
O Atributo <param>	118

Adicionando um Filme Flash a uma Página 119
Usando Imagens como Conexões 121
Mapas de Imagens 122
    Mapas de Imagens no Lado Servidor 123
    Mapas de Imagens no Lado Cliente 124
Resumo 128
Exercícios 129

Capítulo 4: Tabelas 131
  Introduzindo Tabelas 131
  Elementos e Atributos Básicos de Tabelas 135
    O Elemento <table> Cria uma Tabela 135
    O Elemento <tr> Contém Linhas de Tabelas 140
    Os Elementos <td> e <th> Representam Células da Tabela 142
  Tabelas Avançadas 150
    Dividindo Tabelas Usando um Cabeçalho, Corpo e Rodapé 151
    Adicionando um <caption> a uma Tabela 154
    Espalhando Colunas Usando o Atributo colspan 154
    Espalhando Linhas Usando o Atributo rowspan 156
    Agrupando Colunas Usando o Elemento <colgroup> 157
    Colunas Compartilhando Estilos Usando o Elemento <col> 159
  Questões de Acessibilidade com Tabelas 159
    Como as Tabelas Linearizam 160
    Linearização de Tabelas Usadas para Aparência 160
    Linearização de Tabelas Usadas para Dados 163
  Resumo 163
  Exercícios 164

Capítulo 5: Formulários 167
  Introduzindo Formulários 168
  Criando um Formulário com o Elemento <form> 170
    O Atributo action 170
    O Atributo method 171

O Atributo id 171
O Atributo name (desatualizado) 171
O Atributo onsubmit 171
O Atributo onreset 172
O Atributo enctype 173
O Atributo accept-charset 173
O Atributo accept 173
O Atributo target 174
Espaço em Branco e o Elemento <form> 174

Controles de Formulários **174**
Entradas de Textos 175
Botões 180
Caixas de verificação 184
Botões de Rádio 187
Combos 189
Caixas de Seleção de Arquivos 196
Controles Escondidos 197
Controles de Objetos 199

Criando Rótulos para Controles e o Elemento <label> 203
Estruturando seus Formulários com os Elementos <fieldset> e <legend> ... 205

Foco **208**
Ordem de Tabulação 208
Teclas de Acesso 210

Controles Desabilitados e Apenas de Leitura **212**
Enviando Dados do Formulário para o Servidor **214**
HTTP get 214
HTTP post 216

Resumo **220**
Exercícios **221**

Capítulo 6: Frames **223**
Introduzindo o Frameset 223

Quando Usar Frames	226
O Elemento <frameset>	228
O Atributo cols	228
O Atributo rows	231
Extensões Específicas de Navegadores para o Elemento <frameset>	231
O Elemento <frame>	235
O Atributo src	235
O Atributo name	235
O Atributo frameborder	236
Os Atributos marginwidth e marginheight	236
O Atributo noresize	236
O Atributo scrolling	237
O Atributo longdesc	237
O Elemento <noframes>	238
Criando Conexões Entre Frames	238
Estabelecendo o Frame Alvo Padrão Usando o Elemento <base>	241
Framesets Aninhados	241
Frames Flutuantes ou Em Linha com <iframe>	247
O Elemento <iframe>	249
Resumo	253
Exercícios	253
Capítulo 7: Cascading Style Sheets	**255**
Introduzindo CSS	256
Um Exemplo Básico	258
Herança	262
Onde Você Pode Adicionar Regras CSS	262
O Elemento <link>	263
Vantagens de Style Sheets CSS Externas	267
Propriedades CSS	268
Controlando Fontes	269
A Propriedade font-family	271

A Propriedade font-size	272
A Propriedade font-weight	275
A Propriedade font-style	276
A Propriedade font-variant	276
A Propriedade font-stretch	277
A Propriedade font-size-adjust	277
Formatação de Texto	**278**
A Propriedade color	278
A Propriedade text-align	279
A Propriedade vertical-align	280
A Propriedade text-decoration	282
A Propriedade text-indent	283
A Propriedade text-shadow	283
A Propriedade text-transform	284
A Propriedade letter-spacing	285
A Propriedade word-spacing	285
A Propriedade white-space	286
A Propriedade direction	287
A Propriedade unicode-bidi	287
Pseudo-Classes de Texto	**288**
A Pseudo-Classe first-letter	288
A Pseudo-Classe first-line	289
Seletores	**292**
Seletor Universal	293
O Seletor Type	293
O Seletor Class	293
O Seletor ID	294
O Seletor Child	294
O Seletor Descendent	295
O Seletor Adjacent Sibling	295

Usando Seletores Child e Adjacent
Sibling para Reduzir a Dependência de Classes nos Marcadores ... 296

Seletores de Atributos ... 297

Comprimentos ... **299**

Unidades Absolutas ... 300

Unidades Relativas ... 300

Porcentagens ... **301**

Introduzindo o Modelo de Caixa ... **302**

As Propriedades Border ... 306

A Propriedade padding ... 309

A Propriedade margin ... 310

Dimensões ... 312

Resumo ... **323**

Exercícios ... **323**

Capítulo 8: Mais *Style Sheets* Cascading ... **327**

Conexões ... **328**

Fundos ... **330**

A Propriedade background-color ... 330

A Propriedade background-image ... 331

A Propriedade background-repeat ... 333

A Propriedade background-position (para fixar a posição de fundos) ... 336

A Propriedade background-attachment (para marcas d'água) ... 337

A Propriedade background (o atalho suportado) ... 338

Listas ... **339**

A Propriedade list-style-type ... 339

A Propriedade list-style-position ... 341

A Propriedade list-style-image ... 342

A Propriedade list-style (o atalho) ... 342

A Propriedade marker-offset ... 342

Tabelas ... **343**

Propriedades Específicas de Tabelas ... 345

A Propriedade border-collapse	346
A Propriedade border-spacing	348
A Propriedade caption-side	349
A Propriedade empty-cells	350
A Propriedade table-layout	352
Contornos	**352**
A Propriedade outline-width	353
A Propriedade outline-style	353
A Propriedade outline-color	353
A Propriedade outline (o atalho)	354
As Pseudo-Classes :focus e :active	**354**
Conteúdo Gerado	**355**
Os Pseudo-Elementos :before e :after	355
A Propriedade content	356
Propriedades Miscelâneas	**359**
A Propriedade cursor	360
A Propriedade display	361
A Propriedade visibility	361
Regras Adicionais	**362**
A Regra @import: Style Sheets Modularizadas	362
A Regra @charset	364
A Regra !important	364
Posicionando com CSS	**364**
Fluxo Normal	365
A Propriedade position	366
Propriedades de Deslocamento da Caixa	366
Posicionamento Relativo	367
Posicionamento Absoluto	368
Posicionamento Fixo	370
A Propriedade z-index	371
Flutuando Usando a Propriedade float	373

A Propriedade clear	375
Resumo	**382**
Exercícios	**383**
Capítulo 9: Aparência da Página	**385**
Entendendo o Site	**385**
Entendendo os Objetivos de um Site	386
Quem Você Espera que o Visite	387
Novo Conteúdo	388
Definindo o Conteúdo do Seu Site	389
Agrupando e Categorizando	390
Criando um Mapa do Site	391
Identificando Elementos Chaves para Cada Página	393
Tamanho da Página (e Resolução da Tela)	**393**
Projetos de Largura Fixa vs. Líquida	395
Projetando Páginas	**401**
Esboçando o Posicionamento de Elementos	402
Introduzindo o Estilo	404
Navegação	408
Páginas Iniciais	411
Páginas de Conteúdo	412
Estruturando Páginas	**413**
Layouts com uma Única Coluna	414
Layouts de Duas Colunas	417
Layouts de Três Colunas	420
Colunas de Sacrifício	423
Layout Avançado Usando CSS	424
Criando um Layout Usando Tabelas Aninhadas	425
Resumo	**428**
Exercício	**429**
Capítulo 10: Questões de Projeto	**431**
Texto	**432**

Espaços em Branco Ajudam a Tornar as Páginas mais Atrativas 432
Textos Alinhados com Cuidado são Mais Legíveis 436
Ajustar a Altura da Linha Torna o Texto mais Legível 437
Colunas de Texto Largas são mais Difíceis de Ler 438
Imagens de Fundo Podem Tornar o Texto Difícil de Ler 439
Escolha as Fontes com Cuidado 440
Fontes de Tamanho Fixo são Afetadas pela Resolução da Tela 441

Navegação 442

Menus 442
Conexões 448
Recursos de Pesquisa em Sites 450

Colocando Sombras em Múltiplas Linhas de uma Tabela 452

Formulários 454

Antes de Projetar o Formulário 454
Projetando o Formulário 457

Resumo 480

Exercícios 481

Capítulo 11: Aprendendo JavaScript 483

Do Que Trata a Programação? 484

Como Adicionar um Script a Suas Páginas 486

Comentários em JavaScript 488
O Elemento <noscript> 489

O Modelo de Objetos de Documentos 491

Introduzindo o Modelo de Objetos de Documentos 491
Objetos, Métodos e Propriedades 494
A Coleção de Formulários 497
Elementos de Formulário 498
Coleção de Imagens 502
Diferentes Tipos de Objetos 506

Iniciando a Programar com JavaScript 506

Variáveis 507

Atribuindo um Valor a uma Variável	508
Tempo de Vida de uma Variável	509
Operadores	**509**
Operadores Aritméticos	510
Operadores de Atribuição	510
Operadores de Comparação	511
Operadores Lógicos ou Booleanos	512
Operador de Strings	512
Funções	**513**
Como Definir uma Função	513
Como Chamar uma Função	513
O Comando Return	514
Comandos Condicionais	**515**
Comandos if	515
Comandos if ... else	516
Um Comandos switch	517
Operador Condicional (ou Ternário)	519
Laços	**519**
While	519
do ... while	520
for	521
Laços Infinitos e o Comandos break	522
Eventos	**522**
Objetos Internos	**524**
String	525
Data	529
Math	533
Matriz	535
Janela	536
Escrevendo JavaScript	**539**
Uma Palavra Sobre Tipos de Dados	540

Palavras Chaves	541
Resumo	**541**
Exercícios	**542**
Capítulo 12: Trabalhando com JavaScript	**545**
Dicas Práticas para Escrever Scripts	**545**
Alguém Já Escreveu Este Script?	546
Funções Reutilizáveis	546
Usando Arquivos JavaScript Externos	547
Coloque Scripts em uma Pasta de Scripts	548
Validação de Formulários	**548**
Quando Validar	548
Como Validar	549
Melhorias nos Formulários	**566**
Dê o Foco ao Primeiro Item do Formulário	566
Tabulação Automática Entre Campos	567
Desabilitando uma Entrada de Texto	568
Conversão de Letras	570
Eliminando Espaços no Início e no Final de Campos	571
Selecionando Todo o Conteúdo de uma Área de Texto	573
Marcar e Desmarcar Todas as Caixas de Verificação	574
Rolagem de Imagens	**581**
Gerador de Script Aleatório	**585**
Janelas Pop-Up	**586**
Bibliotecas JavaScript	**588**
Efeitos Animados usando a Scriptaculous	588
Listas Ordenáveis Arrastar e Soltar Usando o Scriptaculous	591
Tabelas Ordenáveis com Mochikit	593
Criando Calendários com YUI	596
Auto-Complemento em Entradas de Texto com YUI	597
Quando Não Usar JavaScript	**599**
Menus de Navegação Drop-Down	599

Escondendo seu Endereço de E-mail	600
Caixas de Seleção Rápida	600
Qualquer Coisa que o Usuário Solicitar do Seu Site	601
Resumo	**601**
Exercícios	**602**
Capítulo 13: Colocando seu Site na Web	**605**
Rótulos Meta	**606**
Os Atributos name e content	607
http-equiv e content	609
O Atributo scheme	614
Testando seu Site	**614**
A Importância da Estrutura de Diretórios e URLs Relativas	615
Validando HTML, XHTML e CSS	615
Verificando Conexões	619
Verificando Diferentes Resoluções de Tela e Profundidades de Cores	620
Verificadores de Acessibilidade	620
Servidor de Desenvolvimento ou Servidor ao Vivo	621
Verificando Diferentes Versões de Navegadores	621
Teste Piloto	622
Revisando	624
Colocando o Site no Ar	**624**
Obtendo um Nome de Domínio	624
Hospedagem	625
Estratégias de Mecanismos de Busca	631
Outras Possibilidades de Marketing Web	634
Análises Estatísticas	636
Controle de Versão	638
O Que Vem a Seguir?	**640**
Blogs	640
Fóruns e Quadros de Discussão	641

Adicionando um Utilitário de Pesquisa . . . 642
Introduzindo Outras Tecnologias . . . 642
    Programação Web no Lado Servidor: ASP.NET e PHP . . . 642
    Escolhendo uma Linguagem no Lado Servidor . . . 643
    Gerência de Conteúdo . . . 644
    Flash . . . 647
    Aprendendo Pacotes Gráficos . . . 648
Resumo . . . 649
Apêndice A: Respostas dos Exercícios . . . 651
Apêndice B: Referência de Elementos XHTML . . . 681
Apêndice C: Propriedades CSS . . . 727
Apêndice D: Nomes e Valores de Cores . . . 759
Apêndice E: Codificações de Caracteres . . . 767
Apêndice F: Caracteres Especiais . . . 771
Apêndice G: Códigos de Línguas . . . 783
Apêndice H: Tipos de Mídia MIME . . . 787
Apêndice I: Marcadores Desatualizados e Específicos de Navegadores . . . 797
Índice . . . 837

Introdução

Há muitos livros sobre projeto e construção de páginas web, então sou grato por escolher este. Por que eu acho que este é diferente? Bem, a Web existe há mais de uma década e, durante sua vida muitas tecnologias têm sido introduzidas para lhe auxiliar a criar páginas web, algumas duram e outras desapareceram. Muitos livros que lhe ensinam a escrever páginas web são revisões de versões anteriores do mesmo livro e portanto ainda usam a mesma abordagem da edição anterior. O propósito deste livro, entretanto, é ensinar como criar páginas para a Web como é hoje e será pelos próximos anos. Assim, uma vez que você tenha trabalhado neste livro, este deve continuar a servir como um texto de referência útil que você pode manter por perto e usar conforme necessário.

Houve uma época em que você só precisava aprender uma única linguagem para escrever páginas web: HTML. À medida em que a Web avança, entretanto, também o fazem as tecnologias que você precisa aprender para criar páginas web eficazes e atraentes. Como o título deste livro sugere, você aprenderá algumas linguagens diferentes:

❑ **HTML e XHTML:** HTML e XHTML são necessárias para explicar a *estrutura* de quaisquer páginas web. Elas são usadas para indicar que texto deve ser considerado um cabeçalho, onde os parágrafos começam e onde terminam e quais imagens devem aparecer no documento, além de especificar conexões entre diferentes páginas. Talvez você fique aliviado ao saber que não deve pensar em HTML e XHTML como duas linguagens separadas. Em vez disso, pode considerar XHTML mais como a versão mais recente de HTML.

❑ **CSS:** CSS é usada para controlar como deve ser a aparência de um documento. Por exemplo, você pode usá-la para especificar que um tipo de fonte deve ser grande, negrito, Arial ou que o fundo de uma página deve ser verde claro. Também pode usá-la para controlar onde diferentes tipos aparecem em uma página. Por exemplo, você pode usar CSS para apresentar texto em duas colunas na mesma página.

❑ **JavaScript:** Você aprenderá um pouco de JavaScript para adicionar interatividade às páginas web que criar e para funcionar com o navegador exibindo a página web.

Apesar do fato de que você estará examinando diversas linguagens, não apenas HTML, pode considerar este um bom momento para vir para a Web, porque muitas das tecnologias usadas para criar páginas web amadureceram e surgiram métodos preferidos, ou "melhores práticas", para criar web sites. São esses que você aprenderá.

Sobre o Livro

Como já viu, você aprenderá como controlar a estrutura de uma página web com HTML e XHTML, como colocar estilos nelas com CSS e como acrescentar interatividade com JavaScript. Apenas aprender sobre as tecnologias mais recentes, todavia, não é suficiente para garantir que você consiga escrever ótimas páginas web. Assim como essas tecnologias para escrever páginas web melhoraram, também o fizeram os navegadores (os programas e dispositivos usados para acessar a Web). Os navegadores refletiram – e em uma ocasião até informaram – a forma pela qual as linguagens usadas para criar páginas web se desenvolveram. O problema, como você provavelmente pode imaginar, é que nem todo mundo tem o software mais recente instalado no seu computador e, como conseqüência, você irá não apenas querer ser capaz de escrever páginas que aproveitem alguns dos recursos mais recentes dos navegadores, mas também assegurar-se de que suas páginas funcionem em alguns navegadores mais antigos que ainda são populares atualmente.

Devido ao fato de ter havido muitas mudanças na forma pela qual as páginas web são construídas, e porque há tantas versões diferentes de navegadores web, alguns recursos são listados no livro mas estão marcados como "desatualizados"; isso significa que, embora essa seção ainda deva funcionar em navegadores modernos, você não é mais aconselhado a usá-la porque o software pode não suportá-la por muito mais tempo.

Outra questão sobre a qual você deve estar ciente ao escrever páginas web é o número cada vez maior de dispositivos capazes de acessar a Web, como telefones celulares, PDAs (*personal digital assistants*) e Tvs topo de linha. Você ficará aliviado em saber que muitos desses dispositivos empregam as mesmas linguagens que você aprenderá neste livro – e, aprendendo a usar XHTML com CSS, você poderá criar web sites que durem muito mais tempo do que aqueles escritos em HTML antiga simples.

Outra área onde a Web tem mudado de alguns anos para cá é na ênfase cada vez maior na usabilidade e acessibilidade. *Usabilidade* se refere ao site que facilita que os usuários naveguem e obtenham o que vieram buscar, enquanto que *acessibilidade* aborda a atividade de tornar um site disponível para tantas pessoas quanto possível, em especial pessoas com dificuldades (problemas visuais ou dificuldade para usar um mouse). Muitos governos pelo mundo não farão um contrato para a construção de um web site a menos a menos que o site satisfaça diretrizes estritas de acessibilidade. Um planejamento cuidadoso antes de você construir seu web site significa que as pessoas com dificuldades visuais podem visualizar seu site através de textos maiores ou fazer com que um leitor de tela o leia para elas. Há livros dedicados aos tópicos de usabilidade e acessibilidade e que têm por objetivo desenvolvedores web que precisem aprender a tornar seu código mais acessível e usável, mas meu objetivo é lhe ensinar a codificar com muitos destes princípios em mente desde o início.

No final deste livro, você estará escrevendo páginas web que não apenas usam as tecnologias mais recentes, mas também são visualizáveis por navegadores mais antigos. Páginas que tenham boa aparência ainda podem ser acessadas por pessoas com dificuldades visuais e físicas. Estas são as páginas que não apenas abordam as necessidades dos públicos de hoje mas também podem funcionar em tecnologias emergentes – e o conhecimento que você adquirir deve ser relevante por mais tempo.

Para Quem é este Livro

Este livro foi escrito para qualquer pessoa que queira aprender a criar páginas web e para pessoas que possam não querer escrever páginas web (talvez usando algum tipo de ferramenta de autoração web), mas que queiram realmente entender a linguagem da Web para criar páginas melhores.

Desenvolvedores web mais experientes também podem se beneficiar com este livro porque ele ensina algumas das tecnologias mais recentes, como XHTML, e lhe encoraja a encampar os padrões web que não apenas satisfaçam as necessidades dos novos dispositivos que acessam a Web, mas também ajudem a disponibiliza seus sites a mais visitantes.

Você não precisa de experiência anterior em programação para trabalhar com este livro. Este é um dos primeiros passos na escada da programação. Se ela for apenas um hobby para você ou se você quiser seguir carreira na programação web, este livro lhe ensina o básico da programação para a Web. Certamente, o termo "programador" poderia estar associados a geeks, mas como você verá no final do livro, mesmo se preferir ser conhecido como um projetista web, *precisa* saber como codificar para escrever ótimos web sites.

O Que Este Livro Cobre

No final deste livro, você será capaz de criar página web bem codificadas e com aparência profissional.

Você aprenderá não apenas o código que constitui linguagens de marcação como XHTML, mas também verá como aplicar este código de modo que possa criar aparências sofisticadas para as suas páginas, posicionando texto e imagens onde gostaria que eles aparecessem e obtendo as cores e fontes que desejar. Pelo caminho, você verá como tornar suas páginas fáceis de usar e disponíveis para o maior público possível. Você também aprenderá técnicas práticas como, por exemplo, como disponibilizar seu web site na Internet, e como fazer com que mecanismos de pesquisa reconheçam seu site.

As principais tecnologias cobertas neste livro são HTML, XHTML e CSS. Você também aprenderá os fundamentos de JavaScript, o suficiente para trabalhar em alguns exemplos que adicionam interatividade à sua página e permitem a você trabalhar com scripts básicos. Pelo caminho, apresento e destaco a você outras tecnologias que você talvez queira aprender no futuro.

O código que lhe encorajo a escrever é baseado no que são conhecidos como *padrões web*; HTML, XHTML e CSS são todas criadas e mantidas pelo World Wide Web Consortium, ou W3C (www.w3.org/), uma organização dedicada a criar especificações para a Web. Você também aprenderá algumas características que não são padrões; é útil conhecer algumas delas para o caso de você se deparar com tal marcador e precisar saber o que ele faz. (Em tais casos, deixo claro que as características não fazem parte do padrão).

O Que Você Precisa para Usar este Livro

Tudo o que você precisa para trabalhar neste livro é um computador com um navegador web (preferencialmente o Firefox 2 ou superior, Safari 2 ou superior, Internet Explorer 6 ou superior) e um editor de textos simples como o Bloco de Notas no Windows ou o TextEdit no Mac.

Se você tiver um programa de editoração de páginas web, como o Macromedia Dreamweaver ou o Microsoft FrontPage, é bem-vindo para usá-los, mas não lhe ensinarei a usar estes programas. Cada um destes programas é diferente e livros inteiros têm sido escritos sobre eles. Mesmo com tais programas disponíveis, você pode escrever sites muito melhores quando realmente entende o código que estes programas geram, porque muitas vezes irá querer entrar nos mesmos e editá-los à mão.

Como Este Livro está Organizado

O primeiro capítulo deste livro lhe mostrará como a principal tarefa na criação de um web site é a *marcação* do texto que você quer que apareça no seu site usando coisas chamadas de *elementos* ou *atributos*. Como você verá, estes elementos e atributos descrevem a estrutura de um documento (o que é um cabeçalho, o que é um parágrafo de texto, o que é uma conexão e assim por diante).

Os primeiros seis capítulos do livro descrevem os diferentes elementos e atributos que constituem HTML e XHTML e como você pode usá-las para escreve páginas web. Os capítulos estão organizados em áreas relacionadas a tarefas, como estruturação de um documento em cabeçalhos e parágrafos, criação de conexões entre as páginas, adição de cores e imagens, exibição de tabelas e assim por diante. Com cada tarefa ou tópico que é introduzido, você verá um exemplo primeiro para lhe dar uma idéia do que é possível e depois para que você possa examinar em detalhes os elementos e atributos usados.

Devo mencionar que você não precisa ler todas as explicações detalhadas de cada aspecto de um elemento na sua primeira leitura do livro – desde que você tenha uma idéia do que é possível. Por motivo de integridade(e para manter as informações relacionadas no mesmo lugar), incluí alguma funcionalidade que você raramente irá querer usar. Você pode sempre voltar para o detalhe maior mais adiante quando encontrar a necessidade de usar alguma das funcionalidades mais obscuras. Assim, se você quiser seguir em frente mais rapidamente, sinta-se livre para captar a idéia central da marcação e seguir adiante.

Cada capítulo termina com exercícios projetados para fazer com que você trabalhe com os conceitos que acabou de aprender. Não se preocupe se tiver que voltar e revisar o conteúdo do capítulo para completar o exercício; este livro foi criado com a intenção de ser uma referência útil por anos, então não ache que deve decorar tudo. Pelo caminho, você verá quais navegadores suportam qual elemento e aprenderá muitas dicas, truque e técnicas úteis para criar páginas web profissionais.

Assim que você tiver visto como criar e estruturar um documento usando HTML e XHTML, aprenderá a fazer com que suas páginas web tenham aparência mais atrativa usando cascade style sheets (CSS). Você aprenderá como alterar as fontes e tamanhos de fontes usados, a cor do texto, fundo e bordas de itens, além do alinhamento de objetos para o centro, esquerda ou direita da página.

Tendo trabalhado com esses dois capítulos e usando os exemplos do livro, você deverá ser capaz de escrever páginas web mais complexas. Esses capítulos servirão como uma referência útil que você pode continuar consultando e os exemplos servirão como uma ferramenta para a construção dos seus próprios sites.

Os Capítulos 9 e 10 examinam importantes questões de projeto de páginas web. Você verá alguns exemplos de aparências populares de páginas e como construí-las. Você aprenderá como criar uma boa barra de navegação para permitir que os usuários encontrem as páginas que querem no seu site; você descobrirá o que torna um formulário eficaz e aprenderá como disponibilizar seus web sites para tantas pessoas quanto possível. Esses capítulos se baseiam na teoria que você aprendeu na primeira metade do livro e ajudam a criar páginas de aparência profissional que atraiam os usuários e tornem o seu site fácil de usar.

Os Capítulos 11 e 12 lhe apresentam JavaScript, uma linguagem de programação conhecida como *linguagem de script* que você vê em páginas web. Embora a linguagem JavaScript inteira seja grande demais para lhe ensinar em dois capítulos, você deve obter uma idéia de como ela funciona e ver como integrar scripts nas suas páginas.

O Capítulo 13, que é o final, prepara você para colocar seu site na Internet e cobre a hospedagem na web, FTP e a validação do seu código. Finalmente, dou a você algumas idéias de onde você pode ir agora que trabalhou neste livro; há muitas outras coisas que você talvez queira adicionar ao seu site ou aprender para melhorar seus conhecimentos, e este capítulo lhe dá uma idéia do que mais é possível e o que você precisa aprender para fazer isso.

Incluí diversos apêndices úteis, incluindo uma referência aos elementos XHTML e a propriedades CSS. Há uma apêndice que explica como XHTML e CSS especificam cores. Outros apêndices mostram a você codificações de caracteres disponíveis, códigos de linguagens e caracteres de escape que podem ser usados com HTML, XHTML, CSS e JavaScript. Finalmente, há um apêndice sobre marcadores antigos que não devem mais ser usados, para o caso de você se deparar com algumas destas técnicas mais antigas ao trabalhar em um site.

Convenções

Para lhe auxiliar a obter o máximo do texto e a acompanhar o que está acontecendo, este livro usa uma quantidade de convenções tipográficas.

Caixas como essa têm informações importantes e que não podem ser esquecidas, sendo estas diretamente relevantes ao texto ao seu redor.

Dicas, truques e observações sobre a discussão corrente são colocados em itálico.

Quanto aos estilos do texto:

- Palavras importantes são *italicizadas* quando introduzidas pela primeira vez.
- Teclas a serem pressionadas aparecem desta forma: Ctrl+A.
- Nomes de arquivos, URLs e código dentro do texto aparecem em monoespaço, como em www.wrox.com.
- Código aperece de duas formas diferentes: Exemplos gerais de código são mostrados sem uma cor de fundo. Quando quero chamar a atenção para uma linha de código, ela fica ligeiramente destacada sobre um fundo cinza.

Código Fonte

À medida em que você trabalha pelos exemplos deste livro, pode decidir digitar todo o código manualmente ou usar os arquivos de código fonte que acompanham o livro. Todo o código fonte usado neste livro está disponível para download em www.wrox.com. Uma vez no site, simplesmente localize o título do livro (usando a caixa de Pesquisa ou uma das listas de títulos) e clique na conexão Download Code na página de detalhes do livro para obter todo o código fonte do livro.

Devido a muitos livros ter títulos semelhantes, você pode achar mais fácil pesquisar pelo ISBN; o ISBN deste livro é 9780470259313.

Assim que você tiver baixado o código, simplesmente descompacte-o com a sua ferramenta de compactação favorita. De forma alternativa, você pode ir para a página principal de download de código da Wrox em www.wrox.com/dynamic/books/download.aspx para ver o código disponível para este livro e todos os outros livros da Wrox.

Introdução @ XXXI

Errata

Fiz todo o esforço possível para assegurar que não haja erros no texto ou no código. Entretanto, ninguém é perfeito, e erros podem ocorrer. Se você encontrar algum erro neste livro, como um erro de digitação ou trecho de código falho, eu ficaria muito grato pelo seu retorno. Enviando uma errata, você pode poupar outro leitor de horas de frustração e ao mesmo tempo estará auxiliando a fornecer informação de qualidade ainda maior.

Para encontrar a página de errata deste livro, vá a www.wrox.com e localize o título usando a caixa de Pesquisa ou uma das listas de título. A seguir, na página de detalhes do livro, clique na conexão Book Errata. Nesta página você pode visualizar toda a errata que tiver sido submetida para este livro e postada para os editores da Wrox. Uma lista completa de livros incluindo a errata de cada livro também está disponível em www.wrox.com/misc-pages/booklist.shtml.

Se você não localizar o "seu" erro na página Book Errata, vá a www.wrox.com/contact/techsupport.shtml e preencha o formulário para nos enviar o erro que tiver descoberto. Verificaremos a informação e, se apropriado, enviaremos uma mensagem para a página de errata do livro e consertaremos o problema em edições subseqüentes do livro.

p2p.wrox.com

Para discussões com o autor e colegas, junte-se aos fóruns P2P em p2p.wrox.com. Os fóruns são um sistema baseado na web para você postar mensagens relacionadas a livros da Wrox e a tecnologias relacionadas e interagir com outros leitores e usuários da tecnologia. Os fóruns oferecem um recurso de assinatura para enviar e-mails para você sobre tópicos da sua escolha quando novas postagens forem feitas nos mesmos. Editores, autores Wrox e outros especialistas da indústria e seus leitores estão presentes nestes fóruns.

Em http://p2p.wrox.com você encontrará uma quantidade de diferentes fóruns que lhe ajudarão não apenas enquanto lê este livro mas também enquanto você desenvolver suas próprias aplicações. Para se registrar no fórum, apenas siga estas etapas:

1. Vá até p2p.wrox.com e clique no botão Register (Registrar).
2. Leia os termos de uso e clique em Agree (Concordar).
3. Preencha as informações necessárias para se registrar assim como alguma informação opcional que deseje fornecer e clique em Submit (Submeter).
4. Você receberá um em-mail com informações descrevendo como verificar sua conta e completar o processo de registro.

Você pode ler as mensagens do fórum sem entrar para a P2P mas, para postar suas próprias mensagens, precisa entrar.

Assim que você se registrar, pode postar novas mensagens e responder a mensagens que outros usuários postem. Você pode ler mensagens a qualquer momento na Web.

Se quiser fazer com que novas mensagens de um determinado fórum sejam enviadas por e-mail para você, clique no ícone Subscribe to this Forum (Assinar este Fórum) no nome do fórum na lista.

Para obter mais informações sobre como usar o P2P Wrox, assegure-se de ler nas FAQs P2P respostas para perguntas sobre como o software do fórum funciona assim como quantas questões comuns específicas sobre P2P e livros Wrox. Para ler as FAQs, clique na conexão FAQ em qualquer página P2P.

1
Criando Documentos Estruturados

Neste capítulo você será apresentado às primeiras tecnologias que precisa aprender para escrever páginas Web: HTML e XHTML. Na verdade, o que você realmente vai aprender é XHTML – embora eu vá explicar as diferenças entre HTML e XHTML à medida em que avançarmos. (Conforme já mencionei, você pode considerar a XHTML simplesmente como a versão mais recente de HTML.)

O principal objetivo deste capítulo é demonstrar que o principal papel da XHTML é descrever a estrutura dos seus documentos.

Neste capítulo, então, você irá:

- Aprender a diferença entre rótulos, elementos e atributos.
- Ver como uma página Web usa marcações para descrever como deve ser estruturada
- Conhecer os elementos que permitem a você marcar textos como cabeçalhos e parágrafos
- Aprender muitos outros elementos que podem adicionar informações de apresentação e expressão aos seus documentos
- Ver como adicionar listas com marcadores e números aos documentos
- Ser apresentado a alguns conceitos básicos que distinguem diferentes tipos de elementos em XHTML

No final do capítulo você terá uma boa idéia de como estruturar uma página em XHTML e terá escrito suas primeiras páginas Web.

Uma Web de Documentos Estruturados

Todos os dias você se depara com todos os tipos de documentos impressos – jornais, horários de trens, formulários de seguro. A Web é como um mar de documentos conectados que possuem grande semelhança com os documentos que você encontra no seu dia a dia. Assim, vamos pensar um pouco sobre a estrutura de alguns dos documentos que vemos ao nosso redor e em como eles se comparam com páginas web.

Todas as manhãs eu costumava ler um jornal. Um jornal é constituído de diversas histórias ou artigos (e provavelmente uma quantidade razoável de propaganda também). Cada história possui um cabeçalho e alguns parágrafos, talvez um sub-cabeçalho e mais alguns parágrafos; elas também podem incluir uma figura ou duas.

Eu não compro mais jornais diários, já que minha tendência é ler as notícias online, mas a estrutura de artigos em web sites de notícias é bastante semelhante à estrutura de artigos de jornais. Cada artigo é constituído de cabeçalhos, parágrafos de texto e a figura. O paralelo é bastante claro; a única diferença real é que cada história tem sua própria página em um web site e essa página é acessada ao clicar em um cabeçalho ou em um resumo na página principal do web site ou em uma das páginas iniciais de uma subseção do site (como política, esportes ou entretenimento).

Analise outro exemplo: Digamos que eu esteja pegando um trem para ver um amigo, e portanto verifico o horário para ver quando os trens irão naquela direção. A parte principal do horário é uma *tabela* informando quando os trens chegam e quando partem de diferentes estações. Da mesma forma que muitos documentos têm cabeçalhos e parágrafos, muitos outros usam tabelas; das páginas sobre ações no suplemento financeiro do seu jornal ao guia de TV na parte de trás, você se depara com tabelas de informações todos os dias – e essas muitas vezes são recriadas na Web.

Outro tipo de documento com o qual você se depara com freqüência é um formulário. Por exemplo, eu tenho um formulário na minha escrivaninha (que eu realmente devo remeter) de uma empresa de seguros. Este formulário contém campos para que eu escreva meu nome, endereço e a cobertura de seguro que eu desejo, além de caixas de verificação para indicar o número de quartos na casa e que tipo de tranca eu tenho na minha porta da frente. De fato, há muitos formulários na Web, de uma simples caixa de consulta que lhe pergunta o que está procurando até formulários de registro pelos quais você tem que passar antes de poder fazer uma encomenda online de livros ou CD.

Como você pode ver, há muitos paralelos entre a estrutura de documentos impressos com os quais você se depara todos os dias e páginas que você vê na Web. Assim, você dificilmente ficará surpreso ao descobrir que, quanto o assunto é a escrita de páginas web, seu código informa ao navegador web a estrutura das informações que você quer exibir – qual texto colocar em um cabeçalho, em um parágrafo, ou em uma tabela e assim por diante – de modo que o navegador possa apresentá-lo apropriadamente ao usuário.

Para informar a um navegador web sobre a estrutura de um documento – como criar um cabeçalho, um parágrafo, uma tabela e assim por diante – você precisa aprender HTML e XHTML.

Introduzindo XHTML

XHT, ou Extensible Hypertext Markup Language, e sua predecessora HTML, são as linguagens mais amplamente usadas na Web. Como seu nome sugere, XHTML é uma *linguagem de marcações*, o que pode soar complicado até que você perceba que se depara com marcadores todos os dias.

Ao criar um documento em um processador de textos, você pode adicionar estilos ao texto para explicar a estrutura do documento. Por exemplo, você pode distinguir cabeçalhos do corpo principal do texto usando um estilo de cabeçalho (geralmente com uma fonte maior). Você pode usar a tecla <Enter> para iniciar um novo parágrafo. Você pode inserir tabelas no seu documento para armazenar dados, ou criar listas com marcadores para uma série de tópicos relacionados e assim por diante. Embora isto não afete a apresentação do documento, o propósito principal desse tipo de marcador é fornecer uma estrutura que torne o documento mais fácil de entender.

Ao marcar documentos para a Web, você está realizando um processo muito semelhante, exceto pelo fato de que você o faz adicionando coisas chamadas *rótulos* ao texto. Com XHTML o ponto chave a ser lembrado é que você está adicionando são parágrafos, o que deve ficar em uma tabela e assim por diante. Navegadores como o Internet Explorer, Firefox e Safari usarão esta marcação para ajudar a apresentar o texto de uma maneira familiar, semelhante àquela de um processador de texto (os cabeçalhos são maiores que o texto principal, há um espaço entre cada parágrafo, lista de pontos com marcadores possuem um círculo na frente). Todavia, a forma pela qual eles são apresentados depende do navegador; a especificação XHTML não diz qual fonte deve ser usada ou que tamanho ela deve ter.

> *Embora versões mais antigas de HTML permitissem a você controlar a apresentação de um documento – coisas como que typefaces e cores um documento deveria usar – a marcação XHTML não deve ser usada para definir o estilo do documento; essa função é da CSS, a qual você será apresentado no Capítulo 7.*

Examinaremos uma página web bem simples. Conforme mencionei na introdução, você não precisa de programas especiais para escrever páginas web – pode simplesmente usar um editor de textos como o Bloco de Notas do Windows ou o TextEdit em um Mac, e gravar seus arquivos com a extensão de arquivo .html. Você pode baixar esse exemplo junto com todo o código deste livro no web site da Wrox em www.wrox.com; o exemplo está na pasta do Capítulo 1 e é chamado ch01_eg01.html.

```
<html>
    <head>
        <title>Sites Populares: Google</title>
    </head>
    <body>
        <h1>Sobre o Google</h1>
        <p>O Google é melhor conhecido pelo seu mecanismo de pesquisa, embora agora ofereça um número de outros serviços.</p>
```

```
    <p>A missão do Google é organizar as informações do mundo e
torná-las mais universalmente acessíveis e úteis.</p>
    <p>Seus fundadores Larry Page e Sergey Brin iniciaram o Google
na Universidade de    Staford.</p>
  </body>
</html>
```

Isto pode parecer um pouco confuso no início, mas tudo fará sentido em breve. Como você pode ver, há diversos conjuntos de caracteres "<" e ">" envolvendo palavras ou letras entre eles, como <html>, <head>, </tile> e </body>. Estes sinais e as palavras dentro deles são conhecidos como *rótulos*, e esses são os marcadores que mencionamos. A Figura 1-1 ilustra como essa página aparece em um navegador web.

Figura 1-1

Como você pode ver, este documento contém o cabeçalho "Sobre o Google" e um parágrafo de texto para apresentar a empresa. Observe também que ele diz "Sites Populares: Google" na parte superior esquerda da janeiro do navegador; isto é conhecido como o *título* da página.

Para entender a marcação desse primeiro exemplo, você precisa examinar o que está escrito entre os sinais e comparar com o que você vê na figura, que é o que você fará a seguir.

Rótulos e Elementos

Se você examinar a primeira e a última linhas do código do exemplo anterior, verá pares de sinais contendo as letras <html>. Os sinais e todos os caracteres entre eles são conhecidos como um *rótulo*, e há muitos rótulos no exemplo. Todos os rótulos desse exemplo vêm em pares; há *rótulos de abertura* e *rótulos de fechamento*. O rótulo de fechamento sempre é ligeiramente diferente do de abertura por ter uma contra barra após o primeiro sinal </html>.

Um par de rótulos e o conteúdo localizado entre eles são conhecidos como um *elemento*. Na Figura 1-2, você pode ver o cabeçalho da página do exemplo anterior.

Figura 1-2

O rótulo de abertura diz "Este é o início de um cabeçalho" e o de fechamento diz "Este é o final do cabeçalho". Assim como a maioria dos rótulos em XHTML, o texto dentro dos sinais explica o propósito do rótulo – onde h1 indica que está em cabeçalho de nível 1 (ou cabeçalho de nível mais alto). Como você verá em breve, há também rótulos para sub-cabeçalhos (<h2>, <h3>, <h4>, <h5> e <h6>). Sem a marcação, as palavras "Sobre o Google" no meio dos rótulos seriam apenas outro pedaço de texto; não ficaria claro que formavam o cabeçalho.

Agora examine os três parágrafos de texto sobre a empresa; cada um fica entre um rótulo de abertura <p> e um de fechamento </p>. Conforme você imaginou, p significa parágrafo.

> Devido à importância de entender esse conceito básico, acho que vale a pena repetir: *rótulos* são os sinais "<" e ">" e as letras e números entre eles, enquanto que *elementos* são rótulos e qualquer coisa que haja entre os rótulos de abertura e de fechamento.

Como você pode ver, a marcação nesse exemplo na verdade descreve o que você encontrará entre os rótulos e o significado adicional que os rótulos dão é descrever a estrutura do documento. Entre os rótulos de abertura <p> e de fechamento </p> estão parágrafos e, entre os rótulos <h1> e </h1> está o cabeçalho. De fato, o documento inteiro fica entre os rótulos de abertura <html> e de fechamento </html>.

Você verá com freqüência que termos de uma árvore genealógica são usados para descrever os relacionamentos entre elementos. Por exemplo, um elemento que contenha outro elemento é conhecido como o *pai*, enquanto que o elemento que está entre o elemento de abertura e de fechamento do pai é chamado de *filho* desse elemento. Assim, o elemento <title> é um filho do elemento <head>, o elemento <head> é o pai do elemento <title> e assim por diante. Além disso, o elemento o elemento <title> pode ser imaginado como um neto do elemento <html>.

> **Rótulos XHTML sempre devem ser escritos em letras minúsculas.**

Separando Cabeçalhos de Corpos

Sempre que você escreve uma página web em XHTML, a página inteira fica entre os rótulos de abertura <html> e de fechamento </html>, da mesma forma que no exemplo anterior. Dentro do elemento <html>, há duas partes principais da página:

- ❑ **O elemento** <head>: Muitas vezes chamado de cabeçalho da página, ele contém informações *sobre* a página (ele não é o conteúdo principal da página). São informações como o título e a descrição da página, ou palavras chaves que os mecanismos de busca podem usar para indexar a página. Ele consiste do rótulo de abertura <head> e do de fechamento </head> e tudo entre eles.

- ❑ **O elemento** <body>: Muitas vezes chamado de corpo da página, contém as informações que você realmente vê na janela principal do navegador. Ele consiste dos rótulos de abertura <body>, do rótulo de fechamento </body> e tudo entre eles.

```
<head>
<title>Sites Populares: Google</title>
</head>
```

Entre os rótulos title de abertura e fechamento estão as palavras Sites Populares: Google, que é o título da página web. Se você lembra da Figura 1-1, que mostrou um instantâneo da tela, eu chamei sua atenção para as palavras no alto da janela do navegador. É aí que os navegadores como o Internet Explorer, Firefox e Safari exibem o título de um documento; também é o nome que eles usam quando você grava uma páginas entre as suas favoritas.

O conteúdo real da sua página fica no elemento <body>, que é o que você quer que os usuários leiam e seja mostrado na janela principal do navegador.

> O elemento head contém informações sobre o documento que não são mostradas dentro da página principal. O elemento body armazena o conteúdo real da página que é visualizada no seu navegador.

Você talvez tenha percebido que os rótulos no exemplo que você examinou aparecem em ordem simétrica. Se você quiser um elemento dentro de outro, então os rótulos de abertura e fechamento devem estar dentro do elemento que contém o outro. Por exemplo, é permitido o que segue:

```
<p> este parágrafo contém <em>texto destacado.</em></p>
```

Mas o que segue agora está errado, porque o rótulo de fechamento </em> não está dentro do elemento do parágrafo:

```
<p> Este parágrafo contém <em>texto destacado. </p></em>
```

Em outras palavras, se um elemento tiver que conter outro, deve ficar inteiramente dentro daquele elemento. Isto é chamado de *aninhar* corretamente seus elementos.

Atributos nos Informam Sobre Elementos

O que realmente diferencia documentos web de documentos padrão são as conexões (ou hyperlinks) que levam você de uma página web para outra. Examinaremos um exemplo de conexão adicionando uma ao exemplo que você acabou de ver. As conexões são criadas usando-se um elemento <a> (a significa âncora).

Aqui acrescentaremos uma conexão da página para o Google em um novo parágrafo no final do documento. Existe apenas uma linha nova neste exemplo (código exemplo ch01_eg)2.html) e essa linha está destacada:

```
<html>
 <head>
       <title>Sites Populares: Google</title>
 </head>
<body>
       <h1>Sobre o Google</h1>
       <p>O Google é melhor conhecido pelo seu mecanismo de pesquisa, embora agora ofereça um número de outros serviços.</p>
       <p>A missão do Google é organizar as informações do mundo e torná-las mais universalmente acessíveis e úteis.</p>
       <p>Seus fundadores Larry Page e Sergey Brin iniciaram o Google na Universidade de Staford.</p>
       <p><a href="http://www.Google.com/"> Clique aqui para visitar o site do Google.</a></p>
 </body>
</html>
```

Dentro deste novo parágrafo está o elemento <a> que cria a conexão. Entre o rótulo de abertura <a> e o de fechamento </a> está o texto no qual você pode clicar, que diz "Clique aqui para ver o Web site do Google"). A Figura 1-3 mostra como esta página aparece em um navegador.

Figura 1-3

Se você observar de perto o rótulo de abertura da conexão, ela traz algo chamado *atributo*. Nesse caso é im, atributo *href*; ele é seguido por um sinal de igual e depois pela URL do web site Google entre aspas. Aqui, *href* lhe informa onde a conexão deve lhe levar. Você examina conexões em maiores detalhes no próximo capítulo, mas por enquanto isso ilustra o propósito dos atributos.

Atributos são usados para dizer algo sobre o elemento que eles carregam e sempre aparecem no rótulo de abertura do elemento que os carregam. Todos os atributos são constituídos de duas partes: um *nome* e um *valor*:

❑ O *nome* é a propriedade do elemento que você quer configurar. Nesse exemplo, o elemento <a> traz um atributo cujo nome é *href*, o qual você pode usar para indicar onde a conexão deve lhe levar.

❑ O *valor* é o que você quer que a propriedade tenha. Nesse exemplo, o valor do atributo *href* é http://www.Google.com.

O valor do atributo sempre deve ser colocado entre aspas duplas e é separado do nome pelo sinal de igual. Se você quisesse que a conexão fosse aberta em uma nova janela, poderia adicionar um atributo *target* ao rótulo de abertura <a> e dar a ele o valor de *_blank*:

```
<a href="http://www.Google.com" target="_blank">
```

Isto ilustra que elementos podem ter diversos atributos, embora um elemento nunca deva ter dois atributos com o mesmo nome.

> Todos os atributos são constituídos de dois pares, o nome do atributo e seu valor, separados por um sinal de igual. Os valores devem ficar entre aspas duplas. Todos os nomes de atributos XHTML devem ser escritos em letras minúsculas.

A Declaração XML

Às vezes você verá algo que é conhecido como Declaração XML no início de um documento XHTML. A linguagem XHTML foi na verdade escrita usando outra linguagem chamada XML (Extensible Markup Language, que é usada para criar linguagens de marcação) e qualquer documento XML pode começar com esta declaração XML opcional:

```
<?xml version="1.0" encoding="UTF-8" ?>
```

Se você incluir a declaração XML, ela deve ficar bem no início do documento; não deve haver nada antes dela, nem mesmo um espaço. O atributo *encoding* indica a codificação usada no documento.

> *Uma codificação (abreviação de codificação de caracteres) representa como um programa ou sistema operacional armazena caracteres que você pode querer exibir. Devido a diferentes linguagens terem diferentes caracteres e porque alguns programas suportam mais caracteres do que outros, há diversas codificações diferentes.*

Declaração de Tipo de Documento

Conforme mencionado anteriormente, XHTML é o sucessor da HTML – embora você possa pensar nela como sendo a versão mais recente. XHTML emprega uma sintaxe mais rígida do que sua predecessora HTML. Por exemplo, seus nomes de elementos e atributos em XHTML devem ser escritos em letras minúsculas (enquanto que em versões anteriores de HTML não diferenciavam minúsculas de maiúsculas), cada elemento que tenha algum conteúdo deve ter um elemento correspondente para seu fechamento e alguns dos elementos e atributos podem ser marcados como desatualizados – significando que provavelmente serão retirados de versões futuras de XHTML.

Cada página XHTML deve portanto começar com uma declaração DOCTYPE para indicar a um navegador (ou a qualquer outro programa) a versão de HTML ou XHTML que está sendo usada naquela página.

Embora eu tenha falado sobre XHTML como uma linguagem, havia na verdade três versões ou sabores de XHTML lançadas – isso foi feito para auxiliar desenvolvedores web a fazer a transição de HTML para XHTML:

- **Transitional XHTML 1.0**, que ainda permitia aos desenvolvedores usar a marcação desatualizada de HTML 4.1 (que provavelmente será descontinuada) mas requeria que o autor usasse a nova sintaxe mais severa.
- **Strict XHTML 1.0**, que serviu para sinalizar o cominho na direção da XHTML, sem a marcação desatualizada e obedecendo a nova sintaxe mais restrita.

❏ **Frameset XHTML 1.0**, que é usada para criar páginas web que usam uma tecnologia chamada *frames* (você será apresentado a *frames* no Capítulo 6).

Se agora você estiver se sentindo um pouco intimidado por todas as versões de HTML e XHTML, não fique! Por todo este livro, você estará aprendendo principalmente a Transitional XHTML 1.0. Nesse processo, você aprenderá quais elementos e atributos foram marcados como desatualizados e quais são as alternativas para o uso dos mesmos. Se você evitar os elementos e atributos desatualizados, estará automaticamente escrevendo Strict XHTML 1.0.

A declaração DOCTYPE vai antes do rótulo de abertura <html> em um documento e depois da Declaração Xml opcional se você a tiver usado.

Se você estiver escrevendo Transitional XHTML 1.0 (e incluir a marcação no seu documento), então a declaração DOCTYPE deve ter o seguinte formato:

```
<!DOCTYPE html PUBLIC "-//W3C//DTD XHTML 1.0 Transitional//EN"
  "http://www.w3.org/TR/xhtml1/DTD/xhtml1-transitional.dtd">
```

Se você estiver escrevendo Strict XHTML 1.0, sua declaração DOCTYPE terá a seguinte forma:

```
<!DOCTYPE html PUBLIC "-//W3C//DTD XHTML 1.0 Strict//EN"
  "http://www.w3.org/TR/xhtml1/DTD/xhtml1-strict.dtd">
```

Para documentos de *frameset* (discutidos no Capítulo 6), sua declaração DOCTYPE teria o seguinte formato:

```
<!DOCTYPE html PUBLIC "-//W3C//DTD XHTML 1.0 Frameset//EN"
  "http://www.w3.org/TR/xhtml1/DTD/xhtml1-frameset.dtd">
```

> Um documento Strict XHTML *deve* conter a declaração DOCTYPE antes do elemento raiz; entretanto, você não tem que incluir a declaração DOCTYPE se estiver criando usando um documento transicional ou *frameset*.

Tendo aprendido Transitional XHTML 1.0, você deve conseguir de entender versões mais antigas de HTML e ficar seguro quanto ao conhecimento que (a menos que especificamente avisado), seu código XHTML funcionará na maioria dos navegadores usados na Web atualmente.

Elementos e Atributos Básicos

Agora que você entende como o conteúdo de uma página web são marcados através do uso de elementos que descrevem a estrutura do documento, o próximo passo é aprender todos os elementos que você pode usar para descrever a estrutura dos diversos tipos de documentos que você pode querer exibir na Web. O resto deste capítulo, e muito dos próximos, apresentará você a todos esses elementos.

À medida em que cada elemento for introduzido, serei bastante prolixo sobre como ele pode ser usado e quais atributos pode receber. Isso permite que o livro seja uma referência completa assim que você tiver aprendido a escrever páginas web. Porém, quando você estiver lendo este livro pela primeira vez, se sentir que entende para que um elemento é usado, sinta-se livre para passar à frente nesse capítulo se quiser – você sempre pode voltar mais tarde e ler sobre isto novamente.

Começaremos examinando mais de perto nos quatro principais elementos devem aparecer em todo documento XHTML que você escrever, e você os verá por todo o livro no *skeleton* do documento.

O Elemento <html>

O elemento <html> é o que contém o documento XHTML inteiro. Após a declaração XML opcional e da declaração DOCTYPE obrigatória, todo documento XHTML deve ter um rótulo de abertura <html> e cada deve terminar com um rótulo de fechamento </HTML>.

Se você estiver escrevendo em Strict XHTML 1.0, o rótulo de abertura também deve incluir algo conhecido como um *identificador de namespace* (este indica que a marcação no documento pertence ao *namespace* XHTML 1.0). Portanto, o rótulo de abertura deve ter a seguinte forma:

```
<html xmlns="http://www.w3.org/1999/xhtml">
```

Embora não seja estritamente necessário em documentos em Transitional XHTML 1.0, é uma boa prática usá-lo em todos os documentos XHTML.

Apenas dois elementos aparecem como filhos diretos de um elemento <html>: <head> e <body> (embora os elementos <head> e <body> geralmente contenham muitos outros elementos).

O elemento <html> também pode ter os seguintes atributos, aos quais você será apresentado na seção "Grupos de Atributos" mais adiante neste capítulo:

```
id dir lang xml:lang
```

> Você pode às vezes se deparar como uso do atributo *version* em HTML 4.1 e anteriores para indicar qual versão de HTML o documento usa, embora geralmente seja deixado de fora. Documentos XHTML devem usar a declaração DOCTYPE junto com o atributo xmlns para indicar qual versão de XHTML usam.

O Elemento <head>

O elemento <head> é apenas um contêiner para todos os outros elementos do cabeçalho. Ele deve ser a primeira coisa a aparecer após o rótulo de abertura <html>.

Cada elemento <head> deve conter um elemento <title> indicando o título do documento, embora também possa conter qualquer combinação dos seguintes elementos, em qualquer ordem:

- <base>, que você aprenderá no Capítulo 2.
- <object>, que é projetado para incluir imagens, objetos JavaScript,, animações Flash, arquivos MP3. FilmesQuickTime e outros componentes de uma página. Ele é coberto no Capítulo 3.
- <link> para conectar com um arquivo externo, como um arquivo *style sheet* ou JavaScript, como você verá no Capítulo 7.
- <style> para incluir regras CSS no documento; no Capítulo 7.
- <script> para incluir scripts no documento; no Capítulo 11.
- <meta>, que inclui informações sobre o documento, como palavras chaves e uma descrição, que são especialmente úteis para aplicações de pesquisas; no Capítulo 13.

> O atributo profile não está realmente em uso ainda, embora esteja incluído de forma que possa ser usado no futuro para especificar uma URL para algo conhecido como *perfil* que descreveria o conteúdo do documento. Os outros atributos são cobertos na seção "Grupos de Atributos" mais adiante neste capítulo.

O rótulo de abertura <head> pode ter os seguintes atributos:

```
id dir lang xml:lang profile
```

O Elemento <title>

Você deve especificar um título para cada página que escrever. Ele fica dentro do elemento <title> (o qual, como você viu anteriormente no capítulo, é um filho do elemento <head>). Ele é usado de diversas formas:

- Na parte de cima de uma janela de navegador (como você viu no primeiro exemplo e na Figura 1-1)
- Como o nome padrão para um *bookmark* em navegadores como IE, Firefox e Safari
- Por mecanismos de busca que usam seu conteúdo para auxiliar a indexar as páginas

Portanto, é importante usar um título que realmente descreva o conteúdo do seu site. Por exemplo, a página inicial do seu site não deve apenas dizer "Página Inicial"; em vez disso, deve descrever do que trata o seu site. Por exemplo, em vez de dizer apenas Wrox Home page, é mais útil escrever:

```
<title>Wrox: Livros para programadores escrito por programadores</title>
```

O teste para um bom titulo é se um visitante pode perceber o que encontrará nessa página apenas lendo o título, sem olhar o conteúdo real da mesma.

O elemento <title. Deve conter apenas o texto do título; ele pode não conter mais nenhum elemento. O elemento <title> pode ter os seguintes atributos, que serão tratados na seção "Grupos de Atributos" mais adiante neste capítulo:

```
id dir lang xml:lang
```

O Elemento <body>

O elemento <body> aparece após o elemento <head> e contém a parte da página web que você realmente vê na janela principal do navegador, sendo às vezes chamado de *conteúdo do corpo*. Ele pode conter qualquer coisa, desde alguns parágrafos sob um cabeçalho até layouts mais complicados contendo formulários e tabelas. E provavelmente constituirá a maior parte de um documento XHTML. A maior parte do que você aprenderá neste e nos quatro capítulos seguintes será escrito entre o rótulo de abertura <body> e o de fechamento </body>.

O elemento <body> pode ter todos os atributos dos *grupos de atributos* que você verá na próxima seção. Se você estiver usando Transitional XHTML ou HTML 4.1, pode usar qualquer um desses atributos desatualizados a seguir no elemento <body> (os quais serão cobertos no Apêndice I):

```
backcolor bgcolor alink link vlink text
```

Também há diversos atributos que são específicos de navegador os quais você poderia ver usados no elemento <body>; estes também são cobertos no Apêndice I:

```
language, topmargin, bottommargin, leftmargin, rightmargin,
scroll,
bgproperties, marginheight, marginwidth
```

Grupos de Atributos

Conforme você viu, os atributos que ficam no rótulo de abertura de um elemento e fornecem informações extra sobre o elemento que os possui. Todos os atributos consistem de um *nome* e um *valor*; o nome reflete uma propriedade do elemento que o atributo está descrevendo e o valor dessa propriedade. Por exemplo, o atributo xml:lang descreve a linguagem usada nesse elemento; um valor como EN-US indicaria que a linguagem usada no elemento é o inglês dos Estados Unidos. Muitos dos elementos em XHTML trazem algum ou todos os atributos que você verá nesta seção.

Há três grupos de atributos que muitos dos elementos XHTML pode ter (como você já viu, os elementos <html>, <head>, <title> e <body> compartilham alguns desses atributos). Não se preocupe se eles parecerem um pouco abstratos por enquanto; eles farão mais sentido à medida em que prosseguir na leitura; mas, por eles serem usados por tantos elementos, eu os agrupei aqui para evitar ter que repeti-los a cada vez que aparecerem. Como eu digo, não se preocupe se eles não fizerem tanto sentido no momento, desde que você lembre onde leu isto. Você pode voltar a esta seção quando precisar. Os três grupos de atributos são:

- **Atributos básicos:** Os atributos class, id e title
- **Atributos de internacionalização:** Os atributos dir, lang e xml:lang
- **Eventos IU:** Atributos associados aos eventos onclick, ondoubleclick, onmousedown, onmouseup, onmouseover, onmousemove, onmouseout, onkeypress, onkeydown e onkeyup (estes são cobertos em maiores detalhes no Capítulo 11)

> Juntos, os atributos básicos e os de internacionalização são conhecidos como *atributos universais*.

Atributos Básicos

Os quatro atributos básicos que podem ser usados na maioria dos elementos XHTML (embora não em todos) são

```
id title class style
```

Onde esses atributos ocasionalmente têm algum significado especial para um elemento que seja diferente da descrição apresentada aqui, eu os verei novamente; caso contrário, seu uso pode ser geralmente descrito como você vê nas subseções que se seguem.

O Atributo id

O atributo id pode ser usado para identificar de forma única qualquer elemento dentro de uma página. Você poderia querer identificar de forma única um elemento de forma que possa se conectar com essa parte do documento ou para especificar o elemento de forma que ele possa associar a um estilo CSS ou JavaScript ao conteúdo desse elemento dentro do documento.

A sintaxe para o atributo id é a seguinte (onde *string* é o valor que você escolheu para o atributo):

```
id = 'string'
```

Por exemplo, o atributo id poderia ser usado para distinguir entre dois elementos de parágrafo, como em:

```
<p id="contabilidade">Este parágrafo explica o papel do depar-
tamento de contabilidade.</p>
<p id="vendas">Este parágrafo explica o papel do departamento
de vendas.</p>
```

Observe que há algumas regras especiais para o valor do atributo id. Ele deve:

❑ Começar com uma letra (A-Z ou a-z) que pode ser seguida por qualquer número de letras, dígitos (0-9), hífens, sublinhados, ponto e vírgula e pontos (você não pode iniciar o valor com um dígito, hífen, sublinhado, ponto e vírgula ou ponto).

❑ Permanecer único dentro desse documento; não podem existir dois atributos id com o mesmo valor dentro desse documento XHTML.

Antes do atributo id ser introduzido, o atributo name servia para um propósito semelhante em documentos HTML, mas seu uso foi desatualizado na HTML 4.01 e agora você deve usar o atributo id em documentos XHTML. Se você precisar usar o atributo name, ele está disponível em Transitional XHTML, mas não em Strict XHTML (você poderia querer usar o atributo name se estiver lidando com navegadores mais antigos que tenham sido escritos antes do atributo id ter sido introduzido).

O Atributo class

Embora o atributo id identifique de forma única um determinado elemento, o atributo class é usado para especificar que esse elemento pertence a uma classe de elementos. Ele é comumente usado com CSS, de modo que você aprenderá mais sobre o uso do atributo class no Capítulo 7, que introduz CSS. A sintaxe do atributo class é o seguinte:

```
class = "NomeDaClasse"
```

O valor do atributo também pode ser uma lista separada por espaços de nomes de classes. Por exemplo:

```
class = "NomeDaClasse1 NomeDaClasse2 NomeDaClasse3"
```

O Atributo title

O atributo *title* dá um título sugerido para o elemento. A sintaxe para o atributo *title* é a seguinte:

```
title = " string"
```

O comportamento desse atributo dependerá do elemento que ele contiver, embora seja muitas vezes exibido como uma dica ou enquanto o elemento está sendo carregado.

Nem todos os elementos que *podem* ter um atributo *title* realmente precisam de um, de forma que quando encontrarmos um elemento que se beneficie do uso desse atributo, eu mostrarei o comportamento que ele tem quando usado com esse elemento.

O Atributo style (desatualizado)

O atributo *style* permite a você especificar as regras CSS dentro do elemento. Você encontra CSS no Capítulo 7, mas por enquanto aqui está um exemplo de como ele poderia ser usado:

```
<p style="font-family:arial; color:#FF0000;">Algum texto </p>
```

Como regra geral, entretanto, é melhor evitar o uso deste atributo. Ele está marcado como desatualizado em XHTML 1.0 (o que significa que será removido de versões futuras de XHTML). Se você quiser usar regras CSS para controlar como um elemento aparece, é melhor usar um *style sheet* separado. Você verá cada uma destas técnicas no Capítulo 7, que introduz CSS.

Internacionalização

Há três atributos de internacionalização que auxiliam o usuário a escrever páginas para diferentes linguagens e conjuntos de caracteres e eles estão disponíveis para a maioria (embora não todos) dos elementos XHTML (o que é importante em documentos multi-línguas).

```
dir lang xml:lang
```

Mesmo em navegadores atuais, o suporte para estes atributos ainda é muito fragmentado, e é melhor você não especificar um conjunto de caracteres que criará texto na direção que você quiser, embora o atributo *xml:lang* pudesse ser usado por outras aplicações que interajam com XML.

Aqui está o endereço web de um documento W3C útil que descreve questões de internacionalização em maiores detalhes, mas examinaremos de forma breve cada um destes atributos a seguir:

http://www.w3.org/TR/i18n-html-tech/

Os atributos de internacionalização são chamados às vezes de atributos i18n, um nome estranho que vêm da especificação draft-ietf-html-i18n na qual eles foram definidos pela primeira vez.

O Atributo dir

O atributo *dir* permite a você indicar ao navegador a direção na qual o texto deve fluir. Quando você quiser indicar a direção de um documento inteiro (ou a maior parte do documento), ele deve ser usado como o elemento <html> em vez de com o elemento <body> por dois motivos: o elemento <html> tem melhor suporte em navegadores e irá então aplicar aos elementos do cabeçalho assim como aos do corpo. O atributo *dir* também pode ser usado em elementos dentro do corpo se você quiser alterar a direção de uma parte pequena do documento.

O atributo *dir* pode receber um de dois valores, como você pode ver na tabela que se segue.

Valor	Significado
ltr	Da esquerda para a direita (o valor padrão)
rtl	Da direita para a esquerda (para linguagens como hebreu ou árabe que são lidas da direita para a esquerda)

O Atributo lang

O atributo *lang* permite a você indicar a linguagem principal usado em um documento, mas esse atributo foi mantido na XHTML apenas por motivo de compatibilidade com versões anteriores de HTML. Ele foi substituído pelo atributo xml:lang em documentos XHTML novos (o que é coberto na próxima seção). Entretanto, a recomendação XHTML sugere que você use tanto o atributo *lang* quanto o *xml:lang* no elemento <html> dos seus documentos XHTML 1.0 (para obter máxima compatibilidade entre diferentes navegadores).

O atributo *lang* foi projetado para oferecer exibição específica de linguagens para os usuários, embora tenha pouco efeito nos principais navegadores. O benefício real do uso do atributo *lang* é com mecanismos de pesquisa (que podem informar ao usuário qual linguagem o documento usa), leitores de tela (que podem precisar pronunciar linguagens diferentes de formas diferentes) e aplicações que podem alertar os usuários quando não suportam essa linguagem ou se ela for uma linguagem diferente da padrão). Quando usado com o elemento <html>, ele se aplica a todo o documento, embora possa ser usado em outros elementos, em cujo caso ele se aplica apenas ao conteúdo desses elementos.

Os valores do atributo *lang* são códigos de linguagem de dois caracteres padrão isso-639. Se você quiser especificar um dialeto da linguagem, pode seguir o código da mesma com um traço e um nome de subcódigo. A tabela que se segue oferece alguns exemplos.

Valor	Significado
ar	árabe
en	inglês
en-us	inglês americano
zh	chinês

Uma lista de linguagens para a maioria das principais línguas em uso atualmente pode ser encontrada no Apêndice G.

O Atributo xml:lang

O atributo *xml:lang* é a substituição de XHTML para o atributo *lang*. Ele é um atributo que está disponível em todas as linguagens que são escritas em XML (você talvez lembre que anteriormente neste capítulo mencionei que XHTML foi escrita em XML), e é por isso que é prefixada pelos caracteres *xml:*. O valor do atributo *xml:lang* deve ser um código de país isso-639 como os listados na seção anterior; uma lista inteira aparece no Apêndice G.

Embora não tenha efeito na maioria dos navegadores, outras aplicações que interagem com XML e mecanismos de pesquisa podem usar estas informações e é uma boa prática incluir o atributo *xml:lang* nos seus documentos. Quando usado com o elemento <html>, ele se aplica ao documento inteiro, embora possa ser usado em outros elementos, caso em que se aplica apenas ao coneteúdo desses elementos.

Eventos IU

Os eventos IU permitem a você associar um *evento*, como um pressionamento de tecla ou o mouse sendo movido sobre um elemento, a um script (uma parte de código de programação que é executada quando o evento ocorre). Por exemplo, quando alguém move o mouse sobre o conteúdo de um determinado elemento você poderia querer usar um script para fazê-lo mudar de cor.

Você será apresentado aos eventos IU em maiores detalhes no Capítulo 14, embora seus nomes indiquem claramente a qual evento estão associados; por exemplo, *onclick* se refere a quando o usuário clica no conteúdo desse elemento, *onmousemove* dispara quando o mouse se move e *onmouseout* quando o usuário move o mouse para fora do conteúdo de um determinado elemento.

Há dez eventos, conhecidos coletivamente como *eventos comuns*:

```
onclick, ondoubleclick, onmousedown, onmouseup, onmouseover, onmousemove,
onmouseout, onkeypress, onkeydown, onkeyup
```

Os elementos <body> e <frameset> também têm os seguintes eventos para quando uma página é aberta ou fechada:

```
onload onunload
```

Finalmente há um número de eventos que funcionam apenas com formulários (os quais são mencionados no Capítulo 5 e no 11):

```
onfocus, onblur, onsubmit, onreset, onselect, onchange
```

Agora que você passou pelas preliminares e aprendeu sobre os elementos que constituem o esqueleto de um documento XHTML, é hora de começar o trabalho de marcar o texto que aparecerá nas suas páginas web.

Formatação Básica de Texto

Você viu a estrutura do esqueleto de um documento XHTML e os atributos básicos, de modo que agora está na hora de descrever sua estrutura. Devido ao fato de que cada documento que você cria conterá alguma forma de texto, os elementos que você irá conhecer agora são os blocos básicos de construção da maioria das páginas.

Enquanto passa por esta seção, é importante lembrar que, embora um navegador possa exibir cada um desses elementos de uma determinada forma, outro poderia exibir resultados muito diferentes, conforme os *typefaces* utilizados. Você não aprenderá como controlar a aparência (*typefaces*, cores e tamanhos de fontes) do texto até o Capítulo 7.

Nesta seção, você aprenderá como usar o que é conhecido como *elementos de formatação básica do texto*.

```
H1, h2, h3, h4, h5, h6
p, br, pre
```

Se você quiser que as pessoas leiam o que escreveu, então estruturar bem o seu texto é ainda mais importante na Web do que quando escrevendo para impressão. As pessoas têm problemas ao ler parágrafos longos e largos de texto nos sites da web, a menos que eles sejam bem divididos (como você verá no Capítulo 9), de forma que aprender bons hábitos desde o início da sua carreira de desenvolvedor web lhe ajudará a assegurar que suas páginas obtenham a atenção que merecem.

Antes que você se inicie nos elementos que usará para marcar seu texto, ajuda saber como o texto é exibido como padrão (depende de você informar ao navegador se você quer tratar o texto de forma diferente).

Espaços em Branco e Fluxo

Antes que você comece a marcar o seu texto, é melhor entender o que XHTML faz quando se depara com espaços e como os navegadores tratam frases e parágrafos longos de texto.

Você poderia pensar que se colocar diversos espaços consecutivos entre duas palavras, eles apareceriam entre essas palavras na tela, mas este não é o caso; como padrão, apenas um espaço será exibido. Isto é conhecido como *encolhimento dos espaços em branco*. De forma semelhante, se você iniciar uma nova linha no seu documento fonte, ou se tiver linhas consecutivas em branco, essas serão ignoradas e simplesmente tratadas como um espaço, como caracteres de tabulação. Por exemplo, veja o parágrafo a seguir (tirado de ch01_eg03.htmml dos códigos de exemplo):

```
<p>Este      parágrafo mostra como     múltiplos espaços    en-
tre     palavras são
tratado como um único espaço. Isso é conhecido como encolhimento
de espaços em branco, e os espaços grandes entre           al-
gumas das palavras não aparecerão      no navegador.

Isso também demonstra como o navegador tratará múltiplos retornos
de carruagem (novas linhas) como um espaço simples também.</p>
```

Como você pode ver na Figura 1-4, o navegador trata os espaços múltiplos e diversos retornos de carruagem (onde o texto aparece em uma nova linha) como se houvesse apenas um único espaço.

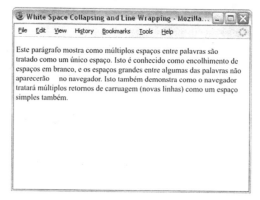

Figura 1-4

Como a Figura 1-4 também mostra, quando um navegador exibe texto, que ele irá colocar o texto em uma nova linha quando ficar sem espaço. Se você olhar novamente o código deste exemplo e examinar onde cada nova linha começa, os resultados são diferentes na tela em relação ao modo como estão no código. Você pode experimentar alterar o tamanho da janela do navegador (aumentando ou diminuindo-a) e observar como o texto é colocado em novos lugares na tela.

Isto pode ser especialmente útil porque permite a você adicionar espaços no seu código que não aparecerão no documento real e estes espaços podem ser usados para indentar seu código, o que o torna mais fácil de ser lido. Os dois primeiros exemplos neste capítulo demonstraram código indentado, onde os elementos filhos são indentados da esquerda para se distinguirem dos elementos pais. Isto é algo que eu faço por todo este livro para tornar o código mais legível. (Se você quiser preservar os espaços em um documento, precisar usar o elemento <pre>, sobre o qual você aprenderá um pouco mais adiante no capítulo ou a referência de entidade , sobre a qual você aprenderá no Apêndice F.)

É portanto extremamente importante que você aprenda como usar os elementos no restante deste capítulo para dividir e controlar a apresentação do seu texto.

Criando Cabeçalhos Usando Elementos hn

Não importa que tipo de documento você está criando, a maioria deles tem cabeçalhos em alguma forma. Os jornais usam manchetes, um cabeçalho em um formulário que lhe informa o propósito do mesmo, o título de uma tabela de resultados esportivos lhe informa a divisão ou liga das quais as equipes fazem parte e assim por diante.

Em textos mais longos, os cabeçalhos também podem ajudar a estruturar um documento. Se você examinar a tabela de conteúdo deste livro, pode ver como diferentes níveis de cabeçalhos foram organizados para adicionar estrutura ao livro, com sub-cabeçalhos sob cabeçalhos principais.

XHTML oferece seis níveis de cabeçalhos, os quais usam os elementos <h1>, <h2>, <h3>, <h4>, <h5> e <h6>. Embora os navegadores *possam* exibir cabeçalhos de forma diferente, eles tendem a exibir o elemento <h1> como o maior dos seis e o <h6> como o menor. CSS podem ser usadas para sobrescrever o tamanho e estilo de qualquer um dos elementos. Os níveis de cabeçalho se pareceriam com os da Figura 1-5 (ch01_eg04.html).

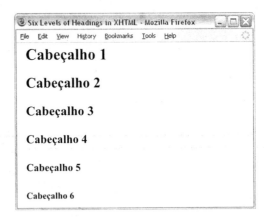

Figura 1-5

Por padrão, a maioria dos navegadores exibe os conteúdos dos elementos <h1>, <h2> e <h3> maiores do que o tamanho padrão do texto do documento. O conteúdo do elemento <h4> seria do mesmo tamanho padrão do texto e o conteúdo de <h5> e <h6> seriam menores.

Aqui está outro exemplo de como você poderia usar cabeçalhos para estruturar um documento (ch)1_eg)5.html), onde os elementos <h2> são sub-cabeçalhos do elemento <h1> (isto na verdade modela a estrutura desta seção do capítulo):
<h1>Formatação Básica de Texto</h1>

```
<p> Esta seção abordará a forma pela qual você marca texto.
Quase todo o documento que você criar conterá alguma forma de
texto, de modo que
esta será uma seção muito importante.</p>
<h2>Espaços em Branco e Fluxo</h2>
<p> Antes que você marque seu texto, é melhor entender o que
XHTML faz quando se depara com espaços em branco e como os
navegadores tratam
frases e parágrafos longos de texto.</p>
<h2>Criando Cabeçalhos Usando Elementos hn</h2>
<p> Não importa que tipo de documento você esteja criando, a
maioria tem cabeçalhos em alguma forma...</p>
```

A Figura 1-6 mostra como isto se parecerá.

Criando Documentos Estruturados @ 23

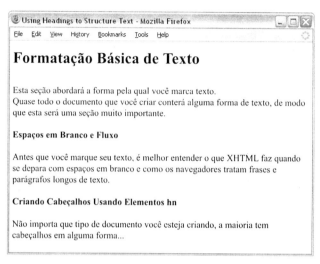

Figura 1-6

Os seis elementos de cabeçalho podem trazer os atributos universais assim como um atributo desatualizado chamado *allign*:

```
align class id style title dir lang xml:lang
```

O Atributo align (desatualizado)

O atributo desatualizado *align* indica se o cabeçalho aparece para a direita, centro ou esquerda da página (o padrão é para a esquerda). Ele pode receber três valores discutidos na tabela que se segue.

Valor	Significado
left	O cabeçalho é exibido à esquerda da janela do navegador (ou outro elemento contêiner se estiver aninhado em outro elemento). Esse é o valor padrão se o atributo *align* não for usado.
center	O cabeçalho é exibido no centro da janela do navegador (ou outro elemento contêiner se estiver aninhado em outro elemento).
right	O cabeçalho é exibido à direita da janela do navegador (ou outro elemento contêiner se estiver aninhado em outro elemento).

Mencionei o atributo *align* aqui porque você provavelmente o verá usado em diversos elementos. Ele foi marcado como desatualizado porque não ajuda a descrever a estrutura do documento – em vez disso, ele é usado para afetar a apresentação da página, o que agora deve ser feito usando CSS. Aqui está um exemplo de uso do atributo desatualizado *align* (ch01_eg06.html):

```
<h1 align="left">Cabeçalho Alinhado à Esquerda</h1>
<p>Este cabeçalho usa o atributo align com um valor left.</p>
<h1 align="center">Cabeçalho Centralizado</h1>
<p> Este cabeçalho usa o atributo align com um valor center.</p>
<h1 align="right">Cabeçalho Alinhado à Direita</h1>
<p> Este cabeçalho usa o atributo align com um valor right.</p>
```

A Figura 1-7 mostra o efeito do atributo *align* em um navegador.

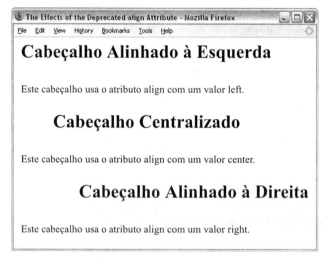

Figura 1-7

O atributo *align* foi substituído pela propriedade *text-align* em CSS e a capacidade de elementos em nível de blocos flutuarem (como você verá no Capítulo 7). O atributo *align* é coberto em maiores detalhes no Apêndice I.

Criando Parágrafos Usando o Elemento <p>

O elemento <p> oferece outra forma de estruturar seu texto. Cada parágrafo de texto deve ficar entre um rótulo de abertura <p> e um de fechamento </p>, como neste exemplo (ch)1_eg07.html):

```
<p>Aqui está um parágrafo de texto.</p>
<p>Aqui está um segundo parágrafo de texto.</p>
<p>Aqui está um terceiro parágrafo de texto.</p>
```

Quando um navegador exibe um parágrafo, ele geralmente insere uma nova linha antes do parágrafo de texto e adiciona um pouco mais de espaço vertical, como na Figura 1-8.

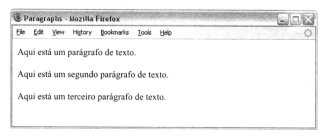

Figura 1-8

O elemento <p> pode trazer atributos universais e o atributo desatualizado *align*:

```
align class id style title dir lang xml:lang
```

Criando Quebras de Linha Usando o Elemento

Sempre que você usar o elemento <br />, qualquer coisa que o seguir começa na próxima linha. O elemento
 é um exemplo de *elemento vazio*, onde você não precisa de rótulos de abertura *e* de fechamento, porque não há nada entre eles.

> O elemento <br /> possui um espaço entre os caracteres **br** e **/**. Se você omitir este espaço, navegadores mais antigos terão problema em exibir a quebra de linha, ao passo que, se você não colocar o caractere **/** e usar <br>, isto não é um XHTML válido.

A maioria dos navegadores permite que você use múltiplos elementos <br /> para empurrar o texto várias linhas e muitos projetistas usam duas quebras de linha entre parágrafos em vez do elemento <p> para estruturar o texto, da seguinte forma:

```
Parágrafo um <br /><br />
Parágrafo dois <br /><br />
Parágrafo três <br /><br />
```

Embora isto crie um efeito semelhante ao uso do elemento de parágrafo, se você não usar o elemento <p> para cada parágrafo, então o documento não está mais descrevendo onde cada parágrafo começa e inicia. Além disso, em Strict XHTML o elemento <br /> pode ser usado apenas dentro do que é conhecido como elementos de nível de bloco. Há elementos como o elemento <p> - elementos que tendem a atuar naturalmente como se tivessem uma quebra de linha antes e depois deles. Você aprenderá mais sobre elementos de nível de bloco mais perto do final do capítulo.

> Evite usar elementos br / apenas para posicionar texto; tal uso pode produzir resultados inesperados porque a quantidade de espaço criado quando você faz isso depende do tamanho da fonte. Em vez disso, você deve usar CSS, que você aprenderá no Capítulo 7.

Aqui você pode ver um exemplo do elemento <i>br /</i> em uso dentro de um parágrafo (ch_1_eg08.html):

```
<p>Quando você quiser iniciar uma nova linha, pode usar o elemento &lt;br /&gt;.
Assim, a próxima palavra <br /> aparecerá em uma nova linha.</p>
```

A Figura 1-9 mostra como as quebras de linha após a palavra "next" e "do".

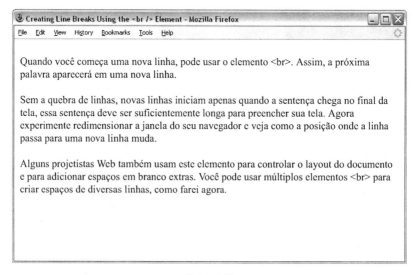

Figura 1-9

Quando você começa uma nova linha, pode usar o elemento <br>. Assim, a próxima palavra aparecerá em uma nova linha. Sem a quebra de linhas, novas linhas iniciam apenas quando a sentença chega no final da tela, essa sentença deve ser suficientemente longa para preencher sua tela. Agora experimente redimensionar a janela do seu navegador e veja como a posição onde a linha passa para uma nova linha muda.

Alguns projetistas Web também usam este elemento para controlar o *layout* do documento e para adicionar espaços em branco extras. Você pode usar múltiplos elementos <br> para criar espaços de diversas linhas, como farei agora.

O elemento <br /> pode trazer atributos básicos assim como um atributo chamado clear, que pode ser usado com imagens e é coberto no Apêndice I.

```
clear class id style title
```

Criando Texto Pré-formatado Usando o Elemento <pre>

Às vezes você quer que o seu texto siga o formato exato de como estiver escrito no documento XHTML – você não quer que o texto passe para uma nova linha quando alcançar o limite do navegador; você não quer que ele ignore espaços múltiplos; e quer que as quebras de linha fiquem aonde você as colocou.

Qualquer texto entre os rótulos de abertura *<pre>* e fechamento *</pre>* preservará a formatação do documento fonte. Você deve estar ciente, entretanto, que a maioria dos navegadores exibiria esse texto com espaço único como padrão. (Courier é um exemplo de fonte com espaço único, porque cada letra do alfabeto ocupa exatamente a mesma largura. Em fontes que não sejam assim, um *i* é geralmente mais estreito do que *m*.)

Dois dois usos mais comuns do elemento *<pre>* são para exibir dados tabulares sem o uso de uma tabela (em cujo caso você deve usar a fonte de espaço único ou as colunas não ficarão alinhadas de forma correta) e para representar código fonte de computação. Por exemplo, o código a seguir mostra JavaScript dentro de um elemento *<pre>* (ch_1_eg09.html):

```
<pre>
function testFunction(strText){
alert (strText)
}
</pre>
```

Você pode ver na Figura 1-10 como o conteúdo do elemento *<pre>* é exibido em fonte de espaço único; mais importante, você pode ver como ela segue a formatação mostrada dentro do elemento *<pre>* - os espaços em branco são preservados.

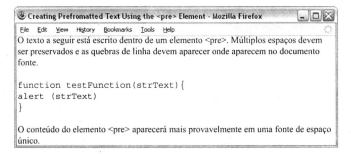

Figura 1-10

Embora caracteres de tabulação possam ter efeito dentro de um elemento <pre>, e uma tabulação deva representar oito espaços, a implementação de tabulações variam de navegador para navegador, de modo que é aconselhável o uso de espaços em vez disso.

Você irá se deparar com mais elementos que podem ser usados para representar código mais adiante neste capítulo na seção "Elementos de Expressão", que cobre os elementos <code>, <kbd> e <var>.

O Firefox, IE e Safari suportam uma extensão à recomendação de XHTML que evita quebras de linhas: o elemento **<nobr>**. *(Este retém o estilo normal do elemento que o contém e não resulta em texto sendo exibido em uma fonte de espaço único). Por esta ser uma extensão, não é XHTML válida. O elemento* **<nobr>** *é coberto no Apêndice I.*

Experimente Formatação Básica de Textos

Agora que você já viu os elementos básicos que usará para formatar seu texto – cabeçalhos e parágrafos – está na hora de experimentar colocar essas informações em prática.

Neste exemplo, você cria uma nova página para um site sobre legendas do jazz e esta página informa as pessoas sobre Miles Davis. Assim, inicie seu editor de textos ou ferramenta de criação de páginas e siga os seguintes passos:

1. Você criará um documento Strict XHTML, então adicione a declaração XML e uma declaração DOCTYPE para indicar que escreverá em Strict XHTML:

```
<?xml version="1.0" encoding="UTF-8"?>
<!DOCTYPE html PUBLIC "-//W3C//DTD XHTML 1.0 Strict//EN"
""http://www.w3.org/TR/xhtml1/DTD/xhtml1-strict.dtd">
```

2. Adicione o esqueleto do documento: os elementos <html>, <head> e <body>. O elemento raiz <root> traz o atributo *xmlns* para indicar que a marcação pertence ao *namespace* XHTML.

```
<?xml version="1.0" encoding="UTF-8"?>
<!DOCTYPE html PUBLIC "-//W3C//DTD XHTML 1.0 Strict//EN"
""http://www.w3.org/TR/xhtml1/DTD/xhtml1-strict.dtd">
<html xmlns="http://www.w3.org/1999/xhtml" lang="en">
<head>
<title>Legendas do Jazz  - Miles Davis</title>
</head>
<body>
</body>
</html>
```

3. Sua página terá um cabeçalho principal e alguns de nível 2, que mostram a estrutura geral da página que as pessoas verão:

```
<body>
<h1>Legendas do Jazz  - Miles Davis</h1>
<h2>Estilos de Miles</h2>
<h2>Davis o Pintor</h2>
</body>
```

4. Agora você pode preencher a página com alguns parágrafos que seguem o cabeçalho:

```
<body>
<h1>Legendas do Jazz - Miles Davis</h1>
<p>Miles Davis é conhecido como um dos melhores músicos de jazz do
mundo e um incrível trompetista. Ele também ganhou muito respeito
no mundo da música com um bandleader e compositor inovador.</p>
<h2>Estilos de Miles</h2>
<p>Miles Davis tocou e escreveu em uma diversidade de estilos
durante sua carreira, desde músicas que se tornaram standards do
jazz até seu trabalho mais experimental de improvisação. </p>
<p> Na década de 1950 Miles ficou conhecido por um som rico e
quente e pode variar o tipo e ritmo do seu som. Ele também foi
adepto do uso de um Harmon. Na década de1960 ele começou a usar
instrumentos eletrônicos em registro mais alto. Em 1969 ele até
incorporou o uso de instrumentos eletrônicos à sua música.</p>
<h2>Davis o Pintor</h2>
<p>A paixão de Miles não foi apenas pela música; ele também foi
considerado um ótimo pintor. Inspirado por um movimento de desenho
baseado em Milão conhecido como Memphis, Miles pintou uma série de
quadros abstratos em 1988.</p>
</body>
</html>
```

5. Grave o arquivo como Miles.html e abra-o em um navegador Web. O resultado deve se parecer com o da Figura 1-11.

30 @ Introdução à Programação WEB com HTML, XHTML e CSS

Figura 1-11

Como Isto Funciona

A linha inicial desta página é a declaração XML opcional. Por ser um documento Strict XHTML (e portanto é um documento XML), ela foi incluída aqui. A linha a seguir é a declaração DOCTYPE, que é necessária em documentos Strict XML. A declaração DOCTYPE indica com qual versão de XHTML o documento está em conformidade.

```
<?xml version="1.0" encoding="UTF-8"?>
<!DOCTYPE html PUBLIC "-//W3C//DTD XHTML 1.0 Strict//EN"
"http://www.w3.org/TR/xhtml1/DTD/xhtml1-strict.dtd">
```

A página inteira fica então dentro do elemento raiz *<html>*. O rótulo de abertura *<html>* traz o identificador do *namespace*, o que é apenas outra forma de indicar que a marcação que o seu documento contém está em XHTML. O elemento *<html>* também traz o atributo *lang*, que indica a linguagem na qual o documento está escrito. Nossa página web está escrita na língua portuguesa, de modo que usa o código ISO de duas letras para essa língua[1] (a listagem completa de códigos de países pode ser encontrada no Apêndice G). Embora o atributo *lang* tenha pouco uso prático no momento, ele ajudará uma prova futura dos seus documentos.

---

[1] N. do T.: O arquivo digital original está em língua inglesa. Seu texto foi traduzido para uma melhor compreensão por parte dos leitores de língua portuguesa.

```
<html xmlns="http://www.w3.org/1999/xhtml" lang="en"
xml:lang="en">
```

O elemento *<html>* pode conter apenas dois outros elementos filhos: *<head>* e *<body>*. O elemento *<head>* contém o título da página e você deve ser capaz de deduzir desse título o tipo de informações que a página contém.

```
<head>
<title>Legendas do Jazz: Miles Davis</title>
</head>
```

Enquanto isso, o elemento *<body>* contém a parte principal da página web – a parte que quem as visualizar realmente verá na parte principal do navegador web. Observe como esta página contém cabeçalhos para estruturar as informações sobre sua música e outros interesses.

Há diferentes níveis de cabeçalhos para ajudar a impor uma estruturação. Nesse exemplo, há um cabeçalho principal introduzindo Miles Davis – o tópico principal para esta página – e então sub-cabeçalhos, cada um contendo informações específias sobre sua música e outros interesses.

Não se esqueça do rótulo de fechamento *</html>* no final – afinal, você deve fechar cada elemento corretamente.

Elementos de Apresentação

Se você usa um processador de textos, está familiarizado com a capacidade de passar o texto para negrito, itálico ou sublinhado; essas são apenas três das dez opções disponíveis para indicar como um texto pode aparecer em HTML e XHTML. A lista inteira é negrito, itálico, espaço único, sublinhado, tachado, teletipado, maior, menor, sobrelinhado e texto sobrelinhado.

Tecnicamente falando, esses elementos afetam apenas a apresentação de um documento e a marcação não é para outro uso, mas eles permanecem tanto em XHTML Transitional quando na Scrict 1.0. Como você verá mais adiante neste capítulo, há elementos dedicados para indicar coisas como ênfase dentro de um texto e esses resultarão em uma apresentação semelhante das informações.

Todos os elementos de apresentação a seguir pode trazer atributos universais e os atributos de eventos IU que você viu anteriormente neste capítulo.

> Você também deve estar ciente de que pode usar CSS para obter resultados semelhantes, conforme verá no Capítulo 7.

O Elemento <b>

Qualquer coisa que apareça em um elemento <b> é exibida em **negrito**, como a palavra negrito aqui:

A palavra a seguir usa um tipo <b>negrito</b>.

Isto não significa necessariamente que o navegador irá usar uma versão em negrito de uma fonte. Alguns navegadores usam um algoritmo para pegar uma fonte e tornar as linhas mais grossas (dando a ela uma aparência de negrito), enquanto que outros (se não conseguirem encontrar a versão em negrito da fonte) podem destacar ou sublinhar o texto.

> Este elemento <b> possui o mesmo efeito do elemento **<strong>**, que você verá mais adiante, e é usado para indicar que seu conteúdo possui ênfase.

O Elemento <i>

O conteúdo de um elemento <i> é exibido em texto em *itálico*, como a palavra itálico aqui:

```
A palavra a seguir usa um tipo em <i> itálico </i>.
```

Isto não significa necessariamente que o navegador vá procurar uma versão em itálico da fonte. A maioria dos navegadores usa um algoritmo para simular uma fonte itálica.

> O elemento <i> tem o mesmo efeito do elemento **<em>**, o qual você verá mais adiante, e que é usado para indicar que seu conteúdo tem ênfase.

O Elemento <u< (desatualizado)

O conteúdo de um elemento <u> seria *sublinhado* com uma linha simples:

```
A palavra a seguir seria <u> sublinhada</u>
```

O elemento <u> foi desatualizado em HTML 4 e XHTML 1.0, embora ainda seja suportado por navegadores atuais. O método preferido é usar CSS para obter este efeito, o que você aprenderá no Capítulo 7.

Os Elementos <s> e <strike> (desatualizados)

o conteúdo de um elemento <s> ou <strike> é exibido com um *tachado*, que é uma linha fina sobre o texto (<s> é a abreviação de <strike>).

```
A palavra a seguir tem um <s> tachado</s>,
```

Tanto o elemento ‚s> quanto o <strike> foram desatualizados em HTML 4.1 e Transitional XHTML 1.0 e foram removidos da Strict XHTML 1.0, embora ainda sejam suportados pelos navegadores atuais. O método preferido é usar CSS para obter este efeito, o que você aprenderá no Capítulo 7.

O Elemento <tt>

O conteúdo de um elemento <tt> é escrito em fonte de *espaço único*.

```
A palavra a seguir aparece em fonte de <tt> espaço único </tt>.
```

A Figura 1-12 mostra o uso de elementos <b>, <i>, <u>, <s> e <tt> (ch01_eg10.html).

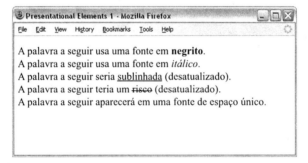

Figura 1-12

O Elemento <sup>

O conteúdo de um elemento <sup> é escrito em *superlinhas*; o tamanho da fonte usada é o mesmo dos caracteres em torno dela mas é exibida meio caracter acima dos outros.

```
Escrito em 31 <sup>o</sup> de Fevereiro.
```

O elemento <sup> é especialmente útil para adicionar valores exponenciais a equações, e para adicionar sufixos a números. Entretanto, em alguns navegadores, você deve estar ciente de que isso pode criar uma falha maior entre a linha com o texto superescrito e a abaixo dela.

O Elemento <sub>

O conteúdo de um elemento <sub> é escrito em *sublinhas*; o tamanho da fonte usada é o mesmo dos caracteres ao seu redor, mas é exibido com metade da altura dos outros.

```
O paradoxo EPR <sub>2</sub> foi previsto por Einstein, Podolsky e
Rosen.
```

O elemento <sub> é especialmente útil quando combinado com o elemento <a> (que você verá no próximo capítulo) para criar notas de rodapé.

O Elemento <big>

O conteúdo do elemento <big> é exibido uma fonte maior do que o resto do texto ao seu redor. Se a fonte já estiver no maior tamanho, ele não tem efeito. Você pode aninhar diversos elementos <big> uns dentro dos outros e o conteúdo de cada um será um tamanho maior que o do outro.

```
A palavra a seguir deve ser <big> maior </big> que as em volta
dela.
```

De modo geral, você deve usar CSS em vez do elemento <big> para formatação.

O Elemento <small>

O conteúdo do elemento <small> é exibido uma fonte menor do que o resto do texto ao seu redor. Se a fonte já estiver no menor tamanho, ele não tem efeito. Você pode aninhar diversos elementos <small> uns dentro dos outros e o conteúdo de cada um será um tamanho menor que o do outro.

```
A palavra a seguir deve ser <small> menor</small> que as em volta
dela.
```

De modo geral, você deve usar CSS em vez do elemento <small> para formatação.

O Elemento <hr />

O elemento <hr /> cria uma régua horizontal pela página. Ele é um elemento vazio, como o elemento <br />.

<hr />

Ele é usado freqüentemente para separar seções distintas de uma página onde um novo cabeçalho não é apropriado.

A Figura 1-13 mostra o uso dos elementos <sup>, <sub>, <big>, <small> e <hr /) ch01_eg11.html).

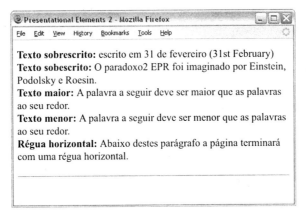

Figura 1-13

Elementos de Expressão

Os elementos a seguir não são usados tão amplamente quanto os que você acabou de ver. Como os nomes dos elementos indicam, eles são projetados para descrever seu conteúdo:

❑ <em> e <strong> para ênfase
❑ <blockquote>, <cite> e <q> para citações
❑ <abbr>, <acronym> e <dfn> para abreviações, acrônimos e termos chaves
❑ <code>, <kbd>, <var> e <samp> para informações e códigos de computador
❑ <address> para endereços

Embora alguns destes elementos de expressão sejam exibidos de uma forma semelhante aos elementos <b>, <i>, <pre> e <tt> que você já viu, eles são projetados para propósitos específicos. Por exemplo, os elementos <em> e <strong> dão ênfase ao texto e ênfase forte, respectivamente e há diversos elementos para marcação de citações.

É tentador ignorar estes elementos e apenas usar os elementos de apresentação que você acabou de aprender para criar o mesmo efeito visual, mas você deve estar ciente deles e preferivelmente se habituar a usá-los onde for apropriado. Por exemplo, onde você quiser dar ênfase a uma palavra dentro de uma frase, você deve usar os elementos <em> e <strong> em vez dos elementos de apresentação que acabou de ver; há diversos bons motivos para isto, como:

- Aplicações como leitores de telas (que podem ler páginas para usuários web com problemas visuais) poderiam adicionar uma entonação apropriada para a voz de leitura de modo que os usuários com deficiência visual possam ouvir onde a ênfase deve ser colcada.
- Programas automatizados poderiam ser escritos para encontrar as palavras com ênfase e coloocá-las como palavras chaves dentro de um documento, ou indexar especificamente essas palavras de modo que o usuário possa encontrar termos importantes em um documento.

Como você pode ver, o uso apropriado desses elementos adiciona mais informações a um documento (como quais palavras devem ter ênfase, quais são partes de um código de programação, quais partes são endereços e assim por diante) em vez de apenas dizer como elas devem ser apresentadas visualmente.

Todos os elementos de expressão a seguir trazem os atributos universais e os atributos de eventos IU que você viu anteriormente neste capítulo.

O Elemento <em> Adiciona Ênfase

O conteúdo de um elemento <em> serve para ser uma ênfase no seu documento, e geralmente é exibido em texto em itálico. O tipo de ênfase que se pretende é sobre palavras como "deve" na frase a seguir:

```
<p> Você <em>deve</em> lembrar-se de fechar os elementos em XHTML.</p>
```

Você deve usar este elemento apenas quando estiver tentando adicionar ênfase a uma palavra, não só porque quer que o texto apareça em itálico. Se você quiser texto em itálico por motivos de estilo – sem adicionar ênfase – pode usar o elemento <i> ou CSS.

O Elemento <strong> Adiciona Ênfase Forte

O elemento <strong> serve para dar mais ênfase ao seu conteúdo – ênfase mais forte do que o elemento <em>. Da mesma forma que esse elemento, o <strong> deve ser usado apenas quando você quiser adicionar muita ênfase a uma parte do documento.

Em vez de ser exibido em itálico, a maioria dos navegadores visuais exibe a ênfase forte em negrito.

```
<p><em>Sempre</em> examine magnésio em chamas com um par de óculos coloridos protegidos já que isso <strong> pode causar cegueira</strong>.</p>
```

A Figura 1-14 mostra como os elementos <em> e <strong> são exibidos no Firefox (ch_1_eg12.html).

Você precisa lembrar que a forma pela qual os elementos são apresentados (em itálico ou em negrito) é geralmente irrelevante. Você deve usar esses elementos para adicionar ênfase a sentenças e portanto dar aos seus documentos maior significado, em vez de para controlar como eles aparecem visualmente. Conforme você verá no Capítulo 7, é bastante simples com CSS mudar a apresentação visual destes elementos – por exemplo, para destacar palavras dentro de um elemento <em> com um fundo amarelo e passá-las para negrito em vez de itálico:

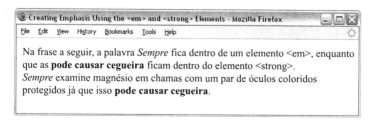

Figura 1-14

O Elemento <abbr> para Abreviações

Você pode indicar que está usando uma forma abreviada colocando a abreviação entre rótulos de abertura <abbr> e de fechamento </abbr>.

Quando for possível, analise o uso de um atributo title cujo valor seja a versão integral das abreviações. Se você estiver abreviando uma palavra em língua estrangeira, também pode usar o atributo xml:lang em XHTML (ou o atributo lang em HTML).

Por exemplo, se você quiser indicar que Bev é uma abreviação de Beverly, pode usar o elemento <abbr> da seguinte forma:

```
Tenho uma amiga chamada <abbr title= "Beverly">Bev</abbr>.
```

O Elemento <acronym> é para Uso de Acrônimos

O elemento <acronym> permite a você indicar que o texto entre os rótulos de abertura <acronym> e de fechamento </acronym> é um acrônimo.

Quando for possível usa um atributo title cujo valor seja a versão integral do acrônimo no elemento <acronym> e, se o acrônimo estiver em uma língua estrangeira, inclua um atributo xml:lang em documentos XHTML (ou um atributo lang em documentos HTML).

Por exemplo, se você quiser indicar que XHTML era um acrônimo, pode usar o elemento <acronym> da seguinte forma (ch01_eg13.html):

```
Este capítulo cobre a marcação de textos em <acronym title =
"Extensible Hypertext Markup Language"> XHTML</acronym>.
```

Como você pode ver na Figura 1-15, o Firefox dá aos elementos <abbr> e <acronym> um sublinhado pontilhado e, quando você deixar o mouse sobre a palavra, o valor do atributo do título mostrará uma dica. O Internet explorer 7 não altera a aparência do elemento, embora ele mostre o título como uma dica.

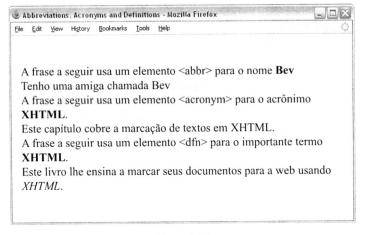

Figura 1-15

O Elemento <dfn> é para Termos Especiais

O elemento <dfn> permite a você especificar que está introduzindo um termo especial. Seu uso é semelhante às palavras que estão em itálico em parágrafos deste livro quando novos conceitos chaves são introduzidos.

Geralmente você usaria o elemento <dfn> na primeira vez que introduzir um termo chave e apenas nessa ocasião. Aos navegadores mais recentes exibem o conteúdo de um elemento <dfn> em uma fonte em itálico.

Por exemplo, você pode indicar que o termo "XHTML" na sentença a seguir é importante e deve ser marcado como tal:

```
este livro lhe ensina como marcar seus documentos para a Web
usando <dfn>XHTML</dfn>
A Figura 1-15, exibida anteriormente, mostra o uso do elemento
<dfn> (ch)1_eg13.html).
```

O Elemento <blockquote> é para Textos de Citações

Quando você quer citar uma passagem de outra fonte, deve usar o elemento <blockquote>. Observe que há um elemento <q> para uso com citações menores, conforme discutido na próxima seção. Aqui está o ch01_eg14.html:

```
<p>A descrição a seguir de XHTML é retirada do site W3C: <p>
<blockquote> XHTML 1.0 é a primeira recomendação de W3C para
XHTML,
seguindo de trabalhos anteriores em HTML 4.01, HTML 4.0, HTML 3.2
e HTML 2.0.
</blockquote>
```

Textos dentro de um elemento <blockquote> geralmente fica indentado dos limites esquerdo e direito do texto no qual estiver inserido e às vezes usa uma fonte em itálico (mas deve ser usado apenas para citações; se você simplesmente quiser esse efeito em um parágrafo de texto, deve usar CSS). Você pode ver a aparência na Figura 1-16.

Usando o Atributo cite com o Elemento <blockquote>

Você pode usar o atributo cite no elemento <blockquote> para indicar a fonte da citação. O valor desse atributo deve ser uma URL apontando para um documento online, se possível o local exato nesse documento. Os navegadores não farão nada com esse atributo, mas isso significa que a fonte da citação está lá caso você precise no futuro – isso também pode ser usado por outras aplicações de processamento (ch01_eg14. html).

```
<blockquote cite="http://www.w3.org/markup/">XHTML 1.0 é a
primeira recomendação de W3C para XHTML,
```

seguindo de trabalhos anteriores em HTML 4.01, HTML 4.0, HTML
3.2 e HTML 2.0.</blockquote>

> Quando este texto foi escrito, alguns validadores tiveram problemas com o atributo **cite**, como o validador da W3C, que não reconhece a presença do atributo **cite** no elemento <blockquote>.

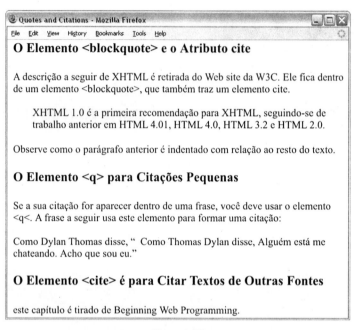

Figura 1-16

O Elemento <q> é para Citações Curtas

O elemento <q> deve ser usado quando você quiser acrescentar uma citação dentro de uma frase em vez de na forma de um bloco indentado sozinho (ch01_eg14.html):

```
<p> Como Thomas Dylan disse, <q>Alguém está me chateando. Acho que sou eu</q>.</p>
```

As recomendações HTML e XHTML dizem que o texto dentro de um elemento <q> deve começar e terminar entre aspas duplas. O Firefox insere estas aspas para você, enquanto que o IE7 não. Assim, se você quiser que a sua citação fique entre aspas, esteja avisado que inseri-las no documento resultará em dois conjuntos de aspas no Firefox. Nem o IE e nem o Firefox mudam a aparência deste elemento de outra forma.

O elemento <q> também pode conter o atributo cite. O valor deve ser uma URL apontando para a fonte da citação.

O Elemento <cite> é para Citações

Se você estiver citando um texto, pode indicar a fonte colocando-a entre um rótulo de abertura <cite> e um de fechamento </cite>. Como você esperaria em uma publicação impressa, o conteúdo do elemento <cite> é exibido em itálico como padrão. (ch01_eg12.html).

```
Este capítulo é retirado de <cite>Beginning Web Development</cite>.
```

Se você estiver referenciando uma fonte online, deve colocar seu elemento <cite> dentro de um <a>, o qual, como você verá no Capítulo 2, cria uma conexão para o documento relevante.

Há diversas aplicações que poderiam potencialmente fazer uso do elemento <cite>. Por exemplo, uma aplicação de consulta poderia usar rótulos <cite> para encontrar documentos que referenciem determinados trabalhos, ou um navegador poderia coletar o conteúdo do elementos <cite> para gerar uma bibliografia para algum determinado documento, embora no momento ainda não seja amplamente usado para algum desses recursos.

Você pode ver os elementos <blockquote>, <q> e <cite> na Figura 1-16.

O Elemento <code> é para Códigos

Se as suas páginas incluírem algum código de programação (o que não é incomum na Web), os seguintes quatro elementos serão de especial uso para você. Qualquer código que deva aparecer em uma página web devem ser colocados dentro de um elemento <code>. Geralmente o conteúdo do elemento <code> é apresentado em uma fonte de espaço único, da mesma forma que na maioria dos livros de programação (incluindo este).

> **Observe que você não pode simplesmente usar "<" e ">" dentro destes elementos se quiser representar marcadores XHTML. O navegador poderia confundir estes caracteres por marcadores. Você deve usar < em vez de "<" e > em vez de ">". Uma lista de todos estes caracteres está no Apêndice F.**

Aqui você pode ver um exemplo do uso do elemento <code> para representar um elemento <h1> e seu conteúdo em XHTML (ch01_eg15.html):

```
<p><code>&lt;h1&gt;Este é um cabeçalho principal&lt;/h1&gt;</code></p>
```

A Figura 1-17 mostra como isso se pareceria em um navegador.

O uso do elemento <code> poderia em tese permitir a aplicações de pesquisa examinar o conteúdo de elementos <code> para ajudá-los a encontrar um determinado elemento. O elemento <code> é muitas vezes usado junto com o elemento <pre> de modo que a formatação do código permaneça inalterada.

O Elemento <kdb> é para Textos Digitados em um Teclado

Se, ao se falar em computadores, você quiser informar a um leitor que esse deve inserir algum texto, pode usar o elemento <kdb> para indicar o que deve ser digitado, como neste exemplo (ch01_eg15.html):

```
<p>Digite o seguinte: <kbd> Este é o elemento kdb</kbd>.</p>
```

O conteúdo de um elemento <kdb> geralmente é representado em uma fonte de espaço único, como o conteúdo do elemento <code>. A Figura 1-17 mostra como isto se pareceria em um navegador.

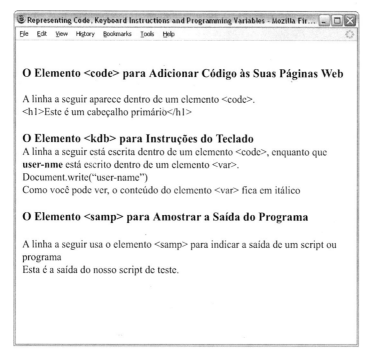

Figura 1-17

O Elemento <var> é para Variáveis de Programação

O elemento <var> é outro dos elementos adicionados para auxiliar programadores. Geralmente é usado junto com os elementos <pre> e </pre> para indicar que o conteúdo desse elemento é uma variável fornecidas por um usuário (ch01_eg15.html).

```
<p><code>document.write("<var>user-name</var>")</code></p>
```

Geralmente o conteúdo de um elemento <var> fica em itálico, como você pode ver na Figura 1-17.

Se você não estiver familiarizado com o conceito de variáveis, elas são cobertas no Capítulo 11.

O Elemento <samp> é para a Amostra do Programa

O elemento <samp> indica saída de exemplo de um programa, script ou algo semelhante. Novamente, é usado principalmente com a documentação de conceitos de programação. Por exemplo (ch01_eg15.html):

```
<p>Se tudo funcionou bem você deve ver o resultado <samp> Teste completado OK </samp>.</p>
```

Isto tende a ser exibido em uma fonte de espaço único, como você pode ver na Figura 1-15.

O Elemento <address> é usado para Endereços

Muitos documentos precisam conter um endereço de email e há um elemento <address> especial que é usado para guardar endereços. Por exemplo, aqui está o endereço da Wrox, dentro de um elemento <address> (ch01_eg16.html):

```
<address>Wrox Press, 10475 Crosspoint Blvd, Indianapolis, IN 46256</address>
```

Um navegador pode exibir o endereço de forma diferente do documento ao seu redor e o IE, Firefox e Safari o exibem em itálico, conforme você pode ver na Figura 1-18 (embora você possa anular isso com CSS).

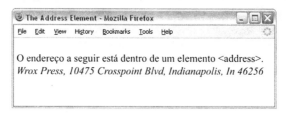

Figura 1-18

Indicar quem escreveu um documento ou quem é responsável por ele acrescenta credibilidade a um documento que de outra forma seria anônimo. O elemento <address> é uma boa forma de adicionar isto no final do documento. Ele pode ajudar também aplicações automatizadas a lerem endereços de documentos.

Isso nos traz ao final dos elementos de expressão, mas não ao final de todos os elementos de texto.

Listas

Há muitos motivos pelos quais você poderia querer adicionar uma lista á sua página, desde colocar seus cinco álbuns de música favoritos na sua página até incluir um conjunto numerado de instruções para visitantes seguirem (como os passos que você segue nos exemplos Experimente deste livro).

Você pode criar três tipos de listas em XHTML:

❏ **Listas não ordenadas**, que são como listas com marcadores

❏ **Listas ordenadas**, que usam uma seqüência de números ou letras em vez de marcadores

❏ **Listas de definição**, que permitem especificar um termo e sua definição

Tenho certeza de que você imaginará mais usos para as listas quando as vir e começar a usá-las.

O Elemento <ul> para Criar Listas Não Ordenadas

Se você quiser criar uma lista com marcadores, escreva a lista entre o elemento <ul> (que significa lista desordenada[2]). Cada marcador ou linha que você quiser escrever deve então ficar entre rótulos de abertura <li> e de fechamento </li> (li significa *item de lista*[3]).

Você deve sempre fechar o elemento <li>, embora possa ver algumas páginas HTML sem o rótulo de fechamento. Esse é um hábito ruim que você deve evitar.

Se você quiser criar uma lista com marcadores, pode fazê-lo desta forma (ch01_eg17.html):

```
<ul>
<li>Marcador número um</li>
<li>Marcador número dois</li>
<li>Marcador número três</li>
</ul>
```

Em um navegador, esta lista se pareceria com a Figura 1-19.

---

[2] N. do T.: do original em inglês "*Unordered lists*".
[3] N. do T.: do original em inglês "*List item*".

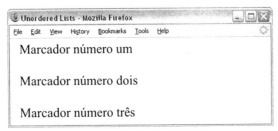

Figura 1-19

Os elementos <ul> e <li> podem trazer todos os atributos universais e eventos IU.

O elemento <ul> também poderia trazer um atributo chamado *compact* em HTML 4.1 – o que ainda é permitido em Transitional XHTML mas não em Stric XHTML 1.0 – o propósito disso foi tornar os marcadores verticalmente mais próximos. Seu valor também deve sre *compact*, desta forma:

```
<ul compact="compact">
<li>Item um</li>
<li>Item dois</li>
<li>Item três</li>
</ul>
```

Listas Ordenadas

Às vezes você quer que suas listas sejam ordenadas. Em uma lista ordenada, em vez de prefixar cada ponto com um marcador, você pode usar números (1,2,3), letras (A,B,C ou números romanos (i,ii,iii) para prefixar o item da lista.

Uma lista ordenada fica entre o elemento <ol>. Cada item da lista deve ser aninhado no elemento <ol> e ficar entre rótulos de abertura <li> e </li> (ch01_eg18.html).

```
<ol>
<li>Ponto número um</li>
<li>Ponto número dois</li>
<li>Ponto número três</li>
</ol>
```

O resultado deve ser semelhante ao que você vê na Figura 1-20.

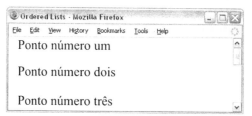

Figura 1-20

Se você preferir letras ou números romanos a números arábicos, deve usar o agora desatualizado atributo *type* no elemento <ol>.

Usando o Atributo type para Selecionar Números, Letras ou Números Romanos em Listas Ordenadas (desatualizado)

O atributo *type* no elemento <ol> permite a você alterar a ordenação de itens da lista da padrão de números para as opções listadas na tabela que se segue, dando ao atributo *type* o caractere correspondente.

Valor do Atributo type	Descrição	Exemplos
1	Números arábicos (padrão)	1,2,3,4,5
A	Letras maiúsculas	A, B, C, D, E
a	Letras minúsculas	a, b., c, d, e
I	Números romanos grandes	I, II, III, IV, V
i	Números romanos pequenos	i, ii, iii, iv, v

Por exemplo, aqui está uma lista ordenada que usa números romanos pequenos (ch01_eg18.html):

```
<ol type="i">
<li>Este é o primeiro ponto</li>
<li>Este é o segundo ponto</li>
<li>Este é o terceiro ponto</li>
</ol>
```

Você pode ver como isto se parece na Figura 1-21.

O atributo *type* foi desatualizado na HTML 4.1 em favor da propriedade CSS *list-style-type*; ele só funcionará portanto em Transitional XHTML e não em Strict XHTML 1,0. A substituição em CSS só funcionará em navegadores a partir do IE4 e Netscape 4.

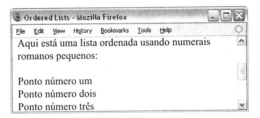

FIGURA 1-21

Você costumava poder usar o atributo *type* em elementos <li>, o que sobrescrevia o valor do elemento <ol>, mas ele foi desatualizado em HTML 4.1 e seuu uso deve ser evitado. Todos os atributos universais e eventos IU podem ser usados com os elementos <ol> e também um atributo especial para controlar o número com o qual uma lista começa.

Usando o Atributo start para Alterar o Número Inicial em uma Lista Ordenada (desatualizado)

Se você quiser especificar o número com o qual uma lista ordenada deve começar, pode usar o atributo *start* no elemento <ol>. O valor deste atributo deve ser a representação numérica desse ponto na lista, de modo que um D em uma lista ordenada com letras maiúsculas seria representado por um valor 4 (ch01_eg18.html).

```
<ol type="i" start="4">
<li>Ponto número um</li>
<li>Ponto número dois</li>
<li>Ponto número três</li>
</ol>
```

Você pode ver o resultado na Figura 1-22.

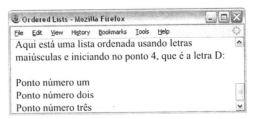

Figura 1-22

O atributo *start* foi desatualizado em HTML 4.1; ele ainda funciona em Transitional XHTML mas não em Strict XHTML 1.0.

Listas de Definição

Uma lista de definição é um tipo especial de lista para fornecer termos seguidos por um texto curto com suas definições ou as descrições dos mesmos. Listas de definição ficam dentro do elemento <dl>. Esse elemento contém elementos <dt> e <dd> que se alternam. O conteúdo do elemento <dt> é o termo que você definirá.

O elemento <dd> contém a definição do elemento <dt> anterior. Por exemplo, aqui está uma lista de definição que descreve os diferentes tipos de listas em XHTML (ch01_eg19.html):

```
<dl>
<dt>Lista Desordena</dt>
<dd>Uma lista de marcadores.</dd>
<dt>Lista ordenada</dt>
<dd>Uma lista ordenada de pontos, como conjuntos ordenados de passos.</dd>
<dt>Lista de Definição</dt>
<dd>Uma lista de termos e definições.</dd>
</dl>
```

Em um navegador, isso pareceria com a Figura 1-23 (ch01_eg19.html).

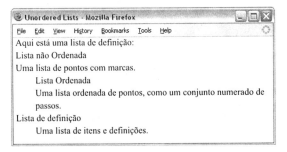

Figura 1-23

Cada um desses elementos pode trazer os atributos universais e os eventos IU.

Listas Aninhadas

Você pode aninhar listas umas dentro das outras. Por exemplo, você poderia querer uma lista numerada com pontos separados correspondendo a um dos itens de linhas. Cada lista seria numerado separadamente a menos que você especificasse o contrário usando o atributo *start*. Cada nova lista deveria ser colocada dentro de um elemento <li< (ch01_eg20.html):

```
<ol type="I">
<li>Item um</li>
<li>Item dois</li>
<li>Item três</li>
<li>Item quatro
<ol type="i">
<li>Item 4.1</li>
<li>Item 4.2</li>
<li>Item 4.3</li>
</ol>
</li>
<li>Item Five</li>
</ol>
```

Em um navegador, isto teria a seguinte aparência:

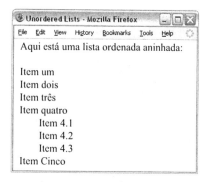

Figura 1-24

Experimente | Usando Marcadores de Texto

Agora que você examinou os diferentes elementos e atributos que pode usar para marcar textos, é hora de colocar as informações em prática. Neste exemplo, você usa uma mistura de marcadores de texto para criar uma página que exibe uma receita. Assim, abra seu editor de textos ou ferramenta de criação de página web e siga estes passos:

1. Você escreverá este exemplo em Transitional XHTML 1.0, então adicione a declaração XML opcional e a declaração DOCTYPE:

```
<?xml version="1.0" encoding="UTF-8"?>
<!DOCTYPE html PUBLIC "-//W3C//DTD XHTML 1.0 Transitional//EN"
""http://www.w3.org/TR/xhtml1/DTD/xhtml1-transitional.dtd">
```

2. Adicione os elementos do esqueleto no documento: <html>, <head>, <title> e <body>. Não esqueça de colocar o identificador de *namespace* no elemento raiz, junto com um atributo para indicar a linguagem do documento:

```
<html xmlns="http://www.w3.org/1999/xhtml" lang="en">
<head>
<title>Receitas Wrox - Os Melhores Ovos Mexidos do Mundo</title>
</head>
<body>
</body>
</html>
```

3. Adicione alguns elementos de cabeçalho no corpo do documento:

```
<body>
<h1>Receitas Wrox - Os Melhores Ovos Mexidos do Mundo </h1>
<h2>Ingredientes</h2>
<h2>Instruções</h2>
</body>
```

4. Após o elemento <h1>, haverá um algumas explicações sobre a receita (e por que eles são os melhores ovos mexidos do mundo.) você pode ver os elementos que estudou até agora nestes dois parágrafos.

```
<h1>Receitas Wrox - Os Melhores Ovos Mexidos do Mundo</h1>
<p>Adaptei esta receita de um livro chamado
<cite cite=" http://www.amazon.com/exec/obidos/tg/detail/-
/0864119917/">Sydney Food</cite> de Bill Grainger. Já que
experimentei estes ovos na minha 1<sup>a</sup> visita ao
restaurante do Bill em Kings
Cross, Sydney, tenho procurado a receita. Desde então a transformei
no que eu realmente acredito que sejam o <em>melhores</em> ovos
mexidos que eu já provei.</p>
<p>Esta receita é o que eu chamo de <q>café da manhã muito espe-
cial</q>; olhe os ingredientes para ver o porquê. Eles têm que
ser provados para que se acredite.</p>
```

5. Após o primeiro <h2> elemento, você listará os ingredientes em uma lista desordenada:

```
<h2>Ingredientes</h2>
<p>Os seguintes ingredientes fazem uma porção:</p>
<ul>
<li>2 ovos</li>
<li>1 colher de manteiga(10g)</li>
```

```
<li>1/3 de xícara de creme<i>(2 3/4 fl libras)</i></li>
<li>Uma pitada de sal</li>
<li>Pimenta</li>
<li>3 cebolinhas picadas</li>
</ul>
```

6. Adicione as instruções após o segundo elemento <h2>; elas irão em uma lista ordenada:

```
<h2>Instruções</h2>
<ol>
<li>Coloque os ovos, creme e sal em uma tigela.</li>
<li>Derreta a manteiga sobre uma panela quente <i>(tomando cuidado para não queimar (a manteiga)</i>.</li>
<li> Coloque a mistura do ovo em uma panela e espere até ficar à beira da panela (em torno de 20 segundos).</li>
<li>Com uma colher de pau, traga a mistura para o centro como se fosse um omelete e deixe cozinhar mais 20 segundos. </li>
<li>Junte os conteúdos novamente, deixe por 20 segundos e repita até que os ovos estejam prontos.</li>
<li>Adicione a pimenta sobre os ovos e misture com a cebolinha picada.</li>
</ol>
<p> Você só de fazer um <strong>máximo</strong> de duas porções por frigideira.</p>
```

7. Grave este exemplo como ovos.html. Quando você abri-lo em um navegador, deve ver algo com a Figura 1-25.

Criando Documentos Estruturados @ 53

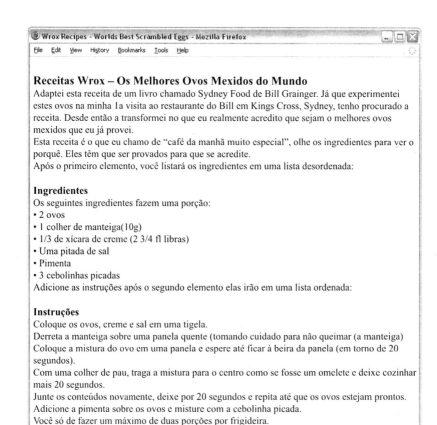

Figura 1-25

Como Funciona

Você viu a declaração XML e o esqueleto deste documento vezes suficientes, de modo que já tempo de enfocar os novos elementos que você tem disponíveis para marcar textos.

Após o cabeçalho principal para o documento, que está nos elementos <h1>, você pode ver os parágrafos de texto. Comece observando o primeiro parágrafo.

Na primeira frase, o elemento <cite> foi usado para indicar uma referência ao livro do qual essa receita foi adaptada. A próxima frase usa o elemento <sup> de modo que você pode escrever "1º" e usar o texto sobrescrito – embora você vá perceber que isto faz com que a distância entre a primeira e a segunda linhas de texto fique maior do que a entre a segunda e a terceira (já que as letras sobrescritas sobem a linha). Na frase final está a ênfase na palavra "melhor", já que estes são os *melhores* ovos mexidos que já provei:

```
<h1>Receitas Wrox - Os Melhores Ovos Mexidos do Mundo</h1>
<p>Adaptei esta receita de um livro chamado
<cite cite=" http://www.amazon.com/exec/obidos/tg/detail/-
/0864119917/">Sydney Food</cite> de Bill Grainger. Já que
experimentei estes ovos na minha 1<sup>a</sup> visita ao
restaurante do Bill em Kings
Cross, Sydney, tenho procurado a receita. Desde então a trans-
formei no que eu realmente acredito que sejam o <em>melhores</
em> ovos mexidos que eu já provei.</p>
```

Você pode ver outro elemento novo funcionando no segundo elemento: o elemento <q> para citações em uma frase:

```
<p>Esta receita é o que eu chamo de <q>café da manhã muito
especial</q>; olhe os ingredientes para ver o porquê. Eles têm que
ser provados para que se acredite.</p>
```

Os ingredientes (listado em um elemento <h2>) contêm uma lista desordenada, e uma alternativa em itálico de medida para a quantidade de creme necessária:

```
<ul>
<li>2 ovos</li>
<li>1 colher de manteiga(10g)</li>
<li>1/3 de xícara de creme<i>(2 3/4 fl libras)</i></li>
<li>Uma pitada de sal</li>
<li>Pimenta</li>
<li>3 cebolinhas picadas</li>
</ul>
```

As instruções para cozinhar os ovos (listadas no segundo elemento <h2>) contêm uma lista numerada e alguns parágrafos adicionais. Você poderia observar que a lista numerada contém um comentário em itálico sobre não queimar a manteiga, e o parágrafo final contém uma ênfase forte de que você deve cozinhar no máximo dois lotes destes ovos em uma frigideira.

```
<h2>Instruções</h2>
<ol>
<li>Coloque os ovos, creme e sal em uma tigela.</li>
<li>Derreta a manteiga sobre uma panela quente <i>(tomando cuidado
para não queimar (a manteiga)</i>.</li>
<li> Coloque a mistura do ovo em uma panela e espere até ficar à
beira da panela (em torno de 20 segundos).</li>
```

```
<li>Com uma colher de pau, traga a mistura para o centro como se
fosse um omelete e deixe cozinhar mais 20 segundos. </li>
<li>Junte os conteúdos novamente, deixe por 20 segundos e repita
até que os ovos estejam prontos.</li>
<li>Adicione a pimenta sobre os ovos e misture com a cebolinha
picada.</li>
</ol>
<p> Você só de fazer um <strong>máximo</strong> de duas porções
por frigideira.</p>
```

A página então termina de forma normal com rótulos de fechamento </body> e </html>. Espero que você goste dos ovos – vá em frente, você sabe que quer experimentá-los agora.

Editando Texto

Ao trabalhar em um documento com outras pessoas, ajuda se você puder ver as alterações que outras pessoas fizeram. Mesmo ao trabalhar nos seus próprios documentos, pode ser útil registrar as alterações que você fez. Dois elementos são projetados especialmente para revisar e editar textos:

- ❑ O elemento <ins> para quando você quiser adicionar texto
- ❑ O elemento <del> para quando você quiser apagar algum texto

Aqui você pode ver algumas alterações feitas no XHTMI a seguir (ch01_eg21.html):

```
<h1>Como Localizar um Livro Wrox</h1>
<p>Localizar um livro da Wrox é um passatempo popular em
livrarias. Os programadores gostam de encontrar as espinhas
<del>azuis</del><ins>vermelhas</ins> porque sabem que os livros da
Wrox são escritos por <del>1000 macacos </del><ins>Programadores</ins> para Programadores.</p>
<ins><p>Tanto leitores quanto autores, entretanto, têm reservas
quanto ao uso de fotos nas capas.</p></ins>
```

Este exemplo se pareceria com a Figura 1-26 em um navegador.

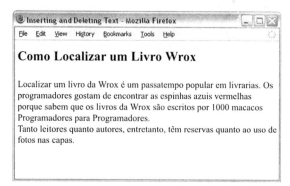

Figura 1-26

Esses recursos também seriam especialmente úteis em ferramentas de edição para observar mudanças e modificações feitas por diferentes autores.

Se você estiver familiarizado com o Microsoft Word, os elementos <ins> e <del> são bastante semelhantes a um recurso chamado Track Changes (que você encontra no menu Ferramentas). Este recurso sublinha novas adições de textos e risca o texto apagado.

Você deve ter cuidado ao usar <ins> e <del> para assegurar que não acabe com um elemento de nível de bloco (como um elemento <p> ou um <h2>) dentro de um elemento de linha como <b> ou <i>. Você aprende mais sobre elementos de nível de bloco e elementos de linha no final deste capítulo.

Usando <ins> para Indicar Novas Adições ao Texto

Qualquer texto adicionado a um documento dentro de um elemento <ins> será sublinhado para indicar que é um novo texto (veja a Figura 1-26).

```
<ins><p>Este parágrafo fica entre um elemento &alt;ins&gt;. </p></ins>
```

Você pode usar o atributo <cite> no elemento <ins> e <del> para indicar a fonte ou motivo de uma mudança, embora este atributo seja bastante limitante já que o valor deve ser uma URL.

Você também pode usar o atributo *title* para fornecer informações sobre quem adicionou o elemento <ins> ou <del> e o porquê dele ter sido adicionado ou excluído; essa informação é oferecida como uma dica nos principais navegadores.

Os elementos <ins> e <del> também podem conter um atributo *datetime* cujo valor é uma data e um horário no seguinte formato:

AAAA-MM-DDThh:mm:ssTZD

Essa fórmula se divide da seguinte maneira:

- AAAA representa o ano.
- MM representa o mês.
- DD representa o dia.
- T é apenas um separador entre a data e o horário.
- hh é a hora.
- mm são o número de minutos.
- ss são o número de segundos.
- TZD é o designador do fuso horário.

Por exemplo, 2004-04-16T20:30-05:00 representa 20:30 de 16 de abril de 2004, de acordo com o fuso horário da costa leste dos Estados Unidos.

> O atributo datetime provavelmente será informado por um programa ou ferramenta de construção de sites, já que o formato é bastante longo para ser informado à mão.

Usando <del> para Indicar Texto Excluído

Se você quiser excluir algum texto de um documento, pode colocá-lo dentro de um elemento <del> para indicar que ele está marcado para ser excluído. Textos dentro de um elemento <del> terão uma linha ou risco (veja a Figura 1-26).

```
<del><p>Este parágrafo fica dentro de um elemento &lt;del&gt;.</p></del>
```

O elemento <del> pode ter atributos cite, datetime e title da mesma forma que o elemento <ins>.

> Quando você aprender a usar CSS, verá como seria possível mostrar e esconder o conteúdo inserido e excluído conforme necessário.

Usando Entidades de Caracteres para Caracteres Especiais

Você pode usar a maioria dos caracteres alfanuméricos no seu documento e eles serão exibidos sem problemas. Existem, contudo, alguns caracteres que têm significado especial em XHTML e para alguns caracteres não há equivalente no teclado que você possa digitar. Por exemplo, você não pode usar os caracteres < e > como rótulos de abertura e fechamento, já que o navegador pode confundir as letras depois deles com marcadores. Você pode, entretanto, usar um conjunto diferente de caracteres conhecido como *entidade de caracteres* para representar esses caracteres especiais. Às vezes, você também verá entidades de caracteres sendo chamadas de *caracteres de escape*.

Todos os caracteres especiais podem ser adicionados em um documento através do uso da entidade numérica para esses caracteres e alguns têm entidades nomeadas, como você pode ver na tabela a seguir.

Caractere	Entidade Numérica	Entidade Nomeada
"	&#034;	&quot;
&	&#038;	&amp;
<	&#060;	&lt;
>	&#062;	&gt;

Uma lista completa de entidades de caracteres (ou caracteres especiais) aparece no Apêndice F.

Comentários

Você pode colocar comentários entre quaisquer rótulos nos seus documentos XHTML. Os comentários usam a seguinte sintaxe:

```
<!-- o comentário vai aqui -->
```

Qualquer coisa após o <!-- e até o --> não será exibida. Ela ainda poderá ser vista no código fonte do documento, mas não é mostrada na tela.

É uma boa prática comentar seu código, especialmente em documentos complexos, para indicar seções de um documento e quaisquer outras observações para quem estiver lendo o código. Os comentários ajudam você e outras pessoas a entender seu código.

Você pode até comentar seções inteiras de código. Por exemplo, no trecho de código a seguir você não veria o conteúdo do elemento <h2>. Você também pode ver que há comentários indicando a seção do documento, quem a adicionou e quando isto foi feito.

```
<!-- Início da Seção de Notas de Rodapé adicionada em 24-04-04
por Bob Stewart -->
<!-- <h2>Entidades de Caracteres</h2> -->
```

```
<p><strong>Entidades de Caracteres</strong> podem ser usadas
para caracteres especiais que o navegador de outra forma poderia
interpretar como tendo algum significado especial.</p>
<!-- Final da Seção de Notas de Rodapé -->
```

O Elemento <font> (desatualizado)

Você deve estar ciente de que o elemento <font>, que foi introduzido pela HTML 3.2 para permitir aos usuários maior controle sobre como o texto aparecer. Ele foi desatualizado na HTML 4.0, e desde então tem sido removido da XHTML. Na sua breve vida, entretanto, teve muito uso e, se você olhar o código de outras pessoas, o verá sendo bastante usado. Se você quiser ler mais sobre o elemento <font>, ele é coberto no Apêndice I. Você poderia ver o elemento <font> usado da seguinte maneira:

```
<h3>Usando o elemento &lt;font&gt; </h3>
<font face="arial, verdana, sans-serif" size="2" color="#666666">O
elemento
&lt;font&gt; está desatualizado desde a HTML 4.0. Você agora deve
usar
CSS   para indicara como o texto deve aparecer. </font>
```

Entendendo Elementos de Bloco e Elementos de Linha

Agora que você viu muitos dos elementos que podem ser usados para marcar textos, é importante fazer uma observação sobre todos estes elementos que ficam dentro do elemento <body> por que cada um pode estar em uma entre duas categorias:

❏ Elementos de nível de bloco

❏ Elementos de linha

Esta uma uma distinção bastante conceitual, mas terá ramificações importantes para outros recursos de XHTML (alguns dos quais você conhecerá em breve).

Elementos de nível de bloco aparecem na tela como se tivessem um caractere de retorno de carruagem ou de quebra de linha antes e depois deles. Por exemplo, os elementos <p>, <h1>, <h2>, <h3>, <h4>, <h5>, <h6>, <ul>, <ol>, <dl>, <pre>, <ch />, <blockquote> e <address> que são elementos de nível de bloco. Todos eles começam sozinhos em uma nova linha e qualquer coisa que os seguir aparece em uma nova linha também.

Elementos de linha, por outro lado, podem aparecer dentro de sentenças e não têm que aparecer sozinhos em uma nova linha. Os elementos <b>, <i>, <u>, <em>, <strong>,

<sup>, <sub>, <big>, <small>, <li>, <ins>, <del>,<code>, <cite>, <dfn>, <kbd> e <var> são todos elementos de linha.

Por exemplo, veja o cabeçalho e o parágrafo a seguir. Esses elementos começam sozinhos em uma nova linha e qualquer coisa que os siga vai em uma nova linha também. Enquanto isso os elementos de linha no parágrafo não são colocados em novas linhas. Aqui está o código (ch02_eg22.html):

```
<h1>Elementos de Nível de Bloco</h1>
<p><strong>Elementos de nível de bloco</strong> sempre começam em uma nova linha. Os elementos <code>&lt;h1&gt;</code> e <code>&lt;p&gt;</code> não ficarão na mesma linha, enquanto que os elementos de linha vão com o resto do texto.</p>
```

Você pode ver como isto fica na Figura 1-27.

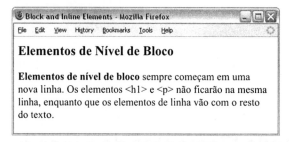

Figura 1-27

Você também deve estar ciente do que, em Strict XHTML, elementos de nível de bloco pode, conter outros elementos de nível de bloco e elementos de linha. Entretanto, elementos de linha só podem aparecer dentro de elementos de nível de bloco e não podem conter elementos de nível de bloco (de modo que você não deve ter um elemento <b> fora de um elemento de nível de bloco.)

Agrupando Elementos com <div> e <span>

Os elementos <div> e <span> permitem a você agrupar diversos elementos para criar seções ou subseções de uma página. Sozinhos, eles não afetarão a aparência de uma página, mas são usados comumente com CSS para lhe permitir anexar um estilo a uma seção de uma página (como você verá no Capítulo 7). Por exemplo, você poderia querer colocar todas as notas de rodapé em uma página dentro de um elemento <div> para indicar que todos os elementos dentro desse elemento <div> se relacionam às notas de rodapé. Você poderia então anexar um estilo a este elemento <div> de modo que eles pareçam usar um conjunto especial de regras.

O elemento <div> é usado para agrupar elementos de nível de bloco:

```
<div class="frodape">
<h2>Rodapés</h2>
<p><b>1</b> A World Wide Web foi inventada por Tim Berners-Lee</p>
<p><b>2</b> A W3C é o Consórcio da World Wide Web que mantém
muitos padrões Web</p>
</div>
```

Sozinho, isto não teria efeito sobre como o documento seria visualmente, mas ele tem um significado extra para a marcação, que agora agrupa os elementos relacionados. Esse agrupamento pode ser usado por uma aplicação de processamento ou (como você verá no Capítulo 7) para anexar estilos especiais a esses elementos usando regras CSS.

Os elementos <div> e <span> podem trazer todos os elementos universais e atributos de eventos IU, assim como o atributo desatualizado *align* (que não está mais disponível em Strict XHTML 1.0).

Resumo

Neste capítulo você viu como XHTML é usada para adicionar estrutura ao texto que aparece em um documento.

Você aprendeu que o conteúdo de uma página web é marcado usando elementos que descrevem a estrutura do documento. Esses elementos consistem de um rótulo de abertura, um de fechamento e algum conteúdo dentre eles. Para alterar algumas propriedades de elementos, o rótulo de abertura pode trazer atributos e atributos são sempre escritos como pares de nome e valor. Você viu que XHTML pode ser pensado como sendo a versão mais recente DE HTML e que há três sabores diferentes de XHTML – para informar o navegador qual você está usando, pode usar uma declaração DOCTYPE.

Você também conheceu muitos elementos novos e aprendeu os atributos que eles trazem. Você viu como cada documento XHTML deve conter pelo menos os elementos <html>, <head>, <title> e <body> e como o elemento <html> deve conter um identificador de *namespace*.

Você conheceu então alguns novos atributos: os atributos básicos (class, id e title), os atributos de internacionalização (dir, lang e xml:lang) e os atributos de eventos IU, cada um dos quais aparecerá regularmente por todo este livro, já que a maioria dos elementos podem suportá-los.

O restante do capítulo lidou com elementos que descrevem a estrutura do texto:

❏ Os seis níveis de cabeçalhos: <h1>, <h2>, <h3>, <h4>, <h5> e <h6>

❏ Parágrafos <p>, seções formatadas <pre>, quebra de linha <br /> e endereços <address>Elementos de apresentação <b>, <i>, <s>, <tt>, <sup>, <strike>, <big>, <small> e <hr />

- Elementos de expressão como <em>, <strong>, <abbr>, <acronym>, <dfn>, <blockquote>, <q>, <cite>, <code>, <kbd>, <var>, <samp> e <address>
- Listas não ordenadas usando <ul> e <li>, listas ordenadas usando <ol> e <li> e listas de definição usando <dl>, <dt> e <add>
- Elementos de edição como <ins> e <del>
- Elementos de agrupamento como <div> e <span>

Você obviamente usará alguns destes elementos mais do que outros, mas onde um elemento for apropriado para o conteúdo que você estiver tentando marcar, de parágrafos a endereços, você deve tentar usá-lo. Estruturar seu texto apropriadamente auxiliará a fazer com ele dure mais tempo do que se você apenas o formatasse usando quebras de linhas e elementos de apresentação.

Você irá se deparar com muitos desses elementos em exemplos posteriores neste livro, começando no próximo capítulo, o qual lhe apresenta ao tópico muito importante de conexões entre documentos (e conexões com partes específicas de um documento).

Finalmente, eu devo mencionar que você pode aprender muito examinando como outras pessoas escreveram as páginas delas e pode visualizar o código HTML ou XHTML de páginas da Web indo ao menu Visualizar ou Ferramentas do seu navegador e selecionar as opções de Código Fonte (às vezes listadas como Visualizar Código Fonte ou Código Fonte da Página). (Você também pode aprender muitos hábitos ruins assim – de modo que ainda precisa ler mais para evitá-los.)

Exercícios

As respostas de todos os exercícios estão no Apêndice A.

1. Marque a frase a seguir com elementos de apresentação relevantes.

```
Na 1ª vez que o homem corajoso escreveu em itálico, ele sublinhou
diversas palavras chaves.
```

2. Marque a lista a seguir com conteúdos inseridos e excluídos:

- 1 ½ ¾ xícaras de ricota
- ¾ de xícara de leite
- 4 ovos
- 1 copo de farinha branca
- 1 xícara de chá de fermento
- 75g 50g de manteiga
- uma pitada de sal

2

Conexões e Navegações

O que realmente distingue a Web de outras mídias é a forma pela qual as páginas da web podem conter conexões que lhe levam diretamente a outras páginas (e até a partes específicas de uma determinada página). Conhecidos como *hyperlinks*, essas conexões são muitas vezes consideradas o segredo por trás do sucesso fenomenal da Web. Os *hyperlinks* permitem aos visitantes navegarem entre web sites clicando em palavras, expressões e imagens.

O web site médio é um grupo de páginas entre as quais os usuários navegam usando conexões de hyperlinks. Estas páginas muitas vezes incluem conexões para outros sites conhecidos como *sites externos*.

Da mesma forma que a marcação que você aprendeu no Capítulo 1 descrevia a estrutura dos documentos, as conexões descrevem quais partes do documento podem se conectar a quais partes de outros documentos – de modo que eles também formam relacionamentos entre diferentes documentos.

Quando você aprende sobre conexões, também é importante aprender sobre alguns dos conceitos relacionados à estruturação do seu site em pastas conhecidas como *diretórios*, e como você pode usar *URLs relativas* para conectar páginas dentro do seu site.

Neste capítulo, então, você aprenderá:

❏ Como estruturar as pastas no seu web site
❏ Como conectar páginas do seu site
❏ Como conectar partes específicas de uma página no seu site
❏ Como conectar a outros sites

> *Este capítulo cobre apenas conexões de páginas web; ele não cobre os mecanismos de conexão para e inserção de outros arquivos, em especial o elemento <link> (que é coberto no Capítulo 7 sobre style sheets) ou os elementos <img> e <object> (que são cobertos no Capítulo 3).*

Conexões Básicas

Para que possamos nos iniciar em conexões, examinaremos alguns exemplos simples. Assim que você conhecer o básico de conexões, ainda haverá muito a aprender, mas estes exemplos na verdade lhe ensinarão o que você precisa usar 90 por cento do tempo.

Uma conexão é especificada usando o elemento <a>. Qualquer coisa entre o rótulo de abertura <a> e o de fechamento </a> se torna parte da conexão que um usuário pode clicar em um navegador. As seções a seguir discutem conexões para outros documentos e para endereços de email.

Conectando com Outros Documentos

Para conectar com outro documento, o rótulo de abertura <a> deve trazer um atributo chamado *href*; o valor deste atributo *href* é a página com a qual você está se conectando.

Como exemplo, aqui está o <body> de um documento chamado ch02_eg01.html. Esta página contém uma conexão para uma segunda página chamada index.html:

<body>
        Retorna para a <a href="index.html">página de índice </a>.

Desde que index.htmml esteja na mesma pasta de ch02_eg01.html, quando você clicar nas palavras "página de índice", a página index.html será carregada na mesma janela, substituindo a página corrente ch02_eg01.html. Como você pode ver na Figura 2-1, o conteúdo do elemento <a> forma a conexão.

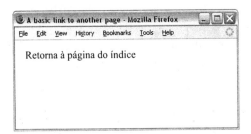

Figura 2-1

Visualizar no seu navegador e selecionar a opção Visualizar Código Fonte sempre que quiser ver o que está acontecendo em uma página HTML ou XHTML.

Embora você possa colocar todos os tipos de elementos dentro de um elemento <a>, é uma boa idéia deixar suas conexões concisas e fazer o conteúdo do elemento <a>

descrever o que está no final desta conexão. Devido ao conteúdo do elemento <a> expressar claramente mais do que o texto em torno dele (na verdade porque é apresentado em uma cor diferente), muitas pessoas *varrem* páginas buscando conexões quando querem ir à próxima página sem realmente ter lido a página inteira. Portanto, os usuários terão menor probabilidade de permanecer no seu site e seguir suas conexões se todas elas disserem apenas "clique aqui" porque a conexão não mostrará a eles de forma clara e rápida onde eles irão.

> *Muitos projetistas web também usam imagens dentro do elemento <a>, o que é algo que você verá no próximo capítulo, mas quando você usar uma imagem, assegure-se de que essa imagem dê uma indicação clara de onde a conexão levará.*

Se você quiser uma conexão para um site diferente, pode usar a seguinte sintaxe, onde você especifica uma URL (*Uniform Resource Locator*) para a página com a qual você quer se conectar em vez de apenas o nome de arquivo ch02_eg02.html (você aprenderá mais sobre URLs mais adiante neste capítulo):

```
<body>
Por que não visitar o <a href="http://www.wrox.com/">web site da
Wrox </a>?
</body>
```

Esta conexão aponta para o web site da Wrox. Como você pode ver, o valor do atributo *href* é o mesmo que você digitaria em um navegador se quisesse visitar o web site da Wrox. Isto é conhecido como URL qualificada porque contém o nome do domínio para o web site.

Quando você estiver conectando com páginas que fizerem parte do mesmo web site, pode usar uma abreviação chamada de *URL relativa*; o primeiro exemplo (no qual eu não iniciei o valor do atributo *href* com o nome do domínio) foi uma ilustração disso. Isso não apenas evita que você tenha que digitar a URL inteira mas também possui outras vantagens.

Também é uma boa prática usar o atributo *title* em uma conexão, já que ele será exibido como uma dica (uma pequena bolha que aparece mostrando o título) na maioria dos navegadores quando o usuário passa com o mouse sobre a conexão (ou no caso de navegadores com voz – muitas vezes usados para pessoas com deficiência visual – o título será lido em voz alta).

O valor do atributo *title* deve ser uma descrição sobre para onde a conexão lhe levará. Isto é especialmente importante se você usar uma imagem para uma conexão. Por exemplo, aqui está uma conexão para a página inicial do Google ch02_eg03.html:

```
<a href="http://www.Google.com/" title="Pesquise na Web com o
Google">O Google</a>é um mecanismo de pesquisa muito popular.
```

A Figura 2-2 mostra o atributo *title*, que dá mais informações sobre a conexão para o usuário quando o mouse é mantido sobre a conexão.

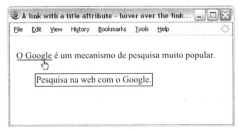

Figura 2-2

Você deve estar ciente de que tudo dentro do elemento <a> é exibido como uma conexão, incluindo o espaço em branco em torno do texto ou das imagens e portanto é melhor evitar espaços diretamente após um rótulo de abertura <a> ou antes do rótulo de fechamento </a>. Por exemplo, analise a seguinte conexão com um espaço antes e um depois (ch02_eg03.html):

```
Por que não visitar o<a href="http://www.wrox.com/"> web site da
Wrox </a>?
```

Como você pode ver na Figura 2-3, esses espaços na conexão serão sublinhados.

Figura 2-3

É muito melhor usar espaços em branco fora destes rótulos, como em:

```
Por que não visitar o<a href="http://www.wrox.com/">web site da
Wrox</a>?
```

É claro que você ainda tem espaços em branco entre as palavras do elemento <a>; é apenas melhor se eles não estiverem no início ou no final da conexão.

Conectando com Endereços de Email

Você provavelmente já viu conexões em muitos sites que mostram um endereço de email e deve provavelmente ter percebido que clicar em uma dessas conexões abrirá um novo email no seu programa padrão de e-mails, pronto para você enviar um email para esse endereço.

Para criar uma conexão para um endereço de email, você precisa usar a seguinte sintaxe com o elemento <a>:

```
<a href="mailto:nome@exemplo.com">nome@exemplo.com</a>
```

Aqui, o valor do atributo href começa com a palavra chave mailto, seguida por dois pontos e depois o endereço de email para o qual você quer enviar um email. Da mesma forma que para qualquer outra conexão, o conteúdo do elemento <a> é a parte visível da conexão mostrada no navegador, de modo que você poderia decidir usar o seguinte:

```
<a href="mailto:nome@exemplo.com">Envie-nos um email</a>.
```

Ou, se você quiser que os usuários vejam o endereço do email antes de clicar nele, pode usar o seguinte:

```
Para solicitações de vendas, envie um email para <a href="mailto:nome@exemplo.com">vendas@exemplo.com </a>.
```

Há uma desvantagem no uso dessa técnica, entretanto: alguns habitantes menos escrupulosos da Web usam pequenos programas para pesquisar automaticamente endereços de email em web sites. Após eles terem encontrado endereços de email, começam a enviar spam (lixo) para esses endereços.

Há algumas alternativas principais à criação de uma conexão de um endereço de email:

- ❏ Use um formulário de email em vez disso, de modo que os visitantes preencham um formulário no seu web site para lhe enviar um email. Assim que você tiver recebido o email, pode responder de forma normal porque programas automatizados não usam formulários de contato para coletar endereços de emails. O uso de um formulário de email requer um script CGI ou uma linguagem de script no lado servidor como ASP.net, JSP, PHP, Cold Fusion ou Ruby. O Capítulo 5 fornece um exemplo de um formulário de email.

- ❏ Escreva seu endereço de email na página usando JavaScript (coberto no Capítulo 12). A idéia por trás dessa técnica é que os programas que buscam endereços de email na Web não conseguem ler a versão em JavaScript de um endereço.

Você viu como criar os tipos mais básicos de conexões e agora está pronto para mergulhar nos tópicos mais profundos sobre conexões. Para examinar conexões entre páginas em maiores detalhes, você precisa passar por algumas páginas que explicam mais sobre como você deve organizar os arquivos no seu web site em pastas e também a anatomia de uma URL)o endereço que identifica páginas e outros recursos no seu web site.)

Entendendo Diretórios e estruturas de Diretórios

Um *diretório* é simplesmente o nome de uma pasta em um web site. (Da mesma forma que o seu disco rígido contém pastas diferentes, um web site contém diretórios.) Geralmente você descobrirá que um web site contém diversos diretórios e que cada diretório contém diferentes partes de um web site. Por exemplo, um site grande com diversas sub-seções terá um diretório separado para cada seção desse site e diferentes tipos de arquivos (como imagens e *style sheets*) geralmente são mantidos em seus próprios diretórios específicos.

Da mesma forma que você provavelmente organiza os arquivos no seu disco rígido em pastas separadas, é importante organizar os arquivos no seu web site em diretórios de modo que você possa encontrar o que estiver procurando mais facilmente e que possa manter controle sobre todos os arquivos. Como você pode imaginar, se todos os arquivos de um web site estiverem na mesma pasta, as coisas ficariam complicadas muito rapidamente.

A Figura 2-4 mostra um exemplo de estrutura de diretórios para um site de notícias, com pastas separadas para cada seção e pastas separadas para diferentes tipos de arquivos. Há pastas para imagens, scripts e *style sheets* na pastas principal. Observe também como a seção Música tem suas próprias pastas para Recursos, MP3s e Críticas.

Além disso, uma estrutura de diretórios como essa ajudará os usuários a navegar pelo site sem conhecer nomes exatos de arquivos; eles podem escolher a seção que quiserem, como http://www.ExemploDeSiteDeNoticias.com/Negocios/ para ler notícias de negócios ou http://www.ExemploDeSiteDeNoticias.com/Entretenimento/Musica/ para obter as páginas sobre música.

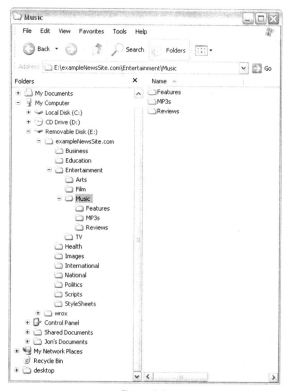

Figura 2-4

É muito importante manter qualquer web site bem organizado; é surpreendente como um site pequeno pode crescer rapidamente e conter muito mais arquivos do que imaginado inicialmente. Portanto, quando você começar a construir qualquer web site, deve criar uma boa estrutura de diretórios que possa crescer com sucesso.

À medida em que você aprende sobre conexões, é importante aprender alguns termos que são usados na descrição de estruturas de diretórios e os relacionamentos entre diretórios, então olhe novamente a Figura 2-4 para ver um exemplo de estrutura de diretórios:

❑ O diretório principal que armazena toda o seu web site é conhecido como *pasta raiz* do seu web site; nesse caso, é chamado de exampleNewSite.com.

❑ Um diretório que esteja dentro de outro é conhecido como *sibdiretório*. Aqui, Film é um subdiretório de Entertainment.

❑ Um diretório que contenha outro diretório é conhecido como o *diretóriopai* do subdiretório. Aqui, Entertainment é o diretório pai de Arts, Films e TV.

Com o Que Você Está se Conectando?

No início deste capítulo você viu exemplos de criação de conexões para páginas no mesmo diretório e para páginas em web sites diferentes.

Agora que você viu como deve organizar seu site em pastas separadas, precisa ver como pode conectar as páginas em diferentes pastas do seu próprio web site – por exemplo, como conectar da página inicial a uma página na seção de Entretenimento, que estará na pasta Entertainment.

Você *pode* usar a URL inteira que digitaria na barra de endereço de um navegador – conhecidos como *URLs absolutas* – em cada conexão do seu site, embora seja melhor usar *URLs relativas*, que são um tipo de abreviação, para conectar arquivos em pastas diferentes do seu site. URLs relativas especificam onde um arquivo está *em relação* ao corrente.

Antes de examinarmos como criar uma URL relativa e como ela difere de uma URL absoluta, você precisa entender a anatomia de uma URL.

Do que uma URL é Feita

Uma URL é constituída de diversas partes, cada uma das quais oferece informações para o navegador encontrar a página que você procura. É mais fácil aprender as partes da URL se examinar as mais comuns primeiro. Se você olhar a URL de exemplo na Figura 2-5, há três partes chaves: o esquema, o endereço do hospedeiro e o caminho do arquivo. As seções a seguir discutem cada uma dessas partes.

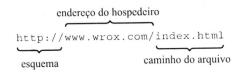

Figura 2-5

O Esquema

O esquema identifica o tipo de URL com a qual você está se conectando e portanto como o recurso deve ser recuperado. Por exemplo, a maioria das páginas web usam algo chamado *Hypertext transfer Protocolo* (HTTP) para passar informações para você, o que é o motivo pelo qual a maioria das páginas web começa com http://, mas você pode ter percebido outros prefixos ao executar transações bancárias ou ao baixar arquivos grandes.

A tabela a seguir lista os esquemas mais comuns.

Esquema	Descrição
http://	Hypertext Transfer Protocolo (HTTP) é usado para solicitar páginas de servidores web e as envia de volta de servidores web para navegadores.
https://	Secure Hypertext Transfer Protocolo (HTTPS) criptografa os dados enviados entre o navegador e o servidor web usando um certificado digital.
ftp://	File Transfer Protocol é outro método para transferir arquivos na Web. Embora HTTP seja muito mais popular para visualizar web sites por causa da sua integração com navegadores, FTP ainda é usado comumente para transferir arquivos grandes pela Web e para enviar arquivos fonte para o seu servidor de web site.
File://	Usado para indicar que um arquivo está no disco rígido local ou em um diretório compartilhado em uma LAN.

O Endereço do Hospedeiro

O endereço do hospedeiro é o endereço onde um web site pode ser encontrado. Ele pode ser um endereço IP (quatro conjuntos de números entre 0 e 255, por exemplo, 192.0.110.255) ou mais comumente o nome do domínio de um site, como www.wrox.com.

Todos os computadores conectados à Internet podem ser encontrados usando um endereço IP; entretanto, em segundo plano, todos os nomes de domínio são convertidos no endereço IP para o(s) computador(es) que armazena(m) o web site consultando um servidor de nomes de domínios (DNS), que contém um diretório de nomes de domínios e os endereços IP dos computadores que executam esse web site.

Observe que "www" não é realmente parte do nome do domínio, embora seja muitas vezes usado no endereço do hospedeiro – ele não tem nada a ver com o protocolo HTTP usado.

O Caminho do Arquivo

O caminho do arquivo sempre começa com uma barra para a frente e pode consistir de um ou mais nomes de diretórios (lembre-se que um diretório é apenas outro nome para uma pasta no servidor web); cada nome de diretório é separado por caracteres de barras para a frente e o caminho do arquivo pode terminar com um nome de arquivo no final. Aqui, Overview.html é o nome do arquivo:

`/books/newReleases/BeginningWebDevelopment/Overview.html`

Se um nome de arquivo não for fornecido, o servidor web geralmente fará uma destas três coisas (dependendo de como estiver configurado):

- Retornar um arquivo padrão (para web sites escritos em HTML este muitas vezes é o index.html ou o default.html)
- Oferecer uma lista de arquivos nesse diretório
- Mostrar uma mensagem dizendo que a página não pôde ser encontrada ou que você não pode navegar nos arquivos de uma pasta

Outras Partes da URL

Uma URL pode, menos comumente, conter um número de outras partes.

Credenciais são uma forma de especificar um nome de usuário e senha para uma parte do site protegida por senha. As credenciais vêm antes do endereço do hospedeiro e são separadas desse endereço por um sinal de @. Observe como o nome do usuário é separado da senha por dois pontos. A URL a seguir mostra o nome de usuário *administrador* e a senha *deixemeentrar*:

```
http://administrador:deixemeentrar@www.wrox.com/administration/index.html
```

Portas são como as portas de um servidor web. Um servidor web muitas vezes tem diversos programas servidores sendo executados na mesma máquina e cada programa se comunica usando uma porta diferente. Por exemplo, http:// e https:/ por padrão usam portas diferentes (o padrão http:// geralmente usa a porta 80 e o https:/ a porta 443).

Você raramente tem que especificar uma porta mas, se o fizer, ela vem depois do nome do domínio e fica separada dele por dois pontos. Por exemplo, se você quisesse especificar que um servidor web estava sendo executado na porta 8080, poderia usar o seguinte endereço:

```
http://www.wrox.com:8080/index.html.
```

Identificadores de fragmentos podem ser usados após um nome de arquivo para indicar uma parte específica da página para onde um navegador deve ir imediatamente. Esses são muitas vezes usados em páginas longas quando você quer permitir a um usuário ira uma parte específica de uma página sem ter que rolar pela página inteira para encontrar esse ponto.

O identificador de fragmento fica separado do nome do arquivo por um sinal de cerquilha:

```
http://www.wrox.com/NewTitles/index.html#HTML
```

Você aprende mais sobre identificadores de fragmentos na seção com esse nome mais adiante neste capítulo.

Argumentos de caminho são usados para passar informações extras para um programa no servidor. Eles são separados da URL por um ponto de interrogação e vêm em pares nome/valor separados por um sinal de igual (eles são como atributos sem as aspas). Argumentos de caminho são comumente usados para coletar informações de visitantes e muitas vezes para passar informações para programas no servidor que definirão a página para você. Tais argumentos são muitas vezes chamados de *String de Consulta*.

Quando você usa um formulário em uma página web, como um formulário de pesquisa ou um formulário de pedidos online, o navegador pode inserir as informações que você fornece para passar informações originadas de você para o servidor - você não digita os argumentos de caminho em uma URL.

Aqui, os argumentos de caminho searchTerm=HTML são adicionados á URL para indicar que o usuário está pesquisando o termo HTML:

http://www.wrox.com/search.aspx?searchTerm=HTML

URLs Absolutas e Relativas

Como você já viu, uma URL é usada para localizar um recurso na Internet. Cada página web e imagem – na verdade cada arquivo na Internet – possui uma URL única, o endereço que pode ser usado para encontrar esse arquivo específico. Não há dois arquivos na Internet compartilhando a mesma URL.

Se você quiser acessar uma determinada página de um web site, digita a URL dessa página na barra de endereço do seu navegador. Por exemplo, para obter a página sobre filmes no seu web site fictício de notícias que viu anteriormente neste capítulo, poderia digitar a URL:

http://www.exampleNewsSite.com/Entertainment/Film/index.html

Uma *URL absoluta* como esta contém tudo que você precisa para identificar de forma única um determinado arquivo na Internet.

Como você pode ver, URLs absolutas podem rapidamente se tornar bastante longas e cada página de um web site pode conter várias conexões. Então está na hora de você aprender as abreviações de URLs que apontam para arquivos dentro do seu web site: URLs relativas.

Uma *URL relativa* indica onde o recurso está em relação à página corrente. Por exemplo, imagine que você esteja examinando a página de índice da seção de entretenimento do seguinte site fictício de notícias:

http://www.exampleNewsSite.com/Entertainment/index.html

Então você quer adicionar uma conexão para as páginas de índices das sub-seções: Film, TV, Arts e Music. Em vez de incluir a URL inteira para cada página, você pode usar uma URL relativa. Por exemplo

```
Film/index.html
TV/index.html
Arts/index.html
Music/index.html
```

Como estou certo de que você concorda, isso é muito mais rápido do que escrever o seguinte:

```
http://www.exampleNewsSite.com/Entertainment/Film/index.html
http://www.exampleNewsSite.com/Entertainment/TV/index.html
http://www.exampleNewsSite.com/Entertainment/Arts/index.html
http://www.exampleNewsSite.com/Entertainment/Music/index.html
```

Você poderia estar interessado em saber que o seu navegador ainda solicita a URL integral, não a URL relativa abreviada, mas é o navegador que está realmente fazendo o trabalho de transformar as URLs relativas em URLs absolutas integrais.

Outro benefício chave do uso de URLs relativas dentro do seu site é que isso significa que você pode alterar seu nome de domínio ou copiar uma sub-seção de um site para um novo site sem ter que alterar todas as conexões porque cada uma é relativa a outras páginas dentro do mesmo site.

> *Observe que URLs relativas funcionam apenas em conexões dentro da mesma estrutura de diretórios no mesmo web site; você não pode usá-las para conectar páginas em outros servidores.*

As sub-seções que se seguem fornecem um resumo dos diferentes tipos de URLs relativas que você pode usar.

Mesmo Diretório

Quando você quer se conectar com ou incluir um recurso do mesmo diretório, pode simplesmente usar o nome desse arquivo. Por exemplo, para se conectar com a página inicial (index.html) da página "fale conosco" (faleConocos.html), você pode usar o seguinte:

```
faleConosco.html
```

Devido ao arquivo se encontrar na mesma pasta, você não precisa especificar mais nada.

Subdiretório

Os diretórios Film, TV, Arts e Music da Figura 2-4 eram todos subdiretórios do diretório Entertainment. Se você estiver escrevendo uma página no diretório Entertainment, pode criar uma conexão para a página de índice do subdiretório da seguinte maneira:

```
Film/index.html
TV/index.html
Arts/index.html
Music/index.html
```

Você inclui o nome do subdiretório, seguido por uma barra e o nome da página com a qual quer se conectar.

Para cada subdiretório adicional, você apenas acrescenta o nome do diretório seguido de uma barra. Assim, se você estiver criando uma conexão de uma página na pasta raiz do site (como a página inicial do site), usa uma URL relativa como essas para alcançar as mesmas páginas:

```
Entertainment/Film/index.html
Entertainment/TV/index.html
Entertainment/Arts/index.html
Entertainment/Music/index.html
```

Diretório Pai

Se você quiser criar uma conexão de um diretório para seu diretório pai (o diretório no qual ele estiver), pode usar a notação ../ com dois pontos seguidos de uma barra. Por exemplo, de uma página no diretório Music para uma no Entertainment, sua URL relativa se pareceria com:

```
../index.html
```

Se você quiser se conectar do diretório Music para o raiz, repete a notação:

```
../../index.html
```

Cada vez que você repete a notação ../, some outro diretório.

A Partir do Raiz

Também é possível indicar um arquivo em relação à pasta raiz do site. Assim, se você quisesse se conectar com a página faleConosco.html a partir de qualquer página dentro do seu site, usaria seu caminho precedido por uma barra. Por exemplo, se a página faleConosco estivesse na pasta raiz, você só precisaria inserir:

`/faleConosco.htm`

Alternativamente, você pode se conectar com a seção de Música da página de índice a partir de qualquer lugar dentro desse site usando o seguinte:

`/Entertainment/Music/index.html`

A barra no início indica o diretório raiz, e depois o caminho a partir de lá é especificado.

Arquivos Padrão

Você pode ter percebido em muitos web sites que é necessário realmente especificar a página exata que quer ver. Por exemplo, você poderia digitar apenas o nome do domínio ou o nome do domínio e um diretório, como em:

`http:/www.novoSiteDeExemplo.com/`

ou

`http:/www.novoSiteDeExemplo.com/Entertainment/`

Isso ocorre porque muitos servidores web permitem que seus proprietários enviem um arquivo padrão para o visitante quando eles só especificam um diretório. Assim, http:/www.novoSiteDeExemplo.com/Entertainment retornará o arquivo padrão do diretório Entertainment e, se você especificar http:/www.novoSiteDeExemplo.com/, o servidor retornará o arquivo padrão da pasta raiz do web site. (Lembre-se de que o caracter de barra pode ser usado como um indicador de ser relativo ao diretório raiz).

A maioria dos servidores usa index.html ou default.html como o nome de arquivo HTML padrão (embora isto possa ser diferente se você usar uma linguagem do lado servidor com oASP.net ou PHP).

Você pode ter percebido que ambas as URLs terminam em uma barra. Se você não incluir a barra no final da URL, ele poderia ter a seguinte forma:

`http:/www.novoSiteDeExemplo.com`

ou

`http:/www.novoSiteDeExemplo.com/Entertainment`

Nesses casos, o servidor tende a buscar um arquivo com esses nomes, não encontrar um e informar ao navegador que solicite a mesma página com uma barra no final. Por exemplo, se você digitar o seguinte no seu navegador sem a barra final:

```
http://www.wrox.com
```

a maioria dos navegadores lê o seguinte quando você consegue ver a página inicial:

```
http://www.wrox.com/
```

Portanto, quando você criar conexões para pastas dentro de web sites (em vez de páginas específicas), é uma boa idéia adicionar uma barra no final da URL.

O Elemento <base>

Conforme mencionei anteriormente, quando um navegador se depara com uma URL relativa, ele na verdade transforma essa URL relativa em uma URL absoluta completa. O elemento <base> permite a você especificar uma URL base para uma página à qual todas as URLs relativas serão adicionadas quando o navegador se deparar com uma URL relativa.

Você especifica a IRL base como o valor do atributo href. Por exemplo, você poderia indicar uma URL base para http://www.wsiteExemplo2.com/ da seguinte maneira:

```
<base href="http://www.siteExemplo2.com/" />
```

Nesse caso, uma URL relativa como esta:

```
Entertainment/Arts/index.html
```

termina com o navegador solicitando esta página:

```
http://www.siteExemplo2.com/Entertainment/Arts/index.html
```

Isso poderia ser útil quando uma determinada página tiver sido removida para um novo servidor, mas você ainda quer que todas as conexões para essa página voltem ao site original ou quando não há URL para a própria página (como com um email HTML).

O outro único atributo que um elemento <base> pode trazer (além do href) é o id.

Criando Conexões com o Elemento <a>

Você já viu alguns exemplos de uso do elemento <a> no início do capítulo. Entretanto, era só uma amostra do que você pode fazer com o elemento <a>. Agora que você entende um pouco mais sobre estruturas de diretórios, está na hora de examinar conexões com um pouco mais de profundidade.

Todas as conexões de *hyperlinks* na Web levam você de uma parte da Web para outra. Você verá também conexões que levam para uma parte específica de uma página (seja de uma parte específica da mesma página ou de uma página diferente).

Como em todas as jornadas, essas têm um ponto inicial conhecido como *origem* e um ponto final conhecido como *destino*, sendo que ambos são chamados *âncoras*.

Cada conexão que você vê em uma página que você pode clicar é na verdade uma *âncora de origem* e cada âncora de origem é criada usando-se um elemento <a>.

Criando uma Âncora de Origem com o Atributo href

A âncora de origem é o que a maioria das pessoas pensa quando fala em conexões na Web – contenha essa conexão um texto ou uma imagem. É algo que você pode clicar e esperar ser levado a outro lugar.

Como você já viu, qualquer texto que forme parte da conexão que um usuário possa clicar fica entre o rótulo de abertura <a> e o de fechamento </a< e a URL para a qual o usuário deve ser levado é especificada como o valor do atributo *href*.

Por exemplo, quando você clica nas palavras *web site da Wrox Press* (as quais você pode ver dentro do elemento <a>) a conexão lhe leva para http://www.wrox.com/:

```
Por que não visitar <a href="http://www.wrox.com/">o web site da
Wrox Press</a> para descobrir sobre nossos outros livros?
```

Enquanto que a conexão a seguir na página inicial do nosso site fictício de notícias lhe levaria para o a página principal de Film (observe como esta conexão usa uma URL relativa):

```
Você pode ver mais filmes na seção <a href="Entertainment/Film/
index.html">de filmes</a>.
```

Por padrão, a conexão se parece com a mostrada na Figura 2-6, sublinhada e em texto azul.

Você precisa especificar uma âncora destino apenas se quiser conectar a uma parte específica da página, conforme descrito na próxima seção.

Conexões e Navegações @ 79

Figura 2-6

Criando uma âncora de Destino Usando os Atributos name e id (conectando com uma parte específica de uma página)

Se você tiver uma página web longa, pode querer se conectar a uma parte específica dessa página. Você geralmente quer fazer isso quando a página não cabe na janela do navegador e o usuário de outra forma poderia ter que rolar para encontrar a parte relevante da página.

A *âncora de destino* permite ao autor da página marcar pontos específicos de uma página para a qual a conexão origem pode apontar.

Exemplos comuns de conexões com uma parte específica de uma página que você poderia ter visto utilizadas em páginas web incluem:

❏ Conexões "De volta ao topo" na parte inferior de páginas longas

❏ Uma lista de conteúdo de uma página que leva o usuário à seção relevante

❏ Conexões para rodapés ou definições

Você cria a âncora de destino usando o elemento <a> novamente, mas quando ele atua como uma âncora de destino ele deve ter um atributo id (e se você estiver criando páginas que possam ser visualizadas por navegadores muito antigos, como o IE3 e o Netscape 3, um atributo name também) porque o atributo id só foi introduzido em HTML 4.0

> *Você talvez lembre do Capítulo 1 que os atributos name e id eram dois dos atributos universais que a maioria dos elementos pode ter.*

Através de um exemplo, imagine que você tenha uma página longa com um cabeçalho principal e diversos sub-cabeçalhos. A página inteira não cabe na tela de uma vez só, forçando o usuário a rolar, de modo que você quer adicionar conexões para cada um dos cabeçalhos principais no início do documento.

Antes que você crie conexões para cada seção da página (usando as âncoras de origem), tem que adicionar âncoras. Aqui você pode ver os subcabeçalhos da página, cada um contendo um elemento <a> com o atributo id cujo valor identifica de forma única essa seção:

```
<h1>Conexão e Navegação</h1>
<h2><a id="URL">URLs</a></h2>
<h2><a id="AncorasDeOrigem">Âncoras de Origem</a></h2>
<h2><a id="AncoraDeDestino">Âncoras de Destino</a></h2>
<h2><a id="Exemplos">Exemplos</a></h2>
```

Com as âncoras de destino posicionadas, agora é possível adicionar âncoras de origem para conectar com essas seções, da seguinte forma:

```
<p>Esta página cobre os seguintes tópicos:
<ul>
<li><a href="#URL">URLs</a></li>
<li><a href="#AncorasDeOrigem">Âncoras de Origem</a></li>
<li><a href="#AncorasDedestino">Âncoras de Destino</a></li>
<li><a href="#Exemplos">Exemplos</a></li>
</ul>
</p>
```

O valor do atributo href nas âncoras de origem é o valor do atributo id precedido por um sinal #.

Se você examinar a Figura 2-7a, pode ver como a página possui diversas conexões para as seções da página; e na Figura 2-7b você pode ver o que acontece quando o usuário clica na segunda conexão e é levado diretamente para essa seção da página. Você pode ver o código completo desse exemplo, e experimentá-lo, com o código de download para este capítulo disponível desde Wronx.com; o arquivo é ch02_eg06.html.

Observe que é importante que âncoras de destino sempre tenham algum conteúdo; caso contrário, alguns navegadores não encontrarão o destino. Por exemplo, você não deve usar o seguinte para indicar o topo da página:

```
<a id = "topo"></a>
```

Em vez disso, deve colocar isto em torno do cabeçalho principal ou algum outro conteúdo, como :

```
<h1><a id="topo">Conexão e Navegação</a></h1>
```

Se alguém quisesse se conectar com uma parte específica dessa página a partir de um web site diferente, ele ou ela adicionaria a URL completa da página, seguida de um sinal # e então o valor do atributo id, desta forma:

```
http://www.exemplo.com/HTML/links.html#AncorasDeOrigem
```

O valor do atributo name ou id deve ser único dentro da página e âncora de origem devem corresponder em letras maiúsculas ou minúsculas às âncoras de destino.

Outros Atributos do Elemento <a>

O elemento <a> suporta todos os atributos universais, os atributos de eventos IU e os seguintes atributos:

```
accesskey charset cords href hreflang rel rev shape style tabindex
target type
```

O Atributo accesskey

O atributo accesskey fornece uma atalho de teclado que pode ser usado para ativar uma conexão. Por exemplo, você pode tornar a tecla T uma tecla de acesso de modo que quando o usuário pressione alt ou Ctrl no teclado (dependendo do sistema operacional) junto com a tecla T, a conexão é ativada. Isso pode significar que o navegador segue imediatamente para a conexão ou que a conexão fica destacada e que o usuário então tem que pressionar Enter para que vá à essa conexão.

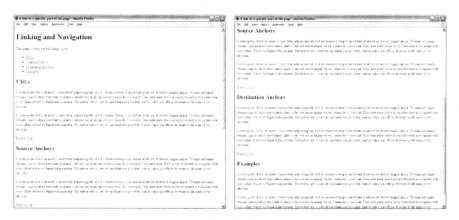

Figura 2-7

O atributo accesskey deve ser especificado na âncora de origem. Por exemplo, se você quiser seguir uma conexão para o topo da página quando o usuário pressionar a tecla T no seu teclado (com Alt ou Ctrl), usa o atributo accesskey da seguinte forma:

```
<a id="bottom" accesskey="t">Voltar ao topo</a>
```

Observe que a tecla não diferencia minúsculas de maiúsculas. Você verá mais sobre o atributo acesskey (e alguns exemplos) quando examinar formulários no Capítulo 5.

O Atributo charset

O atributo charset indica a codificação de caracteres do documento para o qual a URL aponta. O valor deve ser uma string que identifique o conjunto de caracteres, como UTF-8 ou ISO-8859-1. (Veja no Apêndice F a lista de conjuntos de caracteres.)

O atributo charset geralmente é usado na âncora de origem e normalmente apenas quando a linguagem for diferente daquela do documento principal contendo a conexão. Por exemplo:

```
<a href="http://www.wrox.com/" charset="UTF-8">Web Site da Wrox</a>
```

Isto é especialmente útil ao se conectar com sites em outras línguas escritos em codificações que alguns usuários podem não conseguir entender (ou podem até nem conseguir visualizar – por exemplo, nem todos os computadores dos Estados Unidos têm os caracteres instalados que são requeridos para a visualização de texto em chinês).

O Atributo coords

O atributo coords é projetado para uso em uma âncora de origem quando ela contiver uma imagem. Ela é projetada de modo que você possa criar um mapa de imagens, que é onde partes diferentes da imagem se conectam com diferentes documentos ou partes diferentes do mesmo documento. O valor do atributo coords serão as coordenadas x e y que indicam que parte da imagem deve seguir esta conexão.

Você aprenderá mais sobre o uso de imagens como conexões no Capítulo 3.

O Atributo hreflang

O atributo hreflang especifica a linguagem do documento para o qual uma conexão de origem aponta e pode ser usado apenas quando um valor para o atributo href for dado. Por exemplo:

```
<a href="http://www.wrox.com/" hreflang="en-US">Web Site da Wrox</a>
```

O Apêndice G lista os valores possíveis.

O Atributo rel

Este atributo é usado na âncora de fonte para indicar o relacionamento entre o documento atual e o fonte especificado pelo atributo href. Os principais navegadores não fazem no momento qualquer uso desse atributo, embora seja possível que aplicações automatizadas o façam. Por exemplo, a conexão a seguir usa o atributo rel para indicar que seu destino é um glossário de termos usados no documento:

Para obter mais informações, por favor leia o <a href="#glossary" rel="glossary">glossário</a>.

Veja na tabela a seguir os valores possíveis de rel.

Valor	Descrição
toc (ou contents)	Um documento que é uma tabela de conteúdo do documento corrente
index	Um documento que é um índice do documento corrente.
glossary	Um documento que é um glossário de termos do documento corrente
copyright	Um documento contendo a declaração de direitos autorais do documento corrente
start	Um documento que é o primeiro de uma série de documentos ordenados, dos quais este é um documento
next	Um documento que é o próximo de uma série de documentos ordenados, dos quais este é um documento
prev (ou previous)	Um documento que é o anterior de uma série de documentos ordenados, dos quais este é um documento
help	Um documento que ajuda os usuários a entender ou navegar pela página e/ou site
chapter	Um documento que atua como um capítulo dentro de uma coleção de documentos
section	Um documento que atua como uma seção dentro de uma coleção de documentos
subsection	Um documento que atua como uma sub-seção dentro de uma coleção de documentos
appendix	Um documento que atua como um apêndice dentro de uma coleção de documentos

O Atributo rev

O atributo rev fornece o mesmo papel que o atributo rel mas é usado na âncora de destino para descrever a relação entre o destino e a origem. Atualmente não é suportado pelos principais navegadores.

O Atributo shape

Se você quiser criar um mapa de imagem, o atributo shape pode ser usado para indicar o formato de uma área que se torna um *hotspot* clicável. O atributo shape é coberto em detalhes no Capítulo 3, onde você aprende como criar mapas de imagens.

O Atributo tabindex

Para entender o atributo tabindex, você precisa saber o que significa para um elemento obter o fofo; qualquer elemento com o qual um usuário puder interagir pode obter o foco. Se o usuário clicar na tecla Tab do seu teclado quando uma página é carregada, o navegador move o foco entre as partes da página com as quais o usuário pode interagir. As partes da página que podem obter o foco incluem conexões e algumas partes de formulários (como as caixas que permitem a você digitar texto.) Quando uma conexão recebe o foco e o usuário pressiona Enter no teclado, essa conexão é ativada. Você pode ver o foco trabalhando no web site do Google; se você pressionar repetidamente Tab, deve ver o foco passar entre as conexões da página. Após ele ter passado por cada conexão, ele vai para a caixa onde você digita os termos de pesquisa, pelos botões do site e geralmente termina de volta onde você digitou a URL. Ele então começa o ciclo de novo nos mesmos elementos enquanto você mantém a tecla Tab pressionada.

O atributo tabindex permita a você especificar a ordem na qual, quando a tecla Tab for pressionada, as conexões (ou controles do formulário) obtêm o foco. Assim, quando o usuário pressiona Tab, o foco pode pular para os itens chaves da página com os quais esse usuário poderia querer interagir.

O valor do atributo tabindex é um número entre 0 e 32.767. Uma conexão cujo atributo tabindex tenha valor igual a 1 recebe o foco antes de uma conexão com um valor de tabindex igual a 20 (e se um valor igual a 0 for usado, eles aparecem na ordem na qual aparecem no documento). O Capítulo 5 cobre o atributo tabindex em maiores detalhes.

O Atributo target

O atributo target é usado para indicar em qual janela ou frame o documento contido em uma conexão deve abrir. Você aprenderá mais sobre frames no Capítulo 6. A sintaxe é:

```
<a href="Pagina2.html" target="main">Página 2</a>
```

Quando o usuário clicar na conexão Página 2, o documento Pagina2.html é carregado na janela ou frame chamada main. Se você quiser que a conexão seja aberta em uma nova janela, pode dar ao atributo target um valor igual a _blank.

O Atributo title

Conforme mencionado no início do capítulo, um atributo title é vital para quaisquer conexões que sejam imagens, e também pode ajudar a fornecer informações adicionais para visitantes na forma de uma dica visual de texto na maioria dos navegadores ou uma dica em navegadores de voz para pessoas com deficiências visuais. A Figura 2-2 no início deste capítulo mostrou a você como o atributo title se parece no Firefox quando um usuário deixa o mouse sobre a conexão.

O Atributo type

O atributo type especifica o tipo MIME da conexão. O Apêndice H inclui uma lista de tipos MIME. Uma página HTML teria um tipo MIME text/html, enquanto que uma imagem JPEG teria o tip MIME img/jpg. A seguir está um exemplo do atributo type sendo usado para indicar que o documento para o qual a conexão aponta é um documento HTML:
`<a href="index.html" type="text/html">Index</a>`

Teoricamente, o navegador poderia usar as informações no atributo type para exibi-lo de forma diferente ou indicar ao usuário qual o formato do destino, embora nenhum o use atualmente.

Experimente | Criando Conexões Dentro de Páginas

Agora é a sua vez de experimentar uma página longa com conexões entre diferentes partes da mesma. Neste exemplo, você irá criar uma página que é um cardápio de restaurante. Então abra seu editor de texto ou ferramenta de criação e siga estes passos:

1. Comece com a declaração XML, declaração DOCTYPE e os elementos para o esqueleto do documento: <html>, <head>, <title> e <body>. Lembre-se de dar ao documento um título e de adicionar no identificador do *namespace* no elemento <html> raiz:

```
<?xml version="1.0" ?>
<!DOCTYPE html PUBLIC "-//W3C//DTD XHTML 1.0 Strict//EN"
""http://www.w3.org/TR/xhtml1/DTD/xhtml1-strict.dtd">
<html xmlns="http://www.w3.org/1999/xhtml" lang="en">
<head>
<title>Um exemplo de menu</title>
</head>
<body>
</body>
</html>
```

2. Dentro do elemento <body>, adicione os cabeçalhos da página. Cada um destes deve ter uma âncora de destino de modo que você possa se conectar diretamente com essa

parte da página. O principal cabeçalho será usado para conexões "De volta ao topo", enquanto que cada pratos do menu terá um atributo id que descreve suas seções:

```
<body>
<h1><a id="top">Wrox Cafe Menu</a></h1>
<h2><a id="entradas">Entradas</a></h2>
<h2><a id="partosprincipais">Pratos principais</a></h2>
<h2><a id="sobremesas">Sobremesas</a></h2>
</body>
```

3. Entre o título e as entradas, não apenas haverá um parágrafo introdutório, mas também um menu conectando com cada um dos pratos. Para que seja Strict XHTML, as conexões no topo irão em um elemento de nível de bloco <div>:

```
<h1><a id="top">Wrox Cafe Menu</a></h1>
<div id="nav"><a href="#starters">Entradas</a> | <a href="#pratosprincipais">Pratos principais</a> | <a href="#sobremesas">Sobremesas</a></div>
<p>Bem-vindo ao Wrox Cafe, onde temos o orgulho de ter uma comida boa e caseira a preços bons.</p>
<h2><a id="entradas">Entradas</a></h2>
```

4. Na parte de baixo da página, você terá uma descrição dos pratos vegetarianos. As conexões próximas aos itens vegetarianos apontarão para esta descrição, de modo que ela precisa ter uma âncora de destino.

```
<p><a id="vege">Itens marcados com um (v) são apropriados para vegetarianos.</a></p>
```

5. Finalmente, você pode adicionar os itens no menu em uma lista com marcadores. Observe como os itens vegetarianos possuem uma conexão para a descrição dos pratos vegetarianos. Não se esqueça de adicionar as conexões "De volta ao topo".

```
<h2><a id="entradas">Entradas</a></h2>
<ul>
<li>Chestnut and Mushroom Goujons (<a href="#vege">v</a>)</li>
<li>Goat Cheese Salad (<a href="#vege">v</a>)</li>
<li>Honey Soy Chicken Kebabs</li>
<li>Seafood Salad</li>
</ul>
<p><small><a href="#top">Voltar ao topo</a></small></p>
<h2><a id="principais">Pratos principais</a></h2>
<ul>
<li>Spinach and Ricotta Roulade (<a href="#vege">v</a>)</li>
<li>Beef Tournados with Mustard and Dill Sauce</li>
<li>Roast Chicken Salad</li>
```

```
<li>Icelandic Cod with Parsley Sauce</li>
<li>Mushroom Wellington (<a href="#vege">v</a>)</li>
</ul>
<p><small><a href="#top">Voltar ao topo</a></small></p>
<h2><a id="sobremesas">Sobremesas</a></h2>
<ul>
<li>Lemon Sorbet (<a href="#vege">v</a>)</li>
<li>Chocolate Mud Pie (<a href="#vege">v</a>)</li>
<li>Pecan Pie (<a href="#vege">v</a>)</li>
<li>Seleção de Queijos Finos de Todo o Mundo</li>
</ul>
<p><small><a href="#top">Voltar ao topo</a></small></p>
```

6. Grave seu exemplo como menu.html e examine-o no seu navegador. Você deve terminar com algo parecido com a Figura 2-8.

Figura 2-8

Como Funciona

Há três âncoras de origem abaixo do primeiro cabeçalho que formam uma barra de navegação simples. Ao serem clicados, eles levam os usuários às seções apropriadas da página. Esses itens são guardados dentro de um elemento <div> porque elementos <a> devem aparecer dentro de um elemento de nível de bloco em Strict XHTML 1.0 – embora quaisquer versões anteriores permitam que você deixe isso de lado.

```
<div    id="nav"><a    href="#entradas">Entradas</a>    |    <a
href="#pratosprincipai">Pratos principais
</a> | <a href="#sobremesas">Sobremesas</a></div>
```

O atributo id no elemento <div> está lá apenas para identificar o propósito deste elemento agrupados em nível de bloco. Devido ao fato deste elemento não ter um propósito específico como alguns dos outros elementos (como <p> ou <h2>), ajuda adicionar este atributo como uma lembrança do que ele está agrupando.

Três âncoras de origem adicionais estão abaixo de cada seção do menu para lhe levar de volta ao topo da página.

```
<p><small><a href="#top">Voltar ao topo</a></small></p>
```

Finalmente, âncoras de origem com o texto v indicam que os itens são vegetarianos e lhe levam a uma chave na parte de baixo da página que explica o que v significa.

```
<li>Mushroom wellington (<a href="#vege">v</a>)</li>
```

As âncoras de destino estão usando o atributo id para indicar os potenciais alvos das conexões. Cada um dos cabeçalhos contém uma âncora de destino. O cabeçalho do menu principal requer uma âncora de modo que as conexões "Voltar ao topo" levem o usuário ao topo da página, enquanto que os sub-cabeçalhos têm âncoras de modo que o menu navegacional no topo possa levá-los àquela parte da página.

Lembre-se de que âncoras de destino devem ter algum conteúdo – elas não podem ficar vazias ou o navegador pode não reconhecê-las, e é por isso que elas foram colocadas dentro de elementos de cabeçalho em torno do nome do cabeçalho:

```
<h1><a id="top">Wrox Cafe Menu</a></h1>
<h2><a id="entradas">Entradas</a></h2>
<h2><a id="pratosprincipais">Pratos principais</a></h2>
<h2><a id="sobremesas">Sobremesas</a></h2>
```

De forma semelhante, o parágrafo na parte de baixo que indica o que sinal (v) significa contém uma âncora de destino, da mesma forma que o cabeçalho.

```
<p><a id="vege">Itens marcados com um (v) são apropriados para
vegetarianos.</a></p>
```

Conexões de Email Avançadas

Conforme você viu no início do capítulo, você pode fazer uma conexão abrir o editor de emails padrão do usuário e endereçar um email para você – ou qualquer outro endereço email que você der – automaticamente. Isto é feito da seguinte forma:

```
<a href="mailto:info@example.org">info@example.org</a>
```

Você também pode especificar algumas outras partes da mensagem, como o assunto, corpo e pessoas que devem se cc ou bcc.

Para adicionar um assunto a um email, você segue o endereço do email com um ponto de interrogação para separar os valores extras do endereço do email. A seguir você usa os pares de nome/valor para especificar as propriedades adicionais do email que você quer controlar. O nome e o valor são separados por um sinal de igual.

Por exemplo, para configurar o assunto como Pergunta, você adicionaria o nome da propriedade subject e o que você quisesse que fosse o assunto, da seguinte forma:

```
<a href="mailto:info@example.org?subject=Pergunta">
```

Você pode especificar mais de uma propriedade separando os pares nome/valor com um &. Aqui você pode ver que o assunto e um endereço foram adicionados em:

```
<a href="mailto:info@example.org?subject=XHTML&cc=sales@example.
org"></a>
```

A tabela que se segue inclui uma lista completa de propriedades que você pode adicionar:

Propriedade	Propósito
subject	Adiciona uma linha de assunto ao email; você pode adicionar isto para incentivar o usuário a usar uma linha de assunto que facilite o reconhecimento de onde o email vem.
body	Adicione uma mensagem no corpo do email, embora você deva estar ciente de que os usuários poderiam alterar esta mensagem.
cc	Envia uma cópia do email para o endereço do cc; o valor deve ser um endereço de email válido. Se você quiser fornecer múltiplos endereços, simplesmente repita a propriedade, separando-a da anterior com um &.
bcc	Envia secretamente uma cópia do email para o endereço do bcc sem que nenhum destinatário veja qualquer outro destinatário; o valor deve ser um endereço válido de email. Se você quiser fornecer múltiplos endereços, simplesmente repita a propriedade, separando-a da anterior com um &.

Se você quiser adicionar um espaço entre qualquer uma das palavras na linha do assunto, deve adicionar um %20 entre as palavras em vez do espaço. Se quiser colocar a parte do corpo da mensagem em uma nova linha, deve adicionar %0D%0A (onde 0 é um zero, não um O maiúsculo).

É uma prática comum adicionar apenas o endereço de email nas conexões de email. Se você quiser adicionar linhas de assunto ou corpos de mensagens é melhor deixar para criar um formulário de email, como o que você verá no Capítulo 5.

Resumo

Neste capítulo você aprendeu sobre conexões – a parte de XHTML que coloca o "hyper" no *hypertext*. Conexões permitem aos visitantes do seu site passarem entre as páginas e até entre partes de páginas (de modo que não tenham que rolar até encontrar o local que precisam.)

Você viu que pode usar o elemento <a> para criar âncoras de fonte, que são o que a maioria das pessoas pensa quando você menciona conexões na Web. O conteúdo da âncora de origem é o que os usuários clicam – e isto deve, em geral, ser uma descrição informativa e concisa do que é o alvo (em vez de um texto como "clique aqui"), ou pode ser uma imagem (como você verá no Capítulo 3).

Você também pode usar um elemento ‚a> para criar âncoras de destino. Âncoras de destino são como índices ou marcadores especiais, porque permitem a você criar conexões que levam diretamente para essa parte da página. Âncoras de destino sempre devem ter algum conteúdo e o antigo atributo name que HTML introduziu para âncoras de destino foi substituído em Strict XHTML pelo atributo id (embora isto funcione apenas em versões 3+ de navegadores).

Pelo caminho, você aprendeu mais sobre URLs, em especial a diferença entre uma URL absoluta, como as que aparecem na barra de endereços do seu navegador e URLs relativas, que descrevem onde um recurso está em relação ao documento que o contém. Aprender as diferentes formas nas quais URLs relativas podem ser usadas também será útil quando você for para o próximo capítulo e aprender sobre a adição de imagens e outros objetos aos seus documentos.

Exercícios

Você pode encontrar as respostas de todos os exercícios no Apêndice A.

1. Olhe novamente o exemplo de Experimente onde você criou um menu e crie uma nova página que tenha conexões como aquelas no topo da página do menu, para cada um dos tipos de pratos do exemplo de menu. A seguir adicione uma conexão ao web site principal da Wrox Press (www.wrox.com). A página deve se parecer com a da Figura 2-29.

Figura 2-9

2. Pegue a sentença a seguir e coloque elementos <a> em torno das partes que devem ter a conexão.

3. O que está errado com o posicionamento do elemento <a> aqui?

```
<p>Você pode ler o artigo inteiro <a>aqui</a>.</p>
```

3

Imagens e Objetos

Neste capítulo, você começa a aprender alguns aspectos do projeto web que realmente darão vida às suas páginas web. Você começa aprendendo como adicionar imagens aos seus documentos usando o elemento <img>. Você verá a diferença entre alguns dos principais formatos usados para imagens na Web e aprenderá como preparar suas imagens para uso na Web. Você também aprenderá como transformar uma imagem em uma conexão e até como dividi-la em seções de modo que diferentes partes da mesma conectem a diferentes páginas – isso é conhecido como *mapa de imagem*.

A seguir você conhecerá o elemento <object> que poderá usar para inserir todas as maneiras de objetos em páginas, desde MP3s e filmes Flash em controles Active X e até imagens.

Adicionando Imagens ao seu Site

Imagens e gráficos podem realmente dar vida ao seu site. Nesta seção você não apenas aprenderá como inserir imagens e gráficos nas suas páginas, mas também os diferentes formatos de imagens que pode usar na Web (como GIFs, JPEGs e PNGs). Você também aprenderá quando deve escolher que formato.

Você verá o quão cuidadoso tem que ser ao usar imagens na Web porque, se não preparar as imagens corretamente, elas podem realmente tornar a carga da página muito lenta – e sites lentos frustram os usuários. Além disso, devido ao fato de que você provavelmente escreverá seus primeiros sites no seu computador desktop/laptop, pode não perceber quanto tempo uma página levará para ser carregada até que ela realmente esteja na Web. Assim, escolher o formato correto para suas imagens e gravá-las corretamente ajudarão a manter seu site mais rápido e resultará em visitantes mais satisfeito.

> *Para propósitos práticos, você pode baixar imagens de outros sites clicando com o botão direito do mouse na imagem (ou pressionando Ctrl e clicando) e selecionando salvar imagem em disco ou salvar imagem como. Lembre-se, entretanto, que as imagens estão*

sujeitas a direitos autorais e você poderia ter problemas legais se usar imagens de outras pessoas no seu site.

Assim que você tiver aprendido a inserir o tipo certo de imagens nas suas páginas, verá como transformá-las em conexões e até a escrever código que as divida, de forma que, quando os usuários clicarem em diferentes partes da imagem eles sejam levados para diferentes páginas web.

Tipos de Formatos de Imagens

Para começar, ajudaria examinarmos como os computadores armazenam e exibem figuras. Os gráficos são criados para computadores de duas formas principais:

- ❏ **Gráficos em bitmaps** dividem uma figura em uma grade de pixels e especificam a cor de cada pixel, de forma semelhante à que um computador utilizada para informar a uma tela a cor de cada pixel. Falando de modo geral, bitmaps são ideais para fotos e gradações complicadas de tons e cores. Há diversos formatos diferentes de Bitmaps; os comuns incluem JPEG, GIF, TIFF, PNG e o confusamente denominado bitmap ou BMP. Você aprenderá mais sobre JPEGs, GIFs e PNGs mais adiante neste capítulo.

- ❏ **Gráficos de vetores** dividem a imagem em retas e formatos (como um desenho de *wireframe*) e armazenam as retas como coordenadas. Eles então preenchem os espaços entre as retas com cor. Gráficos de vetores são usados comumente para animações, ilustrações e artes.. Eles muitas vezes apresentam grandes áreas de cores lisas (em oposição a texturas, tons de cores e estilos fotográficos).

Os bitmaps eram inicialmente o principal formato para a Web, embora mais recentemente alguns formato como Flash e SVG estejam fazendo uso de gráficos de vetores.

Imagens de Bitmaps

a maioria das imagens estáticas na Web são imagens de bitmap. Como foi dito, a imagem é dividida em uma grade de pixels. Se você examinar atentamente a tela o seu computador pode ser capaz de distinguir os pontos que a constituem. Se você observar a Figura 3-1, pode ver um exemplo de imagem de bitmap com uma seção que foi modificada de forma que você possa ver quantos pixels constituem a imagem.

Imagens e Objetos @ 95

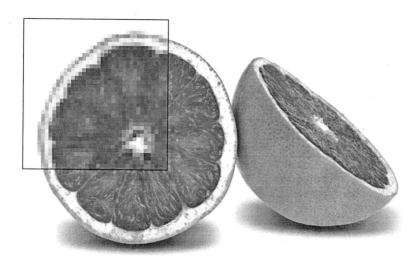

Figura 3-1

O número de pixels em cada polegada quadrada da tela é conhecido como *resolução* da imagem. Imagens na Web podem mostrar um máximo de 72 pixels por polegada; imagens usadas em impressões geralmente têm resolução maior e muitas vezes são fornecidas para as impressoras a 300 pontos por polegada (observe como na tela nos referimos a pixels por polegada, enquanto que em impressões nós os chamamos de pontos por polegada.) Quanto mais pixels ou pontos por polegada uma imagem contiver, maior será o tamanho do arquivo. Como conseqüência, quaisquer imagens que você usar na Web deverão ser gravadas com uma resolução de 72 pontos por polegada. Se você gravasse essa imagem em um tamanho maior, isto criaria arquivos desnecessariamente maiores que demorariam mais tempo para serem baixados.

> *Observe que você embora você possa gravar facilmente uma imagem que tenha 300 pontos por polegada a 72 pontos por polegadas para a Web, não pode simplesmente aumentar uma imagem de 72 pixels por polegada para 300 pontos por polegada porque não sabe que cor devem ter os 228 pixels que estão faltando em cada polegada quadrada. Se você tentar aumentar a resolução da imagem, ela muitas vezes terá uma aparência granulosa. Portanto, se você tiver uma figura de alta resolução com 33 pontos por polegada, muitas vezes é útil manter uma cópia desse tamanho para o caso de você querer mostrá-la maior ou com uma resolução maior.*

Os navegadores tendem a suportar três formatos gráficos de bitmaps comuns e a maioria dos programas gráficos gravará as imagens nestes formatos:

- **GIF:** *Graphics Interchange Format*
- **JPEG:** *Joint Photographic Experts Group Format*

❑ **PNG:** *Portable Network Graphics*

Agora faremos um breve exame destes formatos porque entender como o formato funciona lhe ajudará a escolher como gravar uma imagem.

Imagens GIF

No início da Web, GIF (*Graphics Interchange Format*) era o padrão para todos os gráficos web. As imagens GIF são criadas usando uma palheta de 256 cores e cada pixel da imagem é uma dessas 256 cores. Cada imagem GIF diferente pode ter uma palheta diferente de 256 cores selecionadas de uma faixa de mais de 16 milhões de cores. O programa que grava a imagem também seleciona a palheta que melhor representará as imagens.

O arquivo GIF armazena a palheta de cores na qual fica uma tabela de busca e cada pixel referencia as informações de cor na tabela de busca em vez de ter que especificar suas próprias informações de cores. Assim, se muitos pixels usarem as mesmas cores, a imagem não tem que repetir as mesmas informações de cores e o resultado é um tamanho de arquivo menor. Essa forma de armazenamento de imagens é conhecida como *formato de cores indexadas*. A Figura 3-2 mostra um arquivo GIF sendo criado no Adobe Photoshop. Você pode ver a palheta de cores que está sendo usada para essa imagem representada no conjunto de quadrados na metade inferior à direita.

Devido à forma pela qual imagens GIF armazenam informações sobre cores em uma tabela de busca, elas são especialmente apropriadas para imagens onde existam grandes áreas de uma só cor em uma única tonalidade; por exemplo, um retângulo que use apenas um tom de verde é uma área assim, enquanto que uma imagem de grama contém muitos tons diferentes de verde. Quanto menos cores a imagem usar, menor será o arquivo GIF.

Se um GIF contiver menos de 16 cores (em cujo caso ele pode ser chamado de GIF de 4 bits), a imagem será menor do que a metade do tamanho do arquivo de um GIF usando 256 cores (conhecido como GIF de 8 bits). Portanto, se você estiver criando uma imagem que use menos do que 16 cores, vale a pena verificar se o seu programa grava automaticamente sua imagem como um GIF de 4 bits porque isso resultará em um arquivo menor para se baixar do que um GIF de 8 bits.

Imagens e Objetos @ 97

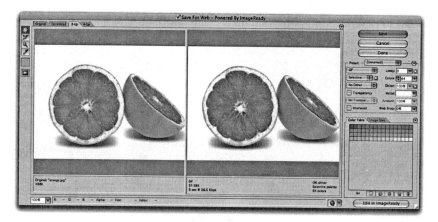

Figura 3-2

Se o seu texto ou retas tiverem duas cores (digamos preto e branco) e você tiver usado arestas anti-aliases para tornar sua aparência mais suave, sua imagem conterá mais de duas cores porque as arestas usam diversas outras cores para parecerem mais suaves.

Se o GIF tiver que usar mais de 256 cores, então a maioria dos programas gráficos, ao gravar GIFs, usará uma técnica chamada *dithering* para representar melhoras cores extras. Portanto, eles usam duas ou mais cores em pixels adjacentes para criar um efeito de uma terceira cor. Essa técnica tem as seguintes desvantagens:

- Pode resultar em uma banda de cores. Isto geralmente ocorre quando partes da imagem parecem aos olhos ser de um único tom quando na verdade são de tonalidades levemente diferentes. Por exemplo, quando há uma transição suave entre uma cor e outra (chamada de gradiente), essa técnica usa muitas cores diferentes para criar esse efeito suave. Nesse caso, as mudanças entre as cores podem se tornar mais visíveis.

- Se você colocar uma cor de uma única tonalidade nesta técnica, poderá ver onde a mudança ocorre (porque a cor nesta técnica é constituída na verdade de mais de uma cor).

A Figura 3-3 ilustra como mesmo um gradiente simples, quando gravado como GIF, pode resultar em bandas porque a imagem contém mais de 256 cores – se você olhar atentamente pode ver que o gradiente possui retas verticais em vez de uma transição suave de preto para branco.

Devido ao fato de GIFs suportarem apenas 256 cores e terem que usar *dithering* para obter mais cores, não são realmente apropriados para fotos detalhadas, as quais tendem a conter mais de 256 cores. Se você tiver uma foto, gradiente ou qualquer imagem com tons semelhantes da mesma cor próximos entre si, muitas vezes será melhor usar um JPEG, que pode suportar cores ilimitadas, ou às vezes um PNG – você aprenderá sobre ambos em breve.

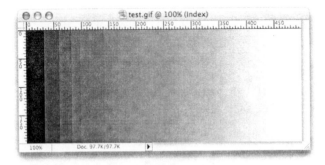

Figura 3-3

GIFs possuem outra característica útil: você pode especificar uma ou mais cores em um GIF para representar um *fundo transparente* – em partes da imagem que sejam das cores especificadas, o fundo poderá aparecer. Você deve estar ciente, entretanto, que cada pixel está ligado ou desligado, opaco ou transparente – não há graus de transparência, como há em formatos de transparência alfa-cor. Como conseqüência, se você tentar usá-lo com cantos arredondados, estes podem aparecer como pixels. Para ajudar a superar este problema você deve tentar tornar a cor de transparência tão próxima da cor do fundo quanto possível (ou, se você estiver usando o Photoshop, pode usar o recurso *matte*).

A Figura 3-4 mostra como um efeito de pixels é criado quando um GIF não criado sobre um fundo apropriado (observe em especial os cantos).

Figura 3-4

Para tornar os arquivos GIF menores, eles são compactados usando uma técnica chamada *compactação LZW*, que varre as linhas da imagem procurando pixels consecutivos que compartilhem a mesma cor. Quando ela se depara com tal situação, indica que um número x de pixels devem ser escritos a partir daqueele ponto para frente usando a mesma cor.

A compactação LZW é conhecida como uma técnica de *compactação sem perda* porque nenhum dado é perdido e, assim, não há perda de qualidade (isso contrasta com as técnicas de *compactação com perdas* onde alguns dos dados são descartados durante a compactação e não podem então ser recuperados a partir do arquivo compactado.) Todavia, quando não há muitos pixels consecutivos da mesma cor, há pouca economia de espaço no arquivo. Assim, o formato não compacta imagens fotográficas bem porque, embora os pixels adjacentes possam parecer iguais em fotos, tendem a ser ligeiramente diferentes. Além disso, se a figura usar *dithering* complexa para obter efeitos sutis de colorações, há menos chance de se encontrar pixels consecutivos da mesma cor e, assim, o tamanho do arquivo não pode ser diminuído.

Alguns programas lhe darão uma opção de gravar os arquivos como uma *imagem entrelaçada*. Isso significa que as linhas da imagem são armazenadas em uma ordem diferente da que aparece na imagem, permitindo a um navegador exibir cada oitava linha e depois preencher as linhas entre elas. A idéia por trás de imagens entrelaçadas era que, se você tivesse um arquivo grande em uma conexão lenta, o usuário veria algo aparecendo logo e a imagem ficaria progressivamente mais clara. Entretanto, como as velocidades de conexão na Web têm aumentado, GIFs entrelaçados não são mais vistos com frequência.

GIFs Animados

Imagens GIF podem armazenar mais de um frame (ou cópia da imagem) dentro de um arquivo, permitindo ao GIF rotacionar entre as versões/frames e criar uma animação simples. Isto funciona de forma semelhante à animação de um *flip-book*, onde o desenho de cada página do livro muda ligeiramente em relação ao da página anterior, de modo que quando um usuário folheia as páginas tem-se a impressão de que as imagens estão se movendo.

Isso funciona especialmente bem se a sua imagem animada contiver áreas grande de cores de uma única tonalidade. A compressão dessa técnica é bastante eficaz porque apenas os pixels que mudaram precisam ser armazenados em cada frame, junto com suas posições. Não é apropriado, contudo, para imagens de fotos porque você fica com uma imagem muito grande.

> *Você deve ter cuidado com o uso de GIFs animados. Muitos sites oferecem GIFs animados, desde personagens de desenho animado fazendo algo interessante como dançar até marcadores em chamas. Embora eles possam ser impressionantes ou divertidos na primeira vez que você vê uma página, logo se tornam cansativos, tornam o site mais lento e distraem os usuários do conteúdo real. Assim, embora GIFs animados possam ser divertidos em uma página pessoal, você raramente verá tais animações nos sites de empresas grandes. Se você estiver tentando criar um site de aparência profissional, deve usar GIFs animados apenas se a animação der informações adicionais ao usuário.*

Imagens JPEG

O formato de imagens JPEG foi desenvolvido como um padrão para armazenamento e *compactação* de imagens como fotos com amplas faixas de cores. Quando você grava um JPEG, geralmente pode especificar o quanto, se quiser, de compactação da imagem deseja – o que depende da qualidade da imagem que você quiser. O processo de compactação de um JPEG envolve descartar dados de cores que as pessoas geralmente não perceberiam, como pequenas mudanças nas cores. Todavia, devido ao fato do formato de imagem descartar esses dados quando a imagem é compactada, alguns dados são perdidos e o original não pode ser recriado a partir da versão compactada – por isto ela é conhecida como *compactação com perda*.

A quantidade de compactação que você aplicar variará de imagem para imagem, e você só pode julgar quanta compactação um JPEG examinando-o. Assim, o tamanho do arquivo varia dependendo de quanta compactação a imagem sofrerá. Quando você estiver gravando a imagem, muitas vezes será perguntado quanto a porcentagem de qualidade a ser usada; 100 porcento não compacta a figura e, para uma foto, você pode chegar geralmente a em torno de 60 por cento (mas não muito menos). Alguns programas usam palavras como excelente, muito bom, bom e assim por diante para descrever a qualidade da imagem em vez de porcentagens.

Um bom programa de edição de imagens permite a você comparar a imagem original lado a lado com a versão compactada quando você escolher quanta compactação usar. A Figura 3-5 lhe mostra como o Adobe Photoshop permite a você comparar duas versões da imagem uma próxima da outra quando você se prepara para gravar o JPEG para a Web. À esquerda, você tem a imagem original e, à direita, a versão que está gravando para usar na Web.

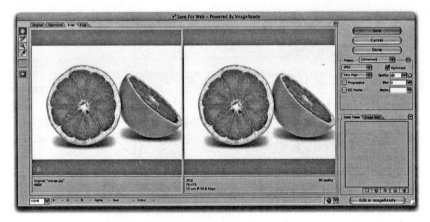

Figura 3-5

Devido ao formato JPEG ter sido projetado para trabalhar com imagens foto realísticas, não funciona tão bem com imagens que tenham grandes quantidades de cores de uma mesma tonalidade ou arestas com contrastes fortes (como desenhos de letras e retas). Quando você aumenta a compactação em um JPEG também pode ver as bandas começarem a aparecer em cores que sejam muito semelhantes.

JPEG suporta entrelaçamento usando o *JPEG Progressivo*, permitindo uma visualização inicial mais imperfeita da imagem, com os detalhes sendo inseridos à medida em que o resto da imagem é carregado. O aspecto mais útil disso é que dá ao usuário uma idéia do tamanho da imagem que está sendo baixada e uma idéia aproximada do quão completa ela está. Entretanto, eles não são usados comumente na Web mais e, devido ao fato dos JPEGs tenderem a ter muitos detalhes, você muitas vezes precisa que muita imagem surja antes que realmente consiga ver a figura pretendida.

Imagens PNG

O formato *Portable Network Graphics* é o mais recente. Ele foi desenvolvido no final da década de 1990 porque a empresa que possui a patente de GIFs (Unisys) decidiu cobrar das empresas que desenvolviam software para criar e visualizar GIFs uma taxa de licença para usar a tecnologia. Embora os desenvolvedores Web e os internautas não sejam afetados por essa cobrança, as empresas que fazem o software que eles usam são.

O formato PNG foi projetado para os mesmos usos das imagens GIF mas, enquanto estava sendo criado, os projetistas decidiram resolver o que eles achavam ser algumas das desvantagens do formato GIF. O resultado são dois tipos de PNG. O PNG de 8 bits possui as mesmas limitações de um GIF de 8 bits – apenas 256 cores e, quando a transparência é usada, cada pixel fica ligado ou desligado. Há também o PNG-24 melhorado, uma versão de 24 bits, que possui as seguintes vantagens:

- ❏ O número de cores disponíveis para uso em uma imagem não é restrito, e assim qualquer cor pode ser incluída sem perda de dados.

- ❏ Um mapa (como a tabela de busca que indica a cor de cada pixel em GIFs) é usado para fornecer diferentes níveis de transparência para cada pixel, o que permite arestas mais suaves e anti-alias.

- ❏ A abordagem de amostrar uma em cada oito linhas foi substituída por uma amostra bi-dimensional que pode exibir uma imagem oito vez mais rapidamente do que um GIF.

- ❏ Arquivos PNG 24 bits pode conter informações de correção gama para permitir leves diferenças nas cores entre diferentes monitores e plataformas.

Além disso, todos os Ngs tendem a compactar melhor do que um equivalente GIF. A desvantagem real do formato PNG, entretanto, é que nem todos os navegadores o suportam. Embora suporte básico tenha sido oferecido em primeiras versões de navegadores alguns dos recursos mais avançados demoraram mais tempo a ser implementados. Por exemplo, o Internet Explorer não conseguia lidar corretamente com transparência até a versão 6.

Mantendo Pequenos os Tamanhos de Arquivos

Você geralmente quer gravar as imagens para o seu web site no formato que melhor compactar a imagem e, portanto, resultar em um tamanho menor do arquivo. Isto não apenas tornará suas páginas mais rápidas de carregar, mas pode também economizar nas cobranças feitas pela hospedagem do mesmo.

Geralmente um formato ou outro será a escolha óbvia para você. As regras básicas são:

- ❏ Use JPEGs para figuras foto realísticas com muitos detalhes ou diferenças sutis de tonalidade que você quiser preservar.
- ❏ Use GIFs para imagens com cores de mesma tonalidade (em vez de cores com texturas) e arestas claras, como diagramas, textos e logotipos.

> Você também pode analisar o uso de PNGs se não precisar dos recursos avançados como transparência, ou se souber que a maioria dos seus visitantes estará usando navegadores mais recentes.

Se você olhar as imagens a seguir (veja a Figura 3-6) – uma é a foto de folhas no outono e a segunda é o logotipo de uma empresa fictícia chamada Wheels que usa apenas duas cores – poderá ver o tamanho do arquivo de cada uma gravado como GIF e como JPEG (onde o JPEG é gravado com qualidade de 60 porcento).

Imagem	JPEG	GIF
Folhas	54,81 k	116,3 k
Wheels	8,26 k	6,063 k

Como você pode ver, o logotipo da Wheels possui áreas de cor de tonalidade única, enquanto que a foto da floresta com todas as suas tonalidades é mais apropriada para o formato JPEG.

> Um bom software de edição de imagens é muito útil se você usar muitas imagens no seu site. O Adobe Photoshop é o software mais popular usado por profissionais, embora seja bastante caro. Há, contudo, uma versão de funcionalidade limitada chamada Photoshop Elements que inclui muitos dos recursos comuns – incluindo as opções Gravar para Web. Dois outros programas populares de edição de imagens são o Paint Shop pro da JASC software e um programa de edição de imagens grátis chamado Gimp, o qual você pode baixar de www.GIMP.org.

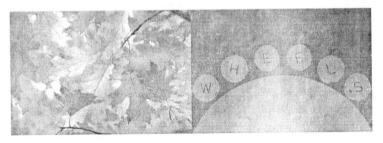

Figura 3-6

Se você tiver que incluir imagens fotográficas muito grandes e complexas no seu site, é uma boa prática oferecer aos usuários versões das imagens quando as páginas são carregadas pela primeira vez, e depois adicionar uma conexão para a versão maior. Essas imagens menores são muitas vezes chamadas de *thumbnails* e você geralmente as vê em galerias de imagens ou em páginas que contêm resumos de informações (como as páginas iniciais de sites de notícias e páginas que listam diversos produtos, a partir das quais você pode ir a uma página com mais detalhes e imagens maiores).

> *Ao criar a versão menor, escale a imagem para baixo em um programa de edição de imagens. Não altere simplesmente os atributos width e height dos elementos <img /> ou <object> porque os usuários ainda terão que baixar a imagem com tamanho integral embora vão ver apenas uma versão menor dela. (A imagem com tamanho integral demora muito mais tempo para ser carregada). Criando um thumbnail especial de qualquer imagem menor que você usar, suas páginas serão carregadas muito mais rapidamente.*

Imagens de Vetores

Softwares de ilustração e animação tendem a usar formatos de vetores para gravar imagens, e o formato de gráfico de vetores mais popular na Web é o Flash (que você verá em muitos sites).

Formatos de vetores armazenam informações em termos de coordenadas nas quais retas são desenhadas e depois dentro das retas um preenchimento colorido pode ser especificado. Devido aos formatos de vetores serem baseados em coordenadas que marcam pontos em retas, é muito fácil para eles escalarem para tamanhos diferentes simplesmente aumentando ou diminuindo o espaço entre cada ponto que as coordenadas mostram.

Os navegadores e XHTL não suportam, como padrão, quaisquer formatos de vetores de gráficos, embora os principais navegadores agora enviem com o Flash Player que é necessário para visualizar arquivos Flash. Como conseqüência, Flash é atualmente a forma mais popular de se colocar gráficos de vetores e animações na Web. Embora o Flash Player seja grátis para download e os navegadores o tenham, você deve estar ciente de que a Adobe cobra pelo software para criar arquivos Flash e que aprender a usar o software é uma habilidade completamente nova (que está fora do escopo deste livro).

Como um formato gráfico de vetores alternativo, a W3C desenvolveu o Scalable Vector Graphics (SVG), que (como XHTML) é escrito em XML e seria assim facilmente integrado a XHTML. (Além disso, é um padrão aberto, não a criação de uma empresa individual como o Flash.) Uma quantidade de ferramentas suportam SVG, embora quando este texto foi escrito não seja muito usado.

A Microsoft também trouxe uma tecnologia chamada Silverlight, que usa gráficos de vetores e complete com o Flash. Os desenvolvedores têm se interessado por ela, embora o *player* necessário para o Silverlight não tenha suporte muito amplo quando este texto foi escrito.

Arquivos Flash, Silverlight e SVG tendem a ser incluídos em páginas usando o elemento mais recente <object> (ou escritos na página usando JavaScript). De fato, a W3C prefere ver todas as imagens incluídas usando esse elemento em longo prazo, mas por enquanto as imagens são adicionadas usando o elemento <img>.

Adicionando Imagens Usando o Elemento <img>

As imagens são geralmente adicionadas a um site usando o elemento <img>. Ele deve trazer o atributo src indicando a fonte da imagem e um atributo alt cujo valor é uma descrição alternativa para a imagem no caso dela não carregar ou o usuário ter deficiência visual.

Por exemplo, a linha a seguir adicionaria uma imagem chamada wrox_logo.gif na página (neste caso a imagem está em um diretório chamado images e esse diretório está no mesmo do arquivo XHTML.) você pode encontrar este código em ch03_eg01.html.

```
<img src = "logo.gof" alt = "Wrox logo" />
```

A Figura 3-7 mostra como esta imagem fica em um navegador.

Figura 3-7

Além de trazer todos os atributos universais e os atributos de eventos IU, o elemento <img> pode trazer os seguintes atributos:

```
src alt align border height width hspace vspace ismap usemap
longdesc name
```

O Atributo src

O atributo src é necessário para especificar a URL da imagem a ser carregada.

```
scr = "url"
```

A URL pode ser uma URL absoluta ou relativa, da mesma forma que as URLs quando se conectam uma página a outra, o que é discutido no Capítulo 2. A URL também pode usar as mesmas notações de atalho que conectam entre páginas XHTML para indicar em qual pasta a imagem está.

É uma boa idéia criar um diretório (ou pasta) separado no seu web site para imagens. Se você tiver um site muito grande, pode até criar pastas separadas para diferentes tipos de imagens. (Por exemplo, uma pasta para imagens que sejam usadas na interface e uma para cada subseção do site).

> De modo geral, as imagens do seu site devem sempre ficar no seu servidor. Não é uma boa prática conectar a imagens em outros sites porque, se o proprietário destas movê-las, seus usuários não conseguirão mais vê-las no seu site.

O Atributo alt

O atributo alt e necessário para especificar uma alternativa de texto para a imagem no caso do usuário não conseguir ver a imagem (por qualquer um entre uma série de motivos). Por exemplo:

```
alt="Wrox logo"
```

Muitas vezes chamado de *alt text*, é importante que o valor desse atributo realmente descreva a imagem. Dois motivos comuns pelos quais imagens não ficam visíveis são:

- ❏ O navegador não baixou o arquivo corretamente; o arquivo não pode ser encontrado
- ❏ O usuário possui dificuldades visuais que impedem que ele ou ela veja a imagem

Às vezes as imagens não expressam informações e só são usadas para melhorar a aparência da página. (Por exemplo, você poderia ter uma imagem que seja apenas um elemento de desenho mas que não acrescente informações à página.) Então o atributo alt ainda deve ser usado mas sem receber valor, da seguinte maneira:

```
alt=""
```

O Atributo align (desatualizado)

O atributo align é usado para alinhar a imagem dentro da página ou do elemento que a contém (com uma célula de tabela).

```
align = "right"
```

Ele pode receber um dos valores da tabela que se segue.

Você pode se deparar com valores absbottom, texttop, absmiddle e baseline, mas esses não são extensões padrões que podem produzir resultados inconsistentes.

Valor	Propósito
top	O topo da imagem fica alinhado ao topo da linha corrente do texto.
middle	O meio da imagem fica alinhado com a linha corrente do texto.
bottom	A parte inferior da imagem fica alinhado à base da linha corrente do texto (o padrão), o que geralmente resulta em imagem indo até acima do texto.
left	A imagem fica alinhada à esquerda da janela ou elemento que a contém e qualquer texto fica ao seu redor.

O Atributo border (desatualizado)

O atributo border especifica a largura em pixels da borda em torno da imagem:

```
border = "2"
```

Se o atributo não for usado, não haverá uma borda, a menos que a imagem seja usada como uma conexão, em cujo caso você poderia especificar border = "0" (veja a seção "Usando Imagens como Conexões" mais adiante neste capítulo). Esse atributo foi substituído pela propriedade CSS border.

Os Atributos height e width

Os atributos height e width especificam a altura e a largira da imagem:

```
height = "120"   width = "180"
```

Os valores para estes atributos são quase sempre mostrados em pixels.

Tecnicamente, os valores destes atributos podem ser uma porcentagem da página ou elemento que a contém (em cujo caso os números serão seguidos pelo sinal de porcentagem), mas isto é muito raro e mostrar uma mostrar uma imagem em qualquer tamanho que não seja o na qual ela tenha sido criada pode resultar em uma imagem distorcida ou difusa.

Especificar o tamanho da imagem pode auxiliar o navegador a exibir as páginas mais rápida e suavemente porque ele pode alocar a quantidade correta de espaço para a imagem e continuar a exibir o resto da página antes que a imagem tenha terminado de carregar.

Se você realmente quiser mostrar uma imagem em tamanho menor do que o que estiver armazenado no seu servidor web, pode simplesmente fornecer o valor dos atributos height ou width e deixar o outro atributo, em cujo caso o navegador mantém a *aspect ratio* correta para a imagem (sua largura comparada com a altura). Sua imagem, entretanto, pode não ficar muito nítida. Você pode até distorcer imagens fornecendo uma largura diferente em relação à altura.

A Figura 3-8 mostra uma imagem no seu tamanho real (no topo: 130 pixels por 130 pixels), a imagem ampliada (no meio: o atributo width recebe um valor de 160 pixels) e a imagem distorcida (na parte inferior: o atributo width recebe um valor de 80 pixels e o atributo height recebe um valor de 150 pixels).

Tamanho fixo: largura 130 altura 130

Aumentado: largura 169 (em altura especificada)

Distorcido: largura 80 altura 150

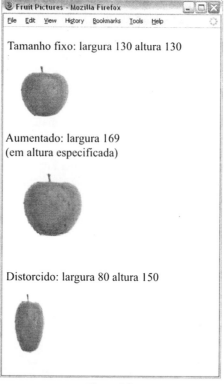

Figura 3-8

Aqui está o código deste exemplo (ch03_eg02.html):

```
<p>Tamanho fixo: largura 130 altura 130</p>
<img src="images/apple.jpg" alt="Foto de maçã vermelha"
width="130"
height="130" />
<p>Aumentado: largura 160 (sem altura especificada)</p>
<img src="images/apple.jpg" alt="Foto de maçã vermelha"
largura="160" />
<p>Distorcida: largura 80 altura 150</p>
<img src="images/apple.jpg" alt="Foto de mação vermelha" largu-
ra="80" altura="150" />
```

Se você quiser exibir a imagem em um tamanho muito menor do que a versão original, em vez de apenas especificar as dimensões menores, você deve redimensionar a imagem em um programa de manipulação de imagens para criar a versão menor para uso no web site. Se você reduzir o tamanho da imagem usando os atributos height e width, o usuário ainda terá que baixar a imagem no seu tamanho normal, o que demora mais do que uma versão pequena especial e usa mais largura da banda.

Os Atributos hspace e vspace (desatualizados)

Os atributo hspace e vspace podem ser usados para controlar a quantidade de espaços em branco em torno de uma imagem.

```
hspace = " 140"
vspace = "14"
```

O valor é a quantidade de espaços em branco em pixels que devem ser deixados em torno da imagem, e é semelhante a uma borda branca. Antes de CSS, os atributos hspace e vspace eram especialmente úteis porque textos podem ficar ao redor da imagem e, a menos que exista um espaço entre o texto e a imagem, aquele se torna difícil de ser lido e não tem aparência profissional. A Figura 3-9 ilustra essa idéia (ch03_eg03.html).

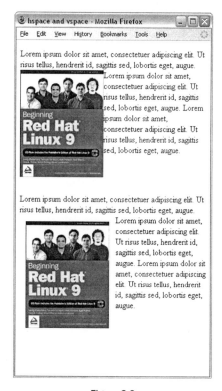

Figura 3-9

Esses atributos foram desatualizados e você pode obter o mesmo resultado usando as propriedades border e margin em CSS.

Os Atributos ismap e usemap

Os atributos ismap e usemap são usados com mapas de imagens. São cobertos na seção "Mapas de Imagens" mais adiante neste capítulo.

O Atributo longdesc

O atributo longdesc é usado para indicar a URL de um documento (ou parte de um documento) contendo uma descrição da imagem em maiores detalhes.

```
longdesc = "../accessibility/profit_graphs.txt"
```

Ele é projetado para usuários que não consigam ver a imagem e para fornecer informações extras que não possam ser vistas na imagem. Um bom exemplo de onde ela poderia ser usada é no fornecimento de uma explicação na forma de texto para um gráfico ou tabela.

Infelizmente o atributo longdesc não é muito suportado. Todavia, uma alternativa usada comumente é colocar-se uma conexão próxima à imagem levando a uma descrição longa da mesma (geralmente uma conexão para o final da página). Entre os rótulos de abertura <a> e o de fechamento </a> fica a letra D (que significa descrição). Você pode ver um exemplo disto na Figura 3-10 (ch03_eg04.html).

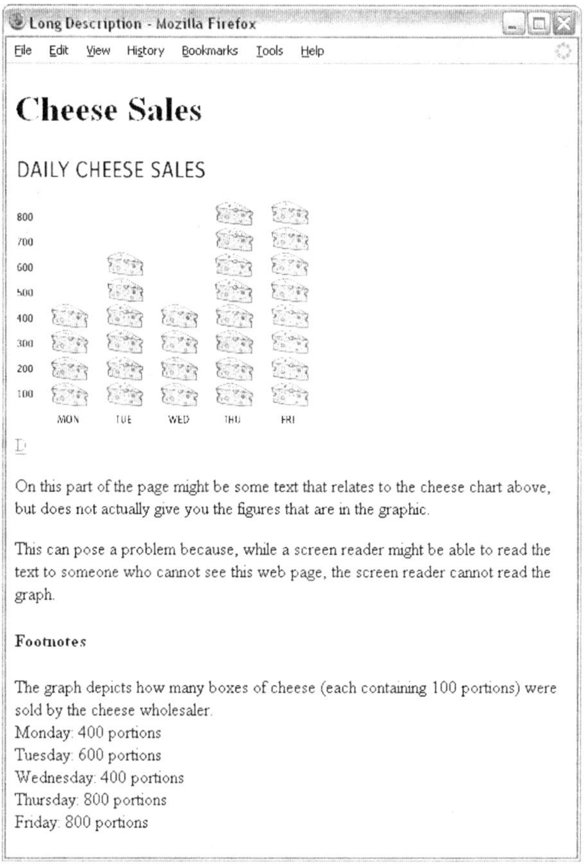

Figura 3-10

O Atributo name (desatualizado)

O atributo name permite a você especificar um nome para a imagem de modo que ela possa então ser referenciada pelo código. Ele é o predecessor do atributo id, e foi substituído por ele.

```
name = "nome_da_imagem"
```

Experimente | Adicionando Imagens a um Documento

Neste exemplo, você adicionará algumas imagens a um documento; serão algumas imagens coloridas de comidas acompanhadas por uma descrição de cada uma. Então abra seu editor de textos ou ferramenta de criação de páginas web e siga estes passos:

1. Inicie com as declarações XML e DOCTYPE e adicione o esqueleto do documento XHTML, da seguinte maneira:

```
<?xml version="1.0" encoding="UTF-8"?>
  <!DOCTYPE html PUBLIC "-//W3C//DTD XHTML 1.0 Strict//EN"
       "http://www.w3.org/TR/xhtml1/DTD/xhtml1-strict.dtd">
<html xmlns="http://www.w3.org/1999/xhtml" lang="en">
<head>
    <title>Imagens de Frutas</title>
</head>
<body>
</body>
</html>
```

2. Adicione o seguinte ao corpo da página. Preste atenção especial aos elementos <img>:

```
<h1>A Página de Imagens de Frutas</h1>
<p>A primeira imagem é de uma maçã.</p>
<img src="images/apple.jpg" alt="Foto de uma maçã vermelha"
width="130" height="130" />
<p>A segunda imagem é uma laranja cortada ao meio.</p>
<img src="images/orange.jpg" alt="Foto de laranja" width="130"
height="130" />
<p>A terceira imagem mostra bananas.</p>
<img src="images/banana.jpg" alt="Foto de bananas" width="130"
height="130" />
```

3. Grave o arquivo como frutas.hrml e abra-o no seu navegador. Você deve ver algo parecido com a Figura 3-11.

Como Isto Funciona

Você já viu suficientemente a maioria deste código. Contudo, as partes nas quais deve se concentrar são os elementos <img />. Cada elemento <img /> adiciona uma nova imagem. Há três no exemplo.

```
<img src="images/apple.jpg" alt="Foto de maçã vermelha"
width="130" height="130" />
```

Imagens e Objetos   @   113

O atributo src indica a URL da imagem. As URLs neste exemplo são todas URLs relativas apontando para um diretório images que fica no mesmo diretório da página de exemplo. Você talvez se lembre que no Capítulo 2 eu disse que organizar sua estrutura de diretórios era muito importante - você pode ver aqui a razão disso (deixa mais claro onde as imagens devem estar dentro da sua estrutura do site).

O atributo alt deve ser usado em todos os elementos <img /> que você escrever. Ele será mostrado se o navegador não puder carregar a imagem e informa o que é a imagem para as pessoas que tiverem problemas visuais.

Os atributos width e height dizem ao navegador qual deve ser o tamanho da imagem a ser exibida. Incluindo esses atributos, o navegador pode exibir a página mais rapidamente, porque pode continuar a exibir outros itens na página sem ter que esperar que a imagem seja trazida. Embora você possa usar esses atributos para distorcer ou ampliar uma imagem, é melhor fazer a imagem do tamanho que você quiser usá-la e, se quiser torná-la menor, deve gravar uma nova versão da mesma em vez de usar esses atributos, para economizar tempo e largura de banda dos seus usuários.

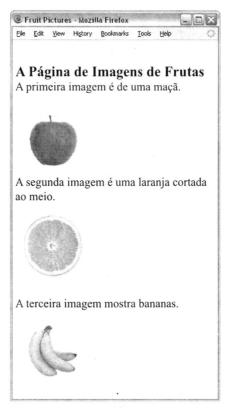

Figura 3-11

Acrescentando Outros Objetos como o Elemento <object>

A W3C introduziu o elemento <object> em HTML 4.0 com a intenção de que ele fosse usado para conter todos os tipos de mídia em documentos, não apenas gráficos mas também arquivos MP3, JPEGs e, mais recentemente, filmes em Flash e QuickTime e objetos em javaScript, applets em Java e assim por diante. Em vez disso, nesses casos, o elemento <object> é usado para incluir algum outro tipo de software que seja usado para executar ou carregar estes arquivos. Por exemplo:

❏ Filmes em Flash são executados com o Flash Player;

❏ Windows Media Files requerem o Windows Media Player;

❏ MP3s podem ser tocados em diversos players incluindo Flash Player, Windows Media Player e QuickTime Player.

Assim, na hora de embutir áudio, vídeo ou programas em Java/JavaScript na sua página web, você não apenas precisa ter o arquivo, mas também tem que escolher uma aplicação para embutir na sua página que execute o arquivo.

Incluir a ferramenta certa na página pode ser complicado porque nem todo computador terá a aplicação que você quer usar instalada. Além disso, cada player possui muitas versões diferentes. Quando esse texto foi escrito, a forma mais comum de se embutir gráficos com movimentos e vídeos em páginas web, sem perguntar ao usuário primeiro, é usando Flash (Flash estava sendo usado para servir a maioria dos arquivos de vídeo e áudio em sites como o YouTuve e MySpace). Entretanto, embora Flash seja muitas vezes mencionado como estando instalado em mais de 95 por cento dos computadores do mundo, o suporte para a execução de áudio e vídeo só foi incluído em versões posteriores do player Flash.

Antes do elemento <object> ser introduzido, uma gama de elementos foi usada para inserir objetos multimídia em páginas, com os elementos <applet>, <embed> e <bgsound>, mas estes elementos foram desatualizados (eles são cobertos no Apêndice I).

O elemento <object> foi introduzido pela Microsoft para suportar sua tecnologia Active X; entretanto, logo foi usado para embutir todos os tipos de objetos em páginas web. Para embutir um objeto em uma página, você precisa especificar:

❏ A localização do código usado para exibir ou executar o objeto (às vezes chamada de *implementação* do objeto)

❏ Os dados reais a serem exibidos (por exemplo, um filme, um arquivo de áudio ou um programa)

❏ Quaisquer valores adicionais que o objeto precise em tempo de execução

Os dois primeiros são acrescentados usando o elemento <object>, e os valores adicionais são fornecidos no elemento <param>, que pode ser um filho do elemento <object>.

Embora o elemento <object> possa conter um elemento <param> filho, qualquer outro conteúdo do elemento <object> deve ser mostrado apenas se o navegador não puder exibir o objeto:

```
<object>
Seu navegador parece não suportar o formato usado neste clipe de filem,
para obter mais detalhes por favor veja <a href="../help/video.htm">aqui</a>
</object>
```

Você pode aninhar elementos <object> em ordem de preferência para visualização, de forma que possa colocar um formato alternativo do objeto dentro do seu preferido. Se nenhum for suportado, o navegador então exibe o conteúdo do texto. Para suportar versões mais antigas ou diferentes de navegadores, você poderia adicionar código mais antigo, como os elementos desatualizados <embed> e <applet> dentro do elemento <object>.

Vale a pena observar que, quando algum vídeo ou áudio é adicionado a uma página, é considerada boa prática oferecer um botão para desligar a música.

Os Atributos do Elemento <object>

O elemento <object> pode trazer todos os atributos universais, os atributos de eventos IU e os seguintes atributos:

```
archive  border  classid  codebase  codetype  data  declare  height
width  hspace
vspace  name  standby  tabindex  usemap
```

Examinaremos cada um deles aqui, embora os que você usará com mais frequência para iniciar sejam os atributos classid (coberto anteriormente), type e id (discutidos no Capítulo 1).

O Atributo archive

Este atributo é para uso especificamente com aplicações baseadas em Java. Ele permite que você pré-carregue classes ou coleções de objetos em um arquivo – por exemplo, quando uma classe se baseia em outras – e tende a ser usado para melhorar a velocidade. O valor deve ser uma ou mais URLs para as fontes em uma lista separada por espaços.

O Atributo border (desatualizado)

Este atributo especifica a largura da borda que deve aparecer em torno do objeto; o valor é especificado em pixels. Entretanto, ele está desatualizado e você deve usar em vez dele a propriedade border em CSS.

O Atributo classid

Este atributo é projetado para especificar a implementação do objeto. Quando você estiver tentando incluir arquivos Flash ou QuickTime e um plug-in necessitar ser carregado, este valor indicaria a aplicação necessária para executar o arquivo. Quando você estiver trabalhando com Java, o valor deste atributo provavelmente será a classe Java que você quiser incluir.

Aqui está um exemplo de um classid para embutir um player para exibir um filme QuickTime:

```
classid="clsid:02BF25D5-8C17-4B23-BC80-D3488ABDDC6B"
```

O Atributo codebase

O atributo codebase deve dar uma URL base alternativa para quaisquer URLs relativas no elemento <object>. Se esse atributo não for especificado, então será usada a pasta na qual a página está. Por exemplo, se você estivesse trabalhando com Java, ele teria a seguinte forma:

```
codebase="http://www.example.org/javaclasses/"
```

Entretanto, no que tange a arquivos como filmes QuickTime e Flash, o IE o usa para especificar onde o programa necessário para executar o arquivo pode ser encontrado. Por exemplo, o controle Active X QuickTime (necessário para executar filmes QuickTime) pode ser baixado daqui:

```
codebase="http://www.apple.com/qtactivex/qtplugin.cab"
```

Ele também pode identificar o tipo MIME esperado pelo navegador. É relevante apenas se um atributo classid já tiver sido especificado. Por exemplo, se você estiver trabalhando com Java, ele poderia ser:

```
codetype="application/java"
```

Se você quisesse embutir um filme QuickTime, usaria um valor como o seguinte:

```
codetype="video/quicktime"
```

Os navegadores podem usar o atributo codetype para pular tipos de mídia não suportados sem ter que baixar objetos desnecessários. O Apêndice H cobre tipos MIME.

Ele é um atributo Booleano e, embora não precise de um valor em HTML, todos os atributos em XHTML requerem um valor, de modo que você usaria:

```
declare="declare"
```

O Atributo data

SE o objeto tiver um arquivo para processar ou executar, então o atributo data especifica a URL desse arquivo. Por exemplo, aqui está uma URL para um MP3:

```
data="http://www.example.com/mp3s/newsong.mp3"
```

O valor pode ser uma URL relativa, que poderia ser relativa ao valor fornecido no atributo codebase caso especificado; caso contrário, seria relativa à própria página.

Os Atributos height e width

Estes atributos especificam a altura e a largura de um objeto. Os valores devem estar em pixels ou em uma porcentagem do elemento que os contiver. Eles são tratados como os atributos height e width do elemento <img>. O uso destes atributos deve tornar a carga da página mais rápida porque o navegador pode exibir o resto da mesma sem ter carregado completamente o objeto.

Os Atributos hspace e vspace (desatualizados)

Estes atributos especificam a quantidade de espaço em branco que deve aparecer em torno de um objeto, da mesma forma que quando eles são usados com o elemento <img>. Eles foram substituídos pelas propriedades margin e border de CSS.

O Atributo name (desatualizado)

Estes atributo fornece um nome que pode ser usado para se referir ao objeto, em especial para uso em scripts. Foi substituído pelo atributo id em XHTML.

O Atributo standby

Este atributo especifica um texto que será usado quando o objeto estiver sendo carregado:

```
standby="Trailer de Harry Potter 27 está sendo carregado"
```
O valor deve ser uma descrição significativa do objeto que estiver sendo carregado.

O Atributo tabindex

Este atributo indica o índice de tabulação do objeto dentro de uma página. A ordem de tabulação é discutida no Capítulo 5.

O Atributo usemap

Este atributo indica que o objeto é um mapa de imagem contendo áreas definidas que são hyperlinks. Seu valor é o arquivo de mapa usado com o objeto. Pode ser uma URL completa para um arquivo externo ou uma referência ao valor de um atributo mapName de <mapElement>. Veja a seção "Mapas de Imagens" mais adiante neste capítulo.

O Atributo <param>

Este elemento é usado para passar parâmetros para um objeto. Os tipos de parâmetros que um objeto requer dependem do que o objeto faz; por exemplo, se um objeto tiver que carregar um player de MP3 na página, você provavelmente precisará especificar onde o arquivo MP3 pode ser encontrado. De forma alternativa, se você estiver adicionando um vídeo à página, seu objeto poderia permitir que você informasse se deve executar automaticamente o vídeo quando a página for carregada ou se deve esperar o usuário pressionar uma tecla para que ele inicie.

Assim como os atributos universais e eventos básicos, o elemento <param> pode trazer os seguintes atributos:

```
name type value valuetype
```

Esses atributos atuam como um par nome/valor (em vez dos próprios atributos). O atributo name fornece um nome para o parâmetro que você está passando para a aplicação, enquanto que value dá o valor desse parâmetro.

Aqui estão alguns exemplos, tirados de um filme QuickTime. O primeiro parâmetro indica a fonte do arquivo sendo carregado para ser executado, enquanto que o segundo indica que o filme deve iniciar automaticamente quando estiver sendo carregado (sem que o usuário tenha que iniciá-lo):

```
<param name="src" value="movieTrailer.mov" />
<param name="autoplay" value="true" />
```

Se você estivesse trabalhando com um applet Java, poderia usar os atributos name e value para passar valores para um método.

O Atributo valuetype

Se os seus objetos receberem parâmetros, então o atributo valuetype indica se o parâmetro será um arquivo, URL ou outro objeto. A tabela que se segue mostra os valores possíveis.

Valor	Propósito
data	O parâmetro value é uma string simples – este é o valor padrão.
ref	O parâmetro value é uma URL.
object	O parâmetro value é outro objeto.

O Atributo type

Você não precisa especificar um atributo type se você só estiver passando uma string para um objeto como parâmetro. Entretanto, se estiver passando uma URL ou objeto, então deve usar o atributo type. Seu propósito é informar ao objeto o tipo MIME do parâmetro que estiver sendo passado.

Por exemplo, você poderia querer especificar que estava passando um objeto Java como parâmetro, em cujo caso usaria o atributo value da seguinte forma:

`value="application/java"`

Adicionando um Filme Flash a uma Página

Examinaremos um exemplo de uso do elemento <object> para adicionar um filme Flash a uma página. Uma das coisas realmente úteis com relação a trabalhar com software Flash da Adobe (o que pode ser usado para criar animações Flash) é que ele pode criar o código <object> que é necessário para adicionar o filme á página para você. Quando você passa por um processo de "publicação" do arquivo (o que basicamente significa preparar o arquivo para a Web), o software cria um arquivo de exemplo que pode ser usado para exibir o arquivo no seu navegador.

No exemplo a seguir, você pode ver o elemento <object> sendo usado para incluir o player Flash – o atributo classid especifica que o Flash Player deve ser incluído, enquanto que os atributos width e height especificam as dimensões do arquivo Flash. A seguir, dentro do elemento <object> estão os elementos <param>, que dão mais informações para o Flash Player (ch03_eg05.html).

```
<object     classid="clsid:D27CDB6E-AE6D-11cf-96B8-444553540000"
width="300"
height="200"
codebabse="http://download.macromedia.com/pub/shockwave/cabs/
flash/swflash.cab">
    <param name="movie" value="motion/flash_sample.swf">
    <param name="play" value="true">
    <param name="loop" value="false">
    <embed src="motion/flash_sample.swf" width="300" height="200"
play="true"
loop="false" QUALITY="best" menu="false" type="application/x-
shockwave-flash"
pluginspage="http://www.macromedia.com/shockwave/download/index.
cgi?P1_Prod_Version=ShockwaveFlash">
        </embed>
</object>
```

Os elementos <param> afetam a forma pela qual o objeto (que neste caso é o Flash Player) se comporta porque o elemento <object> é usado para incluir diferentes tipos de objetos; os elementos <param>, como você pode imaginar, são específicos de cada objeto.

Neste exemplo, os parâmetros com os valores especificados têm os seguintes significados:

❏ movie especifica onde o Flash Movie que deve ser carregado no Flash Player pode ser encontado.

❏ play especifica se o filme deve ser executado por padrão quando a página for carregada.

❏ loop indica se, assim que o filme tiver terminado, ele deve voltar e tocar de novo.

Você também pode ver o elemento <embed>, sobre o qual você aprenderá mais no Apêndice I, onde examinamos código desatualizado e não padrão. O elemento <embed> foi introduzido nas primeiras versões de navegadores para inserir plug-ins (pequenos programas que não fazem parte do navegador), mas navegadores mais recentes entendem o elemento <object> e ignoram o elemento <embed>. Ele está incluído na Figura 3-12 apenas porque você muitas vezes ainda verá ambos os elementos sendo usados.

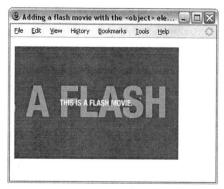

Figura 3-12

Embora o elemento <object> seja usado comumente para adicionar Flash a uma página, você também verá muitos sites usarem algo chamado de SWFObject para colocar o filme Flash na página usando JavaScript – esta técnica útil não apenas verifica se o navegador possui a versão requerida do Flash instalada mas também permite que você exiba uma alternativa se o usuário não tiver a versão requerida do Flash. Você pode ler mais sobre SWFObject e baixar o arquivo JavaScript em http://blog.deconcept.com/swfobject/.

Usando Imagens como Conexões

É fácil transformar uma imagem em conexão; em vez de colocar texto entre um rótulo de abertura <a> e um de fechamento </a>, como você viu no capítulo anterior, você pode colocar uma imagem dentro destes rótulos. As imagens são usadas com frequência para criar botões gráficos ou conexões para outras páginas, da seguinte maneira (ch03_eg06.html):

```
<a href="../index.html" title="Clique aqui para voltar para a
página inicial">
<img src="images/banana.jpg" width="130" height="130" alt="Banana"
border="0"
/></a>
```

Observe o uso do atributo desatualizado border. Quando você usa uma imagem dentro de um elemento <a>, essa ganhará uma borda no IE for Windows, conforme mostrado na Figura 3-13.

É provável que essa borda seja muito pequena, de modo que você especifica que border deve ser 0 pixels ou, preferivelmente, configura a propriedade border de CSS para elementos <img /> como 0 (você vai aprender como no Capítulo 7).

122 @ Introdução à Programação WEB com HTML, XHTML e CSS

Observe que a imagem nesse exemplo não é um exemplo muito bom de uma conexão, já que não informa onde a conexão irá levá-lo. Se você usar imagens como conexões, deve deixar claro o que acontecerá se o usuário clicar na mesma.

Figura 3-13

Esta técnica de colocar uma imagem dentro de um elemento <a> também funcionará quando você quiser incluir imagens usando o elemento <object>, mas não necessariamente quando usar o elemento <object> para incluir outros objetos, como um filme Flash, player QuickTime ou player Windows Media.

Mapas de Imagens

Mapas de imagens permitem a você especificar diversas conexões que correspondem a diferentes áreas de uma única imagem, de modo que, quando os usuários clicarem em partes diferentes da imagem são levados a páginas diferentes. Há dois tipos de mapas de imagens:

❏ Mapas de imagens no lado servidor

❏ Mapas de imagens no lado cliente

A diferença entre as duas está no local onde o código que decide qual a conexão você deve ser levado. Com mapas de imagens no lado cliente, o navegador indica a qual página você deve ser levado baseado em onde o usuário clicar, enquanto que, com mapas de imagens no lado servidor, o navegador envia ao servidor as coordenadas de onde o usuário clicou, e essas são processadas por um arquivo de script no servidor que determina a qual página o usuário deve ser enviado.

A Figura 3-14 mostra um GIF que você verá transformado em um mapa de imagem. Quando os usuários clicarem no círculo, verão o que está na galeria; quando clicarem no jardim, verão as páginas sobre o jardim de esculturas e quando clicarem nos estúdios, verão uma página sobre estúdios. Cada uma dessas seções é conhecida como um *hotspot* que pode ser clicado.

Mapas de imagens são especialmente úteis quando a imagem precisa ser dividida em formatos irregulares, como mapas. Contudo, se a imagem pode ser dividida em uma grade, você poderia ficar melhor dividindo uma imagem manualmente e juntando-a em uma tabela (você aprenderá sobre tabelas no próximo capítulo).

Esses *hotspots* não devem ser muito pequenos; caso contrário os usuários poderiam ter dificuldade em selecionar a área correta que querem. Se isso acontecer, eles logo se frustram e saem do seu site. Assim, se por algum motivo você usar mapas de imagens como o método principal de navegação para o seu site, deve oferecer conexões de texto na parte inferior da página (e indicar isto no texto de alt).

Figura 3-14

Mapas de Imagens no Lado Servidor

Com imagens no lado servidor, o elemento <img> (dentro de um elemento <a>) traz um atributo especial ismap, que informa ao navegador para enviar ao servidor as coordenadas x,y representando onde o mouse do usuário estava quando ele ou ela clicou no mapa da imagem. A seguir, um script no servidor é usado para determinar para qual página o usuário deve ser enviado baseado nas coordenadas enviadas para ele.

Por exemplo, examine a conexão a seguir, onde o elemento <img> carrega o atributo ismap com um valor de ismap (esse é um atributo que não requer um valor em HTML; entretanto, em XHTML todos os atributos devem ter um valor e, portanto, seu próprio nome é usado como valor em XHTML para tornar o atributo válido):

```
<a href="../location/map.aspx"><img src="../images/states.gif"
alt="mapa dos Estados Unidos" border="0" ismap="ismap" /></a>
```

Agora, se o usuário clicar na imagem 50 pixels à direita do canto superior esquerdo da imagem e a 75 pixels abaixo do mesmo canto, o navegador enviará esta informação com a URL desta forma:

http://www.example.org/location/map.aspx?50,75

Você pode ver as coordenadas inseridas no final da URL que é especificada no elemento <a>.

O mapa no lado servidor precisa estar em um script, arquivo de mapa ou aplicação no servidor que possa processar as coordenadas e saber a qual página o usuário deve ser enviado. A implementação de mapas de imagens varia de acordo com o tipo de servidor que você estiver executando.

Devido a mapas de imagens no lado servidor serem processados no servidor, a implementação deles não é coberta por recomendações HTML ou XHTML e infelizmente não há espaço para cobrir cada implementação possível para cada plataforma diferente aqui. Se você quiser aprender sobre mapas de imagens no lado servidor, deve pegar um livro que cubra scripting no lado servidor, como um livro sobre ASP.Net, PHP, CGI ou JSP. Veja a lista de livros em Wrox.com sobre tópicos como estes.

Mapas de Imagens no Lado Cliente

Pelo fato de mapas de imagens no lado servidor se basearem em tecnologia de lado servidor, surgiu uma alternativa que funcionava em navegadores foi introduzida e mapas de imagens no lado cliente. Esses mapas usam código dentro da página XHTML para indicar quais partes da imagem devem conectar a quais páginas. Pelo fato do código que divide as seções da imagem ficar no navegador, é possível que esse ofereça informações extras para os usuários, mostrando a eles uma URL na barra de status ou uma dica quando o mouse passar sobre a imagem.

Há dois métodos para se criar um mapa de imagens no lado cliente: usando os elementos <map> e <area> dentro de um elemento <img> e, mais recentemente, usando o elemento <map> dentro do elemento <object>.

Mapas de Imagens no Lado Cliente Usando <map> e <area>

Este método mais antigo de criação de mapas de imagens é suportado há mais tempo em navegadores, voltando ao Netscape 4 e o IE 4.

A imagem que formará o mapa é inserida na página usando o elemento <img /> da forma normal, exceto que ele traz um atributo extra chamado usemap. O valor de usemap é o do atributo name no elemento <map>, que você conhecerá em breve, precedido por um sinal de libra ou traço.

O elemento <map> cria o mapa para a imagem e geralmente vem logo depois do elemento <img />, Ele atua como um contêiner para os elementos <area> que definem os hotspots clicáveis. O elemento <map> traz apenas um atributo, o atributo name, que é o nome que identifica o mapa. É assim que o elemento <img /> sabe qual elemento <map> usar.

O elemento <area> especifica o formato e as coordenadas que definem os limites de cada hotspot que pode ser clicado. Aqui está um exemplo do mapa de imagens que foi usado para a imagem da Figura 3-14 (ch03_eg06.html).

```
<img src="gallery_map.gif" alt="Mapa da Galeria" width="500"
height="300"
border="0" usemap="#gallery" />
<map name="gallery">
   <area shape="circle" coords="154,150,59" href="foyer.html"
target="_self"
          alt="Foyer" >
   <area shape="poly"
coords="272,79,351,79,351,15,486,15,486,218,272,218,292,
          166,292,136,270,76" href="sculpture_garden.html"
target="_self"
```

```
            alt="Jardim da Escultura" />
   <area shape="rect" coords="325,224,488,286" href="workshop.
html"
            target="_self" alt="Workshops de Artistas" />
</map>
```

Como você pode ver, o valor do atributo usemap no elemento <img /> é #gallery e é usado no elemento <map>. A seguir os elementos <area> definem as seções da imagem que podem ser clicadas.

Se você tiver duas áreas que se interseccionem, a primeira no código terá precedência.

Os atributos que o elemento <area> pode trazer podem parecer familiares do elemento <a>. Os que são relevantes para mapas de imagens são cobertos aqui; caso contrário veja a seção "Adicionando Imagens Usando o Elemento <img />" mais adiante neste capítulo.

```
accesskey alt shape coords href nohref target tabindex taborder
notab
```

O Atributo shape

O valor do atributo shape afeta como o navegador usará as coordenadas especificadas no atributo coords e é portanto necessário. Se você não especificar um atributo shape, o IE geralmente irá supor que a área seja um retângulo.

A tabela que se segue mostra os valores possíveis do atributo shape.

Valor	Forma Criada
`default`	Toda a imagem não definida em uma área (deve ser especificada no final)
`rectangle ou rect`	Retângulo
`polygon ou poly`	Políogno
`circle ou circ`	Círculo

Você ficará melhor usado as versões abreviadas dos valores, já que elas são melhor suportadas em navegadores mais antigos. O valor default deve ser usado se você quiser indicar quaisquer seções da imagem que não o são de outra indicados por um elemento <area> - é com pegar todo o resto da imagem.

O Atributo coords

O atributo coords especifica a área que é o hotspot que pode ser clicado. O número de coordenadas que você especifica depende do formato que estiver criando (e tiver especificado no atributo shape).

- Um retângulo contém quatro coordenadas. As duas primeiras representam o canto superior esquerdo e as duas últimas o canto inferior direito.
- Um círculo contém três coordenadas; as duas primeiras são o centro do círculo, enquanto que a terceira é o raio em pixels.
- Um polígono contém duas coordenadas para cada ponto do mesmo. Assim, um triângulo conteria seis coordenadas, um pentágono dez e assim por diante. Você não precisa especificar a primeira coordenada no final novamente porque a forma é fechada automaticamente.

Algumas ferramentas de criação para web e programas de edição de imagens irão ajudar com as coordenadas de um mapa de imagens; fornecem uma ferramenta que lhe permite selecionar as áreas que quer transformar em um mapa e usam essas formas para criar as coordenadas para você. A Figura 3-15 mostra uma ferramenta Image Map da Dreamweaver – devido ao fato de cada programa ser diferente, você deve ver nos arquivos de ajuda desse programa para saber como o seu cria um mapa de imagens.

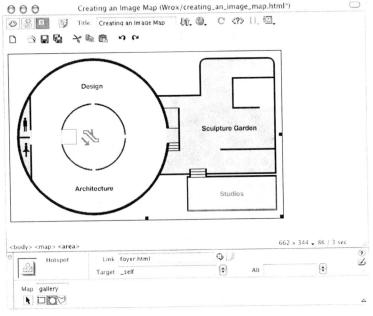

Figura 3-15

Os Atributos href e nohref

O atributo href funciona da mesma forma que o href de um elemento <a>; seu valor é a URL da página que você quer carregar quando o usuário clicar nessa parte da imagem.

Se você não tiver um atributo href, deve usar um nohref indicando que a área não levará a lugar nenhum, e ela recebe um valor de nohref.

O Atributo alt

Este atributo especifica um texto alternativo para essa seção da imagem e funciona da mesma forma que o atributo alt do elemento <img />. Ele sobrescreverá o texto de alt especificado para a imagem quando o usuário rolar pela área.

O Atributo target

Este atributo especifica em qual frame ou janela a página deve ser carregada. Os valores possíveis são os mesmos do atributo target do elemento <a>.

O Atributo tabindex

Este atributo permite a você especificar a ordem na qual os usuários pode navegar pelos itens em uma página. O valor é um número entre 1 e 32.767. Ele é discutido completamente no Capítulo 5.

Mapas de Imagens no Lado Cliente Usando o Elemento <object>

HTML 4 iniciou a promover o uso do elemento <object> em vez do <map> para adicionar mapas de imagens aos seus documentos (embora você ainda possa usar o elemento<map> em Strict HTML 1.0) O elemento <object> usa uma abordagem diferente para criar mapas de imagens.

É o elemento <object> que traz o atributo usemap (cujo valor é o valor do atributo name no elemento <map> precedido pelo sinal de libra ou traço. Porém dentro do elemento <map> ficam elementos <a> padrão.

A presença do elemento <a> neste contexto auxilia a explicar porque ele pode trazer atributos como shape e coords.

```
<object data="gallery_map.gif" type="image/gif" alt="Mapa da Galeria" width="500"
```

```
          height="300" border="0" usemap="#gallery" />
<map name="gallery">
   <a shape="circle" coords="154,150,59" href="foyer.html"
target="_self">Foyer</a>
   <a shape="poly"
coords="272,79,351,79,351,15,486,15,486,218,272,218,292,166,
        292,136,270,76" href="sculpture_garden.html" target="_
self">Jardim de                Escultura</a>
   <a shape="rect" coords="325,224,488,286" href="workshop.html"
        target="_self">
        Workshops de Artistas</a>
</map>
```

Em vez de usar atributos alt, você deve colocar texto alt (ou uma descrição da conexão) dentro do elemento <a>.

Infelizmente, o suporte para essa forma de criar mapas de imagens é bastante pobre, de modo que você fica melhor continuando com o método antigo por enquanto.

Resumo

Neste capítulo você aprendeu como fazer suas páginas parecerem muito mais interessantes adicionando imagens e outros objetos multimídia.

Você aprendeu tudo sobre os diferentes tipos de imagens usadas na Web. Embora imagens adicionem vida a uma página, você tem que ter cuidado com seus tamanhos. Se tiver imagens demais ou se as suas imagens forem grandes demais, elas deixarão seu site significativamente mais lento. Portanto, você tem que escolher o formato que compactará mais sua imagem ao mesmo tempo em que mantenha a qualidade. O formato GIF é o escolhido com cores de tonalidades únicas, enquanto que JPEGs são melhores para imagens fotográficas e gráficos com gradientes da mesma cor. Investir em bom software de edição de imagens que lhe permita gravar imagens nestes formatos é uma boa idéia se você usar muitas imagens nas suas páginas.

Embora o elemento <img /> seja a forma mais comum de incluir uma imagem no seu documento atualmente, você também viu o elemento <object> que será usado mais no futuro. O elemento <object> já é amplamente usado para embutir outros tipos de arquivos e código nas suas páginas, desde filmes Flash ou QuickTime a applets Java e objetos JavaScript.

Finalmente, você viu como dividir uma imagem em hotspots que possam ser clicados e que transformam diferentes partes da imagem em conexões separadas. Outra forma de crias conexões separadas em uma imagem é dividindo-a e colocando as seções separadas em células separadas de uma tabela; você aprenderá sobre tabelas no Capítulo 5.

Exercícios

As respostas para todos os exercícios são apresentadas no Apêndice A.

1. Adicione as imagens de ícones que representem um diário, uma câmera e um jornal ap exemplo a seguir. Todas as imagens são fornecidas na pasta images no código para baixar para o Capítulo 3.

```
<h1>Ícones</h1>
<p>Aqui está um ícone usado para representar um diário.</p>
<img src="images/diary.gif" alt="Diário" width="150" height="120" /><br />
<p>Aqui está um ícone usado para representar uma figura.</p>
A imagem da câmera vai aqui<br />
<p>Aqui está um ícone usado para representar um item de jornal.</p>
A imagem do jornal vai aqui<br />
```

Sua página pronta deve lembrar a Figura 3-16.

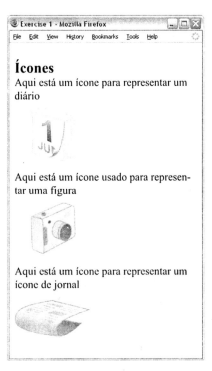

Figura 3-16

2. Olhe as imagens mostradas nas Figuras 3-17 e 3-18 e decida se você provavelmente terá arquivos menores e imagens de melhor qualidade se você gravá-las como JPEGs e GIFs.

Figura 3-17

Figura 3-18

4

Tabelas

Tabelas são comumente usadas para exibir todos os tipos de dados, como cronogramas, relatórios financeiros e resultados esportivos. Assim, quando você quer exibir informações em linhas e colunas, precisa usar a marcação que aprenderá neste capítulo para criar uma tabela.

Este capítulo começa com uma discussão sobre os elementos básicos que são usados para criar todas as tabelas. A seguir introduzirei alguns dos recursos mais avançados de tabelas, como textos, cabeçalhos e layouts mais complicados de tabelas. Você também aprenderá sobre alguns marcadores desatualizados que foram projetados para controlar a aparência das tabelas. Embora seja preferível usar CSS para controlar a forma na qual uma página aparece, você às vezes precisará usar o marcador mais antigo de modo que usuários com navegadores mais antigos possam ver suas páginas da forma como você quiser. O capítulo termina com uma discussão sobre questões de acessibilidade que se relacionam a tabelas porque podem ter um efeito sérios, especialmente para usuários com problemas visuais.

Introduzindo Tabelas

Para trabalhar com tabelas, você precisa começar a pensar em *grades*. Tabelas, da mesma forma que planilhas, são constituídas de linhas e colunas, conforme mostrado na Figura 4-1.

Aqui você pode ver uma grade de retângulos. Cada retângulo é conhecido como uma célula. Uma linha é constituída de um conjunto de células na mesma linha da esquerda para a direita, enquanto que uma coluna é constituída de um grupo de células do topo à parte inferior.

Até agora você entendeu que os nomes dos elementos em XHTML tendem a se referir ao tipo de marcadores que contêm. Assim, você dificilmente ficará surpreso em saber que cria uma tabela em XHTML usando o elemento <table>.

Dentro de um elemento <table>, a tabela é gravada linha a linha. Uma linha fica dentro de um elemento <tr> - que significa *table row*[1]. Cada célula é então gravada dentro do elemento da linha usando um elemento <td> - que significa *table data*[2].

	Coluna 1	Coluna 2	Coluna 3	Coluna 4
	Linha 1	Linha 1	Linha 1	Linha 1
	Coluna 1	Coluna 2	Coluna 3	Coluna 4
	Linha 2	Linha 2	Linha 2	Linha 2
	Coluna 1	Coluna 2	Coluna 3	Coluna 4
	Linha 3	Linha 3	Linha 3	Linha 3
	Coluna 1	Coluna 2	Coluna 3	Coluna 4
	Linha 4	Linha 4	Linha 4	Linha 4
	Coluna 1	Coluna 2	Coluna 3	Coluna 4
	Linha 5	Linha 5	Linha 5	Linha 5

Figura 4-1

A seguir está um exemplo de uma tabela muito básica (ch04_eg01.html):

```
<table border="1">
 <tr>
  <td>Linha 1, Coluna 1</td>
  <td>Linha 1, Coluna 2</td>
 </tr>
 <tr>
  <td>Linha 2, Coluna 1</td>
  <td>Linha 2, Coluna 2</td>
 </tr>
</table>
```

Sempre indento cuidadosamente código de tabelas porque é mais fácil ver a estrutura da mesma, e começo cada linha e célula em uma nova linha. Embora essa seja uma preferência pessoal, esquecer apenas um rótulo de fechamento ou sinal de ">" em uma

---

[1] N. do T.: Em inglês, "linha de tabela".
[2] N. do T.: Em inglês, "dados da tabela".

tabela pode impedir que sua tabela inteira seja exibida apropriadamente e indentar ajuda você a registrar onde você está quando voltar a examinar o código (especialmente quando você examinar tabelas aninhadas mais adiante neste capítulo).

Isso parecerá muito básico em um navegador web, mas dará uma idéia de como uma tabela é formada. Você pode ver o resultado na Figura 4-2.

Todas as tabelas seguirão essa estrutura básica, embora existam elementos e atributos adicionais que permitam a você controlar a apresentação de tabelas. Se uma linha ou coluna deve conter um cabeçalho, um elemento <th> é usado no lugar dos dados da tabela ou do elemento <tr>. Por padrão, a maioria dos navegadores exibe o conteúdo de um elemento <th> em negrito.

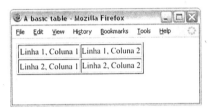

Figura 4-2

Cada célula deve ser representada por um elemento <td> ou <th> para que a tabela seja exibida corretamente mesmo se o elemento estiver vazio.

Aqui você pode ver um exemplo ligeiramente mais complexo de uma tabela, que inclui cabeçalhos (ch04_eg02.html):

```
<table border="1">
 <tr>
   <th></th>
   <th>Saídas ({$})</th>
   <th>Receitas ({$})</th>
   <th>Lucro ({$})</th>
 </tr>
 <tr>
   <th>Trimestre 1 (Jan-Mar)</th>
   <td>11200,00</td>
   <td>21800,00</td>
   <td><b>10600,00</b></td>
 </tr>
 <tr>
   <th>Trimestre 2 (Abr-Jun)</th>
   <td>11700,00</td>
   <td>22500,00</td>
```

```
    <td><b>10800,00</b></td>
  </tr>
  <tr>
    <th>Trimestre 3 (Jul - Set)</th>
    <td>11650.00</td>
    <td>22100,00</td>
    <td><b>10450,00</b></td>
  </tr>
  <tr>
    <th>Trimestre 4 (Out - Dez)</th>
    <td>11850,00</td>
    <td>22900,00</td>
    <td><b>11050,00</b></td>
  </tr>
</table>
```

> *Como você pode ver, tabelas podem gastar muito espaço e tornar um documento mais longo, mas a formatação clara de uma tabela torna muito mais fácil ver o que está acontecendo no seu código. Não importa o quanto o código pareça familiar quando você o escreve, você ficará feliz de ter feito um bom uso da estrutura se tiver que voltar a ele mais adiante.*

Neste exemplo, a tabela mostra um resumo financeiro de uma pequena empresa. No topo da primeira linha você pode ver que há cabeçalhos para receitas, gastos e lucro. A primeira célula na verdade está vazia, mas você ainda deve adicionar um elemento <td> ou <th> para ela no código; caso contrário, a primeira linha teria menos células que as outras e o alinhamento das colunas não seria o pretendido.

Em cada linha, a primeira célula da tabela também é uma célula de cabeçalho (<th>) que indica de qual trimestre são os resultados. A seguir as três células restantes de cada linha contêm dados da tabela e ficam portanto dentro dos elementos <td>.

Os valores mostrando o lucro também ficam dentro de um elemento <b> para exibir os valores do lucro em negrito. Isto mostra como qualquer célula pode, de fato, conter qualquer tipo de marcador. A única restrição na colocação de marcadores dentro de uma tabela é que ele deve ficar aninhado no elemento da célula da tabela (seja este um <td. Ou um <th>). Você não pode ter um rótulo de abertura de um elemento dentro de uma célula da tabela e um rótulo de fechamento fora dessa célula – ou vice-versa.

A Figura 4-3 mostra como esta tabela se parece ecom um navegador web.

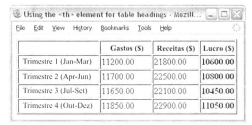

Figura 4-3

Vale a pena observar que muitas pessoas, ao criarem tabelas, não se importam com o elemento <th> e, em vez disso, usam o elemento <td> para todas as células – incluindo cabeçalhos. Entretanto, ele pode ajudar a tornar a tabela mais acessível quando você a vir no final do capítulo, e dado que o elemento está lá para um propósito, é uma boa idéia usá-lo. Ele também pode auxiliar na apresentação daquelas células de forma diferente quando você modela o estilo da tabela usando CSS.

Elementos e Atributos Básicos de Tabelas

Agora que você viu como as tabelas básicas funcionam, esta seção descreve os elementos em um pouco mais de detalhes, introduzindo os atributos que elas podem trazer. Com esses atributos, você pode criar layouts mais sofisticados de tabelas.

O Elemento <table> Cria uma Tabela

O elemento <table> é o que contém todas as tabelas. Ele pode trazer os seguintes atributos:

❑ Todos os atributos universais

❑ Atributos de eventos básicos para scripting

O elemento <table> pode trazer os seguintes atributos desatualizados. Embora eles sejam desatualizados, você ainda verá muitos deles em uso atualmente:

```
align bgcolor border cellpadding cellspacing dir frame rules
summary width
```

O Atributo align (desatualizado)

Embora seja desatualizado, o atributo align ainda é freqüentemente usado com tabelas. Quando usado com o elemento <table>, ele indica se a tabela deve estar alinhada à esquerda (left - o padrão), à direita (right) ou no centro (center) da página. (Ao usado com células, como você verá em breve, ele alinha o conteúdo dessa célula). A sintaxe é:

```
align = "center"
```

Se a tabela estiver dentro de outro elemento, então o atributo align indicará se a tabela deve era alinhada à esquerda, à direita ou no centro desse elemento.

Se a tabela estiver alinhada, o texto deve fluir em torno dela. Por exemplo, aqui está uma tabela alinhada à esquerda seguida por algum texto (ch04_eg03.html):

```
<table border="1" align="left">
 <tr>
  <td>Linha 1, Coluna 1</td>
  <td>Linha 1, Coluna 2</td>
 </tr>
 <tr>
  <td>Linha 2, Coluna 1</td>
  <td>Linha 2, Coluna 2</td>
 </tr>
</table>
```

Lorem ipsum dolor sit amet, consectetuer adipiscing elit...

O texto deve fluir ao redor da tabela, conforme mostrado na primeira tabela da Figura 4-4.

Para evitar este fluxo você *poderia* colocar uma quebra de linha após a tabela e adicionar o atributo clear. (<br clear="left" />), o qual você pode ver na segunda tabela da Figura 4-4.

```
</table>
<br clear="left" />
```

Lorem ipsum dolor sit amet, consectetuer adipiscing elit...

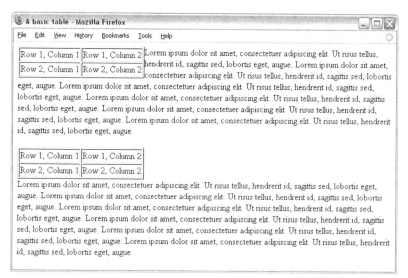

Figura 4-4

O atributo clear indica como o navegador deve exibir a linha após a quebra de linha. Com o valor de left, o texto pode começar apenas quando não houver nada posicionado na margem esquerda da janela do navegador (ou se estiver em um elemento que o contém, quando nada estiver posicionado na margem esquerda desse elemento). Os valores do atributo clear podem ser all, left, right ou nome; clear é coberto em maiores detalhes no Apêndice I, embora o atributo clear tenha sido substituído por uma propriedade clear em CSS, que executa função equivalente e é a opção preferida.

O Atributo bgcolor (desatualizado)

O atributo bgcolor configura a cor de fundo da tabela. O valor desse atributo deve ser um código de seis dígitos conhecido como código hexadecimal ou um nome de cor. A forma na qual as cores são especificadas em XHTML e CSS é coberta no Apêndice D. A sintaxe é:

```
bgcolor = "#rrggbb"
```

O Atributo border (desatualizado)

Se você usar o atributo border, uma borda será criada em torno da tabela e em cada célula individual. O valor deste atributo é a largura que você quer na borda externa da tabela em pixels. Se você der a esse atributo um valor igual a 0, ou se não usar o atributo, então não deve obter borda , nem na tabela e nem nas células.

```
border="0"
```

Embora esse atributo esteja desatualizado, ele foi usado em diversos exemplos neste capítulo para que você possa ver onde fica o limite de cada célula da tabela.

O Atributo cellpadding (desatualizado)

O atributo cellpadding é usado para criar um espaço entre os limites de uma célula e o seu conteúdo. O valor para esse atributo pode ser a quantidade de espaço que você quer dentro de cada parede da célula em pixels ou um valor em porcentagem (como uma porcentagem da largura da tabela).

Como é possível imaginar, se duas células contiverem texto e não houver espaço entre os limites das células e o texto, seus conteúdos podem se tornar difíceis de ler.

```
cellpadding="5" ou cellpadding="2%"
```

O Atributo cellspacing (desatualizado)

Este atributo é usado para criar um espaço entre as bordas de cada célula. O valor desse atributo pode ser a quantidade de espaço que você quer criar entre as células em pixels ou um valor em porcentagem (como uma porcentagem da largura da tabela).

```
cellspacing="6" ou cellspacing="2%"
```

O Atributo dir

Esse atributo deve indicar a direção do texto que é usado na tabela. Os valores possíveis são ltr para da esquerda para a direita e rtl (para línguas como Hebraico ou Árabe):

```
dir = "rtl"
```

Se você usar o atributo dir com um valor igual a rtl no elemento <table>, então as células aparecem a partir da direita primeiro e cada célula consecutiva é colocada à esquerda da última.

O Atributo frame (desatualizado)

O atributo frame deve controlar a aparência da borda mais externa da tabela inteira, chamada aqui de seu frame, com maior controle do que o atributo border. Se tanto frame quanto border forem usados, o atributo frame tem precedência. A sintaxe é:

```
frame = "TipoDoFrame"
```

A tabela a seguir mostra os valores possíveis para TipoDoFrame.

Valor	Propósito
void	Nenhuma bordar externa (o padrão)
above	Uma borda no topo apenas
below	Uma borda na parte inferior apenas
hsides	Uma borda em cima e uma em baixo
lhs	Uma borda à esquerda da tabela
rbs	Uma borda à direita da tabela
vsides	Uma borda à esquerda e uma à direita
box	Uma borda em todos os lados
border	Uma borda em todos os lados

O suporte para o atributo frame não é perfeito em navegadores comuns, e resultados melhores podem ser obtidos usando CSS.

O Atributo rules (desatualizado)

O atributo rules é usado para indicar quais bordar internas da tabela devem ser exibidas, como linhas e colunas. Aqui está a sintaxe; o valor padrão é none.

```
rules = "tipoDaRégua"
```

A tabela a seguir mostra os valores possíveis para tipoDaRégua.

Valor	Propósito
none	Nenhuma borda interna (o padrão)
groups	Exibe as bordas internas entre todos os grupos de tabelas (grupos são criados pelos elementos <thread>, <tbody>, <tfoot> e <colgroup>)
rows	Exibe bordas horizontais entre cada linha
cols	Exibe bordas verticais entre cada coluna
all	Exibe bordas horizontais e verticais entre cada linha e coluna

Novamente, o suporte em navegadores comuns não é perfeito, e resultados melhores podem ser obtidos usando CSS.

O Atributo summary

O atributo summary deve fornecer um resumo do propósito da tabela e a estrutura para navegadores não visuais como navegadores de voz ou navegadores Braille. O valor desse atributo não é exibido no IE ou no Firefox, mas você deve incluí-lo nas suas páginas por motivo de acessibilidade:

summary="A tabela mostra o lucro operacional dos quatro últimos trimestres. A primeira coluna indica o trimestre, a segunda os gastos, a terceira as receitas e a quarta indica o lucro."

O Atributo width (desatualizado)

O atributo width é usado para especificar a largura da tabela em pixels, ou uma porcentagem do espaço disponível. Quando a tabela não estiver aninhada dentro de outro elemento, o espaço disponível é a largura da tela; caso contrário o espaço disponível é a largura do elemento que a contiver.

```
width = "500"   ou width= "90%"
```

O Elemento <tr> Contém Linhas de Tabelas

O elemento <tr> é usado para conter cada linha de uma tabela. Qualquer coisa que apareça dentro de um elemento <tr> deve aparecer na mesma linha. Ele pode trazer cinco atributos, quatro dos quais foram desatualizados em favor do uso de CSS.

O Atributo align (desatualizado)

O atributo align especifica a posição do elemento de todas as células da linha.

```
Align = "alinhamento"
```

A tabela que se segue lista os valores possíveis do atributo align.

Valor	Propósito
left	O conteúdo é alinhado à esquerda.
right	O conteúdo é alinhado à direita.
center	O conteúdo é centralizado horizontalmente dentro da célula.
justify	O texto dentro da célula é justificado para preencher a célula.
char	O conteúdo da célula é alinhado horizontalmente em torno da primeira instância de um caracter específico (por exemplo, números poderiam ser alinhados em torno da primeira instância de um ponto decimal).

Por padrão, qualquer célula <td> geralmente é alinhada à esquerda, enquanto qualquer célula <th> geralmente é centralizada. Infelizmente, apenas o Firefox 2 e o Netscape 6+ suportam textos justificados. O IE não o faz, e o IE e o Firefox não suportam o valor char.

O Atributo bgcolor (desatualizado)

O atributo bgcolor configura a cor de fundo da linha. O valor desse atributo deve ser um código hexadecimal ou valor de cor conforme discutido no Apêndice D.

```
bgcolor = "rrggbb"
```

O atributo bgcolor é usado comumente no elemento <tr> para dar a linhas alternadas de uma tabela cores tonalidades, tornando assim mais fácil a sua leitura.

O Atributo char

O atributo char é usado para especificar que o conteúdo de cada célula dentro da linha será alinhado em torno da primeira instância de um determinado caracter conhecido como *caracter eixo*. O caracter padrão para este atributo em HTML era o local decimal e a idéia é que valores decimais seriam alinhados pela vírgula decimal, como em:

```
   13412,22
     232,147
    2449,6331
       2,12
```

A sintaxe é a seguinte:

```
char = "."
```

O Atributo charoff

O nome do atributo charoff é uma abreviação do seu propósito, para indicar o offset do caracter. Ele é projetado para indicar onde os caracteres que estão alinhados usando o atributo char devem ficar posicionados em termos do número de caracteres usados como o offset ou a porcentagem do comprimento do texto. Se esse atributo for omitido, o comportamento padrão é tornar o offset equivalente à maior quantidade de texto que apareceu antes do caracter especificado no atributo char.

```
charoff="5"
```

Infelizmente, esse atributo não era suportado quando esse texto foi escrito, e não há requisitos para navegadores suportá-lo.

O Atributo valign (desatualizado)

O atributo valign especifica o alinhamento vertical do conteúdo de cada célula da linha. A sintaxe é a seguinte:

```
valign = "posiçãoVertical"
```

A tabela a seguir mostra os valores possíveis de posiçãoVertical:

Valor	Propósito
top	Alinha o conteúdo com o topo da célula
middle	Alinha (verticalmente) o conteúdo no centro de uma célula
bottom	Alinha o conteúdo com a parte inferior da célula
baseline	Alinha o conteúdo de modo que a primeira linha de texto em cada célula inicie na mesma linha horizontal

Os Elementos <td> e <th> Representam Células da Tabela

Cada célula de uma tabela será representada por um elemento <td> para células contendo dados da tabela ou <th> para células contendo cabeçalhos.

Por padrão o conteúdo de um elemento <th> geralmente é exibido em negrito, alinhado horizontalmente no centro da célula. O conteúdo de um elemento <td>, enquanto isso, geralmente será exibido alinhado à esquerda e não em negrito (a menos que indicado ém contrário por CSS ou outro elemento).

Os elementos <td> e <th> pode trazer o mesmo conjunto de atributos, cada um dos quais se aplicando apenas àquela célula. Qualquer efeito desses atributos sobrescreverão as configurações da tabela como um todo ou quaisquer elementos que as contenham (como uma linha).

Além dos atributos universais e os atributos de eventos básicos, os elementos <td> e <th> também podem trazer os seguintes atributos:

```
abbr align axis bgcolor char charoff colspan headers
height nowrap rowspan scope valign widthThe abbr Attribute
```

O Atributo abbr

Este atributo é usado para fornecer uma versão abreviada do conteúdo da célula. Se um navegador com uma tela pequena estiver sendo usado para visualizar a página, o conteúdo deste atributo poderia ser exibido em vez do conteúdo inteiro da célula.

```
abbr= "descrição de serviços"
```

Embora os principais navegadores não suportem atualmente esde atributo, é provável que ele se torne mais amplamente usado pelo número cada vez maior de dispositivos com telas pequenas acessando a Internet.

O Atributo align (desatualizado)

Este atributo configura o alinhamento horizontal do conteúdo da célula.

```
align= "alinhamento"
```

Os valores possíveis para este atributo são left, right, center, justify e char, cada um dos quais foi descrito anteriormente neste capítulo na seção "O Atributo align".

O Atributo axis

Este atributo permite a você adicionar categorias conceituais a células, e portanto representar dados em n-dimensões. O valor desse atributo seria uma lista separada por vírgulas de nomes para cada categoria à qual a célula pertence.

```
axis = "pesado, velho, valioso"
```

Em vez de ter um efeito de formatação visual, este atributo permite a você preservar dados, os quais então podem ser usados programaticamente, como em pesquisas de todas as células que pertençam a uma determinada categoria.

O Atributo bgcolor (desatualizado)

Este atributo configura a cor de fundo da célula. O valor desse atributo deve ser um código hexadecimal ou um nome de cor – ambos são cobertos no Apêndice D.

```
bgcolor = "#rrggbb"
```

O Atributo char

O atributo char especifica um caracter, a primeira instância do qual deve ser usado para alinhar horizontalmente o conteúdo de uma célula. (Veja a descrição integral na subseção "O Atributo char" dentro da seção "O Elemento <tr> Contém Linhas da Tabela" anteriormente neste capítulo.)

O Atributo charoff

Este atributo especifica o número de caracteres offset que podem ser exibidos antes do caractere especificado como o valor do atributo char. (Veja a descrição integral na subseção "O Atributo charoff" dentro da seção "O Elemento <tr> Contém Linhas de Tabelas" anteriormente neste capítulo.)

O Atributo colspan

Este atributo é usado para especificar quantas por colunas da tabela uma célula irá se espalhar. O valor do atributo colspan é o número de colunas pelas quais a célula se espalha. (Veja a seção "Espalhando Colunas Usando o Atributo colspan" mais adiante neste capítulo).

```
colspan = "2"
```

O Atributo headers

Este atributo é usado para indicar quais cabeçalhos correspondem àquela célula. O valror do atributo é uma lista separada por espaços dos valores do atributo id das células do cabeçalho:

```
headers = "renda q1"
```

O principal propósito deste atributo é suportar navegadores de voz. Quando uma tabela está sendo lida para você, pode ser difícil registrar em qual linha e coluna você está; portanto, o atributo header é usado para lembrar aos usuários a qual linha e coluna os dados da célula corrente pertencem.

O Atributo height (desatualizado)

Este atributo permite a você especificar a altura de uma célula em pixels ou como uma porcentagem do espaço disponível:

```
height = "20" ou height = "10%"
```

O Atributo nowrap (desatualizado)

Este atributo é usado para evitar que o texto passe para uma nova linha dentro de uma célula. Você usaria nowrap apenas quando o texto realmente não fizesse sentido se pudesse passar para a próxima linha (por exemplo uma linha de código que não funcionaria se fosse dividida em duas linhas). Em HTML era usado sem um valor de atributo, mas isto não era permitido em Transitional XHTML. Em vez disso, você usaria o seguinte:

```
nowrap = "nowrap"
```

O Atributo rowspan

Este atributo especifica o número de linhas da tabela pelas quais uma célula se espalhará, sendo que o valor do atributo é esse número de linhas. (Veja o exemplo na seção "Espalhando Linhas Usando o Atributo rowspan" mais adiante neste capítulo.)

```
rowspan = "2"
```

O Atributo scope

O atributo scope pode ser usado para indicar a quais células o cabeçalho corrente fornece um rótulo ou informação de cabeçalho. Ele pode ser usado em vez do atributo headers em tabelas básicas, mas não tem muito suporte:

```
scope = "faixa"
```

A tabela que se segue mostra os valores possíveis do atributo.

Valor	Propósito
row	A célula contém informações de cabeçalho para essa linha.
col	A célula contém informações de cabeçalho para essa coluna.
rowgroup	A célula contém informações de cabeçalho para esse grupo de linhas (um grupo de células em uma linha criada usando os elementos <thead>, <tbody> ou <tfoot>).
colgroup	A célula contém informações de cabeçalho para esse grupo de colunas (um grupo de células em uma linha criada usando o elemento <col> ou <colgroup>, ambos discutidos mais adiante neste capítulo).

O Atributo valign (desatualizado)

Este atributo permite a você especificar a largura de uma célula em pixels ou uma porcentagem do espaço disponível:

```
width = "150" ou width = "30%"
```

Você precisa especificar apenas o atributo width das células na primeira linha de uma tabela e o resto das linhas seguirão a largura de célula da primeira linha.

Se você especificar um atributo width para o elemento <table>, e as larguras das células individuais somarem mais do que essa largura, a maioria dos navegadores encolherá essas células para que caibam na largura da tabela.

Você também pode adicionar um valor especial de *, que significa que essa célula ocupará o espaço restante disponível na tabela. Assim, se você tiver uma tabela de 300 pixels de largura, e as duas primeiras células em uma linha forem especificadas como tendo largura de 50 pixels, se a terceira tiver um valor de *, ela ocupará 200 pixels – a largura restante da tabela. Se a largura da tabela não tivesse sido especificada, então a terceira coluna ocuparia a largura restante da janela do navegador.

Vale a pena observar que você não pode especificar larguras diferentes para elementos <td> em colunas correspondentes de linhas diferentes de uma tabela. Assim, se a primeira linha de uma tabela tivesse três elementos <td> cujas larguras fossem 100 pixels, a segunda linha não poderia ter um elemento <td> cuja largura fosse de 200 pixels e dois com 50 pixels.

Experimente	**Um Cronograma Acessível**

Neste exemplo você cria um cronograma que é desenhado especificamente para ser acessível para aqueles com problemas visuais. Devido ao fato de você provavelmente se deparar com eles no mundo real, o exemplo conterá alguns atributos desatualizados.

1. Devido a este exemplo conter atributos desatualizados, você precisa configurar o esqueleto para lidar com um documento Transitional XHTML 1.0:

```
<?xml version="1.0" encoding="UTF-8"?>
<!DOCTYPE html PUBLIC "-//W3C//DTD XHTML 1.0 Transitional//EN"
     "http://www.w3.org/TR/xhtml1/DTD/xhtml1-transitional.dtd">
<html xmlns="http://www.w3.org/1999/xhtml" lang="en">
<head>
     <title>Um cronograma acessível</title>
</head>
<body>
</body>
</html>
```

2. A seguir você adiciona os elementos principais necessários para criar uma tabela com três linhas e três colunas. A coluna mais à esquerda e a linha de cima contêm cabeçalhos. Enquanto você estiver fazendo isso, adicionará algum conteúdo para a tabela também. O cronograma mostrará um curso fictício de final de semana em XHTML, com sessões de tarde e de noite no sábado e no domingo:

```
<body>
<table>
 <tr>
   <th></th>
   <th>Sábado</th>
   <th>Domingo</th>
 </tr>
 <tr>
   <th>Manhã</th>
   <td>A estrutura de um documento e como marcar o texto.</td>
   <td>Adicionando tabelas e formulários a páginas. Dividindo páginas em janelas
       chamadas frames.</td>
 </tr>
 <tr>
   <th>Tarde</th>
   <td>Conectando páginas e adicionando imagens coloridas e objetos às
       suas páginas.</td>
   <td>Usando CSS para moldar o estilo dos seus documentos e torná-los mais     trativos.</td>
 </tr>
</table>
</body>
```

3. A próxima etapa é adicionar atributos id aos elementos <th> que tenham conteúdo e atributos header aos elementos <td>. O valor dos atributos header deve corresponder aos valores dos atributos id, indicando quais cabeçalhos correspondem a qual célula:

```
<table>
 <tr>
  <th></th>
  <th id="Sábado">Saturday</th>
  <th id="Domingo">Sunday</th>
 </tr>
 <tr>
  <th id="Manhã">Manhã</th>
  <td headers="Sábado de Manhã" abbr="Estrutura e marcação">A
      estrutura de um documento e como marcar texto.</td>
  <td headers="Domingo de Manhã" abbr="tabelas, formulários e
frames">Adicionando
         tabelas
      e formulários a páginas. Dividindo páginas em janelas
chamadas
 frames</td>
 </tr>
 <tr>
  <th id="Tarde">Tarde</th>
  <td headers="Sábado à Tarde" abbr="Conexões, cores, imagens
         objetos">Conectando entre páginas e adicionado imagens
coloridas e objetos
         às suas páginas.</td>
  <td headers="Domingo à Tarde" abbr="CSS">Usando CSS para
formatar o estilo
         dos seus documentos
         e torná-los mais atrativos.</td>
 </tr>
</table>
```

4. Grave seu arquivo como tabela.html. O exemplo na Figura 4-5 conjtém algumas regras de estilo CSS que você aprenderá no Capítulo 8.

Tabelas @ 149

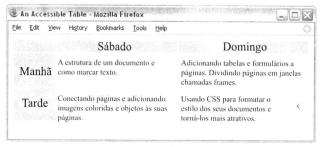

Figura 4-5

Como Isto Funciona

A tabela fica dentro do elemento <table> e seu conteúdo é escrito uma linha por vez. Começando com a linha de cima, você tem três elementos de cabeçalho de tabela. O primeiro está vazio porque a célula do canto superior esquerdo da tabela está vazia. Os dois elementos a seguir contêm o cabeçalho para os dias. Lembre-se de que os atributos id serão usados por células individuais de modo que possam indicar quais cabeçalhos correspondem a elas.

```
<table>
 <tr>
  <th></th>
  <th id="Sábado">Sábado</th>
  <th id="Domingo">Domingo</th>
 </tr>
 ...
</table>
```

Na próxima linha da tabela, a primeira célula é um cabeçalho para essa linha, indicando que a linha mostra horários das sessões da manhã. As duas segundas células mostram os dados da tabela. Os atributos headers contêm os valores dos atributos id nos seus elementos header correspondentes e os atributos abbr contêm uma abreviação do conteúdo da célula:

```
 <tr>
  <th id="Manhã">Manhã</th>
  <td headers="Sábado de Manhã" abbr="Estrutura e marcação">A
      estrutura de um documento e como marcar texto.</td>
  <td headers="Domingo de Manhã" abbr="tabelas, formulários e
frames">Adicionando
       tabelas
     e formulários a páginas. Dividindo páginas em janelas
chamadas
```

```
frames</td>
</tr>
```

A linha final usa a mesma estrutura da segunda linha:

```
<tr>
  <th id="Tarde">Tarde</th>
  <td headers="Sábado à Tarde" abbr="Conexões, cores, imagens
      objetos">Conectando entre páginas e adicionado imagens coloridas e objetos
      às suas páginas.</td>
  <td headers="Domingo à Tarde" abbr="CSS">Usando CSS para formatar o estilo
      dos seus documentos
      e torná-los mais atrativos.</td>
</tr>
```

```
</table>
```

Desde que você aceite que cada linha seja gravada de uma vez, não terá problema em criar tabelas bastante complexas.

Para ser honesto, este exemplo é um pouco mais complexo do que a maioria das tabelas com as quais você irá se deparar. Não são muitas as pessoas que já utilizaram na prática os atributos id e header em elementos <table>, mas isso torna as tabelas muito mais fáceis de usar por pessoas com problemas visuais, em especial quando essas tabelas têm muitas linhas e colunas. Você também não verá com muita freqüência o atributo abbr usado em células de tabelas. Na verdade, se você examinar os códigos de outras pessoas pela Web atualmente, provavelmente irá encontrar o uso de muitos atributos desatualizados em vez desses atributos.

> Incluir atributos como esses separará você de outros codificadores que ainda não aprenderam a tornar suas tabelas mais acessíveis. Além disso, conhecer questões de acessibilidade é requerido em um número cada vez maior de cargos, assim você deve aprender como usar tais atributos.

Tabelas Avançadas

Agora que você viu os fundamentos por trás da criação de tabelas, está na hora de examinar algumas questões mais avançadas, como as seguintes:

- ❏ Dividir uma tabela em três seções: um cabeçalho, um corpo e um rodapé
- ❏ Colocar títulos em tabelas
- ❏ Usar os atributos rowspan e colspan para fazer com que as células ocupem mais de uma linha ou coluna

- Agrupar colunas usando o elemento <colgroup>
- Compartilhar atributos entre colunas não relacionadas usando o elemento <col>

Dividindo Tabelas Usando um Cabeçalho, Corpo e Rodapé

As tabelas podem ser dividas em três partes: um cabeçalho, um corpo e um rodapé. O cabeçalho e o rodapé são bastante semelhantes a cabeçalhos e rodapés em um documento de texto processado, que permanecem os mesmos em cada página, enquanto que o corpo é o conteúdo principal da tabela.

A separação das partes da tabela permite uma formatação mais rica das mesmas por parte dos navegadores Por exemplo, ao imprimir uma tabela, os navegadores poderiam imprimir o cabeçalho e o rodapé da mesma em cada página se a tabela se espalhasse para mais de uma página Navegadores aurais, que lêem páginas para os usuários, poderiam permitir que navegassem facilmente entre o conteúdo e cabeçalhos ou rodapés com informações adicionais

Também era a intenção que, se a tabela fosse grande demais para uma única página, então o cabeçalho e o rodapé permaneceriam à vista, enquanto que o corpo da tabela ganharia uma barra de rolagem Entretanto, isto não é suportado na maioria dos navegadores.

Os três elementos para separar o cabeçalho, corpo e rodapé de uma tabela são:

- <thead> para criar um cabeçalho de tabela separado
- <tbody> para indicar o corpo principal da tabela
- <tfoot> para criar um rodapé de tabela separado

Uma tabela pode conter diversos elementos <tbody> para indicar diferentes "páginas" ou grupos de dados.

> Observe que o elemento <tfoot> deve aparecer antes do elemento <tbody> no documento fonte.

Aqui você pode ver um exemplo de uma tabela que faz uso desses elementos (ch04_eg04.html):

```
<table>
 <thead>
   <tr>
      <td colspan="4"Este é o cabeçalho da tabela</td>
   </tr>
 </thead>
<tfoot>
   <tr>
```

```
            <td colspan="4">Este é o rodapé da tabela</td>
        </tr>
</tfoot>
<tbody>
    <tr>
        <td>Célula 1</td>
        <td>Célula 2</td>
        <td>Célula 3</td>
        <td>Célula 4</td>
    </tr>
    <tr>
        ... mais linhas aqui contendo quatro células ...
    </tr>
</tbody>
<tbody>
    <tr>
        <td>Célula 1</td>
        <td>Célula 2</td>
        <td>Célula 3</td>
        <td>Célula 4</td>
    </tr>
    <tr>
        ... mais linhas aqui contendo quatro células ...
    </tr>
 </tbody>
</table>
```

A Figura 4-6 mostra a aparência do exemplo no Firefox, que suporta os elementos thead, tbody e tfoot. Observe que este exemplo usa CSS para dar ao cabeçalho e ao rodapé da tabela uma tonalidade em segundo plano e que a fonte usada nestes elementos é maior; além disso, a altura de cada elemento <td> foi configurada como 100 pixels para tornar a tabela maior.

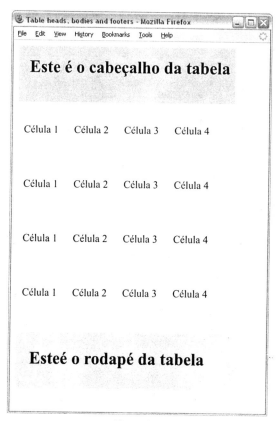

Figura 4-6

Todos os três elementos trazem os mesmos atributos Além dos atributos universais, eles podem trazer os seguintes atributos:

```
align char charoff valign
```

O Atributo align (desatualizado)

Este atributo é usado para especificar a posição horizontal do texto e dos elementos contidos. Os valores possíveis para o atributo align são left, right, center, justify e char, cada um dos quais foi descrito na subseção "O Atributo align" dentro da seção "O Elemento <tr> Contém Linhas de Tabelas" anteriormente neste capítulo.

O Atributo char

Este atributo especifica um caracter, cuja primeira instância deve ser usada para alinhar horizontalmente o conteúdo de cada célula no grupo das colunas. (Veja a descrição completa na subseção "O Atributo char" dentro da seção "O Elemento <tr> contém Linhas de Tabelas" anteriormente neste capítulo.)

O Atributo charoff (desatualizado)

Este atributo especifica o número de caracteres de offset que podem ser exibidos antes do caracter especificado como o valor do atributo char. (Veja a descrição completa na subseção "O Atributo char" dentro da seção "O Elemento <tr> contém Linhas de Tabelas" anteriormente neste capítulo.)

O Atributo valign (desatualizado)

Este atributo permite a você especificar o alinhamento vertical para o conteúdo das células em cada elemento. Os valores possíveis são top, middle, bottom e baseline, cada um dos quais é discutido em maiores detalhes na sub-seção "O Atributo valign" dentro da seção "O Elemento <tr> Contém Linhas de Tabelas" anteriormente neste capítulo.

Adicionando um <caption> a uma Tabela

Para adicionar um texto a uma tabela, use o elemento <caption> após o rótulo de abertura <table> e antes da primeira linha ou cabeçalho:

```
<table>
<caption>Espalhando colunas usando o atributo colspan</caption>
<tr>
```

Por padrão, a maioria dos navegadores exibirá o conteúdo deste atributo centralizado acima da tabela, conforme mostrado na Figura 4-7 na próxima seção.

Espalhando Colunas Usando o Atributo colspan

Como você viu ao examinar os elementos <td> e <th>, ambos podem trazer um atributo que permite à célula da tabela se espalhar por mais de uma coluna.

Lembre-se de que sempre que você trabalha com tabelas, precisa pensar em termos de grades. O atributo colspan permite que uma célula se espalhe por mais de uma coluna, o que significa que ela pode se espalhar por mais de um retângulo horizontalmente na

Tabelas @ 155

grade. Examine o exemplo a seguir, que usa os atributos desatualizados border, width, height e bgcolor para ilustrar um ponto visualmente (ch04_eg05.html):

```
<table border="1">
  <caption>Espalhando colunas usando o atributo colspan</caption>
  <tr>
    <td bgcolor="#efefef" width="100" height="100"> </td>
    <td bgcolor="#999999" width="100" height="100"> </td>
    <td bgcolor="#000000" width="100" height="100"> </td>
  </tr>
  <tr>
    <td bgcolor="#efefef" width="100" height="100"> </td>
    <td colspan="2" bgcolor="#999999"> </td>
  </tr>
  <tr>
    <td colspan="3" bgcolor="#efefef" height="100"> </td>
  </tr>
</table>
```

Você pode ver aqui que você não adiciona uma célula para a linha de cada coluna extra na qual uma célula se espalhe.. Assim, se uma tabela tiver três colunas e uma das células se espalhar por duas colunas, você só tem dois elementos <td> nessa linha.

Você também pode ter percebido o uso do caracter de espaço sem quebra ( ) nas células que está incluído, de modo que a célula tenha algum conteúdo; sem conteúdo para uma célula de tabela, alguns navegadores não exibirão a cor de fundo (se essa cor for especificada usando CSS ou o atributo desatualizado bgcolor).

A Figura 4-7 mostra como este exemplo ficaria em um navegador:

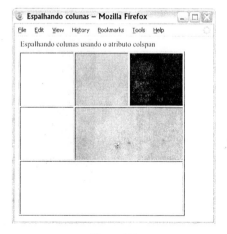

Figura 4-7

Espalhando Linhas Usando o Atributo rowspan

O atributo rowspan faz quase que a mesma coisa que o colspan, mas funciona na direção oposta; ele permite que as células se espalhem verticalmente.

Quando você usa um atributo rowspan, a célula correspondente na linha abaixo dela deve ser deixada de fora:

```
<table border="1">
 <caption>Espalhando linhas usando o atributo colspan</caption>
 <tr>
   <td bgcolor="#efefef" width="100" height="100"> </td>
   <td bgcolor="#999999" width="100" height="100"> </td>
   <td rowspan="3" bgcolor="#000000" width="100" height="100"> </td>
 </tr>
 <tr>
    <td bgcolor="#efefef" height="100"> </td>
    <td rowspan="2" bgcolor="#999999"> </td>
 </tr>
 <tr>
    <td bgcolor="#efefef" height="100"> </td>
 </tr>
</table>
```

Você pode ver o efeito do atributo rowspan na Figura 4-8.

Espalhando linhas usando o atributo rowspan

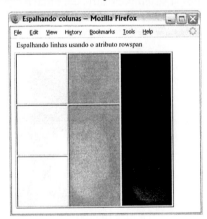

Figura 4-8

Os atributos rowspan e colspan foram muito populares com os projetistas que usavam tabelas para controlar a aparência das páginas; contudo, esta técnica foi amplamente substituída pelo uso de CSS para controlar a aparência.

Agrupando Colunas Usando o Elemento <colgroup>

Se você estiver criando tabelas complexas, pode agrupar uma ou mais colunas adjacentes usando o elemento <colgroup>. É especialmente útil quando duas ou mais colunas adjacentes contiverem tipos semelhantes de informação. Isso permite aplicar formatação ao grupo de colunas em vez de ter que formatar o estilo de cada coluna separadamente. Quando você examinar CSS no Capítulo 7, verá como o atributo class é usado para associar este grupo de colunas a um determinado estilo.

Por exemplo, na tabela a seguir, há 12 colunas. As oito primeiras colunas estão no primeiro grupo de colunas, as duas colunas a seguir estão no segundo grupo e as duas colunas finais estão no terceiro grupo de colunas:

```
<table>
  <colgroup span="8" width="75" class="mainColumns" />
  <colgroup span="2" width="50" class="subTotalColumns" />
  <colgroup span="2" width="80" class="totalColumns" />
  <tr>
    <td></td>
      ...
    <td></td>
  </tr>
</table>
```

Como você pode ver, quando o elemento <colgroup> é usado, ele vem logo depois do rótulo de abertura <table>. O atributo span está sendo usado para indicar quantas colunas o grupo contém, o atributo width estabelece a largura de cada coluna do grupo (embora em XHTML você deva usar CSS em vez disso) e o atributo class pode ser usado para anexar mais estilos usando CSS.

Além dos atributos universais, o elemento <colgroup> pode trazer os seguintes atributos:

```
align  char  charoff  span  valign  width
```

Embora isto permita formatação básica, como mudanças na cor do fundo, seu suporte em navegadores é limitado.

O Atributo align (desatualizado)

Este atributo é usado para especificar o posicionamento horizontal do texto em células dentro de um elemento <colgroup>. Os valores possíveis para o atributo align são left, right, center, justify e char, cada um dos quais foi descrito na sub-seção "O Atributo align" dentro da seção "O Elemento <tr> Contém Linhas de Tabelas" anteriormente neste capítulo.

O Atributo char

Este atributo especifica um caracter cuja primeira instância deve ser usada para alinhar verticalmente o conteúdo de cada célula no grupo de coluans. (Veja a descrição completa na sub-seção "O Atributo char" dentro da seção "O Elemento <tr> Contém Linhas de Tabelas" anteriormente neste capítulo).

O Atributo charoff

Este atributo especifica o número de caracteres de offset que podem ser exibidos antes do caracter especificado como o valor do atributo char. (Veja a descrição completa na sub-seção "O Atributo charoff" dentro da seção "O Elemento <tr> Contém Linhas de Tabelas" anteriormente neste capítulo).

O Atributo span

Este atributo especifica por quantas colunas um <colgroup> deve se espalhar.

```
span = "5"
```

O Atributo valign (desatualizado)

Este atributo permite a você especificar o alinhamento vertical para o conteúdo da célula. Os valores possíveis são top, middle, bottom e baseline, cada um dos quais já tendo sido discutido em maiores detalhes na sub-seção "O Atributo valign" dentro da seção "O Elemento <tr> Contém Linhas de Colunas" anteriormente neste capítulo.

O Atributo width

Este atributo especifica a largura de cada célula na coluna em pixels ou como uma porcentagem do espaço disponível. O atributo width também pode receber o valor especial 0*, que especifica que a largura da coluna deve ser a mínima necessária para exibir o conteúdo dessa coluna.

Colunas Compartilhando Estilos Usando o Elemento <col>

O elemento <col> pode ser usado para desempenhar um papel semelhante ao do elemento <colgroup>, mas sem implicar em um grupo estrutural de colunas. Ele também pode ser usado para indicar que apenas uma coluna precisa de formatação diferente do resto do grupo.

Os elementos <col> são sempre elementos vazios e, portanto, são usados apenas para trazer atributos, não conteúdo.

Por exemplo, a tabela a seguir teria dez colunas e as primeiras nove, embora não sendo um grupo, poderiam ser formatadas de forma diferente da última porque ela pertence a um grupo separado.

```
<table>
    <colgroup span="10">
    <col span="9" width="100" id="mainColumns" />
    <col span="1" width="200" id="totalColumn" />
    </colgroup>
    <tr>
    <td></td>
    ...
    <td></td>
    </tr>
</table>
```

Os atributos que o elemento <col> podem trazer são os mesmos do elemento <colgroup>.

Infelizmente, o suporte de navegadores ao agrupamento de colunas atualmente é limitado.

Questões de Acessibilidade com Tabelas

Devido ao fato das tabelas poderem criar uma grade, muitos projetistas costumavam usá-las para controlar a aparência dos documentos inteiros e páginas web inteiras eram construídas dentro de uma tabela. Antes mesmo de você considerar o uso de tabelas para controlar a aparência de um documento, é importante entender como elas são tratadas por parte de agentes de usuários não visuais, como navegadores de voz; caso contrário, as pessoas com problemas visuais podem não conseguir acessar suas páginas. Para entender como tornar essas tabelas acessíveis, você precisa primeiro aprender como as tabelas *linearizam* a sua página.

Como as Tabelas Linearizam

Para entender como um leitor de tela lê uma tabela, analise a tabela simples a seguir:

```
<table border="1">
  <tr>
    <td>Coluna 1, Linha 1</td>
    <td>Coluna 2 Linha 1</td>
  </tr>
  <tr>
    <td>Coluna 1, Linha 2</td>
    <td>Coluna 2, Linha 2</td>
  </tr>
</table>
```

A Figura 4-9 mostra como esta tabela simples apareceria em um navegador.

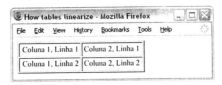

Figura 4-9

Leitores de telas tendem a executar linearizações em uma tabela quando eles a lêem para um visitante. Isso significa que eles começam na primeira linha e lêem as células nessa linha da esquerda para a direita, uma a uma, antes de passar para a próxima linha, e assim por diante até que tenham lido todas as linhas da tabela. A ordem na qual as células da Figura 4-9 seriam lidas é, portanto:

- Coluna 1 Linha 1
- Coluna 2 Linha 1
- Coluna 1 Linha 2
- Coluna 2 Linha 2

Linearização de Tabelas Usadas para Aparência

Devido ao fato de tabelas *poderem* ser usadas para controlar onde os elementos aparecem em uma página, os projetistas web muitas vezes usavam tabelas como uma forma de posicionar texto e imagens onde queriam que aparecessem. Pelo fato dos projetistas poderem controlar propriedades da tabela, como a largura de cada célula individual, é possível criar layouts que tenham mais de uma coluna de texto e determinar a largura de cada coluna. Muitas vezes o corpo de páginas web inteiras fica dentro de uma tabela.

> Embora seja a intenção da W3C que as tabelas sejam usadas apenas para dados tabulares e que CSS seja o mecanismo preferido para posicionar elementos na página, até o suporte de posicionamento CSS em navegadores melhorar (algo sobre o qual você aprenderá no Capítulo 9) e até que mais projetistas aprendam como fazer melhor uso do posicionamento CSS, é provável que as tabelas ainda sejam usadas para controlar a aparência das páginas web.

Você aprenderá mais sobre o uso tanto de tabelas quanto de CSS para controlar o posicionamento de elementos em uma página nos Capítulos 9 e 10, mas por enquanto deve analisar como as páginas que são escritas dentro de tabelas linearizam para os usuários de leitores de telas e que você deve usar uma tabela apenas se puder assegurar que ela vá linearizar corretamente.

Conforme mencionado anteriormente neste capítulo, você pode incluir marcadores dentro de uma célula de tabela, desde que o elemento inteiro fique contido dentro dessa célula. Isto significa que você pode até colocar outra tabela inteira dentro de uma célula de tabela, criando o que é chamado de *tabela aninhada*.

Se você usar tabelas aninhadas, quando um leitor de telas se depara com uma célula contendo outra tabela, toda a tabela aninhada deve ser linearizada antes que o leitor passe para a próxima célula. Por exemplo, a Figura 4-10 mostra uma aparência comum de página.

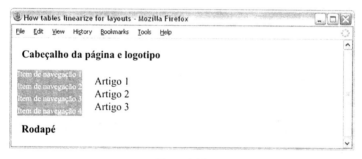

Figura 4-10

A aparência da Figura 4-10 é criada usando uma tabela com duas colunas e três linhas:

- ❏ Na primeira linha, o cabeçalho e o logotipo ficam em uma célula que se espalha por ambas as colunas.

- ❏ Na segunda linha, a primeira célula contém a barra de navegação, enquanto que a segunda célula contém uma tabela aninhada com três linhas e apenas uma coluna.

- ❏ Na terceira linha, a célula se espalha por ambas as colunas da mesma forma que a primeira.

Aqui está o código para essa página (observe que também há algumas regras CSS no documento fonte usadas para formatar o estilo desta tabela, ch04_eg10.html):

```
<table>
 <tr>
  <td colspan="2" id="heading">Cabeçalho da página e logotipo</td>
 </tr>
 <tr>
  <td id="navigation">Item de navegação 1 <br />
     Item de navegação 2 <br />
     Item de navegação 3 <br />
     Item de navegação 4 <br />
  </td>
  <td>
    <table>
       <tr>
          <td>Artigo 1</td>
       </tr>
       <tr>
          <td>Artigo 2</td>
       </tr>
       <tr>
          <td>Artigo 3</td>
       </tr>
    </table>
  </td>
 </tr>
 <tr>
  <td colspan="2" class="footer">Rodapé</td>
 </tr>
</table>
```

> Esse exemplo poderia ter usado o elemento <thead> para a primeira linha e o elemento <tfoot> para a última linha, porque o conteúdo da tabela não é na verdade constituído de dados tabulares; como não é a intenção de uso do elemento <table>; irei me basear apenas nos elementos básicos.

Nesse exemplo, a ordem na qual as páginas são lidas é a seguinte:

❑ Cabeçalho da página e logotipo

❑ Item de navegação 1

❑ Item de navegação 2

❑ Item de navegação 3

❑ Item de navegação 4

- ❏ Artigo 1
- ❏ Artigo 2
- ❏ Artigo 3
- ❏ Rodapé

De forma ideal, você testaria suas tabelas em um navegador de voz como os listados em www.w3.org/WAI/References/Browsing#2.

Lembre-se de que, se você estiver usando tabelas para controlar a aparência, deve usar *style sheets* em vez de marcadores para controlar como quer que o texto apareça em uma tabela. (Por exemplo, não use um elemento <th> apenas para centralizar o texto e em deixá-lo em negrito; use-o apenas para cabeçalhos e não use o elemento <em> para obter texto em itálico, pois um leitor de tela pode adicionar inflexão à voz para demonstrar a ênfase.)

Linearização de Tabelas Usadas para Dados

Se você usar tabelas para representar dados, deve tentar mantê-las simples, sem células se espalhando por linhas ou colunas, porque elas podem tornar muito complicada a escuta de uma tabela. Aqui estão algumas diretrizes gerais para a criação de tabelas para armazenar dados:

- ❏ Sempre tente usar o elemento <th> para indicar um cabeçalho de tabela. Se você não gostar da sua representação visual pode sobrescrevê-lo usando CSS.
- ❏ Se você não puder usar o elemento <th> para indicar cabeçalhos de tabelas, use o atributo scope com um valor de row ou col em todas as células que sejam cabeçalhos.
- ❏ Sempre coloque cabeçalhos na primeira linhas e na primeira coluna.
- ❏ Se a sua tabela for complexa e contiver células que se espalhem por mais de uma célula, use o atributo headers nessas células e a próxima célula no processo de linearização para indicar claramente qual cabeçalho se aplica a qual célula.

Resumo

Neste capítulo você viu como as tabelas podem ser uma ferramenta poderosa para desenvolvedores web. Tabelas são usadas não apenas para mostrar dados tabulares mas também muitas vezes para controlar a aparência das páginas.

Você viu como todas as tabelas são baseadas em um padrão de grade e usam os quatro elementos básicos: <table>, que contém cada tabela; <tr>, que contém as linhas de uma tabela; <tr>, que contém as linhas de uma tabela; <td>, que contém uma célula de dados de tabela; e <th>, que representa uma célula que contém um cabeçalho.

Você também viu como pode adicionar cabeçalhos, rodapés e textos a tabelas. É especialmente útil adicionar um elemento <thead> e <tfoot> em qualquer tabela que possa ser maior do que uma janela de navegador ou folha de papel impressa, já que eles ajudam o leitor a relacionar o conteúdo e as informações em cabeçalhos ou rodapés.

Você pode fazer com que células se espalhem tanto por colunas como por linhas, embora deva evitar fazer isso em tabelas que contenham dados, já que fica mais difícil para navegadores aurais lerem para um usuário; e você pode agrupar colunas de modo que consiga preservar a estrutura e, assim, poder compartilhar estilos e atributos.

Finalmente, você viu algumas das questões de acessibilidade com relação ao uso de tabelas. É importante estar ciente do processo de linearização, que um leitor de tela realiza antes de ler uma tabela para um usuário, de modo que os seus sites sejam acessíveis para usuários com problemas visuais. O capítulo terminou com algumas diretrizes para tornar as tabelas mais acessíveis a todos os visitantes.

No próximo capítulo, você aprenderá sobre o uso de formulários para coletar informações de visitantes.

Exercícios

As respostas de todos os exercícios estão no Apêndice A.

1. Onde o elemento <caption> de uma tabela deve ser colocado no documento e, por padrão, onde é exibido?

2. Em que ordem as células da Figura 4-11 seriam lidas por um leitor de tela?

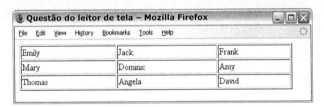

Figura 4-11

3. Crie uma tabela para armazenar os dados mostrados na Figura 4-12. Para lhe dar algumas dicas, o documento deve estar em Transitional HTML 1.0 porque o atributo width é usado nas células da primeira linha da tabela. Você também deve ter visto exemplos de como a borda é gerada neste capítulo, usando outro atributo desatualizado, mas no elemento <table> em vez de nas células.

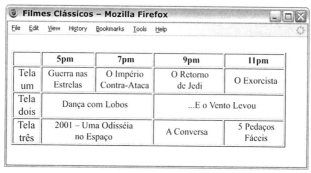

Figura 4-12

5

Formulários

Quase sempre que você quer coletar informações de um visitante do seu site, precisa usar um formulário. Você provavelmente usou diversos tipos de formulários em diferentes web sites, desde simples caixas de pesquisa, que lhe permitem digitar palavras chaves para descobrir o que está procurando, até complexos formulários que lhe possibilitam encomendar alimentos ou agendar férias online.

Os formulários na Web possui uma grande semelhança com formulários de papel que você tem que preencher. Em papel, há áreas para se digitar texto, caixas para se marcar, opções para se selecionar e assim por diante. Na Web, você pode criar um formulário combinando o que são conhecidos como controles de formulários, como caixas de texto (para se digitar texto), caixas de verificação (para se marcar), combos e botões de rádio (para se selecionar entre diferentes opções) e assim por diante. Neste capítulo você aprenderá sobre como cada um desses tipos diferentes de controles pode ser combinado em um formulário.

Neste capítulo, você aprenderá:

❑ Como criar um formulário usando o elemento <form>
❑ Os diferentes tipos de controles de formulários que você pode usar para criar um formulário – como caixas de entrada de texto, botões de rádio, caixas de seleção e *botões de submissão*
❑ O que acontece aos dados que o usuário digita
❑ Como tornar seus *formulários acessíve*is
❑ Como estruturar o conteúdo dos seus formulários

No final do capítulo você conseguirá criar todos os tipos de formulários para coletar informações dos visitantes do seu site.

> *O que você faz com os dados que coleta depende do servidor onde seu site estiver hospedado. XHTML é usada apenas para apresentar o formulário ao usuário; ela não permite a você dizer o que acontece aos dados assim que eles tiverem sido coletados. Para obter uma idéia melhor do que acontece com os dados assim que eles tiverem sido coletados*

de um formulário, você precisará examinar um livro sobre uma linguagem do lado servidor (como ASP.net, PHP ou JSP). Veja a lista de livros em Wrox.com sobre pelo menos alguns destes tópicos.

Introduzindo Formulários

Qualquer formulário que você criar ficará dentro de um elemento chamado <form>. Entre os rótulos de abertura <form> e o de fechamento </form>, você encontrará os controles de formulários (as caixas de entrada de texto, combos, caixas de verificação, botões de submissão e assim por diante). Um elemento <form> também pode conter outra marcação XHTML da mesma forma que o resto de uma página.

Assim que os usuários tiverem digitado informações em um formulário, eles geralmente têm que clicar no que é conhecido como botão de submissão (embora o texto nesse botão possa dizer algo diferente, como Pesquisar, Enviar ou Prosseguir – e muitas vezes pressionar a tecla Enter no teclado tem o mesmo efeito de clicar neste botão). Isso indica que o usuário preencheu o formulário e geralmente envia os dados do formulário para um servidor web.

Assim que os dados que você tiver digitado chegarem ao servidor, um script ou outro programa geralmente processa esses dados e os envia uma nova página web de volta para você. A página que for retornada geralmente responderá a uma solicitação que você tiver feito ou reconhecerá uma ação que você tiver tomado.

Como exemplo, você poderia querer adicionar à sua página o formulário de pesquisa mostrado na Figura 5-1.

Figura 5-1

Você pode ver que este formulário contém uma caixa de texto para o usuário digitar as palavras chaves do que estiver procurando e um botão de submissão que foi configurado para ter a palavra "Pesquisar". Quando o usuário clica no botão Pesquisar, as informações são enviadas para o servidor. Esse então processa os dados e gera uma nova página para esse usuário, informando quais páginas satisfazem ao critério de pesquisa (veja a Figura 5-2).

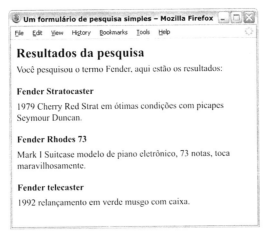

Figura 5-2

Quando um usuário preenche um formulário, os dados são enviados para o servidor em pares nome/valor. O nome corresponde ao nome do controle de formulário e o valor é o que o usuário digitou (se ele puder digitar uma resposta) ou o valor da opção selecionada (se houver uma lista de opções).

Cada item precisa de um nome e um valor porque, se você tiver cinco caixas de texto em um formulário, precisa saber qual dado corresponde a qual caixa de texto. A aplicação pode então processar individualmente as informações de cada controle de formulário.

Aqui está o código do formulário de pesquisa simples mostrado na Figura 5-1:

```
<form action="http://www.example.org/search.aspx" method="get">
    <h3>Pesquisar o site</h3>
    <input type="text" name="txtSearchItem" />
    <input type="submit" value="Pesquisar" />
</form>
```

O elemento <form> traz um atributo chamado action cujo valor é a URL da página no servidor Web que lida com as solicitações de pesquisa. O atributo method indica qual método HTTP será usado para enviar os dados do formulário para o servidor. (Você aprenderá que há dois métodos que pode usar, get e post, mais adiante neste capítulo).

Criando um Formulário com o Elemento <form>

Como você já viu, os formulários ficam dentro de um elemento chamado <form>. Esse elemento também pode conter outras marcações, como parágrafos, cabeçalhos e assim por diante. Um elemento <form> não deve, entretanto, conter outro elemento <form>.

Desde que você mantenha seus elementos <form> separados entre si (e nenhum elemento <form> contenha outro elemento <form>), sua página pode conter tantos formulários quanto você quiser. Por exemplo, você poderia ter na mesma página um formulário de login, um formulário de pesquisa e um formulário para assinar uma lista de notícias. Se tiver mais de um formulário em uma página, os usuários poderão enviar os dados de apenas um deles de cada vez para o servidor.

Cada elemento <form> deve trazer pelo menos dois atributos:

```
action method
```

Um elemento <form> também pode trazer todos os atributos universais, os atributos de eventos UI e os seguintes atributos:

```
enctype accept accept-charset onsubmit onreset
```

O Atributo action

Este atributo indica o que acontece com os dados quando o formulário é submetido. Geralmente o valor do atributo action é uma página ou programa em um servidor web que receberá as informações desse formulário quando o usuário pressionar o botão de submissão.

Por exemplo, se você tivesse um formulário de login consistindo de um nome de usuário e uma senha, os detalhes que o usuário informar podem ser passados para uma página escrita em ASP.net no servidor web chamada login.aspx, em cujo caso o atributo action seria o seguinte:

```
<form action="http://www.example.org/membership/login.aspx">
```

A maioria dos navegadores aceitará apenas uma URL começando com http:// como o valor do atributo action.

O Atributo method

Dados de formulários podem ser enviados para o servidor de duas formas, cada uma correspondendo a um método HTTP:

- O método *get*, que envia dados como parte da URL
- O método *post*, que esconde os dados nos cabeçalhos HTTP

Você aprenderá mais sobre esses dois métodos mais adiante neste capítulo, onde verá o que eles significam e quando deve usar cada um dos mesmos.

O Atributo id

Este atributo permite a você identificar de forma única o elemento <form> dentro de uma página, da mesma forma que você pode fazê-lo com qualquer elemento em uma página.

É uma boa prática dar a cada elemento <form> um atributo id, porque muitos formulários fazem uso de **style sheets** e **scripts**, o que pode requerer o uso do atributo id para identificar o formulário.

> Como você verá no Capítulo 12, às vezes ajuda os usuários se você colocar automaticamente o cursor do navegador na primeira caixa de texto de um formulário. Para fazer isto você precisa adicionar um atributo id ou name para identificar o formulário.

O valor do atributo id deve ser único dentro do documento, e também deve seguir as outras regras mencionadas no Capítulo 1. Algumas pessoas começam o valor dos atributos id e name para formulários com os caracteres frm e depois usam o resto do valor para descrever o tipo de dados que o formulário coleta, por exemplo, frmLogin ou frmPesquisa.

O Atributo name (desatualizado)

Como você já viu no seu uso em outros elementos, o atributo name é o predecessor do atributo id.

Da mesma forma que com o atributo id, o valor deve ser único no documento. Além disso, você muitas vezes verá o valor desse atributo começar com os caracteres frm seguidos pelo propósito do formulário.

O Atributo onsubmit

Você provavelmente já preencheu um formulário em um web site e, a seguir, assim que clicou em um botão para enviar os dados desse formulário (antes mesmo que a página seja enviada para o servidor), recebeu uma mensagem informando sobre a falta de algum dado ou sobre algum dado preenchido de forma incorreta. Quando isso ocorre, é provável que você tenha se deparado com um formulário que usa o atributo onsubmit para executar um script no navegador que verifica os dados que você digitou antes que o formulário seja enviado para o servidor.

Quando um usuário clica em um botão de submissão, algo chamado evento é disparado. É como se o navegador tivesse levantado a mão e dito "Ei, estou enviando esses dados do formulário para o servidor". A idéia por trás desses eventos é que um script (como um script em *JavaScript*) pode ser executado antes que os dados sejam enviados para o servidor para assegurar a qualidade e a precisão dos dados submetidos. O valor do atributo onsubmit deve ser uma função de script que seria usada quando esse evento disparasse.

Assim, um atributo onsubmit no elemento <form> poderia ter o seguinte formato:

```
onsubmit="validarDetalhesFormulario();"
```

Nesse caso, a função validarDetalhesFormulario() já deveria ter sido definida no documento (provavelmente no elemento <head>). Assim, quando o usuário clicar no botão de submissão, esta função será chamada e executada.

Há duas vantagens chaves em executar algumas verificações no formulário antes que ele seja enviado para o servidor:

❑ O usuário não tem que esperar o tempo adicional que levaria para uma página ser enviada ao servidor e depois retornada se houver algum erro.

❑ O servidor não tem que lidar com tanta verificação de erro como teria se as verificações feitas pelo navegador não tivessem sido realizadas.

Em ambos os casos, poupa trabalho do servidor, o que é especialmente importante em sites muito ocupados.

O Atributo onreset

Alguns formulários contêm um botão reset que esvazia o formulário de todos os detalhes], embora o botão possa dizer algo como "limpar" em vez disso; quando este botão é pressionado, um evento onreset é disparado e um script pode ser executado.

Quando o atributo onreset é usado, seu valor é um script (da mesma forma que o atributo onsubmit) que é executado quando o usuário clicar no botão que o chama.

> *O atributo e evento onreset são muito menos usados do que onsubmit. Se você oferecer um botão Limpar Formulário, entretanto, é bom confirmar com os usuários se eles realmente queriam limpar o formulário antes de executar a ação (no caso de eles terem pressionado o botão acidentalmente).*

O Atributo enctype

Se você usar o método HTTP post para enviar dados para o servidor, pode usar o atributo enctype para especificar como o navegador codifica os dados antes de enviá-los para o servidor (para assegurar que ele chegue em segurança). Os navegadores tendem a suportar dois tipos de codificação:

❏ application/x-www-form-urlencoded, que é o método padrão que a maioria dos formulários usa. Ele é usado porque alguns caracteres, como espaços, o sinal de adição e alguns outros caracteres não alfanuméricos não podem ser enviados para o servidor web.

❏ multipart/form-data, que permite que os dados sejam enviados em partes, onde cada parte consecutiva corresponde a um controle de formulário, na ordem em que eles aparecem no formulário. Cada parte pode ter um cabeçalho opcional com o tipo do conteúdo indicando o tipo dos dados para esse controle de formulário.

Se esse atributo não for usado, os navegadores usam o primeiro valor. Com conseqüência, você provavelmente só usará esse atributo se o seu formulário permitir aos usuários enviar um arquivo (como uma imagem) para o servidor, ou se eles forem usar caracteres não ASCII, em cujo caso o atributo enctype deve receber o segundo valor:

```
enctype="multipart/form-data"
```

O Atributo accept-charset

A idéia por trás do atributo accept-charset é que ele especifica uma lista de codificações de caracteres que um usuário pode digitar e que o servidor pode então processar. Entretanto, o IE 7 e o Firefox 2 não suportam este atributo.

Os valores devem ser uma lista de conjuntos de caracteres separados por espaços ou vírgulas (conforme mostrado no Apêndice E).

Por exemplo, o seguinte indica que um servidor recebe codificações UTF-8:

```
accept-charset="utf-8"
```

Os principais navegadores atualmente permitem que quaisquer conjunto de caracteres seja digitado.

O Atributo accept

Este atributo é semelhante ao atributo accept-charset, exceto pelo fato de que recebe uma lista separada por vírgulas de tipos de conteúdo (ou tipos de arquivo) que o servidor que estiver processando o formulário pode processar. Assim, nem o Firefox 2 e nem o IE 7 suportam este recurso.

A idéia é que um usuário não conseguiria enviar um arquivo de um tipo de conteúdo diferente do que aqueles listados. Aqui, você pode ver que os únicos tipos que devem ser enviados são imagens GIF ou JPEG:

```
accept="image/gif, image/jpg"
```

Os principais navegadores, entretanto, ainda permitem a você enviar qualquer arquivo. Uma lista de tipos MIME aparece no Apêndice H.

O Atributo target

Este atributo geralmente é usado com o elemento <a> para indicar em qual qual frame ou janela de navegador uma nova página deve ser carregada. Ele também funciona com um formulário que era uma nova página, permitindo a você indicar em qual frame ou janela a página gerada acaba quando o usuário submeter o formulário.

Espaço em Branco e o Elemento <form>

Você também deve estar ciente de que, quando um navegador se depara com um elemento <form>, ele muitas vezes cria um espaço em branco em torno desse elemento. Isto pode afetar seu projeto se você quiser que um formulário caiba em uma área pequena, como ao colocar um formulário de pesquisa em uma barra de menu. Se CSS não resolver este problema nos navegadores que você estiver usando como alvo, a única forma de evitar o problema é através de uma colocação cuidadosa do elemento <form>.

Para evitar o espaço em branco criado, você pode tentar colocar o elemento <form> próximo do início ou do final do documento ou, se estiver usando tabelas para ajustar a aparência em um documento Transitional HTML 1.0, entre os elementos <table> e <tr>. (Você deve estar ciente de que esta última abordagem é um truque el, portanto, poderia causar um erro se você tentasse validar a página. Entretanto, a maioria dos navegadores ainda exibirá a tabela e o formulário conforme você pretendia).

Controles de Formulários

Esta seção cobre os diferentes tipos de controles de formulários que você pode usar para coletar dados de um visitante para o seu site. Você verá:

- Controles de entrada de textos
- Botões

- Caixas de verificação e botões de opção
- Caixas de seleção (às vezes chamadas de combos) e listas
- Caixas de seleção de arquivos
- Controles escondidos

Entradas de Textos

Você sem dúvida já se deparou com caixas de entrada de texto em muitas páginas web. Possivelmente a caixa de entrada de texto mais famosa é a que fica no meio da página inicial do Google que permite a você digitar o que estiver procurando.

Em um formulário impresso, o equivalente a uma caixa de texto é uma caixa ou linha que permitam a você escrever uma resposta.

Há na verdade três tipos de entrada de texto usada em formulários:

- **Controles de entrada de texto de uma única linha:** Usados para itens que requeiram apenas uma linha de entrada do usuário, como caixas de pesquisa ou endereços de e-mail. Eles são criados usando o elemento <input>.

- *Controles de entrada de senhas*: Estes são iguais aos anteriores, mas usa uma máscara para os caracteres digitados pelo usuário de modo que os caracteres não possam ser vistos na tela. Eles tendem a mostrar um asterisco ou um ponto em vez de cada caractere que o usuário digita, de modo que ninguém possa simplesmente olhar a tela para ver o que o usuário está digitando. Controles de entrada de senhas são usados principalmente para a digitação de senhas ou formulários de login ou para detalhes sensíveis como números de cartões de crédito. Eles também são criados usando o elemento <input>.

- **Controles de entrada de textos de mais de uma linha:** Usados quando o usuário tiver que dar detalhes que possam ser mais longos do que uma única frase. Estes controles são criados com o elemento <textarea>.

Controles de Entrada de Textos de uma Única Linha

Estes controles são criados usando-se um elemento <input> cujo atributo type tem um valor igual a text. Aqui está um exemplo básico de entrada de uma única linha usado para uma caixa de pesquisa (ch05_eg02.html):

```
<form action="http://www.example.com/search.aspx" method="get"
name="frmSearch">
   Pesquisa:
   <input type="text" name="txtSearch" value="Procurar por"
size="20"
```

```
            maxlength="64" />
    <input type="submit" value="Submeter" />
</form>
```

A Figura 5-3 mostra a aparência desse formulário em um navegador.

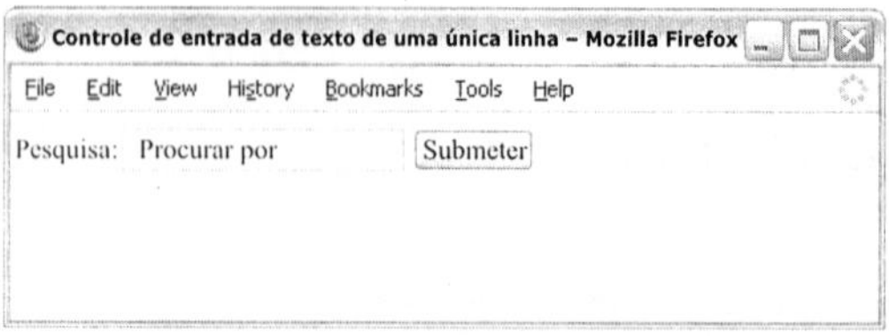

Figura 5-3

Da mesma forma que algumas pessoas tentam iniciar nomes de formulários com os caracteres frm, também é comum iniciar nomes de entradas de textos com os caracteres txt para indicar que o controle de formulário é uma caixa de texto. Isto é especialmente útil ao se trabalhar com os dados no servidor para lhe lembrar de que tipo de controle de formulário enviou os dados.

A tabela que se segue lista os atributos que o elemento <input> pode trazer ao criar um controle de entrada de texto. Observe como o propósito do atributo name é bastante específico neste elemento e diferente de outros elementos que você já conheceu.

Atributo	Propósito
type	Indica o tipo de controle de entrada que você quiser criar. O valor deste atributo deve ser text quando você quiser um controle de entrada de uma única linha de texto. Isso é obrigatório porque o elemento <input> também é usado para criar outros formulários de controle como botões de rádio e caixas de verificação.
name	Usado para dar a parte do nome do par nome/valor que é enviado para o servidor, representando cada controle de formulário e o valor que o usuário digitou. Cada controle precisa ter um nome de modo que o valor associado (fornecido ou escolhido pelo usuário) possa ser recuperado individualmente no outro lado.
value	Fornece um valor inicial para o controle de entrada de texto que o usuário verá quando o formulário for carregado. Você precisa usar este atributo apenas se quiser que algo esteja escrito na entrada de texto quando a página for carregada (como uma pista do que o usuário deveria informar); com maior freqüência, você provavelmente a deixará em branco.

Continua

Atributo	Propósito
size	Permite que você especifique a largura do controle de entrada de texto em termos de caracteres; a caixa de pesquisa no exemplo anterior tem largura de 20 caracteres. A propriedade size não afeta quantos caracteres o usuário pode digitar (ele poderia digitar 40 caracteres); ela apenas indica a largura em caracteres da entrada de texto. Se o usuário digitar mais caracteres do que o tamanho da entrada, eles rolarão para a direita e esquerda usando as teclas de setas.
maxlength	Permite a você especificar o número máximo de caracteres que um usuário pode digitar na caixa de entrada. Geralmente após um número máximo de caracteres ter sido digitado, mesmo se o usuário continuar pressionando mais teclas, nenhum caractere novo será acrescentado.

Quando o atributo type de um elemento <input> possui um valor igual a text, ele também pode trazer os seguintes atributos:

❑ Todos os atributos universais

❑ disabled, readonly, tabindex e accesskey, que são cobertos mais adiante neste capítulo

Controles de Entrada de Senhas

Se você quiser coletar dados sensíveis como senhas e informações de cartões de crédito, deve usar a entrada de senhas. Ela mascara os caracteres que o usuário digitar na tela substituindo-os por um ponto ou asterisco.

Os controles de entrada de senhas são criados quase que de forma idêntica aos controles de entrada de texto de linha única, exceto pelo fato do atributo type no elemento <input> receber um valor para password.

Aqui você pode ver um exemplo de formulário de login que combina um controle de entrada de texto de única linha e um controle de entrada de senha (cg05_eg03.html):

```
<form action="http://www.example.com/login.aspx" method="post">
  Nome do Usuário:
  <input type="text" name="txtUsername" value="" size="20" maxlength="20" />
  <br />
  Senha:
  <input type="password" name="pwdPassword" value="" size="20" maxlength="20" />
  <input type="submit" value="Submit" />
```

</form>

> Como você pode ver, é comum iniciar o nome de qualquer senha com os caracteres pwd de modo que, quando você tiver que lidar com os dados no servidor, sabe que o valor associado vem de uma caixa de entrada de senha.

A Figura 5-4 mostra a você como este formulário de login se pareceria em um navegador quando o usuário começar a digitar os detalhes.

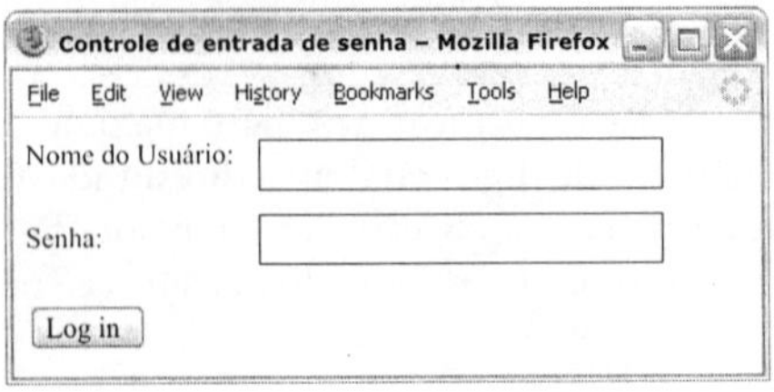

Figura 5-4

> Embora as senhas sejam escondidas na tela, ainda assim são enviadas pela Internet como um texto claro. Para torná-las seguras você deve usar uma conexão SSL entre o cliente e o servidor.

Controles de Entrada de Textos com Múltiplas Linhas

Se você quiser permitir que um visitante do seu servidor digite mais de uma linha de texto, deve criar um controle de entrada de múltiplas linhas usando o elemento <textarea>.

Aqui está um exemplo de uma entrada de texto de múltiplas linhas usado para coletar respostas de visitantes de um site (ch05_eg04.html):

```
<form               action="http://www.example.org/feedback.asp"
method="post">
Por favor informe o que achou do site e clique no botão
submeter:<br />
  <textarea name="txtFeedback" rows="20" cols="50">
Digite sua resposta aqui.
  </textarea>
  <br />
  <input type="submit" value="Submeter" />
</form>
```

Observe que o texto dentro do elemento <textarea> não está indentado. Qualquer coisa escrita entre os rótulos <textarea> de abertura e de fechamento é tratada como se estivesse escrita dentro de um elemento <pre>, e a formatação do documento fonte é preservada. Se as palavras "Digite sua resposta aqui" estivessem indentadas no código, elas também ficariam indentadas na caixa de entrada de texto de múltiplas linhas resultante no navegador.

A Figura 5-5 mostra como este formulário se pareceria.

Figura 5-5

Na figura, você pode o que está escrito entre os rótulos de abertura <textarea> e de fechamento </textarea>, que é mostrado na área de texto quando a página é carregada. Os usuários podem excluir este texto antes de adicionar seu próprio texto e, se não excluírem o texto da caixa de texto ele será enviado para o servidor quando o formulário for submetido. Os usuários muitas vezes apenas digitam após qualquer texto em um elemento <textarea>, de modo que você talvez resolva evitar a colocação de alguma coisa entre os elementos, mas ainda assim deveria ter rótulos <textarea> de abertura e de fechamento, senão navegadores mais antigos podem não exibir o elemento corretamente.

O elemento <textarea> pode receber os atributos mostrados na tabela que se segue.

Atributo	Propósito
name	O nome do controle. Ele é usado no par nome/valor que é enviado para o servidor.
rows	Usado para especificar o tamanho de um elemento <textarea>, ele indica o número de linhas de texto que um elemento <textarea> deve ter e corresponde portanto à sua altura.
cols	Usado para especificar o tamanho de um elemento <textarea>; aqui ele especifica a largura da caixa e se refere ao número de colunas. Uma coluna é a largura média de um caractere.

O elemento <textarea> também pode receber os seguintes atributos:

❏ Todos os atributos universais

❏ disabled, readonly, tabindex e accesskey, que são cobertos mais adiante neste capítulo

❏ Os atributos de eventos UI

Por padrão, quando um usuário chega à coluna final de um elemento <textarea>, o texto passa para a próxima linha (o que significa que ele apenas segue para a próxima linha como em um processador de textos), mas o servidor o receberá como se fosse uma única linha. Devido a alguns usuários esperarem que as frases se dividam onde elas parecem se dividir na tela, os principais navegadores também suportam um atributo extra chamado wrap que permite a você indicar como o texto deve ser dividido. Os valores possíveis são os seguintes:

❏ off (o padrão), que significa que barras de rolagem são adicionadas à caixa se o texto do usuário ocupar mais espaço do que o permitido e estes têm que rolar para ver o que digitaram

❏ virtual, que significa que onde quer que o texto seja dividido, os usuários o vêem na tela em uma nova linha mas ele é transmitido para o servidor como se estivesse na mesma linha a menos que o usuário tenha pressionado a tecla <Enter>, em cujo caso ele é tratado como uma quebra de linha

❏ physical, que significa que onde quer que o usuário veja o texto começando em uma nova linha, o servidor também o verá assim

O atributo wrap não faz, entretanto, parte da especificação XHTML.

Botões

Botões são mais comumente usados para submeter um formulário, embora eles sejam usados às vezes para limpar ou reinicializar um formulário e até para disparar scripts no lado cliente. (Por exemplo, em um formulário com uma calculadora básica de empréstimos dentro da página, um botão poderia ser usado para disparar o script que calcula repagamentos sem enviar os dados para o servidor). Você pode criar um botão de três formas:

❏ Usando um elemento <input> com um atributo type cujo valor seja submit, reset ou button

❏ Usando um elemento <input> com um atributo type cujo valor seja image

❏ Usando um elemento <button>

Em cada método diferente, o botão aparecerá ligeiramente diferente.

Criando Botões Usando o Elemento <input>

Quando você usa o elemento <input> para criar um botão, o tipo do botão que você cria é especificado usando o atributo type. Este atributo pode receber os seguintes valores:

❏ submit, que cria um botão que submete automaticamente um formulário

❏ reset, que cria um botão que reinicializa automaticamente controles de formulários com os seus valores iniciais

❏ button, que cria um botão que é usado para disparar um script no lado cliente quando o usuário clicar nele

Aqui você pode ver exemplos de todos os três tipos de botões (ch05_eg05.html):

```
<input type="submit" name="btnVoteRed" value="Votar nos verme-
lhos" />
<input type="submit" name="btnVoteBlue" value="Votar nos azuais"
/>
<br /><br />
<input type="reset" value="Limpar formulário" /> <br /><br />
<input type="button" value="Calcular" onclick="calculate()" />
```

A Figura 5-6 mostra como estes botões se pareceriam no Firefox em um PC (um Mac os exibe no estilo Mac padrão de botões).

Figura 5-6

A tabela a seguir mostra os atributos usados pelos botões

Atributo	Propósito
type	Especifica o tipo de botão que você quer e recebe um dos seguintes valores: submit, reset ou button.
name	Fornece um nome para o botão. Você só precisa adicionar um atributo name para um botão se houver mais de um botão no mesmo formulário (em cujo caso ele ajuda a indicar qual botão foi clicado). É considerada uma boa prática, entretanto, usá-lo sempre para fornecer uma indicação do que o botão faz.
value	Permite a você especificar como o texto no botão deve ser lido. Se um atributo name for dado, então o valor do atributo value é enviado para o servidor como parte do par nome/valor para este controle de formulário. Se nenhum valor for dado, então nenhum par nome/valor é enviado para este botão.
size	Permite a você especificar a largura do botão em pixels, embora o Firefox 2 e o IE7 não suportem este atributo.
onclick	Usado para disparar um script quando o usuário clica no botão; o valor deste atributo é o script que deve ser executado.

Da mesma forma que você pode disparar um script quando o usuário clica em um botão, também pode disparar um script quando o botão recebe ou perde o foco com os atributos de evento onfocus e onblur.

Quando um elemento <input> possui um atributo type cujo valor seja submit, reset ou button, ele também pode receber os seguintes atributos:

❏ Todos os atributos universais

❏ disabled, readonly, tabindex e accesskey, que são discutidos mais adiante neste capítulo

❏ Os atributos de eventos UI

Se você não usar o atributo value no botão de submissão, pode descobrir que um navegador exibe texto que não seja apropriado para o propósito do formulário – por exemplo, por exemplo, o IE exibe o texto Send Query (Enviar Consulta), que não é ideal para um formulário de botão de login.

Usando Imagens para Botões

Você pode usar uma imagem para um botão em vez do botão padrão que um navegador exibe para você. Criar uma imagem é muito semelhante a criar qualquer outro botão, mas o atributo type possui um valor igual a image:

```
<input type="image" src="submit.jpg" alt="Submit"
name="btnImageMap" />
```

Formulários @ 183

Observe como você pode iniciar o valor de um atributo name para um botão com os caracteres btn, em conformidade com a convenção de nomenclatura que mencionei anteriormente. (Quando você se referir ao nome do controle do formulário em outro código, o uso deste prefixo ajudará-lo a lembrar de que tipo de controle de formulário o código provém.)

Devido ao fato de você estar criando um botão que possui uma imagem, precisa ter dois atributos adicionais, que são listados na tabela a seguir.

Atributo	Propósito
scr	Especifica a fonte do arquivo de imagem.
alt	Fornece texto alternativo para a imagem. Esse será exibido quando a imagem não puder ser encontrada e também ajuda a navegadores de voz. (Ele era suportado primeiro apenas no IE 5 e Netscape 6.)

Se o botão de imagem tiver um atributo name, quando você clica nele o navegador envia para o servidor um par de nome/valor. O nome será o que você fornecer para o atributo name e o valor será um par de coordenadas x e y para o lugar do botão em que o usuário clicou (da mesma forma que você viu ao lidar com os mapas de imagens no lado servidor no Capítulo 3).

Na Figura 5-7, você pode ver um botão gráfico de submissão. Tanto o Firefox quanto o IE mudam o cursor como uma dica de usabilidade quando um usuário passa o cursor por cima de tal botão.

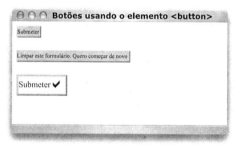

Figura 5-7

Criando Botões Usando o Elemento <button>

O elemento <button> é uma introdução mais recente que permite a você especificar o que aparece em um botão entre um rótulo de abertura <button> e um de fechamento </button>. Assim, você pode incluir marcadores textuais ou elementos de imagens entre estes rótulos.

Esse elemento foi suportado primeiro pelo IE 4 e pelo Netscape 6, mas os navegadores que suportam este elemento também oferecem um efeito substituto (ou 3D) sobre o botão, o qual lembra um movimento para cima e para baixo quando o botão é clicado.

Aqui estão alguns exemplos de uso do elemento <button> (ch06_eg06.html):

```
<button type="submit">Submeter</button>
<br /><br />
<button type="reset"><b>Limpar esse formulário</b> Quero começar de novo</button>
<br /><br />
<button type="button"><img src="submit.gif" alt="submit" /></button>
```

Como você pode ver, o primeiro botão de submissão contém apenas texto, o segundo botão de reinicialização contém texto e outra marcação (na forma de um elemento <b>) e o terceiro botão de submissão contém um elemento <img>.

A Figura 5-8 mostra como estes botões se pareceriam.

Figura 5-8

Caixas de verificação

Caixas de verificação são como as caixas que você tem que marcar em formulários de papel. Da mesma forma que interruptores de luz, elas podem estar em um entre dois estados. Quando elas estiverem marcadas e o usuário puder simplesmente alternar entre os estados clicando a caixa de verificação.

As caixas de verificação podem aparecer individualmente, com cada uma tendo seu próprio nome, ou podem aparecer como um grupo de caixas de verificação que compartilham um nome de controle e permitem aos usuários selecionar diversos valores para a mesma propriedade.

Caixas de verificação são controles de formulário ideais quando você precisar permitir a um usuário:

❏ Fornecer uma resposta simples (sim/não) com um controle (como termos e condições de aceitação ou assinatura de uma lista de emails).

❏ Selecionar diversos itens de uma lista de opções possíveis (como quando você quer que um usuário indique em uma lista todas as habilidades que têm).

Uma caixa de verificação é criada usando o elemento <input> cujo atributo type possui um valor igual a checkbox. A seguir está um exemplo de algumas caixa de verificação que usam o mesmo nome de controle (ch05_eg07.html):

```
<form    action="http://www.example.com/cv.aspx"    method="get"
name="frmCV">
Quais das seguintes habilidades você possui? Select all that
apply.
 <input type="checkbox" name="chkSkills" value="html" />HTML <br
/>
 <input type="checkbox" name="chkSkills" value="xhtml" />XHTML <br
/>
 <input type="checkbox" name="chkSkills" value="CSS" />CSS<br />
 <input type="checkbox" name="chkSkills" value="JavaScript"
/>JavaScript<br />
 <input type="checkbox" name="chkSkills" value="aspnet" />ASP.
Net<br />
 <input type="checkbox" name="chkSkills" value="php" />PHP
</form>
```

Para permanecer consistente com a convenção de nomenclatura que temos usado para elementos de formulários por todo o capítulo, você pode iniciar o nome de caixas de verificação com as letras chk. A Figura 5-9 mostra como esse formulário se pareceria em um navegador. Observe agora que há uma quebra de linha após cada caixa de verificação, já que aparece claramente em cada linha (se você colocar as caixas de verificação lado a lado, os usuários provavelmente ficarão confusos sobre qual rótulo se aplica a qual caixa de verificação).

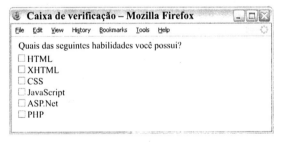

Figura 5-9

Devido ao fato de todas as habilidades selecionadas serem enviadas para a aplicação que realiza o processamento no formulário na forma de pares nome/valor, se alguém selecionar mais de uma habilidade haverá diversos pares nome/valor enviados para o servidor já que todos compartilham o mesmo nome.

Como você processa múltiplas caixas de verificação com o mesmo nome depende do como você envia os dados para o servidor. Se você usar o método get de HTTP para enviar os dados, então a caixa de verificação selecionada será enviada como parte da URL na string de consulta. Se você usar o método post de HTTP, entretanto, obterá uma matriz que pode percorrer representando as opções selecionadas.

Como uma diferenciação, aqui está uma única caixa de verificação agindo como uma opção sim/não simples:

```
<form                action="http://www.example.org/accept.aspx"
name="frmTandC" method="get">
 <input type="checkbox" name="chkAcceptTerms" checked="checked" />
 Aceito os <a href="terms.htm">termos e condições</a>.<br />
 <input type="submit" />
</form>
```

Observe agora que o elemento <input> que cria essa caixa de verificação não traz um atributo value. Na ausência de tal atributo, o valor é on. Nesse exemplo, você também vê um atributo chamado checked, com um valor igual a checked, que indica que, quando a página for carregada, a caixa de verificação estará selecionada.

Antes de HTML 4.1, você poderia fornecer apenas o atributo checked sem um valor. Esse processo é conhecido como uma minimização de atributos, e os elementos que o atributo checked sem um valor eram considerados como tendo valor igual a on. Em XHTML, todos os atributos devem ter um valor, de modo que o nome destes atributos é repetido como seus valores. Navegadores mais antigos talvez ignorem o valor, mas ainda assim reconhecerão a presença do atributo.

A tabela a seguir mostra os atributo que um elemento <input> cujo atributo type possui um valor igual a checkbox pode ter:

Atributo	Propósito
type	Indica que você quer criar uma caixa de verificação.
name	Dá o nome do controle. Diversas caixas de verificação podem compartilhar o mesmo nome, mas isto só deve acontecer se você quiser que os usuários tenham a opção de selecionar diversos itens da mesma lista – em cujo caso, eles devem ser colocados próximos entre si no formulário.
value	O valor que será enviado para o servidor se a caixa de verificação estiver selecionada.
checked	Indica que, quando uma página for carregada, a caixa de verificação deve estar selecionada.
size	Indica o tamanho da caixa de verificação em pixels (isto não funciona no IE 7 ou Firefox 2.)

As caixas de verificação também trazem os seguintes atributos:

- Todos os atributos universais
- disabled, readonly, tabindex e accesskey, que são discutidos mais adiante no capítulo
- Atributos de eventos UI

Botões de Rádio

Botões de rádio são semelhantes a caixas de verificação por poder estar marcados ou não, mas há duas diferenças chaves:

- Quando você tem um grupo de botões de rádio que compartilham o mesmo nome, apenas um deles pode ser selecionado. Uma vez que um botão de rádio tenha sido selecionado, se o usuário clicar em outra opção, a nova opção é selecionada e a antiga perde a marcação.
- Você não deve usar botões de rádio como único controle de formulário onde o controle indique marcado ou desmarcado porque um botão de rádio único que tenha sido selecionado não pode ser desmarcado (sem que se escreva um script para fazer isso).

Portanto, botões de rádio são ideais se você quiser fornecer aos usuários um número de opções das quais eles possam escolher apenas uma. Em tais situações, uma alternativa é usar um combo que permita aos usuários selecionar apenas uma opção entre várias. Sua decisão entre um combo e um grupo de botões de rádio depende de três coisas:

- **Expectativas do usuário:** Se o seu formulário reproduzir um formulário de papel onde os usuários veriam diversas caixas de verificação, a partir das quais poderiam escolher uma, então você deve usar um grupo de botões de rádio.
- **Ver todas as opções:** Se os usuários se beneficiariam de ver todas as opções na frente deles antes de escolherem uma, você deve usar um grupo de botões de rádio.
- **Espaço:** Se você estiver preocupado com espaço, um combo ocupará muito menos espaço do que um conjunto de botões de rádio.

> *O termo "botões de rádio" vem de rádios antigos. Em alguns modelos, você podia pressionar apenas um botão de cada vez para selecionar a estação que queria ouvir dentre as que estavam configuradas. Você não poderia pressionar dois desses botões ao mesmo tempo no seu rádio, e pressionar um faria com que o que tivesse sido pressionado anteriormente voltasse à sua posição original.*

O elemento <input> é chamado novamente para criar botões de rádio, e dessa vez o atributo type deve receber o valor de radio. Por exemplo, aqui botões de rádio são usados para permitir aos usuários selecionar que classe de viagem querem fazer (ch06_eg08.html):

```
<form                   action="http://www.example.com/flights.aspx"
name="frmFlightBooking"
    method="get">
    Por favor selecione a classe de viagem que você deseja:<br />
    <input type="radio" name="radClass" value="First" />Primeira
classe <br />
    <input type="radio" name="radClass" value="Business" />Classe
executiva<br />
    <input type="radio" name="radClass" value="Economy" />Classe
econômica<br />
</form>
```

Como você pode ver, o usuário deve poder selecionar apenas uma das três opções, de modo que botões de rádio são ideais. Começo o nome de um botão de rádio com as letras rad. A Figura 5-10 mostra como isto ficaria em um navegador.

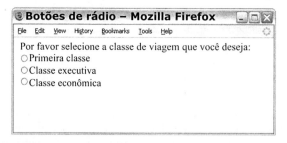

Figura 5-10

A tabela a seguir lista os atributos para um elemento <input> cujo atributo type seja um valor igual a radio.

Atributo	Propósito
type	Para indicar que você quer um controle de formulário tipo botão de rádio.
name	O nome do controle de formulário.
value	Usado para indicar o valor que será enviado para o servidor se essa opção for selecionada.
checked	Indica que essa opção deve estar selecionada como padrão quando a página for carregada. Lembre-se de que não há motivo para se usar esse atributo com um único botão de rádio já que um usuário não pode desmarcar a opção. Se você usar este atributo, o valor também deve ser checked para que o atributo esteja em conformidade com XHTML.
size	Este atributo indica o tamanho do botão de rádio em pixels, mas não funcione no IE 7 ou Firefox 2.

Botões de rádio também trazem os seguintes atributos:

❑ Todos os atributos universais
❑ Todos os atributos de eventos UI
❑ disabled, tabindex e accesskey, que são cobertos mais adiante neste capítulo

> *Quando você tem um grupo de botões de rádio que compartilham o mesmo nome, alguns navegadores selecionarão automaticamente a primeira opção quando a página for carregada – embora eles não sejam obrigados a fazer isso na especificação HTML. Portanto, se os seus botões de rádio representarem um conjunto de valores – digamos para uma aplicação de votação - você talvez queira estabelecer uma opção média para ser selecionada como padrão de modo que, se alguns usuários esquecerem de selecionar uma das opções, os resultados não são tão influenciados pela seleção do navegador. Para fazer isso você dever usar o atributo checked.*

Combos

Um combo permite aos usuários selecionar um item a partir de uma cortina. Os combos podem ocupar menos espaço que um grupo de botões de rádio.

Combos também podem fornecer uma alternativa a controles de texto de linha única onde você quer limitar as opções que um usuário pode digitar. Por exemplo, você pode usar um combo para permitir aos usuários indicar em qual país ou estado moram (a vantagem sendo que todos os usuários dos EUA teriam a mesma propriedade valor, em vez de potencialmente ter pessoas escrevendo E.U.A., E.U, Estados Unidos, América, América do Norte – e ter então que lidar com diferentes respostas para o mesmo país).

Um combo fica dentro de um elemento <select>, enquanto cada opção individual dentro dessa lista fica dentro de um elemento <option>. Por exemplo, o formulário a seguir cria um combo para o usuário selecionar uma cor (ch05_eg09.html):

```
<select name="selColor">
 <option selected="selected" value="">Selecione a cor</option>
 <option value="red">Vermelho</option>
 <option value="green">Verde</option>
 <option value="blue">Azul</option>
</select>
```

Como você pode ver aqui, o texto entre o elemento <option> de abertura e o </option> de fechamento é usado para exibir as opções do usuário, enquanto o valor que seria enviado para o servidor se essa opção fosse selecionada é dado pelo atributo value. Você também pode ver que o primeiro elemento <option> não tem um valor e que seu conteúdo é Selecione a cor; isso indica para o usuário que ele ou ela deve escolher uma das cores. Finalmente, observe novamente o uso das letras sel no início do nome do combo[1] no início de um combo.

A Figura 5-11 mostra como isto se pareceria em um navegador.

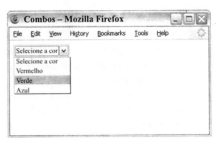

Figura 5-11

Observe que a largura do combo será a da maior opção exibida para o usuário; nesse caso, será a largura do texto Selecione a cor.

O Elemento <select>

Este elemento contém um combo; ele pode ter os seguintes atributos:

Atributo	Propósito
name	O nome do controle.
size	Pode ser usado para apresentar uma barra de rolagem, como você verá em breve. Seu valor seria o número de linhas na lista que devem estar visíveis ao mesmo tempo.
multiple	Permite a um usuário selecionar múltiplos itens do menu. Se o atributo não estiver presente, o usuário pode selecionar apenas um item. Em versões anteriores de HTML, este atributo não tinha um valor. Todavia, para ser XHTML válida, este atributo deve receber um valor igual a multiple (i.e., <select multiple="multiple">). Observe que o uso deste atributo alterará a apresentação do combo, como você verá na seção "Selecionando Múltiplas Opções com o Atributo multipl" mais adiante neste capítulo.

As recomendações HTML e XHTML indicam que um elemento <select> deve conter pelo menos um elemento <option>, embora na prática deva conter mais de um elemento <option>. Afinal, um combo com apenas uma opção poderia confundir um usuário.

---

[1] N. do T.: estes prefixos correspondem aos nomes em inglês dos controles.

O Elemento <option>

Dentro de um elemento <select> você encontrará pelo menos um elemento <option>. O texto entre os rótulos de abertura <option> e de fechamento </option> é exibido para o usuário como o rótulo dessa opção. O elemento <option> pode ter os atributos mostrados na tabela a seguir.

Atributo	Propósito
value	O valor que é enviado ao servidor se esta opção for selecionada.
selected	Especifica que esta opção deve ficar selecionada inicialmente quando a página for carregada. Este atributo pode ser usado em diversos elementos <option> mesmo se o elemento <select> não trouxer o atributo multiple. Embora versões anteriores de XHTML não requeressem um valor para este atributo, para ser um XHTML válido você deve dar a este atributo um valor igual a selected.
label	Uma forma alternativa de rotular opções, usando um atributo em vez de um elemento. Esse atributo é especialmente útil ao usar o elemento <optgroup>, que é coberto um pouco mais adiante neste capítulo.

Criando Combos com Rolagem

Como mencionei anteriormente, é possível se criar menus rolantes onde os usuários pode ver algumas das opções em um combo de cada vez. Para fazer isso, você apenas acrescenta o atributo size ao elemento <select>. O valor desse atributo é o número de opções que você quer que estejam visíveis de cada vez.

Embora menus rolantes raramente sejam usados, eles podem dar aos usuários uma indicação de que há diversas opções possíveis e permitir a eles ver algumas das opções ao mesmo tempo. Por exemplo, aqui está um menu rolante que permite ao usuário selecionar um dia da semana (ch05_eg10.html):

```
<form action="http://www.example.org/days.aspx" name="frmDays"
method="get">
 <select size="4" name="selDay">
  <option value="Mon">Segunda</option>
  <option value="Tue">Terça</option>
  <option value="Wed">Quarta</option>
  <option value="Thu">Quinta</option>
  <option value="Fri">Sexta</option>
  <option value="Sat">Sábado</option>
  <option value="Sun">Domingo</option>
 </select>
```

```
<br /><br /><input type="submit" value="Submeter" />
</form>
```

Como você pode ver na Figura 5-12, isto mostra claramente ao usuário que ele ou ela tem diversas opções ao mesmo tempo em que limita o espaço ocupado mostrando apenas algumas dessas opções.

Figura 5-12

Observe que o atributo multiple discutido na subseção que se segue não é usado nesse elemento.

Selecionando Múltiplas Opções com o Atributo multiple

O atributo multiple permite aos usuários selecionar mais de um item em um combo. O valor do atributo multiple deve ser a palavra multiple para que ele seja um XHTML válido (embora versões anteriores de HTML o tenham deixado sem um valor).

A adição desse atributo faz automaticamente com que o combo se pareça com um menu rolante. Aqui você pode ver um exemplo de um combo de múltiplos itens que permite aos usuários selecionar mais de um dia da semana (ch05_eg11.html):

```
<form    action="http://www.example.org/days.aspx"    method="get"
name="frmDays">
 Por favor selecione mais de um dia da semana:<br />
  <select name="selDays" multiple="multiple">
   <option value="Mon">Segunda</option>
   <option value="Tue">Terça</option>
   <option value="Wed">Quarta</option>
   <option value="Thu">Quinta</option>
   <option value="Fri">Sexta</option>
   <option value="Sat">Sábado</option>
   <option value="Sun">Domingo</option>
  </select>
 <br /><br
```

O resultado é mostrado na Figura 5-13, onde você pode ver que, sem o acréscimo do atributo size, o combo ainda fica rolante.

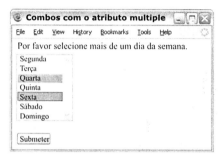

Figura 5-13

Agrupando Opções com o Elemento <optgroup>

Se você tiver uma lista muito comprida de itens em um combo, pode agrupá-los usando o elemento <optgroup>, que atua como um elemento contêiner para todos os elementos que você quer que fiquem dentro de um grupo.

O elemento <optgroup> pode trazer um atributo label cujo valor é um rótulo para esse grupo de opções. No exemplo a seguir, você pode ver como as opções são agrupadas em termos de tipos de equipamentos (ch05_eg12.html):

```
<form   action="http://www.example.org/info.aspx"   method="get"
name="frmInfo">
 Por favor selecione o produto no qual está interessado:<br />
 <select name="InformaçõesDeVenda">
  <optgroup label="Hardware">
   <option value="Desktops">Desktops</option>
   <option value="Laptops">Laptops</option>
  </optgroup>
  <optgroup label="Software">
   <option value="SoftwareDeEscritório">Software de Escritório</option>
   <option value="Jogos">Games</option>
  </optgroup>
  <optgroup label="Periféricos">
   <option value="Monitores">Monitores</option>
   <option value="DispositivoDeEntrada">Dispositivos de Entrada</option>
   <option value="Armazenamento">Armazenamento</option>
  </optgroup>
 </select>
```

```
<br /><br /><input type="submit" value="Submeter" />
</form>
```

Você descobrirá que navegadores diferentes exibem elementos <optgroup> de formas diferentes. A Figura 5-14 mostra como o Safari em um Mac exibe as opções de elementos <optgroup>, enquanto que a Figura 5-15 mostra o resultado no Firefox em um PC.

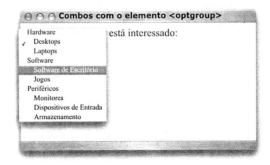

Figura 5-14

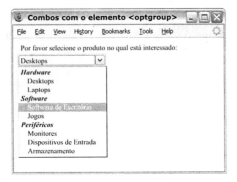

Figura 5-15

Uma opção alternativa para agrupar elementos é adicionar um elemento <option> que tenha o atributo disabled, sobre o qual você aprenderá em breve (ch05_eg13.html):

```
<form    action="http://www.example.org/info.aspx"    method="get"
name="frmInfo">
  Por favor selecione o produto no qual esta interessado:<br />
  <select name="InformaçõesDeVenda">
    <option disabled="disabled" value=""> -- Hardware -- </option>
      <option value="Desktops">Desktops</option>
      <option value="Laptops">Laptops</option>
    <option disabled="disabled" value=""> -- Software -- </option>
```

```
    <option value="SoftwareDeEscritório">Software de Escritório</
option>
      <option value="Games">Jogos</option>
      <option disabled="disabled" value=""> -- Periféricos -- </
option>
      <option value="Monitores">Monitores</option>
      <option value="Dispositivos de Entrada">Dispositivos de
Entrada</option>
      <option value=" Armazenamento ">Armazenamento</option>
</select>
```

Como você verá mais adiante neste capítulo, o uso do atributo disabled evita que um usuário selecione a opção que o possui. Com o uso cuidadoso de barras, os grupos de opções ficam definidos de forma mais clara, como você pode ver na Figura 5-16.

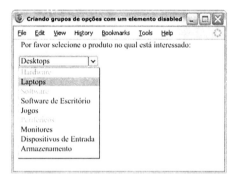

Figura 5-16

Se você decidir usar um combo como parte da sua navegação, por exemplo, para permitir aos usuários pularem rapidamente até uma determinada seção de um site, também deve incluir um botão de submissão ou um botão para ir. Evite a tentação de usar JavaScript para levar o usuário automaticamente até a página relevante assim que o usuário tiver selecionado uma opção. Usar JavaScript para submeter o formulário nesse caso é geralmente visto como um exemplo de má usabilidade. Um dos principais motivos para isso é que os usuários podem selecionar a seção errada acidentalmente; por exemplo, se um usuário tenta selecionar opções usando suas setas para cima e para baixo, o script irá disparar assim que ele ou ela se deparar com a primeira opção. Além disso, alguns navegadores podem não suportar o script e ele teria que ser completamente verificado em diferentes plataformas e para diferentes navegadores.

Atributos para Combos

Para que fique completa, a seguir está a lista de todos os atributos que o elemento <select> pode ter:

- name, size e multiple, todos os quais você já viu
- disabled e tabindex, que são cobertos mais adiante neste capítulo
- Todos os atributos universais
- Atributos de eventos UI
- Já o elemento <option> pode ter os seguintes atributos:
- label, que você já viu
- disabled, sobre o qual você aprenderá mais adiante neste capítulo
- Todos os atributos universais
- Atributos de eventos UI

Caixas de Seleção de Arquivos

Se você quiser permitir a um usuário enviar um arquivo para o seu web site a partir do computador do mesmo, precisará usar uma caixa de envio de arquivos, também conhecida como caixa de seleção de arquivos. Esta é criada usando o elemento <input> (novamente), mas desta vez você dá ao atributo type um valor igual a file (ch05_eg14):

```
<forma ction="http://www.example.com/imageUpload.aspx" method="post"
       name="fromImageUpload" enctype="multipart/form-data">
   <input type="file" name="fileUpload" accept="image/*" />
<br /><br /><input type="submit" value="Submeter" />
</form>
```

> *Quando você está usando uma caixa de envio de arquivos, o atributo method do elemento <form> deve ser post.*

Alguns atributos nesse exemplo você já aprendeu no início deste capítulo.

- O atributo enctype foi adicionado ao elemento <form> com um valor de multipart/form-data de modo que cada controle de formulário seja enviado separadamente para o servidor. Isto é necessário em um formulário que usa uma caixa de envio de arquivos.

- O atributo accept foi adicionado ao elemento <input> para indicar os tipos MIME dos arquivos que podem ser selecionados para envio. Nesse exemplo, qualquer formato de imagem pode ser enviado, já que o caractere de máscara (o asterisco) foi usado após a parte image/ do tipo MIME. Infelizmente, isto não é suportado pelo Firefox 2 ou IE 7.

Na Figura 5-17 você pode ver que, quando clica no botão Navegar uma caixa de envio de arquivos abre permitindo a você navegar até um arquivo e selecionar qual você quer enviar.

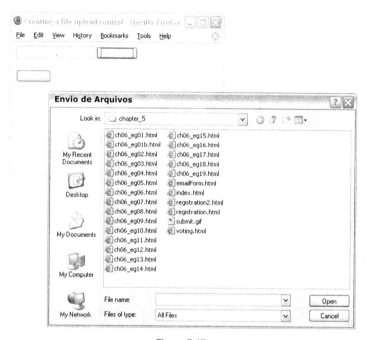

Figura 5-17

Um elemento <input> cujo atributo type tenha um valor igual a file pode receber os seguintes atributos:

❏ name, value e accept, que você já viu

❏ tabindex, accesskey, disabled e readonly, que são cobertos mais adiante neste capítulo

❏ Todos os atributos universais

❏ Atributos de eventos UI

Controles Escondidos

Às vezes você desejará passar informações entre páginas sem que o usuário veja; para fazer isso você pode usar controles de formulário escondidos. É importante observar, entretanto, que embora os usuários não possam vê-los exibidos na página web no navegador, se eles fossem ver o código fonte da página poderiam ver os valores no código. Portanto, controles escondidos não devem ser usados para quaisquer informações sensíveis que você não queira que os usuários vejam.

> Você pode se deparar com formulários na Web que ocupem mais de uma página. Formulários longos podem ser confusos; dividi-los pode ajudar o usuário, o que significa que mais formulários serão preenchidos. Nesses casos, um programador de web site muitas vezes quer passar valores que um usuário digitou no primeiro formulário (em uma página) para o formulário na segunda página e depois para uma outra página. Elementos escondidos são uma forma pela qual os programadores podem passar valores entre páginas.

Você cria um controle escondido usando o elemento <input> cujo atributo type possui um valor igual a hidden. Por exemplo, o formulário a seguir contém um controle escondido indicando de qual seção do site o usuário preencheu o formulário (ch05_eg15.html):

```
<form    action="http://www.example.com/vote.aspx"    method="get" name="fromVote">
 <input type="hidden" name="hidPageSentFrom" value="página inicial" />
 <input type="submit" value="Clique se esta for a sua página favorita no nosso
  site." />
</form>
```

Para um nome e valor ainda poderem ser enviados para o servidor para por controle escondido. Esse deve ter os atributos name e value.

A Figura 5-18 mostra que o controle escondido não é mostrado na página, mas fica disponível no código fonte da página.

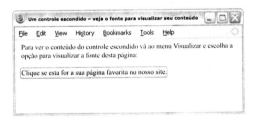

Figura 5-18

Como você verá no Capítulo 8, também pode esconder controles usando as propriedades display e visibility de CSS.

Controles de Objetos

A especificação HTML 4.0 introduziu a capacidade de usar objetos – inseridos em um elemento <object> - como parte de um formulário. Para se tornar controles bem sucedidos, eles devem aparecer dentro do elemento <form>. Por exemplo, você pode querer usar um objeto que permita algum tipo de interação gráfica e depois armazenar seu valor com o nome do objeto. Todavia, esse recurso não era implementado nos principais navegadores quando este texto foi escrito.

Experimente | Criando um Formulário de Registro

Neste exemplo, você irá combinar diversos controles para construir um formulário de registro no site.

1. Crie um documento Transitional XHTML 1.0, com o esqueleto colocado. A seguir adicione um cabeçalho e introdução ao que o usuário deve fazer:

```
<?xml version="1.0" encoding="UTF-8"?>
<!DOCTYPE html PUBLIC "-//W3C//DTD XHTML 1.0 Transitional//EN"
      "http://www.w3.org/TR/xhtml1/DTD/xhtml1-transitional.dtd">
<html xmlns="http://www.w3.org/1999/xhtml" lang="en"
xml:lang="en">
<head>
  <title>Registro</title>
</head>
<body>
  <h2>Registro de Usuário</h2>
  <p>Por favor complete a formulário a seguir para se registrar no nosso site:</p>
</body>
</html>
```

2. O formulário será colocado em uma tabela com duas colunas, de modo que as instruções estejam na coluna da esquerda e os controles do formulário estejam alinhados na coluna à direita. (Sem isso, os controles apareceriam de forma irregular pela página). Esta é uma técnica bastante comum na escrita de formulários.

Nas duas primeiras linhas você pode adicionar entradas de texto para nome de usuário e senha, e então deixar uma linha em branco para espaçamento da página:

```
<table>
 <tr>
    <td>Nome do Usuário:</td>
    <td><input type="text" name="txtUserName" size="20" /></td>
 </tr>
 <tr>
```

```
    <td>Senha:</td>
    <td><input type="password" name="pwdPassword" size="20" /></td>
</tr>
<tr>
    <td> </td>
    <td> </td>
</tr>
</table>
```

3. Após o nome do usuário e a senha, adicione dois botões de rádio para o usuário indicar seu sexo:

```
<tr>
    <td>Sexo:</td>
    <td><input type="radio" name="radSex" value="male" />Masculino</td>
</tr>
<tr>
    <td></td>
    <td><input type="radio" name="radSex" value="female" />Feminino</td>
</tr>
<tr><td> </td><td> </td></tr>
```

4. A seguir você adiciona um combo para indicar como o usuário tomou conhecimento do web site:

```
<tr>
    <td>Como você tomou conhecimento a nosso respeito?:</td>
    <td>
      <select name="selReferrer">
        <option selected="selected" value="">Selecionar resposta</option>
        <option value="website">Outro web site</option>
        <option value="printAd">Propaganda em revista</option>
        <option value="friend">De um amigo</option>
        <option value="other">Outra</option>
      </select>
    </td>
</tr>
<tr><td> </td><td> </td></tr>
```

5. A última opção é se o usuário quiser assinar um boletim de notícias no site, o que você executa com uma caixa de verificação. Também há um botão de submissão para o formulário:

```
<tr>
   <td>Por favor selecione esta caixa se desejar <br /> ser
adicionado à nossa lista de correio eletrônico
      <br /><small>Não passaremos seus detalhes a terceiros.</
small></td>
   <td><input type="checkbox" name="chkMailingList" /></td>
</tr>
<tr>
   <td></td>
   <td><input type="submit" value="Registrar-se agora" /></td>
</tr>
</table>
```

6. Grave o arquivo como registro.html e abra-o com o seu navegador; ele deve se parecer com a Figura 5-19.

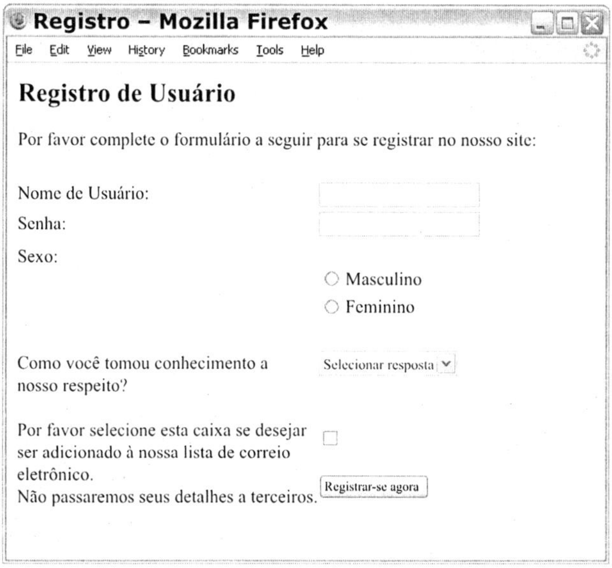

Figura 5-19

Como Isto Funciona

Este é um exemplo de um formulário que faz uso de diversos controles e você se concentrará nos controles que seguem.

Primeiro, havia duas caixas de entrada de texto para o nome do usuário e a senha. Devido ao fato da senha ser uma informação sensível, ele usa uma entrada de texto do tipo senha, que evita que alguém olhando sobre os ombros do usuário veja o que está sendo digitado. Lembre-se de que o atributo size controla a largura da caixa de entrada de textos.

```
<tr>
 <td>Nome do Usuário:</td>
 < td><input type="text" name="txtUserName" size="20" /></td>
</tr>
<tr>
 <td>Senha:</td>
 <td><input type="password" name="pwdPassword" size="20" /></td>
</tr>
<tr>
```

A seguir, o usuário possui dois botões de rádio para indicar se o usuário é do sexo masculino ou feminino. Ambos os botões de rádio têm o mesmo nome, tornando a seleção mutuamente exclusiva - você pode escolher apenas um dos dois botões de rádio. Quando o usuário selecione uma opção, o valor do atributo value nesse elemento é enviado para o servidor.

```
<tr>
 <td>Sexo:</td>
 <td><input type="radio" name="radSex" value="male" />Masculino</td>
</tr>
<tr>
 <td></td>
 <td><input type="radio" name="radSex" value="female" />Feminino</td>
</tr>
```

No combo, o usuário tem que escolher como soube do site. A primeira opção é selecionada automaticamente porque traz o atributo selected, que também atua como outra dica para usuários de que eles devem selecionar uma das opções. O valor do item selecionado será enviado para o servidor com o nome selReferrer.

```
<select name="selReferrer">
 <option selected="selected" value="">Selecionar resposta</option>
 <option value="website">Outro web site</option>
 <option value="printAd">Propaganda de revista</option>
 <option value="friend">De um amigo</option>
 <option value="other">Outra</option>
</select>
```

O usuário finalmente vê a opção de assinar o boletim de notícias, usando uma caixa de verificação.

```
<tr>
  <td>Por favor selecione esta caixa se desejar<br /> ser
adicionado à nossa lista de correio eletrônico.
    <br /><small>Não passaremos seus detalhes a terceiros.
    </small></td>
  <td><input type="checkbox" name="chkMailingList" /></td>
</tr>
```

Para enviar o formulário, o usuário deve clicar no botão Registrar Agora. As palavras Registrar Agora aparecem porque foram passadas como valor do atributo value:

```
<tr>
  <td></td>
  <td><input type="submit" value="Registrar Agora" /></td>
</tr>
```

Agora que você viu os fundamentos de formulários, é hora de examinar recursos mais avançados que você pode usar para melhorar seus formulários.

Criando Rótulos para Controles e o Elemento <label>

Quando você está criando um formulário é absolutamente vital que forneça uma boa rotulagem de modo que o usuário saiba que dados ele ou ela deve digitar e onde.

Os formulários podem ser bastante confusos; tenho certeza de que uma empresa de seguro ou formulário de impostos já deixou você coçando a cabeça. Assim, a menos que seus visitantes estejam completamente seguros sobre quais informações devem fornecer e onde elas devem ficar, eles não estarão tão inclinados a preencher seus formulários.

Alguns controles, como botões, já têm rótulos. Para a maioria dos controles, contudo, você terá que fornecer um rótulo.

Para controles que não têm um rótulo, você deve usar o elemento <label>. Este elemento não afeta o formulário além de informar os usuários sobre quais informações d=eles devem digitar (ch05_eg16.html).

> *Você pode perceber que esse formulário foi colocado dentro de uma tabela; isto garante que, mesmo se os rótulos tenham tamanhos diferentes, as entradas de texto ficam alinhadas na sua própria coluna. Se uma lista de entradas de texto possuir indentações diferentes, fica muito difícil de ser usada.*

```
<form action="http://www.example.org/login.aspx" method="post"
name="frmLogin">
  <table>
    <tr>
      <td><label for="Uname">Nome de usuário</label></td>
      <td><input type="text" id="Uname" name="txtUserName" /></td>
    </tr>
    <tr>
      <td><label for="Pwd">Senha</label></td>
      <td><input type="password" id="Pwd" name="pwdPassword" /></td>
    </tr>
  </table>
</form>
```

Como você pode ver aqui, o elemento <label> traz um atributo chamado for, que indica o controle associado ao rótulo. O valor do atributo for deve ser o mesmo do valor do atributo id no controle correspondente. Por exemplo, o controle de caixa de texto, onde um usuário digita seu nome, possui um atributo is cujo valor é Uname, e o rótulo para essa caixa de texto tem um atributo for cujo valor também é Uname.

A Figura 5-20 mostra como a aparência dessa tela de login:

O rótulo pode ser posicionado antes ou depois do controle. Para caixas de texto, geralmente é uma boa prática colocar o rótulo à esquerda, e para caixas de verificação e botões de rádio, muitas vezes é mais fácil associar o rótulo com o controle correto se eles estiverem à direita.

Outra forma de usar o elemento <label> é como um elemento contêiner. Este tipo de rótulo é às vezes conhecido como rótulo implícito. Por exemplo:

```
<form action="http://www.example.org/login.asp" method="post"
name="frmLogin">
  <label for="Uname"><input type="text" id="Uname"
name="txtUserName" /></label>
  <label for="Pwd"><input type="password" id="Pwd"
name="pwdPassword" /></label>
</form>
```

A desvantagem dessa abordagem é que você não pode controlar onde o rótulo aparece em relação ao controle do formulário, e você certamente não pode colocar o rótulo em uma célula de tabela diferente do controle, já que a marcação não se aninharia de forma correta.

> Na seção "Foco" mais adiante neste capítulo, você aprenderá sobre passar o foco a elementos do formulário. Quando um rótulo obtém o foco, esse deve ser passado para o controle associado.

Figura 5-20

Estruturando seus Formulários com os Elementos <fieldset> e <legend>

Formulários grande podem ser confusos para os usuários, de modo que é uma boa prática agrupar controles relacionados. Os elementos <fieldset> e <legend> fazem exatamente isto – auxiliam a agrupar controles.

Ambos os elementos foram introduzidos no IE 4 e Netscape 6; entretanto, navegadores mais antigos irão ignorar esses elementos, de forma que você estará seguro se incluí-los em todos os seus formulários.

❑ O elemento <fieldset> cria uma borda em torno do grupo de controles para mostrar que eles estão relacionados.

❑ O elemento <legend> permite a você especificar um texto para o elemento <fieldset>, que serve como título para o grupo de controles. Quando usado, o elemento <legend> deve sempre ser o primeiro filho do elemento <fieldset>.

No exemplo a seguir, você pode ver como um formulário foi dividido em quatro seções: informações de contato, questões de competição, questão de desempate e entrar na competição (ch05_eg17.html).

```
<form          action="http://www.example.org/competition.asp"
method="post" name="frmComp">
 <fieldset>
  <legend><em>informaçõs de Contato</em></legend>
  <label>Primeiro nome: <input type="text" name="txtFName"
size="20" /></label><br />
  <label>Sobrenome: <input type="text" name="txtLName" size="20"
/></label><br />
  <label>E-mail: <input type="text" name="txtEmail" size="20" /></
label><br />
 </fieldset>
 <fieldset>
  <legend><em>Questão de Competição</em></legend>
  Qual a altura da torre Eiffel em Paris, França? <br />
```

```
<label><input type="radio" name="radAnswer" value="584" />
    584ft</label><br />
<label><input type="radio" name="radAnswer" value="784" />
    784ft</label><br />
<label><input type="radio" name="radAnswer" value="984" />
    984ft</label><br />
  <label><input type="radio" name="radAnswer" value="1184" />
    1184ft</label><br />
</fieldset>
<fieldset>
    <legend><em>Questão de Desempate</em></legend>
    <label>Em 25 palavras ou menos, diga por que você gostaria de ganhar 10.000 dólares
        <textarea name="txtTiebreaker" rows="10" cols="40"></textarea>
    </label>
</fieldset>
<fieldset>
    <legend><em>Entrar na Competição</em></legend>
        <input type="submit" value="Entrar na Competição" />
</fieldset>
</form>
```

Você pode ver com os elementos <fieldset> criam bordas em torno dos grupos de controles e como os elementos <legend> são usados para dar títulos aos grupos de controles. Lembre-se de que o elemento <legend> deve ser o primeiro filho do elemento <fieldset> quando for usado. Veja a Figura 5-21.

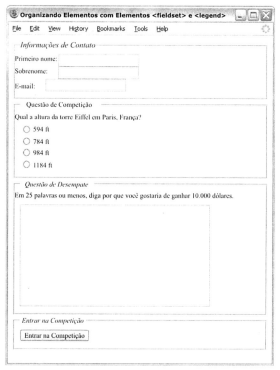

Figura 5-21

O elemento <fieldset> pode receber os seguintes atributos:

❑ Todos os atributos universais

❑ Os atributos de eventos básicos

> *Observe que, se você usar uma tabela para formatar seu formulário, o elemento <table> deve aparecer dentro do elemento <fieldset>. Se um <fieldset> estiver dentro de uma tabela que seja usada para formatar a página, então o fieldset inteiro deve ficar dentro da mesma célula.*

O elemento <legend> pode receber os seguintes atributos:

❑ accesskey, que você aprenderá na próxima seção

❑ align (que está desatualizado - você deve usar posicionamento CSS em vez disso)

❑ Todos os atributos universais

❑ Atributos de eventos UI

Foco

Quando uma página web com diversas conexões ou controles de formulário é carregada, você pode ter percebido que consegue usar sua tecla Tab para se mover entre esses elementos (ou Shift-Tab para voltar pelos elementos). Quando você se move entre eles, o navegador web tende a adicionar algum tipo de borda ou destaque nesse elemento (seja ele uma conexão ou um controle de formulário). Isso é conhecido como foco.

Do que você já aprendeu sobre XHTML, sabe que nem todos os elementos do documento recebem esse foco. Na verdade, apenas os elementos com os quais um usuário pode interagir, como conexões e controles de formulário, podem receber o foco. De fato, se um usuário deve interagir com um elemento, esse elemento deve poder receber o foco.

Um elemento pode obter o foco de três maneiras:

- Um elemento pode ser selecionado usando um dispositivo de apontamento com um mouse ou trackball.

- Os elementos podem ser navegados usando o teclado – muitas vezes usando a tecla Tab (ou Shift+Tab para voltar). Os elementos em alguns documentos podem receber uma ordem de tabulação fixa, indicando a ordem na qual os elementos obtêm o foco.

- Você pode usar um sistema com um atalho de teclado conhecido como tecla de acesso para selecionar um elemento específico. Por exemplo, em um PC você provavelmente pressionaria a tecla Alt mais a tecla de acesso (como Alt+E), enquanto que em um Mac você pressionaria a tecla Control com uma tecla de acesso (como Control + E).

Ordem de Tabulação

Se você quiser controlar a ordem na qual os elementos podem receber o foco, pode usar o atributo tabindex para dar ao elemento um número entre 0 e 32.767. cada vez que o usuário pressionar a tecla Tab, o foco passa para o elemento com o próximo número mais alto na ordem de tabulação (e, novamente, Shift-Tab move o foco na ordem inversa).

Os elementos a seguir podem ter um atributo tabindex:

`<a> <area> <button> <input> <object> <select> <textarea>`

Este atributo foi suportado inicialmente no Netscape 6 e IE 4, mas navegadores mais antigos simplesmente o ignoram, de modo que é seguro usá-lo em todos os documentos.

Após um usuário tiver passado por todos os elementos de um documento que possam ganhar foco, este pode ser dado a recursos do navegador (mais comumente a barra de endereço).

Para demonstrar como a ordem de tabulação funciona, o exemplo a seguir dá o foco para as caixas de verificação em uma ordem diferente da que você poderia esperar (ch05_eg18.html):

```
<form action="http://www.example.com/tabbing.asp" method="get"
name="frmTabExample">
  <input type="checkbox" name="chkNumber" value="1" tabindex="3" />
Um<br />
  <input type="checkbox" name="chkNumber" value="2" tabindex="7" />
Dois<br />
  <input type="checkbox" name="chkNumber" value="3" tabindex="4" />
Três<br />
  <input type="checkbox" name="chkNumber" value="4" tabindex="1" />
Quatro<br />
  <input type="checkbox" name="chkNumber" value="5" tabindex="9" />
Cinco<br />
  <input type="checkbox" name="chkNumber" value="6" tabindex="6" />
Seis<br />
  <input type="checkbox" name="chkNumber" value="7" tabindex="10"
/>Sete <br />
  <input type="checkbox" name="chkNumber" value="8" tabindex="2" />
Oito<br />
  <input type="checkbox" name="chkNumber" value="9" tabindex="8" />
Nove<br />
  <input type="checkbox" name="chkNumber" value="10" tabindex="5"
/> Dez<br />
  <input type="submit" value="Submeter" />
</form>
```

Neste exemplo, as caixas de verificação recebem o foco na seguinte ordem:

4, 8, 1, 3, 10, 6, 2, 9, 5, 7

A Figura 5-22 mostra com o Firefox for PC irá, por padrão, dar uma borda amarela aos elementos do formulário quando esses ganham o foco (outros navegadores têm destaques diferentes – o Internet Explorer usa linhas azuis). Dei um zoom no item em foco de modo que você possa vê-lo em maiores detalhes.

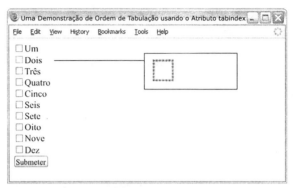

Figura 5-22

Você deve sempre iniciar seus valores de tabindex com 1 ou um valor mais alto, em vez de 0, porque os elementos que poderiam receber o foco mas que não tenham a propriedade tabindex recebem um valor igual a 0 e são navegados na ordem na qual aparecem após aqueles que têm tabindex tenham sido percorridos. Se dois elementos têm o mesmo valor para um atributo tabindex, eles serão navegados na ordem na qual aparecem no documento.

Observe que, se um elemento estiver desabilitado, não pode receber o foco e não participa da ordem de tabulação.

Teclas de Acesso

Teclas de acesso atuam da mesma maneira que atalhos do teclado. A tecla de acesso é um único caracter do conjunto de caracteres do documento que deve aparecer no teclado do usuário. Quando essa tecla é usada junto com outra (como com Alt no Windows ou Control em um apple), o navegador vai automaticamente para essa seção (exatamente qual tecla deve ser usada em conjunto com a tecla de acesso depende do sistema operacional e do navegador).

A tecla de acesso é definida usando o atributo accesskey; O valor deste atributo é o caracter (e chave no teclado) que você quer que o usuário possa pressionar (junto com a outra tecla que é dependente do sistema operacional e do navegador).

Os seguintes elementos podem receber o atributo de tecla de acesso:

`<a>` `<area>` `<button>` `<input>` `<label>` `<legend>` `<textarea>`

Esse atributo foi suportado primeiramente no Netscape 6 e IE 4, mas navegadores mais antigos simplesmente ignoram esses atributos, de modo que é seguro usá-lo em todos os documentos.

Para ver como as teclas de atalho funcionam, você pode rever o exemplo de um formulário de competição (ch05_eg17.html), que foi coberto na seção "Estruturando Seus Formulários com Elementos <fieldset> e <legend>" anteriormente neste capítulo. Agora os atributos accesskey podem ser adicionados aos elementos <legend>:

```
<legend accesskey="c"><u>I</u>nformação de Contato (ALT + I)</
legend>
<legend>Questão de Competição</legend>
<legend accesskey="t"><u>Q</u>uestão de desempate (ALT + Q)</
legend>
<legend>Entrar na Competição</legend>
```

A nova versão deste arquivo é o ch05_eg19.html no código de download. (Elementos <br /> adicionais foram colocados para mostrar como a tela rola para a seção apropriada quando a tecla de acesso é usada.) Como uma dica para os usuários de que eles podem usar teclas de acesso como atalhos, foram acrescentadas informações ao elemento <legend> de informação de duas formas:

❏ Em sinais < e > após o título

❏ Sublinhando a própria tecla de atalho

O efeito de uma tecla de acesso sendo usada depende do elemento com o qual ela for usada. Com elementos <legend>, como os mostrados anteriormente, o navegador rola automaticamente até aquela parte da página e passa o foco para o primeiro controle de formulário da seção. Quando usado com controles de formulários, esses elementos ganham o foco. Assim que o elemento ganha o foco, o usuário deve poder interagir com ele (seja digitando em controles de texto ou pressionando a tecla Enter ou return com outros controles de formulário).

Ao usar letras a-z, não importa se você especifica uma tecla de acesso em letras maiúsculas ou minúsculas, embora a rigor elas devam estar em minúsculas.

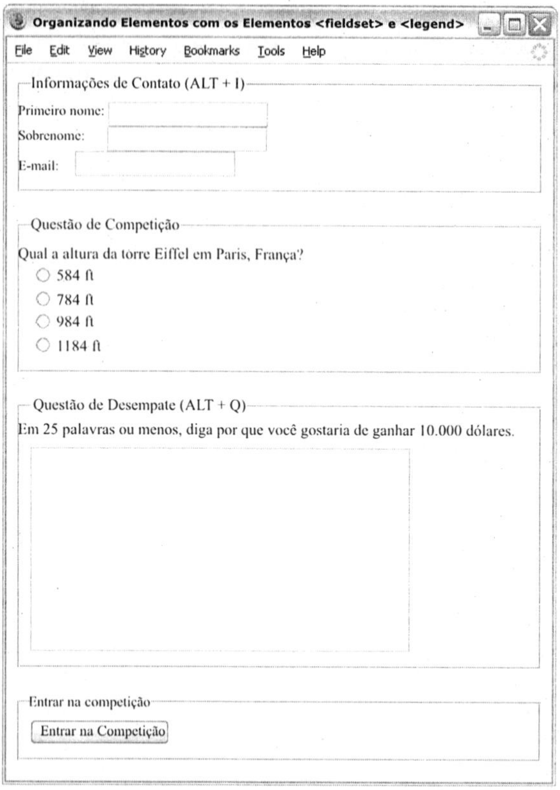

Figura 5-23

Controles Desabilitados e Apenas de Leitura

Em todo este capítulo você viu que vários elementos podem ter atributos chamados disabled e readonly:

❏ O atributo readonly evita que os usuários alterem por si próprios o valor do controle do formulário, embora ele possa ser modificado por um script. Um par nome/valor de um controle readonly será enviado para o servidor. Seu valor deve ser disabled.

❏ O atributo disabled desabilita o controle, de modo que os usuários não podem alterá-lo. Um script pode ser usado para reabilitar o controle mas, a menos que um controle seja reabilitado, o par nome/valor não será enviado para o servidor. Seu valor deve ser disabled.

Os atributos readonly e disabled foram implementados no Netscape 6 e IE 5, embora navegadores mais antigos os ignorem, de modo que você pode adicionar estes atributos a todos os documentos. Você deve estar ciente, entretanto, que, devido ao fato de navegadores mais antigos ignorarem esses atributos, os usuários com tais navegadores ainda poderão interagir com controles de formulário que tenham atributos readonly ou disabled.

Um controle readonly é especialmente útil quando você quer evitar que os visitantes alterem uma parte do formulário, talvez porque ele não possa mudar (como no caso de termos e condições) ou porque você quer indicar a um usuário algo que ele já disse, ou quando. Você muitas vezes vê controles readonly para concordâncias de usuários e no corpo de formulários de e-mails que lhe permitem enviar por e-mail uma página web para um amigo.

O atributo disabled é especialmente útil ao evitar que os usuários interajam com um controle até que tenham feito alguma coisa. Por exemplo, você poderia usar um script para desabilitar um botão de submissão até que todos os campos do formulário contenham um valor.

A tabela a seguir indica quais controles de formulários funcionam com os atributos readonly e disabled.

Elemento	readonly	disabled
`<textarea>`	sim	sim
`<input type="text" />`	sim	sim
`<input type="checkbox" />`	não	sim
`<input type="radio" />`	não	sim
`<input type="submit" />`	não	sim
`<input type="reset" />`	não	sim
`<input type="button" />`	não	sim
`<select>`	n]ao	sim
`<option>`	não	sim
`<button>`	não	sim

A tabela a seguir indica as principais diferenças entre os atributos readonly e disabled.

Atributo	readonly	disabled
Pode ser modificado desabilitado	sim por script, não por usuário	não enquanto
Será enviado para o servidor	sim	não enquanto desabilitado
Receberá o foco	sim	não
Incluído na ordem de tabulação	sim	não

Enviando Dados do Formulário para o Servidor

Você já aprendeu sobre o botão de submissão, que o usuário pressiona para iniciar o envio de dados do formulário para o servidor.=, mas este livro ainda não cobriu a diferença entre os métodos HTTP get e post. Você talvez lembre que pode especificar qual destes dois métodos é usado adicionando o atributo method ao elemento <form> - assim como fizeram todos os exemplos deste capítulo.

O atributo method pode receber um entre dois valores, seja get ou post, correspondendo aos métodos HTTP usados para enviar os dados do formulário. Se o elemento <form> não trouxer um atributo method, então por padrão o método get será usado. Se você estiver usando um controle de formulário de envio de arquivos, deve escolher o método post (e deve configurar o atributo enctype com um valor igual a multipart/form-data).

HTTP get

Quando você envia dados do formulário para o servidor usando o método HTTP get, os dados do formulário são inseridos na URL especificada no atributo action do elemento <form>.

Os dados do formulário são separados da URL usando um ponto de interrogação. Seguindo esse ponto de interrogação, você tem o par nome/valor para cada controle do formulário. Cada um desses pares é separado por um sinal &.

Por exemplo, pegue o formulário de login a seguir, que você viu quando o controle de formulário de senha foi introduzido:

```
<form action="http://www.example.com/login.aspx" method="get">
    Nome do Usuário:
```

Formulários @ 215

```
<input type="text" name="txtUsername" value="" size="20"
maxlength="20"><br />
 Senha:
<input type="password" name="pwdPassword" value="" size="20"
maxlength="20">
<input type="submit" />
</form>
```

Quando você clica no botão de submissão, seu nome de usuário e senha são inseridos na URL http://www.example.com/login.aspx da mesma forma que no que é conhecido como string de consulta:

http://www.example.com/login.aspx?txtUsername=Bob&pwdPassword=LetMeIn

Observe que, quando um navegador solicita uma URL com espaços ou caracteres não seguros (como /, \, =, & e +, que têm significados especiais em URL), eles são substituídos por um código hexadecimal para representar esse caracter. Isso é feito automaticamente pelo navegador e é conhecido como codificação de URL. Quando os dados chegam no servidor, esse geralmente decodificará os caracteres especiais automaticamente.

Uma das grandes vantagens de passar dados do formulário em uma URL é que eles podem ser marcados. Se você examinar as pesquisas realizadas em mecanismos de pesquisa importantes como o Google, elas tendem a usar o método get de modo que a página possa ser marcada.

O método get, entretanto, possui algumas desvantagens. De fato, ao se enviar dados sensíveis como a senha mostrada aqui, ou detalhes de cartões de crédito, você não deve usar o método get porque dados sensíveis se tornam parte da URL e ficam completamente à vista para todos (e poderiam ser marcados).

Você não deve usar o método HTTP get quando:

❑ Estiver atualizando um fonte de dados como um banco de dados ou planilha eletrônica (porque alguém poderia criar URLs que alterariam sua fonte de dados.)

❑ Estiver lidando com informações sensíveis, como senhas ou detalhes de cartões de crédito (porque os dados sensíveis do formulário ficariam visíveis como parte de uma URL).

❑ Tiver grandes quantidades de dados (porque navegadores mais antigos não permitem que URLs excedam 1.024 caracteres – embora as versões recentes dos principais navegadores não tenham limite).

❑ Seu formulário contiver um controle de envio de arquivos (porque arquivos enviados não podem ser passados na URL).

❑ Seus usuário possam digitar caracteres não ASCII como caracteres em hebreu ou cirílico.

Nessas circunstâncias, você deve usar o método HTTP post.

HTTP post

Quando você envia dados de um formulário para o servidor usando o método HTTP post, esses dados são enviados de forma transparente no que são conhecidos como cabeçalhos HTTP. Embora você não veja esses cabeçalhos, eles são enviados em texto claro e não podemos nos basear no fato deles serem seguros (a menos que você esteja enviando dados sob uma Secure Sockets Layer, ou SSL).

Se o formulário de login que você acabou de ver tiver sido enviado usando o método post, teria o seguinte formato nos cabeçalhos HTTP:

```
User-agent: MSIE 5.5
Content-Type: application/x-www-form-urlencoded
Content-length: 35
...outros cabeçalhos vão aqui...
txtUserName=Bob&pwdPassword=LetMeIn
```

Observe que a última linha são dos dados do formulário e que eles estão exatamente no mesmo formato dos dados após o ponto de interrogação no método get – também seria uma URL – codificados se contivessem espaços ou caracteres reservados para uso em URLs.

Não há nada que impeça você de usar o método post para enviar dados do formulário para uma página que também contenha uma string de consulta. Por exemplo, você poderia ter uma página para lidar com usuários que queiram assinar ou deixar de assinar um boletim de notícias e você poderia decidir indicar se um usuário queria assinar ou deixar de assinar na string de consulta. Ao mesmo tempo, você poderia querer enviar seus detalhes de contato em um formulário que usasse o método post porque está atualizando uma fonte de dados. Neste caso, você poderia usar o seguinte elemento <form>:

```
<form              action="http://www.example.com/newsletter.
asp?action=subscribe"
method="post">
```

O único problema com o uso do método HTTP post é que informações que o usuário digitou no formulário não podem ser marcadas da mesma forma que quando estão contidas na URL. Assim, você não pode usá-lo para recuperar uma página que tenha sido gerada usando dados específicos da mesma forma que pode quando marca uma página gerada pela maioria dos mecanismos de pesquisa, mas isto é bom por motivos de segurança.

Formulários @ 217

Experimente | O Formulário de Registro Revisto

Está na hora de rever o formulário de registro da seção Experimente anterior neste capítulo. Desta vez, você adiciona mais campos a ele, e o torna mais usável.

1. Abra o arquivo registo.html que você criou anteriormente no capítulo e grave-o como registro2.html de modo que tenha uma cópia diferente para trabalhar.

2. Você deve criar elementos <label> para todos os controles de formulário. Isso envolve a colocação de instruções para o controle dentro de um elemento <label>. Este elemento deve trazer o atributo for, cujo valor é o do atributo id do controle de formulário correspondente, como este:

```
<tr>
<td><label for="userName">Nome de Usuário:</label></td>
<td><input type="text" name="txtUserName" size="20" id="username" /></td>
</tr>
```

3. Você tem que rotular dois botões de rádio individualmente:

```
<tr>
 <td>Sexo:</td>
 <td><input type="radio" name="radSex" value="male" id="male" />
 <label for ="male">Masculino</label></td>
</tr>
<tr>
 <td></td>
 <td><input type="radio" name="radSex" value="female" id="female" />
 <label for="female">Feminino</label></td>
</tr>
```

Se você lembra da discussão do capítulo anterior dobre linearização de tabelas para leitores de tela, então isso funciona bem para a maioria dos usuários. Se, contudo, outra coluna estivesse à direita com informações não relacionadas (como propagandas), poderia confundir os leitores, de modo que a tabela para os controles de formulários só deve conter os controles e seus rótulos.

4. A seguir você adicionará quatros novas caixas de texto após o nome do usuário e a senha. A primeira entrada de texto será para confirmar a senha e depois haverá uma linha em branco. Esta será seguida por duas entradas de texto: uma para o primeiro nome do usuário e uma para seu sobrenome. A seguir haverá outra linha em branco, seguida por uma entrada para o endereço de e-mail do usuário:

```
<tr>
  <td><label for="confPwd">Confirme a Senha :</label></td>
  <td><input type="password" name="pwdPasswordConf" size="20"
```

```
           id="confPassword" /></td>
 </tr>
 <tr><td> </td><td> </td></tr>
 <tr>
   <td><label for="firstName">Primeiro nome:</label></td>
   <td><input type="text" name="txtFirstName" size="20"
 id="firstName" /></td>
 </tr>
 <tr>
   <td><label for="lastName">Sobrenome:</label></td>
   <td><input type="text" name="txtLastName" size="20" id="lastName"
 /></td>
 </tr>
 <tr><td> </td><td> </td></tr>
 <tr>
   <td><label for="email">Endereço de Email:</label></td>
   <td><input type="text" name="txtEmail" size="20" id="email" /></
 td>
 </tr>
```

5. Agora é hora de dividir o formulário em duas seções usando o elemento <fieldset>. A primeira seção indicará que são informações sobre o usuário (contendo nome do usuário, senha, nome, e-mail e sexo). A segunda seção é para informações sobre a empresa (como o usuário descobriu o site e se quer entrar para a lista de correio eletrônico).

Ambos os elementos <fieldset> terão teclas de acesso. Aqui está o elemento <fieldset> para a segunda seção do formulário:

```
<fieldset>
    <legend accesskey="s">Sobre <u>N</u>ós (ALT + N)</legend>
 <table>
  <tr>
   <td><label for="referrer">Como você descobriu a nosso
 respeito?</label>:</td>
    <td>
     <select name="selReferrer" id="referrer">
        <option selected="selected" value="">Selecione a resposta</
 option>
        <option value="website">Outro web site</option>
        <option value="printAd">Propaganda de revista</option>
        <option value="friend">De um amigo</option>
      <option value="other">Outra</option>
     </select>
    </td>
  </tr>
```

```
<tr><td> </td><td> </td></tr>
<tr>
  <td><label for="mailList">Por favor selecione esta caixa se desejar <br /> ser
      adicionado à nossa lista de correio eletrônico
      <br /><small>Não passaremos seus detalhes para terceiros.
      </small></label></td>
    <td><input type="checkbox" name="chkMailingList" id="mailList" /></td>
</tr>
</table>
</fieldset>
```

Esse formulário de registro estendido agora está muito mais usável. Se você gravar o arquivo e abri-lo no seu navegador, deve encontrar algo que lembre a Figura 5-24.

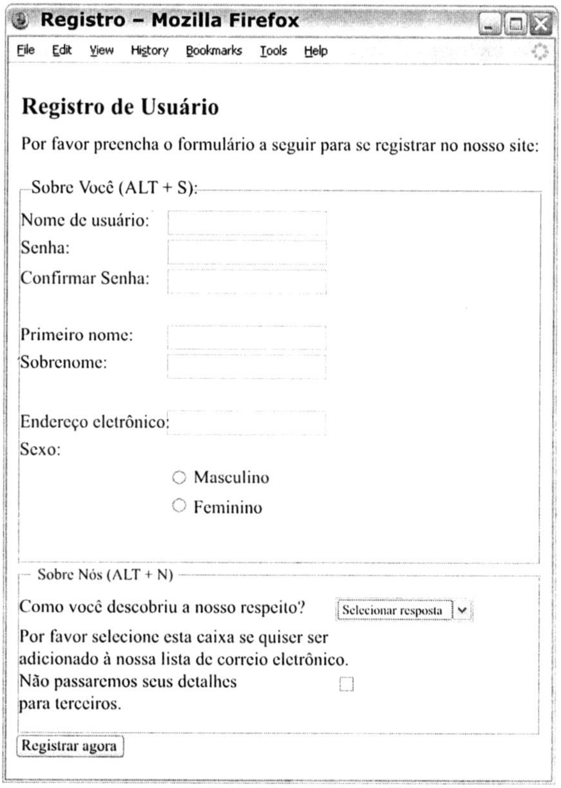

Figura 5-24

Como Isto Funciona

Você deve estar familiarizado com a maior parte do que está acontecendo aqui, mas abordaremos alguns pontos chaves.

❑ O formulário foi dividido em seções usando o elemento <fieldset>. Essa estrutura adicionada facilita o uso do formulário, já que o usuário sabe em qual seção está.

❑ Os atributos accesskey, que fornecem atalhos para o teclado, são especialmente úteis se você estiver criando formulários longos, de modo que os usuários podem ir imediatamente até a seção relevante. Na verdade, os atributos accesskey provavelmente terão mais uso na criação de um site que as pessoas usem com maior freqüência. Os usuários tendem a usar esses atalhos apenas se já estiverem familiarizados com o formulário e quiserem pular seções.

❑ Como você verá no Capítulo 10, se você estiver criando um formulário especialmente longo, pode ser uma boa idéia dividi-lo em diversas páginas.

❑ Os elementos <label> são de especial utilidade para quem usa leitores de tela. Eles garantem que os usuários saibam o que devem digitar em qual controle do formulário.

❑ Ao dividir sua página usando o elemento <fieldset>, assegure-se de que seus elementos sejam aninhados corretamente. Você não pode simplesmente colocar elementos <fieldset> entre linhas de uma tabela.

Resumo

Esse capítulo lhe apresentou ao mundo da criação de formulários online, que são uma parte vital de muitos sites. Na maioria dos casos, quando você quer ou precisa coletar informações diretamente de um visitante do seu site, usará um formulário, e vimos diversos exemplos diferentes de formulários neste capítulo.

Desde simples caixas de pesquisa e formulários de login até formulários complexos de pedidos online e processos de registro, os formulários são uma parte vital do projeto web.

Você aprendeu como um formulário fica dentro de um elemento <form> e que, dentro de um formulário, há um ou mais controles. Você viu como o elemento <input> pode ser usado para criar diversos tipos de controles de formulários, como os controles de entrada de texto de linha única, caixas de verificação, botões de rádio, caixas de envio de arquivos, botões e controles escondidos. Também há os elementos <textarea> para a criação de entradas de textos de múltiplas linhas e os elemento <select> e <option> para criar combos.

Assim que você tiver criado um formulário com seus controles, precisa assegurar-se de que cada elemento seja rotulado apropriadamente, de modo que os usuários saibam quais informações devem digitar ou que seleção estão fazendo. Você também pode organizar formulários maiores usando os elementos <fieldset> e <label> e auxiliar na navegação com os atributos tabindex e accesskey.

Finalmente, você aprendeu quando deve usar os métodos HTTP get ou post para enviar dados ao servidor.

A seguir, é hora de examinarmos o último dos nossos capítulos XHTML básicos, que cobre framesets. Você vera mais sobre projeto de formulários no Capítulo 12, que cobre algumas questões de projeto que tornará seus formulários mais fáceis de entender.

Exercícios

As respostas de todos os exercícios estão no Apêndice A.

1. Crie um formulário de e-mail de retorno que se pareça com o mostrado na Figura 5-25.

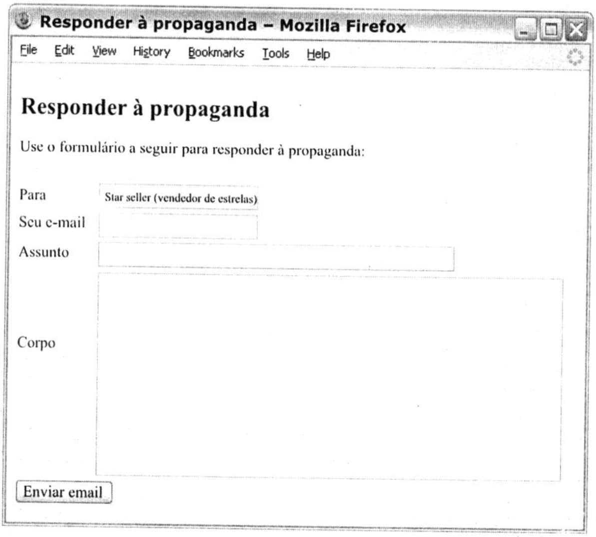

Figura 5-25

Observe que a primeira caixa de texto é readonly de modo que o usuário não pode alterar o nome da pessoa para a qual o email está sendo enviado.

2. Crie um formulário de votação ou classificação que se pareça com o mostrado na Figura 5-26.

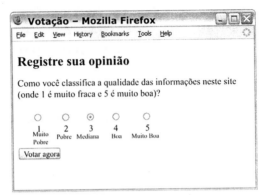

Figura 5-26

```
<head>
```

Observe que o elemento <style> a seguir foi adicionado ao <head> do documento para fazer com que cada coluna da tabela tenha a mesma largura fixa, com o texto alinhado no centro (você verá mais sobre isto no Capítulo 7).

```
<title>Votação</title>
<style type="text/css">td {width:100; text-align:center;}</style>
</head>
```

6

Frames

Frames dividem uma janela de navegador em diversas partes ou painéis separados, cada um contendo uma página XHTML separada. Uma das principais vantagens que os frames oferecem é poder carregar e recarregar painéis individuais sem ter que recarregar todo o conteúdo da janela do navegador. Um conjunto de frames na janela do navegador é conhecido como frameset.

A janela é dividida em frames de forma semelhante a como as tabelas são organizadas: em linhas e colunas (embora tenham estrutura relativamente básica). Os framesets mais simples apenas dividem a tela em duas linhas, enquanto que um complexo poderia usar diversas linhas e colunas.

Neste capítulo você aprende o seguinte:

❑ Como criar um documento de frameset com múltiplos frames
❑ Com criar frames em linhas (ou iframes), que são janelas únicas que ficam dentro de outra página
❑ Como lidar com usuários cujos navegadores não podem usar frames

> Eu já devo lhe avisar que há na verdade muito poucos casos nos quais eu consideraria o uso de frames, embora essa seja uma questão de preferência e explico meus motivos na segunda seção deste capítulo – após um exame simples que lhe ajuda a entender o que os frames são na verdade.

Introduzindo o Frameset

Para lhe ajudar a entender frames, a Figura 6-1 mostra um documento de frameset em um navegador. Esse frameset divide a página em três partes, e cada parte separada da página é um documento XHTML separado.

224 Introdução à Programação WEB com HTML, XHTML e CSS

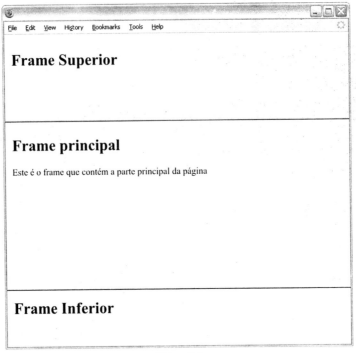

Figura 6-1

Você talvez lembre do Capítulo 1 que, ao escrever um documento de frameset, você usa uma declaração DOCTYPE diferente. Isto ocorre porque documentos de frameset usam alguns elementos de formas diferentes de outros documentos XHTML.

Para criar um documento de frameset, primeiro você precisa do elemento <frameset>, que é usado em vez do elemento <body>. O frameset define as linhas e colunas da sua página nos quais sua página se divide. Cada frame é então representado por um elemento <frame>.

Você também precisa aprender sobre o elemento <noframes>, que fornece uma mensagem para usuários cujos navegadores não suportam frames.

Para obter uma idéia melhor sobre como os frames funcionam, aqui está o código para o frameset mostrado anteriormente na Figura 6-1 (ch06_eg01.html):

```
?xml version="1.0" encoding="iso-8859-1"?>
<!DOCTYPE html PUBLIC "-//W3C//DTD XHTML 1.0 Frameset//EN"
     "http://www.w3.org/TR/xhtml1/DTD/xhtml1-frameset.dtd">
html>
head>
```

```
<title>Exemplo de Frames</title>
</head>
<frameset rows="150, *, 100">
    <frame src="top_frame.html" />
    <frame src="main_frame.html" />
    <frame src="bottom_frame.html" />
    <noframes><body>
        Este site usa uma tecnologia chamada frames. Infelizmente, seu
        navegador não suporta esta tecnologia. Por favor atualize
        seu navegador e visite-nos novamente!
    </body></noframes>
</frameset>
</html>
```

Em termos práticos, a nova declaração DOCTYPE faz pouco mais do que permitir que você use esses elementos relacionados a frames.

Você já sabe que não há elemento <body> já que ele foi desatualizado com o elemento <frameset>; além disso, não deve haver marcação entre o rótulo de fechamento </head> e o de abertura <frameset> além de um comentário caso você decida incluir um.

Como você verá em breve, o elemento <frameset> deve trazer os dois atributos rows e cols, que especificam o número de linhas e de colunas que constituem o frameset. No nosso exemplo, há apenas três linhas, sendo que a primeira tem 150 pixels de altura, a terceira 100 e a segunda ocupando o resto da página (o asterisco é usado para indicar que o resto da página deve ser usado no seu lugar).

```
<frameset rows="150, *, 100">
```

Dentro do elemento <frameset> estão elemento <frames /> vazios. Os elementos <frames /> indicam uma URL do documento que será carregado nesse frame; a URL é especificada usando o atributo src (isto é muito semelhante à forma pela qual uma imagem é especificada em um elemento <img />.) Também há um elemento <noframes> cujo conteúdo será exibido se o navegador do usuário não suportar frames.

Três documentos separados são exibidos na janela do navegador neste exemplo:

❑ top_frame.html
❑ main_frame.html
❑ bottom_frame.html

Você deve conseguir ver de forma razoavelmente fácil a qual parte da janela cada uma dessas páginas corresponde na Figura 6-1 mostrada anteriormente.

Para ter outra idéia de como frames podem funcionar, examine a Figura 6-2, que mostra uma página que usa frames horizontais e verticais. (Isto mostra a semelhança entre a forma na qual tabelas simples são às vezes usadas para dividir páginas e como os frames podem ser usados.)

> Embora o Netscape tenha suportado frames desde a versão 2 e o IE os tenha introduzido na versão 3, os frames não chegaram à HTML até a versão 4.0.

Agora que você tem uma boa idéia de como um documento de frameset parece, antes que você examine mais de perto a sintaxe, daremos uma olhada em quando você pode querer usar frames.

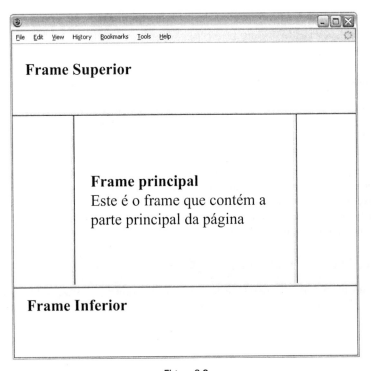

Figura 6-2

Quando Usar Frames

É bastante raro ver frames em uso atualmente. Pessoalmente, há muito poucas ocasiões nas quais eu sugeriria que você usasse frames em uma página. Os casos nos quais eu acho que frames são úteis incluem:

❏ Quando você quiser exibir muito conteúdo em uma única página e não puder dividir o documento em páginas separadas, então um frame poderia ser útil para criar uma barra de navegação que se conectasse com as sub-seções do documento longo.

❑ Quando você tem muitos dados em uma parte da página que não quer que o usuário tenha que recarregar quando outra parte da página mudar. Exemplos poderiam incluir um site de fotos onde você tem muitas miniaturas em um frame e a imagem principal em outra. Em vez de recarregar as miniaturas cada vez que um visitante quiser ver uma nova imagem principal, você pode simplesmente recarregar apenas essa.

Como você viu no primeiro exemplo, para cada frame que você tiver, é necessário ter um arquivo que atue como seu conteúdo (cada frame é basicamente sua própria página web), de forma que o número de arquivos no seu site cresce rapidamente. Você precisa então ficar especialmente atento para que sua estrutura de arquivos não se perca em um mar de arquivos extras.

Algumas outras desvantagens sobre as quais você deve estar ciente com frames são as seguintes:

❑ Mecanismos de pesquisa muitas vezes conectam ao conteúdo de frames individuais em vez do frameset (ou grupo de frames) que o usuário vê (e você tem que usar JavaScript em cada frame para recarregar o frameset se um visitante entrar em um frame individual).

❑ Alguns navegadores não imprimem bem a partir de framesets (e imprimirão apenas um frame de cada vez).

❑ O botão Voltar do navegador pode não funcionar da maneira que o usuário espera.

❑ Alguns dispositivos menores não conseguem lidar com frames, muitas vezes porque sua tela não é suficientemente grande para ser dividida.

❑ Pode ser difícil obter uma aparência boa porque os usuários com um monitor com resolução menor do que a do projetistas podem acabar vendo apenas uma parte do que você pretendia que eles vissem, enquanto que usuários com um monitor com resolução maior do que a do projetista podem acabar com espaços em branco em torno das bordas dos frames.

❑ Se você tiver um frame de navegação carregando diferentes páginas em um "frame principal", é difícil criar uma barra de navegação que informe aos usuários em qual página eles estão (porque o outro frame carrega a nova página sem informar à barra de navegação).

Também devo mencionar que, quando um desenvolvedor web quer criar uma página onde parte da mesma seja atualizada (em vez de toda ela), está se tornando cada vez mais comum usar uma técnica chamada de AJAX (Asynchronous JavaScript and XML).

Embora você saiba minha opinião sobre frames, se você achar que suas vantagens superam suas desvantagens, então deve usá-los. Vamos então examinar a sintaxe do uso de frames em um pouco mais de detalhes.

O Elemento <frameset>

Este elemento substitui o elemento <body> em documentos de framesets. São os atributos do elemento <frameset> que especificam como a janela do navegador será dividida em linhas e colunas. Estes atributos são os seguintes:

- cols especifica quantas colunas estão no frameset.
- rows especifica quantas linhas estão no frameset.

O elemento <frameset> contém um elemento <frame> para cada frame do documento (ou para cada célula da grade construída pelo elemento <frameset>) e um elemento <noframes> para indicar o que deve ser exibido se o navegador do usuário não carregar frames.

Além dos atributos rows e cols, o elemento frameset também pode receber os seguintes atributos:

```
class id onload onunload rows style title
```

A maioria dos navegadores também suporta os seguintes atributos bastante usados (alguns dos quais são cobertos aqui por causa da sua popularidade). Eles não são, entretanto, parte da recomendação W3C.

```
class id onload onunload rows style title
```

O Atributo cols

Este atributo especifica quantas colunas são contidas no frameset e o tamanho de cada coluna. Você tem que fornecer um valor para indicar a largura de cada coluna do seu frameset e o número de valores que você fornece (cada um separado por uma vírgula) indica quantas colunas há no documento. Por exemplo, aqui há três colunas: a primeira ocupa 20 por cento da largura da janela do navegador, a segunda ocupa 60 por cento e a terceira ocupa os últimos 20 por cento.

```
Cols="20%, 60%, 20%"
```

Por haver três valores, o navegador sabe que deve haver três colunas.

Você pode especificar a largura de cada coluna em uma entre quatro maneiras:

- Valores absolutos em pixels

❏ Uma porcentagem da janela do navegador (ou frame pai se você tiver um frameset dentro de outro – o que é conhecido como frame aninhado)
❏ Usando um símbolo de máscara
❏ Como larguras relativas da janela do navegador (ou frame pai)

Você pode misturar e associar essas formas diferentes de especificação de larguras de colunas, mas observe a precedência que elas têm (discutida após os quatro métodos).

Se você não especificar um atributo cols, então o valor padrão é 100 porcento, de modo que, se você não especificar esse atributo, então haverá uma coluna ocupando toda a largura do navegador.

Valores Absolutos em Pixels

Para especificar a largura de uma coluna em pixels, você usa apenas um número. (Não precisa usar px ou algum outro caracter após o número). Por exemplo, aqui estão três colunas: a primeira tem 100 pixels, a segunda 500 e a terceira ocupa o restante da página (usando um caractere de máscara *).

```
cols="100, 500, *"
```

Se você usar apenas valores absolutos, e a largura da janela for menor ou maior do que os valores especificados, então o navegador ajustará a largura do resto da página. Assim, se você quiser três colunas de 100 pixels, poderia especificar:

```
cols="100, 100, 100"
```

Todavia, se a janela do navegador tivesse 600 pixels de largura, você acabaria com três colunas de 200 pixels. Portanto, se você realmente quiser especificar larguras absolutas fixas que não aumentem, use um caractere de máscara após a terceira coluna e torne o conteúdo do quarto frame em branco o não inclua um elemento <frame /> para ele.

```
cols="100, 100, 100, *"
```

De forma interessante, se você tiver quatro colunas de 200 pixels de largura e a janela do navegador tiver apenas 600 pixels de largura, suas colunas seriam apertadas proporcionalmente para 150 pixels de largura; a janela não usará barras de rolagem para fazer com que a janela tenha 800 pixels de largura.

Uma Porcentagem da Janela do Navegador ou Frame Pai

Para especificar a largura de uma coluna como uma percentagem de uma janela (ou, se você usar frames aninhados, o que verá mais adiante neste capítulo, uma porcentagem do frame pai), usará um número seguido de um sinal de porcentagem. Por exemplo, o valor do atributo a seguir especifica duas colunas, uma com 40 e outra com 60 por cento da janela do navegador:

```
cols="40%, 60%"
```

Se você especificar larguras como porcentagens, mas elas forem mais ou menos que 100 porcento, o navegador ajustará as larguras proporcionalmente.

O Símbolo de Máscara

O asterisco, ou sinal de máscara, indica o "restante da janela" quando usado com um valor absoluto ou porcentagem. Aqui, a primeira coluna tem 400 pixels de largura e o segundo frame ocupa o resto da janela do navegador:

```
cols="400, *"
```

Se duas linhas ou colunas receberem o símbolo de máscara, então a largura restante é dividida por essas duas colunas.

Larguras Relativas Entre Colunas

Como uma alternativa às porcentagens, você pode usar larguras relativas da janela do navegador, o que é melhor ilustrado com um exemplo. Aqui, a janela está dividida em sextos: a primeira coluna ocupa metade da janela, a segunda um terço e a terceira um sexto:

```
cols="3*, 2*, 1*"
```

Você pode perceber que a janela é dividida em sextos somando os valores das larguras relativas.

Prioridades de Valores e Redimensionando Janelas

Larguras absolutas sempre têm prioridade sobre relativas. Analise o exemplo a seguir com três colunas:

```
cols="250, *, 250"
```

Se a janela tiver apenas 510 pixels de largura, então o frame central terá largura de apenas 10 pixels. Isto demonstra por que você deve ter cuidado ao projetar frames de forma que seus usuários sejam capazes de ver o que você quer que eles vejam.

Além disso, se o usuário redimensionar sua janela para menos de 500 pixels de largura, o navegador tentará mostrar tanto das colunas definidas usando larguras absolutas quanto for possível, ignorando colunas definidas usando larguras relativas.

Sempre que um usuário redimensionar sua janela, as larguras relativas e porcentagens são recalculadas, mas larguras absolutas permanecem as mesmas.

Se você especificar colunas demais para o número de frames que quiser, a colunas mais à direita acaba sendo um espaço em branco; se você especificar elementos <frame/> demais, os extras serão ignorados.

O Atributo rows

O atributo rows funciona da mesma forma que o cols e pode receber os mesmos valores, mas é usado para especificar as linhas do frameset. Por exemplo, o atributo rows a seguir especificará três linhas: a linha de cima deve ter 100 pixels de altura, a segunda deve ter 80 por cento da tela e a de baixo deve ocupar a tela que sobrar (se houver alguma):

```
rows = "100, 80%, *"
```

O valor padrão do atributo rows é 100 por cento, então, se você não especificar um atributo rows, uma linha ocupará 100% da altura do navegador.

Extensões Específicas de Navegadores para o Elemento <frameset>

Os navegadores mais comuns (como IE, Firefox e Safari) suportam algumas extensões muito importantes para o elemento <frameset> que realmente merecem ser mencionadas aqui. Como você deve ter percebido no primeiro exemplo, por padrão um frame cria uma borda e você provavelmente irá querer controlar a aparência dessa borda. Embora agora você possa usar CSS para controlar essas propriedades, provavelmente irá se deparar com alguns destes atributos se examinar código mais antigo.

O Atributo border

O atributo border especifica a largura da borda de cada frame em pixels. Ele foi introduzido no Netscape 3 e IE 4.

```
border="10"
```

A Figura 6-3 mostra como o primeiro exemplo se parece com uma borda de 10 pixels. Se você comparar esta com a Figura 6-2, poderá ver uma linha cinza mais alta entre cada um dos frames (ch06_eg02.html):

Figura 6-3

Se você não quiser uma borda, pode dar a este atributo um valor igual a 0.

Quando você estiver criando pela primeira vez um documento com frameset, pode ser uma boa idéia configurar esse atributo para ter um valor igual a 1, mesmo se você não quiser bordas, já que isso deixa o frame claro quando você estiver construindo o site; você pode os remover facilmente alterando esse atributo no elemento <frameset>.

O Atributo frameborder

Este atributo especifica se uma borda tridimensional deve ser exibida entre os frames. A linha seguinte indica que não deve haver bordas (o que é o mesmo que atribuir o valor 0 ao atributo border):

```
frameborder="0"
```

A tabela que se segue mostra os valores possíveis para o atributo frameborder:

Valor	Propósito
1 ou yes	Indica que as bordas devem ser mostradas e é o valor padrão (yes não faz parte de HTML 4 mas ainda é suportada por navegadores comuns)
0 ou no	Indica que as bordas não devem ser mostrada (no não faz parte de HTML 4 mas ainda é suportada por navegadores comuns)

A Figura 6-4 mostra como os frames se parecerão sem uma borda - você não verá onde um frame termina e outro começa – a menos que você tenha imagens ou cores de fundo diferentes para as páginas nos frames (ch06_eg04.html):

Figura 6-4

Este é o frame que contém a parte principal da página.

O Atributo *framespacing*

Este atributo especifica o espaço entre os frames em um frameset. O valor deve ser dado em pixels e o valor padrão é 2 se nada for especificado em contrário.

```
framespacing="25"
```

A Figura 6-5 mostra como seria a aparência do primeiro exemplo deste capítulo (mostrado na Figura 6-1) com um atributo framespacing indicando um espaço de 25 pixels entre os frames (ch06_eg05.html).

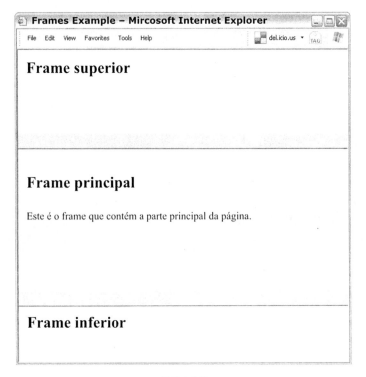

Figura 6-5

Se você precisar assegurar que navegadores mais antigos não tenham uma borda, deve usar os atributos border, frameborder e framespacing juntos, cada um com o valor igual a 0. (Isso garantirá que você não tenha uma borda em navegadores lançados após o Netscape 3 e IE 3).

Diversos outros atributos específicos de navegadores são cobertos no Apêndice I.

O Elemento <frame>

Este elemento indica o que vai em cada frame do frameset. O elemento <frameset> sempre é um elemento vazio e, portanto, não deve ter conteúdos, embora cada elemento <frame> sempre deva trazer um atributo, src, para indicar a página que deve representar esse frame.

O elemento <frame> pode trazer qualquer um dos atributos universais e mais os seguintes:

```
frameborder marginwidth marginheight noresize scrolling longdesc
src name
```

Observe que não há estilos CSS relacionados ao elemento <frame>.

O Atributo src

Este atributo indica o arquivo que deve ser usado no frame.

```
src="pagina_principal.html"
```

O valor do atributo src é uma página XHTML normal, de forma que você deve ter uma página correspondente para cada elemento <frame />.

Embora o valor desse atributo geralmente seja um arquivo no seu servidor, ele pode ser qualquer URL, de modo que você pode usar esse atributo para especificar outro site.

Você descobrirá que alguns mecanismos de busca na Internet (como a pesquisa de imagens no Google) criarão um frameset onde a página permaneça como o site de busca e a parte inferior da mesma seja a página que você solicitou.

Se você usar um frame dessa maneira, é uma boa prática oferecer uma conexão que feche a parte de cima e permita a visualização apenas do conteúdo do frame principal (como o Google faz).

O Atributo name

Este atributo permite a você dar um nome a um frame; ele é usado para indicar em qual frame o documento deve ser carregado. Isso é particularmente importante quando você quer criar conexões em um frame que carreguem páginas em um segundo frame, caso em que esse segundo frame precisa de um nome para se identificar como o *alvo* da conexão. Você verá mais sobre como fazer essas conexões entre frames mais adiante neste capítulo.

```
name="frame_principal"
```

Você deve observar que o atributo name não foi substituído pelo atributo id (da mesma forma que o atributo name em alguns outros elementos foi substituído pelo atributo id quando XHTML foi introduzido como o sucessor de HTML).

O Atributo frameborder

Este atributo especifica se as bordas desse frame são mostradas; ele sobrescreve o valor dado no atributo frameborder no elemento <frameset> se algum tiver sido dado e os valores possíveis são os mesmos. A tabela que se segue mostra os valores possíveis do atributo frameborder.

Valor	Propósito
1 ou yes	Indica que as bordas devem ser mostradas, sendo o valor padrão. (yes não faz parte de HTML 4 mas ainda assim é suportado pelo IE e pelo Netscape).
0 ou no	Indica que as bordas não são mostradas. (no não faz parte de HTML 4 mas ainda assim é suportado pelo IE e pelo Netscape.)

Os Atributos marginwidth e marginheight

A margem é o espaço entre a borda tridimensional de um frame e seu conteúdo.

O atributo marginwidth permite que você especifique a largura do espaço entre a esquerda e a direita das bordas do frame e o conteúdo do mesmo. O valor é dado em pixels.

O atributo marginheight permite a você especificar a altura do espaço entre o topo e a parte inferior da borda do frame e seu conteúdo. O valor é dado em pixels.

```
marginheight="10"   marginwidth="10"
```

O Atributo noresize

Clicando e arrastando as bordas de um frame, você geralmente pode redimensioná-lo. Isso é útil se os usuários não conseguirem ler alguma coisa, mas torna mais difícil para o projetista controlar a aparência da página.

Este atributo evita que um usuário redimensione o frame. Era um atributo minimizado sem um valor em HTML 4, mas agora deve receber um valor igual a noresize.

```
noresize="noresize"
```

Tenha em mente que os usuários com monitores com resolução mais baixa do que a sua podem ter problemas para enxergar o conteúdo de um frame que você vê em um monitor de alta resolução. Se você usar o atributo noresize, os usuários que não conseguirem enxergar o conteúdo inteiro de um frame não têm como redimensionar os frames para visualizar o material perdido.

O Atributo scrolling

Se o conteúdo de um frame for grande demais para o espaço que ele alocou, o navegador provavelmente irá fornecer aos usuários barras de rolagem para que eles possam ler o resto do conteúdo desse frame.

Você pode controlar a aparência das barras de rolagem que aparecem no frame usando o atributo scrollbar:

```
scrolling="yes"
```

Esse atributo pode receber um de três valores, conforme listado na tabela a seguir.

Valor	Propósito
yes	Indica que o frame deve sempre conter um conjunto de barras de rolagem sejam elas necessárias ou não, embora o IE apenas mostre uma barra de rolagem vertical e o Firefox aja como se estivesse configurado para auto.
no	Indica que o frame não deve conter um conjunto de barras de rolagem mesmo se o conteúdo não couber no frame.
auto	Indica que o navegador deve incluir barras de rolagem quando o conteúdo não couber no frame mas, caso contrario, não deve mostrá-las.

O Atributo longdesc

Este atributo permite a você fornecer uma conexão para outra página contendo uma descrição longa do conteúdo do frame. O valor desse atributo deve ser a URL apontando para onde a descrição será encontrada.

```
longdesc="descricaodoframe.html"
```

A W3C indica que o valor desta URL não deve ser uma âncora dentro da mesma página.

O Elemento <noframes>

Se o navegador de um usuário não suportar frames (o que é muito raro atualmente), o conteúdo do elemento <noframe> deve ser exibido para ele.

Em XHTML, você deve colocar um elemento <body> dentro do elemento <noframe> porque esse elemento deve substituir o elemento <body>. Contudo, se um navegador não entender o elemento <frameset>, deve ignorar esses elementos e o elemento <noframe> e entender o que está dentro do elemento <body> contido no elemento <noframes>.

Você deve pensar com cuidado em como expressar o conteúdo desse elemento. Você *não* deve simplesmente escrever algo assim:

```
<noframes<<body>Este site requer frames.</body></noframes>
```

Isso fará pouco sentido para o usuário comum – afinal, seus navegadores são provavelmente bastante antigos e eles provavelmente não estudaram HTML ou XHTML e sabem o que são frames. Em vez disso, você deve oferecer um conteúdo de exemplo mais descritivo, como nestas linhas:

```
<noframes>Este site faz uso de uma tecnologia chamada frames.

Infelizmente o navegador que você está usando não suporta essa tecnologia.

Recomendamos que você atualize seu navegador. Pedimos desculpas por qualquer inconveniência que isto cause. </body></noframes>
```

Você pode usar outro marcador XHTML dentro do elemento <noframe> se quiser apresentar sua mensagem de forma elegante.

> *Embora de forma ideal fosse você ter uma versão sem frames do site para os usuários que tenham navegadores que não suportem frames, isso pode exigir muito trabalho. Assim, uma alternativa útil é fornecer conexões para as páginas que constituem os frames de modo que o usuário ainda possa ver o conteúdo do site.*

Criando Conexões Entre Frames

Um dos usos mais populares de frames é para colocar barras de navegação em um frame e depois carregar as páginas com o conteúdo em um outro frame separado. Isso é especialmente útil em três situações:

Frames @ 239

- Quando sua barra de navegação for grande (como miniaturas de fotos em uma galeria). Usando frames, o usuário não precisa recarregar a barra de navegação cada vez que visualizar uma nova página.
- Quando seu documento principal for muito grande e a barra de navegação fornecer atalhos para partes desse documento (atuando como uma tabela de conteúdos que esteja sempre visível).
- Quando você não quiser recarregar a página inteira.

Como você já viu, cada elemento <frame> pode trazer o atributo name para dar um nome a cada frame. Esse nome é usado nas conexões para indicar em qual frame a nova página deve ser carregada. Analise este exemplo bastante simples:

```
<frameset cols="200, *"
<frame src="frames/linksNav.html" />
<frame src="frames/linksMain.html" name="main_page" />
</frameset>
```

Há duas colunas nesse exemplo e apenas uma linha. A primeira coluna tem largura de 200 pixels e conterá a barra de navegação. A segunda coluna ou frame conterá a parte principal da página. As conexões na barra de navegação à esquerda carregarão páginas na página principal à direita.

As conexões no arquivo llinksNav.html têm o seguinte formato:

```
<a href="http://www.wrox.com" target="main_page">Wrox Press</a><br /><br />
<a href="http://www.google.com" target="main_page">Google</a><br /><br />
<a href="http://www.microsoft.com" target="main_page">Microsoft</a><br /><br />
<a href="http://news.bbc.co.uk/" target="main_page">BBC News</a><br /><br />
```

> *Essa técnica para criação de barras de navegação torna difícil indicar em qual página o usuário está, como seria necessário para que você usasse JavaScript ou passasse informações para a barra de navegação a partir da página principal cada vez que uma nova página fosse carregada.*

A Figura 6-6 mostra como esse exemplo ficaria em um navegador.

Como você pode ver, precisará usar o atributo name para qualquer frame no qual queira carregar uma página – essa é a chave para se obter novo conteúdo nesse frame.

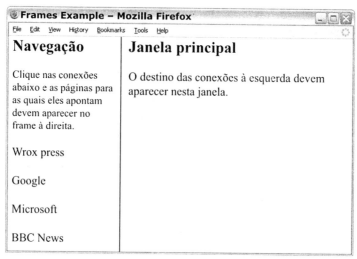

Figura 6-6

O atributo target também pode receber os valores listados na tabela a seguir.

Valor	Propósito
_self	Carrega a página no frame corrente.
_blank	Carrega uma página em uma nova janela do navegador – abrindo uma nova janela (a mesma coisa que usar um alvo que não exista).
	Carrega a página na janela mãe, que é o caso de um único frameset ser a janela principal do navegador (e a página substituirá todos os frames). Ou em frames aninhados ele substitui o frame onde aquele frameset se encontra.
_top	Carrega a página na janela do navegador, substituindo qualquer frame corrente.

Se você estiver criando conexões para páginas externas, geralmente deve usar o valor _top para o atributo target de modo que o site externo substitua seu site inteiro; afinal, seus usuários provavelmente não querem visualizar páginas externas apenas em frames do seu site. A outra opção é abrir sites externos em novas janelas.

> Esquecer de adicionar o atributo name ao elemento <frame> e o atributo target ao elemento <a> são os motivos mais comuns pelos quais iniciantes têm problemas ao criar web sites que usam frames. Se algum deles estiver faltando, o navegador carrega apenas a conexão nesse frame.

Estabelecendo o Frame Alvo Padrão Usando o Elemento <base>

Você pode estabelecer um frame alvo padrão usando o elemento <base> em qualquer página que contenha conexões que devam abrir em outro frame. O elemento <base> traz um atributo chamado target, cujo valor é o nome do frame que você quer que o conteúdo seja carregado. Assim, você poderia adicionar o seguinte a linkNav.html para especificar o frame alvo padrão:

```
<head>
<base target="main_page" />
</head>
```

Framesets Aninhados

Você viu que um único frameset lhe dá uma estrutura de grade fixa com linhas e colunas da mesma forma que uma tabela. Se você quiser criar um projeto mais complexo, poderia decidir usar um frameset aninhado.

Você cria um frameset aninhado usando um novo elemento <frameset> no lugar de um dos elemento <frame>. Examine o exemplo a seguir (ch06_eg07.html):

```
<frameset rows="*, 300, *">
 <frame src="frames/top_frame.html" />
 <frameset cols="*, 400, *">
   <frame src="frames/blank.html" />
   <frame src="frames/main_frame.html" />
   <frame src="frames/blank.html" />
 </frameset>
 <frame src="frames/bottom_frame.html" />
</frameset>
```

Esse exemplo cria um conjunto de três linhas. Na linha central está aninhado um frameset com três colunas. Você pode observar que as colunas de dois lados na verdade compartilham o mesmo arquivo. A Figura 6-7 mostra a aparência deste exemplo em um navegador.

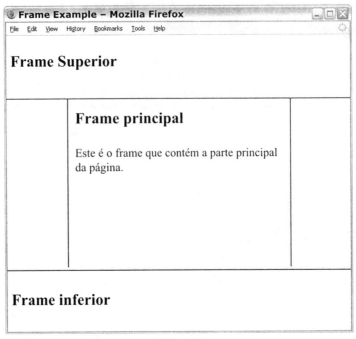

Figura 6-7

Experimente | Um Visualizador de Livros Baseado em Frames

Neste exemplo, você criará um visualizador baseado em frames para pré-visualizar detalhes sobre livros.

A idéia por trás do visualizador é que você tem uma página que contém todos os detalhes sobre novos lançamentos de livros. A seguir há um frame no topo da página que forma a navegação; esse frame não é redimensionado ou rolado. Também há um terceiro frame que contém apenas os direitos autorais e política de privacidade como aqueles que você vê na parte inferior de muitos web sites.

Antes que você comece a construir o exemplo, ajudaria dar uma olhada no que você irá criar. Você pode ver a página na Figura 6-8.

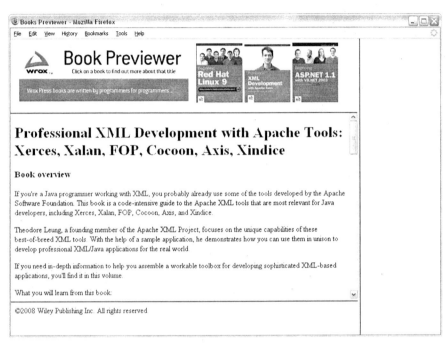

Figura 6-8

Quatro arquivos fazem parte desse exemplo:

❑ books.html, que contém o frameset para o documento inteiro
❑ nav.html, que é o frame superior
❑ newBooks.html, que é a página com todos os detalhes dos livros
❑ footer.html, que é a página contendo a imagem do rodapé

Você trabalhará por essas quatro páginas nesta ordem:

1. Inicie o seu editor de texto ou editor de páginas web e crie um esqueleto de um documento de frameset, lembrando que esse será ligeiramente diferente dos documentos que você tem criado até agora. O código a seguir é para books.html:

```
<?xml version="1.0" encoding="iso-8859-1"?>
<!DOCTYPE html PUBLIC "-//W3C//DTD XHTML 1.0 Frameset//EN"
"http://www.w3.org/TR/xhtml1/DTD/xhtml1-frameset.dtd">
<html xmlns="http://www.w3.org/1999/xhtml">
    <head>
      <title>Pré-Visualizador de Livros</title>
    </head>
```

```
</html>
```

2. Divida a página nos frames relevantes. Embora possa ter parecido que havia três frames na imagem da tela, se você olhar atentamente, a aresta do frame central não toca no lado direito da janela do navegador. Eu quis deixar a página com uma largura fixa.

Como você pode ver, esse exemplo contém dois elementos <frameset>. O primeiro divide a página em duas colunas: a primeira tem largura de 750 pixels e a segunda ocupa o restante da página (se a janela for configurada como mais larga que 750 pixels.)

Dentro da primeira coluna você pode ver o segundo elemento <frameset>, que guarda o conteúdo real da página. Três elementos <frame> ficam dentro desse frameset aninhado, o que você pode ver claramente na Figura 6-7.

```
<frameset cols="750, *">
  <frameset rows="150, *, 70" frameborder="1" noresize="noresize">
    <frame src="frames/nav.html" scrolling="no" />
    <frame src="frames/newBooks.html" name="main_page" />
    <frame src="frames/footer.html" scrolling="no" />
  </frameset>
</frameset>
 <noframes><body>
       Este site usa uma tecnologia chamada frames. Infelizmente, seu
       navegador não suporta esta tecnologia. Por favor atualize
       seu navegador e visite-nos novamente!
<body></noframes>
```

Agora você pode ver os três elementos <frame />, cada um dos quais aponta para seu próprio arquivo.

3. Crie um novo arquivo chamado nav.html para formar o conteúdo do frame de navegação no topo da janela. Esse é apenas um documento XHTML normal, então inicie o esqueleto como você faria normalmente. Você também precisa adicionar um elemento <style> no elemento <head> para evitar que as imagens que sejam conexões de ter uma borda ao seu redor. (Você aprenderá mais no Capítulo 9, mas por enquanto apenas copie.)

```
<?xml version="1.0" encoding="iso-8859-1"?>
<!DOCTYPE html PUBLIC "-//W3C//DTD XHTML 1.0 Transitional//EN"
 "http://www.w3.org/TR/xhtml1/DTD/xhtml1-transitional.dtd">
<html xmlns="http://www.w3.org/1999/xhtml">
<head>
   <title>Navigação</title>
```

```
        <style type="text/css">img {border-style:none; border-
width:0px;}</style>
    </head>
    <body>
    </body>
</html>
```

4. Na página nav.html, há uma imagem à esquerda da barra de navegação que é o título da página e depois há três imagens que são conexões com as partes diferentes da página no frame principal:

```
<img    src="../images/nav_left.gif"    width="390"    height="125"
alt="Pré-Visualização de Livros" />
<a href="../frames/newBooks.html#linux" target="main_page">
    <img src="../images/543784.jpg" width="100" height="125" /></a>
<a href="../frames/newBooks.html#xml" target="main_page">
    <img src="../images/543555.jpg" width="100" height="123" /></a>
<a href="../frames/newBooks.html#asp" target="main_page">
    <img src="../images/557076.jpg" width="100" height="126" /></a>
```

Você pode ver que os elementos <a> têm tanto o atributo href quanto target. Lembre-se de que o atributo target é o que indica em qual frame a página deve aparecer. Enquanto isso, o atributo href aponta não apenas para a página que deve ser carregada mas também, nesse caso, a parte específica dessa página.

5. A seguir você tem o arquivo newBooks.html. O esqueleto da página, e também o marcador de texto básico, são bastante diretos; você pode vê-los no código baixado para o capítulo se quiser. Essa página que de outra forma seria uma XHTML comum, é importante observar os elementos <a> atuando como âncoras alvos de modo que as conexões no painel de navegação mostrem ao usuário uma parte apropriada da página.

Os elementos <a> ficam dentro dos elementos <h1> e contêm o cabeçalho. (Lembre-se de que, se o elemento âncora alvo estiver vazio, alguns navegadores não irão reconhecê-los.) Aqui você pode ver os elementos de cabeçalho:

```
<h1><a    name="xml">Professional    XML    Development    with    Apache
Tools: Xerces,
     Xalan,FOP, Cocoon, Axis, Xindice</a></h1>
<h1><a name="linux">Beginning Red Hat Linux 9</a></h1>
<h1><a name="asp">Beginning ASP.NET 1.1 with VB .NET 2003</a></
h1>
```

6. Finalmente você chega a footer.html, que é uma página XHTML bastante simples com uma imagem dentro:

```
<?xml version="1.0" encoding="iso-8859-1"?>
<!DOCTYPE html PUBLIC "-//W3C//DTD XHTML 1.0 Transitional//EN"
"http://www.w3.org/TR/xhtml1/DTD/xhtml1-transitional.dtd">
<html xmlns="http://www.w3.org/1999/xhtml">
<head>
  <title>Rodapé</title>
</head>
<body>
    <img src="../images/footer.gif" alt="Declaração de privacidade e direitos autorais"
        width="700" height="40" />
</body>
</html>
```

Você já viu a aparência desse como este frameset na Figura 6-8, então deve apenas examinar alguns dos pontos chaves novamente.

Como Isto Funciona

Inicialmente este exemplo parecia conter apenas três frames. Em um exame mais próximo, para se obter uma largura fixa, os três frames que armazenam o conteúdo ficaram dentro de outro frameset. O frameset que os contém possui uma coluna fica de 750 pixels de largura e, em vez de ter um elemento <frame> correspondente, ela tem o elemento <frameset>. Devido ao fato da segunda coluna estar em branco, ela não precisa de um elemento <frame>.

```
<frameset cols="750, *">
  <frameset rows="150, *, 70" frameborder="1" noresize="noresize"
>
    <frame src="frames/nav.html" scrolling="no" />
    <frame src="frames/newBooks.html" name="main_page" />
    <frame src="frames/footer.html" scrolling="no" />
  </frameset>
</frameset>
```

Você pode ver que o frameset aninhado divide então a página em três linhas óbvias, cada uma com seu elemento <frame> correspondente. O elemento <frameset> aninhado traz o atributo noresize para evitar que os usuários redimensionem os diferentes frames que constituem cada uma das linhas.

Observe também como o primeiro e o último elemento <frame> trazem o atributo scrolling com um valor de no para evitar que estes frames recebam barras de rolagem.

Esse exemplo mostra como os frames podem ser usados para permitir aos usuários navegar entre o que poderia de outra forma ser um documento muito longo (como você pode imaginar, poderia haver muito mais livros na página principal.) Ele também ilustra como você acaba com alguns arquivos para uma única página web, e como você tem que ter cautela para registrar essas páginas e lembrar qual aparece em qual frame. Você pode ver que os elementos <a> no frame de navegação ficaram mais complicados, indicando qual elemento frame é o frame alvo assim como tendo que fornecer a fonte do documento.

```
<a href="../frames/newBooks.html#linux" target="main_page">
    <img src="../images/543784.jpg" width="100" height="125"
/></a>
<a href="../frames/newBooks.html#xml" target="main_page">
    <img src="../images/543555.jpg" width="100" height="123" /></a>
<a href="../frames/newBooks.html#asp" target="main_page">
    <img src="../images/557076.jpg" width="100" height="126"
/></a>
```

Embora estas conexões não sejam tão complicadas, você pode imaginar que, se houvesse três frames cada um com conexões entre si, poderia ser bastante complexo. Esse exemplo ilustra, entretanto, como o frameset funciona.

Frames Flutuantes ou Em Linha com <iframe>

Outro tipo especial de frame é conhecido comumente como um *iframe* (embora às vezes seja chamado de *frame em linha* ou *frame flutuante* porque pode aparecer dentro de uma página HTML ou XHTML); ele não precisa aparecer em um elemento <frameset> ou mesmo em um documento que use a declaração de tipo de documento de frameset.

O frame flutuante é criado usando o elemento <iframe> e, como em uma imagem, o frame em linha pode ter texto flutuando ao seu redor e você pode estabelecer bordas e margens em torno do frame flutuante.

A seguir está um exemplo simples de frame flutuante (ch06_eg08.html):

```
<body>
<h1>Frame flutuante</h1>
<p>Lorem ipsum dolor sit amet, consectetuer adipiscing elit. Ut risus
tellus, hendrerit id, sagittis sed, lobortis eget, augue.
  <iframe src="frames/iframe.html">
    Erro! Você deveria estar vendo nossas notícias nesta janela.
```

```
   Este site usa uma tecnologia chamada frames que não é suportada
   por   navegadores mais antigos. Se você estiver usando uma versão
   do Internet
     Explorer anterior à 3 ou uma versão do Netscape anterior à 6,
   pode precisar
     atualizar seu navegador.
   </iframe>
   Lorem ipsum dolor sit amet, consectetuer adipiscing elit. Ut risus
   tellus,
   hendrerit id, sagittis sed, lobortis eget, augue.</p>
   </body>
```

Observe que, entre o rótulo de abertura <iframe> e o de fechamento </iframe> há uma mensagem para quem possuir navegadores que não suportam <iframes>.

Mesmo se você não acrescentar uma mensagem entre o <iframe> de abertura e o </iframe> de fechamento, não deve deixá-lo em branco; caso contrário, ele poderia não ser exibido corretamente em alguns navegadores. Você ainda teria o rótulo de abertura e o de fechamento, mas nenhum conteúdo.

Você pode ver na Figura 6-9 a aparência dessa página.

Figura 6-9

Embora o elemento <iframe> seja não tenha sido introduzido até a versão 4.0 de HTML, ele apareceu pela primeira vez na versão 3 do IE e no Netscape 6.

O Elemento <iframe>

O elemento <iframe> fica no meio de uma página XHTML comum para criar um frame em linha. O único atributo que ele tem que trazer é o src, cujo valor é a URL da página a ser incluída (onde quer que o elemento <iframe> esteja no documento), embora também seja bom adicionar os atributos height e width para controlar seu tamanho. Lembre-se de que esse elemento não tem que fazer parte do tipo de documento frameset.

Além dos atributos universais, o elemento pode trazer os seguintes atributos:

```
align height width frameborder longdesc marginwidth marginheight
name
scrolling src
```

Observe que não há estilos CSS ou eventos específicos para o elemento <iframe>.

O Atributo src

Este atributo é necessário no elemento <iframe> já que indica onde o navegador pode encontrar o arquivo com o conteúdo desse frame, da mesma forma que faz no elemento <frame>.

O Atributo align (desatualizado)

Este atributo indica como o texto que está fora do frame flutuante aparecerá. Ele pode receber um dos valores listados na tabela a seguir.

Valor	Propósito
left	O frame será alinhado com a margem esquerda da página, permitindo ao texto flutuar em torno dele para a direita.
right	O frame será alinhado com a margem direita da página, permitindo ao texto flutuar em torno dele para a esquerda.
top	A parte superior do frame ficará em linha com o texto em torno dele.
middle	A parte do meio do frame ficará em linha com o texto em torno dele.
bottom	A parte inferior do frame ficará em linha com o texto em torno dele (a configuração padrão como você pode ver na Figura 6-9).

Os Atributos height e width

Estes atributos permitem a você especificar a altura e a largura de um frame da mesma forma que você faria com uma imagem.

```
height="250" width="500"
```

Os valores desses atributos podem ser dados em pixels (como na linha de código anterior) ou em porcentagens do navegador (como na linha de código a seguir) ou do elemento pai se ele estiver dentro de outro elemento.

```
height = "20%" width="40%"
```

Tenha em mente, entretanto, que usuários com resoluções diferentes de tela verão porções diferentes de telas. Se você não especificar uma altura ou largura, o navegador determina um tamanho baseado no tamanho inteiro da tela.

O Atributo frameborder

Este atributo especifica se as bordas do frame são mostradas; o valor deve ser o número de pixels que a borda deve ter. Um valor igual a 0 significa que não deve haver borda.

```
frameborder = "0"
```

O Atributo longdesc

Este atributo permite a você especificar uma conexão para outra página onde existe uma descrição em texto do que de outra forma estaria no frame. Isso é especialmente útil se você estiver colocando imagens ou gráficos no frame, já que eles podem tornar o seu site acessível àqueles com problemas visuais. Também pode ser usado se o usuário estiver tendo problemas para carregar o frame.

```
longdesc="../textDescriptions/iframe1.html"
```

Os Atributos marginheight e marginwidth

Estes atributos permitem a você especificar a distância em pixels entre a borda do frame e o seu conteúdo.

```
marginwidth="8" marginheight=8"
```

O atributo marginwidth permite a você especificar a distância entre as bordas esquerda e direita e o conteúdo, enquanto que o atributo marginheight especifica a distância entre as bordas superior e inferior e o conteúdo.

O Atributo scrolling

Este atributo especifica se um frame deve ter barras de rolagem (da mesma forma que o faz com o elemento <frame>).

Experimente | **Usando um Frame em Linha**

Neste exemplo, você cria uma página simples para crianças aprenderem sobre frutas. A página permite à criança clicar em uma conexão e carregar a imagem correspondente no frame em linha sem que o resto da página mude.

1. Crie o esqueleto de um documento Transitional XHTML, da seguinte forma:

```
<?xml version="1.0" encoding="iso-8859-1"?>
<!DOCTYPE html PUBLIC "-//W3C//DTD XHTML 1.0 Transitional//EN"
"http://www.w3.org/TR/xhtml1/DTD/xhtml1-transitional.dtd">
<html xmlns="http://www.w3.org/1999/xhtml">
<head>
    <title>Exemplo de iframe</title>
</head>
<body>
</body>
</html>
```

2. Adicione um cabeçalho e depois o elemento <iframe>, que deve ter um atributo name. Nesse caso, você deve usar o atributo scrolling para evitar que o frame tenha barras de rolagem. Você também deve estabelecer um tamanho para o frame – nós o deixaremos com 150 pixels quadrados:

```
<h1>Aprenda sobre sua fruta</h1>
   <iframe name="iframe" height="150" width="150"
scrolling="no">Imagens de
        frutas aparecerão aqui</iframe>
```

3. Adicione as conexões que carregarão as imagens no frame em linha. Da mesma forma que em outros tipos de frames, se você quiser que as conexões carreguem a página em outro frame, elas devem trazer o atributo target cujo valor é o nome do iframe.

```
<p>Clique no nome da fruta para ver uma imagem dela.</p>
<p>A <a href="images/orange.jpg" target="iframe">laranja</a> é uma
fruta cor de
```

```
laranja.</p>
<p>Esta <a href="images/apple.jpg" target="iframe">maçã</a> é
vermelha
        e crocante.</p>
<p>A <a href="images/banana.jpg" target="iframe">banana</a> is
        comprida e amarela.</p>
```

Seu exemplo deve se parecer com a Figura 6-10.

Figura 6-10

Como Isto Funciona

O elemento <iframe> pode ser muito útil já que permite a você atualizar apenas uma parte da página sem recarregar a página inteira e também pode ser parte de um documento XHTML normal.

Assim que você tiver adicionado o elegante <iframe> à página, cria conexões na página que carregam novo conteúdo em um frame inline. Nesse exemplo não havia conteúdo inicial no iframe quando a página foi carregada, embora você pudesse ter usado o atributo src para indicar um arquivo que deva ir como padrão quando a página for carregada.

Lembre-se de que o elemento <iframe> não deve ficar vazio e, entre os rótulos de abertura e de fechamento, você deve colocar o que quiser que o usuário veja se o frame não puder ser carregado.

Resumo

Neste capítulo, você aprendeu sobre frames, que permitem que divida uma janela de navegador em painéis separados. Cada um destes painéis contém um documento XHTML discreto que pode ser carregado e recarregado separadamente dos outros frames.

Frames são especialmente úteis se parte do conteúdo da sua página permanecer o mesmo, enquanto que o corpo principal muda – por exemplo, quando o corpo principal for longo (e você quiser que a navegação permaneça à vista) ou a navegação demore muito tempo para ser carregada (e você não quiser recarregá-la para cada página).

O capítulo cobriu dois tipos de frames:

❏ O documento de frameset tradicional, que usa o elemento <frameset> para dividir a tela em linhas e colunas. O elemento <frameset> então contém um elemento <frame> correspondente a cada parte da janela. Esses frames pertencem ao tipo de documento de frameset e requerem uma declaração DOCTYPE diferente de outros documentos XHTML porque o elemento <frameset> substitui o elemento <body>.

❏ O frame mais recente em linha ou flutuante fica em uma página XHTML normal e permite que apenas o conteúdo do frame seja recarregado. Frames em linha podem aparecer em qualquer lugar dentro do documento.

Conforme já havia mencionado, os frames são muitas vezes substituídos pelo uso de AJAX para recarregar partes de páginas. Como você verá mais adiante no livro, pode usar tabelas ou CSS para controlar a apresentação, de forma que a encarnação mais comum de frames que você verá atualmente são os iframes.

Exercícios

As respostas de todos os exercícios estão no Apêndice A.

1. Recrie o documento de frameset da Figura 6-11. onde clicar em uma fruta carrega uma nova página na janela principal. Quando a página for carregada, trará os detalhes da fruta apropriada.

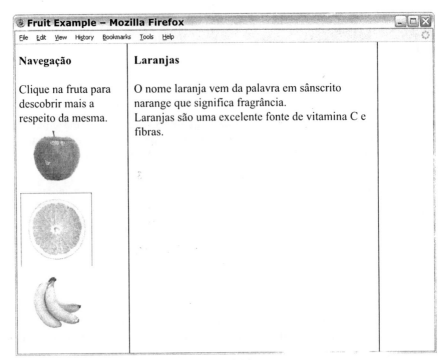

Figura 6-11

2. Recrie o elemento <iframe> mostrado na Figura 6-12.

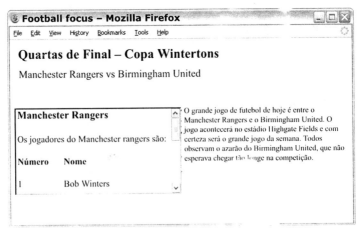

Figura 6-12

Cascading Style Sheets

Tendo aprendido como estruturar o conteúdo dos seus documentos usando uma variedade de elementos e atributos XHTML, você agora começará a fazer suas páginas parecerem muito mais interessantes.

Você irá aprender a usar *cascading style sheets* (ou simplesmente CSS) para controlar o estilo das suas páginas, incluindo as cores e tamanhos das fontes, a largura e cores das linhas e a quantidade de espaço em branco entre itens da página. A especificação CSS trabalha permitindo a você especificar *regras* que dizem qual deve ser a aparência do conteúdo de elementos dentro do seu documento. De fato, você pode configurar diferentes regras para controlar a aparência de cada elemento da sua página de modo que as páginas comecem ficar muito mais interessantes.

Conforme já mencionei, versões mais antigas de HTML usavam elementos e atributos na marcação da página web (da mesma forma que as que você já viu neste livro) para controlar a forma coo deveria ser a aparência de um documento. Todavia, a W3C (uma organização que supervisiona o desenvolvimento de tecnologias web) decidiu que as linguagens HTML e XHTML não deveriam mais conter instruções que indicassem a aparência do documento B em vez disso, deveria ser usado CSS para controlar a aparência de páginas web.

A W3C lançou de fato duas versões de CSS. As propriedades e recursos que você aprenderá neste capítulo são tirados de CSS1 E CSS2 (como você provavelmente imaginou, CSS2 é uma expansão de CSS1). A W3C também está trabalhando em outra atualização, que será chamada CSS3; ainda vai demorar um pouco até que o trabalho na CSS3 termine; entretanto, farei uma breve menção dela em alguns lugares onde você possa ver navegadores que já tenham começado a implementá-la. Você também verá menções onde navegadores mais recentes ainda não suportam propriedades. Algo útil com respeito a CSS é que os usuários ainda devem poder ler o documento mesmo se as propriedades CSS não forem implementadas pelo navegador B ele só não terá a aparência exata que você pretendia.

Neste capítulo você aprenderá:

❏ O que constitui uma regra CSS

❏ Como colocar regras CSS dentro do seu documento e como conectar-se a um documento CS externo

❏ Como as propriedades e valores controlam a apresentação e como se conectar com um documento CSS externo

❏ Como controlar a apresentação de texto usando CSS

❏ Como CSS é baseada em um modelo de caixas e como você configura diferentes propriedades para essas caixas (como largura e estilos de bordas)

No final do capítulo, você estará escrevendo com segurança *style sheets* CSS e deve ter aprendido muitas das propriedades que pode usar para afetar a apresentação de qualquer documento usando *style* sheets.

No Capítulo 8, você aprenderá propriedades mais avançadas de CSS1 e CSS2, e como CSS pode ser usado para posicionar o conteúdo de elementos dentro de uma página.

> Desde a introdução da Web, as pessoas envolvidas com a criação de páginas desejavam ter o mesmo controle sobre suas páginas que os desenhistas de páginas impressas tinham sobre essas. Há, entretanto, algumas diferenças inerentes na Internet como um meio quando comparada com a mídia impressa. Por exemplo, uma página impressa em um livro sempre terá o mesmo tamanho em todas as cópias do livro; os visualizadores não precisam ser donos de uma fonte para ver a página como geralmente o fazem na Web ou terem a opção de imprimir a página eles mesmos. Essas são questões sobras as quais você aprenderá nos Capítulos 9 e 10 quando examinar questões de layout e projeto de páginas.

Introduzindo CSS

CSS trabalha permitindo a você associar *regras* aos elementos que aparecem no documento. Estas regras governam como o conteúdo desses elementos devem ser exibidos. A Figura 7-1 mostra um exemplo de uma regra CSS, o qual você pode ver é constituído de duas partes:

❏ O *seletor*, que indica a qual elemento ou elementos a declaração se aplica (se ela se aplicar a mais de um elemento, você pode ter uma lista separada por vírgulas com diversos elementos)

❏ A *declaração*, que estabelece como nossos elementos devem aparecer

Figura 7-1

A regra na Figura 7-1 se aplica a todos os elementos <h1> e indica que eles devem aparecer na família de fontes Arial.

A declaração também se divide em duas partes, separadas por dois pontos:

❏ Uma *propriedade*, que é a propriedade do(s) elemento(s) selecionado(s) que você quer afetar, nesse caso a propriedade font-family.

❏ Um *valor*, que é uma especificação para essa propriedade; nesse caso é da família Arial.

Isso é muito semelhante à forma pela qual os elementos podem trazer atributos em HTML, onde esse atributo controla uma propriedade do elemento e seu valor seria a configuração desta propriedade. Com CSS, entretanto, em vez de você ter que especificar o atributo em cada instância do elemento <ha>, o seletor indica que essa única regra se aplica a todos os elementos <h1> do documento.

Aqui está um exemplo de uma regra CSS que se aplica a diversos elementos diferentes (neste exemplo, os elementos <h1>, <h2> e <h3>). Uma vírgula separa o nome de cada elemento ao qual essa regra se aplicará. A regra também especifica diversas propriedades para esses elementos com cada par propriedade-valor sendo separado por um ponto e vírgula. Observe como todas as propriedades são mantidas dentro de chaves:

```
h1, h2, h3 {
    font-weight:bold;
    font-family:arial, verdana, sans-serif;
    color:#000000;
    background-color:#FFFFFF; }
```

Mesmo se você nunca tiver visto uma regra CSS antes, agora deve ter uma boa idéia do que essa regra está fazendo. O conteúdo de cada elemento de cabeçalho mencionado no seletor (<h1>, <h2> e <h3>) será escrito em uma fonte Arial em negrito (a menos que o computador não tenha a fonte Arial instalada, caso no qual ele buscará a Verdana, falhando sua fonte padrão sans-serif) e isso será escrito em preto com um fundo branco.

Se houver um único par propriedade-valor na declaração, você não precisa terminá-la com um ponto e vírgula. Todavia, devido a uma declaração poder consistir de diversos pares propriedade-valor e cada par propriedade-valor dentro de uma regra dever ser separado por um ponto e vírgula, é uma boa prática começar a acrescentar ponto e vírgulas cada vez que escrever uma regra caso queira acrescentar outra mais tarde; se você esquecer de adicionar um ponto e vírgula, quaisquer próximos pares propriedade-valor serão ignorados.

Um Exemplo Básico

O exemplo a seguir usa um bom número de regras CSS. O propósito da maioria dessas regras deve ficar claro pelo nome. Após este exemplo, você examinará diferentes aspectos de CSS, e com controlar texto, tabelas, espaços em branco e fundos.

Antes de começarmos, examine o documento XHTML no qual iremos trabalhar sem as regras CSS anexadas. A Figura 7-2 mostra como o documento se parece sem a estilização.

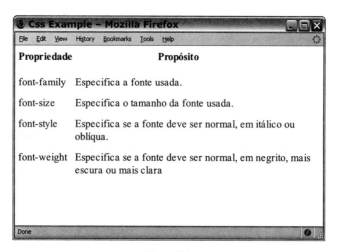

Figura 7-2

Aqui está o código do documento que você viu na Figura 7-2 (ch07_eg01.html). Ele contém um cabeçalho, um parágrafo e uma tabela. Observe o uso do elemento <link> dentro do elemento <head>, que informa o navegador de que esse documento deve ser formatado com a *style sheet* especificada no valor do atributo href que está no elemento <link>. Observe também como alguns dos elementos <td> trazem um atributo class cujo valor é code; você o usa para distinguir os elementos <td> que contêm código de outro texto do documento.

```
<?xml version="1.0" encoding="iso-8859-1"?>
<!DOCTYPE html PUBLIC "-//W3C//DTD XHTML 1.0 Strict//EN"
```

```
"http://www.w3.org/TR/xhtml1/DTD/xhtml1-strict.dtd">
<html xmlns="http://www.w3.org/1999/xhtml" lang="en">
<head>
    <title>CSS Exemplo</title>
    <link rel="stylesheet" type="text/css" href="ch07_eg01.css" />
</head>
<body>
<h1>Propriedades CSS Básicas para Fontes</h1>
<p>A tabela a seguir mostra as propriedades CSS básicas para
fontes que permitem a você alterar a aparência do texto dos seus
documentos.</p>
<table>
<tr>
 <th>Propriedade</th>
 <th>Propósito</th>
</tr>
<tr>
 <td class="code">font-family</td>
 <td>Especifica a fonte usada.</td>
</tr>
<tr>
 <td class="code">font-size</td>
 <td>Especifica o tamanho da fonte usada.</td>
</tr>
<tr>
 <td class="code">font-style</td>
 <td>Especifica se a fonte deve ser normal, itálica ou oblíqua.</td>
</tr>
<tr>
 <td class="code">font-weight</td>
 <td>Especifica se a fonte deve ser normal, em negrito, mais escura
    ou mais clara</td>
</tr>
</table>
</body>
</html>
```

A Figura 7-3 mostra a apar~encia desse documento com uma *style sheet* anexada.

Agora examinaremos uma *style sheet* usada com esse documento. Todas as *style sheets* são gravadas com uma extensão .css e essa é chamada ch07_eg01.css.

Você deve conseguir criar uma *style sheet* CSS no mesmo editor de textos que estiver usando para criar suas páginas XHTML e, devido ao fato dos arquivos CSS serem apenas arquivos de texto simples (como os arquivos XHTML), você também pode criá-los no Bloco de Notas do Windows ou no TextEdit do Mac.

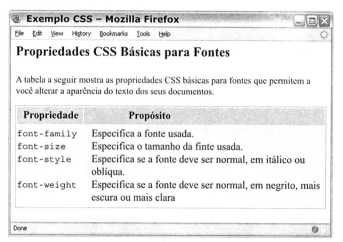

Figura 7-3

Examinaremos as style sheets regra a regra, de modo que você possa ver o que cada uma faz. O documento são principalmente regras separadas, com a exceção sendo a primeira linha B que não é realmente uma regra, é um comentário. Qualquer coisa entre a abertura /* e o fechamento */ será ignorado e, portanto, não será mostrado:

```
/* Style sheet para ch07_eg01.html */
```

A primeira regra se aplica ao elemento <body>. Ela especifica que a cor padrão de qualquer texto e linhas usadas na página será preto, que o fundo da página deve ficar em branco e que o tipo de letra usado por todo o documento deve ser da família Arial. Se essa família não estiver disponível, Verdana será usado no seu lugar; falhando essa, qualquer fonte sans-serif será usada.

```
body {
   color:#000000;
   background-color:#ffffff;
   font-family:arial, verdana, sans-serif; }
```

> Eu sempre especifico uma propriedade background-color para o corpo de um documento porque algumas pessoas alteram a cor de fundo padrão dos seus computadores (de modo que não fica muito branco); se você não configurar essa propriedade, a cor de fundo dos navegadores desses usuários será a que eles tiverem selecionado.

As duas próximas regras especificam o tamanho dos conteúdos dos elementos <h1> e <p>, respectivamente:

```
        h1 {font-size:18pt;}
        p {font-size:12pt;}
```

A seguir é hora de adicionar algumas configurações para controlar a aparência da tabela – primeiro para dar a ela uma cor de fundo cinza claro e depois para desenhar uma borda cinza escura de 1 pixel ao redor das extremidades:

```
table {
        background-color:#efefef;
        border-style:solid;
        border-width:1px;
        border-color:#999999; }
```

Dentro da tabela, os cabeçalho deve ter uma cor de fundo cinza claro (levemente mais escuro que o corpo principal da tabela), o texto deve aparecer em uma fonte em negrito e, entre as extremidades da célula e o texto deve haver 5 pixels de separação. (Como você verá em maiores detalhes no capítulo, *espaçamento* é o termo usado para o espaço entre o limite de uma caixa e o seu conteúdo interno).

```
th {
        background-color:#cccccc;
        font-weight:bold;
        padding:5px; }
```

As células de dados individuais da tabela têm 5 pixels de espaçamento. Adicionar esse espaço torna o texto muito mais fácil de ler e, sem ele, o texto em uma coluna poderia passar para a próxima:

```
    td {padding:5px; }
```

Finalmente, você pode ter observado na Figura 7-3 que as células da tabela que mencionavam propriedades CSS estavam em uma fonte Courier. Isso acontece porque as células correspondentes da tabela no documento XHTML traziam um atributo class cujo valor era code. Por si só, esse atributo não altera a exibição do documento (como você pode ver na Figura 7-2). O atributo class permite, entretanto, que você associe regras CSS aos elementos cujo atributo classe tenha um valor específico. Portanto, a regra a seguir se aplica apenas aos elementos <td> que tenham um atributo class cujo valor seja code, não a todos os elementos <td>:

```
td.code {
        font-family:courier, courier-new, serif;
        font-weight:bold; }
```

Aí está seu primeiro exemplo. Você pode encontrar o código desse exemplo no código de download para o resto do livro. Se você quiser visualizar uma *style sheet* como essa a partir de um web site, pode simplesmente digitar a URL para ela no navegador e verá o texto aparecer no mesmo, ou ele o baixará no seu computador. Você pode experimentá-lo com o código de download para ver como ele aparece no seu computador; para fazer isso, ao examinar o exemplo em um navegador, apague o nome de arquivo ch07_eg01.html e substitua pelo nome ch07_eg01.css e verá as regras CSS aparecerem no seu navegador.

Herança

Um dos recursos poderosos de CSS é que muitas das propriedades que foram aplicadas em um elemento serão *herdadas* pelos seus elementos filhos (elementos contidos dentro do elemento para o qual as regras foram declaradas). Por exemplo, assim que a propriedade font-family foi declarada para o elemento <body> no exemplo anterior, ela se aplicou a todos os elementos dentro dele (todos os elementos filhos do elemento <body>).

Se uma regra mais específica aparecer, essa se sobrepõe a quaisquer propriedades com o elemento <body>, ou qualquer outro elemento com conteúdo. No exemplo anterior, a maioria do texto estava na família Arial, conforme especificado na regra associada ao elemento <body>. Havia algumas células da tabela que usavam a família Courier. As células de tabela que eram diferentes tinham um atributo class cujo valor era code.

```
<td class="code">font-size</td>
```

Aqui você pode ver a regra associada a esses elementos:

```
td.code {
        font-family:courier, courier-new, serif;
        font-weight:bold; }
```

Essa regra tem precedência sobre a associada ao elemento <body> porque o seletor é mais específico sobre a qual elemento se aplica.

A forma pela qual algumas propriedades herdam poupa de ter que escrever regras e todos os pares propriedade-valor para cada elemento e torna uma *style sheet* mais compacta. O Apêndice C contém uma referência útil das propriedades CSS e lhe informa quais são herdadas ou não se você precisar verificar.

Onde Você Pode Adicionar Regras CSS

O exemplo que você viu no início do capítulo usava uma *style sheet* separada, ou *externa*, para guardar as regras CSS. Isso envolvia o uso do elemento <link /> no cabeçalho do documento XHTML para indicar qual *style sheet* deve ser usada para controlar a aparência do documento.

As regras CSS também aparecem em dois lugares dentro do documento XHTML:

❏ Dentro de um elemento <head>, contido em um elemento <style>

❏ Como um valor de um atributo style em qualquer elemento que possa trazer tal atributo

Quando as regras da *style sheet* estão dentro de um elemento <style> no cabeçalho do documento, são chamadas de *internas*.

```
<head>
<title>Internal Style sheet</title>
<style type=@text/css@>
   body {
      color:#000000;
      background-color:#ffffff;
      font-family:arial, verdana, sans-serif; }
   h1 {font-size:18pt;}
   p {font-size:12pt;}
</style>
</head>
```

Quando atributos style são usados em elementos XHTML, são conhecidos como *regras de estilo online*. Por exemplo:

```
<td style=@font-family:courier; padding:5px; border-style:solid;   border-width:1px; border-color:#000000;@>
```

Aqui você pode ver que as propriedades são adicionadas como o valor do atributo *style*. Não há necessidade de um seletor aqui (porque o estilo é aplicado automaticamente ao elemento que traz o atributo style) e não há chaves. Você precisará separar cada propriedade do seu valor com uma vírgula e cada um dos pares propriedade-valor com um ponto e vírgula.

O atributo style foi desatualizado na Transitional XHTML e não é permitido em Strict XHTML 1.0 porque introduz marcadores de estilo, quando os documentos deveriam conter na verdade apenas marcadores que expliquem a semântica e a estrutura do documento.

O Elemento <link>

Como você já viu, o elemento <link /> pode ser usado para criar uma conexão com *style sheets* CSS. Esse elemento é sempre vazio e descreve o relacionamento entre dois documentos. Ele pode ser usado de diversas formas, não apenas com *style sheets*. Por exemplo, ele pode ser usado para descrever uma conexão para um RSS que corresponda a uma página mas, quando usado com *style sheets*, o relacionamento indica que um documento CSS contém regras para a apresentação do documento que contém o elemento <link />.

Quando o elemento <link /> é usado para anexar uma *style sheet* a um documento, ele cria um tipo de conexão muito diferente do criado com um elemento <a>. Devido a *style sheet* ser associada automaticamente ao documento, o usuário não tem que clicar em nada para ativar a conexão.

O elemento <link /> originalmente também devia poder ser usado para criar navegação entre uma seqüência ordenada de páginas. Entretanto, os principais navegadores ignoram o elemento <link /> quando usado nesse contexto.

Quando usado com *style sheets*, o elemento <link /> deve trazer três atributos: type, rel e href. Aqui está um exemplo do elemento <link /> encontrando um arquivo CSS chamado interface.css, que fica em uma pasta chamada stylesheets:

```
link rel="stylesheet" type="text/css" href="../stylesheets/interface.css" />
```

Além dos atributos básicos, o elemento <link /> também pode receber os seguintes atributos:

```
harset dir href hreflang media rel rev style target type
```

Você já viu muitos destes, de forma que os mais importantes são discutidos nas seções a seguir, junto com alguns dos menos comuns.

O Atributo rel

Este atributo é necessário e especifica o relacionamento entre o documento contendo a conexão e o documento sendo conectado.

O valor chave para trabalhar com *style sheets* é stylesheet.

```
rel = Astylesheet@
```

Os outros valores possíveis para esse elemento são discutidos no Capítulo 1.

O Atributo type

Este atributo especifica o tipo MIME do documento com o qual está se conectando; nesse caso, estamos lidando com uma *style sheet* CSS, de modo que o tipo MIME é text/css:

```
type=Atext/css@
```

Os outros tipos MIME estão listados no apêndice H.

O Atributo href

Este atributo especifica a URL para o documento com o qual se está conectando.

```
href=@../stylesheets/interface.css@
```

O valor deste atributo pode ser uma URL absoluta ou relativa.

O Atributo hreflang

Este atributo especifica a linguagem na qual a fonte especificada é escrita. Seu valor deve ser um dos códigos de linguagens especificados no Apêndice G.

```
hreflang=@en-US@
```

O Atributo media

Este atributo especifica o dispositivo de saída que se pretende usar com o documento:

```
media=@screen@
```

Este atributo está se tornando cada vez mais importante já que as pessoas acessam a Internet de diferentes formas usando diferentes dispositivos. Veja os valores possíveis na tabela a seguir.

Valor	Usos
screen	Telas de computador sem páginas
tty	Mídia com uma grade de caracteres de tamanho fixo, como teletipos, terminais ou dispositivos portáteis com capacidades limitadas de exibição
tv	Dispositivos de TV de baixa resolução, telas coloridas e capacidade limitada de rolar páginas
print	Documentos impressos, que são chamados às vezes de mídia paginada (e documentos mostrados em telas no modo de visualização de impressão)
projection	Projetores
handheld	Dispositivos de mão, telas pequenas, gráficos de bitmaps e largura de banda limitada
braille	Dispositivos de retorno tátil em Braille
	Continua

embossed	Impressoras paginadas em Braille
aural	Sintetizadores de voz
all	Apropriado para todos os dispositivos

O Atributo <style>

Este elemento é usado dentro do elemento <head> para conter regras de *style sheets* dentro de um documento, em vez de conectar a um documento externo. Às vezes também é usado quando um documento precisa conter apenas algumas regras adicionais, assim como um elemento <style> contendo uma regra adicional:

```
<head>
  <title>
  <link rel=@stylesheet@ type=@text/css@ href=@../styles/mySite.css@ />
  <style type=@text/css@>
      h1 {color:#FF0000;}
  </style>
</head>
```

O elemento <style> recebe os seguintes atributos:

```
dir lang media title type
```

Alguns navegadores também suportam os atributos id e src embora eles não façam parte de qualquer recomendação da W3C.

> *Muitos autores de documentos adicionam marcações de comentários nos elementos <style> de modo que todas as regras CSS apareçam entre os marcadores <!-- e --> quando aparecem como uma style sheet interna. A idéia é que isso esconda o código de navegadores mais antigos que não entenderão CSS. A desvantagem dessa técnica é que navegadores mais modernos podem retirar o conteúdo de um comentário XHTML e não processar seu conteúdo (embora nenhum dos populares o faça). Assim, alguns navegadores no futuro poderiam ignorar todas as regras de estilo. De fato, um servidor também pode retirar comentários e não enviá-los para o cliente. Na prática, o número de navegadores que provavelmente visitarão seu site e terão um problema para visualizá-lo por causa de regras de estilo estarem dentro de comentários é tão pequeno que é melhor deixá-los conforme mostrado anteriormente.*

Vantagens de Style Sheets CSS Externas

Se dois ou mais documentos forem usar uma *style sheet*, você deve sempre procurar usar uma *style sheet* externa (embora possa recorrer às vezes a uma *style sheet* interna para sobrescrever as regras da *style sheet* interna.)

Há diversas vantagens no uso de *style sheets* CSS externas em vez de internas ou em linha, incluindo as seguintes:

❑ A mesma *style sheet* pode ser *reusada* por todas as páginas web no seu site. Isso poupa de ter que incluir a marcação de estilo em cada documento individual.

❑ Devido às *style sheets* serem escritas apenas uma vez, em vez de aparecerem em cada elemento ou em cada documento, os documentos fontes são menores. Isso significa que, uma vez que a *style sheet* CSS tiver sido baixada com o primeiro documento que a usa, os documentos subseqüentes serão mais rápidos de baixar (porque o navegador retém uma cópia da *style sheet* CSS e as regras não têm que ser baixadas para cada página). Isso também impõe menos demanda sobre o servidor (o computador que envia as páginas web para as pessoas visualizando o site) porque as páginas que ele envia são menores.

❑ Você pode mudar a aparência de diversas páginas alterando apenas a *style sheet* em vez de cada página individual; isso é especialmente útil se você quiser mudar as cores da sua empresa, ou a fonte usada para um determinado tipo de elemento onde quer que esse elemento apareça por todo o site.

❑ A *style sheet* atua como um modelo de estilo para auxiliar diferentes autores a obterem o mesmo estilo de documento sem saber todas as configurações de estilo individuais.

❑ Devido ao fato do documento fonte não conter as regras de estilo, diferentes *style sheets* podem ser anexadas ao mesmo documento. Assim, você pode usar o mesmo documento XHTML com uma *style sheet* quando o visualizador estiver em um computador desktop, outra quando o usuário possuir um dispositivo de mão, outra quando a página estiver sendo impressa, outra quando a página estiver sendo visualizada em uma TV e assim por diante. Você reutiliza o mesmo documento com diferentes *style sheets* para diferentes necessidades dos visitantes.

❑ Uma *style sheet* pode importar e usar estilos de outras, possibilitando o desenvolvimento modular e a reutilização.

❑ Se você remover a *style sheet*, torna o site mais acessível para pessoas com problemas visuais, porque não está mais controlando os esquemas de fontes e cores.

É razoável dizer, portanto, que sempre que você estiver escrevendo um site inteiro, deve usar uma *style sheet* externa para controlar a apresentação, embora vá ver no próximo capítulo que poderia usar diversas *style sheet* externas para diferentes aspectos do site.

Propriedades CSS

Agora que você aprendeu os fundamentos de CSS, como escrever regras CSS e onde pode colocar essas regras, o resto deste capítulo examina as propriedades que você pode usar para afetar a apresentação dos seus documentos. Em especial, você aprenderá sobre as propriedades font, text, border, padding e margin.

A tabela a seguir mostra as principais propriedades disponíveis para você em CSS1 e CSS2, todas as quais você vê neste capítulo ou no Capítulo 8.

FONT	FONT (continued)	TEXT (continued)	TEXT (continued)
font	font-variant	text-align	white-space
font-family	font-weight	text-decoration	word-spacing
font-size	TEXT	text-indent	BACKGROUND
font-size-adjust color	text-shadow	background	
font-stretch direction	text-transform		
font-style	letter-spacing	unicode-bidi	background-color
BACKGROUND (continued)	BORDER (continued)	DIMENSIONS (continued)	TABLE (continued)
background-image	*border-top-style*	*min-width*	*table-layout*
background-position	border-top-width	width	LIST e MARKER
background-repeat	border-width	POSITIONING	list-style
BORDER	MARGIN	bottom	list-style-image
border	margin	clip	list-style-position
border-bottom	margin-bottom	left	list-style-type
border-bottom-color	margin-left	overflow	marker-offset
border-bottom-style	margin-right	right	GENERATED CONTENT
border-bottom-width	margin-top	top	content
border-color	PADDING	vertical-align	counter-increment
border-left	padding	z-index	counter-reset
border-left-color	padding-bottom	OUTLINES	quotes
border-left-style	padding-left	outline	CLASSIFICATION

Continua

border-left-width	padding-right	outline-color	clear
border-right	padding-top	outline-style	cursor
border-right-color	**DIMENSIONS**	outline-width	display
border-right-style	height	**TABLE**	float
border-right-width	line-height	border-collapse	position
border-style	max-height	border-spacing	visibility
border-top	max-width	caption-side	
border-top-color	min-height	empty-cells	

Não cobri determinadas propriedades neste livro, porque elas são raramente usadas ou porque há pouco suporte para elas. (Por exemplo, evito cobrir *style sheets* de sons porque não há muitos navegadores de som que as suportem.) Você pode descobrir mais sobre estas propriedades nos seguintes web sites (ou pode escolher um livro dedicado a CSS):

❏ www.w3.org/style/css/

❏ www.devguru.com/Technologies/css/quickref/css_index.html

❏ www.w3schools.com/css/css_reference.asp

Controlando Fontes

Diversas propriedades permitem a você controlar a aparência do texto nos seus documentos. Essas podem ser divididas em dois grupos:

❏ As que afetam diretamente a fonte e sua aparência

❏ As que têm outros efeitos de formatação no texto

A tabela que se segue lista as propriedades que afetam diretamente a fonte.

Propriedade	
font	Permite a você combinar diversas das propriedades a seguir em uma
font-family	Especifica a família da fonte a ser usada (o usuário deve tê-la instalado no seu computador)
font-size	Especifica o tamanho de uma fonte
font-weight	Especifica se a fonte deve ser normal, em negrito ou mais forte que o elemento que a contiver

`font-style`	Especifica se a fonte deve ser normal, itálica ou oblíqua (uma fonte oblíqua é a fonte normal inclinada em vez de em uma versão separada em itálico da mesma)
`font-strech`	Permite a você controlar a largura das letras de uma fonte (não os espaços entre elas)
`font-variant`	Especifica se a fonte deve ser normal ou maiúscula e pequena
`font-size-adjust`	Permite a você alterar a taxa de aspecto do tamanho de caracteres da fonte

Antes que você comece a examinar as fontes, é importante entender algumas questões. Talvez a mais importante seja que fonte não é a mesma coisa que typeface:

❏ Uma *typeface* é uma família de fontes, como a família Arial.

❏ Uma *fonte* é um membro específico dessa família, com Arial 12 negrito.

Você verá muitas vezes os termos sendo usado de forma intercambiável, mas é útil estar ciente da diferença.

Famílias de fontes (*typefaces*) tendem a pertencer a um de dois grupos: fontes serif e sans-serif. Fontes serif têm arredondamentos nas letras. Por exemplo, o l a seguir contém um *serif* no topo da letra saindo para trás e na parte de baixo da mesma, enquanto que fontes sans-serif têm finais de letras retos. O terceiro exemplo comum de uma família de fontes é uma fonte serif de espaço único. Cada letra em uma fonte de espaço único possui a mesma largura, enquanto que fontes que não são de espaço único possuem diferentes larguras para diferentes letras. (Em fontes serif e sans-serif, o *l* tende a ser mais estreito do que o *m*.) Veja um exemplo na Figura 7-4.

lm lm lm

fonte serif   fonte sans-serif   fonte de espaço único

Figura 7-4

Na teoria geral de impressão, fontes serif são mais fáceis de ler em textos longos. Entretanto, na Internet isso não é verdadeiro: muitas pessoas acham as fontes serif mais difíceis de ler na tela, em grande parte porque a resolução na tela não é tão boa quanto palavras impressas. Isto torna as fontes sans-serif mais fáceis de ler na tela porque elas não têm tantos detalhes.

Para estudar as propriedades que afetam fontes, a maioria dos exemplos seguirá uma estrutura semelhante usando parágrafos de texto; cada elemento <p> traz um atributo class com um valor diferente:

```
<p class=@one@>Aqui está algum texto.</p>
<p class=@two@>Aqui está algum texto.</p>
```

```
<p class=@three@>Aqui está algum texto.</p>
```
O uso do atributo class permite a você adicionar estilos diferentes a diferentes elementos que compartilham o mesmo nome.

A Propriedade font-family

Esta propriedade permite a você especificar a família de fontes que deve ser usada. A grande desvantagem com essa propriedade é que as pessoas visualizando a página devem ter essa fonte nos seus computadores, caso contrário eles não verão a página nessa fonte. Você pode, entretanto, especificar mais de uma fonte de modo que, se o usuário não tiver sua primeira escolha de fonte, o navegador procura pela próxima fonte da lista (ch07_eg02.css).

```
p.one {font-family:arial, verdana, sans-serif;}
p.two {font-family:times, Atimes new roman@, serif;}
p.three {font-family:courier, Acourier new@, serif;}
```

Se um nome de fonte contiver espaços, como times new roman ou courier new, você deve colocar o nome entre aspas duplas.

A Figura 7-5 mostra como este exemplo deve aparecer em um navegador; você pode ver os diferentes tipos de fontes usadas em cada parágrafo (ch07_eg02.html).

Figura 7-5

A lista de fontes separadas por vírgulas que você pode usar deve terminar com um dos cinco nomes de *fontes genéricas* de modo que o computador possa usar sua fonte genérica padrão se não encontrar as famílias que você especificou:

Nome genérico da fonte	Tipo da fonte	Exemplo
serif	Fontes com detalhes	Times
sans-serif	Fontes sem detalhes	Arial

Continua

monospace	Fontes com larguras fixas	Courier
cursive	Fontes que simulam escrita à mão	Comic Sans
fantasy	Fontes decorativas para títulos e semelhantes	Impact

Uma coisa que você deve ter em mente ao escolher fontes é que elas podem ter diferentes alturas e larguras, de modo que provavelmente escolherá uma fonte de tamanho semelhante como alternativa à sua primeira escolha. Se você tiver projetado sua página com uma fonte em mente, a aparência pode ser significativamente diferente se a fonte da segunda opção for de um tamanho diferente.

Quando os projetistas querem usar uma família específica de fontes que provavelmente não esteja presente na maioria dos computadores dos usuários, eles tendem a usar uma imagem GIF para esse texto. Geralmente não se gosta muito de usar imagens para seções grandes de texto, mas para logotipos ou cabeçalhos e outras quantidades pequenas de texto, essa é uma boa solução. Se você fizer isto, lembre-se de que deve fornecer o texto que deve ser visto na imagem como valor do atributo alt.

> Há várias coisas que podemos fazer para permitir o uso de fontes que outros provavelmente não tenham nos seus computadores e que envolvem o download da fonte em questão; entretanto, muitos usuários são cautelosos em relação a baixar arquivos de web sites, de modo que não podemos confiar nesta como sendo uma técnica para a obtenção da aparência que queremos. Se você realmente quiser usar uma fonte não padrão para textos pequenos, uma alternativa a imagens é uma combinação de Flash e JavaScript em SIFT, que permite a você criar alguns efeitos interessantes (http://novemberborn.net/sift).

A Propriedade font-size

Esta propriedade permite a você especificar um tamanho para a fonte. Você pode especificar um valor para esta propriedade de diversas maneiras:

- Tamanho absoluto
- Tamanho relativo
- Comprimento
- Porcentagem (em relação ao elemento pai)

Os valores a seguir são tamanhos absolutos:

```
xx-small x-small small medium large x-large xx-large
```

O comprimento pode ser expresso em uma das seguintes unidades:

```
px em ex pt in cm pc mm
```

Você verá o que cada uma destas diferentes unidades significa mais adiante neste capítulo na seção "Comprimentos" (já que eles são usados junto com diversas propriedades, não apenas fontes). Provavelmente o mais comum seja px (pixels).

Uma porcentagem é calculada como uma proporção do elemento que contém o texto:

```
2% 10% 25% 50% 100%
```

Por exemplo:

```
p.one    {font-size:xx-small;}
p.twelve {font-size:12px;}
p.thirteen {font-size:3pc;}
p.fourteen {font-size:10%;}
```

A Figura 7-6 mostra como alguns desses tamanhos de fontes diferentes trabalham no navegador. (ch07_eg03.html e ch07_eg03.css contêm diversos exemplos de diferentes formas de especificar tamanhos e comparar como eles trabalham.)

274 @ Introdução à Programação WEB com HTML, XHTML e CSS

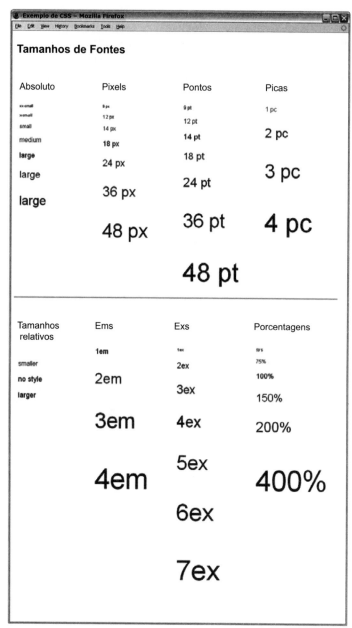

Figura 7-6

A Propriedade font-weight

A maioria das fontes tem diversas variações, como negrito e itálico. Embora muitas fontes bem feitas tenham versões completamente diferentes de cada caractere para texto em negrito, os navegadores tendem a usar um algoritmo para calcular e adicionar a espessura do caractere quando ele deve ficar em negrito. Por ele usar um algoritmo, isso significa que você também pode criar uma versão mais clara de fontes também. É para isto que serve a propriedade font-weight.

Os valores possíveis para ela são:

```
normal bold bolder lighter 100 200 300 400 500 600 700 800 900
```
Assim, você atribui uma fonte em negrito desta forma (ch07_eg04.css):

```
p.one   {font-weight:normal;}
p.two   {font-weight:bold;}
p.three {font-weight:bolder;}
p.four  {font-weight:lighter;}
p.five  {font-weight:100;}
p.six   {font-weight:200;}
```

A Figura 7-7 mostra como estes valores aparecem no navegador (ch07_eg04.html).

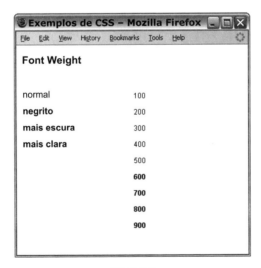

Figura 7-7

Destes valores, bold é o mais comumente usado, embora você também possa se deparar com o uso de normal (especialmente se um texto grande já estiver em negrito e uma exceção tiver que ser criada).

A Propriedade font-style

Este propriedade permite a você especificar que uma fonte deve ser normal, italic ou oblique, e esses são os valores da propriedade; por exemplo:

```
p.one {font-style:normal;}
p.two {font-style:italic;}
p.three {font-style:oblique;}
```

A Figura 7-8 mostra como esses valores aparecem no navegador (de ch07_3g05.css).

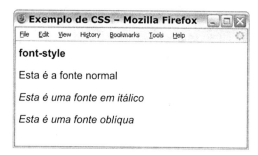

Figura 7-8

A Propriedade font-variant

Há dois valores possíveis para a propriedade font-variant: normal e small-caps. Uma fonte small caps se parece menor do que menor versão do conjunto de caracteres em maiúsculas.

Por exemplo, examine o parágrafo a seguir, o qual contém um <span> com um atributo class (ch07_eg06.html):

```
<p>Esta é uma fonte normal, mas então <span class=@smallcaps@> há
algumas small caps</span> no meio.</p>
```

Agora examine a *style sheet* (ch07_eg06.css):

```
p {font-variant:normal;}
span.smallcaps {font-variant:small-caps;}
```

Como você pode ver da Figura 7-9, a regra associada ao elemento <span> indica que seu conteúdo deve ser mostrado em small caps.

Figura 7-9

A Propriedade font-stretch

Esta propriedade configura a largura das letra em uma fonte (não o espaço entre elas). Podem ser valores relativos ou absolutos. Os valores relativos são os seguintes:

```
normal wider narrower
```

Os valores fixos são os seguintes:

```
ultra-condensed extra-condensed condensed semi-condensed semi-expanded expanded extra-expanded ultra-expanded
```

Por exemplo, você pode tornar uma fonte Arial condensada usando a seguinte sintaxe:

```
p {font-family:arial; font-stretch:condensed;}
```

Infelizmente, entretanto, essa propriedade não é suportada pelo IE 7 nem pelo Firefox 2.

A Propriedade font-size-adjust

Conforme mencionei anteriormente, as fontes podem ter alturas e larguras diferentes. O *valor de aspecto* de uma fonte é a taxa entre a altura de uma letra x minúscula na fonte e a altura da mesma. A propriedade font-size-adjust permite a você alterar o valor de aspecto de uma fonte.

Por exemplo, Verdana tem um valor de aspecto igual a 0,58 (o que significa que quando o tamanho de uma fonte for 100 px, sua altura x é de 58 pixels.) Times New Roman possui um valor de aspecto igual a 0,46 (o que significa que, quando o tamanho da fonte for de 100 px, sua altura x é de 46 pixels). Isso torna Verdana mais fácil de ler em tamanhos pequenos do que Times New Roman. Alterando o valor de aspecto de uma fonte, você pode, portanto, alterar sua altura.

Infelizmente, nem o Firefox 2 nem o IE 7 suportam essa propriedade.

Formatação de Texto

Além das propriedades de fonte, você pode usar diversas propriedades para afetar a aparência ou formatação do seu texto. Elas estão listadas na tabela que se segue.

Propriedade	Propósito
`color`	Especifica a cor do texto.
`text-align`	Especifica o alinhamento do texto dentro do elemento que o contém
`vertical-align`	O alinhamento vertical do texto dentro do elemento que o contém e em relação a este elemento
`text-decoration`	Especifica se o texto deve ser sublinhado, riscado por cima, riscado ou piscando
`text-indent`	Especifica uma indentação a partir da borda esquerda para o texto
`text-transform`	Especifica que o conteúdo do elemento deve ficar todo em letras maiúsculas, minúsculas ou as iniciais em maiúsculas
`text-shadow`	Especifica se o texto deve ter uma sombra
`letter-spacing`	Controla a largura entra as letras (conhecida dos projetistas de impressão como *kerning*)
`word-spacing`	Controla a quantidade de espaço entre cada palavra
`white-space`	Especifica se o espaço em branco deve ser eliminado, preservado ou evitar que passe para a outra linha
`direction`	Especifica a direção do texto (semelhante ao atributo dir)
`unicode-bidi`	Permite a você criar texto bi-direcional

A Propriedade color

Esta propriedade permite a você especificar o cor do texto. O valor dessa propriedade pode ser um código hexadecimal ou um nome de cor. (A forma através da qual as cores são especificadas para a Web é discutida mais no Capítulo D.)

Por exemplo, a regra a seguir faria o conteúdo dos elementos do parágrafo ficar vermelho (ch07_eg07.html):

```
p {color:#ff0000;}
```

A Propriedade text-align

Esta propriedade funciona como o atributo desatualizado align funcionaria com texto. Ela alinha o texto dentro do elemento que a contém ou da janela do navegador. Veja na tabela a seguir os valores possíveis.

Valor	Propósito
left	Alinha o texto com a borda esquerda do elemento que a contém
right	Alinha o texto com a borda direita do elemento que a contém
center	Centraliza o conteúdo no meio do elemento que a contém
justify	Espalha por toda a largura do elemento que a contém

Por exemplo, você pode ver como elas trabalham em uma tabela que tem largura de 500 pixels. Aqui estão as regras para cada linha (ch07_eg08.css):

```
td.leftAlign {text-align:left;}
td.rightAlign {text-align:right;}
td.center {text-align:center;}
td.justify {text-align:justify;}
```

A Figura 7-10 mostra como estas trabalham.

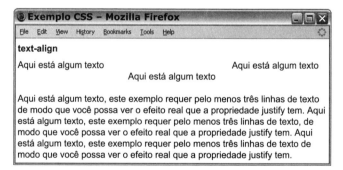

Figura 7-10

A Propriedade vertical-align

Esta propriedade é útil ao se trabalhar com elementos em linha, em especial imagens e pedaços de textos. Permite que você controle seu posicionamento vertical dentro do elemento que o contém.

```
span.footnote {vertical-align:sub;}
```

Ele pode receber diversos valores, como você pode ver na tabela a seguir.

Valor	Propósito
baseline	Tudo deve ficar alinhado na base do elemento pai (esta é a iguração padrão)
sub	Faz com que o elemento seja subscrito. Com imagens, o topo da mesma deve ficar na base. Com texto, o topo da fonte deve ficar na base.
super	Faz com que o elemento seja escrito acima. Com imagens, o limite inferior da mesma deve ficar no nível do topo da fonte. Com texto, o limite inferior da parte das letras como g e p que ficam abaixo da linha deve ficar alinhado com o topo do corpo da fonte.
top	O topo do texto e o topo da imagem devem ficar alinhados com o topo do elemento mais alto da linha.
text-top	O topo do texto e o topo da imagem devem ficar alinhado com o topo do texto mais alto da linha.
middle	O ponto vertical central do elemento deve ficar alinhado com o ponto vertical central do pai.
bottom	A parte inferior do texto e a parte inferior da imagem devem ficar alinhados com a parte inferior do elemento mais baixo na linha.
text-bottom	A parte inferior do texto e a parte inferior da imagem devem ficar alinhados com a parte inferior do texto mais baixo na linha.

Essa propriedade também pode receber um valor em porcentagem e um comprimento.

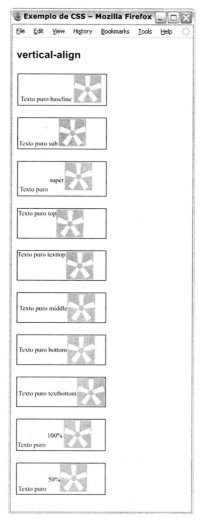

Figura 7-11

A Propriedade text-decoration

Esta propriedade permite a você especificar os valores mostrados na tabela que se segue:

Valor	Propósito
underline	Adiciona uma linha sob o conteúdo.
overline	Adicione uma linha sobre o topo do conteúdo.
line-through	Como o texto riscado, com uma linha passando pelo centro. De modo geral, deve ser usado apenas para indicar texto que foi marcado para exclusão.
blink	Cria um texto piscante (que geralmente não é muito apreciado e considerado irritante).

Por exemplo, aqui estão estas propriedades usadas em parágrafos separados:

```
p.underline {text-decoration:underline;}
p.overline {text-decoration:overline;}
p.line-through {text-decoration:line-through;}
p.blink {text-decoration:blink;}
```

A Figura 7-12 mostra as propriedades que são demonstradas em ch07_eg10.html. Observe que a propriedade blink funciona apenas no Netscape e no Firefox.

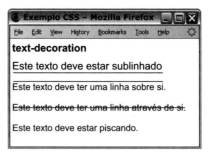

Figura 7-12

A Propriedade text-indent

Esta propriedade permite a você indentar a primeira linha de texto dentro de um elemento. Por exemplo, aqui você pode ver que a primeira linha do segundo parágrafo foi indentada. A seguir está o HTML de ch08_eg11.html:

```
<p>Este parágrafo deve ficar alinhado à esquerda do navegador.
</p>
<p class="indent">O conteúdo deste parágrafo deve ficar indentado em 3 em. </p>
```

Agora, aqui está a regra que indenta o segundo parágrafo (ch08_eg11.html):

```
.indent {text-indent:3em;}
```

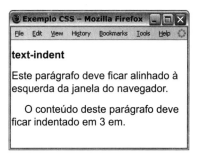

Figura 7-13

A Propriedade text-shadow

Esta propriedade deve criar uma *sombra*, que é uma versão escura da palavra atrás dela e com ligeiro offset. É muito usado em mídia impressa e sua popularidade fez com que tenha ganho sua própria propriedade CSS em CSS2. O valor para essa propriedade é bastante complicado porque pode receber três comprimentos, seguidos opcionalmente por uma cor:

```
.dropShadow { text-shadow: 0.3em 0.3em 0.5em black}
```

Os dois primeiros comprimentos especificam as coordenadas X e Y do offset da sombra, enquanto que o terceiro especifica um efeito difuso. Esse é seguido por uma cor, que pode ser um nome ou um valor hexadecimal.

Infelizmente, essa propriedade não funciona no IE 7 nem no Firefox 2, embora um exemplo tenha sido fornecido com o código de download em ch07_eg12.html e ch07_eg12.css.

A Propriedade *text-transform*

Esta propriedade permite a você especificar se o conteúdo de um elemento vai ficar em maiúsculas ou em minúsculas. Os valores possíveis são mostrados na tabela a seguir:

Valor	Propósito
none	Não ocorre nenhuma alteração.
capitalize	A primeira letra de cada palavra deve ficar em maiúscula.
uppercase	Todo o conteúdo do elemento deve ficar em maiúsculas.
lowercase	Todo o conteúdo do elemento deve ficar em minúsculas.

Examine os próximos quatro parágrafos, todos os quais têm a seguinte forma (mas com valores diferentes para o atributo class):

<p class="none"><i>The Catcher in the Rye</i> foi escrito por J.D. Salinger</p>

Aqui você pode ver os quatro valores diferentes da propriedade text-transform em uso (ch07_eg13.css):

```
p.none {text-transform:none;}
p.Capitalize {text-transform:Capitalize;}
p.UPPERCASE {text-transform:UPPERCASE;}
p.lowercase {text-transform:lowercase;}
```

A Figura 7-14 mostra como os parágrafos apareceriam em um navegador com esses estilos aplicados.

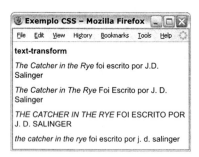

Figura 7-14

A Propriedade letter-spacing

Esta propriedade deve controlar algo que os projetistas de impressão chamam de *tracking*: o espaço entre as letras. Um espaçamento frouxo indica que há muito espaço entre as letras, enquanto que espaçamento estreito diz que as letras estão espremidas. Nenhum espaçamento se refere ao espaço normal entre as letras para tal fonte.

Os valores possíveis são normal ou uma unidade de comprimento (que é o próximo tópico). Por exemplo (ch07_eg14.css que é usado por ch07_eg14.html):

```
span.wider {letter-spacing:10px;}
```

A Figura 7-15 lhe dá uma indicação da aparência.

Figura 7-15

A Propriedade word-spacing

Esta propriedade deve estabelecer o espaço entre as palavras. Seu valor deve ser uma unidade de comprimento. Por exemplo (ch07_eg15.css usado por ch07_eg15.html):

```
span.wider {word-spacing:20px;}
```

A Figura 7-16 lhe dá uma indicação da aparência

Figura 7-16

A Propriedade *white-space*

Esta propriedade controla se o espaço em branco é preservado dentro e entre de elementos de nível de bloco. Por padrão, um navegador transforma quaisquer dois ou mais espaços juntos em um único, e faz com que qualquer retorno de carruagem vire um único espaço também. A propriedade white-space oferece os mesmos resultados do elemento <pre> e do atributo nowrap de XHTML. Veja na tabela a seguir os valores possíveis para esta propriedade.

Valor	Significado
normal	Espaço em branco normal juntando regras.
pre	O espaço em branco é preservado da mesma forma que no elemento <pre> de XHTML, mas a formatação é a que for indicada para esse elemento, não apenas uma fonte mono-espaço.
nowrap	O texto é dividido em uma nova linha apenas se assim for definido explicitamente com um elemento .

Por exemplo, você pode usar a propriedade white-space como em (ch07_eg16.css):

```
.pre {white-space:pre;}
.nowrap {white-space:nowrap;}
```

Infelizmente, o valor de pre não funciona no IE 7, embora funcione em Netscape 4/Firefox 1 e posteriores. A propriedade nowrap funciona em IE 6 e Netscape 4/Firefox 1 e posteriores. Você pode ver ambas as propriedades trabalhando na Figura 7-17.

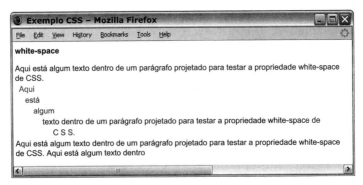

Figura 7-17

A Propriedade direction

Esta propriedade é semelhante ao atributo dir e especifica a direção na qual o texto deve fluir. A tabela a seguir mostra os valores possíveis.

Valor	Significam
ltr	O texto flui da esquerda para a direita.
rtl	O texto flui da direita para a esquerda.
inherit	O texto flui na mesma direção do seu elemento pai.

Por exemplo, aqui estão regras para dois parágrafos indicando diferentes direções para o texto (ch07_eg17.css usado por ch07_eg17.html):

```
p.ltr {direction:ltr;}
p.rtl {direction:rtl;}
```

Na prática, tanto o IE quanto o Firefox usam essa propriedade de forma semelhante ao atributo align. O valor rtl simplesmente alinhará o texto à direita, como você pode ver na Figura 7-18. Observe, entretanto, que o ponto está à esquerda da frase no parágrafo que deve estar correndo da direita para a esquerda.

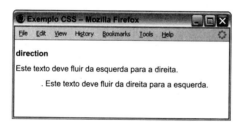

Figura 7-18

Não use esta propriedade em vez da propriedade text-align, já que quebrará quando novos navegadores suportarem integralmente esta propriedade.

A Propriedade unicode-bidi

Esta propriedade é projetada para propósitos de internacionalização; a parte bidi no nome é a abreviação de bidirecional. Ela permite que palavras apareçam na direção que seria imaginada pelo padrão Unicode e para os autores especificarem uma mudança na direção do conteúdo do elemento ao contrário do padrão Unicode. Veja os valores possíveis na tabela a seguir.

Valor	Propósito
normal	Não será permitido o direcionamento interno.
embed	O elemento abre um nível adicional intreno e a direção Unicode pretendida será seguida.
bidi-override	Sobrescreve os valores direcionais padrão de um elemento em linha para permitir que a propriedade direction estabeleça a direção em um elemento (sobrescreve as configurações Unicode).

É especialmente útil para elementos em linha que devam ficar voltados para uma direção diferente do resto do elemento que os contiverem B por exemplo, se você estivesse usando uma palavra que tivesse sido escrita em uma direção diferente porque o valor embed permite que seu texto flua na direção oposta do resto do elemento que o contiver. Se você quiser impedir que isso aconteça, pode usar o valor bidi-override.

Pseudo-Classes de Texto

Embora você esteja aprendendo sobre texto, há duas pseudo-classes muito úteis que podem lhe auxiliar a trabalhar com texto. Essas pseudo-classes permitem a você exibir a primeira letra ou a primeira linha de um elemento de uma forma diferente da do resto do elemento. Ambos são usados comumente na estilização de textos.

A Pseudo-Classe first-letter

Esta pseudo-classe permite a você especificar uma regra para a primeira letra de um elemento. Ela é mais comumente usada no primeiro caracter de uma nova página, em alguns artigos de revistas ou em livros.

Aqui está um exemplo da pseudo-classe first-letter aplicada a um elemento <p> que tem um atributo class cujo valor é pageOne (ch07_eg18.cass que é usado por cch07_eg18.html):

```
p.pageOne:first-letter {font-size:42px;}
```

Você pode ver o trabalho desta pseudo-classe na Figura 7-19 (que também mostra a próxima pseudo-classe que estamos examinando).

Figura 7-19

A Pseudo-Classe first-line

Esta pseudo-classe permite a você exibir a primeira linha de qualquer parágrafo de forma diferente do resto do mesmo. Ela poderia estar em negrito de modo que o leitor possa ver claramente uma introdução (para artigos) ou a primeira linha (para poemas).

O nome da pseudo-classe é separado do elemento na qual ela deve aparecer por dois pontos:

```
p:first-line {font-weight:bold;}
```

Observe agora, se você redimensionar a janela de modo que haja menos texto na primeira linha, apenas a primeira linha do navegador receberá esse estilo. Você pode ver a pseudo-classe first-line em ação na Figura 7-19, que também demonstra a pseudo-classe first-letter.

| Experimente | **Uma Página de Teste de Fontes** |

Agora que você já aprendeu sobre o uso de CS para formatar texto, está na hora de tentar colocar o que aprendeu em prática criando uma página de teste de fontes. Você poderá usar essa página para testar se o navegador suporta uma fonte ou não.

1. Crie um novo documento XHTML, com o esqueleto com o qual está acostumado:

```
<?xml version=@1.0@ encoding=@iso-8859-1@?>
<!DOCTYPE html PUBLIC A-//W3C//DTD XHTML 1.0 Transitional//EN@
        Ahttp://www.w3.org/TR/xhtml1/DTD/xhtml1-transitional.dtd@>
<html xmlns=@http://www.w3.org/1999/xhtml@ lang=@en@>
<head>
        <title>Teste de fontes</title>
</head>
<body>
</body>
```

```
</html>
```

2. Adicione um elemento <link /> a uma *style sheet* externa. O nome desta *style sheet* será font-test.css.

```
<head>
    <title>Teste de fonte</title>
    <link rel=@stylesheet@ type=@text/css@ href=@font-test.css@ />
</head>
```

3. Adicione quatro elementos <div> ao corpo do documento, cada um contendo a linha AA rápida raposa marrom pulou sobre o cachorro preguiçoso@.

Para cada elemento, dê um atributo class cujo valor seja o nome de uma família diferente de fontes e comece cada frase com o nome da família de fontes, também, desta forma:

```
<div class=@arial@>Arial: A rápida raposa marrom pulou sobre o
cachorro preguiçoso.</div>
<div class=@helvetica@>Helvetica: A rápida raposa marrom pulou
sobre o cachorro preguiçoso.
</div>
<div class=@TimesNewRoman@>Times New Roman: A rápida raposa marrom
pulou sobre o cachorro preguiçoso.</div>
<div class=@MrsEaves@>Mrs Eaves: A rápida raposa marrom pulou
sobre o cachorro preguiçoso.
</div>
```

4. Grave este arquivo com o nome de test.html.

5. Crie um novo documento no editor que estiver usando e grave o arquivo como font-test.css.

6. Adicione os seletores para cada um dos elementos <div> que você inseriu no seu documento XHTML:

```
div.arial
div.helvetica
div.TimesNewRoman
div.MrsEaves
```

7. Adicione propriedades font-family a cada um destes e dê um valor da família de fontes especificada:

```
div.arial {font-family:arial;}
div.helvetica {font-family:Helvetica;}
div.TimesNewRoman {font-family:@Times New Roman@;}
div.MrsEaves {font-family:@Mrs Eaves@;}
```

8. Adicione outra família após a que você quiser visualizar e separe as duas com uma vírgula. Observe que esta segunda família deve ser bem diferente das que você estiver esperando ver. Estou usando Courier, uma fonte mono-espaço, como a segunda escolha, de modo que ficará claro se o navegador suporta ou não a fonte que citei.

```
div.arial {font-family:arial, courier;}
div.helvetica {font-family:Helvetica, courier;}
div.TimesNewRoman {font-family:@Times New Roman@, courier;}
div.MrsEaves {font-family:@Mrs Eaves@, courier;};}
```

9. Adicione a seguinte regra para assegurar que haja espaço adeqüado entre cada linha para examinar as fontes:

```
div {line-height:28px;}
```

10. Grave este arquivo CSS e abra a página XHTML no seu navegador. Você deve acabar com algo como a Figura 7-20.

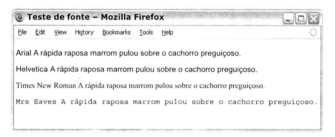

Figura 7-20

A família Mrs Eaves é uma fonte serif, como Times. Da Figura 7-20 você pode ver que o computador de onde esta tela foi tirada não tem a Mrs Eaves instalada porque está mostrando Courier B uma fonte mono-espaço B em vez dela.

Um dos exercícios no final do capítulo expande este exemplo.

Como Isto Funciona

A primeira coisa a se observar neste exemplo é a presença do elemento <link /> no documento XHTML fonte, o que indica que ele deve receber estilo usando a *style sheet* font-test.css.

```
<link rel=@stylesheet@ type=@text/css@ href=@font-test.css@ />
```

Essa linha mostra três atributos, todos os quais são necessários para indicar o relacionamento entre o documento que contém a conexão e o documento que está sendo conectado, e assim esta *style sheet* pode ser localizada.

O navegador deve usar agora a *style sheet* para definir a aparência do exemplo conforme especificado em font-test.css. Cada elemento <div> no documento XHTML trazia um atributo class, que é usado pela CSS para identificar o conteúdo deste elemento em particular e definir o estilo de forma diferente de outros elementos <div>. O valor dos atributos class é a família de fontes a ser verificada.

São os seletores de uma regra CSS que determinam a quais elementos uma regra se aplica, e o seletor de classes foi usado na *style sheet* para identificar individualmente cada elemento <div> de modo que diferentes regras possam ser aplicadas a cada um. Por exemplo, o texto a ser exibido em uma família Arial foi identificado da seguinte forma:

```
div.arial
```

As propriedades foram então adicionados dentro de chaves que seguiam o seletor. A propriedade font-family permite a você especificar a família que você quer usar para o conteúdo dos elementos selecionados (e seus filhos B porque essa propriedade é herdada por elementos filhos). Uma segunda fonte não semelhante em aparência foi então especificada como a segunda opção se o navegador não pudesse encontrar a fonte solicitada; isso torna claro se o navegador não suporta uma fonte. Usei Courier porque ela é claramente identificável como uma fonte mono-espaço.

```
div.arial {font-family:arial,courier;}
```

Finalmente, a propriedade line-height adicionou altura extra entre cada linha de texto para tornar os exemplos mais legíveis. Essa propriedade foi especificada usando um seletor para cada elemento <div> em vez de repetindo-o para cada um desses elementos.

Seletores

Você deve estar começando a dominar a escrita de regras em *style sheets* que indicam como um elemento deve aparecer, mas antes de examinar mais algumas das propriedades que pode usar para afetar a aparência de um documento, precisa ver um pouco mais dos fundamentos, iniciando com um exame das diferentes formas nas quais pode selecionar a qual elemento ou elementos a regra se aplica.

Você pode selecionar elementos de diversas formas, não apenas usando seus nomes como você viu neste capítulo (o que é conhecido como *seletor simples*) ou usando o valor do atributo class no documento que está sendo formatado por uma *style sheet*. Você pode criar seletores que sejam muito mais específicos. Além de fornecer o nome do elemento como um seletor, você pode usar os seguintes como seletores.

Seletor Universal

Este seletor é um asterisco; é como uma máscara e associa todos os tipos de elementos no documento.

```
*{}
```

Se você quiser que uma regra se aplique a todos os elementos, pode usar esse seletor. Às vezes ele é usado para valores padrão, como font-familiy e font-size, que se aplicarão ao documento inteiro (a menos que outro seletor mais específico indique que um elemento deva usar valores diferentes para estas mesmas propriedades).

Isso é ligeiramente diferente da aplicação de estilos padrão ao elemento <body>, já que o seletor universal se aplica a cada elemento e não se baseia na propriedade sendo herdada das regras que se aplicam ao elemento <body>.

O Seletor Type

Este seletor associa todos os elementos especificados em uma lista separada por vírgulas. Ele permite a você aplicar as mesmas regras a diversos elementos. Por exemplo, o seguinte associaria todos os elementos h1, h2 e p.

```
h1, h2, p {}
```

Se você tiver as mesmas regras se aplicando a diversos elementos, esta técnica pode levar a uma *style sheet* menor, economizando largura de banda e carga no seu servidor (o computador enviando páginas web para quem as solicitar).

O Seletor Class

Este seletor permite a você associar uma regra a um elemento que tenha um valor de atributo class especificado no seletor da classe. Por exemplo, imagine que você tivesse um elemento <p> com um atributo class cujo valor fosse BackgroundNote, dessa forma:

```
<p class=@BackgroundNote@>Este parágrafo contém informações
extras.</p>
```

Você pode usar um seletor de classes de uma entre duas maneiras aqui: Primeiro você poderia simplesmente atribuir uma regra que se aplique a qualquer elemento que tenha um atributo class cujo valor seja BrackgroundNote, precedendo o valor do atributo class com um ponto:

```
.BackgroundNote {}
```

Ou você pode criar um seletor que selecione apenas os elementos <p> que tragam um atributo class com um valor igual a BackgroundNote (não outros elementos) assim:

```
p.BackgroundNote {}
```

Se você tiver diversos elementos que possam ter um atributo classe com o mesmo valor (por exemplo um elemento <p> e um elemento <div> poderiam ambos usar o atributo class com o mesmo valor) *e* quiser que o conteúdo desses elementos seja exibido da mesma maneira, irá querer usar a primeira notação. Se a classe for específica para o elemento <p>, então você deve usar a segunda notação.

O Seletor ID

Este seletor trabalha como um seletor de classe, nas sobre o valor dos atributos id. Contudo, em vez de usar um ponto antes do valor do atributo id, você pode usar uma vara ou um sinal de cerquilha (#). Assim, um elemento <p> com um atributo id cujo valor seja abstract pode ser identificado com este seletor.

```
p#abstract
```

Devido ao valor de um atributo id dever ser único dentro de um documento, este seletor deve se aplicar apenas ao conteúdo de um elemento.

O Seletor Child

Este seletor associa um elemento que seja filho direto de outro. Nesse caso, ele associa a quaisquer elementos que sejam filhos diretos de elementos <td>:

```
td>b {}
```

Isto deve lhe permitir especificar um estilo diferente para elementos <p> que sejam filhos diretos do elemento <td> em vez de para elementos <b> que apareçam em outros lugares no documento.

Observe, entretanto, que este seletor se aplica apenas a um elemento <b> que seja filho direto do elemento pai. O seletor a seguir não faz sentido porque o elemento <b> não deve ser um filho direto de um elemento <table> (em vez disso, um elemento <tr> mais provavelmente será o filho direto de um elemento <table>);

```
table>b {}
```

O sinal > é chamado de *combinador*.

Infelizmente, o IE7 foi a primeira versão do Internet Explorer a suportar o seletor de filhos, de modo que antes de usar este seletor no seu site, você precisa verificar quantos dos seus visitantes usam IE7 (você pode ver como fazer isto no Capítulo 13). Se você ainda tiver muitos visitantes usando o IE6, deve testar seu web site no IE6 para assegurar que tenha a aparência que você deseja.

O Seletor Descendent

Este seletor associa a um tipo de elemento que seja um descendente de outro elemento especificado, em qualquer nível de aninhamento, não apenas um filho direto. O sinal > era o combinador para o seletor child e, para o seletor descendent, o combinador é o espaço. Examine este exemplo:

```
table b { }
```

Nesse caso, o seletor associa a qualquer elemento <p> que seja filho do elemento <table>, o que significa que ele se aplicaria a elementos <b> tanto em elementos <td> quanto em <th>.

Esta é uma diferença em relação ao seletor child porque ele se aplica a todos os filhos do elemento <table>, em vez de apenas ao filho direto.

O Seletor Adjacent Sibling

Este seletor associa um tipo de elemento que seja o próximo descendente de outro. Por exemplo, se você quiser dar um estilo diferente ao primeiro parágrafo após qualquer cabeçalho de nível 1, pode usar o seletor adjacent sibling, desta forma:

```
h1+P { }
```

Ambos os elementos devem ter o mesmo elemento e esse se aplicará apenas ao elemento <p> diretamente após um cabeçalho.

Infelizmente, o IE7 foi a primeira versão do Internet Explorer a suportar este seletor, de modo que você precisa verificar quantos dos visitantes do seu site usam o IE7 (você aprenderá como fazer isto no Capítulo 13). Se você ainda tiver muitos visitantes usando o IE6, deve testar seu web site no IE6 para assegurar que ele apareça como você quer.

Usando Seletores Child e Adjacent Sibling para Reduzir a Dependência de Classes nos Marcadores

Os seletores child e adjacent sibling são muito importantes porque podem reduzir o número de atributos class que você precisa adicionar ao seu documento XHTML.

É muito fácil adicionar classes para todos os tipos de eventualidades. Por exemplo, você poderia querer que o primeiro parágrafo após um elemento <h1> seja mostrado em negrito e poderia ser tentado a adicionar uma classe ao primeiro elemento <p> após cada elemento <h1>. Isto funcionará, mas antes que você perceba sua marcação pode ficar poluída com todos os tipos de classes que só estão lá para facilitar o controle da apresentação das páginas.

Além disso, se você decidir então que queria que os dois primeiros elementos <p> após cada elemento <h1> fiquem em negrito, poderia ter que voltar e adicionar novos atributos de classes para os segundos elementos <p> após cada elemento <h1>. Assim, os seletores child e adjacent sibling adicionam muita flexibilidade ao modo como você estabelece o estilo dos documentos e podem ajudar a tornar a marcação mais limpa.

Examine o seguinte documento XHTML (ch07_eg19.html):

```
<p>Aqui está um exemplo de alguns seletores adjacent sibling e child.</p>
<div>
   <p>Um</p>
   <p>Dois</p>
   <p>Três</p>
   <p>Quatro</p>
   <p>Cinco</p>
</div>
```

Usando apenas os seletores adjacent, adjacent sibling e child, você criará uma página que se parece com a mostrada na Figura 7-21.

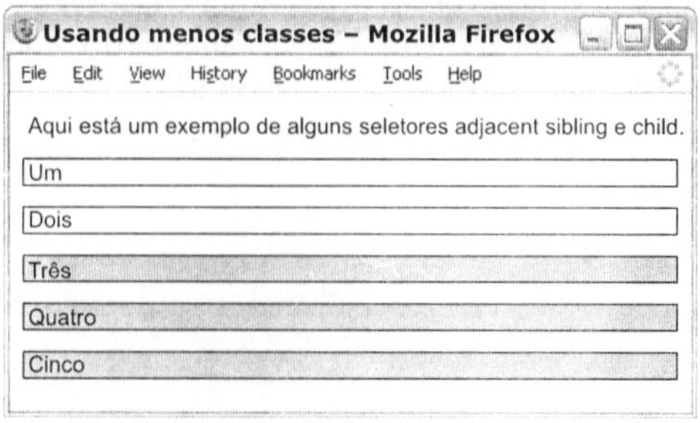

Figura 7-21

Os três estilos diferentes dos parágrafos são os seguintes:

- =O primeiro parágrafo não tem borda ou cor de fundo.
- =Todos os parágrafos dentro do elemento <div> têm bordas.
- =Os últimos três parágrafos têm uma cor de fundo cinza.

Não usei três classes diferentes para especificar três estilos diferentes de parágrafos; em vez disso, tenho uma regra que controla a fonte usada para todos os parágrafos:

p {font-family:arial, verdana, sans-serif;}

A seguir está a segunda regra para qualquer parágrafo que seja filho de um elemento <div>. (Por causa do primeiro parágrafo não estar dentro de um elemento ,div>, a regra não se aplica a ele).

div>p {border:1px solid #000000;}

A terceira regra associa qualquer parágrafo e é o terceiro elemento <p> consecutivo. (Devido aos quarto e quinto elementos <p> terem dois elementos <p> anteriores, esta regra se aplica a eles também).

p+p+p {background-color:#999999;}

Lembre-se de que esse exemplo não funcionará no IE6 ou em versões anteriores do Internet Explorer, já que esses seletores foram introduzidos no IE7.

Seletores de Atributos

Estes seletores permitem a você usar os atributos que um elemento traz no seletor. Você pode usar seletores de atributos de diversas formas, conforme mostrado na tabela a seguir, mas eles só foram suportados em versões posteriores do navegador.

Nome	Exemplo	Associa
Seletor de existência	p[id]	Qualquer elemento <p> trazendo um atributo chamado id.
Seletor de igualdade	p[id=@resumo@]	Qualquer elemento <p> trazendo um atributo chamado id cujo valor seja resumo.
Seletor de espaço	p[class~=@ XHTML@]	Qualquer elemento <p> trazendo um atributo chamado classe cujo valor seja uma lista de palavras separadas por vírgulas, uma das quais sendo exatamente igual a XHTML.
		Continua

Seletor de hífen	p[language|=@en@]	Qualquer elemento <p> trazendo um atributo chamado language cujo valor comece com en e seja seguido por um hífen (é projetado para uso com atributos de linguagens).
Seletor de prefixo	p[attr^@b@]	Qualquer elemento <p> trazendo qualquer (CSS3) atributo cujo valor comece com b. (CSS3)
Seletor de substring	p[attr*@b@]	Qualquer elemento <p> trazendo qualquer (CSS3) atributo cujo valor contenha as letras on. (CSS3)
Seletor de sufixo	p[attr$@x@]	Qualquer elemento <p> trazendo qualquer (CSS3) atributo cujo valor termine com x. (CSS3)

O Internet Explorer implementou estes seletores de atributos no IE7 e, para que eles funcionem, o documento XHTML deve ter a declaração estrita !DOCTYPE.

O Firefox 2 só suporta os quatro primeiros seletores de atributos.

> Outro recurso é a capacidade de usar expressões regulares em seletores. Entretanto, o uso dessas expressões ainda não é suportado por nenhum dos principais navegadores. Além disso, expressões regulares são um tópico complicado e é melhor você se acostumar aos seletores mencionados aqui antes de considerar o aprendizado de expressões regulares.

Examinaremos o uso destes seletores de atributos, Aqui estão sete elementos diferentes de parágrafos, cada um trazendo atributos/valores de atributo (ch07_eg20.html):

```
<p id=@introduction@>Aqui está o parágrafo um, cada um tem atributos diferentes.</p>
<p id=@summary@>Aqui está o parágrafo dois, cada um tem atributos diferentes.</p>
<p class=@important XHTML@>Aqui está o parágrafo três, cada um tem atributos diferentes.</p>
<p language=@en-us@>Aqui está o parágrafo quatro, cada um tem atributos diferentes.</p>
<p class=@begins@>Aqui está o parágrafo cinco, cada um tem atributos diferentes.</p>
<p class=@contains@>Aqui está o parágrafo seis, cada um tem atributos diferentes.</p>
<p class=@suffix@>Aqui está o parágrafo sete, cada um tem atributos diferentes.</p>
```

Agora examinaremos uma *style sheet* CSS que usa seletores de atributos para associar diferentes regras de estilo a cada um destes elementos (ch07_eg20.css):

```
p[id] {border:1px solid #000000;}
p[id=@summary@] {background-color:#999999;}
p[class~=@XHTML@] {border:3px solid #000000;}
p[language|=@en@] {color:#ffffff; background-color:#000000;}
p[attr^@b@]{border:3px solid #333333;}
p[attr*@on@] {color:#ffffff; background-color:#333333;}
p[attr$@x@] {border:1px solid #333333;}
```

Você pode ver o resultado no Firefox 2.0 na Figura 7-22. Como você pode ver, essa versão do Firefox entende apenas os dois primeiros seletores de atributos, não os três últimos (que são acréscimos em CSS3).

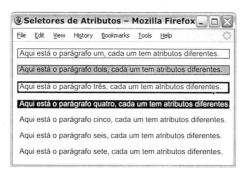

Figura 7-22

Devido a XHTML diferenciar maiúsculas de minúsculas, todos os seletores devem corresponder ao tipo de caixa do nome do elemento ao qual eles devem corresponder.

Comprimentos

Você já viu que alguns dos valores de propriedades são dados como comprimentos (tamanhos de fontes, alturas de linhas de texto) e irá se deparar com a necessidade de especificar comprimentos em várias outras propriedades CSS. Examinaremos essas agora porque a próxima seção se baseia em comprimentos para diversas propriedades.

Comprimentos podem ser medidos de uma entre três formas em CSS:

❑ Unidades absolutas
❑ Unidades relativas
❑ Porcentagens

Unidades Absolutas

A tabela a seguir mostra as *unidades absolutas* que você pode usar em CSS.

Unidade	Nome Completo
pt	Um ponto
pc	Uma pica
in	Uma polegada
cm	Um centímetro
mm	Um milímetro

Eu não deveria precisar clarear polegadas, milímetros ou centímetros, mas as outras duas são mais interessantes. Um ponto é 1/72 de polegada (o mesmo que um pixel na maioria das resoluções de telas de computadores) e uma pica é 1/12 de polegada (12 pontos). Tipógrafos tendem a usar pontos para medir tamanhos de fontes e os espaços entre as linhas, enquanto que picas são usadas para medir comprimentos de linhas.

Unidades Relativas

Unidades relativas e porcentagens podem ser muito úteis, mas também trazem seus próprios problemas dos quais você precisa estar ciente por dois motivos:

❏ Elas podem ajustar o tamanho com o tipo de mídia na qual o documento está sendo mostrado.

❏ Os usuários podem aumentar e diminuir o tamanho de fontes em um navegador web e o resto da página se ajustará.

Px

Um *pixel* é a menor unidade de resolução em uma tela e provavelmente a forma mais comum de especificar tamanhos e comprimentos de fontes em CSS.

Tecnicamente, o tamanho de um layout que use pixels como unidade de medida *pode* depender da mídia de visualização (continue lendo para ver por que eu digo "pode").

A maioria das telas de computadores tem uma resolução de 72 pontos por polegadas (dpi), mas você descobrirá que a maioria das impressoras a laser e jato de tinta modernas são configuradas com uma resolução maior – minha impressora atual é executada em 300 dpi. Em comparação, telefones celulares e PDAs podem ter uma resolução ainda menor que a de telas de computadores.

Assim, uma tabela que tenha largura de 500 pixels poderia ter 9,9444 polegadas em uma tela de 72 dpi, 1,666 polegada em 300 dpi ou 13,888 polegadas em uma tela de 32 dpi (e uma tela com tal baixa definição pouco provavelmente terá este tamanho).

Na verdade, entretanto, quando você imprime uma página web a partir do IE ou do Firefox, o navegador ajustará as unidades de pixel para apresentar uma versão legível do documento. De fato, CSS recomenda que os agentes de usuários redimensionem unidades de pixels de modo que, lendo na distância de um braço, 1 pixel corresponda a em torno de 0,28 mm ou 1/90 de polegada. Contudo, tecnicamente, isso impede que um pixel seja uma unidade relativa, e o torna uma unidade absoluta.

A maioria das linguagens de programação poderosas tem uma função que permite aos programadores ajustar imagens à resolução da tela, mas isto não é possível em CSS.

Em

Uma unidade *em* corresponde diretamente ao tamanho da fonte do elemento de *referência*, seja o elemento de referência esse elemento ou o que o contém.

O termo *em* é muitas vezes imaginado como proveniente da largura de um *m* minúsculo, embora agora seja mais freqüente ser considerado a altura da fonte.(Observe que um *en* é metade de um *em*.)

ex

O *ex* deve ser a altura de um *x* minúsculo. Devido a diferentes fontes terem diferentes proporções, o ex é relacionado ao tamanho da fonte e do tipo da mesma. Na Figura 7-23, você pode ver que o *x* na família de fontes Courier é menor que na família Impact.

Figura 7-23

Porcentagens

As porcentagens dão um valor em relação a outro (o valor depende da propriedade em questão). Observe que, quando um valor de porcentagem é herdado, é o valor que é estabelecido pela porcentagem que é herdado (não a porcentagem).

Introduzindo o Modelo de Caixa

Agora que você vi como especificar propriedades, aprendeu mais sobre seletores e examinou algumas das unidades básicas de comprimento, logo estará pronto para examinar mais conjuntos de propriedades que poderá usar para controlar a apresentação do conteúdo do elemento. Porém, antes que você o faça, precisa entender como CSS é baseada em um *modelo de caixa*.

Cada elemento é tratado como uma *caixa* em CSS e lembrar disso vai realmente lhe ajudar a entender como criar aparências alternativas com CSS.

Como você pode ver na tabela que se segue, cada caixa possui três propriedades das quais você deve estar ciente.

Propriedade	Descrição
border	Mesmo se você não puder vê-la, cada caixa tem uma borda. Ela separa os limites da caixa de outras caixas.
margin	A margem é a distância entre o limite de uma caixa e a caixa próxima dela.
padding	É o espaço entre o conteúdo da caixa e sua borda.

Você pode ter uma melhor idéia destas propriedades na Figura 7-24, que mostra as diversas partes da caixa (a reta preta é a borda).

Figura 7-24

Você pode usar CSS para controlar individualmente o topo, a parte inferior, as bordas esquerda e direita e o espaçamento de cada caixa; e você pode especificar uma largura e cor diferente para cada lado da caixa.

As propriedades padding e margin são especialmente importantes na criação de espaços em branco, que é o espaço entre partes da página, nos seus projetos. Por exemplo, se você tiver texto dentro de uma caixa com uma borda, iria querer ter algum espaço em branco de modo que o limite do texto não toque nas bordas. (Se o texto alcançar uma borda da mesma cor, ficará mais difícil de ser lido.)

Enquanto isso, se você tivesse duas caixas com bordas, então, sem uma margem entre elas, as caixas se juntariam e a linha pareceria mais grossa onde as caixas se encontrassem.

Existe, entretanto, uma questão interessante com margens: quando uma margem inferior de um elemento se encontra com a margem superior de outra, apenas a maior das duas será mostrada (se forem do mesmo tamanho, então a margem será equivalente ao tamanho de apenas uma das margens). A Figura 7-25 mostra as margens verticais de duas caixas adjacentes se juntando.

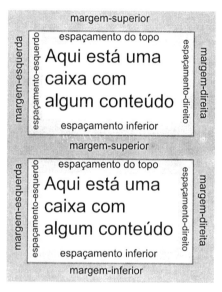

Figura 7-25

Para entender completamente como o modelo de caixa funciona com elementos, examine o exemplo na seção de texto.

Um Exemplo Ilustrando o Modelo de Caixa

Para ilustrar o modelo de caixa com uma página real, é como se o elemento <body> criasse uma caixa que contivesse a página inteira, e depois cada cabeçalho, parágrafo, imagem ou conexão criasse outra caixa dentro da página.

Cada caixa pode ter diferentes propriedades que afetam a aparência do seu conteúdo. Examine a seguinte XHTML (ch09_eg21.html):

```
<?xml version=@1.0@ ?>
<!DOCTYPE html PUBLIC A-//W3C//DTD XHTML 1.0 Transitional//EN@
     Ahttp://www.w3.org/TR/xhtml1/DTD/xhtml1-transitional.dtd@>
<html xmlns=@http://www.w3.org/1999/xhtml@ lang=@en@ xml:lang=@en@>
```

```
<head>
    <title>Entendendo o Modelo de Caixa</title>
    <link rel=@stylesheet@ type=@text/css@ href=@ch07_eg19.css@ />
</head>
<body>
    <h1>Pensando Dentro da Caixa</h1>
    <p class=@description@>Quando você estiver estabelecendo o
estilo de uma página web          com páginas CSS você deve começar
a pensar em termos de <b>caixas</b>.</p>
    <p>Cada elemento é tratado como se gerasse uma nova caixa. Cada
caixa pode ter
       novas regras associadas a ela.</p>
    <img src=@images/boxmodel.gif@ alt=@Como CSS trata uma caixa@ />
    <p>Como você pode ver no diagrama anterior, cada caixa possui
uma <b>borda</b>.
       Entre o conteúdo e a borda você pode ter <b>espaços em branco</
b> e
       fora da borda você pode ter uma <b>margem</b> para separar essa
caixa
       de quaisquer caixas vizinhas.</p>
</body>
</html>
```

Cada elemento envolvido com o corpo do elemento - <body>, <h2>, <p2>, <img> e <b> - é tratado como se estivesse em uma caixa separada. Você pode ver isto criando algumas regras CSS para adicionar uma borda em torno de cada um desses elementos usando algumas novas propriedades aqui, as quais você conhecerá em breve (ch07_eg21.css).

```
body {
   color:#000000;
   background-color:#ffffff;
   font-family:arial, verdana, sans-serif;
   font-size:12px;
   line-height:24px;}
body, h1, p, img, b {
   border-style:solid;
   border-width:2px;
   border-color:#000000;
   padding:2px;}
h1, b {background-color:#cccccc;}
```

Isso lhe dá uma idéia melhor de como toda essa configuração de estilos com CSS envolve a seleção de um elemento e depois uma configuração de diferentes propriedades com valores apropriados.

A Figura 7-26 mostra a aparência dessa página em um navegador. Embora não seja muito atraente, mostra a você como as caixas são criadas para cada elemento. A reta é na verdade a borda da caixa criada para esse elemento. Além de cada elemento ter uma borda, os elementos <h1> e <bold> também têm um fundo cinza para ajudar a distingui-los.

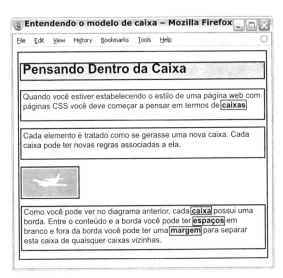

Figura 7-26

Você talvez lembre do Capítulo 1 que há uma diferença entre *elementos de nível de bloco* e *elementos de linha*; a diferença se torna bastante importante ao se trabalhar com o CSS porque ela determina como cada caixa é tratada. Esse exemplo ilustra bem essa questão; se você examinar o elemento <h1>, sua caixa ocupa toda a largura do navegador, enquanto que caixas em torno dos elementos <b> ficam no meio do resto do parágrafo em vez de ocupar a linha inteira.

O elemento <h1> é um elemento de nível de bloco, assim como os elementos <body> e <p>. Ele é tratado como se criasse um bloco separado por si só e aparecesse na sua própria nova linha. O elemento <b>, enquanto isso, é um elemento em linha, que flue dentro do elemento que o contém, e não tem que aparecer sozinho em uma nova linha. Um elemento de bloco também, por padrão, ocupará a largura inteira da página (ou o elemento dentro do qual estiver contido), enquanto que um elemento em linha ocupará apenas o espaço que precisar.

O elemento <img /> pode se parecer como se fosse um elemento de nível de bloco, embora na verdade seja um elemento de linha. Você pode perceber isso porque, embora ele se pareça com se estivesse na sua própria linha, a borda ao seu redor ocupa apenas a largura da imagem. Se ele fosse um elemento de nível de bloco, a borda alcançaria a largura inteira do navegador. A imagem está na sua própria linha apenas porque os elementos em cada lado dela *são* elementos de nível de bloco (e portanto os elementos ao redor aparecem nas suas próprias linhas).

Em Strict XHTML, esse elemento de imagem deve ser colocado dentro de um elemento de nível de bloco, já que você deve ter apenas elementos de nível de bloco como filhos do elemento <body>. Embora isto não importe em Transitional XHTML, você poderia simplesmente consertar esse problema colocando o elemento dentro de um elemento <div> (que você talvez lembre que é um elemento agrupador).

> Se você estiver verificando seu site no Internet Explorer 6 ou em versões anteriores do IE, pode descobrir que caixas aparecem em tamanhos diferentes do que esperava. Em navegadores em conformidade com os padrões a largura total de uma caixa é:

```
largura = margem-esquerda + borda-esquerda + espaçamento-esquerdo
+ largura + espaçamento-direito + borda-direita + margem-direita
```

> Em versões anteriores do IE, espaçamento e bordas não são incluídos no cálculo, então ele pensa que

```
largura = margem-esquerda + largura + margem-direita
```

> Você pode contornar isto em IE6 assegurando que ele esteja sendo executado em modo de conformidade com os padrões, o que você faz incluindo uma das declarações !DOCTYPE que você viu no Capítulo 1 nas suas páginas XHTML.

As Propriedades Border

As propriedades border permitem a você especificar como a borda representando um elemento deve parecer. Há três propriedades de uma borda que você pode alterar:

- border-color para indicar a cor que a borda deve ter
- border-style para indicar se uma borda deve ser sólida, tracejada ou dupla, ou um dos outros valores possíveis
- border-width para indicar a largura que uma borda deve ter

A Propriedade border-color

Esta propriedade permite a você alterar a cor da borda em torno de uma caixa. Por exemplo:

```
p {border-color:#ff0000;}
```

O valor pode ser um código hexadecimal para a cor ou o nome da cor (cores são discutidas em maiores detalhes no Apêndice D.) Ele também pode ser expresso como valores para vermelho, verde e azul; ente 0 e 255; ou em porcentagens de vermelho, verde e azul. Veja exemplos na tabela que se segue.

Nome da Cor	hexadecimal	Valores RGB	Porcentagens RGB
vermelho	#ff0000	rgb(255,0,0)	rgb(100%, 0, 0)
verde	#f00ff00	rgb(0, 255, 0)	rgb(0, 100%, 0)
azul	#0000ff	rgb(0, 0, 255)	rgb(0, 0, 100%)

Você pode alterar individualmente as cores dos lados inferior, superior, esquerdo e direito da borda usando as seguintes propriedades:

- border-bottom-color
- border-right-color
- border-top-color
- border-left-color

A Propriedade border-style

Esta propriedade permite a você especificar o estilo da borda:

```
p {border-style:solid;}
```

O valor padrão dessa propriedade é none, de modo que nenhuma borda é mostrada automaticamente. A tabela que se segue mostra os valores possíveis.

Valor	Descrição
none	Nenhuma borda. (Equivalente a border-width:0;)
solid	A borda é uma reta sólida única.
dotted	A borda é uma série de pontos.
dashed	A borda é uma série de traços.
double	A borda são duas linhas sólidas; o valor da propriedade border-width cria a soma das duas linhas e o espaço entre elas.
groove	A bordar se parece como se estivesse cavada na página.
ridge	A borda tem aparência oposta a groove.
inset	A borda faz com que a caixa pareça que está embutida na página.
outset	A borda faz com que a caixa pareça que está saindo da página.
hidden	Igual a none, exceto em termos de resolução de conflitos de bordas para elementos de tabelas.

Você pode alterar individualmente o estilo das bordas superior, inferior, esquerda e direita usando as seguintes propriedades:

- border-bottom-style
- border-right-style
- border-top-style
- border-left-style

Figura 7-27

A Propriedade border-width

Esta propriedade permite a você estabelecer a largura das suas bordas.

```
p {border-style:solid;}
border-width:4px;}
```

O valor da propriedade border-width não pode ser uma porcentagem; ele deve ser um comprimento (conforme discutido na seção "Comprimentos" anteriormente no capítulo) ou um dos seguintes valores:

- thin
- medium
- thick

A largura dos valores thin, medium e thick não são especificados na recomendação CSS em termos de pixels; assim, a largura real que corresponde a estas palavras chaves depende do navegador.

Você pode alterar individualmente a largura das bordas inferior, superior, esquerda e direita usando as seguintes propriedades:

- border-bottom-width

- border-right-width
- border-top-width
- border-left-width

Expressando Propriedades de Bordas Usando Abreviações

A propriedade border permite a você especificar cor, estilo e largura das linhas em uma propriedade:

```
p {border: 4px solid red;}
```

Para usar essa abreviação, os valores não devem ter nada (além de um espaço) entre eles. Você também pode especificar as três cores, estilo e largura das retas individualmente para cada lado da caixa da mesma maneira usando estas propriedades:

- border-bottom
- border-top
- border-left
- border-right

A Propriedade padding

Esta propriedade permite a você especificar quanto espaço deve aparecer entre o conteúdo de um elemento e sua borda:

```
td {padding:5px;}
```

O valor deste atributo deve ser um comprimento, uma porcentagem ou a palavra inherit. Se o valor for inherit, ele terá o mesmo espaçamento que seu elemento pai.

Se for usada uma porcentagem, ela é a da caixa que contiver o elemento. Assim, se a regra indicar que o espaçamento no elemento <body> deve ser 10 por cento, 5 por cento da largura da janela do navegador ficarão dentro do conteúdo do elemento <body> em cada lado como espaçamento. Alternativamente, se a regra indicasse que um elemento <td> deve ter espaçamento de 10 por cento em uma célula que tenha 100 elementos quadrados, haverá um espaçamento de 5 pixels em torno de cada lado do quadrado dentro da borda.

O espaçamento de um elemento não será herdado, de modo que, se o elemento <body> tiver uma propriedade padding com valor igual a 50 pixels, isso não se aplicará automaticamente a todos os outros elementos dentro dele.

Você pode especificar diferentes espaçamentos em cada lado de uma caixa usando as seguintes propriedades:

- padding-bottom
- padding-top
- padding-left
- padding-right

O atributo padding é especialmente útil ao se criar espaços em branco entre o conteúdo de um elemento e alguma borda que ele tenha. (Mesmo se a borda não for visível, padding evita que o conteúdo de duas caixas adjacentes se toquem.) Examine os dois parágrafos a seguir se quiser esse espaço)ch07_eg23.css).

```
.a, .b {border-style:solid;
   border-color:#000000;
   border-width:2px;
   width:100px;}
.b {padding:5px;}
```

Figura 7-28

Tenho certeza de que você pode imaginar que, quando tiver uma tabela com muitas células adjacentes, essa propriedade padding se torna muito valiosa.

A Propriedade margin

Esta propriedade é o espaço entre caixas, e seu valor é um comprimento, uma porcentagem ou inherit, sendo que cada uma delas tem o mesmo significado que tinha para a propriedade padding que você acabou de ver:

```
p {margin:20px;}
```

Cascading Style Sheets @ 311

Da mesma forma que com a propriedade padding, os valores da propriedade margin não são herdados por elementos filhos. Lembre-se, porém, de que duas caixas cujas margens verticais se toquem também serão juntadas de modo que a distância entre os blocos não seja a soma das margens, mas apenas a maior das duas margens (o o mesmo tamanho de uma margem se ambos forem iguais).

Você também pode configurar valores diferentes para a margem em cada lado da caixa usando as seguintes propriedades:

❏ margin-bottom

❏ margin-top

❏ margin-left

❏ margin-right

Se você examinar o exemplo a seguir (veja a Figura 7-29, que mostra ch07_eg24.html), poderá ver três parágrafos, cuja aparência é como se tivessem espaçamentos iguais. Entretanto, eles têm margens mais altas no topo que embaixo, e portanto onde duas caixas se encontram, a margem de baixo é ignorada (as margens são unidas). O exemplo também mostra como estabelecer as margens esquerda e direita no lado de elementos em linha B onde você vê as palavras destacadas. Novamente, esse não é o exemplo mais atraente, mas ilustra caixas em bloco e em linha usando margens.

As palavras nos parágrafos que estão destacadas usando o elemento <em> têm propriedades margin-left e margin-right estabelecidas. Pelo fato desses elementos também terem uma cor de fundo estabelecida, você pode realmente ver como as margens à esquerda e à direita separam as palavras das palavras ao seu redor.

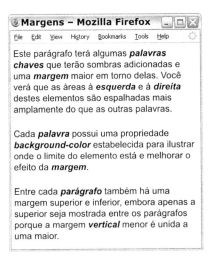

Figura 7-29

Aqui estão as regras de ch07_eg24.css:

```
body {
  color:#000000;
  background-color:#ffffff;
  font-family:arial, verdana, sans-serif;
  font-size:12px;}
p {
  margin-top:40px;
  margin-bottom:30px;
  margin-left:20px;
  margin-right:20px;
  border-style:solid;
  border-width:1px;
  border-color:#000000;}
em {
  background-color:#cccccc;
  margin-left:20px;
  margin-right:20px;}
```

Dimensões

Agora que você viu a borda que envolve cada caixa, o espaçamento que pode aparecer dentro de cada caixa e a margem que pode ir em torno delas, está na hora de examinar como você pode alterar as dimensões das caixas.

A tabela que se segue mostra as propriedades que permitem a você controlar as dimensões de uma caixa.

Propriedade	Propósito
`height`	Estabelece a altura de uma caixa
`width`	Estabelece a largura de uma caixa
`line-height`	Estabelece a altura de uma linha de texto (como a entrada de um programa de layout)
`max-height`	Estabelece uma altura máxima para uma caixa
`min-height`	Estabelece a altura mínima para uma caixa
`max-width`	Estabelece a largura máxima para uma caixa
`min-width`	Estabelece a largura mínima para uma caixa

As Propriedades height e width

Estas propriedades permitem a você estabelecer a altura e a largura de caixas. Elas podem receber valores de comprimento, porcentagem, ou a palavra chave auto (que é o valor padrão).

Aqui você pode ver as regras CSS para dois elementos de parágrafos, o primeiro com um atributo class cujo valor é one e o segundo cujo atributo classe possui um valor igual d two (ch07_eg25.css):

```
p.one {
    width:200px; height:100px;
    padding:5px; margin:10px;
    border-style:solid; border-color:#000000; border-width:2px; }
p.two {
    width:300px; height:100px;
    padding:5px; margin:10px;
    border-style:solid; border-color:#000000; border-width:2px; }
```

Como você pode ver na Figura 7-30, o primeiro parágrafo terá largura de 200 pixels e altura de 100 pixels, e o segundo parágrafo terá largura de 300 pixels e altura de 100 pixels.

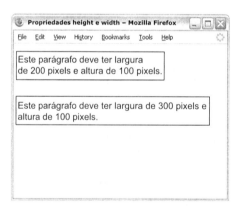

Figura 7-30

A Propriedade line-height

Esta propriedade é uma das mais importantes ao se exibir textos. Ela permite a você aumentar o espaço entre linhas de texto (conhecidos pelos projetistas de texto como *leading*).

O valor de uma propriedade line-height pode ser um número, um comprimento ou uma porcentagem. É uma boa idéia especificar essa propriedade na mesma medida em que você especificar o tamanho do seu texto.

Aqui você pode ver duas regras estabelecendo diferentes propriedades line-height (ch07_eg26.css):

```
p.one {
  line-height:16px;}
p.two {
  line-height:28px;}
```

Como você pode ver na Figura 7-31, o primeiro parágrafo tem um atributo line-height, enquanto que o segundo e o terceiro correspondem às regras anteriores. Adicionar alguma altura extra entre cada linha de texto muitas vezes pode torná-lo mais legível, especialmente em artigos longos.

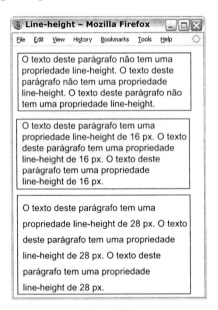

Figura 7-31

As Propriedades max-width e min-width

Estas propriedades permitem a você especificar uma largura máxima e mínima para uma caixa. Isto deve ser especialmente útil se você quiser criar partes de páginas que aumentem e diminuam para caber nas telas dos usuários. A propriedade max-width evitará que uma caixa seja tão grande que fique difícil de ler (linhas que sejam longas demais são mais difíceis de ler em telas) e min-width ajudará a evitar que as caixas sejam tão pequenas que fiquem ilegíveis. É importante observar, entretanto, que o IE7 foi a primeira versão do Internet Explorer que suporta essas propriedades.

O valor destas propriedades pode ser um número, um comprimento ou uma porcentagem, e valores negativos são permitidos. Por exemplo, examine a seguinte regra, que especifica que um elemento <div> não pode ter largura menor do que 200 pixels e não pode ser mais largo que 500 pixels. (ch07_eg27.css):

```
div {min-width:200px;
  max-width:500px;
  padding:5px;
  border:1px solid #000000;}
```

Você pode ver a aparência disso na Figura 7-32, que mostra duas janelas de navegadores e pode experimentar você mesmo usando o arquivo ch07_eg27.html no código de download. A primeira janela é aberta em mais de 500 pixels de largura e a caixa não passa de 500 pixels; a segunda janela é fechada em menos de 200 pixels, em cujo ponto o navegador começa a mostrar uma barra de rolagem horizontal porque você não consegue ver toda a caixa.

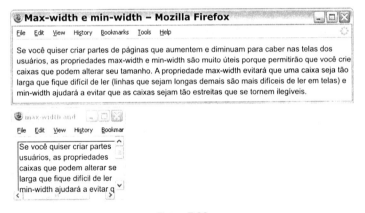

Figura 7-32

As Propriedades min-height e max-width

Estas propriedades correspondem às propriedades min-width e max-width, mas especificam uma altura mínima e uma largura mínima para a caixa. Novamente, é importante observar que o IE7 foi a primeira versão do Internet Explorer a suportar estas propriedades.

O valor dessas propriedades pode ser um número, um comprimento ou uma porcentagem, e valores negativos são permitidos. Examine o exemplo a seguir (ch07_eg28.css):

```
div {min-height:50px;
  max-height:200px;
  padding:5px;
  border:1px solid #000000;}
```

Novamente, estas propriedades são muito úteis na criação de aparências que possam ser redimensionadas de acordo com o tamanho da janela do navegador do usuários. Entretanto, você pode ver um fenômeno interessante na Figura 7-33: se o conteúdo da caixa ocupar mais espaço do que a caixa pode por causa destas regras, o conteúdo pode sair da caixa (você aprenderá a lidar com isto na próxima seção).

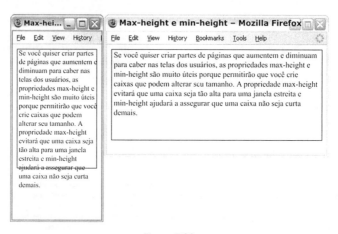

Figura 7-33

A Propriedade overflow

Como você acabou de ver na Figura 7-33, quando controla o tamanho de uma caixa, o conteúdo que você quer que caiba na caixa pode requerer mais espaço do que você tem. Isso acontece não apenas com as propriedades min-height e max-height ou min-width e max-width, mas também por várias outras razões, como quando você simplesmente estabeleceu uma largura e altura fixas para uma caixa, ou deu a uma caixa margens negativas.

Valor	Propósito
hidden	O conteúdo saindo da caixa é escondido.
scroll	A caixa recebe barras de rolagem para permitir que os usuários rolem para ver o conteúdo.

Examine o exemplo a seguir, onde a largura de dois elementos <div> foi controlada pelas propriedades max-height e max-width de modo que o conteúdo dos elementos

<div> não caiba na caixa. Para o primeiro elemento, configurei a propriedade overflow com um valor igual a hidden, e a segunda tem com um valor igual a scroll (ch07_eg29).

```
div {max-height:75px;
   max-width:250px;
   padding:5px;
   margin:10px;
   border:1px solid #000000;}
div.one {overflow:hidden;}
div.two {overflow:scroll;}
```

Agora examine a Figura 7-34, que mostra ch07_eg29.html. Você pode ver o efeito dessas duas propriedades B na primeira caixa o texto é simplesmente cortado quando fica sem espaço, e na segunda uma barra de rolagem é criada permitindo aos usuários rolar o conteúdo apropriado.

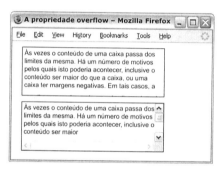

Figura 7-34

Experimente | Uma Style Sheet para Código

Muitas vezes preciso exibir código online. Então eu escrevo a seguinte *style sheet* para permitir que defina estilos semelhantes aos que você vê neste livro, para mostrar código na Web. Como você verá no próximo capítulo, esse código pode ser incluído em outras *style sheets* quando necessário, o que significa que é uma *style sheet* reusável.

A *style sheet* possui diversos estilos para elementos de bloco e de linha. A tabela que se segue mostra os estilos que você criará.

Nome do Estilo	Em linha ou Bloco	Uso
`condeInText`	Em linha	Para um pouco de código escrito no meio de uma frase, mostrada em uma fonte mono-espaço.
`codeForeground`	Bloco	Código destacado em fonte mono-espaço para mostrar exemplos.
`codeBackground`	Bloco	Como codeForeground, mas não destacado porque já foi visto antes ou não é o ponto chave do exemplo.
`keystroke`	Em linha	Teclas que um usuário deve pressionar, distinguíveis porque estão em itálico.
`importantWords`	Em linha	O primeiro uso de um termo chave; ajuda os usuários a varrer o documento porque ele aparece em uma fonte em negrito.
`boxText`	Bloco	Cria um bloco de observações importantes que fica em uma caixa e tem fundo sombreado.
`background`	Bloco	Cria um bloco de texto em itálico que tem uma observação interessante.

1. A primeira coisa a fazer é criar seletores de classes para cada um desses estilos. Nomes de elementos não são usados para diversos dos estilos aqui porque estes poderiam se aplicar a diferentes elementos (por exemplo, a caixa de texto poderia estar em um elemento <p> ou em um <div> agrupando outros elementos.) Os seletores que usam elementos são que representam códigos.

```
code.codeInText{}
code.codeForeground {}
code.codeBackground {}
.keystroke {}
.importantWords {}
.boxText {}
.background {}
```

2. Agora é hora de iniciarmos a adição de declarações para cada seletor dentro das chaves. Primeiro é o estilo codeInText para palavras que apareçam no meio de uma sentença ou parágrafo que representem código. Na mesma tradição da maior parte do que é escrito em programação, o código será exibido em uma fonte mono-espaço. A primeira escolha de família de fontes B especificada usando a propriedade font-family B é Courier; se o navegador não encontrá-la, deve tentar encontrar Courier New e, se não encontrar esta família, usará sua fonte mono-espaço padrão (embora a maioria dos computadores tenha Courier ou Courier New instaladas).

Para tornar o código mais fácil de ler, essa fonte aparecerá em negrito, conforme indicado usando a propriedade font-weight.

```
.codeInText {font-family:courier, Acourier new@, monospace;
font-weight:bold;}
```

3. O segundo estilo é codeForeground. Esse estilo usa o mesmo tipo de fonte de codeInText.

Algumas coisas a serem observadas:

- ❏ O estilo codeForeground deve ser sempre exibido como um elemento de nível de bloco, mas apenas no caso de class ser usado incorretamente com um elemento em linha, a propriedade display é usada com um valor de block para assegurar que seja exibida como um bloco (você verá mais sobre esta propriedade no Capítulo 8).
- ❏ Você também verá que a propriedade letter-spacing tem sido usada com um valor negativo porque fontes mono-espaço tendem a usar um pouco de largura da página. Assim, para auxiliar a ter tantos caracteres quanto possível na mesma linha, recebe um valor de -0,1 de um em (ou 10 porcento de uma altura de fonte).
- ❏ A cor de fundo do estilo codeForeground é cinza. Isso ajuda o código a ficar mais legível. Um espaçamento de um *em* e meio foi adicionado na caixa de forma que o texto não vá direto para o limite da cor de fundo – o que também o torna mais fácil de ler.
- ❏ A margem garante que a caixa não toque outras caixas ou parágrafos. Ela tem uma margem menor na parte inferior do que na superior, assim como todos os estilos nesta *style sheet* que usam a propriedade margin.

```
.codeForeground {
  font-family:courier, Acourier new@, monosapce; font-weight:bold;
  letter-spacing:-0.1em;
  display:block;
  background-color:#cccccc;
  padding:0.5em;
  margin-bottom:1em; margin-top:1.5em;}
```

4. O estilo codeBackground é idêntico ao codeForeground exceto pelo fato do background-color é branco:

```
.codeBackground {
  font-family:courier, Acourier new@, monosapce; font-weight:bold;
  letter-spacing:-0.1em;
  display:block;
  background-color:#ffffff;
  padding:0.5em;
```

```
margin-bottom:1em; margin-top:1em;}
```

5. O estilo keystroke é em uma família Times, ou Times New Roman se Times não estiver disponível, caso em que a família serif para o navegador é usada. O estilo keystroke deve ser italicizado da seguinte maneira:

```
.keyStroke {
  font-family:times, ATimes New Roman@, serif;
  font-style:italic;}
```

6. O estilo importantWords é simplesmente negrito:

```
.importantWords {font-weight:bold; }
```

7. O estilo boxtext possui uma fonte em negrito com um fundo cinza claro; o que realmente o diferencia é que ele tem uma borda. Da mesma forma que o estilo codeForeground, boxText possui algum espaçamento de modo que o texto não alcance a borda B tornando-o mais fácil de ler B e possui uma margem para inseri-lo da esquerda e direita assim como verticalmente para separá-lo de outros elementos. Observe que a margem inferior é ligeiramente menor do que a margem superior.

```
.boxText {
  font-weight:bold;
  background-color:#efefef;
  width:90%;
  padding:1em;
  margin-left:3em; margin-right:3em; margin-bottom:1em; margin-top:1.5em;
  border-style:solid; border-width:1px; border-color:#000000;}
```

8. O estilo final é o background. É itálico e tem a mesma quantidade de espaçamento e margens do estilo boxText.

```
.background {
  font-style:italic;
  width:90%;
  padding:1em;
  margin-left:3em; margin-right:3em; margin-bottom:1em; margin-top:1em;}
```

9. Para este exemplo, também inclui uma regra para o elemento <p> e uma regra para o elemento <body> (embora eles não sejam parte do padrão CSS eu uso para estilos de código):

```
body {
  color:#000000;
```

```
background-color:#ffffff;
font-family:arial, verdana, sans-serif;
font-size:12px;}
p {margin-bottom:1em; margin-top:1.5em;}
```

10. Grave este arquivo como codeStyles.css. A seguir examine o seguinte arquivo XHTML, que faz uso desta *style sheet*. Como você pode ver, o elemento <link /> indica que esta é a *style sheet* a ser usado para este exemplo. Você pode então ver os elementos com os atributos class que se relacionam a esses estilos:

```
<?xml version=@1.0@ ?>
<!DOCTYPE html PUBLIC "-//W3C//DTD XHTML 1.0 Transitional//EN"
        Ahttp://www.w3.org/TR/xhtml1/DTD/xhtml1-transitional.dtd@>
<html xmlns=@http://www.w3.org/1999/xhtml@ lang=@en@>
<head>
        <title>CSS Exemplo</title>
        <link rel=@stylesheet@ type=@text/css@ href=@codeStyles.css@ />
</head>
<body>
<p>Você vai ver algum <code class=@codeInText@>codeInText</code>
seguido por algum
<span class=@importantWords@>importantWords</span> e o
fonte de um <span class=@keystroke@>keystroke</span>.</p>
<p>A seguir você verá algum foreground code:</p>
<code class=@codeForeground@>p {font-family:arial, sans-serif;
font-weight:bold;}</code>
<p>A seguir você verá algum background code:</p>
<code class=@codeBackground@>p {font-family:arial, sans-serif;
font-weight:bold;}</code>
<p class=@boxText@>Este é um texto em caixa para declarações
importantes.</p>
<p class=@background@>Aqui está um comentário background.</p>
</body>
</html>
```

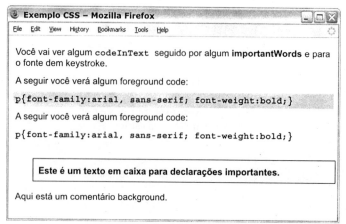

Figura 7-35

Como Isto Funciona

Você leu todo este capítulo então deve ter uma boa idéia de como este exemplo funciona. Contudo, vamos rever alguns dos pontos chaves aqui.

A *style sheet* é conectada ao exemplo XHTML usando o elemento <link /> na cabeçalho do documento XHTML.

<link rel=@stylesheet@ type=@text/css@ href=@codeStyles.css@ />

A questão em relação a essa *style sheet* é que ela pode ser usado com diversos documentos, motivo pelo qual as regras de estilo não são colocadas dentro de um elemento <style> no documento XHTML.

Observe que vários dos estilos usam propriedades margin e, quando o fazem, a margem superior é maior do que a inferior. Tendo a manter as margens inferiores um pouco menores que as superiores de modo que, se margens verticais adjacentes forem unidas, seja possível saber qual ela mais provavelmente é. Isso é especialmente útil porque você não pode realmente ver o limite de uma margem da mesma forma que pode usar a propriedade border para ver o limite de uma caixa.

```
.codeBackground {
  font-family:courier, Acourier new@, monospace; font-weight:bold;
  letter-spacing:-0.1em;
  display:block;
  background-color:#ffffff;
  padding:0.5em;
  margin-bottom:1em; margin-top:1em;}
```

As margens são maiores do que a esquerda e a direita nesses exemplos, de modo que as caixas são indentadas. Se a propriedade text-indent tivesse sido usada, apenas a primeira linha teria sido indentada.

Há duas propriedades nas caixas de bloco de código que não estão em nenhum lugar da *style sheet*. A propriedade letter-spacing é usada para fazer mais letras caberem na mesma linha do que de outra forma seria possível. Você não pode, porém, configurá-las de forma muito estreita ou o usuário não conseguirá ler as palavras (um décimo de um *em* é o máximo aqui.) Também há a propriedade display com um valor igual a block para assegurar que os estilos codeForeground e codeBackground sejam tratados com elementos de nível de bloco.

Os estilos boxText e background são indentados a partir das margens para a esquerda e direita de forma que se separem claramente do texto em torno deles e para ressaltá-los mais.

Você pode ter observado que todos os comprimentos na *style sheet* estão especificados em *sem* de modo que se relacionam com o tamanho padrão do texto no documento. Se alguns destes elementos tivessem recebido tamanhos absolutos, poderiam ter aparecido muito maiores ou menores do que o texto ao seu redor se seus comprimentos não fossem relativos.

Resumo

Neste capítulo, você aprendeu como escrever uma *style sheet* CSS. Você viu que uma *style sheet* CSS é constituída de regras que primeiro selecionam o elemento ou elementos aos quais as regras se aplicarão e depois contêm pares de propriedade-valor que especificam como o conteúdo do elemento deve aparecer.

Você aprendeu como pode alterar a aparência de fontes e texto.

Você sabe agora que CSS consegue exibir um documento tratando cada elemento como se ele fosse uma caixa separada e depois usando as propriedades para controlar como deve ser a aparência de cada caixa, e você aprendeu como estabelecer as dimensões e bordas, espaçamento e margens para cada caixa.

No próximo capítulo você aprenderá algumas propriedades mais, e também verá como pode usar CSS para posicionar elemento, o que é usado para criar layouts atraentes para páginas. Você verá até como pode inserir conteúdo de uma *style sheet* em um documento, lidar com listas com marcadores, criar contadores e mais.

Exercícios

1. Volte ao primeiro exemplo de Experimente neste capítulo e adicione estilos para mostrar como as versões em itálico e em negrito de cada fonte se pareceriam. Você deve terminar com algo parecido com a Figura 7-36.

Você pode usar apenas elementos <span> e <br /> no documento fonte e seletores de classes na *style sheet*. Você também precisa adicionar uma margem superior ao conteúdo dos elementos <div> para separá-los uns dos outros.

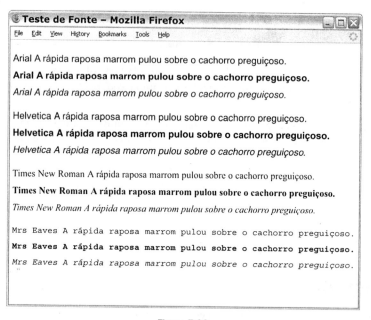

Figura 7-36

2. Examine a seguinte página XHTML:

```
<?xml version=@1.0@ encoding=@iso-8859-1@?>
<!DOCTYPE html PUBLIC A-//W3C//DTD XHTML 1.0 Transitional//EN@
    Ahttp://www.w3.org/TR/xhtml1/DTD/xhtml1-transitional.dtd@>
<html xmlns=@http://www.w3.org/1999/xhtml@ lang=@en@>
<head>
    <title>Font test</title>
    <link rel=@stylesheet@ type=@text/css@ href=@tableStyles.css@
/>
</head>
<body>
<table>
  <tr>
   <th>Quantidade</th>
   <th>Ingrediente</th>
  </tr>
  <tr class=@odd@>
     <td>3</td>
```

```
        <td>Ovos</td>
  </tr>
  <tr>
        <td>100ml</td>
        <td>Leite</td>
  </tr>
  <tr class=@odd@>
    <td>200g</td>
    <td>Espinafre</td>
  </tr>
  <tr>
    <td>1 pitada</td>
    <td>Canela</td>
  </tr>
 </table>
</body>
</html>
```

Agora crie a *style sheet* tablestyles.css que faz com que este exemplo se pareça como na Figura 7-37.

Figura 7-37

Não se preocupe em deixar os tamanhos exatamente idênticos aos dessa tela, mas assegure-se de ter espaçamentos nas células e na borda externa. A borda branca é criada por padrão no IE, e você descobrirá como removê-la no Capítulo 8.

8

Mais *Style Sheets* Cascading

Neste capítulo você aprende mais sobre o trabalho com CSS. Começará trabalhando com muitas das propriedades restantes das especificações CSS que permitem a você controlar a apresentação de conexões, cores de fundo, estilos de listas e contornos de caixas (sendo que esses últimos são diferentes de bordas). Você aprenderá a seguir sobre as pseudo-classes :before e :after que lhe permitem adicionar comentários que não estavam no documento fonte que você estilizou antes ou depois de um determinado elemento. Finalmente, você verá como CSS pode ser usado para posicionar caixas na página – e, portanto, como elas podem ser usadas para criar aparências em vez de se usar tabelas.

No final do capítulo, você saberá mais sobre como usar CSS para controlar o seguinte:

- Apresentação de conexões
- Fundos de documentos
- Estilos de marcadores e listas numeradas
- Aparência de tabelas
- Contornos em caixas
- Caixas que possam receber o foco ou ficarem ativas
- Adição de conteúdo ao documento XHTML antes e depois de um elemento
- Os três esquemas de posicionamento que permitem a você onde em uma página uma caixa aparecerá – algo que lhe prepara para usar CSS para criar aparências

> *Alguns dos recursos que você aprenderá neste capítulo não são amplamente suportados em navegadores. Eles, porém, valem a pena ser estudados para que você fique ciente da direção na qual CSS está indo.*

Conexões

Você já viu que a propriedade color pode mudar a cor do texto dentro de qualquer elemento e que os projetistas web normalmente usam esta propriedade em regras que se apliquem a elementos <a> para alterar as cores das conexões. Quando você faz isso, porém, a conexão sempre será daquela cor – mesmo as conexões que você já tive visitado, estiver passando com o mouse por cima ou clicando.

A capacidade de alterar ligeiramente a cor de conexões que você visitou pode ajudar ao usuários a navegar pelo seu site e alterar a cor quando alguém passo com o mouse por cima de uma conexão pode encorajar o usuário a clicar na mesma. Assim, quando você criar uma regra que altere a cor de conexões, as *pseudo-classes* listadas na tabela que se segue podem ajudar a diferenciar estilos associados a conexões em diferentes estados.

Pseudo-classe	Propósito
link	Estilos para conexões em geral
visited	Estilos para conexões que já tenham sido visitadas
active	Estilos para conexões que estejam ativas no momento (sendo clicadas)
hover	Estilos para quando alguém estiver passando com o mouse sobre a conexão

A seguir estão as propriedades que você provavelmente usará com estas pseudo-classes:

- ❏ color: Muitas vezes usada para alterar as cores das conexões. Conforme mencionado, é útil para diferenciar ligeiramente entre conexões diferentes que já tenham sido visitadas e as que ainda não o foram, já que ajuda os usuários a ver onde já estiveram. Além disso, alterar ligeiramente a cor quando um usuário passa com o mouse obre uma conexão pode ajudar a encorajar o usuário a clicar na mesma.

- ❏ text-decoration: Muitas vezes usada para controlar se a conexão deve ficar sublinhada ou não. As conexões sempre costumavam ser sublinhados na Web, embora desde a década de 1990 tenha sido mais popular não se sublinhar as conexões. Usando a propriedade text-decoration, você pode especificar que suas conexões devem ou não ser sublinhadas e você pode até configurá-los para serem sublinhados apenas quando o usuário passar com o mouse por cima de uma conexão ou quando selecioná-la.

- ❏ background-color: Destaca a conexão, como se tivesse sido marcada por uma caneta marcadora. É mais comumente usada quando o usuário passa com o mouse por cima de uma conexão, fazendo uma leve mudança na cor.

Mais Style Sheets Cascading @ 329

Aqui está um exemplo que mudará os estilos das conexões quando os usuários interagirem com elas (ch08_eg01.css):

```
body {background-color:#ffffff;}
a {
  font-family: arial, verdana, sans-serif;
  font-size:12px;
  font-weight:bold;}
a:link {
  color:#0000ff;
  text-decoration:none;}
a:visited {
  color:#333399;
  text-decoration:none;}
a:active {
  color:#0033ff;
  text-decoration:underline;}
a:link:hover {
  background-color:#e9e9e9;
  text-decoration:underline;}
```

A Figura 8-1 lhe dá uma idéia de como esta *style sheet* se parecerá (ch08_eg01.html), embora seja bastante difícil ver o efeito completo disso impresso, com as conexões mudando quando o usuário passa com o mouse sobre conexões e visita sites, então experimente o exemplo com o código de download para este capítulo.

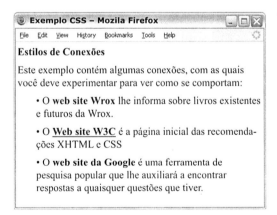

Figura 8-1

Também há duas pseudo-classes chamadas :focus e :active que alteram o estilo de um elemento quando ele recebe o foco ou se torna ativo. Você aprenderá sobre essas pseudo-classes mais adiante no capítulo.

Fundos

A tabela que se segue lista as seis propriedades em CSS que permitem a você especificar como o fundo de toda a janela do navegador ou de alguma caixa individual deve aparecer.

Propriedade	Propósito
background-color	Especifica uma cor que deve ser usadas para o fundo da página ou caixa
background-image	Configura uma imagem como o fundo de uma página ou caixa
background-repeat	Indica se a imagem de fundo deve ser repetida pela página ou caixa
background-attachment	Indica se uma imagem de fundo deve ficar fixa em uma posição na página ou se deve ficar nessa posição quando o usuário rolar a página ou não
background-position	Indica onde uma imagem deve ser posicionada na janela ou na caixa
background	Uma forma de atalho que lhe permite especificar todas estas propriedades

Você talvez esteja interessado em observar que a propriedade de atalho background é melhor suportada em versões mais antigas de alguns navegadores, mas precisa aprender quais valores as propriedades podem receber antes de usá-la.

A Propriedade background-color

Esta propriedade permite a você especificar uma única cor sólida para o fundo das suas páginas e dentro de qualquer caixa criada por CSS.

O valor dessa propriedade pode ser um código hexadecimal, um nome de cor ou um valor RGB (cores são cobertas em maior profundidade no Apêndice D). Por exemplo (ch08_eg02.css):

```
body {background-color:#cccccc; color:#000000;}
b {background-color:#FF0000; color:#FFFFFF;}
p {background-color: rgb(255,255,255);}
```

Quando propriedade background-color é configurado para o elemento <body>, afeta o documento inteiro, e quando é usado em qualquer outro elemento, usará a cor especificada dentro da borda da caixa criada para esse elemento. A Figura 8-2 mostra o estilo anterior usado com (ch08_eg02.html):

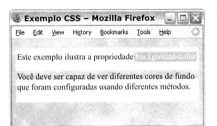

Figura 8-2

Acrescento uma regra para o elemento <body> para configurar a propriedade background-color para quase que todas as style sheets que escrevi, pelo simples motivo de que algumas pessoas configuram seus computadores para ter uma cor de fundo diferente do branco (muitas vezes porque causa menos embaraço aos seus olhos). Quando a cor de fundo de um sistema operacional é alterada, a cor de fundo do navegador fica geralmente dessa cor (como também ficam aplicações como processadores de texto). Se você não especificar esta propriedade, não pode garantir que o visitante do site tenha a mesma cor de fundo que você.

A Propriedade background-image

Como seu nome sugere, essa propriedade permite a você adicionar uma imagem ao fundo de qualquer caixa em CSS, e seu efeito pode ser bastante poderoso. O valor que ele recebe é o seguinte, começando com as letras url e depois com a URL da imagem entre chaves e aspas:

```
body {background-image: url("images/background.gif);" }
```

A propriedade background-image sobrescreve a propriedade background-color. É uma boa prática, porém, fornecer uma propriedade background-color com um valor semelhante ao da cor principal na imagem mesmo quando você quiser usar uma imagem de fundo, porque a página usará essa cor enquanto a página estiver sendo carregada ou se por algum motivo não puder carregar a imagem.

Aqui está um exemplo de uso de uma imagem única de fundo que tem 200 pixels de largura e 150 de altura. Por padrão, essa imagem é repetida por toda a página (ch08_eg03.css). A propriedade background-color é configurada com a mesma cor do fundo da imagem (apensa para o caso desta não poder ser carregada):

```
body {
    background-image: url("images/background.gif");
    background-color: #cccccc; }
```

A Figura 8-3 mostra como isto se parece em um navegador (ch08_eg03.html).

Figura 8-3

Esse não é um ótimo exemplo de uma imagem de fundo, mas mostra algo importante. O problema é que não há contraste suficiente entre as cores usadas na imagem de fundo e no texto que aparece no topo dela, o que deixa o texto mais difícil de ler.

Você pode assegurar que haja contraste suficiente entre qualquer imagem de fundo e a escrita que aparece sobre ela; caso contrário, imagens com baixo contraste (imagens que sejam formadas por cores semelhantes) muitas vezes constituem fundos melhores porque é mais difícil encontrar uma cor que seja legível sobre uma imagem com alto contraste.

A Figura 8-4 mostra um exemplo melhorado da imagem de fundo, onde o texto está em uma cor sólida, o que o torna mais fácil de ler. Dessa vez também usei uma imagem maior (ch08_eg03b.html).

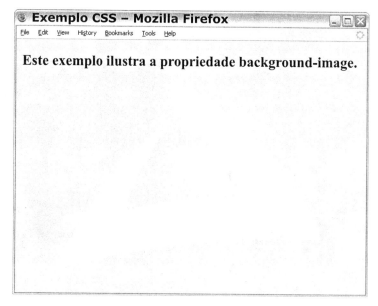

Figura 8-4

Você deve observar que não há como expressar a largura e altura pretendidas de uma imagem de fundo e que ela não pode ter um atributo alt (texto alternativo para quem não puder ver a imagem por algum motivo); portanto, uma imagem de fundo nunca deve ser usada para expressar informações importantes porque não essas informações não ficam acessíveis para quem não puder ver a imagem.

Você também deve evitar o uso de arquivos grandes como imagens de fundo porque podem ser lentos de carregar. Quanto maior o tamanho da imagem, mais tempo demora para carregar e exibir.

A propriedade background-image funciona bem com a maioria dos elementos de bloco, embora alguns navegadores mais antigos possam ter problemas ao mostrar imagens de fundo em tabelas.

A Propriedade background-repeat

Por padrão, a propriedade background-image repete pela página inteira, criando o que é carinhosamente chamado de *papel de parede*. O papel de parede é feito de uma imagem que é repetida várias vezes e das quais (se a imagem for bem desenhada) você não verá os limites. Portanto, é importante que quaisquer padrões se ajustem bem. Papéis de parede são muitas vezes feitos de texturas como papel, mármore ou superfícies abstratas, em vez de fotos ou logotipos.

Se você não quiser que sua imagem se repita por todo o fundo da página, deve usar a propriedade background-repeat, que possui quatro valores úteis, como você pode ver na tabela a seguir.

Valor	Propósito
repeat	Faz com que a imagem se repita para cobrir toda a página.
repeat-x	A imagem será repetida horizontalmente pela página (não verticalmente).
repeat-y	A imagem será repetida verticalmente pela página (não horizontalmente).
no-repeat	A imagem é exibida apenas uma vez.

Essas propriedades diferentes podem ter efeitos interessantes. Vale a pena examinar cada um. Você já viu o efeito do valor repeat, assim o próximo a ser examinado é repeat-x, que cria uma barra horizontal seguindo o eixo x do navegador (ch08_eg04.css):

```
body {
    background-image: url("images/background_small.gif");
    background-repeat: repeat-x;
    background-color: #ffffff; }
```

Você pode ver o resultado do uso dessa propriedade na Figura 8-5.

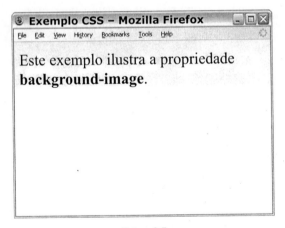

Figura 8-5

O valor repeat-y funciona da mesma forma que rfepeat-x, mas em outra direção: verticalmente, seguindo o eixo y do navegador (ch08_eg05.css):

```
body {
  background-image: url("images/background_small.gif");
  background-repeat: repeat-y;
  background-color: #ffffff;}
```

Na Figura 8-6, você pode ver o resultado com uma barra lateral saindo da esquerda.

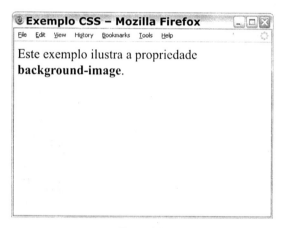

Figura 8-6

O valor final foi no-repeat, deixando uma instância da imagem que por padrão ficará no canto superior esquerdo da janela do navegador (ch08_eg06.css):

```
body {
  background-image: url("images/background_small.gif");
  background-repeat: no-repeat;
  background-color: #eaeaea;}
```

Você pode ver o resultado na Figura 8-7; observe como a cor do fundo da página foi configurada como a mesma da imagem que usamos.

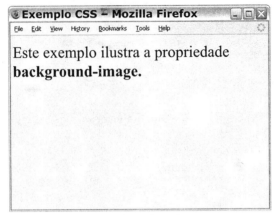

Figura 8-7

A Propriedade background-position (para fixar a posição de fundos)

Quando a propriedade background-color é a mesma da cor do fundo da imagem, você não consegue ver os limites dessa (como na Figura 8-7). Entretanto, você pode querer alterar a posição dessa imagem, e pode fazê-lo usando a propriedade background-position, que recebe os valores mostrados na tabela a seguir.

Valor	Significado
x% y%	Porcentagens nos eixos x (horizontal) e y (vertical)
x y	Comprimentos absolutos nos eixos x (horizontal) e y (vertical)
left	Mostrado à esquerda da página que contiver o elemento
right	Mostrado à direita da página que contiver o elemento
top	Mostrado no topo da página que contiver o elemento
center	Mostrado no centro da página que contiver o elemento
bottom	Mostrado na parte inferior da página que contiver o elemento

Aqui está um exemplo da fixação da posição da imagem conforme mostrado na Figura 8-8 (ch08_eg07.css):

```
body {
    background-image: url("images/background_small.gif");
    background-position: 50% 20%;
```

```
background-repeat: no-repeat;
background-color: #eaeaea; }
```

Essa imagem será centralizada (porque deve ficar a 50 por cento da largura da tela a partir do lado esquerdo da página) e a um quinto abaixo do topo (porque está posicionada a 20 por cento da altura da janela a partir do topo da tela).

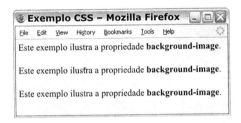

Figura 8-8

A Propriedade background-attachment (para marcas d'água)

Esta propriedade permite a você especificar uma imagem conhecida como *marca d'água*. A diferença chave com esta configuração é que a imagem de fundo pode ficar na mesma posição mesmo quando o usuário rolar a página para cima ou para baixo ou rolar com todos os outros elementos da página. Esta propriedade pode receber dois valores, como você pode ver na tabela a seguir:

Valor	Propósito
fixed	A imagem não moverá se o usuário rolar a página.
scroll	A imagem permanece no mesmo lugar no fundo da página. Se o usuário rolar a página, a imagem se move também.

Aqui está um exemplo onde a imagem permanecerá no meio da página mesmo quando o usuário rolar mais para baixo (ch08_eg08.css):

```
body {
background-image: url("images/background_small.gif");
background-attachment: fixed;
background-position: center;
background-repeat: no-repeat;
background-color: #eaeaea; }
```

A Figura 8-9 mostra que o usuário rolou a página metade para baixo e a imagem permanece no centro.

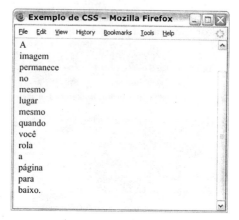

Figura 8-9

A Propriedade background (o atalho suportado)

Esta propriedade permite a você especificar todas as cinco propriedades de fundo de uma só vez. Se você não fornecer um dos valores, o valor padrão será usado. Os valores são passados em qualquer ordem:

- background-color
- background-image
- background-repeat
- background-attachment
- background-position

Por exemplo, você pode simplesmente escrever:

```
body {background: #cc66ff; url(images/background_small.gif) fixed no-repeat center;}
```

Isso cria exatamente o mesmo efeito do exemplo mostrado na Figura 8-9.

Listas

Você aprendeu sobre listas no Capítulo 1. Elas são muito úteis para exibir um conjunto de pontos numerados ou marcados e basta usar os elementos <ul> e <li> para criar listas não ordenadas, ou elementos <ol> e<li> para criar listas ordenadas, mas CSS lhe permite ter um grande controle sobre como elas são apresentadas.

Observe que os pontos, ou número no caso de listas numeradas, é chamado de *marcador*.

Nesta seção você aprenderá sobre as propriedades das listas mostradas na tabela a seguir.

Propriedade	Propósito
`list-style-type`	Permite a você controlar a forma ou aparência do marcador (ponto ou número)
`list-style-position`	Especifica se um item longo que ocupe mais de uma linha de texto, e portanto deve passar para uma segunda linha, deve ficar alinhado com a primeira linha ou começar abaixo do início do marcador
`list-style-image`	Especifica uma imagem para o marcador em vez de um ponto ou número
`list-style`	Serve como atalho para as propriedades anteriores
`marker-offset`	Especifica a distância entre um marcador e o texto na lista

A Propriedade list-style-type

Esta propriedade permite a você controlar o formato ou estilo dos pontos (também conhecido como *marcador*) no caso de listas não ordenadas e o estilo dos caracteres de numeração em listas ordenadas. A tabela a seguir mostra os estilos padrão para uma lista não ordenada.

Valor	Marcador
`none`	Nenhum
`disc (padrão)`	Um círculo preenchido
`circle`	Um círculo vazio
`square`	Um quadrado preenchido

A tabela a seguir lista os valores popularmente suportados para listas ordenadas.

Valor	Significado	Exemplo
decimal	Número	1, 2, 3, 4, 5
decimal-leading-zero	0 antes do número	01, 02, 03, 04, 05
lower-alpha	Caracteres alfanuméricos minúsculos	a, b, c, d, e
upper-alpha	Caracteres alfanuméricos maiúsculos	A, B, C, D, E
lower-roman	Numerais romanos minúsculos	i, ii, iii, iv, v
upper-roman	Numerais romanos maiúsculos	I, II, III, IV, V

A propriedade list-style pode ser usada nos elementos <ul. E <ol> ou no elemento <li>. O exemplo a seguir demonstra todos estes estilos (ch08_eg09.html):

```
li.a {list-style:none;}
li.b {list-style:disc;}
li.c {list-style:circle;}
li.d {list-style:square;}
li.e {list-style:decimal;}
li.f {list-style:lower-alpha;}
li.g {list-style:upper-alpha;}
li.h {list-style:lower-roman;}
li.i {list-style:upper-roman;}
```

Você pode ver o resultado com exemplos de cada tipo de marcador na Figura 8-10.

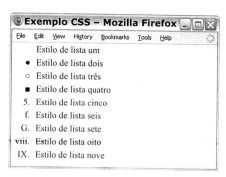

Figura 8-10

A Propriedade list-style-position

Esta propriedade indica se o marcador deve aparecer dentro ou fora da caixa que contém os pontos.

A diferença real aparece quando o texto de um marcador passa para mais de uma linha, porque essa propriedade estabelece se o texto da nova linha fica embaixo do marcador ou na posição da primeira linha de texto. Há dois valores para essa propriedade, como você pode ver na tabela que se segue.

Valor	Propósito
inside	Se o texto for para uma segunda linha, ficará embaixo do marcador. Ele também aparecerá indentado onde o texto deveria começar se a lista tivesse um valor igual a outside.
outside	Se o texto passar para uma segunda linha, será alinhado com o início da primeira (à direita do marcador).

Aqui você pode ver como esta propriedade é escrita; neste caso, ela é passada para os elementos <ul> ou <ol> (ch08_eg10.css):

```
ul {list-style-position:outside; }
ol {list-style-position:inside; }
```

A Figura 8-11 mostra como isto se pareceria em um navegador.

Você pode ver aqui que a propriedade list-style-position com o valor outside cria pontos à esquerda do texto, enquanto que o valor inside começa o item da lista onde a escrita deveria ter começado se o valor tivesse sido outside e adiciona um marcador ao texto em vez de mantê-lo separado.

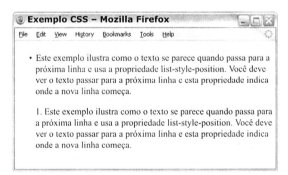

Figura 8-11

A Propriedade list-style-image

Esta propriedade permite a você especificar uma imagem de modo que possa usar seu próprio estilo de marcador. A sintaxe é a seguinte, semelhante à da propriedade background-image com as letras url iniciando o valor da propriedade seguidas pela URL entre chaves e aspas (ch08_eg11.css):

li {list-style-image: url("images/bulletpoint.gif");}

Você pode ver um exemplo de alguns pontos triangulares na Figura 8-12.

Figura 8-12

Se a imagem não puder ser exibida, o navegador deve mostrar apenas um ponto em vez de um símbolo de imagem falhada.

> Se você estiver usando listas aninhadas, o valor será herdado do seu elemento pai. Para evitar que isto ocorra, você pode dar à propriedade um valor igual a none.

A Propriedade list-style (o atalho)

Esta propriedade é uma forma de expressar todas as outras três propriedades de uma só vez. Elas podem aparecer em qualquer ordem. Por exemplo:

ul {list-style: inside circle;}

Lembre-se de que você também pode configurar as propriedades border, padding e margin para os elementos <ul>, <ol>, <li>, <dl>, <dt> e <dd>, já que cada elemento possui sua própria caixa em CSS.

A Propriedade marker-offset

Essa propriedade permite a você especificar a distância entre o marcador e o texto relacionado a ele. Seu valor deve ser um comprimento, da seguinte forma:

```
li {marker-offset:2em;}
```

Infelizmente, esta propriedade não é suportada no IE7 nem no Firefox 2.

Tabelas

No capítulo anterior, você viu alguns exemplos que usam CSS com tabelas. As propriedades que são comumente usadas com os elementos <table>, <td> e <th> incluem as seguintes:

- padding para configurar a quantidade de espaços entre a borda de uma célula da tabela e seu conteúdo – esta propriedade é muito importante para tornar as tabelas mais fáceis de ler.
- border para configurar as propriedades da borda de uma tabela.
- text e font para alterar a aparência de qualquer coisa escrita na célula.
- text-align para alinhar o texto à esquerda, direita ou centro de uma célula.
- vertical-align para alinhar a escrita no topo, meio ou na parte inferior de uma célula.
- width para estabelecer a largura de uma tabela ou célula.
- height para estabelecer a altura de uma tabela ou célula.
- background-color para alterar a cor do fundo de uma tabela ou célula.
- background-image para adicionar uma imagem ao fundo de uma tabela ou célula.

Você deve estar ciente de que, exceto pelas propriedades background-color e height, é melhor evitar o uso dessas propriedades com elementos <tr>, já que o suporte de navegadores a essas propriedades em linhas não é tão bom quanto o é em células individuais.

Examine a tabela na Figura 8-13; ela pode parecer familiar porque você a viu no início do capítulo anterior, mas dessa vez ela tem um elemento <caption> a mais (ch08_12.html).

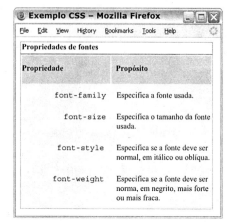

Figura 8-13

Agora examine a *style sheet* desta tabela (ch08_eg12.css):

```
body {color:#000000; background-color:#ffffff;}
h1 {font-size:18pt;}
p {font-size:12pt;}
table {
  background-color:#efefef;
  width:350px;
  border-style:solid;
  border-width:1px;
  border-color:#999999;
  font-family:arial, verdana, sans-serif;}
caption {
  font-weight:bold;
  text-align:left;
  border-style:solid; border-width:1px; border-color:#666666;
  color:#666666;}
th {
  height:50px;
  font-weight:bold;
  text-align:left;
  background-color:#cccccc;}
td, th {padding:5px;}
td.code {
  width:150px;
  font-family:courier, courier-new, serif;
  font-weight:bold;
  text-align:right;
  vertical-align:top;}
```

Aqui estão alguns pontos chaves a serem observados sobre esse exemplo, alguns dos quais você irá alterar com novas propriedades de tabelas que aprenderá:

- ❏ O elemento <table> possui uma propriedade width para fixar a largura da tabela em 350 pixels; caso contrário, ela ocuparia toda a tela necessária para mostrar tanto texto quanto possível em uma linha.

- ❏ O elemento <table> também tem uma propriedade border configurada, o que cria uma borda de um único pixel em torno de toda a tabela. Observe, entretanto, que nenhuma das outras células herda essa propriedade.

- ❏ O elemento <caption> possui sua propriedades font-weight, border e text-align configuradas. Por padrão, o texto é normal (não em negrito), alinhado ao centro e sem borda.

- ❏ O elemento <th> possui uma propriedade height igual a 50 pixels especificada e o texto é alinhado à esquerda (em vez de centralizado, que é o padrão).

- ❏ Os elementos <th> e <td> têm ambos uma propriedade padding configurada para 5 px (5 pixels) de modo que o conteúdo das células não alcança onde a borda dessas células estaria. Criar espaços em torno das células é muito importante e torna a tabela mais legível.

- ❏ Os elementos <td> cujo atributo class possui um valor igual a code recebem uma propriedade width cujo valor é 150 px (150 pixels). Isso assegura que o conteúdo dessa coluna inteira permaneça em uma linha. Infelizmente, não há como atribuir um estilo a uma coluna, mas no caso da propriedade width, assim que ela tiver sido estabelecida em um elemento não precisa sê-lo em todos os outros da coluna.

> *O suporte a tabelas com estilos com CSS ainda á um pouco desigual em diferentes navegadores; por exemplo, embora você possa configurar propriedades border para uma legenda, não pode configurar uma propriedade height para ele, de modo que deve experimentar nossos exemplos em tantos navegadores quanto for possível.*

Você deve observar a falha entre as duas colunas (que fica aparente entre as células do cabeçalho da tabela). Por padrão, uma borda é criada entre cada célula da tabela para criar um pouco de espaço entre cada célula em caso de não haver regras especificadas para criar esse espaço essencial. Você pode, todavia, remover este espaço usando uma propriedade chamada border-spacing, que você aprenderá na próxima seção.

Propriedades Específicas de Tabelas

Diversas propriedades se relacionam apenas a tabelas; essas estão listadas na tabela a seguir. Também há alguns valores especiais que a propriedade border-style pode ter, e ao aprender sobre bordas é especialmente útil aprender como são exibidas através de um entre dois modelos que são controlados usando a propriedade border-collapse.

Propriedade	Propósito
border-collapse	Indica se o navegador deve controlar a aparência de bordas adjacentes que se tocam ou se cada célula deve manter seu estilo
border-spacing	Especifica a largura que deve aparecer entre células da tabela
caption-side	Especifica em qual lado de uma tabela a legenda deve aparecer
empty-cells	Especifica se a borda deve ser mostrada se uma célula estiver vazia
table-layout	Permite que os navegadores agilizem a aparência de uma tabela usando a primeira propriedade de largura com a qual se deparar para o resto da coluna (em vez de ter que carregar a tabela inteira antes de exibi-la)

A Propriedade border-collapse

Esta propriedade especifica se o navegador deve exibir cada borda – mesmo se houver duas células com diferentes propriedades de bordas em células adjacentes – ou se o navegador deve decidir automaticamente qual borda exibir baseado em um conjunto complexo de regras internas. A tabela a seguir mostra os valores possíveis para a propriedade border-collapse.

Valor	Propósito
collapse	Bordas horizontais encolherão e bordas verticais ficarão lado a lado. (Há regras complexas sobre a resolução de conflitos para diferentes regras de bordas na recomendação, mas você deve experimentá-las e ver como funcionam.)
separate	Regras separadas são observadas e diferentes propriedades estão disponíveis para maior controle sobre a aparência.

Aqui você pode ver duas tabelas: a primeira possui uma propriedade border-collapse com um valor igual a collapse, a segunda tem um valor igual a separate e ambas as tabelas contêm células adjacentes com linhas pontilhadas e sólidas:

```
table.one {border-collapse:collapse;}
table.two {border-collapse:separate;}
td.a {border-style:dotted; border-width:3px; border-color:#000000;
    padding:
10px;}
td.b {border-style:solid; border-width:3px; border-color:#333333;
```

```
        padding:
10px;}
```

A Figura 8-14 mostra como, com um valor igual a collapse, o navegador encolhe as bordas de modo que a borda sólida recebe precedência sobre a pontilhada. Isto, é claro, não pareceria tão estranho se as bordas fossem todas sólidas, mas ilustra bem a questão. (De fato, você provavelmente não iria querer que as linhas internas fossem mais grossas que as externas – de modo que esse pode ser o efeito desejado.)

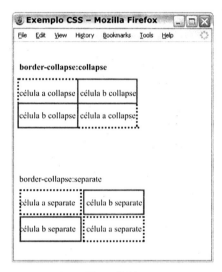

Figura 8-14

Você talvez lembre que, no início dessa seção, viu uma tabela que tinha uma falha cinza claro entre as células do seu cabeçalho. Seria essa propriedade que você alteraria para eliminar esta falha. A Figura 8-15 mostra o exemplo do início do capítulo com as bordas encolhidas.

Figura 8-15

Se você usar o valor separate para esta propriedade, mais duas propriedades controlam a apresentação da borda:

❑ border-spacing

❑ empty-cells

As seções a seguir discutem essas propriedades.

A Propriedade border-spacing

Esta propriedade especifica a distância que separa as bordas de células adjacentes. Ela pode receber um entre dois valores; esses devem ser unidades de comprimento.

Se você fornecer um valor, ele será aplicado às bordas verticais e horizontais:

```
td {border-spacing:15px;}
```

Ou você pode especificar dois valores, em cujo caso o primeiro se refere ao espaçamento horizontal e o segundo ao vertical:

```
td {border-spacing:2px; 4px;}
```

Você pode ver como isto se parece na Figura 8-16 (ch08_eg15.html com estilo de ch08_eg15.css):

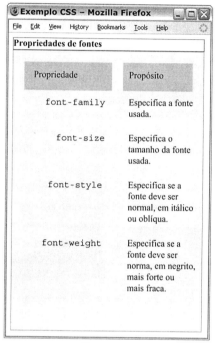

Figura 8-16

Observe que o Internet Explorer não suportava essa propriedade até o IE7.

A Propriedade caption-side

Esta propriedade permite a você especificar onde o conteúdo de um elemento <caption> deve ser colocado no relacionamento com a tabela. A tabela a seguir lista os valores possíveis.

Valor	Propósito
top	A legenda aparecerá acima da tabela (o padrão).
right	A legenda aparecerá à direita da tabela.
bottom	A legenda aparecerá abaixo da tabela.
left	A legenda aparecerá à esquerda da tabela.

Por exemplo, aqui você pode ver a legenda sendo configurada abaixo da tabela (ch08_eg16.css):

```
caption {caption-side:bottom}
```

Infelizmente, o IE não iniciou o suporte desta propriedade até o IE7. Contudo, a Figura 8-17 mostra a propriedade caption-side em ação; você pode ver que a legenda desta tabela ficou abaixo da tabela (em vez de acima).

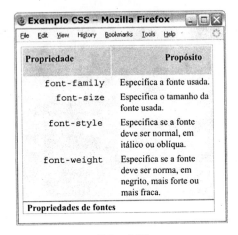

Figura 8-17

A Propriedade empty-cells

Esta propriedade indica se uma célula sem conteúdo deve exibir uma borda. Ela pode receber um entre três valores, como você pode ver na tabela a seguir.

Valor	Propósito
show	As bordas serão mostradas mesmo se a célula estiver vazia (o padrão no Firefox).
hide	As bordas serão escondidas se a célula estiver vazia (o padrão no IE).
inherit	As bordas obedecerão às regras da tabela que a contiver (em uso apenas em tabelas aninhadas).

Se você quiser esconder ou mostrar explicitamente as bordas, deve usar este atributo porque o IE e o Netscape tratam células vazia de forma diferente.

Aqui você pode ver uma tabela com duas células vazias: um elemento <th> vazio e um elemento <td> vazio (ch08_eg17.html):

```
<table>
```

```
<tr>
  <th></th>
  <th>Title one</th>
  <th>Title two</th>
</tr>
<tr>
  <th>Row Title</th>
  <td>value</td>
  <td>value</td>
</tr>
<tr>
  <th>Row Title</th>
  <td>value</td>
  <td></td>
</tr>
</table>
```

O código a seguir mostra a propriedade empty-cells usada para esconder bordas de células vazias no elemento <table> (ch08_eg17.css):

```
table {
  background-color:#efefef;
  width:350px;
  border-collapse:separate;
  empty-cells:hide;}
td {padding:5px;
  border-style:solid;
  border-width:1px;
  border-color:#999999;}
```

A Figura 8-18 mostra a aparência da tabela sem bordas nas células vazias.

Usar ou não essa propriedade é uma questão de gosto e, se você tiver especificado que não quer bordas em qualquer situação, ela será irrelevante.

Figura 8-18

A Propriedade table-layout

Esta propriedade é usada para lhe ajudar a controlar o modo pelo qual um navegador deve exibir uma tabela (embora o suporte em navegadores seja fraco). Veja na tabela a seguir os três valores possíveis que essa propriedade pode receber.

Valor	Propósito
fixed	O navegador calculará a aparência pegando a primeira largura especificada para uma coluna (se alguma tiver sido especificada) e usará esse valor para calcular a largura de todas as outras células nessa coluna. Isso acelera a exibição se você tiver uma tabela grande e especificar as larguras na primeira linha.
auto	O navegador examina cada célula antes de exibir a tabela e então calcula o tamanho baseado nas configurações dessa célula. Isso torna a exibição mais lenta, porém mais útil se você não souber o tamanho exato de cada coluna. Esse é o valor padrão.
inherit	Obedecerá as regras da tabela que a contiver (em uso apenas com tabelas aninhadas).

A menos que as suas tabelas sejam muito grandes ou contenham muitas imagens que serão lentas de carregar, você pode evitar o uso dessa propriedade.

Diversas outras propriedades, não discutidas neste capítulo, permitem a você especificar regras para grupos de elementos, embora o suporte para elas seja desigual. Estss propriedades são as seguintes:

- ❏ O IE5 e posteriores suportam table-header-group e table-footer-group.
- ❏ Netscape 6 e Firefox suportam inline-table, table-row, table-column-group, table-column, table-row e table-cell.

Contornos

Contornos são semelhantes às bordas que você viu no capítulo anterior, mas há duas diferenças cruciais:

- ❏ Um contorno não ocupa espaço.
- ❏ Contornos não têm que ser retangulares.

A idéia por trás de propriedades de contorno é que você poderia querer destacar algum aspecto de uma página para o usuário e essa propriedade permitirá que o faça sem afetar o fluxo da página (onde os elementos são posicionados) como uma borda física, a qual ocuparia espaço. É quase que como se o estilo de contorno ficasse sobre a página após essa ter sido exibida.

Infelizmente, as propriedades de contorno não são suportadas pelo Internet Explorer 7, embora funcionem com o Firefox.

A tabela a seguir lista as quatro propriedades de contorno.

Propriedade	Propósito
outline-width	Especifica a largura do contorno
outline-style	Especifica o estilo de linha do contorno
outline-color	Especifica a cor do contorno
outline	Atalho para as propriedades anteriores

Observe que o contorno é sempre o mesmo em todos os lados; você não pode especificar valores diferentes para lados diferentes do elemento.

A Propriedade outline-width

Esta propriedade especifica a largura do contorno a ser adicionado à caixa. Seu valor deve ser um comprimento ou um dos valores entre thin, medium e thick[1] – da mesma forma que com o atributo border-width.

```
input {outline-style:solid;}
```

A Propriedade outline-style

Esta propriedade especifica o estilo da linha (sólido, pontilhado ou tracejado) que irá ao redor da caixa. Seu valor deve ser um dos usados com a propriedade border-style sobre a qual você aprendeu no Capítulo 7. Por exemplo:

```
input {outline-style:solid;}
```

A Propriedade outline-color

Esta propriedade permite a você especificar a cor do contorno. Seu valor deve ser um nome de cor, uma cor em hexadecimal ou um valor RGB, da mesma forma que com as propriedades color e border-color que você aprendeu no Capítulo 7. Por exemplo:

```
input {outline-color:#ff0000;}
```

---

[1] N. do T.: fino, médio e espesso.

A Propriedade outline (o atalho)

Esta propriedade é o atalho que permite a você especificar valor para quaisquer das três propriedades discutidas anteriormente em qualquer ordem que você quiser. Esse exemplo foi incluído no código para download (ch08_eg18.css):

```
input {outline: #ff0000 thick solid;}
```

Você pode ver como isto fica na Figura 8-19.

Figura 8-19

As propriedades de contorno discutidas na seção anterior terão uso especial com as pesudo-classes :focus e :active, que são vistas a seguir, para indicar qual elemento está ativo ou tem o foco no momento.

As Pseudo-Classes :focus e :active

Você talvez lembre que o tópico do foco apareceu no Capítulo 5. Um elemento precisa poder receber o foco se um usuário for interagir com ele; tais elementos geralmente são controles e conexões de formulários.

Quando um elemento recebe o foco, ele tende a ter uma aparência ligeiramente diferente e a pseudo-classe :focus permite a você associar regras extras a um elemento quando ele recebe o foco. Enquanto isso, a pseudo-classe :active permite a você associar mais estilos a elementos quando eles são ativados – como quando um usuário clica em uma conexão.

Aqui está um exemplo de regra que adicionará uma borda vermelha a qualquer elemento <input> que receber o foco (ch08_eg19.css):

```
input:focus {outline:#ff0000 thick solid;}
```

Infelizmente, a pseudo-classe :focus não funciona no IE7 (ou no Firefox em um Mac), embora a Fig] 8-20 mostre qual seria a aparência de uma caixa de texto com esse estilo quando ela recebesse o foco no Firefox em um PC.

Como você provavelmente pode imaginar, isso poderia oferecer ajuda aos usuários para que saibam qual item deveriam estar preenchendo no momento enquanto utilizam um formulário.

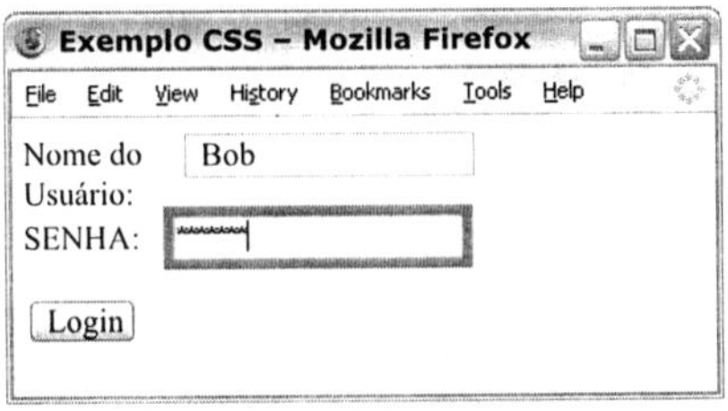

Figura 8-20

Conteúdo Gerado

CSS2 introduziu uma forma poderosa geração de conteúdo em um documento XHTML – que não fazia parte do documento XHTML inicial que estava recebendo estilos. Esse conteúdo poderia aparecer apenas antes ou depois de um elemento que seja especificado usando um seletor e esteja com os pseudo-elementos :before e :after. A propriedade content é então usada com esses pseudo-elementos para especificar o que deve ser inserido no documento.

Os pseudo-elementos :before e :after funcionam em um grau limitado no Netscape 6 e posteriores, e no IE7, e têm bom suporte no Firefox.

Os Pseudo-Elementos :before e :after

Estes pseudo-elementos permitem a você adicionar texto antes ou depois de cada instância de um elemento ou elementos definidas em um seletor. Por exemplo, a regra CSS a seguir adiciona as palavras "Você precisa se registrar para ler o artigo inteiro" antes de cada instância de um elemento <p> que tenha o atributo class cujo valor seja abstract (ch08_eg20.css):

```
p.abstract:after {content: "You need to register to read the full
   article.";
   color:#ff0000;}
```

Aqui você pode ver o pseudo-elemento :after ser usado após o seletor ter identificado a qual elemento deve ser aplicado. A seguir, dentro da declaração, você pode ver a propriedade content; o texto entre aspas será adicionado ao final do elemento. A propriedade content pode adicionar um número de tipos de conteúdo ao documento, não apenas texto, e você os verá na próxima seção.

Os estilos padrão para o elemento pai serão adotados se nenhuma outra declaração for acrescentada à regra, embora nesse caso o conteúdo adicionado tenha sido escrito em vermelho. Você pode ver este pseudo-elemento em uso na Figura 8-21.

Vale a pena observar que o IE7 foi a primeira versão do Internet Explorer a suportar os pseudo-elementos :before e :after.

Figura 8-21

Por padrão, o elemento criado usando essas pseudo-classes será em linha, a menos que você use a propriedade display com um valor de block, mas se o elemento identificado no seletor for um elemento em linha você não pode usar a propriedade display com um valor igual a block.

A Propriedade content

Esta propriedade é usada com os pseudo-elementos :before e :after para indicar que conteúdo deve ser adicionado ao documento. A tabela a seguir lista os valores que ela podem receber; cada valor insere tipos diferentes de conteúdo no documento XHTML do qual deve estar afetando o estilo.

Valor	Propósito
Uma string	Para inserir texto simples, este não pode incluir aspas e portanto não pode incluir marcadores XHTML que tragam atributos (o termo "string" se refere a um conjunto de caracteres alfanuméricos, não uma propriedade CSS).
Uma URL	A URL pode apontar para uma imagem, arquivo de texto ou arquivo HTML a ser incluído neste ponto.
Um contador	Um contador para elementos na página (discutido na próxima seção).
attr(x)	O valor de um atributo chamado x que esteja nesse elemento (este tem mais uso em linguagens que não a HTML).
open-quote	Insere o símbolo apropriado de abertura de aspas (veja a seção "Marcadores de Citação" mais adiante neste capítulo.

Continua

close-quote	Insere o símbolo apropriado de fechamento de aspas (veja a seção "Marcadores de Citação" mais adiante neste capítulo.
no-open-quote	Não usa aspas de abertura.
no-close-quote	Não usa aspas de fechamento (de uso especial em prosa onde uma pessoa fale muito tempo e o estilo dite que as aspas sejam fechadás apenas no último parágrafo.)

Contadores

Você já viu como pode adicionar marcadores numerados em uma página, de modo que o conceito de numeração automática não é novo. Contudo, a função counter( ) é projetada para permitir a você criar um contador que seja incrementado cada vez que um navegador se depara com qualquer elemento especificado – não apenas um elemento <li>.

A idéia é especialmente útil se você quiser criar seções de um documento numeradas automaticamente sem que as sub-seções apareçam como parte de uma lista ordenada (a qual usa os elementos <ol> e <li>).

Para revisar o uso da função counter( ), examine o exemplo XHTML a seguir (ch08_eg21.html):

```
<body>
<h1> Introdução a Tecnologias Web </h1>
  <h2>Introdução a HTML</h2>
  <h2>Introdução a CSS</h2>
  <h2>Introdução a XHTML</h2>
<h1> Estrutura dos Documentos</h1>
  <h2>Texto</h2>
  <h2>Listas</h2>
  <h2>Tabelas</h2>
  <h2>Formulários</h2>
</body>
```

O exemplo conterá dois contadores: um chamado chapter e outro chamado section. Cada vez que um elemento <h1> surgir, o contador de capítulos será incrementado em 1 e cada vez que o elemento <h1> surgir, o contador de seções será incrementado em 1.

Além disso, cada vez que o navegador encontrar um elemento <h1>, irá inserir a palavra "Capítulo" e o número no contador antes do elemento <h1>. Ao mesmo tempo, cada vez que encontrar um elemento <h2>, exibirá o número do contador de capítulos, um ponto e o valor do número do contador de seções.

O resultado deve ser algo como a Figura 8-22.

Examinaremos como isso funciona. Primeiro, vale a pena observar que você usa a propriedade counter-reset no elemento <block> para configurar os contadores de capítulo e seção em zero antes de começar.

A seguir há algumas regras CSS usando a pseudo-classe :before para inserir numeração automática de seções.

Finalmente, você tem as propriedades counter-increment para aumentar incrementar os contadores cada vez que o elemento for encontrado ch08_eg21.css).

```
body {counter-reset: chapter; counter-reset: section;}
h1:before {content: "Capítulo " counter(chapter) ": ";}
h1 {counter-increment: chapter; counter-reset: section;}
h2:before { content: counter(chapter) "." counter
(section) " ";}
h2 {counter-increment: section; }
```

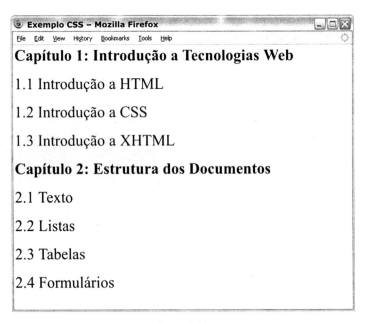

Figura 8-22

Marcadores de Citação

Os valores open-quote e close-quote podem ser usados com a propriedade content para adicionar aspas antes e depois de ocorrências de determinados elementos.

Infelizmente, esses recursos não são suportados no IE7, mas examinaremos um exemplo no Firefox. Primeiro, aqui está o código em XHTML (ch08_eg22.html):

```
<h1>Citações geradas</h1>
<p>Aqui estão algumas citações de Oscar Wilde:</p>
<blockquote>A consistência é o último refúgio dos sem
imaginação.</blockquote>
<blockquote>Se você disser a verdade às pessoas, faça-as rir, caso
contrário
elas te matarão.</blockquote>
<blockquote>É muito triste que hoje haja tão poucas informações
úteis.</blockquote>
```

E agora para adicionar as aspas antes e depois do elemento <blockquotes>, use a seguinte CSS (ch08_eg22.css):

```
blockquote:before {content: open-quote;}
blockquote:after {content: close-quote;}
```

Você pode ver o resultado na Figura 8-23.

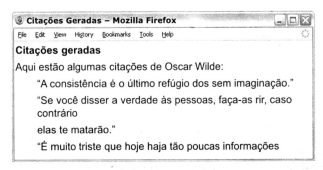

Figura 8-23

Propriedades Miscelâneas

Você deve estar ciente de algumas outras propriedades, as quais serão abordadas nas seções a seguir:

❏ A propriedade cursor
❏ A propriedade display
❏ A propriedade visibility

A Propriedade cursor

Esta propriedade permite a você especificar o tipo de cursor do mouse que deve ser exibido para o usuário. Essa propriedade é muitas vezes implementada ao se usar imagens para o botão de Submissão em formulários. Por padrão, quando um usuário deixa o mouse sobre uma conexão, esse muda de um ponteiro para uma mão. Para um botão de Submissão em um formulário, entretanto, isso não ocorre. Portanto, você pode usar a propriedade cursor para alterar o cursor para uma mão sempre que alguém deixar o mouse sobre uma imagem que seja um botão de Submissão. Isso dá aos usuários a dica visual de que eles podem clicar no botão.

A tabela a seguir mostra valores possíveis para a propriedade cursor.

Valor	Descrição
auto	O formato do cursos depende da área de contexto sobre a qual ele está (um I sobre um texto, uma mão sobre uma conexão e assim por diante).
crosshair	Uma cruz ou sinal de adição.
default	Geralmente uma seta.
pointer	Uma mão apontando (no IE4, este valor é hand).
move	Uma mão agarrando (ideal se você estiver criando DHTML para arrastar e soltar).
e-resize	Indicam que uma aresta pode ser movida. Por exemplo, se você estiver alargando com o mouse, o cursor se-resize é usado para indicar um movimento começando do canto inferior direito da caixa.
ne-resize	
nw-resize	
n-resize	
se-resize	
sw-resize	
s-resize	
w-resize	
text	A barra vertical I.
wait	Uma ampulheta.
help	Uma interrogação ou balão, ideal para uso com botões de ajuda.
<url>	A fonte de um arquivo de imagem de cursor.

Você deve tentar usar apenas estes valores para adicionar informações úteis para os usuários e para adicionar estas informações em locais onde eles esperariam ver esses cursores. Por exemplo, usar a cruz quando alguém deixa o mouse sobre uma conexão pode confundir os visitantes.

Mais Style Sheets Cascading @ 361

A Propriedade display

Esta propriedade faz com que um elemento (ou caixa) seja de um tipo diferente de caixa do que você esperaria que ele fosse. Você pode ter percebido que ela foi usada no último capítulo para fazer com que uma caixa em linha parecesse com uma caixa de bloco.

```
display:block;
```

Ela também pode receber o valor de inline para tornar uma caixa que tradicionalmente é de nível de bloco em uma caixa em linha. Exceto esse, o único outro valor que você poderia querer usar com essa propriedade é *none*, para indicar que a caixa não deve ser exibida (e não terá efeito na aparência da página) – como se não estivesse na marcação).

Além destes usos você terá poucos motivos para usar essa propriedade. Os outros valores que ela pode receber são para uso de outras linguagens que não XHTML.

A Propriedade visibility

Esta propriedade permite a você esconder uma caixa; embora ainda afete a aparência da página (ainda que seu conteúdo não seja visto). Você pode decidir usar a propriedade visibility para esconder mensagens de erro que sejam exibidas apenas se o usuário necessitar vê-las ou para esconder respostas de um questionário até que o usuário selecione uma opção.

A propriedade visibility pode receber os valores listados na tabela a seguir.

Valor	Propósito
visible	A caixa e o seu conteúdo são mostrados para o usuário.
hidden	A caixa e o seu conteúdo são tornados invisíveis, embora ainda afetem a aparência da página.
collapse	Este valor é para uso apenas com efeitos de linhas e colunas de tabelas dinâmicas, os quais não são cobertos neste capítulo porque estão fora do escopo deste livro e são pouco suportados.

Por exemplo, aqui estão quatro parágrafos de texto (ch08_eg23.html):

```
<body>
   <p>Aqui está um parágrafo de texto.</p>
   <p>Aqui está um parágrafo de texto.</p>
   <p class="invisible">Este parágrafo de texto deve ficar
invisível.</p>
```

```
<p>Aqui está um parágrafo de texto.</p>
</body>
```

Observe que o terceiro parágrafo possui um atributo class cujo valor indica que ele faz parte da classe invisible. Agora examine a regra para essa classe (ch08_eg23.css):

```
p.invisible {visibility:hidden;}
```

Você pode ver na Figura 8-24 que o parágrafo invisível ainda ocupa espaço, mas não fica visível para o usuário.

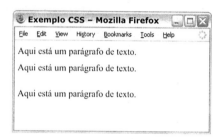

Figura 8-24

Lembre-se de que o código fonte ainda conterá o que quer que esteja no parágrafo invisível, de forma que você não deve usar isso para esconder informações sensíveis como detalhes de cartões de crédito ou senhas.

Regras Adicionais

Antes que você veja como pode usar CSS para posicionar elementos em uma página, analise as seguintes três regras:

- @imports importa outra *style sheet* para a corrente.
- @charset indica o conjunto de caracteres que a *style sheet* usa.
- !important indica que uma regra definida por usuário deve ter precedência sobre as *style sheets* do autor.

A Regra @import: Style Sheets Modularizadas

Esta regra permite a você importar estilos de outra *style sheet*. Ela deve aparecer bem no início da *style sheet* antes de qualquer outra regra e seu valor é uma URL. Ela pode ser escrita em uma de duas formas:

```
@import "meuestilo.css";
@import url("meuestilo.css");
```

As duas formas funcionam bem. A importância da regra @import é que ela permite a você desenvolver suas *style sheets* com uma abordagem modular. Você pode criar *style sheets* separadas para diferentes aspectos do seu site. Este é o conceito que comecei a introduzir no capítulo anterior quando você criou uma *style sheet* para estilos de código. Agora, se você quiser incluir esses estilos em qualquer outra *style sheet* que escrever; em vez de repeti-las, você simplesmente usa a regra @import para trazer essas regras para a *style sheet* que estiver escrevendo.

Aqui está um exemplo de *style sheet* que importa a *style sheet* codeStyles.css do capítulo anterior (por conveniência, este arquivo foi copiado para a página de download de código deste capítulo). Este exemplo é ch08_eg24.css:

```
@import "codeStyles.css"
body {
  background-color:#ffffff;
  font-family:arial, verdana, helvetica, sans-serif;}
h1 {font-size:24pt;}
```

Como você pode ver, ela não contém muitas regras; os estilos de código foram tirados da *style sheet*. A Figura 8-25 mostra uma página que usa esta *style sheet* que localizou os estilos para o código (ch08_eg24.html).

Figura 8-25

Você também pode analisar o desenvolvimento de uma *style sheet* de formulários para quaisquer páginas ou sites que usem muitos formulários. Isso permitiria a você criar uma apresentação mais interessante para controles de formulários.

A Regra @charset

Se você estiver escrevendo seu documento usando um conjunto de caracteres que não seja ASCII ou isso-8859-1, pode querer configurar a regra @charset no topo da sua *style sheet* para indicar em qual conjunto de caracteres a *style sheet* é escrita.

A regra @charset deve ser escrita bem no início da *style sheet* sem nem mesmo um espaço antes dela. O valor fica entre aspas e deve ser um dos códigos de linguagens especificados no Apêndice G.

```
@charset "iso-8859-1"
```

A Regra !important

Como você sabe, parte do objetivo da CSS e a separação de estilo e conteúdo foi tornar os documentos mais acessíveis àqueles com problemas visuais. Assim, após você ter gasto tempo valioso aprendendo CSS e como escrever suas *style sheets* para tornar os sites mais atraentes, tenho que lhe contar que os usuários podem criar suas próprias *style sheets* também!

Na verdade, muito poucas pessoas criam suas *style sheets* CSS para visualizar páginas da forma que quiserem, mas a possibilidade existe e foi projetada para pessoas com deficiências. Por padrão, sua *style sheet* em vez da deles deve ser vista; entretanto, a *style sheet* do usuário pode conter a regra !important, que diz "sobrescreva a *style sheet* deste site para esta propriedade". Por exemplo, um usuário poderia usar a regra desta maneira:

```
p {font-size:18pt !important;
font-weight:bold !important;}
```

Não há nada que você possa fazer para obrigar o usuário a usar sua *style sheet* e, na prática, uma porcentagem muito pequena (se houver) dos seus visitantes criará suas próprias *style sheets*, então você não deve se preocupar com isso – isso é coberto aqui apenas para que você entenda o que é a regra e por que você pode se deparar com ela.

> *Observe que, em CSS1, a regra !important permitia aos autores sobrescrever as style sheets dos usuários, mas isto foi mudado na segunda versão.*

Posicionando com CSS

Até este momento, você aprendeu como o conteúdo de cada elemento é representado em CS usando uma caixa e você viu muitas das propriedades que pode usar para afetar a aparência da caixa e seu conteúdo. Agora está na hora de examinarmos como controlar onde o conteúdo de um elemento aparece na página especificando onde essa caixa deve ser posicionada dentro de uma página.

Antes de CSS, tabelas eram usadas para controlar precisamente onde o conteúdo de uma página aparecia e o conteúdo era exibido na ordem em que aparecia no documento XHTML. Usando posicionamento CSS, entretanto, você pode colocar suas páginas sem o uso de tabelas e até apresentar informações em uma ordem diferente da que aparecia no documento XHTML.

Em CSS2, há três tipos de posicionamento para ajudar a controlar a aparência de uma página: *normal*, *float* e *absolute*. Nas próximas seções, você verá como pode usar cada um desses *esquemas de posicionamento* para indicar onde o conteúdo de um elemento deve aparecer na página.

> *Infelizmente, você ainda verá freqüentemente tabelas usadas para posicionar elementos em uma página - você examina a aparência de páginas em maior profundidade no Capítulo 9. Entretanto, tem havido uma forte tendência na direção do uso de CSS para posicionamento e isto torna o seu conteúdo muito mais reusável. Assim que uma página recorre ao uso de tabelas na sua aparência, geralmente fica presa ao meio para o qual foi projetada originalmente. À medida em que mais dispositivos com diferentes capacidades acessarem a Internet, você provavelmente verá aumentar o uso de CSS para posicionamento, permitindo que layouts escalem para a tela e permitindo que diferentes style sheets sejam usadas com o mesmo documento.*

Fluxo Normal

Por padrão, os elementos são dispostos na página usando o que é conhecido como *fluxo normal*. No fluxo normal, os elementos de nível de bloco dentro de uma página fluirão de cima para baixo (lembre-se de que cada elemento de nível de bloco aparecera como que estivesse em uma nova linha) e elementos em linha fluirão da esquerda para a direita (já que eles não precisam começar em uma nova linha).

Por exemplo, cada cabeçalho e parágrafo deve aparecer em uma linha diferente, enquanto que o conteúdo de elementos como <b>, <em> e <span> ficam dentro de um parágrafo ou outro elemento de nível de bloco; eles não precisam começar em novas linhas.

A Figura 8-26 ilustra isto com três parágrafos, cada um dos quais é um elemento de nível de bloco um sobre o outro. Dentro de cada parágrafo está um exemplo de elemento em linha, nesse caso o elemento <b> (ch08_eg25.html).

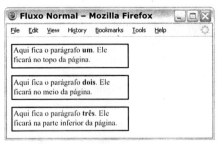

Figura 8-26

Se você quiser que o conteúdo dos elementos apareça em outros lugares além de onde apareceriam com o fluxo normal, tem duas propriedades para lhe ajudar: position e float.

A Propriedade position

Esta propriedade permite a você especificar uma posição para uma caixa. Ele pode receber quatro valores listados na tabela a seguir.

Valor	Significado
static	É o mesmo que o fluxo normal e é o padrão, de modo que você raramente o verá especificado.
relative	A posição da caixa é um deslocamento de onde ela normalmente ficaria.
absolute	A caixa é posicionada exatamente a partir da posição no elemento contêiner usando coordenadas x e y a partir do canto superior esquerdo do elemento contêiner.
fixed	a posição é calculada a partir de um ponto fixo; no caso do navegador, este ponto é o canto superior esquerdo de uma janela de navegador e não muda sua posição se o usuário rolar a janela.

Você verá como estas propriedades são usadas nas próximas seções.

Propriedades de Deslocamento da Caixa

Propriedade	Significado
top	Posição de deslocamento a partir do topo do elemento contêiner.

right	Posição de deslocamento a partir da direita do elemento contêiner.
bottom	Posição de deslocamento a partir da parte inferior do elemento contêiner.
left	Posição de deslocamento a partir da esquerda do elemento contêiner.

Cada uma pode receber um valor de um comprimento ou auto. Unidades relativas, incluindo porcentagens, são calculadas com relação às propriedades ou dimensões das caixas contêiners.

Posicionamento Relativo

O posicionamento relativo recebe um elemento e o posiciona em relação aonde ele ficaria em um fluxo normal. Ele é tirado dessa posição por um valor dado usando as propriedades box offset.

Agora voltaremos para o exemplo que encontramos na seção sobre posicionamento normal, mas desta vez você pode reposicionar o segundo parágrafo usando posicionamento relativo, conforme mostrado na Figura 8-27.

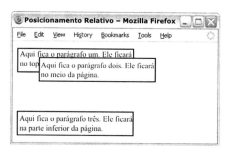

Figura 8-27

O segundo parágrafo deste exemplo sofre um deslocamento de onde ele ficaria no fluxo normal (onde ele estava no último exemplo) de 40 pixels a partir da esquerda e de 40 pixels a partir do topo – observe o sinal de menos, que levanta sua posição no fluxo normal (ch08_eg26.css).

```
p {border-style:solid;
  -color:#000000;
  border-width:2px;
  padding:5px;
  background-color:#FFFFFF;}
```

```
p.two {
    position:relative;
    left: 40px;
    top: -40px; }
```

O valor dos offsets das caixas (neste caso à esquerda e acima) pode ser um comprimento, uma porcentagem ou auto. Se ele for um valor absoluto, pode ser um valor negativo.

> Você deve especificar apenas um deslocamento à esquerda ou à direita e um acima ou abaixo. Se especificar tanto à esquerda quanto à direita ou tanto acima quanto abaixo, um deve ser o negativo absoluto do outro (por exemplo top:3px;bottom:-3px;). Se você tiver acima e abaixo ou à esquerda e á direita, e eles não forem valores absolutos negativos um do outro, o deslocamento à direita ou abaixo será ignorado.

Quando você estiver usando posicionamento relativo, pode acabar com algumas caixas sobre outras, como no exemplo anterior. Devido ao fato de você estar deslocando uma caixa relativamente ao fluxo normal, se esse deslocamento for suficientemente grande, uma caixa acabará sobre a outra. Isso pode criar o efeito que você está buscando; entretanto, há algumas desvantagens sobre as quais deve estar ciente:

❑ A menos que você configure um fundo para a caixa (uma cor ou imagem de fundo), ele será transparente por padrão, fazendo com que qualquer texto interseccionado fique ilegível. No exemplo anterior, usei a propriedade background-color tornar o fundo dos parágrafos brancos e assim evitar que isso acontecesse.

❑ A especificação CSS não diz qual elemento deve aparecer por cima quando há essa intersecção, então pode haver diferenças entre os navegadores (embora você possa controlar isto usando a propriedade z-index, que você aprenderá em breve).

Posicionamento Absoluto

O posicionamento absoluto remove completamente o conteúdo de um elemento do fluxo normal, permitindo a você fixar sua posição.

Você pode especificar que o conteúdo de um elemento deve ficar posicionado de forma absoluta dando à sua propriedade position um valor igual a absolute; a seguir você usa as propriedades box offset para posicioná-lo onde quiser.

Os deslocamentos da caixa fixam a posição da mesma relativamente ao bloco contêiner – sendo que um bloco contêiner é um elemento cuja propriedade position é configurada como relative ou fixed.

Veja a *style sheet* a seguir. Ela é para uso com três parágrafo novamente, mas dessa vez eles estão dentro de um elemento <div> que também usa posicionamento absoluto (ch20_eg27.css):

```
div.page {
```

```
position:absolute;
left:50px;
top: 100px;
border-style:solid; border-width:2px; border-color:#000000;}
p {
background-color:#FFFFFF;
width:200px;
padding:5px;
border-style:solid; border-color:#000000; border-width:2px;}
p.two {
position:absolute;
left:50px;
top: -25px;}
```

A Figura 8-28 mostra como isso ficaria em um navegador; como você pode ver claramente, o segundo parágrafo não está mais no meio da página. Ele foi retirado do fluxo normal porque o terceiro parágrafo agora está no lugar onde ele teria ficado se participasse do fluxo normal. Além disso, aparece até antes do primeiro parágrafo e sobre ele à direita!

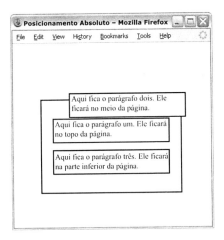

Figura 8-28

A presença do elemento <div class "page"> aqui é para mostrar que o parágrafo está sendo posicionado de acordo com o bloco contêiner – o elemento <div> posicionado de forma absoluta.

Elementos posicionados de forma absoluta sempre aparecem acima de elementos posicionados de forma relativa, como você vê aqui, a menos que a propriedade z-index (sobre a qual você aprenderá mais adiante neste capítulo) seja usada.

Também vale a pena observar que, devido às caixas posicionadas de forma absoluta serem retiradas do fluxo normal, mesmo se duas margens verticais se encontrarem, suas margens não são unidas.

Posicionamento Fixo

O valor final do qual você precisa estar ciente de que para a propriedade positioning é *fixed*. Este valor especifica que o conteúdo do elemento não só deve ser removido completamente do fluxo normal, mas também que a caixa não deve ser movida quando os usuários rolarem a página.

Embora o Firefox e Safari ofereçam suporte ao posicionamento fixo há algum tempo, o IE7 foi a primeira versão do Internet Explorer a suportá-lo.

O exemplo de XHTML de ch08_eg28.html a seguir demonstra o posicionamento fixo. Esae exemplo continua com diversos parágrafos mais, de modo que você possa ver a página rolando enquanto que o conteúdo do elemento <div> permanece fixo no topo da mesma:

```
<div class="header">Iniciando na Programação Web</div>
<p class="one">Esta página tem que conter diversos parágrafos de modo que você possa ver o efeito do posicionamento fixo. O posicionamento fixo foi usado no cabeçalho de modo que não se mova quando o resto da página rolar.</p>
```

Aqui você pode ver a *style sheet* para este exemplo (ch08_eg28.css). O cabeçalho possui a propriedade position com o valor fixed e está posicionado na parte superior esquerda da janela do navegador:

```
div.header {
  position:fixed;
  top: 0px;
  left:0px;
  width:100%;
  padding:20px;
  font-size:28px;
  color:#ffffff; background-color:#666666;
  border-style:solid; border-width:2px; border-color:#000000;}
p {
  width:300px;
  padding:5px;
  color:#000000; background-color:#FFFFFF;
  border-style:solid; border-color:#000000; border-width:2px;}
p.one {margin-top:100px; }
```

Esta última regra deve fazer com que o primeiro parágrafo desça do topo da página de forma que fique à vista, mas infelizmente isao não funciona nesse contexto.

A Figura 8-29 mostra como elemento de cabeçalho fixo aparece apesar do usuário ter rolado metade da página.

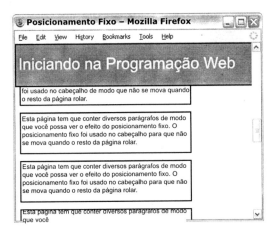

Figura 8-29

A Propriedade z-index

Elementos posicionados de forma absoluta têm uma tendência a interseccionarem outros elementos. Quando isto ocorre, o comportamento padrão é fazer com que os primeiros elementos fiquem abaixo dos posteriores. Isso é conhecido como *contexto de empilhamento*. Se você tiver caixas que estejam posicionadas absoluta ou relativamente, pode controlar qual delas aparece no topo usando a propriedade z-index para alterar o contexto de empilhamento. Se você estiver familiarizado com pacotes de projetos gráficos, a contexto de empilhamento é semelhante aos recursos "Trazer para frente" e "Enviar para trás".

O valor da propriedade z-index é um número, e quanto maior esse número for, mais próximo do topo o elemento deverá ser exibido.

Para entender melhor z-indez, examine outro exemplo de posicionamento absoluto – desta vez há apenas três parágrafos:

```
<p class="one">Aqui está o parágrafo <b>um</b>. Ele ficará no
topo da página.</p>
<p class="two">Aqui está o parágrafo <b>dois</b>. Ele ficará sob
os outros elementos.</p>
```

```
<p class="three">Aqui está o parágrafo <b>três</b>. Ele ficará
na parte inferior da página.</p>
```

Cada um destes parágrafos compartilha propriedades width, background-color, padding e border. Então cada parágrafo é posicionado separadamente usando posicionamento absoluto. Pelo fato desses parágrafos agora interseccionarem, a propriedade z-index é adicionada para controlar qual aparece em cima; quanto maior o valor, mais próximo do topo ele acaba (ch08_eg29.css):

```
p {
    width:200px;
    background-color:#ffffff;
    padding:5px; margin:10px;
    border-style:solid; border-color:#000000; border-width:2px;}
p.one {
    z-index:3;
    position:absolute;
    left:0px; top:0px;}
p.two {
    z-index:1;
    position:absolute;
    left:150px; top: 25px;}
p.three {
    z-index:2;
    position:absolute;
    left:40px; top:35px;}
```

A Figura 8-30 mostra como o segundo parágrafo aparece agora abaixo do primeiro e do terceiro parágrafos e o primeiro permanece no topo.

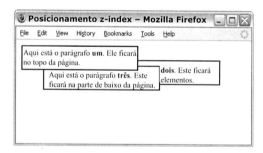

Figura 8-30

Flutuando Usando a Propriedade float

O elemento float permite a você tirar um elemento do fluxo normal e colocá-lo tão longe quanto possível à esquerda ou à direita de um elemento de uma caixa contêiner dentro do espaçamento desse elemento. Suas margens verticais não serão unidas acima ou abaixo como caixas de blocos no fluxo normal podem ser (porque foram retiradas do fluxo normal) e a caixa flutuante será alinhada com o topo da caixa contêiner.

Para indicar que você quer que uma caixa flutue à esquerda ou à direita da caixa contêiner, configura a propriedade float, que pode receber um dos valores listados na tabela a seguir.

Valor	Propósito
left	A caixa flutua à esquerda do elemento contêiner e o conteúdo desse elemento contêiner flutuará para a sua direita.
right	A caixa flutua à direita do elemento contêiner e o conteúdo desse elemento contêiner flutuará para a sua esquerda.
none	A caixa não flutua e permanece onde teria sido posicionada no fluxo normal.
inherot	A caixa recebe a mesma propriedade do seu elemento contêiner.

Sempre que você especificar uma propriedade float, também deve configurar uma propriedade width indicando a largura da caixa contêiner que a caixa flutuante deve ocupar, caso contrário ela ocupará automaticamente 100 porcento da largura da caixa contêiner não deixando espaço para que coisas flutuem em torno dela, tornando-a assim um elemento de nível de bloco.

Veja a XHTML a seguir (ch08_eg30.html) e observe como há um elemento <span> no início do primeiro parágrafo:

```
<body>
  <h1>Cabeçalho</h1>
  <p><span class="pullQuote">Aqui fica um cabeçalho destacado. Ele será removido do fluxo normal e aparecerá à direita da página.</span>
Aqui fica um parágrafo<b>one</b>. Este ficará no topo da página.
Aqui fica o parágrafo <b>um</b>. Este ficará no topo da página.
Aqui está o parágrafo
  <b>um</b>. Este ficará no topo da página. Aqui fica o parágrafo
  <b>um</b>. Este ficará no topo da página. Aqui fica o parágrafo
  <b>um
  </b>. Este ficará no topo da página.</p>
  <p>Aqui fica o parágrafo <b>two</b>. Este ficará na parte inferior da página.</p>
```

```
</body>
```

Mesmo o elemento em linha <span> pode flutuar, levando-o do seu elemento contêiner. (Não são apenas caixas de bloco que podem flutuar.) Ele será retirado do fluxo normal e colocado à direita do elemento <p> contêiner usando a propriedade float com um valor igual a right (ch08_eg30.css):

```
p {
 border-style:solid;
 border-color:#000000;
 border-width:2px;
 padding:5px;
 background-color:#FFFFFF;
 width:500px;}
.pullQuote {
 float:right;
 width:150px;
 padding:5px;
 margin:5px;
 border-style:solid;
 border-width:1px; }
```

Você pode ver como o conteúdo do elemento <span> com o atributo class cujo valor é pullQuote acaba à direita da página, com o resto do parágrafo seguindo à esquerda e depois abaixo dele, conforme mostrado na Figura 8-31.

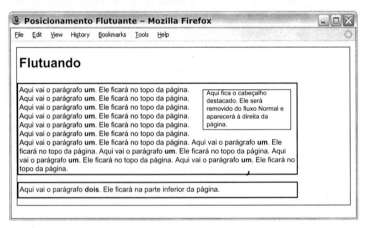

Figura 8-31

A Propriedade clear

Esta propriedade é especialmente útil ao se trabalhar com caixas flutuantes. Como você acabou de ver na Figura 8-31, o conteúdo pode fluir em torno de um elemento flutuante; entretanto, você pode não querer que isso aconteça – poderia preferir que nada ficasse próximo ao elemento flutuante e que o conteúdo em torno dele fosse deslocado para baixo do mesmo. É para isso que serve a propriedade clear e a tabela a seguir mostra os valores que ela pode receber.

Valor	Propósito
left	O conteúdo do elemento com a propriedade clear é limpo a partir da esquerda de um flutuante (ele não pode aparecer à esquerda de um elemento flutuante).
right	O conteúdo do elemento com a propriedade clear é limpo a partir da direita de um flutuante (ele não pode aparecer à direita de um elemento flutuante).
both	O conteúdo do elemento com a propriedade clear é limpo a partir de ambos os lados de um flutuante (ele não pode aparecer em nenhum lado de um elemento flutuante).
none	Permite flutuar em qualquer lado.

Veja este exemplo, que é ligeiramente diferente anterior (ch08_eg31.html) porque desta vez o pullQuote está em um elemento <div> em vez de em um <span> e não está dentro do parágrafo:

```
<h1>Flutuando</h1>
    <div class="pullQuote">Aqui está o cabeçalho destacado. Ele será removido do
        fluxo normal e aparecerá à direita da página.</div>
    <p>Aqui está o parágrafo <b>um</b>. Este parágrafo será empurrado para baixo do
        elemento flutuante. </p>
```

A *style sheet* a seguir fará com que o cabeçalho destacado flutua para a direita, mas o elemento do parágrafo usa a propriedade clear para evitar que qualquer conteúdo flutuante apareça à direita dele (ch08_eg31.css):

```
p {
  clear:right;
  background-color:#FFFFFF; }
div.pullQuote {
  float:right;
  padding:5px;
```

```
margin:5px;
width:150px;
border-style:solid; border-width:1px; }
```

A Figura 8-32 mostra como a propriedade clear funciona neste exemplo.

Figura 8-32

Experimente | Isto Um Layout de Exemplo

Neste exemplo, você criará um layout de página que usa uma combinação das técnicas que aprendeu neste capítulo para apresentar um artigo usando CSS em vez de tabelas.

A página com a qual você trabalhará é mostrada na Figura 8-33 sem a *style sheet* anexada.

Mais Style Sheets Cascading @ 377

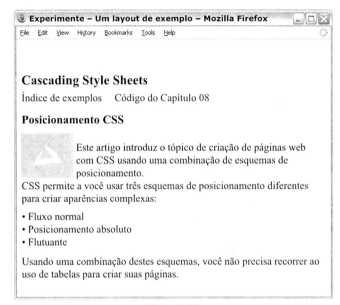

Figura 8-33

```
<body>
<h1>Cascading Style Sheets</h1>
    <div class="nav"><a href="../index.htm">Índice de exemplos</a>
         <a href="">Código do Capítulo 8</a></div>
<h2>CSS Posicionamento</h2>
    <p class="abstract"><img class="floatLeft" src="images/
background.gif"
         alt="wrox logo" /> Este artigo introduz o tópico de
criação de
         páginas web em CSS usando uma combinação de esquemas de
posicionamento</p>
    <p>CSS permite a você usar três esquemas de posicionamento
diferentes para
       criar aparências complexas:</p>
    <ul>
        <li>Fluxo normal</li>
        <li>Posicionamento absoluto</li>
        <li>Flutuante</li>
    </ul>
    <p>Usando uma combinação destes esquemas você não precisa
recorrer
          ao uso de tabelas para criar suas páginas.</p>
</body>
```

Este exemplo ilustra algumas das questões das quais você precisa estar ciente com CSS – em especial é importante para demonstrar que, embora você tenha visto algumas propriedades muito úteis, algumas delas são suportadas apenas nos navegadores mais novos. Embora você possa projetar seu site de forma que ele funcione com a maioria dos navegadores, pode não conseguir fazer com que algumas técnicas funcionem em todos os navegadores que quiser – de modo que precisa testar extensamente seu site.

No Firefox, este exemplo de Experimente e parecerá com a Figura 8-34, e você obteria um resultado semelhante no IE7.

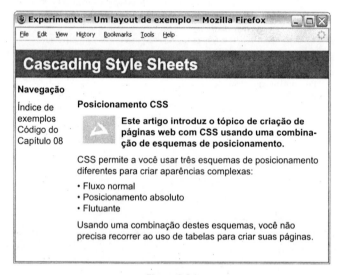

Figura 8-34

Entretanto, a Figura 8-35 mostra como esta página ficaria no IE6 – de forma que, se você vai ter visitantes que usem o IE6, precisa analisar quais recursos vão ou não funcionar.

Mais Style Sheets Cascading @ 379

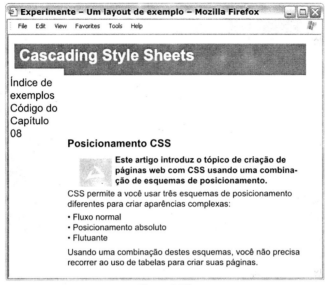

Figura 8-35

Para começar a trabalhar no arquivo CSS desta página, inicialize seu editor de páginas web e siga os passos a seguir:

1. Crie um arquivo chamado exemploPagina.css, adicione os elementos da página XHTML e use seletores de classe onde for apropriado para identificar cada tipo de elemento. Você deve acabar com uma lista como a que seguinte; então você poderá examinar a regra para cada elemento.

```
body { }
h1 { }
div.nav { }
h2 { }
p { }
p.abstract { }
img { }
ul { }
```

2. Primeiro vem a regra para o elemento <body>, que apenas configura alguns padrões para a página:

```
body {
   color:#000000;
   background-color:#ffffff;
   font-family:arial, verdana, sans-serif;
```

```
font-size:12px;}
```

3. A seguir, o cabeçalho do site, que usa posicionamento fixo para ancorá-lo no topo da página mesmo se o usuário rolá-la. Ele também tem uma propriedade z-index para assegurar que este cabeçalho permaneça no topo da navegação.

```
h1 {
   position:fixed;
   top:0px; left:0px;
   width:100%;
   color:#ffffff; background-color:#666666;
   padding:10px;
   z-index:2;}
```

4. A navegação é removida do fluxo normal porque está posicionada de forma absoluta. Ela está posicionada a 60 pixels do topo, de modo que as conexões não desaparecerão sob o cabeçalho da página quando esta for carregada pela primeira vez. A navegação é colocada em uma caixa que tem 100 pixels de largura e 300 pixels de altura com um fundo cinza claro e possui uma propriedade z-index igual a 1 para assegurar que fique sob o cabeçalho da página (que você acabou de ver com um z-index igual a 2).

```
div.nav {
   z-index:1;
   position:absolute;
   top:60px;
   left:0px;
   width:100px;
   height:300px;
   padding-left:10px; padding-top:20px; padding-bottom:10px;
   background-color:#efefef;}
```

5. Você talvez tenha percebido que a barra de navegação contém a palavra "Navegação", que não estava no arquivo HTML original. Essa *style sheet* usa a pseudo-classe CSS : before para acrescentar esta palavra. Você pode ver aqui que ela também possui outros estilos associados a si.

```
div.nav:before {
   content: "Navigation ";
   font-size:18px;
   font-weight:bold;}
```

6. A seguir está a regra do elemento <h2>, que precisa ser indentada partir da esquerda porque a navegação ocupa os primeiros 110 pixels à sua esquerda. Ela também possui espaçamento no topo para trazer o texto para baixo do cabeçalho.

```
h2 {
```

```
padding-top:80px;
padding-left:115px;}
```

7. A seguir estão as duas regras para os parágrafos, a primeira para todos e a segunda para assegurar que o resumo do artigo fique em negrito. Da mesma forma que o elemento <h2>, todos os parágrafos precisam ser indentados a partir da esquerda.

```
p {padding-left:115px;}
p.abstract{font-weight:bold;}
```

8. A imagem que fica no primeiro parágrafo flutua para a esquerda do texto. Como você pode ver, o texto do parágrafo flui em torno da imagem. Ele também possui um espaçamento de 5 pixels à direita.

```
img {
   float:left;
   width:60px;
   padding-right:5px;}
```

9. Finalmente, você tem a regra para a lista não ordenada de elementos, que precisa ser indentada para além dos parágrafos ou do cabeçalho de nível 2. Ela também especifica o estilo dos marcadores a serem usados com a propriedade list-style.

```
ul {
clear:left;
list-style:circle;
padding-left:145px;}
```

10. Grave sua *style sheet* e tente carregar o arquivo exemploPagina.html que a usará.

Como Isto Funciona

Conforme já mencionei, é importante observar que nem todas as regras neste exemplo funcionam em todos os navegadores. Contudo, você pode ter uma boa idéia de como ele de se parecer no Firefox e IE7, de modo que a discussão a seguir enfoca o resultado que você viu na Figura 8-34.

Começando com o cabeçalho fixo, o elemento <h1> é retirado do fluxo normal e fixado no topo da janela do navegador (observe que o espaço em branco acima do cabeçalho não deve aparecer). Elementos posicionados de forma absoluta sempre ficam no topo, então este cobriria outros conteúdos na página se aqueles elementos (a saber, a navegação e os parágrafos) não usassem espaçamento para evitar que houvesse intersecção entre os mesmos.

A barra de navegação não apenas usa a propriedade padding-top para trazê-la para baixo do cabeçalho como também a propriedade z-index. Esta propriedade assegura que, se houver alguma intersecção entre a navegação e o título, este aparecerá no topo. Você não pode *se basear* em posicionamento perfeito em termos de pixels com CSS e, se a barra de navegação não fosse aparecer no topo, ficaria um pouco estranho.

Os cabeçalhos, parágrafos e lista não ordenada que constituem o corpo do artigo devem ter todos espaçamento para saírem da esquerda do navegador, onde de outra forma interseccionariam com a navegação (a qual você talvez lembre que foi retirada do fluxo normal porque está posicionada de forma absoluta). Estes parágrafos e outros elementos que permanecem no fluxo normal devem portanto ser tirados do caminho dos elementos posicionados de forma absoluta.

A imagem dentro do primeiro parágrafo flutua dentro do parágrafo contêiner de nível de bloco e possui uma propriedade padding-right configurada em 5 pixels de modo que o texto não saia à direita do seu limite.

Finalmente, a lista não ordenada tem que ser movida mais a partir da margem esquerda do que o parágrafo ou cabeçalho porque tem marcadores à esquerda de onde o texto inicia. Se a lista não ordenada receber um propriedade padding-left com um valor igual a 115 como o cabeçalho ou o parágrafo, o texto começará 115 pixels a partir da esquerda, mas os marcadores ficariam mais longe à esquerda. Assim, esta propriedade é configurada em 145 de modo que permanece mais indentado que o texto.

Resumo

Neste capítulo você aprendeu as propriedades CSS que permitem a você controlar listas, conexões, tabelas, contornos e fundos com CS. As pseudo-classes :before e :after permitem a você adicionar conteúdo antes ou depois de um elemento especificado no seletor. Isto inclui texto, uma imagem ou o conteúdo de um arquivo. Elas até permitem numeração automática ou a contagem de qualquer elemento usando a função counter() e podem gerenciar conjuntos complexos de aspas (embora nem todos os navegadores suportem todas estas funções).

Você também aprendey como usar a regra @import para incluir regras de outras *style sheets* na atual e a criar *style sheets* modularizadas e reutilizar regras de diferentes seções de sites, enquanto que a regra @charset indica qual conjunto de caracteres está sendo usado na *style sheet*.

Finalmente, este capítulo examinou os três principais esquemas de posicionamento em CSS: fluxo normal (e seu posicionamento com deslocamento relativo), posicionamento absoluto (e seu posicionamento com deslocamento fixo) e flutuante. Estas são ferramentas poderosas para controlar onde o conteúdo de um documento deve aparecer; elas completam o cenário da separação dos estilos dos conteúdos já que você não tem que usar tabelas para controlar a aparência de documentos (o que você irá explorar em maiores detalhes no próximo capítulo).

Como mostraram os exemplos deste capítulo, e em especial o exemplo maior no final, o suporte a CSS, mesmo nos navegadores mais recentes, ainda não está completo.

Considerando que a recomendação CSS2 foi completada em 1998, é uma pena que os desenvolvedores de navegadores ainda não tenham feito uma tentativa melhor de implementá-la.

Com muita atenção, é possível criar páginas que usem CSS para configurar sua aparência, mas navegadores mais antigos nem sempre as suportarão como você gostaria. Como conseqüência, alguns projetistas usarão uma combinação de técnicas mais antigas para a aparência de páginas e CSS para alguns estilos.

Exercícios

As respostas para todos os exercícios estão no Apêndice A.

1. Neste exercício, você criará uma tabela de conteúdos conectada que ficará no topo de um documento longo em uma lista ordenada e conectará os cabeçalhos das partes principais do documento.

O arquivo XHTML exercise1.html é fornecido com o código de download deste livro, pronto para você criar a *style sheet*. Sua *style sheet* deve fazer o seguinte:

- Configurar os estilos de todas as conexões incluindo as ativas e as já visitadas
- Deixar em negrito o conteúdo da lista
- Tornar cinza claro o fundo da lista e usar espaçamento para assegurar que os marcadores apareçam
- Deixar a largura das conexões com 250 pixels de largura
- Alterar o estilo dos marcadores de cabeçalhos para círculos vazios
- Alterar o estilo dos marcadores para quadrados

Sua página deve se parecer com a da Figura 8-36.

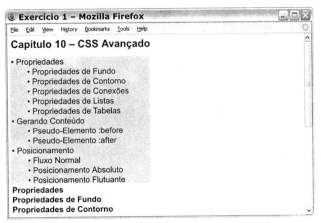

Figura 8-36

2. Neste exercício, você testar sua habilidade de posicionamento CSS, Você deve criar uma página que represente as conexões para as diferentes seções do capítulo de uma forma muito diferente. Cada uma das seções será mostrada em um bloco diferente e cada bloco será posicionado de forma absoluta em uma diagonal do canto superior esquerdo ao inferior direito. A caixa do meio deve aparecer no topo, conforme mostrado na Figura 8-37.

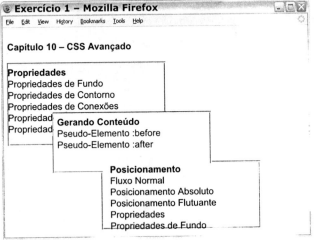

Figura 8-37

Você pode encontrar o arquivo fonte em XHTML (exercise2.html) com o código para download deste capítulo.

9

Aparência da Página

Este capítulo é o primeiro de dois sobre questões de projeto. Ele aborda o projeto e a construção de *layouts* para páginas web. Embora não exista um livro de regras que diga como você deve projetar sua página, há alguns fatores importantes que você deve analisar quanto à aparência de uma página e são estas questões sobre as quais você aprenderá neste capítulo.

Ninguém pode lhe dizer como tornar uma página atraente – isto é uma questão de gosto. O que você verá neste capítulo é uma discussão sobre os objetivos do site, o tamanho da sua página, o que deve aparecer na página e onde cada item deve ficar nessa página. Você também precisa saber como fazer esses projetos funcionarem em código. Este capítulo está agrupado em quatro seções para refletir esses tópicos:

❑ Entendendo corretamente os objetivos do site

❑ Examinando uma página como um todo e abordando a questão do quão grande você deve tornar a página

❑ Conhecendo os elementos que constituem cada página, como logotipos, cabeçalhos, conexões e possivelmente comerciais

Assim que você tiver examinado a aparência geral da página neste capítulo, veja no Capítulo 10 mais questões específicas de projeto *dentro* da página, como o projeto de menus, formulários, conexões e textos.

Entendendo o Site

Esteja você criando uma página web para você mesmo ou esperando criar sites para clientes, deve ter uma boa compreensão do site que quer criar antes de começar a projetá-lo. Há algumas questões fundamentais que você precisa estar perguntando para assegurar que entenda tanto os objetivos do proprietário do site quanto o que o público que vem ver o site espera encontrar; especificamente, você precisa estar certo de que sabe:

❑ Quem você espera que visite o site

- Que tipo de informações você acha que eles esperariam encontrar no seu site
- A freqüência na qual você pode esperar realisticamente que eles o visitem
- O que *você* quer que o seu site faça pelos seus visitantes

Sem ter certeza a respeito destes itens, você não pode projetar um site eficaz. Vale a pena observar aqui que as três primeiras questões são sobre seus visitantes e o que eles querem do seu site em vez de do que você quer dos seus visitantes. Por exemplo, eu poderia querer que os visitantes viessem ver um site todos os dias – mas é importante analisar se essa é uma expectativa realista. Afinal, se eles provavelmente só visitam o site ocasionalmente, isso poderia ter um grande impacto no projeto (e a freqüência na qual várias partes das páginas são atualizadas).

As seções a seguir lhe ajudarão a responder essas questões antes de você começar a trabalhar no site.

Entendendo os Objetivos de um Site

Antes mesmo que você possa começar a trabalhar em um site, deve assegurar que tenha definido claramente os objetivos do mesmo. É possível que o site tenha diversos propósitos, mas fazendo estas perguntas no início você conseguirá cristalizar o que estiver tentando obter.

Por exemplo, se você estiver criando um site para uma empresa, poderia se perguntar:

- Você está lidando com um produto ou um serviço?
- Com qual a freqüência as pessoas irão requerer este produto ou serviço?
- Assim que eles tiverem encomendado um produto ou serviço, eles provavelmente voltarão ao site para encomendar novamente ou descobrir mais informações?
- Você está tentando promover um produto ou serviço para pessoas que nunca terão ouvido falar dele ou tentando explicar mais sobre esse determinado produto ou serviço para pessoas que sabem o que procuram?
- O que há de especial no seu produto ou serviço que o diferencie dos seus competidores?
- Você está tentando vender diretamente do site, colocar o visitante em contato com um vendedor ou informar as pessoas onde podem obter um produto ou serviço?

Talvez o site no qual você esteja trabalhando não seja projetado para enviar um produto ou serviço; você pode estar tentando ensinar novas habilidades; criar uma comunidade; enviar um currículo; criar um portfólio; publicar informações sobre hobbies/ interesses; apoiar uma publicação impressa, programa de rádio, de TV ou outra forma de mídia; ou publicar sua opinião sobre um assunto. Cada um teria o seu próprio conjunto de questões, mas é importante pensar no que o site está realmente tentando realizar e o que é necessário para satisfazer esses objetivos.

Se você pretende iniciar a criação de web sites para empresas, pode se deparar com clientes que pensam que precisam de um web site (ou de uma atualização do seu web site já existente) mas não têm certeza do que devem colocar no mesmo. Especialmente quando você está construindo para pequenas e médias empresas, muitas vezes tem que auxiliar o cliente a entender o que o web site pode fazer pelo negócio antes de começar a trabalhar nele.

Vamos analisar alguns exemplos:

Um fotógrafo poderia querer um site para servir como portfólio do seu trabalho junto com detalhes para contato para alguém que queira contratar serviços fotográficos.

Uma empresa familiar de tortas poderia decidir que seu objetivo principal é gerar vendas de tortas para o mercado de buffets.

Um hotel poderia querer mostrar fotos do local, fornecer detalhes sobre as acomodações, mostrar um mapa da localização com informações sobre a área e poder fazer reservas.

Uma empresa de pesquisa científica poderia querer mostrar aos investidores informações sobre a pesquisa sendo executada no momento, sucessos passados e a equipe por trás da pesquisa.

A diversidade de propósitos que um web site pode ter é quase infinita. Contudo, no início de cada novo site você deve tentar listar os objetivo; uma vez que tenha feito isso, pode começar a ver como estruturará essas informações.

> Se você estiver trabalhando em um site para um cliente, é bom fazer com que ele concorde com os objetivos do site quando você os tiver definido. Muitos clientes podem resolver que querem funcionalidades extras durante o desenvolvimento do site, de modo que marcar os objetivos no início é importante. Se o cliente quiser expandir esses objetivos, você pode renegociar os termos para esses recursos extras (como tempo adicional para desenvolvimento e despesas extras).

Quem Você Espera que o Visite

Por todo o processo de projeto, você deve ter uma coisa em mente: Você precisa projetar a página para o público alvo do site – não para o cliente. Se você estiver decidindo onde posicionar um elemento do site ou se vai usar uma tecnologia ou recurso (como som uo animação), a influência principal para as suas decisões deve ser sempre o que o seu público alvo iria querer. Assim, naturalmente, é muito importante entender seu público alvo.

Infelizmente, algumas empresas pedem aos projetistas para enviar mensagens que a diretoria pensa serem mais interessante ou importante em vez de se colocarem no lugar dos seus visitantes. Por exemplo, não é incomum ver web sites de empresas onde informações para investidores, como relatórios trimestrais ou informações sobre a diretoria ocupa espaço destacado na primeira página. Isso pode sugerir a alguns visitantes que o site tem por objetivo os investidores da empresa, não seus clientes, e que pode estar mais interessado em fazer dinheiro do que no interesses dos seus clientes. Como cliente, não quero ser lembrado sobre quanto lucro uma empresa está tendo se estiver a ponto de gastar meu dinheiro suado! Em vez disso, o site deve ter uma conexão para a seção do site objetivando um número menor de visitantes que sejam investidores e que use um espaço valioso na página inicial para conexões pelas quais os clientes estarão interessados.

Assim, você precisa se perguntar o seguinte:

- Quem visitará o seu site? Os seus visitantes serão potenciais clientes (membros do público ou outras empresas), investidores, pessoas com hobby, imprensa e mídia, ou estudantes e pesquisadores?
- Por que eles vêm? Eles querem comprar um produto ou um serviço? Ou saber onde você está localizado, as suas horas de funcionamento, ou um número/email de contato? Eles querem aprender uma nova habilidade? Descobrir mais sobre sua empresa, serviço ou área de interesse? Decidir se você é um bom investimento?
- Qual a sua motivação para virem? Eles vêm procurando diversão (e provavelmente devem estar navegando) ou para fazer algo como um pedido ou obter alguma informação (caso em que eles podem querer um resultado rápido). Com essa questão e a anterior, você pode decidir que espera que 50 porcento dos seus visitantes vêm por um motivo e outros 50 porcento por outro motivo.
- O que você sabe sobre esses visitantes? Você pode ter uma idéia da demografia das pessoas normalmente interessadas no produto ou serviço que fornece ou tópico que está cobrindo. Coisas como idade, sexo e habilidade técnica podem afetar algumas das suas decisões de projeto.

Novo Conteúdo

Outra questão importante a ser abordada no início do ciclo de desenvolvimento de qualquer site é se as pessoas gastarão tempo desenvolvendo e mantendo novo conteúdo para esse site após o mesmo ter sido lançado. Há um motivo muito simples para perguntar isto: Se o conteúdo do seu site não muda, como você pode esperar que os visitantes voltem a ele mais de uma vez?

Alguns sites, como os que contêm informações úteis de referência, podem ser visitados numerosas vezes pelas mesmas pessoas, mas o site médio de uma empresa pequena – um que explique os produtos ou serviços dessa empresa – raramente gerarão muito retorno de visitantes a menos que as pessoas sigam voltando para encomendar o mesmo produto ou serviço, ou se a empresa lançar regularmente novos produtos.

Alguns sites não precisam mudam com freqüência; por exemplo, se você for um carpinteiro é improvável que os visitantes voltem rapidamente assim que tiverem seu telhado substituído. (Eles poderiam ter vindo em primeiro lugar para ver amostras do seu trabalho, nas após o telhado ter sido substituído, têm pouco incentivo para visitá-lo regularmente). Se você estiver criando um site sobre um lançamento de novo livro ou músicas, entretanto, provavelmente existam novas informações que você poderia enviar regularmente e que poderiam atrair visitantes em algumas semanas ou, se nossas expectativas estiverem em algum ponto entre isso, como em um site de roupas que apresenta novas linhas de roupas duas vezes por ano, ou um site de referência ao qual os visitantes podem voltar em alguma ocasião.

Assim, você precisa questionar a freqüência na qual espera que essas mesmas pessoas voltem ao seu site. Se você quiser que eles voltem regularmente, terá que fornecer a eles algum incentivo para tal.

O problema em manter o conteúdo novo é o tempo que se dispende, e alguém tem que ser responsável pela atualização do site regularmente.

Definindo o Conteúdo do Seu Site

Agora que você tem uma boa idéia dos objetivos do seu site, quem ele tem como público alvo e com que qual freqüência o conteúdo mudará, pode examinar mais de perto qual será o conteúdo do seu site.

Ao gerar o potencial conteúdo do seu site, você deve tratá-lo com uma sessão de *brainstorming* – não pare! Lembre-se, seu site deve abordar as necessidades dos seus visitantes e o que eles esperarão do mesmo, não apenas o que você quer que eles vejam.

Essa lista poderia incluir coisas como informações sobre produtos e serviços que a empresa oferece, fotos de exemplos de trabalhos; como esses produtos e serviços podem ser obtidos; detalhes de contratos; e informações sobre a empresa. (Os clientes muitas vezes gostam de saber um pouco sobre pequenas e médias empresas que realizam comércio pela Internet; isso ajuda a assegurar a eles que é seguro enviar seu dinheiro). Não esqueça de ir mais a fundo; por exemplo, que informações você incluirá sobre um produto ou serviço? Um produto poderia ter uma foto, descrição, dimensões, informações sobre como e onde é feito, usos comuns para o mesmo, e assim por diante. Um serviço poderia requerer descrições do trabalho envolvido, quanto tempo leva para terminar, o que é necessário para que seja executado, quem executará o serviço e como eles estão qualificados a fazê-lo.

> Se você vende algo, deve sempre tentar indicar um preço – se o preço variar (por exemplo, um carpinteiro pode cobra valores diferentes para tipos e tamanhos diferentes de telhados), adicionar um guia de preços para um produto ou serviço resulta em um maior nível de consultas do que um site que não dê indicação de preços.

Você também deve examinar outros sites que abordam um tópico semelhante – os competidores – e examinar o que eles fazem e não fazem e se esses sites satisfazem as necessidades das pessoas que você espera que visitem o seu site. Um dos pontos chaves a pensar aqui é o que você pode fazer diferente ou melhor – algo que lhe faça parecer melhor do que a competição.

Não esqueça que irá querer adicionar coisas como o seu logotipo ou marca na maioria das páginas, talvez um formulário de pesquisa e possivelmente propaganda. Você também deve lembrar alguns recursos maçantes porém necessários, como um aviso de direitos autorais, termos e condições e uma política de privacidade (essa última é importante se você coletar informações sobre usuários ou usar uma tecnologia conhecida como *cookies* para armazenar informações no computador do usuário).

Assim que você tiver tudo o que seus usuários poderiam querer saber na sua lista pode ajustar suas idéias deixando apenas o que você realmente fará no web site. Lembre-se de que idéias não usadas sempre podem vir a sê-lo em uma futura atualização do site.

Agrupando e Categorizando

Agora você pode começar a agrupar as idéias do que você quer cobrir. Se o site estiver anunciando diversos produtos ou serviços, esses podem ser colocados juntos em grupos relacionados de produtos ou serviços, que podem ser divididos em sub-grupos. Por exemplo:

- Você poderia agrupar as informações sobre como a empresa foi formada e sua história junto com informações sobre a empresa hoje em uma seção geral "Sobre nós". Nessa seção você também poderia incluir perfis das pessoas administrando o negócio.

- As diferentes formas nas quais as pessoas podem entrar em contato com você (telefone, e-mail, fax, horários de funcionamento, talvez um mapa e assim por diante) e de forma ideal um formulário para contato poderiam ser colocadas em um grupo "Fale Conosco".

- Se uma empresa tem investidores externos e está listada na bolsa de valores, você poderia criar uma seção para os investidores, com relatórios da empresa, informações sobre a diretoria e assim por diante.

Para a maioria dos sites, você deve tentar criar não mais do que seis ou sete seções. Essas seções formarão os itens da *navegação* ou *primários* do seu site. Por exemplo, você poderia ter seções como Produtos, Onde Comprar, Solicitações de Negócio, Sobre Nós e Fale Conosco. Você também terá uma página inicial (que não é incluída nos seis ou sete grupos primários). Esse método de agrupamento do site o tornará muito mais fácil de navegar e entender.

Algumas das seções provavelmente conterão sub-seções com diversas páginas próprias e pode haver mais do que sete sub-seções em cada categoria. Por exemplo, um editor poderia ter mais de sete gêneros de livros em uma seção de livros, ou um site de gastronomia poderia organizar uma seção de receitas por tipos de ingredientes ou tipos de carne. Estas sub-seções formam a *navegação secundária* ou *de categorias*.

Lembre-se que o agrupamento deve refletir o que você espera que os visitantes do seu site queiram fazer e a compreensão dos clientes quanto aos seus produtos, serviços ou o assunto. Por exemplo, se os seus clientes estiverem procurando um tipo de produto no seu site, eles procurarão dentro de uma lista de fabricantes ou em uma lista de tipos de produtos?

Essas categorias e sub-categorias são como uma tabela de conteúdos e formarão a base da navegação no seu site – as seções precisarão fazer parte do menu principal enquanto que as sub-seções formarão seus próprios sub-menus. Essa organização é muito importante em web sites, porque não têm a ordem linear que um livro tem; os usuários muito mais provavelmente tomarão diferentes rotas através do web site. Quanto melhor organizado o seu site estiver, maior será a chance dos usuários encontrarem o que estão procurando.

Criando um Mapa do Site

Você já deve ter uma boa idéia das seções e páginas que constituirão seu site, e deve começar a desenhar um mapa do site, que deve se parecer como uma árvore genealógica ou lista de pastas no Windows Explorer. Ele deve começar com a página inicial do site e todas as categorias principais no topo da árvore.

Se alguma das categorias contiver sub-categorias ou mais de uma página, essas devem aparecer como filhas da primeira página. Por exemplo, se uma das suas categorias principais for "produtos", então você poderia dividi-la em diversas sub-seções com uma página sobre cada item dessa categoria, ou você poderia ter dois ou três produtos para listar em uma página – e cada um desses pode ter então sua própria página na posição de um neto do produto.

Você pode ver um exemplo de um mapa de site na Figura 9-1; você poderia desenhar isto verticalmente como foi feito aqui ou horizontalmente (mais como uma árvore genealógica).

Assim que você tiver criado um mapa do site, saberá o seguinte:

- Quantas páginas estão no seu site
- Quais informações aparecerão em cada uma dessas páginas
- Quais conexões aparecerão em cada página (e para onde elas apontam)

Assim que você tiver criado seu mapa do site, é uma boa idéia tentar examinar as coisas que inicialmente você esperava que os usuários viessem ao seu site para ver, e examinar como eles navegariam pelo mapa do site, passo a passo, para obter as informações que você acha que eles precisarão. Por exemplo, uma empresa fabricando ferramentas especializadas de carpintaria poderia definir os visitantes em dois grupos:

- Revendedores querendo:
    - Navegar pela lista de produtos que poderiam ter em estoque na suas lojas
    - Encontrar um produto específico que um cliente esteja solicitando
    - Detalhes de contato com a equipe de vendas

- Público querendo:
    - Navegar pela lista de produtos que poderiam encontra em uma loja
    - Encontrar produtos específicos que eles precisam
    - Saber como entrar em contato com a empresa

Na terminologia de programação, os passos que formam uma interação entre uma pessoa e um sistema computacional para se executar uma determinada tarefa é muitas vezes chamada de *caso de uso*:

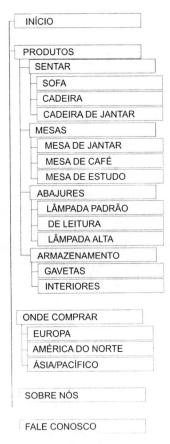

Figura 9-1

Identificando Elementos Chaves para Cada Página

Antes que você possa começar a realmente projetar uma página, precisa executar um último passo. Você precisa identificar os itens ou *elementos* chaves que devem aparecer em cada página. Esses elementos incluirão coisas como marcas e logotipos, navegação primária, navegação de categorias (nas páginas de categorias relevantes), cabeçalhos, o conteúdo principal da página, uma caixa de pesquisa e espaço para auto-promoções ou propagandas de produtos e serviços da empresa.

> Você deve criar a lista dos elementos chaves de cada página antes mesmo que você comece a pensar sobre onde posicioná-los, embora seja muito útil se você tiver uma idéia de quanto espaço cada elemento ocupará.

Esses elementos refletirão os objetivos do site. Mas esteja avisado: Muitos clientes irão querer colocar tudo em todas as páginas. Você deve mostrar a eles como a organização e o planejamento que fez levará a um bom projeto e navegação simples que evite a necessidade de colocar tudo em cada página. (Você aprenderá mais sobre navegação no Capítulo 10.) Um site que seja com menos elementos mas ainda assim fácil de navegar é melhor do que um que tenha tudo em cada página porque é mais difícil de encontrar o que você quer em uma página onde haja informação demais.

Tamanho da Página (e Resolução da Tela)

Agora que você sabe o que deve ir em cada página, está pronto para iniciar o exame do projeto das próprias páginas. Da mesma forma que um artista deve decidir sobre o tamanho da tela antes de começar a pintar, você deve decidir que tamanho de página usará para o seu site.

Infelizmente, diferentes visitantes do seu site terão diferentes tamanhos de monitores com diferentes resoluções. Portanto, sua página não terá a mesma aparência para todos que visitam seu site; você não pode projetar algo que se pareça bom no seu monitor e esperar que se pareça bom no computador de outras pessoas. Diversos fatores afetam o quão grande sua "tela" deve ser. Analise os seguintes:

- Diferentes computadores têm diferentes resoluções de tela (800x600 e 1.024x768 são as mais populares).
- Diferentes usuários têm diferentes tamanhos de monitores (15, 17, 19, 21+ polegadas).
- As pessoas freqüentemente com toda a tela à mostra – elas tendem a ter barras de rolagem e outras aplicações ocupando parte do espaço.

Se você não usar dimensões sensatas para uma página quando iniciar a projetar e construir seu site, você pode acabar reconstruindo tudo quando um de seus clientes chegar em casa e perceber que o que parecia ótimo no computador do trabalho não cabe em um monitor de casa.

A questão da resolução da tela se refere ao número de pixels que constituem uma imagem em uma tela de monitor. Uma tela que tenha resolução 800 x 600 terá largura de 800 pixels e altura de 600 pixels e uma tela que tenha resolução 1.024 x 768 terá largura de 1.024 pixels e altura de 768 pixels.

A tabela a seguir mostra estatísticas para resoluções de telas de um site chamado theCounter.com. As estatísticas são tiradas de visitantes do site no mês de janeiro durante oito anos e mostram a porcentagem de visitantes que tinham resoluções diferentes. Você pode visualizar essas estatísticas correntemente em www.theCounter.com/stats/. O mesmo site também hospeda um número de outras estatísticas úteis, incluindo a porcentagem de visitantes usando diferentes versões de navegadores.

Mês/Ano	640x480	800x600	1024x768	1152x864	1280x1024
Jan 2008	0 por cento	8 por cento	48 por cento	3 por cento	28 por cento
Jan 2007	0 por cento	13 por cento	53 por cento	3 por cento	22 por cento
Jan 2006	0 por cento	21 por cento	58 por cento	3 por cento	12 por cento
Jan 2005	0 por cento	28 por cento	54 por cento	3 por cento	10 por cento
Jan 2004	1 por cento	37 por cento	49 por cento	3 por cento	6 por cento
Jan 2003	2 por cento	46 por cento	40 por cento	3 por cento	4 por cento
Jan 2002	4 por cento	52 por cento	34 por cento	2 por cento	3 por cento
Jan 2001	7 por cento	54 por cento	30 por cento	2 por cento	2 por cento
Jan 2000	11 porc ento	56 por cento	25 por cento	2 por cento	2 por cento

Como você pode ver, em janeiro de 2008 apenas 8 por cento dos usuários tinham resolução 800 x 600 e 90 por cento deles tinha uma resolução de 1.024 x 768 ou superior. Nesta época era comum que as páginas tivessem largura em torno de 980 pixels.

Todavia, ao decidir a largura da página, é importante lembrar que você deve projetar sites para os seus visitantes. Mesmo se você ou um cliente seu ustilizarem um monitor de 21 polegadas com resolução de 1.280 x 1.024, deve assegurar que seu projeto seja utilizável em uma tela de 15 polegadas com resolução de 800 x 600. (Como você verá mais adiante neste capítulo, o conteúdo de páginas web muitas vezes é dividido em colunas, e muitos sites usam o espaço à direita para informações que não sejam essenciais para o uso do mesmo.)

> *A maioria dos sistemas operacionais permite a você alterar a resolução do seu monitor, de modo que pode experimentar alterar essa resolução para ter uma idéia do quão diferente ele pode ficar para diferentes usuários. Em um PC você encontrará isto no Painel de Controle do Windows sob a opção Vídeo; em um Mac, fica nas Preferências do Sistema sob a opção Vídeo.*

Verticalmente, você deve considerar o fato de que muitos usuários terão um menu ou barra de tarefas ou o *dock* no Mac OS X) que ocuparão parte da altura da tela. Você também tem que considerar as diversas barras de ferramentas que podem aparecer em uma janela do navegador. Portanto, você deve assegurar que os pontos chaves de uma página apareçam em torno dos 550 pixels superiores da janela do navegador; às vezes você verá esse espaço sendo chamado de *acima da pasta* significando o espaço na tela antes que o usuário tenha que começar a rolagem.

> **Embora você normalmente evite esperar que usuários rolem horizontalmente, pode esperar com segurança que eles rolem verticalmente. Os visitantes devem, porém, ser capazes de perceber sobre o que cada página é sem ter que rolar, de modo que você deve assegurar que as partes principais estejam à vista quando a página for carregada. De modo geral, você deve pelo menos ser capaz de ver o logotipo ou marca da empresa, o cabeçalho principal de qualquer página, assim como os primeiros itens de navegação primária.**

Projetos de Largura Fixa vs. Líquida

Embora tenha dito que você deve fazer com que o conteúdo caiba dentro de uma página que tenha largura de 980 pixels, e que um usuário deve ser capaz de entender sobre o que uma página trata com os 550 pixels da tela, você talvez tenha percebido que alguns projetos são alargados para ocupar a página toda. Esse é conhecido como um *projeto líquido*. Em comparação, projetos que forcem a página a ter uma determinada largura ou altura são conhecidos como *projetos de largura fixa*.

> *É interessante observar que os usuários com monitores de resolução maior tendem a deixar espaços maiores em torno dos limites da janela na qual navegam, expondo mais do seu desktop e outras aplicações que estejam sendo executadas. Assim, quando os usuários têm telas de alta resolução, suas janelas de navegadores raramente ocupam a tela inteira.*

Um dos equívocos mais comuns com os quais tenho me deparado ao trabalhar em web sites para clientes é que eles acham que cada página web ocupa a tela inteira. Isto simplesmente não é verdade!

É claro que alguns sites são alargados para ocupar toda a janela do navegador. Nesses casos, partes da página aumentam e diminuem dependendo do tamanho do navegador e se o usuário redimensionar seu navegador, a página geralmente mudará de tamanho com a janela. A Figura 9-2 mostra um site fictício de notícias que usa projeto líquido para ocupar a página inteira. (Observe que as janelas do navegador nas próximas duas figuras têm a mesma largura.)

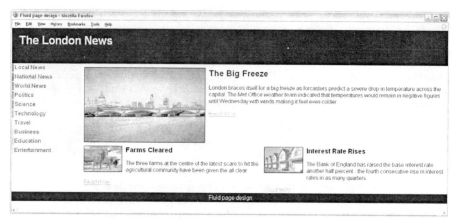

Figura 9-2

De fato, a Figura 9-2 é realmente uma mistura de projeto fluído e de largura fixa porque a navegação no lado esquerdo permanece com a mesma largura, enquanto que a página aumenta para ocupar a janela do navegador.

Muitos sites, todavia, têm uma largura completamente fixa e ficam alinhados à esquerda do centro da página. Esses sites devem considerar a largura limitada de uma janela de navegador (conforme discutido anteriormente). A diferença chave com essa abordagem (comparada com os projetos líquidos) é que o projetista tem muito mais controle sobre a aparência de uma página porque ele sabe de que tamanho ela será. Isso também significa que o projetista pode limitar a largura de coisas como colunas de texto. Controlar o tamanho de uma página pode ser especialmente útil na Web porque os usuários muitas vezes acham difícil ler parágrafos que sejam largos demais; quando você chega ao final de uma linha de texto é mais difícil para o olho retornar corretamente para a próxima linha.

Um exemplo de projeto de largura fixa é mostrado na Figura 9-3. Quando o usuário aumenta o tamanho da janela do navegador, a página permanece do mesmo tamanho mas ganha espaço em branco à direita (a janela do navegador nesta figura tem a mesma largura que tinha na Figura 9-2).

Aparência da Página @ 397

Figura 9-3

Agora que você viu projetos de largura líquida e fixa, as próximas seções mostram como criá-los em código.

Projeto Líquido

Um projeto líquido pode aumentar para ocupar a página. Para fazer isso, você especifica proporções de uma página usando valores de porcentagens. Por exemplo, você poderia decidir que sua página ocupe até 95 por cento da largura do navegador, de modo que sempre haja um pequeno espaço em torno do limite. A Figura 9-4 mostra uma página que ocupa até 95 por cento da janela. Se o usuário aumentar o tamanho da janela do navegador, o espaço aumenta em tamanho mas retém a borda externa.

Figura 9-4

Aqui (ch09_eg01.html) você pode ver como este efeito pode ser criado usando um elemento <div>:

```
<body>
  <div id="page">
    <!-- O CONTEÚDO DA PÁGINA VAI AQUI-->
  </div>
</body>
```

A *style sheet* contém uma regra para o elemento <div> estabelecendo a propriedade width com um valor igual a 95 por cento. Também há algumas outras propriedades estabelecidas para mostrar a você a caixa e fazer com que o exemplo seja um pouco mais interessante:

```
div.page {
  width:95%;
  background-color:#ffffff;
  border:1px solid #666666;
  padding:20px;
  font-size:12px;}
```

Antes do aparecimento de CSS, os projetistas web geralmente usavam tabelas para controlar o posicionamento do conteúdo de uma página, especialmente quando queriam mais de uma coluna.

Aonde for possível, você deve evitar o uso do elemento <table> para controlar aparências, a menos que esteja apresentando dados tabulares. Um cronograma de trens, por exemplo, são dados tabulares reais contendo muitas linhas e colunas e, portanto, devem ser colocados em uma tabela. Uma página de notícias, entretanto, não constitui realmente dados tabulares, mesmo se as notícias estiverem divididas em duas colunas.

De forma ideal, a única exceção a essa regra seria quando você tem como alvo navegadores mais antigos, como o Internet Explorer 5 ou o Netscape 5 (que muito poucos usuários executam atualmente).

> *Alguém muito observador poderia perceber que tanto no IE quanto no Firefox a página muitas vezes acaba com um pouco mais de espaço à direita do que à esquerda. Entretanto, isso é pouco perceptível.*

Há vantagens e desvantagens na abordagem da aparência líquida. As vantagens são as seguintes:

- ❏ A página se expande para preencher a janela do navegador e portanto não deixa espaços de margens em torno da página quando houver uma janela grande.
- ❏ Se o usuário tiver uma janela pequena aberta no seu navegador, a página pode se contrair para caber nessa janela sem que os usuários tenahm que rolar.

❑ O projeto é tolerante a usuários configurando tamanhos de fontes maiores do que o projetista pretendia, já que a aparência da página pode variar.

As desvantagens são:

❑ Se você não controlar a largura das seções da sua página, essa pode ter uma aparência muito diferente do que você pretendia, e você pode acabar com espaços disformes em torno de determinados elementos ou itens que estejam amontoados juntos.

❑ Se o usuário tiver uma janela muito grande, linhas de texto se tornam muito grandes e essas se tornam difíceis de ler.

❑ Se o usuário tiver uma janela muito estreita, as palavras podem ficar amontoadas e muito pequenas e você poderia acabar com apenas uma ou duas palavras em cada linha.

Projeto de Largura Fixa

Projetos com largura fixa usam comprimentos para indicar as dimensões da página, como pixels, sem e centímetros. Projetos de largura fixa permitem aos projetistas muito mais controle sobre a aparência das suas páginas porque o projetista sabe o tamanho da tela; ela não pode aumentar ou diminuir quando o usuário redimensiona suas janelas. Embora um projeto possa se parecer de tamanhos ligeiramente diferentes em monitores de resoluções diferentes, as proporções dos elementos da página podem permanecer as mesmas. Você pode ver um exemplo de uma página de largura fixa na Figura 9-5. O código dessa página (ch09_eg02.html) está logo a seguir.

Embora a Figura 9-5 possa parecer semelhante à Figura 9-4, se você experimentar o código correspondente que é fornecido com o código para baixar para o resto do livro em www.wrox.com, verá que esse exemplo não aumenta para ocupar mais da janela do navegador, diferentemente do exemplo anterior de uma aparência líquida.

Quando a propriedade width é usada em um elemento de nível de bloco, não importa o o tamanho donavegador do usuário, o elemento (e portanto a aparência da página) permanece desse tamanho. Se o navegador do usuário for mais estreito do que a aparência específica, barras de rolagem horizontais aparecerão, mas se a janela for mais larga do que a aparência especifica, haverá espaço à direita da página ou em ambos os lados se a caixa que contiver a página estiver centralizada.

O valor que o atributo width recebe na maioria das vezes é passado em pixels em um projeto de largura fixa. Aqui você pode ver o elemento que armazena a página traz um atributo id cujo valor é page (ch09_eg02.html):

```
<body>
  <div id="page">
    <!-- O CONTEÚDO DA PÁGINA VAI AQUI -->
  </div>
```

```
</body>
```

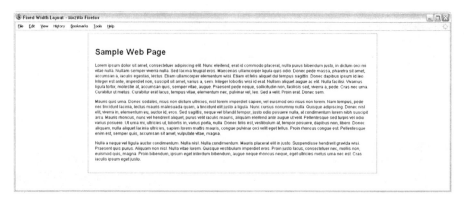

Figura 9-5

Observe agora as regras CSS que correspondem a esse elemento (ch09_eg02.css):

```
div#page{
  width:800px;
  margin-left:auto;
  margin-right:auto;
  background-color:#ffffff;
  border:1px solid #666666;
  padding:20px;
  font-size:12px;}
```

O valor da propriedade width é o que fixa a largura da página para que tenha 800 pixels de largura não importa se o navegador tenha mais ou menos que 800 pixels de largura. Você também pode ter percebido que as propriedades margin-left e margin-right têm um valor igual a auto, o que assegura que a página fique centralizada na janela do navegador.

> Observe que projetos de largura fixa que usam pixels se parecem menores em monitores de alta resolução porque, quando o monitor do mesmo tamanho é configurado com uma resolução mais alta, mais pixels ficam visíveis na tela.

Quando você estiver usando dimensões em pixels que sejam semelhantes a estas (entre 700 e 1.000 pixels), você está limitando o uso do site a um navegador em um computador dekstop (ou laptop). Ele não estará necessariamente acessível àqueles com dispositivos com telas menores, como PDAs ou celulares. Ele provavelmente será grande demais para TVs também, porque essas têm resoluções mais baixas do que telas de computadores (320 x 240 nos E.U.A., se você estiver curioso).

Da mesma forma que o projeto líquido, há vantagens e desvantagens na abordagens de página de largura fixa.

As vantagens são as seguintes:

❏ Valores em pixels são precisos para controlar a largura e o posicionamento de elementos.

❏ O projetista tem muito mais controle sobre a aparência e posição dos itens na página.

❏ O tamanho de uma imagem sempre permanecerá o mesmo em relação à página.

❏ Você pode controlar os comprimentos de linhas de texto independentemente da janela do usuário.

As desvantagens são as seguintes:

❏ Se um usuário possuir estabelecer os tamanhos das fontes em um valor maior, o texto pode não caber conforme pretendido na área alocada.

❏ Se os usuários navegarem com uma definição maior do que a que foi projetada para a página, esta pode parecer menor nas suas telas e portanto ser difícil de ler.

❏ O projeto só funciona em dispositivos que tenham tamanho e resolução de tela semelhantes a de computadores desktop (provavelmente eliminando o uso da página por celulares e PDAs, por exemplo).

❏ Seu código pode acabar com muitos elementos contêiners; elementos que são usados apenas para controlar a aparência da página. Isso torna a página mais confusa e fácil de ser estragada.

❏ Você pode ter uma página no meio de uma janela com espaços grandes ao seu redor.

Agora que você viu como controlar o tamanho de uma página, deve examinar o projeto do conteúdo.

Projetando Páginas

Agora você já deve saber quantas páginas tem, que páginas conectar a quais outras, quais são os *elementos* principais de cada página (elementos aqui significam itens na página como navegação, marcas, artigos/produtos, e assim por diante, em vez de rótulos e seus conteúdos), e se a sua página terá tamanho fixo ou se poderá ser redimensionada. Está na hora de de ver como o conteúdo caberá dentro da página, quais elementos devem ser agrupados e onde eles devem ser posicionados na página. Tudo isso deve acontecer antes que você comece a construir sua página.

> *Antes mesmo que você comece a projetar um site, entretanto, muitas vezes pode ser útil perguntar aos clientes quais são seu web sites favoritos e o que eles gostam em cada um deles. Isto lhe dará uma idéia dos seus gostos e o que eles acham interessante.*

Esboçando o Posicionamento de Elementos

Agora é o momento de começarmos a ver como estas informações funcionarão em uma página e onde cada um desses elementos deve ir nas mesmas. Neste ponto você deve estar usando apenas texto e linhas para esboçar onde cada elemento (como o cabeçalho ou corpo principal de texto) vai na página e quanto espaço ele ocupa; você ainda não deve estar pensando em cores, fontes, cores de fundo, imagens e outras questões de projeto.

Embora possa parecer estranho (e difícil no início) não adicionar apresentação visual nesta etapa, é importante que você enfoque apenas em se assegurar de incluir todos os itens com os quais o usuário possa interagir e dar a eles o espaço necessário. Esse processo é às vezes chamado de *wireframing*. A Figura 9-6 mostra um exemplo disso para um web site:

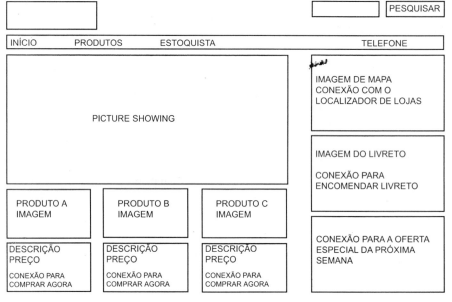

Figura 9-6

Assim que você tiver criado um modelo *wireframe*, pode voltar à lista de visitantes alvos que você espera que visitem seu site e assegurar-se de que eles possam encontrar facilmente o que vieram buscar no seu site. Você pode ver neste modelo simples para onde as conexões vão e obtém uma boa idéia da funcionalidade do site sem se distrair pelas questões em torno da aparência da página. Isto é especialmente importante por dois motivos:

❑ Quando você mostra aos usuários e clientes um protótipo do site totalmente projetado, eles tendem a enfocar os elementos visuais em vez da função proposta. Assim, um modelo de esqueleto assegura que o cliente enfoque a função e estrutura do conteúdo e não a sua aparência.

❑ Se você precisar fazer alterações, pode fazê-lo antes que o projeto ou programação comece, o que lhe poupa de ter que rescrever e/ou reprojetar muito do seu site posteriormente.

Uma questão importante no processo é decidir quais desses elementos é o mais importante e deve ficar no topo da página. É provável que nem todo o conteúdo das suas páginas caiba na tela de uma só vez – ou pelo menos não em todas as resoluções.

> Supondo que para as páginas maiores os usuários terão que rolá-las verticalmente, você irá querer assegurar que os elementos mais importantes estejam no topo da página e que possa ver sobre o que a página trata observando o que aparece quando a página é aberta.

A regra geral é que as funções mais usadas devem ter sempre prioridade em um site, em vez do que o departamento de marketing quer empurrar nesta semana ou mês. Tudo se relaciona a projetar o seu site tendo em mente seu visitantes. Se você não mantiver os visitantes felizes, eles não farão do seu site um sucesso.

De modo geral, você quer que os seguintes itens estejam visíveis quando a página for carregada:

❑ Marcas

❑ Navegação geral (uma conexão para a página inicial e as principais seções do site – observe que a página inicial deve quase sempre ser o primeiro item da navegação)

❑ Navegação de sub-seções (se você estiver em uma das sub-seções do site, a navegação de sub-seções deve conter conexões para as seções dentro dessa seção)

❑ Um cabeçalho ou título para a página (exceto para a página inicial, que provavelmente não precisa de um)

❑ Conteúdo suficiente para que os usuários possam saber sobre o que é a página

❑ Uma opção de pesquisa pelo site

❑ Promoções/propagandas (própria ou de outros)

Os itens que não precisam aparecer na parte da página que fica visível quando ela for carregada são os seguintes:

❑ Os detalhes do resto da página (por exemplo, se você tiver um artigo de notícia, só é necessário poder visualizar o cabeçalho e idealmente um resumo; o artigo inteiro não precisa caber na parte superior da página)

❑ Conexões com informações relacionadas ou outros sites (coisas que não são essenciais para o uso deste site)

- Propagandas

- Navegação de rodapé – Direitos Autorais, Termos e Condições, Política de Privacidade (essas são coisas geralmente necessárias, porém raramente usadas e podem, portanto, ficar na parte inferior da página)

Também é importante ter em mente que os visitantes de páginas web tendem a varrer a página para descobrir se ela é relevante para os mesmos e, se for, para auxiliá-los a escolher elementos para focarem – eles quase nunca lêem todo o texto de uma página. Pesquisa de um renomado pesquisador de usabilidade na web, Jacob Nielsen, indicou que as pessoas comumente varrem uma página usando um formato de "F" – começando com duas faixas horizontais e depois uma vertical (a forma e o tamanho do F dependem do seu projeto, do tipo da página e da quantidade de informação na página).

Portanto, colocar a sua navegação primária no lado direito de uma página poderia não ser uma boa idéia; sob o logotipo, da esquerda para a direita poderia ser melhor.

Também é importante que o seu texto seja fácil de varrer, o que significa cabeçalhos claros e concisos e sub-cabeçalhos. Onde for possível, assegure-se de que as primeiras palavras de um cabeçalho indiquem o tópico do(s) parágrafo(s) seguinte(s).

Se você estiver projetando um site para uma empresa que provavelmente queira alterar as características principais de um site regularmente, provavelmente irá querer alocar uma parte da página para que a empresa controle. Você pode dar uma proporção da página inicial (ou páginas iniciais das sub-categorias) para que eles alterem regularmente as características. Por exemplo, uma loja poderia alterar a seção principal de uma página cada vez que houvesse uma ocasião na qual ela quisesse vender, como em feriados religiosos, Ano Novo, dia dos namorados, dia das mães, dia dos pais, início das aulas e assim por diante.

Introduzindo o Estilo

Agora que você já tem uma idéia de como será a aparência do site em termos de texto e linhas simples, pode começar a adicionar o estilo ou caractere da página – brincar com cores e fontes, cores de fundo e imagens – para criar uma página que tenha apelo visual.

Agora que você sabe onde cada um dos elementos deve aparecer na página, essa pode ser uma tarefa muito mais fácil.

> *Alguns projetistas podem ter problemas ao serem informados de que todos os elementos já foram colocados na página e que eles ocuparão uma determinada quantidade de espaço. O projetista pode achar que está sendo solicitado a colorir uma figura em vez de desenhar uma. Assim, você talvez queira solicitar a ele que se envolva no wireframe também. Alguns projetistas talvez também achem isto difícil porque requer uma abordagem muito diferente da que eles estão acostumados.*

O tamanho e o posicionamento dos elementos de uma página é uma parte válida do processo de projeto (não apenas a aparência visual mas também o projeto da interação ou interface - como o site lida com suas tarefas). Entretanto, o processo de criação do *wireframe* de um projeto ajudará o usuário ou cliente a enfocar o que o site realmente faz e lhe auxiliará a finalizar a funcionalidade antes de começar a projetar a página. Você pode decidir dizer ao cliente as posições exatas dos elementos no *wireframe* podem mudar, mas que isso é uma indicação do conteúdo que aparecerá nessas páginas.

> Se você usar um projetistas para trabalhar em páginas web, muitas vezes terá que estabelecer um equilíbrio e às vezes permitir ao projetista reposicionar completamente os elementos que você já havia reposicionado em cada página, assim como alterar a quantidade de espaço para os itens. Apenas assegure-se de que os itens necessários caibam na parte da página que é visualizada quando a mesma for carregada. Você provavelmente encontrará seu próprio equilíbrio quando trabalhar em alguns sites.

O Que Já Está Pronto para Você?

Do mesmo modo que com qualquer tipo de marketing, criar um estilo facilmente identificável ajudará a reforçar uma marca. Se uma empresa possuir um logotipo, você deve usá-lo. Se houver cores da empresa, você deve colocá-las no esquema de cores do site. Contudo, mais do que tudo isso, muitas vezes depende de você projetar algo que seja visualmente atraente.

> **A menos que os clientes peçam especificamente para você reprojetar o logotipo da empresa ou alterar suas cores, você deve evitar fazê-lo porque isso faz parte da marca que eles construíram e provavelmente apareça em coisas como papéis e placas da empresa.**

Você deve perguntar ao seu cliente se ele tem uma cópia digital do logotipo (em vez de escaneá-lo de um papel). Se uma propaganda ou panfleto estiver em papel, o cliente, ou as pessoas que o projetou deve ter uma versão eletrônica que você possa usar.

> Trabalhei no passado com clientes que tinham logotipos horríveis e que realmente pioravam a aparência do site, ainda assim, eles não estavam interessados em alterá-los. Se você for suficientemente azarado e se deparar com um logotipo assim, é melhor manter o tamanho real dele relativamente pequeno; então você pode se basear nas cores da empresa para manter a identidade e às vezes até adicionar o nome da empresa em uma fonte maior próxima ao logotipo.

Você também deve pedir à empresa materiais que ela deve fornecer como fotos, produtos ou trabalhos feitos para clientes anteriores, junto com algum texto que ela fornecer. Se o cliente puder fornecer boas fotos para o site, esse parecerá muito mais profissional.

Elementos Comuns de Páginas

Na maioria dos casos, deve haver algum grau de consistência por todas as páginas de um site. Da mesma maneira que para qualquer forma de marca, isto ajuda os visitantes a identificar o site pela sua aparência. O primeiro passo no projeto das suas páginas deve ser portanto examinar os elementos que aparecerão em todas as páginas. Isso geralmente significa começar com a marca e a navegação primária.

A marca e a navegação primária devem estar no mesmo lugar em todas as páginas. Por exemplo, se você decidir colocar sua navegação primária sob o logotipo da esquerda para a direita, ela deve focar sob o logotipo da esquerda para a direita em todas as páginas. Você pode até decidir colocar a sub-navegação em uma parte diferente da página, digamos na parte inferior esquerda. Contudo, quando elementos aparecem em mais de uma página, devem aparecer no mesmo local em todas elas, de modo que o usuário possa aprender a usar o site mais rapidamente.

De forma semelhante, se o seu site dedicar uma página a cada produto ou serviço que você oferecer, ou para cada artigo ou história que publicar, então cada uma dessas páginas deve seguir um projeto consistente. Por exemplo, se você estiver criando uma loja online, irá querer que as informações para cada produto sejam colocadas de uma forma semelhante, de modo que sejam fáceis de encontrar (como o tamanho ou o preço de um produto). De forma similar, se você estiver criando um site baseado em notícias/artigos, a aparência dos artigos deve provavelmente ser semelhante.

Se a parte inferior da página contiver conexões para outra páginas como direitos autorais, políticas de privacidade e páginas de termos e condições, as partes inferiores de todas as páginas também devem ter a mesma aparência.

Muitas vezes você ouvirá o termo *cabeçalho* e *rodapé* usados em relação às páginas. O termo "cabeçalho" geralmente é usado para descrever o cabeçalho de qualquer página em um site e tende a ser consistente por todas as páginas e possuir o logotipo e muitas vezes a navegação primária. O rodapé é qualquer coisa que apareça na parte inferior de todas as páginas. Entre o cabeçalho e o rodapé fica o conteúdo ou corpo da página.

A Influência de Imagens no Projeto

O uso de imagens muitas vezes possui bastante influência nas percepções dos usuários. Bons logotipos, gráficos e fotos podem fazer a diferença entre um site abaixo da média e um atraente. Um logotipo ruim ou uma foto mal tirada na página inicial podem desencorajar um usuário de examinar o site, não importa o quão bom seja o seu conteúdo.

Cada vez mais, os sites apresentam fotos de alta qualidade tiradas especialmente para essa empresa e muitas vezes as fotos não são apenas dos produtos – são imagens que representam um estilo de vida ou uma imagem que a empresa esteja tentando associar à marca. Essas imagens podem estar ligadas a (ou ser tiradas de) outros trabalhos de marketing da empresa.

A qualidade das fotos muitas vezes depende do orçamento para o site. Se o seu cliente possuir fotos tiradas por um profissional para seu material de marketing, você deve considerar o uso das mesmas ou, se o orçamento do cliente for suficientemente alto, você pode contratar um fotógrafo para tirar as fotos apropriadas. Na verdade é difícil encontrar exemplos de sites de empresas multinacionais e marcas populares que não contenham gráficos muito bem feitos.

Embora exista uma quantidade muito grande de clip arts grátis na Web, estes podem fazer com que o site tenha uma aparência amadora. É bom para um site de hobby, mas não é ideal para o web site de uma empresa.

Você também pode usar uma diversidade de sites de armazenamento de imagens para obtê-las, em vez de contratar um fotógrafo. Fique, porém, avisado de que geralmente você tem que pagar pelo uso das imagens e as taxas podem variar de relativamente baratas a relativamente caras. No lado mais barato do mercado estão sites como www.istockphoto.com e www.sxc.hu/ e no mais caro estão sites como www.gettyimages.com e www.corbis.com.

> **Você deve sempre assegurar de que tem as permissões necessárias de direitos autorais antes de usar uma imagem. Se não tiver, poderia acabar em um tribunal, com uma multa pesada, ou no mínimo recebendo uma carta lhe mandando retirar a imagem, o que exigiria que você reprojetasse o site e explicasse seu erro ao cliente.**

Agrupando Elementos

Você pode usar os seguintes métodos para deixar mais claro para um usuário que diversos elementos de uma página estão relacionados. Por exemplo, você poderia querer agrupar conexões para novos produtos, os elementos de um formulário de registro ou de resumo de detalhes de um produto:

- **Localização:** Assegurando que elementos semelhantes do projeto estejam próximos entre si
- **Cor:** Usar cores de letras e de fundo pode tornar mais claro quais itens se relacionam entre si
- **Bordas e espaçamento:** Criando um espaço ente um grupo de elementos e outros itens da página para indicar quem está agrupado
- **Estilos:** Como o uso de botões semelhantes para itens de navegação

A Figura 9-7 mostra uma página da loja da Apple que demonstra exemplos de cada um destes. A página demonstra diversos exemplos de agrupamento de elementos relacionados (a navegação primária, os tipos de Mac à veda na loja, os diferentes modelos agrupados). As cores são usadas para distinguir a navegação primária, as bordas são usadas para agrupar diferentes seções da página e os botões de seleção têm um estilo claro.

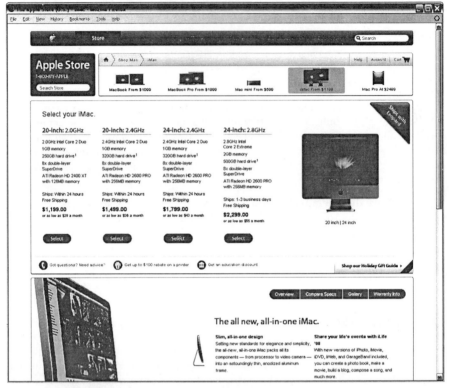

Figura 9-7

Navegação

A colocação da sua navegação provavelmente seja uma das primeiras decisões que você toma ao trabalhar com qualquer projeto.

Como você projeta sua navegação dependerá muito de quantos itens precisa ter nesse menu. Você já deve ter uma boa idéia da estrutura do site e deve ter criado uma hierarquia de páginas que lhe informarão a navegação quando você criar o mapa do site – lembre-se de que você deve fazer com que seu site caiba no máximo em cerca de sete seções. Você deve evitar ter mais do que dez conexões primárias na página.

Nas subseções do site, pode ter mais de sete subcabeçalhos e conexões, e a subnavegação ou navegação secundária às vezes aparece em uma posição diferente na página da navegação primária.

Navegação no Topo

Colocar a navegação diretamente sob um cabeçalho é uma opção muito popular. Ela fica alinhada à esquerda ou no centro da página. Você acabou de ver um exemplo de navegação no topo na Figura 9-7, que mostrou o web site Apple.com.

Navegação à Esquerda

Colocar sua barra de navegação à esquerda é uma opção menos comum, mas alguns sites posicionam sua navegação primária aí. A Figura 9-8 mostra o site BBC News, cuja navegação primária fica à esquerda.

Figura 9-8

Navegação no Topo à Esquerda

Muitos sites combinam a navegação no topo para primária, e depois a navegação à esquerda para a secundária ou sub-navegação. Você pode ver um exemplo disso na Figura 9-9 com eBay.com, que na verdade possui dois conjuntos de navegação no topo e uma subnavegação que depende da seção na qual o usuário estiver no lado esquerdo.

Figura 9-9

Navegação Embaixo

Você deve geralmente evitar colocar as conexões da sua navegação primária na parte de baixo da página porque não pode garantir que seja vista quando a página for carregada sem usar frames (que complicam a escrita de páginas – recomendo que você use frames apenas se o conteúdo realmente necessitar) ou usando propriedades de posicionamento CSS que são suportadas apenas nos navegadores mais novos.

É comum, entretanto, colocar conexões de menor importância na parte de baixo da página – por exemplo, conexões com uma declaração de direitos autorais, política de privacidade e termos e condições. Esses são itens que você pode querer que apareçam em todas as páginas, mas que não quer que ocupem espaço valioso na tela quando essa for carregada pela primeira vez.

Você também descobrirá que alguns sites colocam uma versão apenas em texto de uma barra de navegação na parte de baixo da página se a barra navegação principal for criada usando imagens complicadas. Isso é feito para auxiliar quem estiver usando leitores de tela a acessar as conexões mais rápida e facilmente.

Navegação à Direita

É raro se encontrar um site que tenha uma barra de navegação à direita mas eles existem. A desvantagem da colocação das suas conexões primárias no lado direito de uma página é que os usuários com uma janela de navegador mais estreita podem não ver a conexão ao carregarem o site; não é tão provável que sejam exibidas imediatamente quanto uma barra de navegação à esquerda ou no topo. Além disso, os usuários têm menos experiência em sites com barras de navegação à direita e portanto têm menor probabilidade de esperarem a encontrar ali.

Com maior freqüência, as colunas à direita são usadas para conteúdo adicional e conexões com outras partes do site que não sejam vitais para a navegação de um usuário. Por exemplo, uma loja de comércio eletrônico pode ter uma coluna à direita contendo um conjunto de conexões para produtos relacionados ou os itens mais recentes incorporados à loja; esses são recursos adicionais para os usuários do site que não sejam essenciais para a navegação.

Páginas Iniciais

A primeira é importante, de modo que sua página inicial é muito importante. A menos que você esteja trabalhado em um site para uma empresa ou assunto que seja muito conhecido, é importante que um visitante consiga entender o objetivo principal do seu site facilmente na página inicial - você pode considerar o uso de uma frase junto com o nome da empresa ou seu logo para auxiliar nisso.

Você precisa então enfatizar as tarefas que os usuários mais provavelmente queiram ao virem ao seu site – para ajudar a maior quantidade possível de pessoas a encontrar as informações que vieram ver tão rapidamente quanto possível.

> Já disse isto antes, mas é crucial lembrar que a sua página inicial não deve cobrir apenas o que o departamento de marketing da empresa que cubra naquela semana ou mês. Não é apenas um espaço de propaganda que eles podem usar como quiserem – também deve abordar as necessidades da maioria dos visitantes do site. Por exemplo, o departamento de marke-

ting pode querer colocar um novo produto, enquanto que a maioria dos clientes visitando o site querem informações sobre um produto mais antigo e mais estabelecido. Se esses usuários não conseguirem encontrar as informações que vieram buscar no site, o departamento de marketing não terá um público tão grande para as coisas que querem mostrar. Realizar um balanço entre o que usuários querem e o que a empresa quer é extremamente importante – e os usuários devem ter prioridade.

Pelo fato dos visitantes tenderem a olhar as páginas em ver de ler todo o seu conteúdo, todos os cabeçalhos e nomes de conexões devem começar com palavras chaves importantes que ajudem o usuário a entender o que está nessa seção ou conexão.

Como uma nota auxiliar, tenho sido solicitado por diversos clientes para criar uma animação flash antes que o usuário chegue na página inicial do site. As assim chamadas páginas splash, entretanto, geralmente não são aprovadas não importa o quão impressionante a animação seja, porque elas ficam entre os usuários e o que eles realmente vieram ver.

Páginas de Conteúdo

Páginas de conteúdo são a parte principal da maioria dos sites; em sites de notícias elas podem conter artigos e em sites de comércio eletrônico contêm detalhes de cada produto. Uma página de conteúdo deve ser exibida de uma forma que seja fácil para o usuário ler as informações.

Conforme mencionado anteriormente, se você possuir diversos produtos ou serviços, as informações que oferece devem ser consistentes para cada um deles. Se você estiver lidando com roupas, um visitante deveria rápida e facilmente distinguir as cores e tamanhos nos quais cada peça está disponível. Você faz isso colocando informações equivalentes no mesmo local de cada página. Para isso, você deveria precisar projetar apenas uma página para artigos ou produtos e todas as outras seguiriam esse modelo.

Você não deve encher demais a página; uma apresentação limpa permite aos usuários focar no conteúdo. Mesmo se você tiver muitas informações para colocar em uma página, assegure-se que haja bastante espaço entre os diferentes elementos.

As imagens devem ser relevantes para o produto, serviço ou tópico em questão e geralmente parecerão diferentes se forem alinhadas da esquerda para a direita ou vice-versa, com o texto em torno delas. Também deve haver um espaço entre quaisquer imagens e o texto que fluir em torno das mesmas (configurado usando as propriedades padding ou margin em CSS).

Você deve evitar preencher qualquer site comercial com clip arts e GIFs animados, embora possa usá-los em um site pessoal se quiser. Embora aquele gato dançante possa parecer muito engraçado a princípio, não tem nada a ver com o que você está tentando passar para os usuários, apenas os distrairá quanto ao propósito real do seu site.

Se você estiver lidando com produtos vendidos por uma empresa, essas páginas precisam ser orientadas a ações – elas devem permitir ao cliente localizar ou selecionar um item, encontrar as informações desejadas sobre ele e, então, na maioria das vezes, comprá-lo.

Quando você tem que apresentar grandes quantidades de texto, assegure-se de que essas não se espalhem muito amplamente pela página. Como já mencionei, muitas pessoas têm dificuldade em ler linhas de texto muito largas em telas de computadores. Além disso, assegure-se de que todo o texto seja dividido em subcabeçalhos apropriados e, onde for possível, escreva uma cópia especificamente para a Web, usando parágrafos curtos.

> *Muitas empresas acham que simplesmente anunciar seus produtos ou serviços na Web fará com que elas obtenham novos negócios e que os clientes irão contatá-las se quiserem saber um preço. Elas parecem pensar que falar com a pessoa tornará mais fácil fazer uma venda. Na minha experiência, os sites recebem mais perguntas assim que adicionam preço aos mesmos. (Se o preço de cada produto/serviço que você oferece varia, é uma boa prática oferecer preços de exemplo de trabalhos que você fez.) Lembre-se de que receber um email com perguntas sobre um preço não tornará mais fácil fazer uma venda (a menos que o usuário forneça detalhes para contato telefônico), já que o cliente ainda permanece anônimo para você e pode ignorar emails que você enviar.*

Estruturando Páginas

Já vimos como controlar o tamanho de uma página e examinamos algumas das questões relacionadas ao projeto de páginas web em geral. Se você estivesse trabalhando em um site agora, deveria ter uma boa idéia de como iria querer traduzir seu *wireframe* em um site atrativo e usável. Agora você tem que traduzir esses projetos em código.

Se você quiser outra coisa que não o fluxo normal de elementos por uma página, onde cada elemento apenas aparece na ordem em que foi escrito, terá que examinar elementos de posicionamento em uma página usando tabelas ou CSS. Um dos efeitos mais comuns que os projetistas querem criar é um layout que tenha mais de uma coluna – por exemplo, uma coluna estreita para a navegação à esquerda seguida por uma segunda coluna que contenha o conteúdo principal da página (e então às vezes mais do que uma coluna à direita).

Projetistas profissionais tendem a colocar as páginas usando uma grade – um conjunto de linhas e colunas que define a forma da página e onde o conteúdo é disposto. Por exemplo, a Figura 9-10 mostra como uma página pode ser dividida em linhas e colunas (as linhas pretas mais largas separam as linhas e colunas).

Estss linhas e colunas podem ser de diferentes alturas e larguras, mas mesmo assim há uma grade. O cabeçalho contém diversas linhas (a propaganda, o título e a pesquisa, a navegação e os tópicos/edições mais importantes) A seguir no início do corpo principal da página há mais duas linhas (a primeira mostrando a data, a segunda os títulos/

histórias destaques). Após isso, o corpo principal da página possui uma aparência de duas colunas; a coluna principal tem o artigo e a segunda coluna as propagandas.

Nas seções a seguir você aprenderá como criar layouts com uma ou mais colunas.

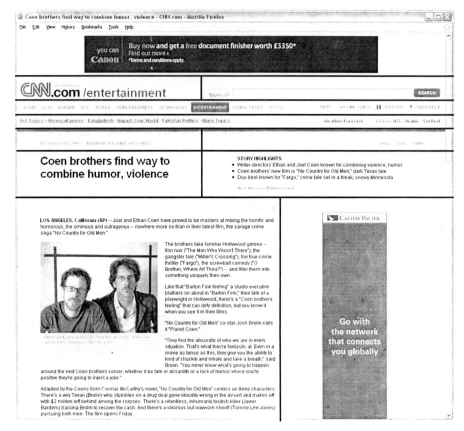

Figura 9-10

Layouts com uma Única Coluna

Este layout é o mais fácil e muitas vezes ideal para sites menores. Sites com uma única coluna tendem a ter pelo menos três ou quatro linhas.

Se você observar a Figura 9-11, pode ver como o site deste exemplo é baseado em uma página de largura fixa com uma coluna e três linhas. Examinando as linhas, a primeira contém o nome da empresa, logotipo ou marca, a segunda a navegação e a terceira o conteúdo. Cada uma dessas linhas possui uma cor de fundo diferente para lhe ajudar a distingui-las. (Uma quarta linha poderia ter uma observação de direitos autorais, conexões com termos e condições ou política de privacidade e outras conexões necessárias que poucos visitantes usarão.)

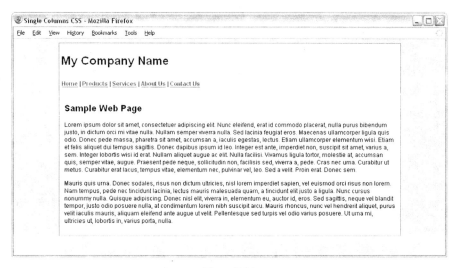

Figura 9-11

Lembre-se de que neste tipo de site você deve controlar a largura do texto. Se a largura do <div> que contém a página não tiver sido fixada e puder se estender por toda a largura do navegador, você pode acabar com linhas de texto muito longas, as quais, conforme já mencionei, tornariam a página difícil de ler.

Aqui está o código que gera essa estrutura (ch9_eg03.html):

```
<body>
  <div class="page">
    <div class="header"><h1>Nome da Minha Empresa</h1></div>
    <div class="nav">
        <!--A NAVEGAÇÃO VAI AQUI-->
    </div>
    <div class="content">
    <!-- A PÁGINA PRINIPAL VAI AQUI -->
    </div>
  </div>
</body>
```

Agora examinaremos a CSS desta página. O ponto principal a ser observado aqui é que a propriedade width foi configurada para a classe page para criar uma página de largura fixa e as propriedades margin-left e margin-right estão configuradas em auto

416 @ Introdução à Programação WEB com HTML, XHTML e CSS

para centralizar a página na tela (alguns outros estilos de fundo e de borda estão configurados para fazer com que o exemplo seja mais fácil de ver.)

```
body {
   background-color:#d6d6d6;
   font-family:arial, verdana, sans-serif;}
.page {
   width:700px;
   margin-left:auto;
   margin-right:auto;
   font-size:12px;
   background-color:#ffffff;
   border-style:solid; border-width:1px; border-color:#666666;}
.header {background-color:#f3f3f3; padding:3px;}
.nav {font-weight:bold; background-color:#e3e3e3; padding:5px;}
.content {padding:10px;}
```

De acordo com a recomendação CSS, qualquer elemento de nível de bloco (nesse caso o elemento <div>) que tenha margens iguais na esquerda e na direita deveriam ser exibidos no centro da página. Como você pode ter imaginado pelo "deveriam" dessa última frase, isso não funciona em navegadores mais antigos. Seu suporte começou em IE e Netscape na versão 6 (e IE só o suportava se o documento tivesse uma declaração Strict HTML 4.0 ou XHTML DOCTYPE). Você pode ver a aparência no IE na Figura 9-12.

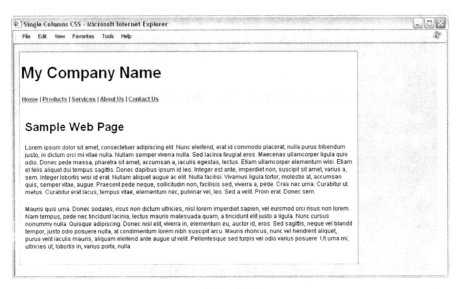

Figura 9-12

Um truque simples, porém, pode lhe ajudar a contornar esse problema adicionando duas propriedades text-align. A primeira é adicionada ao elemento contêiner (neste caso o elemento <body>) e recebe um valor de center para centralizar os elementos dentro dele; a seguir o elemento <div>, cujo elemento class possui um valor de left para evitar que o texto dentro desse elemento seja centralziado, é adicionado. O resultado é algo como isso (ch11_eg03.css):

```
body {background-color:#d6d6d6;
    font-family:arial, verdana, sans-serif;
    text-align:center;}
.page {
    margin-left:auto;
    margin-right:auto;
    text-align:left;
    width:700px;
    font-size:12px;
    background-color:#ffffff;
    border-style:solid; border-width:1px; border-color:#666666;}
.header {background-color:#f3f3f3; padding:3px;}
.nav {font-weight:bold; background-color:#e3e3e3; padding:5px;}
.content {padding:10px;}
```

O fato de que você precisa de alguns truques como esse para fazer com que a página seja exibida corretamente atrasou a adoção de CSS como um formato de apresentação.

Layouts de Duas Colunas

Estes tendem a ser usados em um entre dois cenários:

- Onde a coluna da esquerda contenha navegação e a outra o conteúdo principal da página
- Onde a coluna da esquerda tenha o conteúdo principal da página e a coluna da direita tenha conteúdo relacionado, propaganda ou outras informações que não sejam vitais para a compreensão do conteúdo da janela principal

Nesse projetos a página geralmente ainda terá um cabeçalho que se expanda pelas duas colunas. Aqui você pode ver que a XHTML para essa página é idêntica à XHTML do último exemplo (ch11_eg04.html):

```
<body>
    <div class="page">
        <div class="header"><h1>Nome da Minha Empresa</h1></div>
        <div class="nav">
            <!--A NAVEGAÇÃO VAI AQUI -->
        </div>
```

```
        <div class="content">
          <!-- O CONTEÚDO DA PÁGINA PRINCIPAL VAI AQUI-->
        </div>
     </div>
</body>
```

Examinaremos agora a CSS, que faz o trabalho de criar as duas colunas. Poderíamos apenas experimentar alterar as regras CSS para o elemento <div> cujo atributo class tivesse um valor de nav:

```
.nav {
  float:left;
  width:100px;
  font-weight:bold;
  background-color:#e3e3e3;
  padding:5px; }
```

Esse elemento precisa ter uma propriedade float com um valor de left. Você tem que especificar a propriedade float desse elemento porque ela também afeta como o conteúdo do elemento a seguir deve ser exibido. Além disso, sempre que você especificar uma propriedade float, também deve especificar uma largura para esse bloco. Se você não o fizer, ele ocupará toda a largura do sue bloco contêiner.

Você pode ver como isto se parece na Figura 9-13.

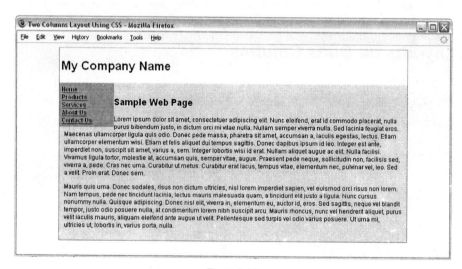

Figura 9-13

Como você pode ver, nos deparamos com uma questão séria – a coluna da esquerda não atinge a altura total da página e o corpo principal do conteúdo fica abaixo dela. Esse problema é destacado pelo fato de que temos uma cor de fundo para a página. Imagine que você esteja criando um modelo para, digamos, um site de notícias; cada artigo pode ter um comprimento diferente e você iria querer que a coluna da esquerda não apenas atingisse a altura total da página, como também que tenha uma cor de fundo semelhante. Todavia, pelo fato da altura do artigo variar, você não pode estabelecer uma altura fixa e simplesmente dar uma propriedade height um valor igual a 100 porcento não funciona também. Em vez disso, o que temos que fazer é alterar as duas outras regras na *style sheet*:

- Adicionar uma margem esquerda ao conteúdo principal da página. A margem deve ser do mesmo tamanho da largura da navegação (esta é a segunda parte destacada do código).

- Em vez de usar cores de fundo para controlar a cor de fundo do elemento, use uma imagem de fundo no elemento contêiner (o elemento <div class="page">).

Assim, aqui está como a *style sheet* ficou agora (ch09_eg04.css):

```
body {background-color:#efefef;
   font-family:arial, verdana, sans-serif;
   text-align:center;}
.page {
   margin-left:auto;
   margin-right:auto;
   text-align:left;
   width:700px;
   font-size:12px;
   background-image:url(images/2columnbackground.gif);
   background-repeat:repeat-y;
   border:1px solid #666666;}
.header {
   padding:3px;
   background-color:#ffffff;}
.nav {
   font-weight:bold;
   padding:5px;
   float:left;
   width:100px;}
.content {
   padding:10px;
   margin-left:100px;}
```

A imagem de fundo só precisa ter altura de 1 pixel, de forma que o tamanho da mesma é muito pequeno e, pelo fato de que o elemento contêiner terá a mesma altura da mais longa das duas colunas, sabemos que adicionará formato a ambas as colunas que permanecerem com a altura total da página. Você pode ver a aparência dessa página na Figura 9-14.

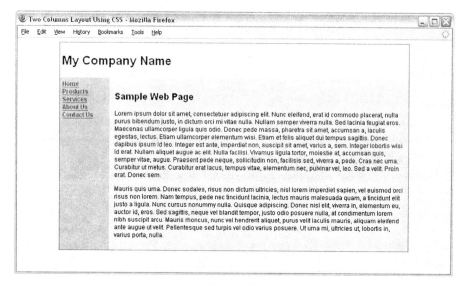

Figura 9-14

Layouts de Três Colunas

Estes tendem a ter a navegação à esquerda, o conteúdo principal no centro e conteúdo adicional como conexões relacionadas, outros itens de interesse, propagandas e assim por diante na coluna da direita. Você pode ver um exemplo de layout de três colunas na Figura 9-15.

Aparência da Página @ 421

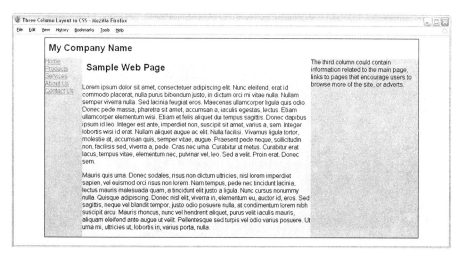

Figura 9-15

O exemplo a seguir mostra como criar esse layout em XHTML, usando uma tabela com três colunas, cada uma com uma largura fixa (ch09_eg05.html):

```
<body>
  <div class="page">
    <div class="header">
      <!-- o cabeçalho vai aqui -->
    </div>
    <div class="nav">
      <!-- a navegação vai aqui -->
    </div>
    <div class="content">
      <!-- o conteúdo vai aqui -->
    </div>
    <div class="right">
      <!-- o conteúdo da coluna da direita vai aqui -->
    </div>
  </div>
</body>
```

Com este exemplo, podemos usar uma abordagem semelhante ao anterior; entretanto, usaremos a propriedade float para posicionar todas as três colunas.

```
body {
  color:#000000;
  background-color:#efefef;
```

```css
font-family:arial, verdana, sans-serif;}
.page {
   width:980px;
   border:1px solid #000000;
   background-image:url(images/3columnbackground.gif);
   background-repeat:repeat-y;
   margin-left:auto;
   margin-right:auto;
   margin-top:0px;
   padding:0px;}
.header {background-color:#ffffff;}
.nav {
   float:left;
   width:100px;}
.content {
   float:left;
   width:600px;}
.right {
   float:left;
   width:278px;}
.clear{clear:both;}
```

Aqui você pode ver que o elemento <div> cujo atributo class possui um valor de page atua como um contêiner e tem uma imagem de fundo para assegurar que as três colunas tenham formatos consistentes.

Uma questão interessante a se observar aqui é que, embora a página inteira tenha largura de 980 pixels, se você somar o valor do atributo width de cada coluna eles só chegam a 978 pixels. Isso ocorre porque o Internet Explorer 6 (e versões anteriores) contará bordas e espaçamentos como parte da largura de quaisquer caixas. Tendo em mente que o IE contará portanto a borda de um único pixel em cada lado da página como parte da largura da caixa contêiner, você tem apenas 978 pixels para as três colunas. (Se as colunas somarem 980 pixels no IE, a da direita será empurrada para baixo das outras duas.)

Ests falha é conhecida como a falha do modelo da caixa e está documentoada com frequência na Web. De acordo com a especificação CSS, a largura do elemento de nível de bloco só deve representar o conteúdo de caixas, com espaçamentos, bordas e margens aplicadas posteriormente, enquanto que o IE 5 e 6 somam as bordas e espaçamentos contados como parte da caixa. Para evitar isto no IE6, você pode incluir uma declaração Strict XHTML !DOCTYPE.

Também devo mencionar que, pelo fato do do espaçamento *ter que* ser somado à largura de uma caixa, para assegurar que qualquer conteúdo nas três colunas não alcance o final da caixa, você precisaria criar colunas mais estreitas e adicionar as propriedades de espaçamento, ou adicionar uma margem ou espaçamento a todos os filhos diretos dos elementos ,div> que criam cada coluna.

Colunas de Sacrifício

Às vezes você pode ouvir a terceira coluna (da direita) em um projeto como o que acabou dever ser chamada de *coluna de sacrifício*. A idéia é que, embora o conteúdo da coluna de sacrifício possa auxiliar os usuários a entender o site melhor e melhorar sua experiência, não é essencial ao uso diário do site. Assim, se você estiver em uma tela cuja resolução seja menor que a largura da página inteira, ainda poderá usar o site. Dessa forma, se a sua tela tiver resolução de 600 x 800 (600 pixels de altura por 800 de largura), ainda conseguirá ver as colunas da esquerda e do centro; porém poderia ter que rolar a tela para a coluna da direita.

Usuários com monitores 800 x 600 poderiam rolar para ver a coluna de sacrifício, mas o projeto da página tende a deixar claro que você está vendo todo o conteúdo principal da página.

Se o navegador de um usuário não mostrar a coluna de sacrifício dentro da largura da janela, o usuário não perderia algum significado da página, e seu conteúdo principal não seria mais difícil de entender, embora o usuário possa perder informações extras ou propaganda que esteja fora da tela;

A Figura 9-16 mostra um exemplo de projeto usando uma coluna de sacrifício. O navegador está configurado com 760 pixels de largura e você pode ver claramente o artigo principal desse jornal, além da navegação primária. Embora haja informação extra e propaganda no lado direito da página, não são vitais para que se use a mesma.

424 @ Introdução à Programação WEB com HTML, XHTML e CSS

Figura 9-16

Layout Avançado Usando CSS

Apenas desde que o IE6 ganhou uma grande fatia do mercado de navegadores que se tornou comum usar CSS para controlar a aparência de páginas web. Entretanto, essa logo foi considerada a forma certa de fazê-lo, e muitos sites oferecem dicas de uso de

CSS para criar aparências atraentes. Aqui estão alguns sites que poderiam lhe ajudar a criar aparências atraentes usando CSS:

- www.thenoodleincident.com/tutorials/box_lesson/boxes.html
- www,bluerobot.com/web/layouts/
- www.glish.com/css/www.alistapart.com/topics/code/css/www.meyerweb.com/ eric/css/edge/www.positioniseverything.net/ (Este site é especialmente útil na hora de se lidar com falhas dos navegadores, onde o CSS que você escreveu não aparece como você esperava.)

Antes disso, as tabelas era muito mais comuns para controlar onde os elementos deveriam aparecer na página. Se você visualizar o código fonte de uma quantidade suficiente de páginas web por onde navega, ainda verá muitos sites que usam tabelas para controlar a aparência; antes de terminar um capítulo sobre layout, você deve examinar um exemplo assim.

Criando um Layout Usando Tabelas Aninhadas

Como vimos no Capítulo 4 ao examinarmos tabelas, elas podem ser usadas para controlar a posição de elementos em uma página e você agora sabe como esta era uma técnica comum antes de os navegadores suportarem CSS para aparência se tornarem populares entre a maioria dos usuários da web. Examine a página da Figura 9-17.

Uma tabela guarda toda a página: o cabeçalho é uma linha dessa tabela, o conteúdo principal da página fica na segunda e o rodapé na terceira. Em cada linha há tabelas aninhadas que contêm o cabeçalho na primeira linha, o conteúdo na segunda e o rodapé na terceira.

O uso de tabelas aninhadas permite que a página pareça como se se espalhasse por toda a largura da janela do navegador, mas ao mesmo tempo permite que você controle a largura do próprio conteúdo. A cor de findo na parte superior e inferior da página podem se expandir para acompanhar a largura do navegador, enquanto que o texto e as imagens ficam em tabelas aninhadas que podem ter larguras fixas.

Neste projeto a tabela mais externa se expande para a largura e altura da janela do navegador. Dentro desta tabela, a primeira linha contém o cabeçalho, a segundo o conteúdo principal e a terceira o rodapé. Dentro dessas linhas estão tabelas aninhadas com larguras fixas que asseguram que o conteúdo da página permaneça da mesma largura.

Examinaremos a XHTML dessa página (ch9_eg06.html). Incorporei algumas técnicas de estilo mais antigas neste exemplo, de modo que, se você se deparar com uma página escrita assim, entenderá como ela funciona. A primeira tabela é a mais externa que contém a página inteira. Assegure-se de que ela se expanda até a altura e largura totais da janela do navegador (o atributo height é uma extensão da recomendação XHTML suportada pelo IE$ e posteriores e Netscape 3 e posteriores):

```
<body>
<table width="100%" height="100%" border="0" cellpadding="0"
cellspacing="0">
   <tr valign="top"><td valign="top">
```

Figura 9-17

Dentro da primeira linha, você encontra outra tabela que guarda o cabeçalho da página. Essa tabela aninhada nesta primeira linha e ligeiramente diferente das outras duas linhas (que guardam o conteúdo principal e o rodapé) porque o cabeçalho na verdade tem três linhas com três formatos diferentes que o constituem:

❑ A primeira é preta e diz "Exemplo em Latim" à direita.

❑ A segunda é cinza médio e contém o logotipo e um banner de propaganda.

❑ A terceira é cinza claro e contém a barra de navegação.

Assim, o cabeçalho fica em uma tabela aninhada e também contém linhas e se expande para a largura total do navegador. Cada linha possui uma classe diferente que corresponde a uma regra CSS para indicar a cor de fundo apropriada. O conteúdo dessas linhas, entretanto, precisa permanecer com a mesma largura de 700 pixels. Para obter essa largura, você coloca o conteúdo em outra tabela aninhada com uma largura fixa.

```
<table width="100%" border="0" cellpadding="0" cellspacing="0">
```

```
    <tr class="topBar">
    <td height="20">
      <table width="700" border="0" align="center" cellpadding="0"
             cellspacing="0">
        <tr>
           <td class="TM">Exemplo em Latim</td>
        </tr>
</table>
  </td>
</tr>
<tr>
     <td height="100" class="masthead">
        <table width="700" border="0" align="center"
cellpadding="0"
             cellspacing="0">
         <tr>
            <td><!--A IMAGEM DO LOGOTIPO VAI AQUI--></td>
            <td><!-- O BANNER DE PROPAGANDA VAI AQUI--></td>
        </tr>
      </table>
  </td>
</tr>
<tr>
      <td height="20" class="nav">
         <table width="700" border="0" align="center"
cellpadding="0"
             cellspacing="0" class="nav">
          <tr>
             <td><a href="">Início</a> | <a href="">Produto</a> |
                <a href="">Serviços</a> | <a href="">Sobre Nós</ 
a> |
                <a href="">Fale Concosco</a> </td>
        </tr>
      </table>
   </td>
  </tr>
 </table>
</td></tr>
```

Esse é o final do cabeçalho e o final da primeira linha da tabela que contém a página inteira.

Na próxima linha existe outra tabela aninhada que guarda o conteúdo principal da página.

```
<tr valign="middle"><td valign="middle">
```

```
    <table width="700" border="0" align="center" cellpadding="0"
        cellspacing="10">
     <tr>
      <td valign="top" width="100%">
        <h2>Página Web de Exemplo</h2>
        <p><!-- O TEXTO EM LATIM VAI AQUI --></p>
      </td>
     </tr>
    </table>
</td></tr>
```

Na linha final você tem o rodapé da página, que se parece com se se expandisse por toda a página da mesma forma que o cabeçalho. Este efeito é criado dando à linha toda a mesma cor de fundo e depois aninhando uma tabela dentro dessa linha com uma largura fixa que contenha o rodapé:

```
<tr valign="bottom" class="footer">
  <td valign="bottom">
    <table width="700" border="0" align="center" cellpadding="0"
        cellspacing="0">
     <tr>
            <td height="20" class="footer">&copy; 2008 Latin Example</td>
     </tr>
    </table>
  </td>
</tr>
</table>
</body>
</html>
```

Você deve lembrar de quando estava trabalhando com tabelas que uma célula deve conter integralmente qualquer outro elemento – elementos não podem ocupar duas células de tabelas.

Resumo

Este capítulo cobriu os fundamentos de layouts de páginas. Todos os projetistas aprendem truques enquanto criam mais sites e experimentam técnicas mais complexas. Este capítulo deu a você as habilidades básicas que precisa para iniciar a transformar suas idéias em layouts funcionando.

Este capítulo se preocupou com mais do que a aparência física das páginas; ele também cobriu como você aborda o projeto de um site. Antes de esboçar projetos, você precisa estar seguro de que tem uma boa idéia de quais são seus objetivos, quem você espera que visite o site e o que espera que os visitantes queiram do mesmo. Você pode então decidir que tipo de informação precisará colocar nas páginas e organizar em seções. Estas seções devem refletir a estrutura que o site terá e você também pode criar um mapa do site que mostre como todas as páginas se ajustam e como os usuários poderiam navegar pelo site para realizarem as tarefas que você pensa que eles queiram executar.

Uma das primeiras decisões reais de projeto deve ser se você usará um layout de largura fixa ou líquido – se a sua página sempre deve ficar com o mesmo tamanho ou se expandir e contrair para se ajustar á janela do navegador.

Quando você conhecer a estrutura geral do seu site, o tamanho das páginas e o que aparecerá em cada uma, pode criar um projeto de wireframe do site que use apenas linhas e texto – adiando o estilo até que o cliente entenda e concorde com o tipo de conteúdo que deve estar no site do como os visitantes devem obter o que queriam ao vir até o site.

Tendo esperado tanto tempo, você pode começar a adicionar o estilo às suas páginas – fontes, cores, imagens, posicionamento e assim por diante. Assim que você decidir como a sua página seve se parecer, pode usar CSS para posicionar esses elementos na mesma.

Espero que o conselho prático neste capítulo torne mais fácil para você projetar seus web sites, assim como lhe ajude a lidar com aquelas pessoas ou organizações para as quais você pode estar criando sites. No próximo capítulo examinaremos alguns aspectos mais específicos sobe como projetar para a Web.

Exercício

As respostas de todos os exercícios estão no Apêndice A.

1. Examine novamente a página que encontramos no início do capítulo; ela é mostrada novamente na Figura 9-18. Liste todas os diferentes elementos na página que teriam sido listados no estágio de projeto e coloque-os nas suas categorias ou agrupamentos relevantes.

Por exemplo, para a caixa de pesquisa você poderia listar o seguinte

```
Título
Navegação
Artigo principal de notícia
```

430   @   Introdução à Programação WEB com HTML, XHTML e CSS

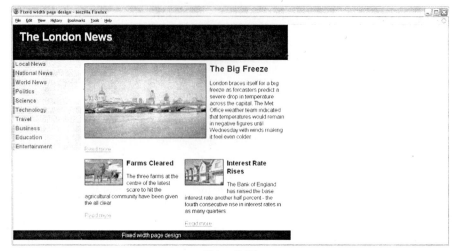

Figura 9-18

2. Tente recriar a página que você pode ver na Figura 9-18. Aqui está uma dica: ela é um projeto de largura fixa, então use o código de exemplo da seção sobre criação de layouts de largura fixa como ponto inicial e preencha-o com o conteúdo.

10

Questões de Projeto

Este capítulo examina questões de projeto que afetam partes específicas de páginas - texto, menus, tabelas e formulários. Cada um é abordado na sua própria seção, e cada seção contém dicas úteis que farão com que suas páginas não apenas tenham aparência mais atraente, mas também sejam de fácil utilização por um número maior de visitantes.

Em primeiro lugar, você examina o texto e como alinhá-lo, colocar espaços e controlar a largura das colunas. Você verá então como escolher fontes e tamanhos de fontes e também aprenderá como imagens de fundo podem afetar a legibilidade do texto.

A seguir, você examina a navegação. Esse tópico cobre três áreas: menus, conexões e recursos de pesquisa. Quase todo site possui um menu que auxilia o usuário a navegar entre as seções do mesmo. Se o seu menu não for claro, as pessoas não conseguirão explorar seu site e não verão muito dele. Você precisa, então, estar ciente de alguns pontos chaves do projeto de menus para que eles sejam fáceis de entender e usar pelo usuário. A maioria dos sites também possui conexões em outra parte da página além do menu e você precisa deixar claro para os usuários o que são essas conexões para que eles saibam onde podem clicar. Você pode usar técnicas como cores, sublinhados e alterar o ícone do cursor para indicar ao usuário onde as conexões estão. Finalmente, uma opção de pesquisa pode ajudar os usuários a encontrar o que querem em um site em vez de ter que navegar, ou uma opção de pesquisa pode ajudar se eles tiverem tentado navegar mas não tiverem conseguido encontrar o que queriam.

Examinaremos rapidamente como adicionar tons a tabelas pode ajudar um usuário a seguir os dados mais facilmente. A seguir, veremos como criar formulários utilizáveis. Formulários são a forma mais comum de obter informações de um usuário. A maioria das pessoas, entretanto, não gosta de preenchê-los; então, um formulário bem projetado aumenta significativamente suas chances de que eles os preencham e – tão importante quanto isso – que preencham com as informações corretas.

Embora este capítulo não possa lhe ensinar como ser um ótimo projetista de páginas web – isso requer criatividade, um bom olho e aptidão – ele irá lhe ensinar algumas diretrizes que você pode usar ao abordar um projeto que lhe ajude a melhorar tanto a aparência quanto a usabilidade do seu site.

Você verá em todo este capítulo menções a programas chamados leitores de tela. São programas que leem uma página para o usuário. Embora os leitores de telas sejam usados comumente por pessoas com dificuldades visuais, provavelmente se tornem mais populares em outros cenários baseados na web, como para pessoas que queiram acessar informações enquanto estiverem dirigindo ou fazendo outra coisa que as impeça de ler uma tela.

Texto

Nesta seção você vê algumas questões em relacionadas ao posicionamento do texto em uma página. Primeiro você examina questões sobre a colocação e o espaçamento do texto e depois outras relacionadas a fontes. Em todas você verá como:

- Adicionar espaços em branco ajuda a tornar as páginas mais atrativas.
- Alinhamento cuidadoso do texto o torna mais fácil de ler.
- Colunas largas de texto são mais difíceis de ler (e é melhor não usá-las em resumos).
- Imagens de fundo podem tornar o texto mais difícil de ler (por causa do baixo contraste).
- Fontes devem ser escolhidas com cuidado.
- Fontes de tamanho fixo aparecem em tamanhos diferentes em telas que tenham resoluções diferentes.

Espaços em Branco Ajudam a Tornar as Páginas mais Atrativas

Você deve sempre dar espaço para o seu texto respirar. Uma página que seja muito concentrada não só é mais difícil de ler como menos atrativa. Contudo, uma página com espaço entre a navegação, texto, imagens e outros itens será mais fácil de ler e mais atrativa. Esse espaço entre os elementos de uma página é o que os projetistas chamam de *espaço em branco*.

Dois aliados chaves lhe auxiliarão a criar espaço em branco na sua página: espaçamentos e margens. Você deve observar aqui que espaços em branco não precisam ser brancos; eles apenas se referem ao espaço entre elementos de uma página, com textos, imagens, controles de formulário, bordas de tabelas e conexões. (Geralmente a mesma cor do fundo da página).

Você também pode alterar a cor de uma caixa dentro da sua página para ajudar a separar um elemento de projeto de outras partes da página (por exemplo, a navegação primária muitas vezes é colocada em um fundo colorido). Dar a apenas uma parte da página um tom de fundo ligeiramente diferente ajuda a destacá-lo de outros itens que estejam ao seu redor. Novamente, os elementos que tenham uma cor de fundo também devem usar espaçamento e margens para criar uma separação entre os limites.

Examine a Figura 10-1, onde há pequenos espaços, ou nenhum espaço entre a navegação, texto, imagens e tabelas na página (ch10_eg01.html).

Agora compare-a com a Figura 10-2. Adicionar espaços entre os elementos da página a torna instantaneamente mais legível e atrativa, enquanto que as cores de fundo ajudam a agrupar itens relacionados (como as diretrizes de viajem e navegação) e distingui-los dos seus vizinhos (ch10_eg02.html).

Notadamente, há espaço dentro da caixa que guarda a página; os itens na navegação não estão tão próximos da figura, eles têm uma cor de fundo para agrupar a navegação e separar os cabeçalhos do resto da página e há espaçamento e margens em torno deles, o que os torna mais fáceis de ler. Além disso, um espaço foi acrescentado entre a figura principal e o texto que aparece próximo dela dando à imagem uma margem. Finalmente, a tabela na parte inferior usa uma combinação de cor de fundo e espaçamento em células para adicionar espaço entre essas.

Esse espaço extra foi acrescentado à página usando CSS. Você viu no Capítulo 7 que CSS funciona em um modelo de caixas, onde cada elemento no documento XHTML é representado por uma caixa. Cada caixa possui uma borda com uma margem fora da borda para separar essa caixa das adjacentes e espaçamento para separar o conteúdo da borda. São as propriedades border e margin que foram usadas para adicionar espaço em branco à essa página.

Figura 10-1

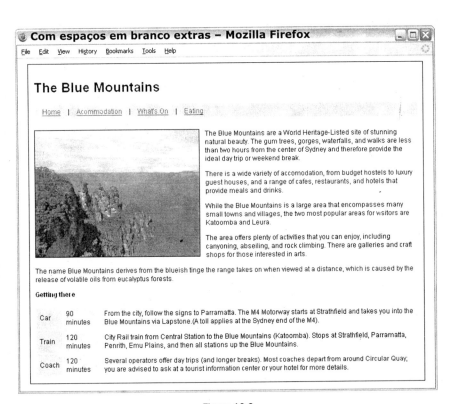

Figura 10-2

A primeira regra CSS que alterou a aparência deste exemplo se aplicou ao elemento <div class="page"> que contém a página. Há uma margem de 10 pixels para adicionar espaço fora da fina linha preta que contém a página; a seguir 10 pixels de espaçamento dentro da fina linha preta em torno da página que cria espaço entre essa linha e o conteúdo da página (de modo que o texto não toque mais esta linha).

```
.page {
    width:700px;
    margin:10px;
    padding:10px;
    border:1px solid #000000;}
```

Adicionar uma cor de fundo à navegação lhe ajuda a agrupá-la e a separar o cabeçalho da página do resto do conteúdo da mesma. A margem na parte inferior dessa caixa ajuda a separar a navegação da página, enquanto que o espaçamento dentro dessa caixa cinza dá espaço em torno das conexões.

A margem à esquerda e a direita de cada conexão na segunda regra adiciona espaço entre os itens da navegação, tornando-a mais fácil ler cada uma como um item separado.

```
.navigation {
  background-color:#d6d6d6;
  padding:5px;
  margin-bottom:20px;}
.navigation a {margin:0px 10px 0px 10px;}
```

O elemento <img> também recebeu uma margem à direita para aumentar a distância entre ele e o texto próximo a ele. Como você pode ver na Figura 10-1, é mais difícil ler o texto que vem logo acima do limite de uma imagem:

```
img {
  margin-right:10px;
  border:1px solid #000000;}
```

Finalmente, você talvez tenha percebido que as diferentes células na tabela na parte inferior da página têm diferentes tons de fundo, o que, junto com os espaços entre as células, ajuda a tornar o conteúdo mais legível. O espaçamento para cada célula da tabela na página também recebeu uma distância entre o texto e a borda dessas células, o que também favorece a legibilidade.

```
td {padding:5px;}
.transport {background-color:#d6d6d6;}
.duration {background-color:#e6e6e6;}
.description {background-color:#f2f2f2;}
```

Textos Alinhados com Cuidado são Mais Legíveis

A maneira pela qual você alinha seus textos determina o quão fácil de ler eles serão. Mais comumente, o texto fica alinhado à esquerda (este é o padrão). Entretanto, você também pode centralizar o texto, alinhá-lo à direita ou justificado, ou pode ser colocado fora da linha por outros elementos da página.

De modo geral, se você tiver um parágrafo de texto, ele será muito mais fácil de ler se estiver alinhado à esquerda. Embora você possa achar que um parágrafo de texto fique bem ao ser centralizado ou justificado, ele será mais difícil de ler. Textos centralizados são mais apropriados para cabeçalhos (e, ocasionalmente, parágrafos muito curtos).

> *Se você gostar do uso de texto justificado, deve assegurar que a coluna seja suficientemente larga para suportá-lo sem que apareçam grandes falhas entre algumas palavras – texto justificado pode ter aparência bastante estranha em parágrafos estreitos.*

A Figura 10-3 mostra um exemplo de três parágrafos de texto: o primeiro está centralizado, o segundo alinhado à esquerda e o terceiro está justificado (ch10_eg03.html).

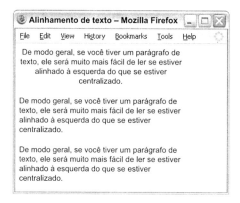

Figura 10-3

Ajustar a Altura da Linha Torna o Texto mais Legível

Quando você está lidando com grandes quantidades de texto, muitas vezes é útil aumentar a quantidade de espaço vertical entre cada linha – algo que projetistas gráficos chamam e tipógrafos chamam de *leading,* Você pode aumentar ou diminuir a quantidade de espaço entre cada linha de texto usando a propriedade CSS line-height.

Há dois motivos pelos quais o aumento nesse espaço vertical é muito útil na Web:

❑ Se houver mais espaço entre cada linha de texto, quando você chegar no final de uma linha é mais fácil encontrar o começo da próxima.

❑ As pessoas muitas vezes examinam a Web em vez de lê-la e, quando você examina texto, é comum enfocar as partes de cima das letras mais do que as partes inferiores, de modo que este espaço extra torna mais fácil de se ler rapidamente.

A Figura 10-4 mostra um exemplo de dois parágrafos, sendo que o segundo teve aumentado o espaço entre as linhas do texto.

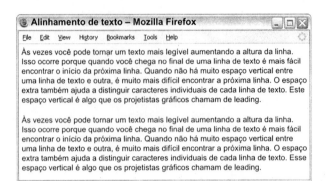

Figura 10-4

Colunas de Texto Largas são mais Difíceis de Ler

A maioria das pessoas acha difícil ler linhas longas em uma tela de computador. Quando o texto se torna mais largo, fica mais difícil do usuário seguir para a linha correta – e este problema é agravado quando eles estão apenas passando os olhos pela página em vez de lê-la com atenção. Portanto, pode ser útil limitar a largura das suas colunas de texto.

O quão largas suas colunas serão depende do seu conteúdo. Se você estiver criando uma página para um artigo inteiro, suas colunas provavelmente serão mais largas do que uma para trechos de diversos artigos que muitos usuários percorrerão rapidamente. Afinal, quando os usuários decidem que querem ler algo, farão mais esforço para seguir o texto corretamente do que se estivessem apenas percorrendo, por exemplo, uma página inicial.

Esta é uma questão especialmente importante para projetos líquidos onde uma página se alonga para preencher o navegador. Em tais casos, usuários com monitores de resolução mais alta podem acabar com páginas muito largas e portanto pode ser difícil seguir o texto na próxima linha. Você pode ver um exemplo disto na Figura 10-5 (ch10_eg05.html).

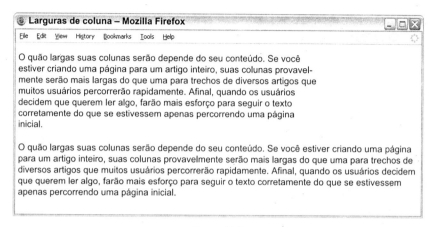

Figura 10-5

Você pode controlar a largura do texto usando a propriedade width de CSS em qualquer elemento de nível de bloco – neste exemplo ele foi usado no elemento <p>.

Você também descobrirá que os autores tendem a escrever parágrafos mais curtos para formatos online do que quando escrevem para impressão, já que estes são mais fáceis de ler. Se você tiver que escrever algo muito longo, muitas vezes é uma boa prática dividi-lo em diversas páginas distintas em vez de ter uma página longa que o usuário terá que rolar.

Imagens de Fundo Podem Tornar o Texto Difícil de Ler

Se você quiser usar uma imagem de fundo por trás de algum texto, deve assegurar-se de que esse texto fique claro. Já vi muitos web sites – em especial aqueles que usam imagens de fundo como papel de parede para toda a página – onde uma imagem de fundo foi escolhida porque o usuário gosta dela e *não* porque constitui um bom fundo.

Fotos tendem a ser imagens de fundo especialmente ruins porque têm contrastes variantes, o que torna o texto mais difícil de ler. Se você realmente quiser usar uma imagem como fundo, poderia:

❏ Assegurar-se de que a imagem tenha baixo contraste – por exemplo uma textura – em vez de uma foto.

❏ Dar uma cor de fundo a qualquer caixa que contenha texto.

Escolha as Fontes com Cuidado

É uma crença comum que fontes serif são mais fáceis de ler por períodos longos de tempo. Há alguma evidência que não precisamos ler tanto de cada caracter em uma fonte serif para entender a frase (comparada com uma fonte sans-serif). De fato, ao lerem livros e artigos longos em uma linguagem com a qual estão familiarizados, bons leitores não precisam olhar todo o caractere com tanto cuidado, enfocando a metade de cima dos caracteres ou às vezes apenas no formato geral das palavras familiares.

Na Web, entretanto, a evidência não fica tão clara. Muitas pessoas acham mais fácil ler fontes sans-serif na Web porque os desenhos nas extremidades da fonte tornam o caracter menos claro (principalmente porque a resolução de telas é menos que as das páginas impressas). Na verdade, você pode usar com segurança fontes serif ou sans-serif desde que elas sejam suficientemente grandes para ser lidas, mas o argumento para o uso de uma fonte serif para blocos mais longos não migra do papel impresso para a Web.

Ao escolher que fontes (ou famílias de fontes) usar em uma página, você deve analisar quais fontes os usuários provavelmente terão instaladas nos seus computadores; se eles não tiverem sua fonte desejada instalada, seu projeto não aparecerá nessa fonte. Infelizmente, você fica bastante limitado nas fontes que pode esperar que os usuários tenham. Você pode supor com segurança que a maioria dos usuários tenha famílias Arial, Verdana, Impact, Courier ou Courier New, Georgia e Times ou Times New Romam instaladas, mas não muito mais além destas (especialmente quando seus visitantes usam diferentes sistemas operacionais).

Você pode fornecer alternativas para o caso dos usuários não terem a sua primeira escolha de fonte. Se o computador não tiver a primeira escolha de fonte que você tiver feito, o navegador procurará a próxima da lista e depois a seguinte e assim por diante (terminando a lista fica a opção que o computador deve selecionar sua fonte padrão para aquela família de fontes).

Ao fornecer uma lista de fontes em ordem de preferência em CSS você usa a propriedade font-family da seguinte maneira:

```
font-family: Geneva, Arial, Helvetica, sans-serif;
```

Aqui estão algumas listas comuns de fontes que são aplicadas:

- **Sans-serif:** Helvetica, Arial, sans-serif
- **Sans-serif:** Arial, Verdana, sans-serif
- **Serif:** Times New Roman, Times, serif
- **Monoespaço:** Courier New, Courier, monoespaço

De fato, a maioria dos usuários terá muito mais tipos de fontes instaladas; você apenas não pode ter certeza de que eles terão as mesmas fontes que você instalou. Por exemplo, não haverá muitos usuários com ITC New Baskerville, mas sua aparência não é muito diferente de Times, de modo que você pode colocar ITC New Baskerville como sua fonte preferida e se basear em Times para os usuários que não a tiverem instalada.

> A desvantagem com essa abordagem é que ITC New Baskerville é uma fonte mais larga, então ocupará mais espaço do que Times - você precisa estar ciente das diferenças em tamanhos de fontes ao projetar uma página ou essas diferenças podem estragar a aparência que você pretendia para a página.

Embora existam tecnologias para baixar fontes para o computador de um usuário, se os usuários não tiverem essa fonte instalada, há algumas desvantagens nessas tecnologias:

- ❏ Elas requerem que você tenha permissão para distribuir a fonte (as quais, como CDs, geralmente têm direitos autorais).
- ❏ Elas não funcionam em todos os navegadores.
- ❏ Demora mais para a página ser exibida.
- ❏ As pessoas tendem a não baixar arquivo apenas para visualizar uma página.

Se você tiver uma fonte específica que precise usar, como para um logotipo, deve usar uma imagem GIF do texto. Entretanto, é considerada uma prática ruim usar imagens para seções largas de texto, e você deve colocar o texto como o valor do atributo alt para as pessoas que não puderem ver a imagem.

Você também deve se assegurar de ter escolhido uma família de fontes que passe a imagem que você deseja. Por exemplo, se você estiver tentando passar uma imagem profissional, deve evitar fontes como Comic Sans MS, que é uma fonte mais "divertida".

> Se você quiser examinar esse tópico mais detalhadamente, há algumas informações interessantes sobre a usabilidade de diversas fontes em http://psychology.wichita.edu/surl/usabilitynews/3S/font.htm.

Fontes de Tamanho Fixo são Afetadas pela Resolução da Tela

Você deve estar ciente de que, se usar tamanhos fixos de fontes como pixels ou pontos, o tamanho em que elas aparecerão na tela dependerá do monitor do usuário. Por exemplo, uma fonte que tenha altura de 12 pixels parecerá muito menor em um monitor 1.280 x 1.024 do que em um de 800 x 600 que tenha o mesmo tamanho físico, porque há 40 por cento mais pixels na tela.

Usar fontes de tamanho fixo também torna mais difícil para os usuários alterar o tamanho da fonte se eles estiverem tendo dificuldade para ler o texto.

Navegação

Uma das coisas mais interessantes sobre navegação é que não importa o quão bem você planeje seu site, pessoas diferentes o usarão das suas próprias formas individuais. Por exemplo, mesmo se você esperar que as pessoas iniciem sua visita ao seu site na sua página inicial, uma vez que o site tenha sido lançado você talvez descubra que outro site se conecta a uma página diferente dentro do seu e você recebe muitos visitantes que vêm ao seu site através de outra página.

Ao projetar um site, portanto, é sua função ajudar as pessoas a encontrar as informações que elas querem tão rápida e facilmente quanto possível.

Um usuário navegará pelo seu site em uma entre três formas muito comuns:

- Usando um menu que você forneça
- Navegando por conexões fornecidas no meio do texto e outras partes da página
- Pesquisando por itens relevantes de informação

Nesta seção você aprenderá como tornar mais fácil navegar pelo seu site usando esses três métodos.

Menus

Um menu é uma parte chave de *qualquer* web site que tenha mais de uma página. Ele permite aos usuários ver as seções do seu site rápida e facilmente e permite a eles chegar onde quiserem.

Como você viu no Capítulo 9, um site pode ter mais de um menu; você pode ter a navegação primária em um menu e a secundária em um submenu ou em um menu separado. Geralmente os menus aparecem no topo de um site da esquerda para a direita (acima ou abaixo do logotipo) ou abaixo à esquerda da página.

O menu tende a ser a principal forma pela qual os usuários navegarão entre as seções de um site e um bom projeto de menu faz uma enorme diferença das seguinte maneiras:

- Se os usuários irão obter o que queriam quando vieram ao seu site
- Quanto tempo eles gastarão no seu site

Nesta seção apresento a você oito regras a serem seguidas:

- Menus devem enfocar o que os usuários querem obter.
- Menus devem ser concisos.
- Se você usar ícones, assegure-se de que eles sejam fáceis de entender e adicione uma conexão em texto também.
- Agrupamentos de itens de menus devem ser lógicos.

- Menus devem ser rápidos e fáceis de ler.
- Itens de menus devem ser fáceis de selecionar.
- Menus devem ser consistentes por todo o site.

Menus Devem Enfocar o Que os Visitantes Querem Obter

Para 99 porcento dos web sites, a principal prioridade de um menu deve ser satisfazer o usuário – especialmente sites comerciais. Faça a si mesmo as seguintes perguntas:

- **O que os usuários vêm descobrir no meu site?** Eles vêm para descobrir perfis de quem criou a empresa e de quem faz parte da diretoria ou para descobrir sobre um produto/serviço que você oferecer?

- **Como eu descrevo melhor essas informações em termos concisos e compreensíveis?** É importante que os seus itens de menu não sejam muito longos ou serão difíceis de se examinar, e também é muito importante que você não use jargão que os visitantes possam não entender (caso contrário eles não saberão onde clicar).

- **Qual o mais importante entre esses itens?** A proeminência de cada conexão deve refletir o número de visitantes que vêm ao seu site buscar essa informação. Por exemplo, se você estiver trabalhando em um site de uma lógica de música que venda muito mais guitarras do que baterias, seu primeiro item de menu (após o botão para voltar ao início) deve ser para guitarras e não baterias (mesmo se você quiser construir o negócio sobre baterias).

Isso lhe dará uma melhor idéia da ordem dos itens em um menu e o que cada um deve dizer. Lembre-se de que você também pode usar navegação de rodapé para itens como informações básicas e informações sobre a empresa ou ainda para potenciais anunciantes.

Menus Devem Ficar Separados de Forma Clara do Conteúdo

Quando você projeta sua página, um menu deve ser identificável imediatamente como a forma de navegação no mesmo. Você pode obter isso usando uma diversidade de técnicas:

- Você pode usar uma fonte de tamanho diferente para o menu comparada com o conteúdo original (geralmente o texto do menu deve ser maior que o texto principal de uma página).

- Você pode adicionar espaço extra em torno do menu (como você viu no exemplo dos espaços em branco anteriormente neste capítulo).

- Você pode colocar o menu em uma caixa com um fundo diferente (como você viu anteriormente neste capítulo) ou usar uma reta para separá-lo do conteúdo principal.

Embora usar imagens distinga bastante o menu do conteúdo, você deve ter o cuidado para que elas não sejam tão grandes de modo a atrasar a carga do site. A Figura 10-6 mostra um exemplo de uso de imagens para navegação dentro de uma caixa separada.

Figura 10-6

Você deve examinar mais de perto como este menu foi criado; o menu é criado dentro de um elemento <div> e as regras CSS para esse elemento especificam que ele deve ter uma imagem de fundo que se repita da esquerda para a direita. O fundo só precisa ter a largura de 1 pixel, tornando a imagem menor e, portanto, economizando tempo de carga. A imagem de fundo também tem a mesma altura das imagens usadas para se clicar.

Dentro deste elemento <div> estão as imagens que conectam com as outras páginas. Quando você examinar as CSS deste exemplo a seguir, observe como há uma regra lá que especifica que as imagens dentro de uma conexão não devem ter borda – isso ocorre porque o IE irá, por padrão, adicionar uma caixa azul em torno de tais imagens.

Entre cada imagem existe uma imagem de espaçamento que é uma linha mais escura para separar as conexões se elas estiverem amontoadas.

Aqui está a HTML para este exemplo (ch10_eg06.html):

```
<div class="page">
 <h1>A Troca de Equipamento Usado</h1>
 <div class="navigation">
  <img src="images/navigation_divider.gif" alt="" width="2"
height="16" />
  <a href="/" title="Início">
     <img src="images/navigation_home.gif" alt="Início"
          width="38" height="16" />
  </a>
  <img src="images/navigation_divider.gif" alt="" width="2"
height="16" />
  <a href="stocklList.aspx" title="Lista de Estoque">
   <img src="images/navigation_stock_list.gif" alt="Lista de
Estoque" width="70"
```

Questões de Projeto @ 445

```
                height="16" />
    </a>
    <img src="images/navigation_divider.gif" alt="" width="2"
height="16" />
        <a href="equipmentWanted.aspx" title="Equipamento Necessário">
            <img src="images/navigation_wanted.gif" alt="Necessários"
width="54"
                height="16" />
        </a>
    <img src="images/navigation_divider.gif" alt="" width="2"
height="16" />
        <a href="contactUs.aspx" title="Fale Conosco">
            <img src="images/navigation_contact_us.gif" alt="Fale
Conosco" width="75"
                height="16" />
        </a>
    <img src="images/navigation_divider.gif" alt="" width="2"
height="16" />
    </div>
  </div>
</body>
```

E aqui está a CSS ara este exemplo (ch10_eg06.css):

```
body {
  background-color:#ffffff;
  font-family:arial, verdana, sans-serif; font-size:12px;}
.page {width:700px;}
.navigation {
  background-image:url(images/backdrop.gif);
  background-repeat:repeat-x;}
a img {border:none;}
```

Pelo fato de todas essas imagens serem razoavelmente pequenas (e terem sido gravadas para a Web usando a opção Save for Web do Adobe Photoshop), não devem aumentar muito o tempo necessário para se baixar a página.

Se Você Usar Ícones para Representar uma Conexão, Assegure-se de que Todos Vão Entendê-los

Muitos web sites usam imagens conhecidas como ícone para conexões. Esses ícones são imagens como lupas para indicar um recurso de pesquisa. Se você for usar ícones, assegure-se de que seu público alvo entenda essas imagens ou os usuários não irão clicar sobre elas.

Muitos usuários estão familiarizados com os seguintes ícones:

- Uma casa para indicar o início do site
- Uma lupa para indicar um recurso de pesquisa
- Um envelope para indicar uma conexão ou endereço de e-mail
- Um ponto de interrogação para indicar arquivos de ajuda

Se você usar ícones que sejam menos comuns, é uma boa idéia adicionar a conexão em texto além de usar essa imagem. (Não espere que os usuários deixem o mouse sobre uma conexão para encontrar uma dica que informa mais a eles sobre essa conexão).

Menus Devem Ser Rápidos e Fáceis de Ler

Como já mencionei, ao navegar em páginas web, a maioria dos visitantes realmente não as lê – eles as varrem. Tornar seu menu distinto da parte principal de uma página (e usar negrito, uma fonte diferente ou texto sublinhado para conexões dentro do corpo de uma página) ajudará os usuários a varrer e registrar os itens de navegação mais facilmente.

Quaisquer palavras ou imagens que você use em um menu devem ser suficientemente grandes para serem lidas (especialmente por usuários que tenham altas resoluções de tela que tornam o texto menor) e o texto deve contrastar bem com seu fundo.

As conexões também devem ser curtas e concisas. Por exemplo, uma conexão que apenas diga "Início" é muito mais óbvia e fácil de ler e entender do que uma que diga "Porta da frente". Tendo dito isto, algumas palavras simples são sempre melhores do que uma palavra de jargão.

O Agrupamento de Itens de Menu Devem Ser Lógicos

Se você tiver muitas páginas, poderia decidir criar submenus. Se o fizer, é muito importante que você agrupe itens de menu de modo que os visitantes entendam onde procurar sem ter que pesquisar em diversas seções ou categorias.

Se você usar submenus, deve se assegurar de que eles sejam claramente distinguíveis do menu principal, e que fique claro quais itens pertencem a qual seção. Submenus muitas vezes fazem uso de diferentes fundos coloridos, fontes menores, uma posição indentada ou um cor alternativa para mostrar que eles são distintos do menu principal.

Por exemplo, se você estiver criando um site para uma loja de computadores, poderia criar um agrupamento como esse com três seções principais, cada uma contendo suas próprias subseções:

- **Computadores:** Computadores desktop, computadores laptop

- **Software:** Software de negócio, jogos
- **Periféricos:** Impressoras, scanners

Isto seria mais fácil de navegar do que um menu em ordem alfabética de todas as seções.

Itens de Menu Devem Ser Fáceis de Selecionar

Se um item de menu for muito pequeno ou se não houver espaço suficiente entre itens do menu, pode ser muito difícil para alguns usuários selecionar o item correto do menu. Um usuário com um mouse escorregadio, visão fraca ou dificuldades com coordenação motora podem ter trabalho para acertar um alvo pequeno, e mesmo os mais capazes de controlar um dispositivo de apontamento acharão mais fácil acertar alvos maiores. Além disso, a maioria dos usuários pode achar alvos móveis irritantes ou difíceis de acertar – e é melhor evitá-los na maioria dos projetos.

Quando você estiver criando um menu, precisa se assegurar que ele funcionará na maioria dos principais navegadores. Como a Web cresceu, há muitos menus (especialmente menus drop-down que usam JavaScript) que não funcionam mesmo em alguns dos navegadores mais comuns.

Há duas formas de contornar esse problema:

- Testar seu menu em muitos tipos diferentes de navegadores (especialmente versões mais antigas).
- Evitar código complexo em menus.

Menus drop-down ou pop-up, que fazem novos itens aparecerem quando você deixa o mouse sobre um cabeçalho, tendem a ser especialmente problemáticos por dois motivos:

- Eles são muitas vezes escritos em JavaScript, que é implementada de forma ligeiramente diferente nos diversos navegadores – especialmente nos mais antigos. Assim, embora um menu possa parecer funcionar bem no navegador do projetista, alguns outros visitantes simplesmente não conseguirão navegar no site.
- Eles podem ser sensíveis demais ou se mover rapidamente demais para que usuários selecionem o item que precisam.

> Com o decorrer dos anos, tenho encontrado muitos sites que tentaram implementar menus drop-down que simplesmente não funcionam no meu navegador. Como conseqüência, e por motivos de usabilidade, agora evito completamente estes menus.

Alguns projetistas usam tipos mais experimentais de menus (especialmente em Flash) que muitas vezes exigem muito controle – esses menus muitas vezes movem e deslizam entre os itens quando o usuário move o mouse para a esquerda ou direita ao passar com ele sobre um item. Embora tais menus que requerem controle rígido sobre um dispositivo de apontamento muitas vezes fiquem muito bem em sites experimentais, podem excluir as pessoas que não possuírem um excelente controle sobre seu dispositivo de apontamento e portanto é melhor deixá-los para sites mais experimentais do que sites comuns de negócio.

Menus Devem Carregar Rapidamente

Ao criar um menu, você não deve esperar que todos os visitantes do seu site tenham uma conexão rápida de Internet – alguns podem ainda estar em conexões discadas ou em um edifício de escritórios com muitos usuários na mesma conexão. Embora as velocidades de conexão estejam constantemente melhorando, seu menu deve ser carregado dentro dos primeiros segundos. Se ele demorar mais do que em torno de oito segundos para ser carregado, muitos usuários pensarão que a página não está sendo carregada ou que o navegador congelou – eles tentarão recarregar a página ou, pior ainda, clicarão no botão Voltar ou irão para outra página.

A velocidade da carga é especialmente importante para projetistas que usem gráficos ou Flash nos seus menus (texto puro é carregado muito rapidamente). Se você quiser que uma imagem mude quando o usuário passar com seu mouse sobre ela para que a mesma seja destacada, então seu tempo de carga pode dobrar (já que é necessário uma segunda imagem para cada uma sobre a qual o usuário passar).

Observe que alguns navegadores requerem que o conteúdo de uma tabela seja carregado completamente antes de exibi-la. Assim que você tiver que introduzir submenus, a navegação se torna mais complicada e irá variar de página para página. É muito importante que a navegação primária permaneça consistente por todas as páginas.

Os submenus em cada seção do seu site devem ficar na memsa posição e ter uma aparência semelhante, de modo que os usuários saibam exatamente onde ir para navegar no site.

Conexões

Além dos menus que seus visitantes usarão para navegar no site, muitas páginas web contêm outras hiperligações no texto que constitui o corpo do documento. Essa breve seção aborda dois tópicos relacionados a conexões que não fazem parte do menu principal:

- Conexões de texto
- Imagens como conexões

Conexões de Texto

Por padrão, conexões de texto tendem a ser azuis e sublinhadas. Alguns especialistas em usabilidade sugerem que todas as conexões devem ser deixadas com sua aparência padrão. Entretanto, da sua experiência na Web, você provavelmente sabe que usar uma cor que seja claramente diferente do texto principal facilita a percepção de qual texto constitui uma conexão.

Como você viu no Capítulo 7, pode alterar a aparência de conexões quando o usuário passa com o mouse sobre elas e quando o usuário já as visitou. Aqui está um lembrete rápido de como você altera a aparência de conexões usando CSS (ch10_eg07.css):

```
a {font-weight:bold; color:#ff0000; text-decoration:none;}
a:hover {color:#FF9900; text-decoration:underline; background-color:#f9f0f0;}
a:visited {color:#990000;}
```

Quando os usuários passarem sobre conexões, essas serão sublinhadas, mudarão de cor e ganharão uma cor de fundo. As conexões visitadas ficarão em um tom diferente lembrando os usuários por onde esses já passaram. Você pode ver isso melhor se executar o exemplo disponível com o código de download para o capítulo.

Geralmente é uma má idéia usar uma tonalidade de texto diferente quando um usuário passa com o mouse sobre uma conexão porque isto altera a largura da fonte, dificultando a leitura e alterando a largura da linha.

Imagens Como Conexões

❑ Imagens são freqüentemente usadas como conexões em menus, propagandas, fotos, ícones gráficos e assim por diante. Sempre que você utilizar uma imagem como conexão, deve usar dois atributos na imagem:

❑ alt = "descrição da imagem ou texto na imagem": Use esse para informar os usuários que não puderem ver a imagem o que essa é ou o que diz.

❑ title = "onde a conexão levará o usuário": Use esse para mostrar aos usuários uma dica que diz onde a conexão os levará; esta também é usada em leitores de tela.

Se você não usar CSS para controlar a borda das imagens que sejam conexões (e deixá-las como "sem borda"), também deve adicionar o atributo border:

❑ border = "0": Se você não usar CSS para controlar bordas ou esse atributo, obterá uma borda em torno da imagem em muitos navegadores que pode parecer difícil de visualizar.

Você viu um exemplo de uso de imagens como conexões anteriormente neste capítulo (ch10_eg06.html). No Capítulo 12, verá um exemplo de uso de JavaScript para criar o que são conhecidas como *imagens rollover*, ou imagens que se alteram quando o usuário passa sobre elas.

Recursos de Pesquisa em Sites

A terceira forma através da qual um usuário pode navegar no seu site é usando um recurso de pesquisa. Esse recurso permite aos usuários procurar imediatamente por uma palavra (ou palavras) chave que se relacionem às informações que eles estiverem tentando encontrar no seu site. Pesquisas podem evitar que os usuários tenham que aprender seu esquema de navegação do site e oferece outra forma de se encontrar as informações se eles estiverem tendo dificuldade para encontrar o que vieram buscar.

Recursos de Pesquisa Tornam os Sites Mais Usáveis

Recursos de pesquisa são cada vez mais importantes quando seus sites crescem. Se você só tiver algumas páginas, então seu menu deve ser bastante fácil de entender. Entretanto, sites maiores que possam incorporar submenus onde nem todas as opções sejam apresentadas em cada página podem se beneficiar deste acréscimo.

Há muitas formas através das quais você pode implementar um recurso de pesquisa no seu site. Embora alguns métodos requeiram experiência de programação razoavelmente avançada, há formas nas quais você pode adicionar uma recurso de pesquisa bastante simples.

Grandes sites comerciais, onde o conteúdo fica armazenado em um banco de dados, podem usar comandos de programação chamados *consultas* para solicitar ao banco de dados quais páginas contêm os termos que um usuário esteja procurando, ou podem usar uma aplicação especial de indexação para o site e disponibilizar os recursos de pesquisa.

Para sites que não usam bancos de dados ou ferramentas de indexação, a forma mais fácil de se adicionar um recurso de pesquisa ao seu site é usar um utilitário de pesquisa de terceiros para indexar seu site por você. Estes serviços também lhe fornecem o código para criar uma caixa de pesquisa que enviará pesquisas para o site do serviço. Quando os visitantes do seu sites usam uma caixa de pesquisa, sua consulta é enviada para o servidor da empresa que oferece o serviço de pesquisa e o servidor retorna então as respostas para o usuário por você.

A empresa mais conhecida a oferecer esse tipo de serviço é o Google, que o fazia de graça quando este texto foi escrito. (O Google gera sua renda do fornecimento de propagandas com os resultados das pesquisas – mas como você pode ver na Figura 10-7, elas não são intrusivas, elas aparecem apenas no lado direito da página de resultados, como quando você envia uma consulta para Google.com).

Adicionando uma Pesquisa Google ao seu Site

O Google, que é atualmente o mecanismo de pesquisa mais amplamente usado na Internet, oferece um serviço muito poderoso e flexível através do qual você pode usar seu mecanismo de pesquisa para fornecer um recurso de pesquisa no seu próprio site.

Quanto este texto foi escrito, você tinha que se registrar para usar o serviço. Entretanto, as instruções e configurações no site são bastante simples e o serviço é gratuito.

A Figura 10-7 mostra como um site de música e artes chamado Neumu.net que possui uma pequena caixa de pesquisa sob a barra de navegação.

Quando um visitante pesquisa no site Neumu, a solicitação é enviada para o Google, p qual então gera uma página com itens do Neumu contendo essas palavras e o envia para o usuário. Obviamente, os resultados apontam de volta para o site Neumu, como você vê na Figura 10-8.

Você pode ver o código na caixa de pesquisa selecionando Visualizar Código fonte no menu.

Lembre-se de que você não pode simplesmente copiar esse código; você precisa se registrar para o serviço.

Outro site que oferece um serviço grátis de pesquisa para um número limitado de páginas é www.Atomz.com, mas não cobra de sites maiores.

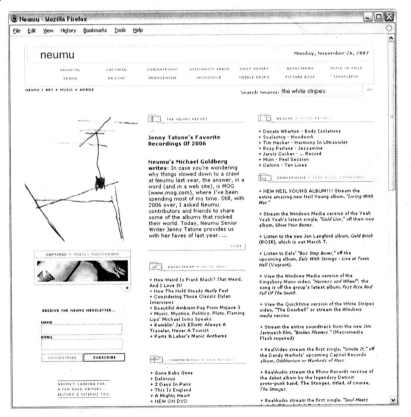

Figura 10-7

Figura 10-8

Colocando Sombras em Múltiplas Linhas de uma Tabela

Ao lidar com tabelas que contenham múltipla linhas de informação, você pode facilitar para visitantes acompanharem as linhas das tabelas se alterar ligeiramente a cor do fundo das linhas. A Figura 10-9 mostra um exemplo de uma tabela que tem cores alternadas para cada linha.

Isso foi feito usando classes odd e even nas linhas (ch10_eg08.html)>

```
<table>
 <tr>
  <th>Item</th>
```

```
<th>Descrição</th>
<th>Custo</th>
<th>Subtotal</th>
</tr>
<tr class="even">
<td>Imation CD-R 25pk</td>
<td>CDs 25pk 700mb dados e áudio</td>
<td>16.99</td>
<td>16.99</td>
</tr>
<tr class="odd">
<td>Biro</td>
<td>Bic preta</td>
<td>.25</td>
<td>17.24</td>
</tr>
<tr class="even">
<td>Envelopes</td>
<td>Pacote com 25 DL marrom</td>
<td>2.50</td>
<td>19.74</td>
</tr>
</table>
```

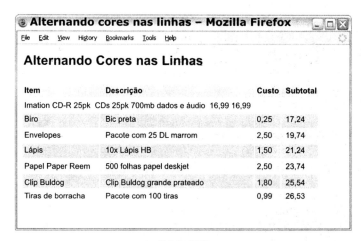

Figura 10-9

Aqui está a CSS que vai com este exemplo:

```
body{
```

```
color:#000000; background-color:#ffffff;
font-family:arial, verdana, sans-serif; font-size:12pt;}

th {font-weight:bold; text-align:left; background-color:#fff336;}
.odd {background-color:#d6d6d6;}
.even {background-color:#ffffff;}
```

Lembre-se de que, para quaisquer cores de fundo que você usar, deve haver um bom contraste entre o fundo e o texto para que o usuário consiga lê-lo facilmente. O cinza bem claro deste exemplo é um bom exemplo de cor que não afeta muito a legibilidade da tabela.

Formulários

Ainda estou para encontrar pessoas que gostem de preencher formulários – especialmente na Web. Portanto, se o seu site tiver que incluir um formulário, um bom projeto é essencial ou as pessoas não os preencherão (se você for uma loja online, esta é uma parte essencial do seu negócio básico).

Nesta seção você aprenderá o seguinte:

- ❏ O que fazer antes de projetar o formulário
- ❏ Como projetar um formulário, selecionar os controles de formulário corretos, agrupá-los corretamente e rotulá-los
- ❏ Como melhor desenhar um formulário

Antes de Projetar o Formulário

Antes que você aborde como deve ser a aparência de um formulário, precisa executar um pouco de preparação – é como a preparação que você precisa antes de começar a projetar um site, embora deva demorar menos.

Listando Primeiro as Informações Necessárias

Ao projetar um formulário, deve começar criando uma lista completa das informações que você precisa de um usuário. Você poderia começar com uma lista geral de itens como detalhes de login, nome, endereço de correspondência e de e-mail, mas precisa se assegurar que cada item de que sabe que constitui esses requisitos. Por exemplo, você precisa obter o primeiro e o último nomes de um usuário separadamente? Se esse for o caso, eles terão que ser itens separados no formulário. O que constitui um endereço: número/nome[1] da casa, nome da rua, bairro, código postal, e assim por diante? Quais precisam ficar separados dos outros?

---

[1] N. do T.: em alguns países, como no Reino Unido por exemplo, há endereços em que a casa

Aqui está uma lista das informações que são necessárias para o nosso formulário de registro:

❏ Informações de login

❏ Nome do usuário

❏ Endereço do usuário

❏ Detalhes de contato do usuário

Quando estiverem divididas, as informações exatas que são necessárias são as seguintes:

❏ **Informações de login:** Nome e senha do usuário

❏ **Nome:** Primeiro nome, último nome

❏ **Endereço físico:** Endereço da rua, cidade e código postal

❏ **Informações de contato:** Endereço de e-mail, código da área, número de telefone

Quando você cria formulários, você só deve solicitar informações que realmente precisa para executar o tarefa. É tentador quando se coleta informações de visitantes perguntar tantas questões quanto possível,, porém, quanto maior for um formulário, menos provavelmente que ele seja completado.

Se você quiser coletar muitas informações não essenciais (por exemplo, para ter uma idéia melhor da demografia de visitantes do seu site), considere oferecer aos usuários um incentivo para participar e responder às perguntas após terem se registrado ou comprado um item, como algum tipo de benefício.

> **Observe que, ao coletar e armazenar informações sobre clientes, você também deve assegurar que satisfaz às leis de proteção de dados do seu país.**

Informações Relacionadas a Grupos

Assim que você souber quais informações quer coletar de um visitante do seu site, precisa ver se há um agrupamento lógico das mesmas para ajudá-los a entender o formulário.

Se você descobrir um agrupamento de informações relacionadas, deve se assegurar de que esses itens fiquem juntos no formulário. No exemplo desta seção, você precisa de três grupos de informações.

❏ Nome e endereço de e-mail

❏ Detalhes de login

❏ Outros detalhes de contato

---

possui um nome, não um número.

Neste exemplo, o agrupamento é o mesmo da lista inicial de informações necessárias antes de terem sido divididas, mas às vezes o agrupamento pode ser bastante diferente.

Modelos de Formulários de Papel com os Quais os Usuários Estão Familiarizados

Se você estiver criando uma aplicação online que represente um formulário que era preenchido anteriormente em papel *e* com os qual os seus usuários estejam familiarizados, então você deve se assegurar de que seu formulário online reflita esse formulário em papel. (Observe que, se o formulário não fosse familiar aos usuários, isso não seria necessário). Se o objetivo da sua aplicação for colocar software existente online, então também poderia ser modelada nesse software.

O motivo para modelar seu formulário em algo com o qual o usuário esteja familiarizado é bastante óbvio; facilita para o usuário preenchê-lo. Isso não significa dizer que a aparência do formulário deve ser exatamente a mesma (muitas vezes os formulários de papel têm perguntas demais em um espaço pequeno). Em vez disso, você deve fazer questões semelhantes em uma ordem e agrupamento semelhantes.

Os Usuários Fornecerão as Mesmas Informações Sempre?

Os usuários terão que fornecer as mesmas informações cada vez que visitarem o site? Ou alguns dados serão armazenados em um banco de dados (ou em outra aplicação) e recuperados quando eles se conectarem novamente? Por exemplo, se você estiver trabalhando em uma loja online, assim que o usuário tiver se conectado, a aplicação lembrará do nome, endereço e detalhes de contato?

> Se você for armazenar informações de usuários – em especial seus detalhes de cartão de crédito – deve assegurar-se de que esteja respaldado pelas leis do seu país sobre armazenamento desse tipo de dados.

Você também deve analisar como seu formulário será processado. Se ele for processado por uma pessoa, essa pode interpretar os dados que o usuário digitar, enquanto que se eles forem direto para um banco de dados, os usuários devem ser muito mais precisos sobre as informações que digitam. Isso pode afetar sua escolha de um controle de formulário necessário para coletar as informações.

O Que mais Precisa Aparecer no Formulário?

Diversos formulários contêm informações extras, como informações de remessa, listas de preços, observações de cunho legal e assim por diante. Antes que você inicie o projeto do formulário, deve estar ciente de todas as informações que poderiam ser colocadas nele, não apenas dos controles de formulário.

Projetando o Formulário

Agora que você sabe quais informações devem ser capturadas pelo formulário, pode projetá-lo. Você pode começar selecionando o tipo apropriado de controle e depois agrupar os controles e rotulá-los. Você pode então dar os retoques finais na aparência dele para controlar sua apresentação.

Selecionando o Tipo de Controle do Formulário

Você aprendeu no Capítulo 5 sobre os diferentes tipos de controles de formulários que pode usar. É importante que você escolha o tipo correto de controle de formulário para as informações que você estiver tentando coletar. Assim que tiver decidido qual controle de formulário usar para cada parte das informações, você terá uma idéia dos possíveis comprimento e aparência do formulário.

Texto de entrada:

- Se houver apenas uma linha de texto, você usa um elemento <input>, cujo atributo type possui o valor igual a text.
- Se você quiser que o usuário digite mais de uma linha de texto, use o elemento <textarea>.
- Se as informações forem sensíveis (como um cartão de crédito ou senha), use um elemento <input> cujo atributo type tenha um valor igual a password.

Dando ao usuário um número limitado de opções:

- Se o usuário puder selecionar apenas uma opção (entre diversas), use um grupo de botões de rádio (com o mesmo nome) ou um combo.

Analise também como os visitantes estariam acostumados a dar este tipo de informação. Por exemplo, use um conjunto de entradas de texto para cada linha de um endereço em vez de, digamos, usar uma combinação de entrada de texto para o nome da rua e uma caixa de seleção para indicar se é rua, estrada ou avenida na primeira linha do endereço.

Lembre-se de que cada controle de formulário deve usar um nome que descreva seu conteúdo. Em vez de nomes arbitrários como input1 e input2, você muitas vezes verá nomes de controles de formulário recebendo um prefixo para descrever a que tipo de controle eles se relacionam:

- txt*Nome* para caixas de texto e áreas de texto
- rad*Nome* para botões de rádio
- chk*Nome* para caixas de verificação
- sel*Nome* para caixas de seleção

Botões de Rádio e Caixas de Verificação

Embora botões de rádio e caixas de verificação ocupem mais espaço do que caixas de seleção, eles tendem a ser mais fáceis de usar pelos visitantes porque esses podem ver todas as opções de uma só vez (desde que a lista de opções não seja grande demais, como uma lista de todos os países do mundo, em cujo caso você poderia usar um combo de seleção).

Se houver apenas três ou quatro opções, e o usuário poder escolher apenas uma, então botões de rádio são geralmente uma escolha melhor do que caixas de seleção porque ficam todos visíveis. Uma exceção a essa regra seria se o projeto contivesse diversas caixas de seleção (em cujo caso a consistência do projeto é mais importante).

Se houver apenas três ou quatro opções, e se o usuário puder escolher várias, então o uso das caixas de verificação para seleção múltipla geralmente é melhor do que uma caixa de seleção múltipla não importa quanto espaço elas ocupem – não só porque caixas de verificação são mais comuns, mas também porque se você usar uma caixa de seleção múltipla, normalmente deve informar o usuário de que pode selecionar múltiplos itens e como fazer isso.

Caixas de verificação também são ideais se os usuários tiverem que indicar se concordam ou se leram algo, como termos e condições. É importante usar uma caixa de verificação nesses casos em vez de um botão de rádio. Quando você tiver selecionado um botão de rádio, pode alterar sua escolha para um botão de rádio diferente, mas não há como desmarcar os botões de rádio de um grupo (enquanto que você pode clicar na mesma caixa de verificação para desmarcá-la).

> *Você nunca deve usar uma linguagem de programação (como JavaScript) para alterar o objetivo de botões de rádio ou caixas de verificação. Em outras palavras, você nunca deve tornar as caixas de verificação mutuamente exclusivas (como são os botões de rádio) e não deve permitir que um usuário selecione mais de um botão de rádio de um grupo porque isso confundirá os usuários que esperam que botões de rádio e caixas de verificação sigam seu comportamento padrão normal. Além disso, tenha cuidado em não misturar repetidamente botões de rádio e caixas de verificação no mesmo formulário, ou confundirá os usuários.*

Botões de rádio e caixas de verificação também permitem a você fornecer mais informações para o usuário do que uma caixa de seleção. Um botão de rádio ou uma caixa de verificação podem ter um texto descritivo longo ao seu lado, enquanto que, se você usar uma descrição longa em uma caixa de seleção, a caixa inteira ficará mais larga. Você pode ver um exemplo de um combo longo (que passa da tela) e um conjunto de botões de rádio na Figura 10-10 (ch10_eg09.html).

Se os seus botões de rádio representam uma questão adicional, você não deve selecionar um item automaticamente como padrão. Você não pode desmarcar todos os botões de rádio clicando-os novamente como pode com caixas de verificação; você pode fazer apenas uma escolha diferente. Muitas vezes também é útil dar aos usuários uma opção "outro" se eles não puderem escolher uma das opções que receberam.

Figura 10-10

Caixas de Seleção

Caixas de seleção, também conhecidas como combos, economizam espaço na tela, especialmente quando houver muitas opções, embora, como mostra a Figura 10-10, elas não ficam com aparência muito boa com descrições muito longas para cada opção. De fato, a largura de uma caixa de seleção é igual a da sua opção mais larga.

Você deve lembrar-se disso ao fornecer uma caixa de seleção para incluir opções para todos os usuários. Por exemplo, se usar um combo para os estados dos Estados Unidos e tiver visitantes de fora dos E.U.A., deve ter pelo menos uma opção para as pessoas que não morarem em um estado dos E.U.A., mesmo se a opção seja apenas "Fora dos E.U.A.".

A ordem dos itens em uma caixa de seleção deve refletir a experiência dos usuários; por exemplo, se você usar nomes de meses, coloque-os em ordem cronológica, enquanto que, se usar nomes de estados ou países, listas em ordem alfabética são mais fáceis de usar.

Se uma (ou algumas) das opções dentro de uma lista longa forem mais populares ou mais prováveis de ser escolhidas do que outras, então você deve colocá-las no topo da caixa de seleção, de modo que o usuário se depare primeiro com elas.

Caixas de Texto

Caixas de texto tendem a ser a forma mais natural dos usuários oferecerem a maior parte das informações. De modo geral, áreas de texto devem ser suficientemente grandes para os usuários digitarem o querem sem que apareçam barras de rolagem (a menos que eles sejam muito longos, como o corpo de um email ou um artigo de um web site).

Este ciente de que os usuários muitas vezes usam o tamanho da caixa de texto como uma indicação do comprimento do texto que eles devem fornecer. Isso pode ser especialmente útil para elementos como datas, como você pode ver na Figura 10-11, onde você quer que o usuário digite quatro dígitos para um ano.

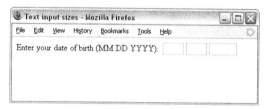

Figura 10-11

Agrupando Controles

Assim que você tiver decidido que controles de formulário usará, pode começar a colocá-los na página. Como já mencionei, eles devem ser agrupados em itens de informações relacionadas – e esses grupos devem refletir a compreensão do usuário sobre o tópico.

Você pode agrupar elementos de formulários das seguintes formas:

❏ Conjuntos de campos

❏ Rótulos

❏ Dividindo o formulário em diversas páginas

Você também pode usar espaçamentos e sombreamento como viu na primeira seção deste capítulo, que cobria espaços em branco.

Usando Elementos <fieldset>

Você já aprendeu sobre o elemento <fieldset> no Capítulo 5. Ele permite a você agrupar seções de um formulário entre os rótulos de abertura <fieldset> e de fechamento </fieldset>. O formulário também pode trazer um elemento <legend> para indicar um texto para a caixa.

Por exemplo, aqui está um formulário para um usuário digitar seus detalhes de conexão (login) (ch10_eg11.html):

```
<form name="frmLogin" action="login.aspx" method="post">
 <fieldset>
  <legend>Login</legend>
   Nome do usuário: <input type="text" size="12" name="txtUserName" /><br />
   Senha: <input type="password" size="12" name="txtPassword" /><br />
   Confirme a senha: <input type="password" size="12"
         name="txtPasswordConfirmed" /><br />
```

```
<input type="submit" value="Log in" />
</fieldset>
</form>
```

Os fieldsets foram introduzidos no IE4 e no Netscape 6. Navegadores mais antigos simplesmente ignoram os botões <fieldset> e <legend> se não os entenderem, de modo que você pode adicionar esses elementos com segurança em todos os formulários. Você pode ver a aparência desse exemplo na Figura 10-12.

Figura 10-12

Você também pode usar uma alternativa a fieldsets para agrupar partes de um formulário, como quebras de linha, cores de fundo ou tabelas com regras de estilo associadas, porém os fieldsets foram introduzidos especificamente para agrupar elementos de formulários, e você pode associar estilos ao elemento <fieldset>, como foi feito neste exemplo (ch10_eg11.css):

```
fieldset {
  width:250px;
  padding:10px;
  font-size:12px;
  text-align:right;}
```

Observe aqui como a propriedade width foi configurada na *style sheet*. Isso é especialmente útil de se adicionar a elementos <fieldset> porque eles, de outra forma, se alargariam para ocuparem toda a largura da janela do navegador (ou elemento contêiner).

Dividindo um Formulário em Páginas Separadas

Formulários longos não apenas afastam usuários como também são mais difíceis de serem preenchidos. Se você estiver escrevendo validação e manipulação de erros (como as mensagens de erro para dizer que um campo do formulário não foi preenchido ou contém o tipo incorreto de informação), então esse código se torna mais complicado quando um formulário fica maior. Portanto, se você tiver um formulário longo, pode dividi-lo em diversas páginas. Os motivos pelos quais você poderia fazer isso incluem:

- Formulários pequenos são menos intimidantes.
- Quando informações relacionadas são colocadas na mesma página, são mais fáceis de absorver.

Como um guia geral, seu formulário não deve ser muito maior do que uma "tela cheia" (na resolução 1.024 por 768), de modo que o usuário não tenha que rolar muito.

Se você dividir um formulário em páginas separadas, deve indicar claramente aos usuários em que ponto eles estão no formulário. Você pode ver, na Figura 10-13, um formulário que foi dividido em quatro páginas e uma página de confirmação.

Dividir um formulário em diversas páginas pode introduzir novas complexidades na programação porque o programa tem que lembrar o que um usuário digitou entre cada formulário; todavia, há diversas formas de fazer isso com um pouco de esforço adicional. Você geralmente irá querer que os usuários passem por essas etapas em ordem em vez de permitir que eles andem pelas páginas aleatoriamente, então evite conexões que permitam a eles pular para qualquer página.

Figura 10-13

Numere as Perguntas

Se você tiver muitas perguntas, como em um formulário de inscrição ou um teste online, deve numerá-las de forma que os usuários saibam onde elas começam e onde terminam. Isso também pode ser útil de você quiser indicar para um usuário que ele ou ela deve pular para outra seção do formulário porque você pode indicar explicitamente para qual questão eles devem ir.

Aparência de Formulários

De modo ideal, a aparência de um formulário deve refletir o que o usuário esperaria ver ao lidar com tais dados. A aparência está relacionada às experiências do usuário com formulários de papel ou softwares equivalentes. Você pode até analisar uma experiência do dia a dia, por exemplo como um usuário escreve seu endereço. (Nós geralmente escrevemos nosso endereço em algumas linhas separadas, diferentemente do uso de combos).

Rotulando Controles

A primeira questão relacionada à aparência de formulários é a rotulagem de controles, É muito importante que cada controle seja rotulado de forma clara, de modo que os usuários saibam que informação devem colocar e onde. Há dois tipos de rótulos:

- ❏ Rótulos implícitos que são textos e marcações normais próximos do controle
- ❏ Rótulos explícitos que usam o elemento <label>

Você deve analisar o seguinte como diretrizes sobre onde o rótulo de um elemento deve normalmente aparecer:

- ❏ **Campos de entrada de texto:** À esquerda da entrada ou diretamente acima
- ❏ **Caixas de verificação e botões de radio:** À direita da caixa de verificação ou botão de rádio
- ❏ **Botões:** No próprio botão – seu valor

Rótulos implícitos são a forma mais simples de se rotular um controle. Para adicionar um rótulo implícito, você simplesmente acrescenta texto diretamente a seguir do rótulo em questão. Por exemplo (ch10_eg12.html):

```
Primeiro nome: <input type="text" name="txtFirstName" size="12" /> <br />
Último nome: <input type="text" name="txtLastName" size="12" /> <br />
Endereço de e-mail: <input type="text" name="txtEmail" size="12" /> <br />
```

```
<input type="submit" value="subscribe" />
```

A desvantagem dessa abordagem é que a apresentação não é muito atraente – e fica pior em formulários maiores – porque os controles de formulários não ficam bem alinhados entre si, como você pode ver na Figura 10-14.

Embora elementos <label> requeiram um pouco de esforço extra de programação, geralmente é uma boa idéia adquirir o hábito de usá-los. Você talvez lembre do Capítulo 5 que o elemento <label> deve conter o controle do formulário ou usar o atributo for cujo valor é o valor do atributo id no controle de formulário:

```
<label for="firstName">Primeiro nome: </label>
<input type="text" name="txtFirstName" size="12" id="firstName" />
<label for="lastName">Último nome: </label>
<input type="text" name="txtLastName" size="12" id="lastName" />
<label for="email">Endereço de e-mail: </label>
<input type="text" name="txtEmail" size="12" id="email" />
```

Figura 10-14

Infelizmente, isto vai ter a mesma aparência do exemplo anterior mostrado na Figura10-14, mas o elemento <label> tem vantagens:

❏ Ele facilita que leitores de telas associem um controle ao seu rótulo. Em particular, você pode associar rótulos a controles de formulários quando o rótulo não estiver próximo a esse item – por exemplo, em uma tabela o rótulo poderia estar em uma linha acima do controle de formulário.

❏ Rótulos podem aumentar a área que pode ser clicada de um botão de rádio ou caixa de verificação, que alguns usuários podem achar difícil de clicar com precisão, por que eles podem clicar no rótulo.

> Rótulos eram suportados inicialmente apenas no IE4 e no Netscape 6 e versões posteriores; contudo, navegadores mais antigos simplesmente ignoram o elemento <label> e exibem seu conteúdo, de modo que você não terá problema de usá-los em qualquer formulário.

Aqui você pode ver o exemplo de um formulário que lhe permite indicar como soube a respeito de uma empresa. Quando os usuários clicam no rótulo, o botão de rádio associado a esse formulário será selecionado (ch10_eg13.html):

```html
<form name="frmExample" action="" method="post">
 <fieldset>
  <legend>Como você soube a nosso respeito?</legend>
  <input type="radio" id="referrer1" name="radReferrer" value="Mouth" />
   <label for="referrer1" >Por outras pessoas</label><br />
  <input type="radio" id="referrer2" name="radReferrer" value="Google" />
   <label for="referrer2" >Pesquisa no Google</label><br />
  <input type="radio" id="referrer3" name="radReferrer" value="Magazine Ad" />
   <label for="referrer3" >Propaganda em Revista</label><br />
  <input type="radio" id="referrer4" name="radReferrer" value="Other" />
   <label for="referrer4" >Outros</label>  
  <input type="text" value="txtOther" size="12" /><br />
  <input type="submit" value="Enviar" />
 </fieldset>
</form>
```

Você pode ver este formulário na Figura 10-15.

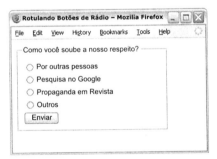

Figura 10-15

Lembre-se de que, ao escolher o texto ou o rótulo de um formulário, você deve sempre escolher palavras que realmente significarão algo para os usuários. O que poderia ser óbvio para você pode não ser tão claro para um visitante que não esteja tão familiarizado com o tópico quanto você – por exemplo, um número de id de produto poderia ser um número único identificando um produto, mas um não se pode esperar que um cliente saiba disso ou onde encontrá-lo.

Usando Tabelas na Aparência

Muitos projetistas e programadores usam tabelas para definir a aparência e posição de elementos de formulário nas suas páginas web. Contudo, você deve lembrar como as tabelas são linearizadas em um leitor de tela (conforme discutido no Capítulo 4).

Para lembrá-lo de como um leitor de tela lineariza uma tabela de exemplo, veja a tabela a seguir:

Linha 1 Coluna 1	Linha1 Coluna 2
Linha 2 Coluna1	Linha 2 Coluna 2
Linha 3 Coluna 1	Linha 3 Coluna 2

As células dessa tabela geralmente seriam lidas linha a linha na seguinte ordem:

Linha 1 Coluna 1, Linha 1 Coluna 2, Linha 2 Coluna 1, Linha 2 Coluna 2, Linha 3 Coluna 1, Linha 3 Coluna 2.

Assim, a forma correta de dispor o exemplo anterior em uma tabela seria conforme mostrado aqui (ch10_eg14.html). Observe que esse exemplo não usa o elemento <label>, então você pode entender a ordem na qual os elementos são lidos sem o uso desse elemento <label>:

```
<table>
 <tr>
  <td class="formPrompt">Primeiro nome: </td>
  <td><input type="text" name="txtFirstName" size="12" /></td>
 </tr>
 <tr>
  <td class="formPrompt">Último nome: </td>
  <td><input type="text" name="txtLastName" size="12" /></td>
 </tr>
 <tr>
  <td class="formPrompt">Endereço de e-mail: </td>
  <td><input type="text" name="txtEmail" size="12" /></td>
 </tr>
</table>
```

Isso ordenará os elementos de forma correta, e os usuários com um leitor de tela entenderão o formulário. Observe que class="formPrompt" nos elementos <td> que sejam rótulos está associada a uma *style sheet* CSS que indica que o texto deve focar alinhado à direita na tabela. Isso tem uma aparência muito melhor nas páginas e evita falhas grandes entre um rótulo e seu controle associado. Você pode ver o resultado na Figura 10-16.

Questões de Projeto @ 467

Figura 10-16

As tabelas mais complexas do que isso precisam muita análise. Por exemplo, examine a Figura 10-17.

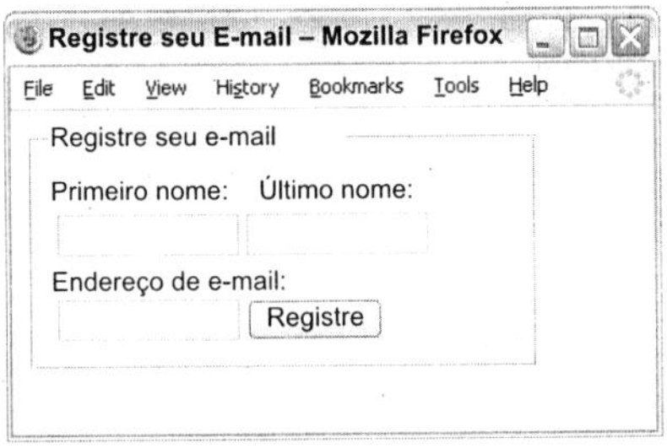

Figura 10-17

Aqui estão duas colunas de controles de formulário e os rótulos ficam acima dos elementos. Esse projeto necessitaria do uso do elemento <label>, caso contrário um leitor de tela leria os rótulos da primeira linha e depois os dois controles de formulário da segunda (ch10_eg15.html):

```
<table>
 <tr>
  <td><label for="fname">Primeiro nome:</label></td>
  <td><label for="lname">Último nome:</label></td>
 </tr>
 <tr>
  <td><input type="text" name="txtFirstName" id="fname" size="12" /></td>
  <td><input type="text" name="txtLastName" id="lname" size="12" /></td>
 </tr>
 <tr>
  <td><label for="email">Endereço de e-mail:</label></td>
  <td></td>
```

```
</tr>
<tr>
    <td><input type="text" name="txtEmail" id="email" size="12" /></td>
    <td><input type="submit" value="Registrar" /></td>
</tr>
</table>
```

Geralmente, entretanto, é melhor continuar com uma única coluna de controles de formulário – e geralmente você usaria CSS em vez de tabelas para controlar a aparência dos formulários. Embora formulários impressos muitas vezes usem mais de uma coluna com perguntas, não é uma boa idéia ter mais de uma coluna de controles de formulário na Web, por estes motivos:

- ❑ Você pode não saber o tamanho da tela do usuário, e esse poderia não conseguir ver a segunda coluna (especialmente a pequena porcentagem de usuários que navegam com resolução de 800 x 600).
- ❑ É mais provável que os usuários não vejam um dos itens do formulário.
- ❑ Você terá que usar uma aparência complexa que pode confundir quem possuir leitores de tela.

Mantendo as Informações Relevantes Próximas ou Acima dos Controles de Formulário

Agora você está tendo uma idéia do quão importante é uma boa rotulagem para a compreensão do usuário, de modo que aqui estão alguns exemplos onde a posição de um rótulo requer cuidado adicional. Examine o exemplo da Figura 10-18, que é um número de telefone.

Figura 10-18

Como você pode ver aqui, não há indicação de para que servem as caixas. Embora você ou eu possamos imaginar que uma caixa seja para o código de área e a outra para a parte principal do número, usuários com leitores de tela provavelmente ficarão mais confusos do uso da segunda caixa já que só podem ouvir o formulário, não vê-lo. Alguns usuários, especialmente os com pressa, poderiam tentar colocar o número inteiro em apenas uma caixa.

Uma abordagem muito melhor deste exemplo seria indicar rótulos para o código de área e o número, conforme mostrado na Figura 10-19.

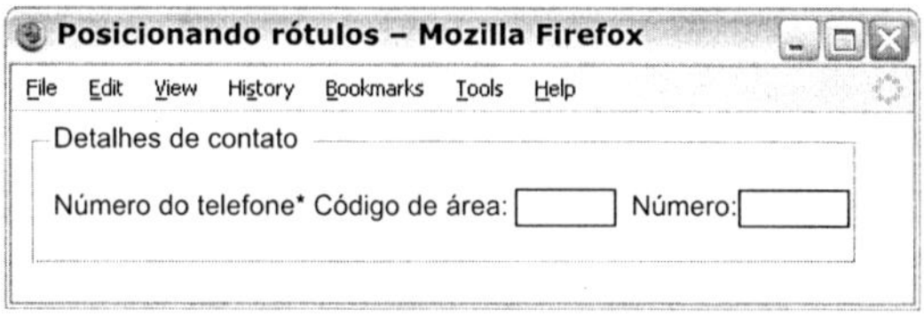

Figura 10-19

Isto fica muito mais claro para todos, e você pode ver o código aqui (ch10_eg16.html):

```
<table>
 <tr>
  <td class="label">Número do telefone <span class="important">*</span></td>
  <td>Código de áres<input type="text" name="txtTelAreaCode" size="5" />
  Número<input type="text" name="txtTelNo" size="10" /></td>
 </tr>
</table>
```

Uma rotulagem apropriada também é muito importante quando você tem botões de rádio ou botões de múltipla escolha que expressem uma opção ou grau. Você pode ver um exemplo problemático na Figura 10-20.

Figura 10-20

O código deste exemplo coloca botões de rádio e rótulos em uma tabela. O problema com esse exemplo não é que os rótulos não estejam relacionados aos botões de rádio corretos – como você pode ver, o elemento <label> é usado e está associado às células corretas da tabela no código a seguir. O problema é que as pessoas com leitores de tela ouvirão rótulos para apenas três opções, enquanto que há na verdade cinco. Você deve oferecer rótulos para cada uma delas.

```
<table>
```

470 @ Introdução à Programação WEB com HTML, XHTML e CSS

```
<tr>
  <td><label for="VeryGood">Muito bom</label></td>
  <td></td>
  <td><label for="Average">Médio</label></td>
  <td></td>
  <td><label for="VeryPoor">Muito fraco</label></td>
</tr>
<tr>
  <td><input type="radio" name="radRating" value="5" id="VeryGood"
/></td>
  <td><input type="radio" name="radRatinq" value="4" id="Good"
/></td>
  <td><input type="radio" name="radRating" value="3" id="Average"
/></td>
  <td><input type="radio" name="radRating" value="2" id="Poor"
/></td>
  <td><input type="radio" name="radRating" value="1"
id="VeryPoor" /></td>
</tr>
</table>
```

Se você realmente não quiser oferecer um texto alternativo para cada um desses itens, um alternativa bastante drástica é usar um GIF transparente de um único pixel com um texto alternativo dentro do elemento <label>, o qual não aparecerá no navegador (ch10_eg17.html), que explique cada opção para as pessoas com leitores de tela, com se segue:

```
<table>
 <tr>
  <td><label for="VeryGood">Muito bom</label></td>
  <td><label for="Good"><img src="images/1px.gif" alt="Esta opção não possui
     rótulo e seu valor é Bom" /></td>
  <td><label for="Average">Médio</label></td>
  <td><label for="Poor"><img src="images/1px.gif" alt= "Esta opção não possui
     rótulo e seu valor é Fraco" /></td>
  <td><label for="VeryPoor">Muito Fraco</label></td>
 </tr>
 <tr>
  <td><input type="radio" name="radRating" value="5" id="Muito
Bom" /></td>
  <td><input type="radio" name="radRating" value="4" id="Bom" /></
td>
```

```
<td><input type="radio" name="radRating" value="3" id="Médio"
/></td>
    <td><input type="radio" name="radRating" value="2" id="Fraco"
/></td>
    <td><input type="radio" name="radRating" value="1" id="Muito
Fraco" /></td>
  </tr>
</table>
```

Na verdade você não consegue ver a diferença entre esse exemplo e o anterior, mas poderia ouvir uma diferença se não pudesse enxergar e estivesse dependendo de um leitor de tela.

Informações Necessárias

Um formulário muitas vezes incluirá perguntas que um usuário deve responder para que ele seja processado corretamente. Se um controle de formulário tiver que ser preenchido, você deve informar ao usuário desse fato. É uma prática comum usar um asterisco (*) para indicar campos de preenchimento obrigatório e, é claro, incluir uma observação na página que atua como uma chave indicando o que asterisco significa. Além disso, é comum a colocação do asterisco em uma cor diferente (como vermelho) da do texto principal de forma que os usuários vejam que é importante.

```
Primeiro nome <span class="required">*</span>:
<input type="text" name="txtFirstName" size="12" />
```

A classe required poderia ser usada com uma regar CSS como este:

```
span.required {
  font-weight:bold;
  font-size:20px;
  color:#ff0000;}
```

Você pode ver um exemplo disto nas Figuras 10-18 e 10-19, as telas do exemplo do número do telefone. Em um formulário completo, você também deveria incluir uma chave que diga na forma de texto o que significa o asterisco.

Colocação Cuidadosa de Botões

Você deve ser muito cuidadoso sobre onde colocar botões em uma página. Eles devem ficar próximos da parte relevante do formulário; por exemplo, em uma loja online, o botão para a compra de um item deve ficar próximo do produto, conforme mostrado na Figura 10-21.

Se você usar botões Próximo, Prosseguir ou Submeter em um formulário – por exemplo, para conectar diferentes páginas do formulário para indicar que um usuário deve ir para a próxima etapa – esses botões devem ficar no lado direito da página; botões "Voltar" devem ficar na esquerda. Isso espelha a experiência do usuário com os botões de Avanço e Retrocesso em uma janela de navegador (com Voltar sendo o primeiro botão a esquerda e Avançar à direita do mesmo). Isso também segue a direção do texto que os visitantes lerão nas linguagens onde o texto flui da esquerda para a direita (assim, quando os usuários chegam ao final de um formulário, devem estar lendo da esquerda para a direita). Você pode ver o exemplo disso na Figura 10-21.

Figura 10-21

Se você usar um botão de formulário Reinicializar ou Limpar, ele deve focar à esquerda do botão Submeter ou Próximo porque reflete a experiência anterior dos usuários web.

Usando o Atributo title em Controles de Formulários

Uma forma de adicionar informações extras para usuários é com um atributo title no controle de formulário. Quando os usuários colocam o cursor sobre o controle de formulário, o valor do atributo title aparece como dica. Isso é especialmente útil para clarear o tipo de informação que um usuário tem que informar.

Por exemplo, aqui está uma entrada de texto que requer que um usuário digite um código de autorização. O atributo title clareia de onde o código de autorização vem (ch10_eg18.html):

```
<form name="frmExample" action="" method="post">
 <fieldset>
   <legend>Informa seu código de autorização</legend>
   Code: 
   <input type="text" name="txtAuthCode" title="Informe o código
de autorização que lhe foi    enviado quando você se cadastrou."
/></td>
 </fieldset>
</form>
```

Você pode ver o resultado na Figura 10-22, com a dica aparecendo quando o usuário passa com o mouse sobre a entrada de texto.

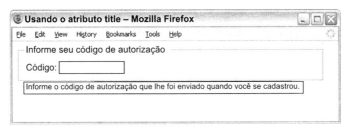

Figura 10-22

Índice de Tabulação

Assim que você tiver criado seu formulário, deve verificar a ordem de tabulação dos elementos do formulário. Os usuários devem poder usar a tecla Tab no seu teclado para passar de um controle de formulário para outro. Se a ordem em que os controles de formulário recebem o foco não for a ordem em que você esperaria preenchê-lo, deve usar o atributo tabindex, que pode receber um valor de 0 a 32.767 (o Capítulo 5 cobriu este atributo em maiores detalhes).

O atributo tabindex pode ser usado nos seguintes elementos:

`<a> <area> <button> <input> <object> <select> <textarea>`

No Capítulo 12, você verá um exemplo de como pode dar automaticamente o foco para um elemento de formulário quando a página for carregada. Você também vera o efeito da aparência dos controles de formulários que possuem o foco no momento.

Não se Baseie em Cores para Passar Informações

Embora as cores possam ser uma ferramenta muito poderosa no auxílio da compreensão de formulários, você nunca deve se basear apenas em uma cor para passar informações e deve se assegurar de que haja contraste suficiente entre as cores para que a distinção fique clara.

Por exemplo, você não deve usar apenas cor para indicar campos de preenchimento obrigatório em um formulário. Na Figura 10-23, o formulário usa cores para indicar quais campos são obrigatórios mas, por esse livro ser impresso em preto e branco e o formulário usar cores para passar informações, você não pode ver facilmente quais itens devem ser preenchidos.

> Esta é uma questão importante porque um número significativo de pessoas tem algum tipo de dificuldade com cores.

Você pode, contudo, resolver o problema facilmente. Como pode ver na Figura 19-24, os campos que são de preenchimento obrigatório usam o asterisco assim como a cor.

> Uma boa forma de testar se você está se baseando demais em cores é alterar a configuração do seu monitor de modo que ele fique em tons de cinza (no Windows, use o Gerenciamento de Cores do Painel de Controle e em um Mac use as configurações de Exibição nas Preferências do Sistema). Se as informações forem perdidas quando a página ficar em cinza, então você está se baseando demais em cores.

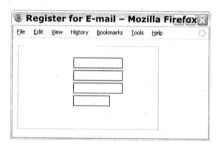

Figura 10-23

Figura 10-24

Usando CSS com Elementos de Formulários

O uso de CSS para controlar elementos de formulários tem se tornado cada vez mais popular, em especial para controlar bordas e cores de fundo de entradas de texto, áreas de texto e botões de Submissão, para criar um formulário mais estilizado. Embora o uso de CSS seja bastante avançado em PCs, o suporte para CSS com elementos de formulários na plataforma Mac não é tão grande.

A Figura 10-25 mostra um formulário cujas entradas de texto têm bordas pretas sólidas e fundo cinza claro.

Aqui está o estilo CSS associado aos elementos <input> (ch10_eg20.html):

```
input {
  border-style:solid;
  border-color:#000000;
  border-width:1px;
  background-color:#d6d6d6;}
```

Figura 10-25

Se você usar estilos com elementos de formulário, só tem que se assegurar de não deixar esse formulário mais difícil de preencher adicionando estilo desnecessário. Assim como em qualquer tipo de texto, se você não tiver um bom contraste para controles de texto, eles serão difíceis de ler e os usuários podem digitar as informações incorretas.

Testando o Formulário

Assim que você tiver estabelecido o formulário, precisa testá-lo. Você verá mais sobre testes de um site no Capítulo 13. Brevemente, entretanto, é muito útil observar pessoas usando seu formulário assim que o tiver projetado para ver como elas interagem com ele.

A coisa mais importante ao se fazer isso, e que você deve sempre lembrar, é que, se você puder ver que um usuário irá cometer um erro, não o interrompa; observe o que ele faz porque isto ensinará você mais sobre como o usuário esperava que o formulário funcionasse.

Experimente | Um Formulário de Registro em Site

Neste exemplo, você criará um formulário simples de registro para um site web. Você terá que coletar as informações listadas na tabela a seguir, usando os controles de formulário listados.

Informação	Controle de Formulário	Obrigatório
Primeiro nome	Entrada de texto	Sim
Último nome	Entrada de texto	Sim
Endereço de email	Entrada de texto	Sim
Senha para acessar o site	Entrada de texto de senha	Sim
Conformação da senha	Entrada de texto de senha	Sim
Registro	Botão de submissão	N/A

A Figura 10-26 mostra como será a aparência desse formulário quando estiver pronto.

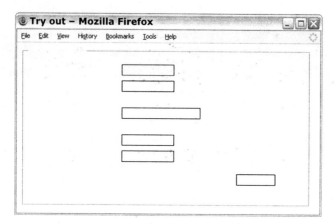

Figura 10-26

1. Primeiro configure o esqueleto do documento, como você provavelmente já costumava fazer. Não se esqueça de conectar a *style sheet* CSS chamada registration.css. Você também pode adicionar um elemento <forma>:

```
<html>
```

```
<head>
  <title>Experimente</title>
  <link rel="stylesheet" type="text/css" href="registration.css" />
</head>
<body>
<form name="frmExample" action="register.aspx" method="post">
</form>
</body>
</html>
```

2. O formulário contém apenas cinco entradas de texto de modo que não precisa ser dividido em grupos separados, mas seria uma boa idéia colocar tudo em um elemento <fieldset> com um <legend>:

```
<form name="frmExample" action="" method="post">
<fieldset>
<legend>Registre-se conosco:</legend>
</fieldset>
</form>
```

3. O resto do formulário fica dentro de uma tabela dentro do elemento <fieldset>. A tabela possui duas colunas, uma para rótulos e oura para controles de formulário e as células de cada coluna precisam ter um atributo class separado.

O valor do atributo class nas células que contêm rótulos será label, enquanto que o valor do atributo class das células que contenham um controle de formulário será form. O rótulo de cada elemento do formulário usará um elemento <label> e cada controle de formulário é obrigatório, de modo que você pode adicionar uma observação de obrigatoriedade próxima aos rótulos.

A primeira linha conterá uma entrada de texto para o primeiro nome do usuário. Você pode adicioná-la desta forma, logo após o elemento <legend>:

```
<table>
 <tr>
  <td class="label">
  <label for="fname">Primeiro nome: <span class="required">*</span></label>
  </td>
   <td class="form">
   <input type="text" name="txtFirstName" id="fname" size="12" />
   </td>
  </tr>
</table>
```

4. Adicione a entrada de texto para o último nome e o endereço de e-mail; esses estão em elementos <tr> que seguirão da linha que você adicionou no último passo. Você pode fazer que o tamanho da caixa de entrada do endereço de e-mail seja um pouco maior do que as outras entradas de texto porque ele provavelmente seja maior:

```
<tr>
 <td class="label">
  <label for="lname">Último nome:
  <span class="required">*</span></label>
 </td>
 <td class="form">
  <input type="text" name="txtLastName" id="lname" size="12" />
 </td>
</tr>
<tr><td> </td><td> </td></tr>
<tr>
 <td class="label">
  <label for="email">Endereço de e-mail:
  <span class="required">*</span></label>
 </td>
 <td class="form">
  <input type="password" name="txtEmail" id="email" size="20" />
 </td>
</tr>
<tr><td> </td><td> </td></tr>
```

Uma linha vazia da tabela foi adicionada acima e abaixo da linha do endereço de e-mail para aumentar um pouco o espaço. Se você tiver uma lista longa de controles de formulários, o formulário pode parecer maior e mais complicado do que se as linhas forem um pouco divididas, embora nesse caso eles não precisem ser divididos em seções distintas.

5. Os dois últimos controles que os usuários terão que preencher lhes permitirá fornecer uma senha para o site e depois confirmá-la. Ambos os elementos <input> têm um atributo type cujo valor é password, Para explicar que a senha deve ter de 6 a 12 caracteres de comprimento, uma mensagem foi adicionada após a primeira caixa de senha na coluna da direita. O motivo para se adicionar uma nota à direita da entrada da senha é que ela jogaria fora o alinhamento dos rótulos à esquerda se fosse colocada do mesmo lado.

```
<tr>
 <td class="label">
  <label for="pwd">Senha: <span class="required">*</span></label>
 </td>
 <td class="form">
  <input type="password" name="txtPassword" id="pwd" size="12" />
```

```
<span class="small"> deve ter entre 6 e 12 caracteres de
comprimento</span>
</td>
</tr>
<tr>
<td class="label">
  <label for="pwdConf">Confirme a senha:
  <span class="required">*</span></label>
</td>
<td class="form">
  <input type="password" name="txtPasswordConf" id="pwdConf"
size="12" />
</td>
</tr>
```

6. Um botão de submissão tem que ser acrescentado no final do formulário. Você o coloca em um <div>, de modo que possa ficar posicionado do lado direito do formulário. Ele é seguido pela chave para explicar o propósito do asterisco.

```
<div class="submit"><input type="submit" value="Registrar" /></
div>
<span class="required">*</span> = required
```

7. Grave este formulário como registration.html e, quando você abrir esta página em um navegador, deve ver uma página parecida com a mostrada anteriormente na Figura 10-25.

Aqui está a *style sheet* CSS usada com este exemplo (registration.css):

```
body{color:#000000; background-color:#ffffff;
   font-family:arial, verdana, sans-serif; font-size:12pt;}
fieldset {font-size:12px; font-weight:bold; padding:10px;
   width:500px;}
td {font-size:12px;}
td.label {text-align:right;
   width:175px;}
td.form {width:350px;}
div.submit {width:450px; text-align:right; padding-top:15px;}
span.small {font-size:10px;}
span.required {font-weight:bold; font-size:20px; color:#ff0000;}
input {border-style:solid; border-color:#000000; border-width:1px;
   background-color:#f2f2f2;}
```

Como Isto Funciona

Este exemplo é razoavelmente direto, mas há algumas coisas a serem observadas:

- Os rótulos e os controles do formulário são alinhados usando uma tabela de duas colunas e CSS. Isso torna o formulário muito mais atraente e mais fácil de ler comparado com uma tabela onde os elementos do formulário não fiquem alinhados.
- Cada controle de formulário é rotulado com um elemento <label>.
- Um leitor de tela deve ser facilmente capaz de ler as informações corretas para o usuário por causa da maneira pela qual a tabela lineariza o conteúdo.
- O formulário fica dentro de um elemento <fieldset> para mostrar os limites e o tamanho do formulário e ele tem um <legend> para descrever o propósito do formulário.
- Informações obrigatórias são indicadas com um asterisco vermelho que usa cor e um símbolo para indicar algum significado extra)lembre-se de que você não deve se basear apenas em cores para expressar alguma coisa).
- Espaço em branco é adicionado em ambos os lados da entrada de e-mail para tornar a aparência mais atraente e menos intimidadora.
- O botão Submeter é movido para a direita do formulário com o uso de um <div>. Colocar botões de submissão à direita segue a forma pela qual o olho varre uma página e indica movimento para frente, não para trás – e coincide com a experiência do usuário sobre como o botão de avanço é posicionado à direita do botão de retorno em um menu de navegação.
- As entradas de texto e o botão de Submissão receberam estilos CSS para destacá-los e para terem cores de fundo, uma apresentação com mais estilo do que controles de formulário XHTML puros.

Resumo

Neste capítulo você aprendeu muito mais sobre a aparência de páginas web. No Capítulo 9, você examinou a aparência ou estrutura geral de uma página. Neste capítulo, você aprendeu sobre questões relacionadas a partes especiais das páginas: texto, navegação, tabelas e formulários – as partes que preenchem essa estrutura. Do acréscimo de espaço em branco entre elementos em uma página, como texto e imagens, até o alinhamento de partes de um formulário dentro de uma tabela, você viu muitas dicas úteis que lhe ajudarão a projetar páginas melhores.

Você tem que se lembrar, entretanto, que não há regras prontas que farão de você um bom projetista; se você tem uma boa visão para projeto web depende do quão artístico e criativo você é. A função poderia quase que ser dita como uma combinação de um número de profissões. É um pouco como ser um artista porque requer habilidade, paciência e prática. Também é um pouco como ser bem vestido porque ter bom gosto em roupas é difícil de se explicar – ou como ser um decorador de interiores porque você tem que conhecer como as coisas trabalharão juntas. Como um arquiteto, você precisa assegurar que todos sejam capazes de acessar o site e, como um consultor, você precisa escolher as cores certas e selecionar fontes que funcionem bem com os objetivos e valores do seu site.

O que você aprendeu neste capítulo é como fazer com que os projetos que esboça em papel tomem vida, assim como dicas e truques sobre como fazê-los funcionar.

As únicas restrições reais que você deve impor a si mesmo quando projeta uma página web estão em torno do que seu público poderia achar atraente e fácil de usar. Lembre-se de que, se você quiser que seu site atraia muitos visitantes, não o projete apenas para si próprio, e não o projete apenas para os seus clientes; projete-o para os visitantes esperados do site.

Exercícios

As respostas de todos os exercícios estão no Apêndice A.

1. Neste exercício, você deve adicionar uma segunda página ao formulário Experimente do final do capítulo (registration.html). A tabela que se segue mostra os novos itens que você deve adicionar ao formulário.

Você também deve adicionar o seguinte:

❑ Uma indicação no topo da página sobre quanto do formulário o usuário já completou

❑ Um botão Voltar e um botão Prosseguir na parte inferior (em vez do botão Submeter)

Informações	Controle de formulário	Obrigatório
Endereço 1	Entrada de texto	Sim
Endereço 2	Entrada de texto	Não
Cidade/Bairro	Entrada de texto	Não
Cidade/Estado	Entrada de texto	Sim
Código Postal	Entrada de texto	Sim

Quando você tiver terminado, a página deve se parecer com a Figura 10-27 (registration2.html).

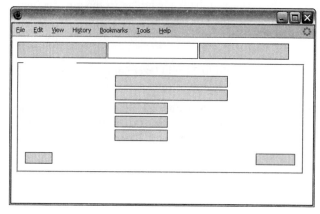

Figura 10-27

11

Aprendendo JavaScript

Nos capítulos anteriores, você aprendeu sobre uma linguagem de marcação (XHTML) e uma linguagem de *style sheets* (CSS). Embora você possa pensar em aprender algumas dessas linguagens como "começando a programar", a maioria dos programadores experientes faria uma distinção entre marcar documentos e "programar" propriamente, onde cálculos são executados sobre dados e decisões são tomadas programaticamente baseadas em alguma entrada que o programa receber. Neste capítulo, você realmente aprenderá a começar a programar; você aprendeu os fundamentos de uma linguagem de programação chamada JavaScript. JavaScript é uma linguagem de programação leve, muitas vezes chamada de linguagem de scripts mas, trabalhando com ela, você pode aprender muitos dos conceitos básicos de programação.

Não é possível ensinar tudo que há para se aprender sobre JavaScript em um ou dois capítulos, mas o que você aprenderá neste capítulo e no próximo deve ser suficiente para ajudar a compreender os milhares de scripts gratuitos que estão disponíveis na Web e que permitem a você incorporá-los nas suas páginas web. Você deve até ser capaz de personalizar esses scripts e escrever alguns próprios baseados no que aprenderá neste e no próximo capítulos. Além disso, ele lhe dará uma idéia do que a programação realmente é.

Assim, este capítulo irá cobrir os fundamentos de JavaScript; a seguir, no Capítulo 12, você verá muitos exemplos que devem servir como uma biblioteca de scripts úteis que você pode usar nas suas próprias páginas e também para esclarecer como os conceitos básicos que você aprendeu neste capítulo funcionam na prática.

Como você verá, JavaScript dá aos desenvolvedores web uma linguagem de programação para uso em páginas web e permite que eles executem tarefas como as seguintes:

❑ Ler elementos de documentos e gravar novos elementos e texto em documentos

❑ Manipular ou mover texto

❑ Criar menus pop-up

❑ Executar cálculos matemáticos sobre dados

- Reagir a eventos, como quando o usuário passar com o mouse sobre uma imagem ou quando clicar em um botão
- Ler a data e horário correntes do computador de um usuário, ou uma resolução de tela
- Determinar o tamanho da tela do usuário, versão do navegador ou resolução da tela
- Executar ações baseado em condições, como alertar usuários se eles digitarem informações erradas em um formulários ou se pressionarem um determinado botão

JavaScript foi introduzida no navegador do Netscape 2.0, embora fosse conhecida com LiveScript na época. A idéia por trás dela era acrescentar recursos aos documentos na web, os quais, até aquele momento, eram estáticos. Naquela época, você só poderia digitar uma URL ou clicar em uma conexão e ler a página e visualizar as imagens. JavaScript permitia que os autores de páginas web acessassem e manipulassem recursos e conteúdo do documento e que os navegadores usados para os visualizar.

> Você deve observar que JavaScript não é a mesma coisa que Java, que é uma linguagem de programação maior (embora existam semelhanças).

Você talvez precise ler este capítulo mais de uma vez para ter uma boa idéia do que pode fazer com JavaScript; depois, assim que tiver visto os exemplos no próximo capítulo, deve ter uma idéia melhor do seu poder. Há muito a aprender, porém estes dois capítulos devem servir como um bom começo;

Do Que Trata a Programação?

Como você verá neste capítulo, programar é em grande parte executar cálculos sobre dados. Exemplos de tarefas que você pode executar incluem:

- Cálculos matemáticos sobre números como adição, subtração, multiplicação e divisão.
- Verificar se um valor corresponde a outro (se um usuário digitou algum número ou texto específico).
- Encontrar uma subseção de texto, como a terceira e a quarta letras de uma palavra ou a primeira e a segunda palavras de uma frase.
- Verificar o comprimento de um texto, ou se a primeira ocorrência da letra "t" está dentro de uma seção do texto.
- Verificar se dois valores são diferentes, ou se um é mais comprido ou mais curto que o outro.
- Executar diferentes ações baseado em se uma condição (ou uma entre diversas condições) for satisfeita. Por exemplo, se um usuário digitar um número menor

que 10, um programa pode executar uma ação, caso contrário executará uma ação diferente.

❏ Repetir uma ação um determinado número de vezes ou até que uma condição seja satisfeita (como o usuário pressionar um botão).

Estas ações poderiam parecer um pouco simples, mas podem ser combinadas de mofo que se tornam bastante complicadas e poderosas. Diferentes conjuntos de ações podem ser executados em diferentes situações diferentes número de vezes.

Para que signifique alguma coisa, a linguagem de programação primeiro requer um ambiente de trabalho. Neste caso, você verá o uso de JavaScript com documentos web no navegador (tecnicamente, JavaScript também pode residir em outras aplicações ou em um servidor web, mas você enfocará seu uso em navegadores). Assim, os valores usados para executar cálculos virão em grande parte dos documentos web que são carregados no navegador. Por exemplo, você poderia verificar se um usuário digitou uma senha em um campo no formulário. Se ele não tiver digitado algo, você pode solicitá-lo a fornecer uma senha antes de submeter o formulário ao servidor, caso contrário, você submeterá o formulário como normal.

Já que diferentes linguagens de programação muitas vezes têm que trabalhar com as mesmas aplicações ou os mesmos tipos de documentos, há algo chamado de *Interfaces de Programação de Aplicações*, ou APIs[1], que são como um manual do que pode ser solicitado usando a linguagem de programação e como a resposta estará formatada.

A API para documentos web é conhecida com o *DOM* ou *modelo de objetos de documentos*[2]. Por exemplo, DOM define quais *propriedades* de um documento web podem ser lidas ou gravadas e *métodos* que podem ser executados. Propriedades são informações sobre o documento e seu conteúdo – por exemplo, o valor do atributo height de alguma imagem, o atributo href de alguma conexão ou o comprimento de uma senha digitada em uma caixa de texto em um formulário. Enquanto isso, *métodos* permitem a você executar ações, como os métodos reset() e submit() em um formulário que permitem a você reinicializar ou submeter um formulário.

É importante entender a distinção entre propriedades e métodos. Propriedades lhe informam sobre algo (por exemplo, as propriedades de um carro poderiam ser sua cor e o tamanho do motor). Métodos na verdade executam alguma ação (assim, um método poderia ser acelerar ou mudar uma marcha).

Voltemos para o exemplo de DOM: se você quiser criar uma imagem que se altere quando um mouse se movimente sobre ela, irá querer criar duas imagens – uma é o estado padrão normal e a segunda é quando o usuário passa sobre a imagem. Assim, DOM pode ser usado para acessar a propriedade src dessa imagem e, quando o usuário passar com o mouse sobre ela, o script é executado para carregar a imagem alternativa. Você irá querer depois que ela volte ao valor normal quando o ponteiro do

---

[1] N. do T.: do termo original em inglês *Application Programming Interfaces*.
[2] N. do T.: do termo original em inglês *document object model*.

mouse do usuário não estiver mais sobre a imagem. Para reagir assim ao movimento do usuário sobre uma imagem, você também precisa saber sobre *eventos*.

Para que as pessoas possam interagir com programas, uma linguagem de programação precisa ser capaz de responder a eventos, como o usuário movendo o mouse sobre um elemento, clicando o mouse, pressionando uma tecla no teclado ou clicando sobre o botão de submissão de um formulário. Quando qualquer uma dessas ações ocorrer, um evento é *disparado*. Quando isso acontece, ele pode ser usado para executar uma parte específica de um script (como o script de passagem do mouse sobre uma imagem, conforme discutido anteriormente).

Outro exemplo comum de script que é disparado por um evento é quando um usuário submete um formulário. Muitas vezes um script no navegador verificará se um usuário digitou dados apropriados no formulário. Se os valores não satisfizerem a condições estabelecidas no script, uma mensagem de erro avisa aos usuários que devem digitar dados apropriados.

Como Adicionar um Script a Suas Páginas

Da mesma forma que as regras CSS, JavaScript pode ser inserido em uma página ou colocado em um arquivo externo de script. Todavia, para que funcione no navegador, esse deve suportar JavaScript *e* habilitá-lo (a maioria dos navegadores permite a você desabilitar JavaScript). Tendo em mente que um usuário pode não ter JavaScript habilitada no navegador, você deve usá-la apenas para melhorar a experiência do uso das suas páginas; você não deve torná-la um requisito para o uso ou visualização da página.

Você adiciona scripts à sua página dentro do elemento <script>. O atributo type no rótulo de abertura <script> indica que uma linguagem de script será encontrada dentro do elemento. Há diversas outras linguagens de script (como VBScript ou Perl), mas JavaScript é de longe a mais popular para uso em um navegador. Aqui você pode ver um script muito simples que escreverá as palavras "Meu primeiro JavaScript" na página (ch11_eg01.html):

```
<html>
<body>
 <p>
 <script type="text/javascript">
 document.write("Meu primeiro JavaScript")
 </script>
 </p>
</body>
</html>
```

JavaScript usa o método write() para escrever texto no documento (lembre-se de que métodos executam uma ação/cálculo). O texto é colocado onde o script tiver sido escrito na página. A Figura 11-1 mostra como seria a aparência dessa página simples.

Figura 11-1

Onde você coloca seu JavaScript dentro de uma página é muito importante. Se você colocá-lo no corpo de uma página – como neste exemplo – então ele será executado quando a página for carregada. Às vezes, porém, você irá querer que um script seja executado apenas quando um *evento* acontecer; um evento pode ser algo como uma tecla sendo pressionada ou um botão de submissão sendo clicado. Isso geralmente resultará em algo conhecido como um *função* sendo chamada. Funções são colocadas dentro de elementos <script> que ficam dentro do elemento <head> de uma página para assegurar que sejam carregadas antes da página ser exibida e estejam portanto prontas para uso imediatamente quando a página for carregada. Uma função também permite a você reutilizar o mesmo script em diferentes partes da página.

Você também pode escrever JavaScript em documentos externos que tenham a extensão de arquivo .js. Essa é uma opção especialmente boa se o seu script for usado por mais de uma página – porque você não precisa repeti-lo em cada página que o usar e, se quiser atualizá-lo, só precisa alterá-lo em um lugar. Quando você coloca seu JavaScript em um arquivo externo, precisa usar o atributo src no elemento ‚script>; o valor de src deve ser uma URL relativa ou absoluta apontando para o arquivo que contém o JavaScript. Por exemplo:

<script type="JavaScript" src="scripts/validation.js" />

Assim, há três lugares onde você pode colocar seus JavaScripts – e um único documento XHTML pode usar todos os três porque não há limite para o número de scripts que um documento pode conter:

❏ **No elemento <head> da página:** Estes scripts serão chamados quando um evento os disparar.

❏ **Na seção <body>:** Estes scripts serão executados quando a página for carregada.

❏ **Em um arquivo externo:** Se a conexão for colocada no elemento <head>, o script é tratado da mesma forma que quando estiver localizado dentro do documento esperando por um evento dispará-lo, enquanto que, se for colocado no elemento

<body>, agirá como um script na seção do corpo e será executado quando a página for carregada.

Alguns navegadores mais antigos não suportavam JavaScript, portanto, você às vezes verá JavaScript escrito dentro de um comentário HTML ou XHTML de modo que navegadores antigos possam ignorar o script, o que de outra forma geraria erros, conforme mostrado aqui. Navegadores mais novos ignoram esses comentários no elemento <script>:

```
<script type="text/javascript">
<!--
document.write("Meu primeiro JavaScript")
//-->
</script>
```

Observe duas barras (//) precedem os caracteres de fechamento do comentário XHTML. Esse na verdade é um comentário JavaScript que evita que o compilador JavaScript tente processar os caracteres -->.

Para criar uma XHTML bem formada, você tem que ser muito cuidadoso sobre como incluir scripts nos seus documentos, porque JavaScript contém caracteres (como < e >) que não devem ser usados fora de algo conhecido como *seção CDATA* em Strict XHTML. Essa seção indica a qualquer programa processando o documento que esse código não contém marcações (e, portanto, não deve ser processado como se tivesse). Isto efetivamente permite a você usar caracteres que não poderiam de outra forma aparecer no documento.

Infelizmente, incluir scripts na seção CDATA – como você deveria com XHTML – pode causar problemas em navegadores mais antigos que não entendam XML. Entretanto, é possível combinar comentários JavaScript com seções CDATA para compatibilidade retroativa, desta maneira:

```
<script type="text/javascript">
//<![CDATA[
...
]]>
</script>
```

Uma boa alternativa a se preocupar com navegadores que não suportam scripts é usar scripts externos porque, se o navegador não conseguir processar o elemento <script>, nem tentará carregar o documento contendo esse script.

Comentários em JavaScript

Você pode adicionar comentários ao seu código em JavaScript de duas maneiras. A primeira delas, que você já viu, permite a você comentar qualquer coisa nessa linha após as marcas de comentário. Aqui, qualquer coisa na mesma linha após as duas barras é tratado como comentário:

```
<script type="text/javascript">
document.write("Meu primeiro JavaScript") // o comentário vai aqui
</script>
```

Você também pode comentar múltiplas linhas usando a seguinte sintaxe, colocando o comentário dentro de um par de caracteres de abertura /* e um par de fechamento */, da seguinte forma:

```
/* Esta seção inteira está comentada,
de modo que não é tratada como parte do
script. */
```

Isso é semelhante a comentários em CSS.

> Assim como em todo código, é uma boa prática comentá-lo claramente, mesmo se você for a única pessoa que provavelmente vá usá-lo, porque o que pode parecer claro quando você escrever um script pode não ser tão óbvio quando você voltar a ele mais tarde. Adicionar descrições para os nomes de variáveis e explicações de funções e seus parâmetros são bons exemplos de onde os comentários podem tornar o código mais fácil de ser lido.

O Elemento <noscript>

Este elemento oferece conteúdo alternativo para usuários cujos navegadores não suportem JavaScript ou quando o navegador a tiver desabilitado. Ele pode ter qualquer conteúdo XHTML que o autor queira que seja visto no navegador se o usuário não tiver JavaScript habilitada.

> Estritamente falando, as recomendações da W3C dizem apenas que o conteúdo deste elemento deve ser exibido quando o navegador não suportar a linguagem de script requerida; entretanto, os fabricantes de navegadores decidiram que isto também funcionaria quando os scripts estivessem desabilitados. A única exceção é o Netscape 2, que mostraria o conteúdo mesmo quando scripts fossem suportados – embora poucas pessoas ainda terham esse navegador instalado e você não precise se preocupar com isso.

Experimente | Criando um JavaScript Externo

Você já viu um exemplo básico de JavaScript que escreve em uma página. Neste exemplo, você passará esse código para um arquivo externo. O arquivo externo será usado para escrever algum texto na página.

1. Abra seu editor e digite o seguinte código:

document.write ("Aqui está algum texto de um arquivo externo.");

2. Grave este arquivo como um .js externo.

3. Abra uma nova página no seu editor e adicione o seguinte. Observe como o elemento <script> está vazio desta vez, mas traz o atributo src cujo valor é o arquivo JavaScript:

```
<html>
<body>
 <script src="external.js" type="text/JavaScript">
 </script>
 <noscript>Isto só aparecerá se o navegador tiver JavaScript
desligado.
 </noscript>
</body>
</html>
```

4. Grave este arquivo como ch11_eg02.html e abra-o no seu navegador. Você deve ver algo como a Figura 11-2.

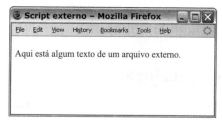

Figura 11-2

Como Isto Funciona

Quando o elemento <script> em um documento XHTML traz um atributo src, o elemento é usado para carregar um arquivo JavaScript externo. O atributo src indica a fonte do arquivo – onde ele pode ser encontrado. Isso pode ser uma URL relativa ou completa.

Você pode usar essa abordagem para incluir JavaScripts externos no elemento <head> ou no <body> de um documento. Se você colocá-los no corpo do documento, eles são executados quando a página for carregada - da mesma forma como se o script estivesse na página – como neste exemplo. Se você colocá-los no elemento <head>, então eles serão disparados por um evento.

Tenho tendência a usar arquivos JavaScript externos para a maioria das funções e colocar o elemento <script> no elemento <head> do documento. Isso me permite reutilizar os scripts em diferentes sites que desenvolvo e assegura que os documentos XHTML enfoquem o conteúdo em vez de ficar poluídos com scripts.

O Modelo de Objetos de Documentos

Como mencionei no início desse capítulo, JavaScript sozinha não faz muito mais do que permitir a você executar cálculos ou trabalhar com strings básicas. Para tornar o documento mais interativo, o script precisa ser capaz de acessar o conteúdo do documento e saber quando o usuário está interagindo com ele. Ele faz isso interagindo com o navegador através do uso das propriedades e métodos estabelecidos em uma interface de programação de aplicações chamada de modelo de objetos de documentos.

Nesta seção, você enfocará três objetos desse modelo: o objeto documento, a coleção de formulários (e seus filhos) e o objeto de imagens. Você conhecerá outros objetos mais no final deste capítulo.

Introduzindo o Modelo de Objetos de Documentos

O *modelo de objetos de documentos* explica quais *propriedades* de um documento um script pode ler e quais pode alterar; ele também define alguns *métodos* que podem ser chamados para executar uma ação sobre o documento. Como você verá neste capítulo, as propriedades de um documento muitas vezes correspondem a atributos que ficam em elementos XHTML no documento, enquanto que métodos executam uma gama de tarefas.

Por exemplo, o modelo de objetos de documentos especifica como você pode ler valores que os usuários digitarem em um formulário. Assim que você tiver lido esses valores, pode usar JavaScript para assegurar que o usuário digitou um valor apropriado para esse controle de formulário. JavaScript é a linguagem de programação que executa os cálculos – nesse caso, verificando os valores que um usuário digitou – e o modelo de objetos de documentos (DOM) explica como acessar o documento.

A Figura 11-3 mostra uma ilustração do Nível 0 do Modelo de Objetos de Documentos HTML (como você verá em breve, há diferentes níveis de DOM). Você deve observar a semelhança coma estrutura de uma árvore genealógica.

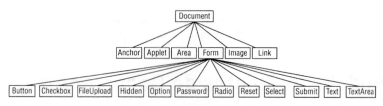

Figura 11-3

Observe que DOM não faz parte de JavaScript, ele apenas explica como todas as linguagens de programação devem ser capazes de acessar as propriedades dos documentos. Outras linguagens podem acessar as propriedades do documento de alguma forma. Como um navegador (ou outra aplicação) implementa o DOM também fica em aberto – por exemplo, o Firefox e o Internet Explorer usarão código diferentes para ler ou gravar propriedades e para executar métodos, embora o efeito de ambos deva ser o mesmo.

A Figura 11-3 mostra como os elementos de uma página são disponibilizados em scripts como *objetos passíveis de colocação em scripts*. O Objeto de Documento representa o documento inteiro, e então cada um dos objetos filhos representa uma *coleção* de rótulos semelhantes dentro desse documento:

❏ A coleção de *formulários* contém todos os rótulos <form> do documento.

❏ A coleção de *imagens* representa todas as imagens de um documento.

❏ A coleção de *conexões* representa todos os *hyperlinks* dentro de uma página.

❏ A coleção de *âncoras* representa todas as âncoras de um documento (elementos <a> com um atributo name ou id em vez de um href).

❏ A coleção de *áreas* representa todos os mapas de imagens que usam um elemento <area> no documento.

❏ A coleção de *applets* representa todas as applets dentro de um documento.

A coleção de formulários também possui objetos filhos para representar cada um dos diferentes tipos de controles de formulário que podem aparecer em um formulário: Botão, Caixa de Verificação, Upload de Arquivos, Escondido, Opção, Senha, Taxa, Reinicializar, Selecionar, Submeter, Texto e Área de Texto.

Para que se entenda melhor como acessar os documentos usando DOM, examine o documento simples a seguir, que contém um formulário e duas conexões:

```
<h1>Registro de Usuário</h1>
<form name="frmLogin" action="login.aspx" method="post">
 Nome do Usuário <input type="text" name="txtUsername" size="12" /> <br />
 Senha <input type="password" name="pwdPassword" size="12" /> <br />
```

```
<input type="submit" value="Log In" />
</form>
<p>Se você for um usuário novo <a href="register.aspx">Registre-se
aqui</a> |
Se você tiver perdido sua senha, pode <a href="lostPassword.
aspx">recuperá-la
aqui</a>.</p>
```

DOM disponibilizaria, portanto, o conteúdo do formulário para uso no script como parte da coleção de formulários e as conexões como parte da coleção de conexões.

As páginas chamadas no atributo action dos formulários são apenas páginas hipotéticas; elas não estão no código para download. A página XHTML com o JavaScript que você verá existe independentemente das páginas com a extensão .aspx que ficariam no servidor.

Há duas formas de acesso a valores a partir desse documento – ambas envolvem a indicação da parte do documento na qual você está interessado usando uma *notação de ponto*. Isto envolve o uso de um ponto entre cada objeto no modelo de objetos, e a melhor forma de explicar isto é com um exemplo.

Para acessar a primeira conexão no documento, você poderia usar algo como:

```
document.links[0].href
```

Há quatro partes deste comando, três das quais são separadas por pontos, para se chegar à primeira conexão:

- A palavra document indica que estou acessando um objeto do tipo documento.
- A palavra links corresponde à coleção de conexões (afinal, este exemplo é para ler o valor da primeira conexão do documento).
- O [0]indica que quero a primeira conexão do documento. Bastante confuso, os itens de uma coleção são numerados a partir do 0 e não do 1, o que significa que a segunda conexão da coleção de conexões é representada usando [1], a terceira usando [2] e assim por diante.
- Indiquei que quero ler a propriedade href dessa conexão.

Cada objeto possui diferentes propriedades que correspondem a esse tipo de elemento; por exemplo, conexões têm propriedades como a href que acessa o valor do atributo href deste elemento <a>. De forma semelhante, um objeto <textarea> possui propriedades como cols, disabled, readOnly e rows, que correspondem aos atributos desse elemento.

Uma abordagem alternativa é usar nomes de elementos para navegar em um documento. Por exemplo, a linha a seguir solicita o valor da caixa de senha:

```
document.frmLogin.pwdSenha.value
```

Novamente, há quatro partes neste elemento:

❏ document vem em primeiro lugar de novo, já que é o elemento de nível mais alto.
❏ O name do formulário, frmLogin.
❏ Ele é seguido pelo nome do controle de formulário, pwdSenha.
❏ Finalmente, a propriedade na qual esto interessado é o valor da caixa de senha, e essa propriedade é chamada value.

Ambas as abordagens permitem a você navegar através de um documento, escolhendo os documentos e propriedade desses documentos nas quais estiver interessado. Você pode então recuperar esses valores, executar cálculos sobre eles, e fornecer valores alternativos.

Também há um segundo tipo de modelo de objetos, o *Modelo de Objetos de Navegador*, que disponibiliza para o programador os recursos do navegador, como o objeto janela que pode ser usado para criar novas janelas pop-up. Você aprenderá sobre o objeto janela mais adiante neste capítulo.

Para o propósito do aprendizado de JavaScript, estamos lidando com o que é muitas chamado de DOM de Nível 0 neste capítulo porque ele funciona na maioria dos navegadores. Sua sintaxe foi criada antes que a W3C criasse suas recomendações de DOM de Nível 1, 2 e 3 (que são mais complicadas e têm níveis variáveis de suporte em diferentes navegadores). Assim que você estiver familiarizado com os fundamentos, pode seguir adiante e examiná-los em maiores detalhes se quiser.

Objetos, Métodos e Propriedades

Como você viu na Figura 11-3, um modelo de objetos (como o modelo de objetos de documentos) é constituído de diversos objetos que representam diferentes partes do documento. Cada objeto pode ter *propriedades* e *métodos*:

❏ Uma propriedade lhe informa sobre alguma coisa de um objeto.
❏ Um método executa uma ação.

Assim que você tiver compreendido como trabalhar com um objeto, é muito mais fácil trabalhar com todos os tipos de objetos – e você irá se deparar com muitos tipos diferentes de objetos quando começar a programar. As seções a seguir cobrem algumas das propriedades e métodos do objeto documento.

Propriedades do Objeto Documento

Na tabela a seguir, você pode ver as propriedades do objeto documento. Diversas dessas propriedades correspondem a atributos que apareceriam no elemento <body>, que contém o documento.

Você pode gravar e também ler muitas propriedades. Se você puder gravar uma propriedade, ela é conhecida como propriedade de leitura/gravação (porque você pode lê-la ou gravar na mesma), enquanto que as que você só pode ler são conhecidas como apenas de leitura. Você pode ver quais propriedades podem ser lidas e quais podem ser gravadas na última coluna da tabela a seguir.

Nome da Propriedade	Propósito	Leitura/Gravação
alinkColor	Especifica cores de conexões. (Como o atributo alink desatualizado no elemento <body>.	Leitura/Gravação
bgcolor	Especifica a cor do fundo. (Como o atributo desatualizado bgcolor do elemento <body>).	Leitura/Gravação
fgcolor	Especifica a cor do texto. (Como o atributo desatualizado text do elemento <body>.)	Leitura/Gravação
lastModified	A data na qual o documento foi modificado pela última vez. (Ele geralmente é enviado pelo servidor web em coisas conhecidas como cabeçalhos HTTP que você não vê.)	Apenas leitura
linkColor	Especifica cores de conexões. (Como o atributo desatualizado link do elemento <body>.)	Leitura/gravação
referrer	A URL da página XHTML da onde os usuários vieram se clicaram em uma conexão. Vazio se tal página não existir.	Apenas leitura
title	O título da página no elemento <title>.	Apenas leitura (até o IE 5 e o Nestcape 6 e versões posteriores)
vlinkColor	O atributo vlink do elemento <body> (desatualizado).	Leitura/gravação

As propriedades desatualizadas forem deixadas de lado em favor do uso de CSS para configurar o estilo de textos, conexões e fundos.

Por exemplo, você pode acessar o título de um documento da seguinte maneira:

```
document.title
```

Ou poderia descobrir a data na qual um documento foi modificado pela última vez assim:

```
document.lastModified
```

Observe que, se o servidor não suportar a propriedade lastModified, o IE exibirá a data corrente, enquanto que outros navegadores muitas vezes exibirão 1 Janeiro 1970 (que é a data a partir da qual a maioria dos computadores calcula todas as datas).

Métodos do Objeto Documento

Métodos executam ações e são sempre seguidos por um par de parênteses. Dentro dos parênteses de alguns métodos, você pode às vezes ver coisas conhecidas como *parâmetros* ou *argumentos*, os quais podem afetar que ação o método executa.

Por exemplo, na tabela a seguir, você pode ver dois métodos que recebem uma string como argumento; ambos escreverão a string na página. (Uma *string* é uma seqüência de caracteres que pode incluir letras, números, espaços e pontuação).

Nome do Método	Propósito
`write(string)`	Permite a você adicionar texto ou elementos em um documento
`writeln(string)`	O mesmo que write(), mas adiciona uma nova linha no final da saída (como se você tivesse pressionado a tecla Enter após ter terminado o que estava escrevendo).

Você já viu o método write() do objeto document em ch11_eg01.html, que mostrava como ele pode ser usado para escrever conteúdo em um documento:

```
documento.write('Isto é um documento');
```

O método write() pode receber uma string pode receber uma string como parâmetro. Neste caso, a string são as palavras "Este é um documento".

Você também pode colocar algo chamado de *expressão* como parâmetro do método write(). Por exemplo, o seguinte escreverá a próxima string "Página modificada em " seguida pela data da última modificação do documento.

```
document.write('Página modificada em ' + document.lastModified);
```

Você verá mais sobre expressões posteriormente neste capítulo mas, nesse caso, a expressão *e avaliada* (ou resulta em) uma string. Por exemplo, você poderia ver algo como "Página modificada em 12 de dezembro de 2007".

Agora que você viu as propriedades e métodos do objeto documento, é útil examinar as propriedades e métodos de alguns dos outros objetos também.

A Coleção de Formulários

A coleção de formulários guarda referências correspondendo a cada um dos elementos <form> da página. Isso poderia parecer um pouco complicado, mas você provavelmente pode imaginar uma página web que tenha mais de um formulário – um formulário de registro, um para novos usuários e uma caixa de pesquisa na mesma caixa. Nesse caso, você precisa ser capaz de distinguir entre os diferentes formulários na página.

Assim, se o formulário de registro for o primeiro do documento e você quiser acessar a propriedade action desse formulário (que deveria estar no elemento <form> do documento XHTML), poderia usar a seguinte número de índice para selecionar o formulário apropriado e acessar suas propriedades e métodos (lembre-se de que números de índices começam em 0 para o primeiro formulário, 1 para o segundo, 2 para o terceiro e assim por diante):

```
document.forms[0].action
```

De forma alternativa, você pode acessar diretamente esse objeto de formulário usando o nome dele:

```
document.frmLogin.action
```

A formulário que você selecionar possui seu próprio objeto com propriedade (principalmente correspondendo aos atributos do elemento <form>) e métodos. Assim que você tiver visto as propriedades e métodos dos formulários, verá seus objetos, propriedades e métodos que correspondem a diferentes tipos de controles de formulário.

Propriedades dos Objetos de Formulários

A tabela a seguir lista as propriedades dos objetos de formulários.

Nome da Propriedade	Propósito	Leitura/Gravação
action	O atributo action do elemento <form>	leitura/gravação
length	Dá o número de controles de formulário no formulário	Apenas leitura
method	O atributo method do elemento <form>	Leitura/gravação
name	O atributo name do elemento <form>.	Apenas de leitura
target	O atributo target do elemento <form>	Leitura/gravação

Métodos dos Objetos de Formulários

A tabela a seguir lista os métodos dos objeto de formulário

Nome do Método	Propósito
reset()	Reinicializa todos os elementos de formulário com os seus valores padrão
submit()	Submete o formulário

Você aprenderá sobre eventos e manipuladores de eventos mais adiante neste capítulo, mas deve perceber que, se usar o método submit() de um objeto de formulário, qualquer manipulador de eventos onsubmit que esteja no elemento <form> é ignorado.

Elementos de Formulário

Quando você acessa um formulário, geralmente quer acessar um ou mais dos seus elementos. Cada elemento ,form> possui uma coleção de objetos elements[] que representa todos os elementos desse formulário. Isto funciona de uma forma semelhante à coleção de formas[]; ela permite a você acessar os elementos que quiser pelo índice (um índice é um número correspondente a sua ordem no documento começando com 0). De forma alternativa, você pode usar seus nomes.

Aqui estão algumas das coisas que você poderia querer fazer com os elementos de um formulário:

- **Campos de texto:** Ler dados que um usuário digitou ou escrever novo texto nesses elementos.

- **Caixas de verificação e botões de rádio:** Testar se eles estão marcados e marcar ou desmarcá-los.
- **Botões:** Desanilitá-los até que um usuário tenha selecionado uma opção.
- **Caixas de seleção:** Selecionar uma opção ou ver qual opção o usuário selecionou.

Propriedades dos Elementos de Formulário

A tabela a seguir lista as propriedades dos elementos de formulário.

Propriedade	Aplica-se a	Propósito	Leitura/Gravação
checked	Caixas de verificação e botões de rádio	Retorna verdadeiro se marcado ou falso caso contrário	Leitura/Gravação
disabled	Todos menos os elementos escondidos se desabilitado e o usuário não pode interagir com ele (suportado no IE4 e no Netscape 6 e apenas em versões posteriores	Retorna verdadeiro	Leitura/Gravação
form	Todos os elementos	Retorna uma referência ao formulário do qual faz parte	Apenas leitura
length	Caixas de seleção	Número de opções no elemento <select>	Apenas leitura
name	Todos os elementos Acessa o atributo name do elemento		Apenas leitura
selectedIndex	Caixas de seleção do item selecionado correntemente	Retorna o número do	Leitura/gravação
type	Todos	Retorna o tipo do controle de formulário	Apenas leitura
value	Todos	Acessa o atributo value do elemento ou o conteúdo de uma caixa de texto	Leitura/gravação

Se você quiser que um dos controles de formulário fique desabilitado até que alguém tenha executado uma ação – por exemplo, se você quiser desabilitar o botão de Submissão até que o usuário tenha concordado com os termos e condições – deve desabilitar o controle de formulário no script quando a página for carregada, em vez de desabilitá-lo no próprio controle de formulário usando XHTML; você verá mais sobre este tópico no Capítulo 12.

Métodos de Elementos de Formulário

A tabela a seguir lista os métodos de elementos de formulários.

Nome da Propriedade	Aplica-se a	Propósito
`blur()`	Todos menos os escondidos	Retira o foco do elemento ativo no momento e coloca-o no próximo de acordo com a ordem de tabulação.
`click()`	Todos menos texto	Simula o clique do usuário sobre o elemento
`focus()`	Todos menos os escondidos	Dá o foco para o elemento
`select()`	Elementos de texto menos os	Seleciona o texto no elemento escondidos

Experimente — **Coletando Dados de Formulários**

Neste exemplo, você lerá o valor de uma caixa de texto e o escreverá em algo conhecido com uma caixa de alerta JavaScript. O principal objetivo do exemplo é mostrar como o valor do formulário pode ser lido, embora também vá apresentar a você um evento e a caixa de alerta JavaScript.

O formulário simples conterá apenas uma caixa de texto e um botão de submissão. Quando você digitar algo na caixa de texto e clicar no botão de submissão, o valor que você digitou aparecerá na caixa de alerta. Você pode ver a página assim que o usuário tiver clicado no botão de submissão da Figura 11-4.

Aprendendo JavaScript @ 501

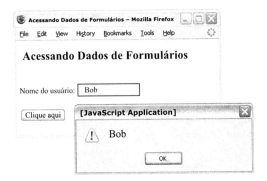

Figura 11-4

Quando você clica em OK, a caixa de alerta desaparece.

1. Crie um documento de esqueleto para uma página Transitional XHTML e adicione um cabeçalho que explique o que o exemplo demonstra:

```
<?xml version="1.0" encoding="UTF-8"?>
<!DOCTYPE html PUBLIC "-//W3C//DTD XHTML 1.0 Transitional//EN"
 "http://www.w3.org/TR/xhtml1/DTD/xhtml1-transitional.dtd">
<html xmlns="http://www.w3.org/1999/xhtml" lang="en">
<head>
 <title>Acessando dados de formulários</title>
</head>
 <body>
<h1>Acessando dados de formulários</h1>
</body>
</html>
```

2. Adicione um elemento <form> ao corpo do documento. O formulário deve conter uma entrada de texto para um nome de usuário e um botão de submissão, desta forma:

```
<body>
<form name="frmLogin">
 <input type="submit" value="Clique aqui" />
 Nome do usuário: <input type="text" name="txtUsername" size="12"
/> <br />
</form>
</body>
```

3. Adicione o atributo onsubmit ao elemento <form> e dê a ele o seguinte valor:

```
<form   name="frmLogin"   onsubmit="alert(document.frmLogin.txtU-
sername.value)">
 Nome de usuário <input type="text" name="txtUsername" size="12"
/> <br />
 <input type="submit" value="Click here" />
</form>
```

Grave o arquivo como ch11_eg03.html e abra-o no seu navegador. Quando você digitar algo na sua entrada de texto e clicar em Submeter, deve ver uma caixa de alerta como a da Figura 11-4, que exibe o valor que você digitou na caixa de texto.

Como Isto Funciona

Alinha que cria a caixa de alerta assegura que o ela exiba o que você digitou na caixa de texto seja o que você digitou na caixa de texto.

```
<form name="frmLogin" onsubmit="alert(document.frmLogin.
txtUsername.value)">
```

Quando o evento onsubmit dispara (o que acontece quando o usuário clica no botão de Submissão), essa linha simples de script é executada. Neste caso o método alert() é chamado:

```
alert(document.frmLogin.txtUsername.value)
```

O método alert(string) permite a você escrever a string na caixa de texto. Como no método write( ) do objeto documento, que você viu anteriormente, a string não precisa ser o texto real que você quer exibir. No caso desse exemplo, em vez de escrever a mesma string na caixa de alerta toda vez que o script for executado, o que quer que o usuário tenha digitado na caixa de texto será escrito na caixa de alerta.

Você pode ver isso dentro de alert( ), a entrada de texto foi selecionada junto com sua propriedade value. Assim, o calor da entrada de texto é escrito na caixa de alerta. (Você talvez também perceba que não usa as aspas duplas neste exemplo, o que tinha que fazer ao escrever uma string na página no primeiro exemplo).

Quando o usuário clicar no botão de Submissão, o evento onsubmit é disparado, o que cria uma caixa de alerta que contém o valor da entrada de texto.

Coleção de Imagens

A coleção de imagens fornece referências para objetos de imagens, um representando cada imagem em um documento. Essas podem ser referenciadas por nome ou pelo número do seu índice na coleção. Assim, o atributo arc da primeira imagem poderia usar o seguinte:

```
document.images[0].src
```

Ou o objeto de imagem correspondente a uma imagem pode ser acessado diretamente, usando seu nome. Por exemplo, se a imagem tivesse um atributo name cujo valor fosse imgHome, você poderia acessá-la usando o seguinte:

```
document.imgHome.src
```

A principal propriedade que você provavelmente irá querer alterar é a src, especialmente ao criar imagens para rolagem.

Não há métodos para objetos de imagens, embora existam diversas propriedades. Essas propriedades são suportadas apenas no Netscape 3+ e IE4+.

Propriedades do Objeto Imagem

A tabela a seguir lista as propriedades do objeto imagem.

Propriedade	Propósito	Leitura/Gravação
border	O atributo border do elemento <img>	Leitura/gravação
complete	Indica se uma imagem foi carregada com sucesso	Apenas de leitura
height	O atributo height do elemento <img>	Leitura/gravação
hspace	O atributo hspace do elemento <img>	Leitura/gravação
lowsrc	O atributo lowrsc do elemento <img> (indicando uma versão da imagem com resolução menor)	Leitura/gravação
name	O atributo name do elemento <img>	Leitura/gravação
src	O atributo src do elemento <img>	Leitura/gravação
vspace	O atributo vspace do elemento <img>	Leitura/gravação
width	O atributo width do elemento <img>	Leitura/gravação

Experimente **Uma Imagem com Rolagem Simples**

Neste exemplo, você verá como substituir uma imagem por outra quando o usuário passar com o mouse sobre ela. Esses tipos de imagens são comumente usados em itens de navegação para indicar que um usuário pode clicar sobre elas.

Embora elas requeiram que duas imagens sejam carregadas em vez de uma para que a rolagem funcione, podem ser bastante eficazes e, se você escolher com cuidado suas imagens (assegurando-se de que os arquivos de imagem não sejam muito grandes), então o *overhead* extra da carga de outra imagem para cada rolagem não será um problema.

Neste exemplo, você verá duas imagens simples, ambas dizendo "clique aqui". Quando a página for carregada, a imagem estará em verde com o texto em branco mas, assim que o usuário passar com o mouse sobre ela, tornar-se-á vermelha com texto em branco.

1. Crie o esqueleto de um documento Transitional XHTML:

```
<?xml version="1.0" encoding="UTF-8"?>
<!DOCTYPE html PUBLIC "-//W3C//DTD XHTML 1.0 Transitional//EN"
   "http://www.w3.org/TR/xhtml1/DTD/xhtml1-transitional.dtd">
<html xmlns="http://www.w3.org/1999/xhtml" lang="en">
<head>
<title>Rolagem de Imagem</title>
</head>
<body>
</body>
</html>
```

2. Adicione a conexão a seguir e a imagem para o corpo do seu documento:

```
<p> Passe com o mouse sobre a imagem para ver o efeito de rolagem simples.
<br/>
<a href="">
   <img src="images/click_green.gif" width="100" height="50" border="0"
        alt="Botão de exemplo" name="button" />
</a>
</p>
```

3. Agora adicione os seguintes atributos de manipulação de eventos onmouseover e onmouseout ao elemento <a> com os valores especificados:

```
<a href=""
 onmouseover="document.images.button.src='images/click_red.gif';"
    onmouseout="document.images.button.src='images/click_green.gif'">
```

4. Grave esse exemplo como ch11.eg4.html e abra-o no seu navegador. A seguir mova seu mouse sobre a imagem (sem clicá-la). Você deve ver algo como a Figura 11-5 como mouse sobre a imagem.

Figura 11-5

Como Isto Funciona

Quando o usuário passa com o mouse sobre a imagem, o evento onmouseover dispara e, quando o usuário move o mouse para fora da imagem, o evento onmouseout dispara. É por isso que há atributos separados que correspondem a cada um dos eventos e, quando um desses eventos dispara, o script guardado para o atributo correspondente é executado.

O script nos atributos de manipulação de eventos momouseover e onmouseout manda o navegador alterar o atributo src da imagem e, portanto, uma imagem diferente é exibida para o usuário.

O primeiro (onmouseover) indica o que deve acontecer quando o mouse for colocado sobre a imagem; o segundo (onmouseout) indica o que deve ser feito quando o mouse for movido para fora da imagem.

Você pode ver pelo código de ch11_eg04.html que, quando o usuário coloca o mouse sobre uma imagem, a propriedade src da imagem dentro da conexão – nomeada usando a notação documento.images.link – é alterada.

```
<a href=""
  onmouseover="document.images.button.src='click_red.gif';"
  onmouseout="document.images.button.src='click_green.gif'">
  <img src="click_green.gif" width="100" height="50" border="0"
name="button">
</a>
```

O elemento <img /> deve ter um atributo name de modo que a imagem possa ser referenciada dessa forma na conexão (caso contrário você teria que usar seu índice na coleção de imagens). Geralmente é melhor usar o nome em situações como essa, em vez do índice de uma imagem na coleção de imagens porque, se você fosse adicionar outra imagem no documento antes dessa, o script inteiro precisaria ser alterado.

Observe que, se nenhum evento indicado acontecesse quando o usuário tirasse o mouse da imagem, ela permaneceria vermelha em vez de voltar a verde. Um script de rolagem de imagem é um bom exemplo de alteração ou *configuração* dessa propriedade em vez de apenas sua leitura.

Você aprenderá sobre uma versão mais complexa da rolagem sobre imagens no Capítulo 12, que mostra como criar uma função que possa alterar diversas imagens dentro do mesmo documento; isso é especialmente útil se você estiver usando rolagens em uma barra de navegação.

Diferentes Tipos de Objetos

Você irá se deparar com diversos tipos de objetos em JavaScript, cada um dos quais é responsável por um conjunto relacionado de funcionalidades. Por exemplo, o objeto documento possui métodos e propriedades que se relacionam com o documento; a coleção de formulários, que faz parte do objeto documento, lida com informações relacionadas a formulários, e assim por diante. Como você verá em breve, pode haver muitos objetos diferentes, cada um dos quais lidando com um conjunto diferente de funcionalidades e propriedades.

Aqui estão alguns tipos de objetos que você provavelmente encontrará:

- **Objetos DOM W3C:** Estes são como aqueles já cobertos neste capítulo, embora em navegadores mais recentes existam diversos objetos a mais que são disponibilizados para possibilitar a você um maior controle sobre um documento. Também há objetos extras em cada nível diferente do DOM lançados pela W3C.

- **Objetos internos:** Diversos objetos fazem parte da própria linguagem JavaScript. Estses incluem o objeto de datas, que lida com datas e horários, e o objeto de matemática, que fornece funções matemáticas. Você aprenderá mais sobre esses objetos internos mais adiante neste capítulo.

- **Objetos personalizados:** Se você começar a escrever JavaScript avançado, pode até iniciar a criar seus próprios objetos JavaScript que contenham funcionalidades relacionadas; por exemplo, você poderia ter um objeto de validação que tivesse escrito apenas para usar na validação dos seus formulários.

Embora não seja possível cobrir a criação de objetos personalizados neste capítulo, você aprenderá sobre objetos internos mais adiante neste capítulo.

Iniciando a Programar com JavaScript

Tendo aprendido sobre DOM, você pode ver como ele permite a você acessar um documento em um navegador web. Entretanto, é JavaScript que introduz conceitos reais de programação. Você sabe que DOM permite a leitura e gravação de propriedades e que métodos podem ser usados para chamar ações como a escrita de novo conteúdo em uma página. Agora é hora de examinar como você usa esses valores e propriedades em scripts para criar documentos mais poderosos.

Conforme mencionei antes, uma linguagem de programação executa principalmente cálculos. Assim, aqui estão os conceitos chaves que você precisa aprender para executar diferentes tipos de cálculos:

- Uma *variável* é usada para armazenar alguma informação; é um como um pouco de memória onde você pode armazenar números, strings (que são uma série de caracteres) ou referências a objetos. Você pode então executar cálculos para alterar os dados guardados em variáveis dentro do seu código.
- *Operadores* permitem a você fazer coisas em variáveis ou referências a elas. Há diferentes tipos de operadores. Por exemplo:
    - Operadores aritméticos permitem a você fazer coisas como somar (+) ou subtrair (-) números.
    - Operadores de comparação permitem a você comparar duas strings e ver se uma é igual ou diferente da outra.
- *Funções* são partes de código relacionadas a regras que você cria para executar uma operação. Por exemplo, você poderia ter uma função que calculasse pagamentos de empréstimos quando você passasse variáveis indicando uma quantia de dinheiro a ser emprestado, o número de anos que o empréstimo iria durar e a taxa de juros que deveria ser paga. (Funções são muito semelhantes a algo chamado de método, exceto que, em JavaScript, métodos pertencem a objetos, enquanto que funções são escritas pelo programador). *Comandos condicionais* permitem a você especificar uma condição usando variáveis e operadores. Por exemplo, uma condição poderia ser se uma variável chamada *varTimeNow* (que contém o horário corrente) possuísse um valor maior que 12. Se a condição for satisfeita e o horário corrente seja maior que 12, então algo poderia acontecer baseado nessa condição – talvez o documento diga "Boa tarde". Caso contrário, se for antes do meio-dia, o documento poderia dizer "Bom dia".
- *Laços* podem ser configurados de modo que um bloco de código seja executado um número específico de vezes ou até que uma condição seja satisfeita. Por exemplo, você pode usar um laço para fazer um documento escrever seu nome 100 vezes.
- Também há diversos objetos internos em JavaScript que têm métodos de uso prático. Por exemplo, da mesma forma que o objeto document do DOM possui métodos que permitiam a você escrever no documento, o objeto interno de datas de JavaScript pode lhe informar a data, horário ou dia da semana.

A seção a seguir examina esses conceitos chaves com mais detalhes.

Variáveis

Variáveis são usadas para armazenar dados. Para armazenar informações em uma variável, você pode dar à ela um nome e colocar um sinal de igual entre ela e o valor que você quiser que ela tenha. Por exemplo, aqui está uma variável que contém um nome de usuário:

```
nomeUsuário = "Bob Stewart"
```

A variável é chamada nomeUsuário e o valor é Bob Stewart. Se nenhum valor for passado, então ele será *indefinido*). Observe que, quando você está escrevendo o valor da variável no código, esse valor é colocado entre aspas.

Quando você usa pela uma variável primeira vez, a está criando. O processo de criação de variáveis é chamado de *declaração*. Você pode declarar uma variável com o comandos var, desta maneira:

```
var nomeUsuário = "Bob Stewart"
```

> *Devo observar aqui que você precisa usar a palavra chave var apenas se estiver criando uma variável dentro de uma função que tenha o mesmo nome de uma variável global – embora para entender esta questão você precise entender funções e variáveis locais e globais, que são cobertas mais adiante.*

O valor de uma variável pode ser chamado novamente ou alterado pelo script e, quando você quiser fazer alguma destas duas coisas, usa o nome dela.

Há algumas regras que você deve lembrar sobre variáveis em JavaScript:

❏ Nomes de variáveis diferenciam maiúsculas de minúsculas.

❏ Eles devem começar com uma letra letra ou caractere de sublinhado.

❏ Evite dar a duas variáveis o mesmo nome dentro do mesmo documento, já que uma poderia sobrescrever o valor da outra, criando um erro.

❏ Tente usar nomes descritivos para suas variáveis. Isso torna seu código mais fácil de entender (e lhe ajudará a depurar seu código se houver um problema com o mesmo).

Atribuindo um Valor a uma Variável

Quando você quer dar um valor a uma variável, coloca o nome dela primeiro, depois um sinal de igual e depois, à direita, o valor que quer atribuir à variável. Você já viu valores sendo atribuídos a essas variáveis quando elas eram declaradas há pouco. Assim, aqui está um exemplo de variável recebendo um valor e depois esse valor sendo alterado:

```
var nomeUsuário = "Bob Stewart"
nomeUsuário = "Robert Stewart"
nomeUsuário é agora equivalente a Robert Stewart.
```

Tempo de Vida de uma Variável

Quando você declara uma variável em uma função, ela pode ser acessada apenas nessa função. (Como prometido, você aprenderá sobre funções em breve). Após a função ter sido executada, você não pode chamar a variável novamente. Variáveis em funções são chamadas de *variáveis locais*.

Devido ao fato de uma variável local funcionar apenas dentro de uma função, você pode ter diferentes funções que contenham variáveis com o mesmo nome (cada uma é reconhecida apenas por essa função).

Se você declarar uma variável fora de uma função, todas as funções da sua página poderão acessá-la. O tempo de vida dessas variáveis começa quando são declaradas e termina quando a página é fechada.

Variáveis locais usam menos memória e recursos do que as de nível de página porque só requerem essa memória durante o tempo no qual a função estiver sendo executada, em vez de terem que ser criadas e lembradas pela vida da página inteira.

Operadores

O operador é uma palavra chave ou símbolo que faz algo a um valor quando usado em uma *expressão*. Por exemplo, o operador aritmético + soma dois valores.

O símbolo é usado em uma expressão com um ou dois valores e executa um cálculo sobre os valores para gerar um resultado. Por exemplo, aqui está uma expressão que usa o operador x:

```
área = (largura x altura)
```

Uma expressão é apenas como uma expressão matemática. Os valores são conhecidos como *operandos*. Operadores que requerem apenas um operando (ou valor) são às vezes chamados de *operadores unários*, enquanto que os que requerem dois valor são às vezes chamados de *operadores binários*.

Os diferentes tipos de operadores que você verá nesta seção são:

- ❏ Operadores aritméticos
- ❏ Operadores de atribuição
- ❏ Operadores de comparação
- ❏ Operadores lógicos
- ❏ Operadores de string

Você verá muitos exemplos dos operadores acima mais adiante neste capítulo e também no próximo.

Primeiro, porém, é hora de aprender sobre cada tipo de operador.

Operadores Aritméticos

Operadores aritméticos executam operações aritméticas sobre operandos. (Observe que, nos exemplos da tabela a seguir, x = 10).

Símbolo	Descrição	Exemplo (x=10)	Resultado
+	Adição	x + 5	15
-	Subtração	x – 2	8
*	Multiplicação	x * 3	30
/	Divisão	x / 2	5
%	Módulo (resto da divisão)	x % 3	1
++	Incremento (incrementa a variável em 1 - esta técnica é muitas vezes usada em contadores)	x++	11
--	Decremento (decrementa a variável em 1)	x--	9

Operadores de Atribuição

O operador básico de atribuição é o sinal de igual, mas isso não significa que ele verifica se dois valores são iguais. Na verdade, ele é usado para atribuir um valor à variável à esquerda do sinal de igual, como você viu na seção anterior que introduzia variáveis.

O operador de atribuição pode ser combinado com diversos outros operadores para permitir a você atribuir um valor a uma variável *e* executar uma operador em um só passo. Por exemplo, com os operadores aritméticos, os operadores de atribuição podem ser usados para criar versões mais curtas de operadores, como no comando a seguir:

```
total = total - lucro
```

Isto pode ser reduzido ao seguinte comando:

```
total -= lucro
```

Embora possa não parecer muito, esse tipo de atalho pode economizar muito código se você tiver muitos cálculos como este (veja a tabela a seguir) para executar.

Símbolo	Exemplo Usando Atalho	Equivalente sem Atalho
+=	x+=y	x=x+y
-=	x-=y	x=x-y
*=	x*=y	x=x*y
/=	x/=y	x=x/y
%=	x%=y	x=x%y

Operadores de Comparação

Como você pode ver na tabela a seguir, operadores de comparação comparam dois operandos e então retornam verdadeiro ou falso de acordo com o resultado dessa comparação.

Observe que a comparação de igualdade entre dois operandos são dois sinais de igual (um único sinal seria um operador de atribuição).

Operador	Descrição	Exemplo
==	Igual a	1==1 retorna falso 3==3 retorna verdadeiro
!=	Diferente	1!=2 retorna verdadeiro 3!=3 retorna falso
>	Maior que	1>2 retorna falso 3>3 retorna falso 3>2 retorna verdadeiro
<	Menor que	1<2 retorna verdadeiro 3<3 retorna falso 3<2 retorna falso
>=	Maior ou igual que	1>=2 retorna falso 3>=2 retorna verdadeiro 3>=3 retorna verdadeiro
<=	Menor ou igual que	1<=2 retorna verdadeiro 3<=3 retorna verdadeiro 3<=2 retorna falso

Operadores Lógicos ou Booleanos

Operadores lógicos ou booleanos retornam um entre dois valores possíveis: verdadeiro ou falso. Eles são especialmente úteis porque permitem a você avaliar mais de uma expressão ao mesmo tempo.

Operador	Nome	Descrição	Exemplo (onde x=1 e y=2)
&&	E	Permite a você verificar se duas condições são satisfeitas	(x<2 && y>1) Retorna verdadeiro (porque ambas as condições são satisfeitas)
??	Ou	Permite a você verificar se uma entre duas condições são satisfeitas	(x<2 ?? y>2) Retorna verdadeiro (porque a primeira condição é satisfeita)
!	Não	Permite a você verificar se algo não é a situação	!(x>y) Retorna verdadeiro (porque x não é maior que y)

Os dois operandos em um operador lógico ou booleano são avaliados em verdadeiro ou falso. Por exemplo, se x=1 e y=2, então x<2 é verdadeiro e y>1 é verdadeiro. Assim, a seguinte expressão:

```
(x<2 && y>1)
```

retorna verdadeiro porque ambos os operandos são avaliados como verdadeiros.

Operador de Strings

Você também pode adicionar textos a strings usando o operador +. Por exemplo, aqui está o operador + sendo usado para somar duas variáveis que sejam strings:

```
primeiroNome = "Bob"
ultimoNome = "Stewart"
nome = primeiroNome + ultimoNome
```

O valor da variável nome agora seria Bob Stewart. O processo de adição de duas strings é conhecido como *concatenação*.

Você também pode comparar strings usando os operadores de comparação que acabou de ver. Por exemplo, você poderia verificar se um usuário digitou um valor específico em uma caixa de texto. (Você verá mais sobre esse tópico quando examinar brevemente comandos condicionais).

Funções

Finalmente chegamos ás funções, que já foram mencionadas diversas vezes. Uma função é algum código que é executado quando um evento dispara ou uma chamada a essa função é feita, e geralmente contém diversas linhas de código. Funções são escritas no elemento <head> e podem ser reutilizadas em diversos lugares dentro da página, ou em um arquivo externo que é conectado de dentro do elemento <head>.

Como Definir uma Função

Há três partes na criação ou definição de uma função:

- ❏ A definição de um nome para ela.
- ❏ A indicação de valores que possam ser necessários como argumentos.
- ❏ A adição de comandos.

Por exemplo, se você quiser criar uma função para calcular a área de um retângulo, pode chamar essa função de calcularArea() (lembrando-se um nome de função deve ser seguido por parênteses). A seguir, para calcular a área, você precisa saber a largura e a altura do retângulo, de modo que esses valores seriam passados como *argumentos* (argumentos são as informações que uma função precisa para executar sua tarefa). Dentro da função, entre as chaves, ficam os *comandos*, que indicam que a área é igual a largura multiplicada pela altura (ambos os valores tendo sido passados para a função). A área é então retornada.

```
function calcularArea (largura, altura) {
        area = largura * altura
        return area
}
```

Se uma função não tiver argumentos, ainda assim deve ter parênteses após seu nome; por exemplo, logOut().

Como Chamar uma Função

A função calcularArea() não faz nada sozinha no cabeçalho de um documento. Ela tem que ser chamada. Neste exemplo, você pode chamar a função a partir de um formulário simples usando o evento onclick, de modo que, quando o usuário clicar no botão Submit, a área será calculada.

Aqui você pode ver que o formulário contém duas entradas de texto para a largura e a altura, e essas são passadas como argumentos para a função, da seguinte maneira (ch11_eg5.html):

```
<form name="frmArea" action="">
Digite a altura e a largura do seu retângulo para calcular a
área:<br />
Largura: <input type="text" name="txtWidth" size="5" /><br />
Altura: <input type="text" name="txtHeight" size="5" /><br />
<input type="button" value="Calcular a área"
   onclick="alert(calculateArea(document.frmArea.txtWidth.value,
   document.frmArea.txtHeight.value))" />
</form>
```

Examine mais de perto o que acontece quando o evento onclick dispara. Primeiro um alerta JavaScript é chamado e então a função calcularArea() é chamada dentro do alerta, de modo que a área é o valor gravado na caixa de alerta. Dentro dos parênteses onde a função calcularArea() é chamada, os dois parâmetros sendo passados são os valores da largura da caixa de texto e a altura da mesma usando a notação de pontos que você aprendeu anteriormente na seção sobre DOM.

Observe que, se a sua função não tiver argumentos, você ainda assim precisa usar os parênteses no final do nome da mesma quando a chama. Por exemplo, você poderia ter uma função que fosse executada sem qualquer informação extra passada como um argumento:

```
<input type="submit" onClick="exampleFunction()" />
```

O Comando Return

Funções que retornam um resultado devem usar o comando return. Esse comando especifica o valor que será retornado aonde a função foi chamada. A função calcular Area(), por exemplo, retornou a área do retângulo:

```
function calcularArea(largura, altura) {
  area = largura * altura
  return area
}
```

Alguma funções simplesmente retornam valores verdadeiro ou falso. Quando você examinar eventos mais adiante neste capítulo, verá como uma função que retorna falso pode evitar que uma ação ocorra. Por exemplo, se a função associada a um evento onsubmit em um formulário retornar falso, esse formulário não é submetido ao servidor.

Comandos Condicionais

Comandos condicionais permitem a você executar ações diferentes dependendo de comandos diferentes. Há três tipos de comandos condicionais sobre os quais você aprenderá aqui:

- comandos if, que são usados quando você quer que o script seja executado caso uma condição seja verdadeira
- comandos if ... else, que são usados quando você quer executar um conjunto de código se uma condição for verdadeira e outro se ela for falsa
- comandos switch, que são usados quando você quer selecionar um bloco de código entre muitos dependendo de uma situação

Comandos if

Comandos if permitem que código seja executado quando a condição especificada for verdadeira; se ela for verdadeira então o código entre chaves é executado. Aqui está a sintaxe de um comando if:

```
if (condição)
{
        código a ser executado se a condição for verdadeira
}
```

Por exemplo, você poderia querer inicializar sua página inicial com o texto "Bom dia" se for de manhã. Você poderia obter isto usando o seguinte script (ch11_eg06.html):

```
<script type="text/JavaScript">
  date = new Date();
  time = date.getHours();
  if (time < 12) {
  document.write('Bom Dia');
  }
</script>
```

Se você estiver executando apenas um comando (como estamos aqui), as chaves não são obrigatórias, de modo que o seguinte faria exatamente a mesma coisa (embora seja uma boa prática incluí-las mesmo assim, como fizemos anteriormente).

```
<script type="text/JavaScript">
  date = new Date();
  time = date.getHours();
  if (time < 12)
```

```
document.write('Bom Dia');
</script>
```

Este exemplo primeiro cria um objeto de data (sobre o qual você aprenderá mais adiante neste capítulo) e então chama o método getHours() do objeto de data para descobrir o as horas (usando o formato de 24 horas). Se o horário em horas for menor que 12, então o script escreve Bom Dia na página (se for depois das 12, você verá uma página em branco porque nada é escrito nela).

Comandos if ... else

Quando você tem duas situações possíveis e quer reagir diferentemente a cada uma delas, pode usar um comando if ... else. Isso significa: "Se a condição especificada for satisfeita, execute o primeiro bloco de código, caso contrário execute o segundo." A sintaxe é a seguinte:

```
if (condição)
{
        código a ser executado se a condição for verdadeira
}
else
{
        código a ser executado se a condição for falsa
}
```

Retornando ao exemplo anterior, você pode escrever Bom Dia se for manhã ou Boa tarde se for de tarde (ch11_eg07.html):

```
<script type="text/JavaScript">
 date = new Date();
 time = date.getHours();
 if (time < 12) {
 document.write('Bom Dia');
 }
 else {
 document.write('Boa Tarde');
 }
</script>
```

Como você pode imaginar, há muitas possibilidades para o uso de comandos condicionais. De fato, você verá exemplos no Capítulo 12 que incluem diversos comandos desse tipo para criar alguns exemplos muito poderosos e complexos.

Um Comandos *switch*

Um comandos switch permite a você lidar com diversos resultados de uma condição. Você tem uma única expressão, que geralmente é uma variável. Essa é avaliada imediatamente. O valor da expressão é então comparado com os valores de cada caso na estrutura. Se houver uma correspondência, o bloco de código será executado.

Aqui está a sintaxe para um comando switch:

```
switch(expressão)
{
        case opção 1:
                código a ser executado se a expressão for o que estiver escrito na opção 1
                break;
        case opção 2:
                código a ser executado se a expressão for o que estiver escrito na opção 2
                break;
        case opção 3:
                código a ser executado se a expressão for o que estiver escrito na opção 3
                break;
        default:
                código a ser executado se a expressão for diferente da opção 1, 2 e da 3
}
```

Você usa o break para evitar que o código do próximo caso seja executado automaticamente. Por exemplo, você poderia estar verificando que tipo de animal um usuário digitou em uma caixa de texto e quer escrever coisas diferentes na tela dependendo do tipo de animal que estiver na entrada de texto. Aqui está um formulário que aparece na página. Quando o usuário tiver digitado um animal e clicar no botão, a função checkAnimal() contida no cabeçalho do documento é chamada (ch11_eg08.html):

```
<p>Digite o nome do seu tipo favorito de animal que apareça em um desenho animado:</p>
<form name="frmAnimal">
  <input type="text" name="txtAnimal" /><br />
  <input type="button" value="Verificar animal" onclick="checkAnimal()" />
</form>
```

Aqui está a função que contém o comando switch:

```
function checkAnimal() {
```

```
switch (document.frmAnimal.txtAnimal.value){
  case "coelho":
    alert("Cuidado, é o Elmer Fudd!")
    break;
  case "coiote":
    alert("Não há páreo para o papa-léguas - bip bip!")
    break;
  case "rato":
    alert("Cuidado Jerry, aí vem o Tom!")
    break;
  default : alert("Tem certeza de que escolheu um animal de um desenho animado?");
  }
}
```

A opção final – a "default" – é mostrada se nenhum dos casos for satisfeito. Você pode ver como isso ficaria quando o usuário digitasse **coelho** na caixa de texto da Figura 11-6.

Observe que, se o usuário digitasse texto que não correspondesse exatamente ao texto em maiúsculas ou minúsculas, as opções não corresponderão no comando switch. Devido ao fato de JavaScript diferenciar letras maiúsculas de minúsculas, se o usuário não digitar o texto exatamente igual ao encontrado no comando switch, não haverá uma correspondência. Você pode resolver isso colocando o texto todo em minúsculas antes de verificá-lo usando o método LowerCase() do objeto string interno de JavaScript, o qual você verá mais adiante neste capítulo.

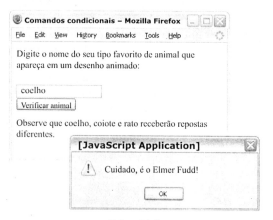

Figura 11-6

Operador Condicional (ou Ternário)

Um operador condicional (também conhecido como operador ternário) atribui um valor a uma variável baseado em uma condição:

```
nomeDaVariável = (condição) ? Valor1:valor2
```

Por exemplo, digamos que você tenha uma variável chamada "instrucao" e uma chamada "cor". Se o valor da "cor" for "vermelho", então você irá querer que a variável seja "PARAR", caso contrário que seja "CONTINUAR".

```
Instrucao = (cor == vermelho) " "PARAR" : "CONTINUAR"
```

Laços

Comandos de laços são usados para executar o mesmo bloco de código um número específico de vezes:

- ❑ Um laço while executa o mesmo bloco de código enquanto ou até que uma condição seja verdadeira.
- ❑ Um laço *do while* é executado uma vez antes da condição ser verificada. Se ela for verdadeira, ele continuará a executar até que vire falsa. (A diferença entre os laços *do* e *do while* é que *do while* é executado uma vez seja ou não satisfeita a condição.)
- ❑ Um laço *for* executa o mesmo bloco de código um número especificado de vezes.

While

Em um laço *while*, o bloco de código é executado se uma condição for verdadeira e enquanto ela continuar assim. A sintaxe é a seguinte:

```
while (condição)
{
        código a ser executado
}
```

No exemplo a seguir, você pode ver um laço *while* que mostra a tabela de multiplicação do número 3. Ele funciona baseado em um contador chamado i; cada vez que o script while executar um laço, o contador é incrementado em um (ele usa o operador aritmético ++, como você pode ver da linha que diz i++). Assim, na primeira vez que o script é executado, o contador vale 1, e o laço escreve a linha 1 x 3 = 3; na próxima vez que ele executar o laço o contador vale 2, de forma que o laço escreve 2 x 3 = 6. Isto continua até que a condição – que i não seja menor que 11 – seja verdadeira (ch11_eg09.html):

```
<script type="text/JavaScript">
i = 1
while (i < 11) {
 document.write(i + " x 3 = " + (i * 3) + "<br />" );
  i ++
}
</script>
```

Você pode ver o resultado desse exemplo na Figura 11-7.

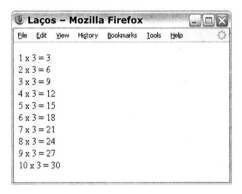

Figura 11-7

do ... while

Um laço *do ... while* executa um bloco de código uma vez e então verifica uma condição. Enquanto a condição for verdadeira, ele continua o laço. Assim, seja qual for a condição, o laço é executado pelo menos uma vez (como você pode ver a condição fica depois das instruções). Aqui está a sintaxe:

```
do
{
        código a ser executado
}
while (condição)
```

Por exemplo, aqui está um exemplo com a tabela de multiplicação do 3 novamente – o contador é configurado com um valor inicial igual a 12, que é mais alto que o necessário na condição, de modo que você verá a soma 12 x 3 = 36 uma vez, mas nada após isso (porque, quando ele chegar na condição, ela terá sido satisfeita):

```
<script type="text/JavaScript">
i = 12
 do {
```

```
document.write(i + " x 3 = " + (i * 3) + "<br />" );
    i ++
}
while (i < 11)
</script>
```

Agora, se você alterasse o valor inicial do contador para 1, veria que o script executaria o laço através da tabela de multiplicação como o fez no exemplo anterior até chegar em 11.

for

O comando *for* executa um bloco de código um número especificado de vezes; você o usa quando sabe quantas vezes quer que o código seja executado (em vez de ser executado enquanto uma determinada condição for verdadeira/falsa). Primeiramente, aqui está a sintaxe:

```
for (a; b; c)
{
        código a ser executado
}
```

Agora você precisa examinar o que a, b e c representam:

- ❑ a é avaliada antes do laço ser executado e só é avaliada uma vez. É ideal para atribuir um valor a uma variável; por exemplo, você poderia usá-la para configurar um contador como 0 usando i=0.

- ❑ b deve ser uma condição que indique se o laço deve ser executado novamente; se ela retornar verdadeiro, o laço é executado novamente. Por exemplo, você poderia usá-la para verificar se o contador é menor que 11.

- ❑ c é avaliada após o laço ter sido executado e pode conter múltiplas expressões separadas por uma vírgula (por exemplo, i++, j++;). Por exemplo, você poderia usá-la para incrementar o contador.

Assim, se você voltar ao exemplo da multiplicação por 3, ele seria escrito desta forma:

```
for (i=0; i<11; i++) {
        document.write(write(i + " x 3 = " + (i * 3) + "<br />" );
}
```

O a é onde o contador recebe a atribuição de valor 0, b é onde a condição diz que o laço deve ser executado se o valor do contador for menor que 11 e c é onde o contador é incrementado em 1 cada vez que o laço é executado. A atribuição da variável contadora, a condição e o incremento do contador aparecem todos nos parênteses após a palavra chave for.

Você também pode atribuir a diversas variáveis ao mesmo tempo na parte correspondente à letra a se separá-las com uma vírgula. Por exemplo, i=0, j=5;.

Laços Infinitos e o Comandos break

Observe que, se você tiver uma expressão que sempre seja avaliada como verdadeira em todos os laços, você acabará com algo conhecido como *laço infinito*. Esses podem segurar recursos do sistema e até mesmo derrubar o computador, embora alguns navegadores tentem detectar laços infinitos e pará-los.

Você pode, contudo, adicionar um comando break para parar um laço infinito; aqui ele é configurado como 100 (ch11_eg12.html):

```
for (i=0; /* nenhuma condição aqui */ ; i++) {
  document.write(i + " x 3 = " + (i * 3) + "<br />" );
  if (i == 100) {
    break;
  }
}
```

Quando o script chega em um comando break, ele simplesmente pára de executar. Isso efetivamente evita que um laço seja executado demasiadamente.

Eventos

Você já viu manipuladores de eventos usados como atributos de elementos XHTML – como os manipuladores de eventos onclick e onsubmit. Um evento ocorre quando algo acontece. Há dois tipos de eventos que podem ser usados para disparar scripts:

❑ Eventos de janelas, que ocorrem quando algo acontece com uma janela. Por exemplo, uma página é carregada ou descarregada (é substituída por outra página ou fechada) ou o foco é movido para ou de uma janela ou frame

❑ Eventos de usuário, os quais ocorrem quando o usuário interage com elementos da página usando um mouse (ou outro dispositivo de apontamento) ou um teclado.

Há um conjunto de eventos conhecidos como *eventos intrínsecos*, os quais todos os navegadores devem suportar. Eventos intrínsecos são associados a um elemento ou conjunto de elementos e, em marcação, são usados no elemento da mesma forma que um atributo. O valor do atributo é o script que deve ser executado quando o evento ocorrer nesse elemento (isto poderia chamar uma função no <head> do documento).

Por exemplo, os eventos onmouseover e onmouseout podem ser usados para alterar o atributo fonte de uma imagem e criar um rolamento simples de imagens, conforme você viu anteriormente neste capítulo:

```
<a href=""
onmouseover="document.images.link.src=' images/click_red.gif';"
onmouseout="document.images.link.src=' images/click_green.gif'">
<img src="images/click_green.gif" width="100" height="50"
border="0"
name="link">
</a>
```

A tabela que se segue fornece uma recapitulação dos eventos mais comuns que você provavelmente encontrará.

Evento	Propósito	Aplica-se a
onload	O documento terminou de ser carregado (se usado em um conjunto de frames, todos eles já foram carregados).	<body> <frameset>
onunload	O documento foi descarregado, ou removido, de uma janela ou frameset.	<body> <frameset>
onclick	O botão do mouse (ou outro dispositivo de apontamento) foi clicado sobre o elemento.	A maioria dos elementos
ondblclick	O botão do mouse (ou outro dispositivo de apontamento) sofreu um duplo clique sobre o elemento.	A maioria dos elementos
onmousedown	O botão do mouse (ou outro dispositivo de apontamento) foi pressionado sobre o elemento.	A maioria dos elementos
onmouseup	O botão do mouse (ou outro dispositivo de apontamento) foi liberado sobre o elemento.	A maioria dos elementos
onmouseover	O botão do mouse (ou outro dispositivo de apontamento) foi movido para o elemento.	A maioria dos elementos
onmousemove	O botão do mouse (ou outro dispositivo de apontamento) foi movido sobre o elemento.	A maioria dos elementos

Continua

Evento	Propósito	Aplica-se a
onmouseout	O botão do mouse (ou outro dispositivo de apontamento) foi movido para fora do elemento.	A maioria dos elementos
onkeypress	Uma tecla é pressionada e liberada sobre o elemento.	A maioria dos elementos
onkeydown	Uma tecla é pressionada sobre o elemento.	A maioria dos elementos
onkeyup	Uma tecla é liberada sobre o elemento.	A maioria dos elementos
onfocus	O elemento recebe o foco com o mouse (ou outro dispositivo de apontamento) sendo clicado sobre ele, por tabulação ou através de código.	<a> <area> <button> <input> <label> <select> <textarea>
onblur	O elemento perde o foco.	<a> <area> <button> <input> <label> <select> <textarea>
onsubmit	Um formulário é submetido.	<form>
onselect	O usuário seleciona algum texto em um campo de texto.	<input> <textarea>
onchange	Um controle perde o foco de entrada e seu valor foi alterado depois que ele recebeu o foco.	<input> <select> <textarea>

Você verá exemplos desses eventos por todo este capítulo e no próximo. Você também pode verificar quais elementos suportam quais métodos do Capítulo 1 ou 6 quando esses elementos são discutidos; quase que todos os elementos pode ser associados a um evento.

Objetos Internos

Você aprendeu sobre o objeto documento no início do capítulo e agora é hora de ver alguns dos objetos internos de JavaScript. Você verá os métodos que lhe permitem executar ações sobre dados e propriedades que lhe informam sobre os mesmos.

> **Todas as propriedades e métodos desta seção são suportados nos navegadores Netscape 2 e IE3 ou posteriores a menos que declarados em contrário.**

String

O objeto string permite a você lidar com strings de texto. Antes que você possa usar um objeto interno, precisa criar uma instância do mesmo. Você cria uma instância do objeto string atribuindo a ele uma variável desta maneira:

```
minhaString = new String ('Aqui vai algum texto big')
```

O objeto string agora contém as palavras "Aqui vai algum texto *big*". Assim que você tiver esse objeto em uma variável, pode escrever a string no documento ou executar ações sobre ele. Por exemplo, o método a seguir descreve a string como se ela estivesse em um elemento <big>:

```
document.write (minhaString.big())
```

> Observe que se você visualizasse o fonte desse elemento, não teria o elemento <big> nele; em vez disso, você veria o JavaScript, de modo que um usuário que não tenha JavaScript habilitado não veria essas palavras.

Você pode verificar o comprimento desta propriedade da seguinte maneira:

```
alert (minhaString.length)
```

Antes que você possa usar o objeto string, lembre-se de que tem que criá-lo e atribuir um valor ao mesmo.

Propriedades

A tabela a seguir mostra a principal propriedade do objeto String e seu propósito.

Propriedade	Propósito
length	Retorna o número de caracteres de uma string

Métodos

A tabela a seguir lista os métodos do objeto String e seus propósitos.

Método	Propósito
anchor(nome)	Cria um elemento âncora (um elemento <a> com um atributo name ou id em vez de href).
big()	Exibe o texto como se estivesse em um elemento <big>.
bold()	Exibe o texto como se estivesse em um elemento <bold>.
charAt(índice)	Retorna o caractere em uma posição específica (por exemplo, se você tiver uma string "banana" e seu método ler charAt(2), então ficará com a letra "n" – lembre-se de que os índices começam em 0).
fixed	Exibe o texto como se estivesse em um elemento <tt>.
fontcolor(cor)	Exibe o texto como se estivesse em um elemento <font> com um atributo igual a "cor".
fontsize(tamanho)	Exibe o texto como se estivesse em um elemento <font> com um atributo "tamanho".
IndexOf(valorPesq, [aPartirDoÍndice])	Retorna a posição da primeira ocorrência da string especificada em valorPesq dentro de outra string. Por exemplo, se você tiver a palavra "banana" como sua string, e quiser descobrir a primeira ocorrência da letra n, use indexOf(n). Se o argumento aPartirDoÍndice for usado, a pesquisa começará nesse índice, Por exemplo, você poderia querer iniciar após o quarto caractere. O método retorna -1 se a string sendo pesquisada não existir.
italics()	Exibe o texto como se estivesse em um elemento <i>.
lastIndexOf (valorPesq, [aPartirDoÍndice])	Mesma coisa que o método indexOf(), mas é executado da direita para a esquerda.
link(URL_alvo)	Cria uma conexão no documento.
small()	Exibe o texto como se estivesse em um elemento <small>.
strike()	Exibe o texto como se estivesse em um elemento <strike>.
sub()	Exibe o texto como se estivesse em um elemento <sub>.

Continua

Método	Propósito
substr(inicio}, [comprimento])	Retorna os caracteres especificados. 14,7 retorna 7 caracteres a partir do décimo quarto caractere (começa em 0). Observe que isto funciona apenas no IE4 e Netscape 4 e versões posteriores.
substring (posInicial, posFinal)	Retorna os caracteres especificados entre os pontos inicial e final. 7,14 retorna todos os caracteres do sétimo até, mas não incluindo, o décimo quarto (começa em 0).
sup()	Exibe o texto como se estivesse em um elemento <sup>.
toLowerCase()	Converte uma string para minúsculas.
toUpperCase()	Converte uma string para maiúsculas.

Experimente — Usando o Objeto String

Neste exemplo, você vê uma subseção de uma string pega e convertida para maiúsculas. Do texto "Aprender Sobre Objetos Internos é Fácil", esse exemplo pegará apenas as palavras "Objetos Internos" e as converterá para maiúsculas.

1. Crie um esqueleto de documento XHTML, assim:

```
<?xml version="1.0" ?>
<!DOCTYPE html PUBLIC "-//W3C//DTD XHTML 1.0 Transitional//EN"
   "http://www.w3.org/TR/xhtml1/DTD/xhtml1-transitional.dtd">
<html xmlns="http://www.w3.org/1999/xhtml" lang="en"
xml:land="en">
<head>
 <title>Objeto String</title>
</head>
<body>
</body>
</html>
```

2. Devido ao código deste exemplo ser executado em apenas um lugar, o script pode ser adicionado ao interior do corpo do documento, então adicione o elemento <script> e, dentro dele, escreva o seguinte código:

```
<script type="text/JavaScript">
  minhaString = new String('Aprender Sobre Objetos Internos é
Fácil')
```

```
minhaString = minhaString.substring(15, 31)
minhaString = minhaString.toUpperCase()
document.write(minhaString)
</script>
```

3. Grave este arquivo como ch11_eg14.html e, quando abri-lo em um navegador, deve ver o texto mostrado na Figura 11-8.

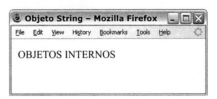

Figura 11-8

Como Isto Funciona

O script deste exemplo pode ficar no corpo do documento porque vai ser usado apenas neste exemplo (não precisa ser uma função, porque não será chamado diversas vezes na página e o script não será usado por outras páginas.)

A parte interessante é que o que acontecerá dentro do elemento <script>. Primeiro você tem que criar uma instância do objeto string, a qual é associada á variável minhaString:

```
minhaString = new String ('Aprender sobre Objetos Internos é Fácil')
```

Do modo como foi criado, o objeto string foi construído para guardar as palavras "Aprender Sobre Objetos Internos é Facil". Contudo, a idéia deste exercício era apenas selecionar as palavras "Objetos Internos", de modo que você usa o método substring(). A sintaxe é a seguinte:

```
substring(posição inicial, posição final)
```

Assim, você seleciona o objeto string (que está na variável minhaString) e torna seu valor a nova substring que deseja (isto é feito através de uma nova atribuição com o valor da substring que queremos):

```
minhaString = minhaString.substring(15,32)
```

Istso seleciona a string do décimo sexto caractere ao trigésimo terceiro – porque começa na posição 0.

A seguir, você deve converter a string para letras maiúsculas usando o método toUpperCase():

```
minhaString = myString.toUppercase()
```

E, finalmente, pode escrevê-la no documento desta maneira:

```
document.write(minhaString)
```

O resultado parece bastante simples mas, quando você analisa que a string original era "Aprender Objetos Internos é Fácil", ele se torna substancialmente diferente.

Data

O objeto data ajuda a trabalhar com datas e horários. Você cria um novo objeto data usando o construtor de datas da seguinte maneira:

```
new date()
```

Você pode criar um objeto específico de data ou horário, em cujo caso precisa passar para ele um entre quatro parâmetros:

- ❑ millisegundos: Este valor deve ser o número de millisegundos desde 01/01/1970.
- ❑ string de data: Pode ser qualquer data em um formato reconhecido pelo método parse().
- ❑ Número do ano, número do mês, número do dia: representam o ano, o mês e o dia.
- ❑ Número do ano, número do mês, número do dia, número das horas, número dos minutos, números dos segundos, número dos millisegundos: Representam os anos, meses, dias, horas, minutos, segundos e millisegundos.

Aqui estão alguns exemplos; o primeiro usa millisegundos e lerá Quinta-feira, 27 de novembro, 05:33:20 UTC 1975:

```
var dataNascimento = new Date(82988400000)
document.write(dataNascimento)
```

O segundo usa uma string de data e lerá Quarta-feira, 16 de abril 00:00:00 UTC+0100 1975:

```
var dataNascimento= new Date("April 16, 1975")
document.write(dataNascimento)
```

A terceira usa número do ano, número do mês, número do dia e lerá Segunda-feira, 12 de maio 00:00:00 UTC+0100 1975:

```
var dataNascimento = new Date(1975, 4, 28)
document.write(dataNascimento)
```

Há algumas coisas com as quais devemos ter cuidado:

- ❏ A primeira coisa confusa que você talvez perceba aqui é que o número 4 corresponde ao mês de maio! Isto torna janeiro 0. De forma semelhante, ao trabalhar com dias, domingo é tratado como 0.
- ❏ Você talvez descubra que obtém fusos horários diferentes dos meus. Estou baseado em Londres, de modo que executo sobre o Greenwich Mean Time (GMT) ou Coordinated Universal Time (UTC). Todas as tarefas dos objetos de dados são executadas usando o UTC, embora seu computador possa exibir um horário que seja consistente com seu fuso horário.
- ❏ Embora você possa somar ou subtrair datas, seu resultado será em milissegundos. Por exemplo, se eu quisesse descobrir o número de dias até o final do ano, poderia usar algo como:

```
var hoje = new Date()
var anoNovo = new Date(2008,11,31)
var diasRestantes = (anoNovo - hoje)
document.write(diasRestantes)
```

O problema com isso é que você acaba com um resultado que é muito longo (positivo se você lê-lo em 2008 ou negativo se lê-lo após 2008). Com 86.400.000 milissegundos em cada dia, você provavelmente verá um valor muito grande.

Assim, precisa dividir os diasRestantes por 86400000 para encontrar o número de dias:

```
var hoje = new Date()
var anoNovo = new Date(2008,11,31)
var daysRemaining = (anoNovo - hoje)
diasRestantes = diasRestantes/86400000
document.write(diasRestantes)
```

Tendo em mente que o relógio do computador de um usuário pode ser impreciso e o fato de que diferentes usuários estarão em diferentes fusos horários, usar o objeto date pode se tornar rapidamente muito complicado. Calcular o número de dias antes de um evento pode resultar em uma resposta imprecisa se o horário que você fornecer e o fuso horário do computador do usuário forem diferentes.

Se você puder, é melhor usar uma linguagem de script do lado servidor para fornecer coisas como o horário para os visitantes. Todavia, pode ser útil quando as datas são especificadas através de entrada do usuário ou do servidor quando o formato da mesma puder ser controlado.

A tabela a seguir mostra alguns métodos comumente usados para o objeto de data.

Método	Propósito
date()	Retorna um objeto Date.
getdate()	Retorna a data de um objeto Date (de 1 a 31).
getDay()	Retorna o dia de um objeto Date (de 0 a 6; 0 = domingo, 1 = segunda-feira e assim por diante.)
getMonth()	Retorna o mês de um objeto Date (de 0 a 11; 0 = janeiro, 1 =fevereiro e assim por diante.)
getFullYear()	Retorna o ano de um objeto Date (quatro dígitos) apenas no Netscape 4 e IE4 e versões posteriores.
getYear()	Retorna o ano de um objeto Date usando apenas dois dígitos (de 0 a 99). Você deve usae getFullYear() em vez desta função porque ele fornece o ano em quatro dígitos.
getHours()	Retorna a hora de um objeto Date (de 0 a 23).
getMinutes()	Retorna os minutos de um objeto Date (de 0 a 59).
getSeconds()	Retorna os segundos de um objeto Date (de 0 a 59).
getTime()	Retorna o número de millisegundos desde a meia noite de 1/1/1970.
getTomezoneOffset()	Retorna a diferença de horário entre o computador do usuário e a GMT.
parse()	Retorna o valor da string de data que armazena o número de millisegundos desde 1 de janeiro de 1970 00:00:00.
setdate()	Configura a data do mês do objeto Date(de 1 a 31).
setFullYear()	Configura o ano no objeto Date (quatro dígitos). Funciona no Netscape 4 e IE4 e versões posteriores apenas.
setHours()	Configura a hora no objeto Date (de 0 a 23).
setMinutes()	Configura os minutos no objeto Date (de 0 a 59).
setMonth()	Configura o mês no objeto Date (de 0 a 11; 0 = janeiro, 1 = fevereiro).
setSeconds()	Configura os segundos no objeto Date (de 0 a 59).
setTime()	Configura os millisegundos após 1/1/1970.

Continua

Método	Propósito
`setYear()`	Configura o ano no objeto Date (de 00 a 99).
`toGMTString()`	Converte o objeto Date em uma string, configurado com o fuso horário GMT.
`toLocaleString()`	Converte o objeto Date em uma string, configurado com o fuso horário corrente.
`toString()`	Converte o objeto Date em uma string. Funciona no Netscape 2 e IE4 e versões posteriores.

Muitos dos métodos da tabela que se segue foram adicionados depois novamente em navegadores da versão 4 oferecendo suporte para o horário universal (UTC), que utiliza o formato Dia Mês Ano, hh, mm, ss Ano UTC.

Método	Propósito
`getUTCDate()`	Retorna a data de um objeto Date no horário universal (UTC).
`getUTCDay()`	Retorna o dia de um objeto Date no horário universal.
`getUTCMonth()`	Retorna o mês de um objeto Date no horário universal.
`getUTCFullYear()`	Retorna o ano com quatro dígitos de um objeto Date no horário universal.
`getUTCHours()`	Retorna a hora de um objeto Date no horário universal.
`getUTCMinutes()`	Retorna os minutos de um objeto Date no horário universal.
`getUTCSeconds()`	Retorna os segundos de um objeto Date no horário universal.
`getUTCMilliseconds()`	Retorna os millisegundos de um objeto Date no horário universal.
`setUTCDate()`	Configura a data do objeto Date no horário universal (de 1 a 31).
`setUTCDay()`	Configura o dia de um objeto Date no horário universal (de 0 a 6; domingo = 0, segunda-feira = 1 e assim por diante).
`setUTCMonth()`	Configura o mês do objeto Date no horário universal (de 0 a 11; 0 = janeiro, 1 = fevereiro).

Continua

Método	Propósito
setUTCFullYear()	Configura o ano do objeto Date no horário universal (quatro dígitos).
setUTCHour()	Configura a hora do objeto Date no horário universal (de 0 a 23).
setUTCMinutes()	Configura os minutos do objeto Date no horário universal (de 0 a 59).
setUTCSeconds()	Configura os segundos do objeto Date no horário universal (de 0 a 59).
setUTCMilliseconds()	Configura os millisegundos do objeto Date no horário universal (de 0 a 999)

Math

O objeto math ajuda no trabalho com números; ele não requer um construtor. Possui propriedades para constantes matemáticas como pi e o logaritmo natural de 10 (aproximadamente 2,3026) e métodos representando funções matemáticas como as funções de tangente e seno.

Por exemplo, o seguinte configura uma variável chamada numeroPI para armazenar a constante de pi e depois escrevê-la na tela (ch11_eg16.html):

```
numeroPI = Math.PI
document.write(numeroPI)
```

O exemplo a seguir arredonda pi para o número (inteiro) mais próximo e o escreve na tela:

```
numeroPI = Math.PI
numeroPI = Math.round(numeroPI)
document.write(numeroPI)
```

Propriedades

A tabela a seguir lista as propriedades do objeto Math.

Propriedade	Propósito
E	Retorna a base de um logaritmo natural.
LN2	Retorna o logaritmo natural de 2.
LN10	Retorna o logaritmo natural de 10.
LOG2E	Retorna o logaritmo base 2 de E.
LOG10E	Retorna o logaritmo base 10 de E.
PI	Retorna pi.
SQRT1_2	Retorna 1 dividido pela raiz quadrada de 2.
SQRT2	Retorna a raiz quadrada de 2.

Métodos

A tabela a seguir lista os métodos do objeto Math.

Método	Propósito
abs(x)	Retorna o valor absoluto de x.
acos(x)	Retorna o arco coseno de x.
asin(x)	Retorna o arco seno de x.
atan(x)	Retorna o arco tangente de x.
atan2(y,x)	Retorna o ângulo do eixo x até um ponto.
ceil(x)	Retorna o inteiro mais próximo maior ou igual a x.
cos(x)	Retorna o coseno de x.
exp(x)	Retorna o valor de E elevado à potência de x.
floor(x)	Retorna o inteiro mais próximo menor ou igual a x.
log(x)	Retorna o logaritmo natural de x.
max(x,y)	Retorna o número com maior valor (x ou y).
min(x,y)	Retorna o número com menor valor (x ou y).
pow(x,y)	Retorna o valor de x elevado a potência y.
random()	Retorna um número aleatório entre 0 e 1.
round(x)	Arredonda x para o número inteiro mais próximo.
sin(x)	Retorna o seno de x.
sqrt(x)	Retorna a raiz quadrada de x.
tan(x)	Retorna a tangente de x.

Matriz

Uma matriz é uma variável especial. Ela é especial porque pode guardar mais de um valor, e esses valores podem ser acessados individualmente. Matrizes são especialmente úteis quando você quer armazenar um grupo de valores na mesma variável em vez de ter variáveis separadas para cada valor. Você pode querer fazer isso porque todos os valores correspondem a um determinado item, ou apenas por motivo de conveniência de ter diversos valores na mesma variável em vez de em variáveis com nomes diferentes, ou ainda poderia ser porque você não sabe quantos itens de informação serão armazenados. Você muitas vezes vê matrizes usadas junto com laços, onde o laço é usado para adicionar informação em uma matriz ou lê-las da mesma.

Você precisa usar um construtor com um objeto Array, de modo que pode criar uma matriz especificando o nome dela ou quantos valores ela armazenará ou então adicionando todos os dados diretamente na matriz. Por exemplo, aqui está uma matriz que armazena nomes de instrumentos musicais:

```
instrumentos = new Array ("guitarra", "bateria", "piano")
```

Os elementos da matriz são indexados usando seu número ordinal, iniciando em 0, de modo que você pode ser referir à guitarra como instrumentos[0], à bateria como instrumentos[1] e assim por diante.

Se você não quiser fornecer todos os valores quando cria a matriz, pode indicar apenas quantos elementos quer poder armazenar (observe que este valor não inicia em 0, de forma que serão criados três elementos, não quatro):

```
instrumentos = new Array(3)
```

Agora o número fica armazenado na propriedade length do objeto Array e os elementos ainda não estão atribuídos a ela. Se você quiser aumentar o tamanho de uma matriz, pode simplesmente atribuir um novo valor à propriedade length que seja maior que o atual.

Aqui está um exemplo que cria uma matriz com cinco itens e depois verifica quantos itens estão na matriz usando a propriedade length:

```
fruta = new Array("maçã", "banana", "laranja", "manga", "limão")
document.write(fruta.length)
Aqui está um exemplo doo método toString(), que converte a matriz
para uma string.
document.write('Estas são ' + fruta,toString())
```

Manter as informações relacionadas em uma variável tende a ser mais fácil do que ter cinco variáveis, como fruta1, fruta2, fruta3, fruta4 e fruta5. Usar uma matriz como essa também ocupa menos memória do que armazenar cinco variáveis separadas e, em situações onde você pode ter números variáveis de frutas, ela permite que a variável cresça ou diminua de acordo com seus requisitos (em vez de criar dez variáveis, metade das quais poderia ficar vazia).

Métodos

A tabela que se segue lista os métodos de uma matriz:

Método	Propósito
concat()	Junta duas ou mais matrizes pata criar uma nova; suportado no Netscape 4 e no IE4 e versões posteriores.
join(separador)	Junta todos os elementos de uma matriz separados pelo caractere especificado como separador (o padrão é uma vírgula); suportado no Netscape 3 e no IE4 e versões posteriores.
reverse()	Retorna uma matriz invertida; suportado no Netscape 3 e no IE4 e versões posteriores.
slice()	Retorna uma parte especificada da matriz; suportado no Netscape 4 e no IE4 e versões posteriores.
sort()	Retorna uma matriz ordenada; suportado no Netscape 3 e no IE4 e versões posteriores.

Janela

Cada janela e frame de navegador possui um objeto Window que é criado com cada instância de um elemento <body> ou <frameset>.

Por exemplo, você pode alterar o texto que aparece na barra de status do navegador usando a propriedade status. Para fazer isso, primeiro precisa adicionar uma função no cabeçalho que será disparada quando a página for carregada, a qual indicará o que deve aparecer na barra de status.

```
<script type="text/javascript">
 function statusBarText()
 {
  window.status = "Você me viu aqui embaixo?"
 }
</script>
```

Você então chama essa função a partir do evento onload do elemento <body>, desta forma:

```
<body onload="statusBarText()">
```

Aqui está um exemplo de como abrir uma nova janela conhecida como pop-up; você verá uma função mais avançada para executar esta tarefa que vai no cabeçalho do documento no Capítulo 12 mas, como você pode ver, este exemplo fornece um script em linha dentro do manipulador de eventos:

```
<input type="button" value="Abrir Janela"
onclick="window.open('http://www.wrox.com')">
```

Propriedades

A tabela a seguir lista as propriedades do objeto Window.

Propriedade	Propósito
closed	Um Booleando determinando se uma janela foi fechada. Se tiver sido, o valor retornado é verdadeiro.
defaultStatus	Define a mensagem padrão exibida na barra de status de uma janela de navegador (geralmente na parte inferior da página à esquerda).
document	O objeto documento contido nessa janela.
frames	Uma matriz contendo referências a todos os frames filhos com nome na janela corrente.
history	Um objeto de histórico que contém detalhes e URLs visitadas a partir dessa janela (principalmente para uso na criação de botões de avanço e retrocesso como aqueles do navegador).
location	O objeto de localização; a URL da janela corrente.
status	Pode ser configurado para definir uma mensagem temporária exibida na barra de status; por exemplo, você poderia alterar a mensagem na barra de status quando um usuário passar com o mouse sobre uma conexão usando essa propriedade com um evento onmouseover sobre essa conexão.
statusbar	Se a barra de status estiver visível ou não, possui sua própria propriedade visible cujo valor é um Booleano verdadeiro ou falso – por exemplo, window.statusbar[.visible=false] (Netscape 4+ IE3+).

Continua

Propriedade	Propósito
toolbar	Se a barra de rolagem estiver visível ou não, possui sua própria propriedade visible cujo valor é um Booleano verdadeiro ou falso – por exemplo, window.toolbar[.visible=false]. Só pode ser configurada quando você cria a nova janela (Netscape 4 e IE3 e versões posteriores.
top	Uma referência para a janela do navegador mais acima se diversas janelas estiverem abertas na área de trabalho.
window	A janela ou frame corrente.

Métodos

A tabela a seguir lista os métodos do objeto Window.

Método	Propósito
alert()	Exibe a caixa de alerta contendo uma mensagem e um botão de OK.
back()	O mesmo efeito que o botão Voltar do navegador.
blur()	Remove o foco da janela corrente.
close()	Fecha a janela corrente ou outra janela se uma referência a outra janela for fornecida.
confirm()	Mostra uma caixa de diálogo pedindo aos usuários para confirmar se eles querem executar uma ação com OK ou Cancelar como opções. Eles retornam verdadeiro ou falso, respectivamente.
focus()	Dá o foco para a janela especificada e a traz para a frente das outras.
forward()	Equivalente a clicar no botão de Avançar do navegador.
home()	Leva os usuários à sua página inicial.
moveBy(pixelsHorixzntais, pixelsVerticais)	Move a janela o número especificado de pixels em relação ás coordenadas correntes.
moveTo(posiçãoX, posiçãoY)	Move o canto superior esquerdo da janela para as coordenadas x-y especificadas.

Continua

Método	Propósito
`open(URL, nome [, recursos])`	Abre uma nova janela de navegador (este métodos é coberto em maiores detalhes no próximo capítulo).
`print()`	Imprime o conteúdo da janela corrente.
`prompt()`	O mesmo efeito de clicar no botão Parar do navegador.

Escrevendo JavaScript

Você precisa estar ciente de alguns pontos ao começar a escrever JavaScript:

- JavaScript diferencia maiúsculas de minúsculas, de modo que uma variável chamada minhaVariável é diferente de uma chamada MINHAVARIÁVEL e ambas são diferentes de uma variável chamada minhavariável.

- Quando você se depara com símbolos como (, {, [, " e ', eles devem ter um símbolo fechando correspondente ', ",], } e).

- Da mesma forma que XHTML, JavaScript ignora espaços extras, de modo que você pode adicionar espaços em branco no seu script para torná-lo mais legível. As duas linhas a seguir são equivalentes, embora haja mais espaços em branco na segunda:

```
minhaVariável="algum valor"
minhaVariável = "algum valor"
```

- Você pode dividir uma linha de código dentro de uma string de texto com uma barra, como pode ver aqui, o que é muito útil se você tiver strings longas:

```
document.write("Meu primeiro \
 exemplo em JavaScript")
```

- Você não pode, porém, dividir coisas que não sejam strings, de forma que o seguinte seria errado:

```
document.write \
 ("Meu primeiro exemplo em JavaScript")
```

- Você pode inserir caracteres especiais como ", ', ; e &, que de outras forma seriam reservados, usando uma contrabarra antes deles, da seguinte maneira:

```
document.write("Quero usar \"aspas\" \& um E comercial.")
```

Isso escreve a seguinte linha no navegador:

```
Quero usar "aspas" e & um E comercial.
```

- Se você já tiver usado uma linguagem de programação completa como C++ ou Java, sabe que elas requerem um ponto-e-vírgula no final de cada linha. E modo geral, isto é opcional em JavaScript a menos que você queira colocar mais de um comando por linha.

Uma Palavra Sobre Tipos de Dados

Você já deve estar agora compreendendo a idéia de que pode fazer coisas diferentes com tipos diferentes de dados. Por exemplo, pode somar números mas não pode somar matematicamente a letra A à letra B. Alguns tipos de dados requerem que você seja capaz de lidar com números com casas decimais (números de ponto flutuante); valores monetários são um exemplo comum. Outros tipos de dados têm limites inerentes; por exemplo, se estiver lidando com datas e horários, quero poder somar horas a determinados tipos de dados sem terminar com 25:30 como um horário (embora freqüentemente eu deseje que seja possível aumentar o número de horas de um dia).

Dados diferentes (números inteiros, números decimais, datas) são conhecidos como tendo diferentes *tipos de dados*; esses permitem que os programas gerenciem os diferentes tipos de dados de diferentes formas. Por exemplo, se vice usar o operador + com uma string, ele as concatenará, enquanto que, se for usado com números, ele somará os dois números. Algumas linguagens de programação requerem que você indique especificamente de que tipo uma variável é e que você seja capaz realizar a conversão dos tipos. Embora JavaScript suporte diferentes tipos de dados, como você verá em breve, ela mesma lida com a conversão de tipos, de modo que você não precisa se preocupar em informar a JavaScript se um determinado tipo de dados é uma data ou uma string (uma string é um conjunto de caracteres que pode incluir letras e números).

Há três tipos simples de tipos de dados em JavaScript:

- **Numérico:** Usado para executar operações aritméticas (soma, subtração, multiplicação e divisão). Qualquer número inteiro ou decimal que não apareça entre aspas é considerado um número.

- **String:** Usado para lidar com textos. É um conjunto de caracteres entre aspas.

- **Booleano:** Um valor Booleano só possui dois valores possíveis: verdadeiro ou falso. Este dado permite a você executar operações lógicas e verificar se algo é verdadeiro ou falso.

Você pode se deparar com dois outros tipos de dados:

- **Nulo:** Indica que um valor não existe. É escrito usando a palavra chave null. Este é um valor importante porque declara explicitamente que nenhum valor foi fornecido. Isto pode significar uma coisa muito diferente de uma string que contém apenas um espaço ou um zero.

- **Indefinido:** Indica uma situação onde o valor não foi definido previamente no código e usa a palavra chave undefined de JavaScript. Você talvez lembre que, se declarar uma variável mas não der a ela um valor, ela é dita indefinida (você provavelmente verá isto quando algo não estiver correto no seu código).

Palavras Chaves

Você talvez tenha percebido que há diversas palavras chaves em JavaScript que executam funções, como break, for, if e while, todas as quais têm um significado especial; portanto, essas palavras não devem ser usadas em nomes de variáveis, funções, métodos ou objetos. A seguir está uma lista de palavras chaves que você deve evitar usar (algumas destas ainda não foram usadas, mas estão reservadas para uso futuro):

```
abstract, boolean, break, byte, case, catch, char, class, const,
continue, default, do, double, else, extends, false, final,
finally, float, for, function, goto, if, implements, import, in,
instanceof, int, interface, long, native, new, null, package,
private, protected, public, return, short, static, super, switch,
synchronized, this, throw, throws, transient, true, try, var,
void, while, with.
```

Se você estiver trabalhando em uma página que contenha mais de uma linguagem de scripting, para indicar a linguagem default de scripting, um elemento <meta> deve ser usado no elemento <head> do documento.

```
<meta http-equiv="Content-Script-Type" content="text/JavaScript">
```

Resumo

Este capítulo apresentou a você muitos conceitos novos: objetos, métodos, propriedades, eventos, matrizes, funções, APIs, modelos de objetos, tipos de dados e palavras chaves. Embora seja muita coisa para aprender de uma só vez, quando você tiver examinado alguns dos exemplos do próximo capítulo, eles devem ficar muito mais claros. Após ler o próximo capítulo, você pode ler este novamente e deve ser capaz de entender mais exemplos do que pode ser obtido com JavaScript.

Você começou examinando como pode acessar informações de um documento usando o modelo de objetos de documentos. Este capítulo enfocou o DOM de Nível 1, que não é uma recomendação W3C como os outros três níveis de DOM que já foram lançados desde então. Ele é baseado em recursos que são comuns tanto ao Netscape quanto ao IE3 e versões posteriores que suportam estes recursos.

A W3C está indo na direção de uma forma padronizada de acesso a todos os documentos XML, incluindo os XHTML. Entretanto, tantos scripts já foram escritos usando o DOM de Nível 0 que ainda é a melhor forma de você iniciar a aprender JavaScript e escrever código que ficará disponível na maioria dos navegadores.

Assim que você tiver descoberto como obter informações de um documento, pode usar JavaScript para executar cálculos sobre os dados desse documento. JavaScript executa principalmente cálculos usando recursos como os seguintes:

- Variáveis (que armazenam informações na memória)
- Operadores (como os operadores aritméticos e de comparação)
- Funções (que ficam no elemento <head> de um documento e contêm código que é chamado por um evento)
- Comandos condicionais (para lidar com escolhas de ações baseados em diferentes circunstâncias)
- Laços (que repetem comandos até que uma condição seja satisfeita)

Como você verá no Capítulo 12, estes conceitos simples podem ser combinados para criar resultados bastante poderosos. Em especial, quando você vir alguns dos scripts de validação que verificam alguns dos dados de formulário que os usuários digitam, verá algum JavaScript bastante avançado e terá uma boa idéia de como os blocos básicos podem criar estruturas complexas.

Finalmente, você examinou uma quantidade de outros objetos disponibilizados através de JavaScript. Você foi apresentado aos objetos String, Date, Math, Array e Window. Cada objeto contém funcionalidade relacionada; eles têm propriedades que lhe informam sobre eles (como a data, o horário, o tamanho da janela ou o comprimento de uma string), enquanto que os métodos lhe permitem fazer coisas com estes dados sobre o objeto.

Espero que você esteja começando a entender como JavaScript pode lhe ajudar a adicionar interatividade às suas páginas, mas você verá realmente como ela faz isso no próximo capítulo, quando se aprofundará na minha biblioteca JavaScript e examinará exemplos que realmente lhe ajudarão a fazer uso de JavaScript.

Exercícios

1. Crie um script para escrever a tabela de multiplicação do número 5 de 1 a 20 usando um laço while.

2. Modifique ch11_eg06.html de modo que ele possa uma entre três coisas:

- "Bom Dia" aos visitantes que chegarem na página antes do meio-dia (usando um comando if).

- "Boa Tarde" aos visitantes que chegarem na página entre o meio-dia e as seis da tarde (novamente usando um coando if. Dica: Você talvez precise usar um operador lógico).

- "Boa Noite" aos visitantes que chegarem na página após as seis da tarde e até a meia-noite (novamente usando um comando if).

12

Trabalhando com JavaScript

Você aprendeu os conceitos chaves por trás da linguagem JavaScript no Capítulo 11; neste capítulo, você verá como esses conceitos se juntam nos scripts. Examinando muitos exemplos, você aprenderá diferentes formas através das quais JavaScript pode interagir com suas páginas web. Você também aprenderá algumas práticas novas de codificação para escrever seus próprios JavaScripts, e alguns atalhos muito úteis para criar páginas interativas.

O capítulo cobre os seguintes tópicos principais, cada um se relacionando a diferentes técnicas JavaScript ou partes de documentos:

- **Validação de formulários:** Verificar se um usuário preenchei os elementos apropriados do formulário e se colocou um valor que corresponda ao que você espera.

- **Outras técnicas de formulários:** Dar o foco a elementos quando a página carregada, tabulação automática entre campos, desabilitação de controle e conversão de texto entre maiúsculas e minúsculas

- **Navegação:** Rolagem de imagens e destaques de itens de navegação

- **Janelas:** Criação de pop-ups

- **Uso de bibliotecas existentes:** Examinar três bibliotecas JavaScript existentes que podem lhe dar um exemplo de funcionalidade complexa com apenas algumas linhas de código

No final do capítulo, você terá não apenas aprendido muito sobre o uso de JavaScript nas suas páginas, como também terá uma biblioteca de funções úteis que pode usar nas suas próprias páginas.

Dicas Práticas para Escrever Scripts

Antes que você comece a examinar os exemplos, há algumas dicas práticas sobre o desenvolvimento de JavaScripts que devem economizar tempo para você.

Alguém Já Escreveu Este Script?

Milhares de JavaScripts gratuitos já existem na Web e antes que você comece a escrever um script para fazer alguma coisa, é melhor examinar em alguns desses sites para ver se alguém já não fez todo o trabalho duro por você. É claro que algumas tarefas irão requerer que você crie seus próprios scripts, mas se houver um script já escrito que você possa usar, então não há motivo para você reinventar a roda; você deve analisar e simplesmente usar esse script.

Aqui estão alguns sites que lhe ajudarão a seguir em frente e não esqueça que ode pesquisar usando um mecanismo de busca como o Google também):

❑ www.HotScripts.com

❑ www.JavaScriptKit.com

❑ http://JavaScript.Internet.com

Mesmo se você não copiar o script exatamente, pode aprender muito examinando como outra pessoa abordou a mesma tarefa.

Você verá mais sobre este tópico próximo do final do capítulo quando examinar o uso de bibliotecas JavaScript existentes.

Funções Reutilizáveis

Junto com a reutilização dos scripts e pastas de outras pessoas, você também deve escrever código que possa reutilizar a si próprio. Por exemplo, se você for escrever uma função para um calculador de empréstimo, é melhor passar os valores para a função quando a chamar em vez de escrever uma função que os recupere do formulário. Analise a seguinte função:

```
calcularEmpréstimo (quantidaEmprestada, períodoDePagamento,
taxaJuros)
```

Esta função recebe três parâmetros que têm que ser passados para ela quando for chamada.

Agora imagine o formulário que chame essa função no seu documento. O elementos <form> terá um manipulador de eventos onsubmit, de modo que, quando o usuário clicar no botão para calcular os pagamentos do empréstimo, a função é chamada. Pelo fato de a função requerer que os três parâmetros sejam passados, a chamada para o evento pode ter o seguinte formato:

```
<form name="frmCalcEmp"
   onsubmit="calcularEmpréstimo(document.frmCalcEmp.txtQuantia.
value,
             document.frmCalcEmp.txtPagamento.value,
```

                    document.frmCalcEmp.txtJuros.va-
lue)">

Você pode achar que seria melhor juntar os valores do formulário na própria função; a seguir poderia simplesmente chamar a função em uma linha da seguinte maneira:

```
<form name="frmCalcEmp" onsubmit="calcularEmpréstimo()"
```

Essa segunda abordagem certamente parece mais fácil de se escrever aqui, mas é uma economia falsa. É melhor passar esses valores para a função do que escrever uma função para juntá-los do formulário, porque sua função teria que iniciar a juntar os valores e poderia acabar tendo o seguinte formato:

```
function calcularEmpréstimo() {
 quantiaEmpréstimo = document.frmCalcEmp.txtQuantia.value
 valorEmpréstimo = document.frmCalcEmp.txtPagamento.value
 taxaJuros = document.frmCalcEmp.txtJuros.value
```

Por que isso é um problema, se você, de outra forma, teria que escrever a mesma quantidade de código quando chamasse a função? A resposta é que, se a sua função juntar as informações do formulário, será útil apenas com essa página e com esse formulário. Passando os valores para a função, como com a primeira abordagem, o cálculo do empréstimo poderia ser usado com muitos outros formulários.

Você talvez ache que não precisaria de um calculador de empréstimo em muitos sites, mas então poderia precisar de alguma outra forma de calculador de empréstimo em um site diferente. Por exemplo, você poderia escrever um site para uma revenda de automóveis que queira permitir que os usuários descubram quanto teriam que pagar no total se fossem pagar na instalação – em cujo caso você poderia usar seu calculador de empréstimos novamente. Tornando as funções genéricas, elas podem ser reutilizadas, e você logo economizará tempo reutilizando seu próprio código.

Assim, você deve objetivar tornar suas funções tão reutilizáveis quanto possível em vez de associar cada script a uma página.

Usando Arquivos JavaScript Externos

Sempre que você for usar um script em mais de uma página, é uma boa idéia colocá-la em um arquivo JavaScript externo (uma técnica sobre a qual você aprendeu no início do Capítulo 11). Por exemplo, na seção "Rolagem de Imagens" mais adiante neste capítulo, você verá um exemplo de script que cria rolagens de imagens para uma barra de navegação. Sua navegação aparecerá em cada página, então, em vez de incluir a função de rolagem de imagens, você pode apenas incluir um script em cada página. Isso tem as seguintes três vantagens:

❑ Se precisar alterar algo sobre a navegação, precisará mudar apenas uma função, não cada página.

❑ O tamanho do arquivo das páginas é menor porque o JavaScript está em um arquivo que é incluído em cada página em vez de repetido.

❑ Você não tem que copiar e colar o mesmo código para diversos arquivos.

Coloque Scripts em uma Pasta de Scripts

Quando você usar scripts externos deve criar uma pasta especial chamada scripts – como você faria com uma pasta chamada imagens. Sempre que você precisar examinar ou alterar um script, sabe exatamente onde ele estará.

Você também deve usar nomes intuitivos para seus arquivos de scripts de modo que possa encontrá-los rápida e facilmente.

Validação de Formulários

A validação de formulários é uma das tarefas mais comuns executadas usando JavaScript. Você provavelmente já se deparou com formulários na Web que solicitaram a sua atenção quando você não digitou um valor ou quando digitou o tipo errado de valor; isso acontece porque o formulário foi *validado*, ou seja, foi verificado se o texto que você digitou ou as escolhas que fez correspondem a algumas regras que o programador escreveu na página. Essas regras podem incluir coisas como um endereço de e-mail tendo que conter um símbolo @ ou um requisito de que um nome de usuário tenha pelo menos cinco caracteres. Esses tipos de regras ajudam a assegurar que os dados fornecidos pelos usuários satisfaçam aos requisitos antes de serem submetidos.

Quando Validar

A validação pode acontecer em dois lugares, ou no navegador usando JavaScript ou no servidor. De fato, a maioria das aplicações que juntam informações importantes usando um formulário (como pedidos em comércio eletrônico) serão validadas tanto no navegador quanto no servidor. O motivo para a validação no navegador é que ela auxilia o usuário a digitar os dados corretos solicitados para a tarefa sem ter que enviar o formulário para o servidor, ser processado e então enviado de volta se houver algum erro. É muito mais rápido fazer com que o usuário conserte os erros antes de submeter o formulário ao servidor. O servidor então verifica novamente antes de passar os dados do formulário para outra parte da aplicação – este segundo nível de validação é executado porque um simples valor errado em um banco de dados poderia evitar que a aplicação fosse executada apropriadamente e, se o usuário não tiver JavaScript habilitado, a aplicação não será comprometida pela submissão por parte do usuário de um valor que não tenha sido verificado usando JavaScript no navegador.

Como Validar

Quando se trata de validar um formulário, você nem sempre pode verificar se os usuários lhe passaram as informações corretas, mas pode verificar se eles lhe deram alguma informação no formato correto. Por exemplo, você não pode assegurar que o usuário tenha digitado seu número de telefone correto; o usuário poderia digitar o telefone de outra pessoa, mas você pode verificar se é um número em vez de outros caracteres, e também pode verificar se o número contém uma quantidade mínima de dígitos. Como outro exemplo, você não pode assegurar que alguém tenha digitado um endereço de e-mail real em vez de um falso, mas pode verificar se o que foi digitado segue a estrutura geral de um endereço de e-mail (incluindo pelo menos um sinal @ e um ponto). Assim, a validação de formulários é um caso de minimizar a possibilidade de erros do usuário validando controles de formulários.

Os formulários geralmente são validados usando o manipulador de eventos onsubmit, que dispara uma função de validação armazenada no cabeçalho do documento (ou em um arquivo externo que seja especificado no cabeçalho do documento), de modo que os valores são verificados quando o usuário pressiona o botão de Submissão. A função deve retornar verdadeiro para que o formulário seja enviado. Se for encontrado algum erro, a função retorna falso e o formulário do usuário não será enviado – neste momento o formulário deve indicar ao usuário onde há um problema com o que o usuário digitou nesse formulário.

O evento onsubmit muitas vezes chamará uma função com um nome junto com as linhas de validate(form) ou validateForm(form). Devido a muitos formulários conterem diversos controles que requerem validação, geralmente você não passa os valores de cada item que estiver verificando para uma função de validação. A função geralmente é escrita explicitamente para esse formulário – embora você possa reutilizar em diferentes formulários as técnicas que aprendeu (ou até mesmo reutilizar funções inteiras para formulários de registro ou conexão).

> Se você usar uma função de validação que seja chamada pelo manipulador de evento onsubmit, mas o navegador do usuário não suportar JavaScript,, então o formulário ainda assim deve ser submetido, mas as verificações de validação não ocorrem.

A primeira tarefa em uma função de validação é configurar uma variável para o valor de retorno da função como verdadeira. A seguir os valores digitados são verificados e, sempre que a função encontrar um erro no que o usuário digitou, esse valor pode ser passado para falso para evitar que o formulário seja submetido.

Verificando Campos de Texto

Você provavelmente já viu formulários em web sites que lhe pediram para fornecer um nome de usuário e senha e depois para confirmar essa senha, assegurando que não a tenha digitado errado. Isto pode parecer com a Figura 12-1.

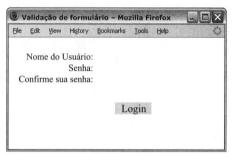

Figura 12-1

Em um formulário destes, você poderia querer verificar alguma coisas:

❑ Que o nome do usuário tenha um comprimento mínimo

❑ Que a senha tenha um comprimento mínimo

❑ Que as duas senhas correspondam

A função validate() que você verá a seguir ficará entre os rótulos <script> a seguir no cabeçalho do documento (lembre-se de que, se você for reutilizar a função em outras páginas, ela poderia ficar em um arquivo JavaScript externo):

```
<script type="text/JavaScript">
</script>
```

Para começar, a função validation() atribui o valor verdadeiro a uma variável valorDeRetorno; se nenhum erro for encontrado, esse será o valor que a função retornará, o que permitirá que o formulário seja enviado. A seguir o formulário junta os valores dos controles de formulários em variáveis, da seguinte maneira:

```
function validate(form) {
 var valorDeRetorno = true;
 var nomeDoUsuário = frmRegistro.txtNomeDoUsuário.value;
 var senha1 = frmRegistro.txtSenha1.value;
 var senha2 = frmRegistro.txtSenha2.value;
```

A primeira coisa que você quer fazer é verificar se o nome do usuário tem pelo menos seis caracteres:

```
if(nomeDoUsuário.length < 6) {
  valorDeRetorno = false;
  alert("Seu nome de usuário deve ter pelo menos \n6 caracteres.\n
    Por favor tente novamente.");
  frmRegistro.txtNomeDoUsuário.focus();
}
```

Trabalhando com JavaScript @ 551

A propriedade length da variável nomeDoUsuário é usada para verificar se o comprimento do nome do usuário digitado é maior do que seis caracteres. Se não for, o valor de retorno da função será falso, o formulário não será submetido e o usuário verá uma caixa de alerta com a mensagem de erro especificada. Observe como o foco é retornado do controle do formulário que tem um problema usando o método focus() nesse controle, evitando que o usuário precise examinar o formulário para encontrar essa entrada novamente. Você também pode ver desse exemplo como a quebra de linha é usada na caixa de alerta para indicar quebras na mensagem apresentada ao usuário \n.

A seguir você quer verificar o comprimento da primeira senha – isso usa a mesma abordagem mas também deixa ambas as caixas de senha em branco novamente se a senha não for suficientemente grande e dá o foco para a primeira caixa de senha:

```
if (senha1.length < 6) {
  valorDeRetorno = false;
  alert("Sua senha deve ter pelo menos \n6 caracteres.\n
    Por favor tente novamente.");
  frmRegistro.txtSenha.value = "";
  frmRegistro.txtSenha2.value = "";
  frmRegistro.txtSenha.focus();
}
```

Se o código chegar até aqui, o nome do usuário e a senha são ambos suficientemente grandes. Agora, você só tem que verificar se o valor da primeira caixa de senha é o mesmo da segunda, conforme mostrado aqui. Lembre-se de que o operador != usando nessa condição significa "não igual":

```
if (senha1.value != senha2.value) {
  valorDeRetorno = false;
  alter("Suas entradas de senhas não correspondem.\nPor favor tente
novamente.");
  frmRegistro.txtSenha.value = "";
  frmRegistro.txtSenha2.value = "";
  frm Registro.txtSenha.focus();
}
```

Você pode ver que quando o usuário tiver digitado senhas que não correspondam, ele vê uma caixa de alerta com uma mensagem de erro informando que as entradas das senhas não correspondem. Além disso, o conteúdo de ambas as entradas de senhas são limpas e o foco é retornado para a primeira caixa de senha.

Quando o usuário comete um erro com uma entrada de senha, não há porque deixar valores nos controles de formulário de senhas porque os usuários não poderão ver os valores que digitaram nessas caixas (porque elas ainda mostrarão pontos ou asteriscos em vez dos caracteres.) Portanto, os usuários terão que digitar ambos os valores novamente porque não poderão ver onde o erro está.

A única coisa que resta fazer é retornar o valor da variável valorDeRetorno – que será verdadeiro se todas as condições forem satisfeitas ou falsa em caso contrário.

```
return valorDeRetorno;
}
```

Aqui está o formulário que é usado com este exemplo:

```
<form name="frmRegistro" method="post" action="register.aspx"
onsubmit="return validate(this);">
<div class="label"><label for="txtUsername">Nome do Usuário:</label></div>
<div class="formElement">
<input type="text" name="txtUserName" id="txtUserName" size="12" />
</div>
<div class="label"><label for="txtPassword">Senha: </td></label></div>
<div class="formElement">
<input type="password" name="txtPassword" id="txtPassword" size="12" />
</div>
<div class="label"><label for="txtPassword2">Confirme a sua senha:</label></div>
<div class="formElement">
<input type="password" name="txtPassword2" id="txtPassword2" size="12" />
</div>
<div class="label"> </label></div>
<div class="formElement"><input type="submit" value="Log in" /></div>
</form>
```

Na Figura 12-2 você pode ver o resultado se a senha do usuário não for suficientemente grande:

Trabalhando com JavaScript @ 553

Figura 12-2

Campos de Texto Obrigatórios

Muitas vezes você desejará se assegurar de que um usuário tenha digitado algum valor em um campo de texto. Você faz isso para um elemento individual usando a técnica que viu no exemplo anterior para o nome do usuário. Como você viu ali, se os usuários digitassem um valor que tenha menos de seis caracteres, eles eram alertados e o formulário não era submetido.

Uma técnica alternativa é usar um laço para percorrer todos os elementos obrigatórios usando um laço *for*, e se algum deles estiver vazio, retornar um erro. Quando você usa essa técnica, precisa ter um atributo class que tenha um valor de required em cada elemento do formulário que seja obrigatório, de modo que o laço possa saber se a entrada de texto deve ter um valor e você deve ter um atributo name cujo valor corresponda ao rótulo do elemento (porque ele será usado em qualquer mensagem de erro). Aqui está um exemplo de como uma entrada de texto deve se parecer com os atributos name e class:

```
<input type="text" name="Nome do Usuário" size="5"
class="required" />
```

Dessa vez a função validate() pode percorrer os elementos de um formulário verificando se cada um tem um atributo class cujo valor seja required e, se tiver, verifica se o valor está vazio. Essa função será disparada usando o evento onsubmit novamente. A função é passada para o objeto do formulário como um parâmetro e inicia configurando um valor de retorno como verdadeiro:

554 @ Introdução à Programação WEB com HTML, XHTML e CSS

```
function validate(form) {
    var valorDeRetorno = true;
```

A seguir, a função percorre os elementos do formulário para descobrir os que são obrigatórios. Você pode ver que o laço for possui três argumentos. O primeiro inicializa uma variável chamada i como um contador com um valor igual a 0. O segundo é uma condição para ver se o contador é menor que o número de elementos do formulário. O terceiro incrementa o contador em 1 cada vez que o laço é executado, da seguinte maneira:

```
var elementosDoFormulário = form.elements;
for (var i=0; i<elementosDoFormulário.length; i++)
{
```

A seguir, dentro do laço, o valor do elemento corrente é recuperado:

```
        elementoCorrente = elementosDoFormulário[i];
```

Agora você vê se o atributo class possui um valor de required e, se tiver, você pode ver se o valor está em branco. Se ambas essas condições forem satisfeitas, então a variável para o valor de retorno é configurada como falsa e o alerta informa ao usuário de que ele ou ela erraram. Também há um break aqui para parar o laço assim que for encontrado um campo obrigatório em branco.

```
        if (elementoCorrente.value=="" && elementoCorrente.className=="required") {
           alert("O campo obrigatório \""+elementoCorrente.name +"\" está vazio. Por favor
              forneça um valor para ele.");
           elementoCorrente.focus();
           valorDeRetorno = false;
          break;
        }
        return valorDeRetorno;
    }
}
```

Observe como o método alert() usa o valor do atributo name do elemento para informar o usuário sobre qual elemento ele ou ela deixou em branco com elementoCorrente.name.

Você pode ver essa função trabalhando com um formulário que é muito semelhante ao do exemplo anterior, embora os valores dos atributos name tenham que ser descritivos para o usuário e corresponder aos rótulos desses formulários (ch12_eg02.html):

```
<form name="frmEnquiry" method="post" action="register.aspx"
```

```
        onsubmit="return validate(this);">
  <div class="label"><label for="Nome">Nome:</label></div>
  <div class="formElement">
    <input type="text" class="required" name="Nome" size="12"
id="Nome" />
  </div>
  <div class="label"><label for="E-mail">E-mail:</label></div>
  <div class="formElement">
    <input type="text" class="required" name="E-mail" size="12"
id="E-mail" />
  </div>
  <div class="label"><label for="txtEmail">Por favor digite sua
consulta aqui:</label></div>
  <div class="formElement">
    <textarea rows="8" class="required" cols="30" name="Query"
id="Query">
    </textarea>
  </div>
  <div class="label"><label for="txtEmail"> </label></div>
  <div class="formElement">
    <input type="submit" class="" value="Submeta sua consulta" />
  </div>
</form>
```

A Figura 12-3 mostra a mensagem de erro gerada quando o usuário não tiver digitado um valor para o endereço de e-mail. A palavra e-mail entre aspas foi recuperada do atributo name dessa entrada de texto.

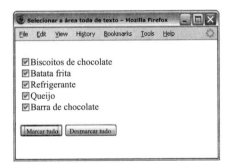

Figura 12-3

Encontrando Caracteres Usando replace()

Um recurso que muitas vezes é útil com entradas de texto é a capacidade de substituir determinados caracteres. JavaScript possui o útil método replace() que você pode usar para substituir caracteres especificados por um conjunto alternativo de caracteres.

O método replace() permite a você especificar um caractere ou conjunto de caracteres que você quiser substituir, usando uma string ou algo conhecido como Expressão Regular (você será apresentado a Expressões Regulares mais adiante neste capítulo); esse é o primeiro argumento do método. O segundo argumento é o caracter ou caracteres que você quer substituir pela string. Esse segundo argumento é muitas vezes apenas uma string de substituição (um conjunto de caracteres de substituição), embora possa ser uma função que determine como deve ser a string de substituição – se for uma função, o valor de retorno seria usado como string de substituição. Assim, o método replace() pode portanto usar as seguintes sintaxes:

```
string replace (subStringAntiga, subStringNova);
string replace (expReg, subStringNova);
string replace (expReg, função());
```

Aqui está um exemplo simples que usa o método replace() com uma área de texto e procura a string URL dentro da caixa de texto. Quando ela encontra a string URL, a substitui pela string ABC (ch12_eg03.html). Primeiro, aqui está o formulário:

```
<form name="myForm">
 <textarea name="myTextArea" id="myTextArea" cols="40" rows="10">Estou interessado
em Curl, aqui está uma url relacionada.</textarea>
  <input type="button" value="Substituir url dos caracteres"
        onclick="document.myForm.myTextArea.value =
          document.myForm.myTextArea.value.replace(/url/gi,
'abc');" />
</form>
```

Observe, entretanto, que isto também alteraria a palavra Curl para Cabc, de modo que é uma boa idéia adicionar um \b em cada lado da string URL para indicar um limite de palavra – indicando que você só quer procurar pelas palavras inteiras – de forma que a string será substituída apenas se a string URL for uma palavra sozinha (você não pode apenas verificar a presença de um espaço em ambos os lados das letras URL, porque pode haver pontuação ao lado das letras):

```
onclick="document.myForm.myTextArea.value=
     document.myForm.myTextArea.value.replace(/\burl\b/gi,
'abc');"
```

As barras para frente em torno da string URL indicam que se está procurando por uma correspondência com aquela string. O *g* após a segunda barra (conhecido como *flag*) indica que o documento está procurando por uma correspondência global por toda a área do texto (sem g, apenas a primeira correspondência na string é substituída) e *i* indica que ela deve ser uma correspondência que não diferencie maiúsculas de minúsculas (de forma que a string URL também deve ser substituída, bem como qualquer combinação desses caracteres em letras maiúsculas e minúsculas).

Você pode relacionar mais de uma string usando o caracter de pipestem; o exemplo a seguir procura uma correspondência com link, url ou homepage:

/link | url | homepage/

Observe que, se você quiser procurar alguns dos caracteres a seguir, eles devem ficar entre barras porque têm significado especial em Expressões Regulares:

\ | ( ) [{ ^ $ * + ? .

Se você quiser colocar entre barras esses caracteres, eles devem ser precedidos por uma barra invertida (por exemplo /\ \ / procura uma barra invertida e /\$/ procura um sinal de cifrão.

A tabela a seguir lista alguns outros caracteres interessantes.

Expressão	Significado
\n	Nova linha
\r	Retorno de carruagem
\t	Tabulação
\v	Tabulação vertical
\f	Novo formulário
\d	Um dígito (o mesmo que [0-9], que significa qualquer dígito entre 0 e 9)
\D	Um não dígito (o mesmo que [^0-9], onde ^ significa não)
\w	Um caracter de palavra (alfanumérica) (o mesmo que [a-zA-Z_0-9])
\W	Um caracter não palavra (o mesmo que [^a-zA-Z_0-9])
\s	Um caracter de espaço em branco (o mesmo que [\t\v\n\r\f])
\S	Um caracter não espaço em branco (o mesmo que [^\t\v\n\r\f])

Assim, se você quisesse substituir todos os retornos de carruagem ou novas linhas por um rótulo HTML <br />, poderia usar o seguinte (ch12_eg04.html):

```
onclick="document.myForm.myTextArea.value=
        document.myForm.myTextArea.value.replace(/\r\n|          \r|
\n/g),'<br />');"
```

Nesse caso, o método replace() está procurando por novas linhas usando \n ou retornos de carruagem usando \r. A string de substituição é <br />. A Figura 12-4 mostra coo este exemplo se pareceria substituindo os retornos de carruagem e as novas linhas por rótulos <br />. (Na verdade, é mais provavel que você use essa função quando o formulário for submetido pelo usuário, em vez de dar a esse um botão para executar a operação).

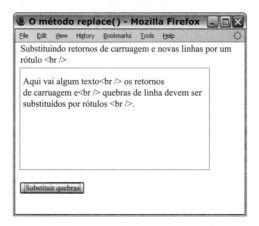

Figura 12-4

O Netscape e o IE suportam o método replace() com strings desde a versão 3, e ambos introduziram o suporte para Expressões Regulares na versão 4. Se você trabalha com navegadores mais antigos, terá que usar indexOf() em vez disso.

Testando Caracteres Usando Test e Expressões Regulares

As Expressões Regulares também podem ser usadas para testar padrões de strings digitadas por usuários. Por exemplo, elas podem ser usadas para testar se há espaços em uma string, se a string segue o formato de um endereço de e-mail, se é uma quantia em dinheiro e assim por diante. Isso usa o método test() da seguinte maneira: primeiro você configura variáveis para guardar o valor de retorno verdadeiro, o valor digitado por um usuário e um valor para guardar a Expressão Regular ch12_eg05.html):

```
function validate(form) {
var valorDeRetorno = true;
var quantiaDigitada = document.frmDinheiro.txtQuantia.value;
var formatoMonetário = /^ \d+(\.\d{1,2})?$/;
```

A seguir, você testa se o valor segue o formato correto – se não seguir, você alerta o usuário, coloca o foco para o elemento correto no formulário e configura a variável valorDeRetorno para falso:

```
if (formatoMonetário != test(quantiaDigitada))
```

```
{
alert("Você não informou um valor em dinheiro");
document.frmDinheiro.txtQuantia.focus();
valorDeRetorno = false;
}
return valorDeRetorno;
}
```

Aqui está o formulário simples para testar esse exemplo:

```
<form name="myForm" onsubmit="return validate(this);"
action="money.aspx" method="get">
Digite uma quantia em dinheiro aqui $
<input type="text" name="txtQuantia" id="txtQuantia" size="7" />
<input type="submit" value="Verificar formato" />
</form>
```

A Figura 12-5 mostra este formulário em ação

Figura 12-5

Expressões Regulares não são as coisas mais fáceis de se aprender a escrever, e você deve escolher um livro que aborde como escrevê-las se quiser começar a escrever as suas próprias. Entretanto, a tabela a seguir lista algumas úteis que você pode usar para começar.

Testa	Descrição	Expressão Regular
Espaços em branco	Nenhum caractere de espaço em branco	\S/;
Caracteres alfabéticos	Nenhum caractere do alfabeto nem o hífen, ponto ou vírgula podem aparecer na string.	/[^a-z \ -\ .']/gi;
Caracteres alfanuméricos	Nenhuma letra ou número pode aparecer na string.	/[^a-z \ -\ .']/gi;

Testa	Descrição	Expressão Regular
Cartão de Crédito e detalhes	Um número de cartão de crédito com 16 dígitos seguido pelo padrão XXXX XXXX XXXX XXXX.	/^\d{4}([-]?\d{4}){3}$/;
Número decimal	Um número com uma casa decimal.	/^\d+(\.\d+)?$/;
Dinheiro	Um grupo de um ou mais dígitos seguido por um grupo opcional consistindo de um ponto decimal mais um ou dois dígitos.	/^\d+(\.\d\{1,2\})?$/;
Endereço de E-mail	Um endereço de e-mail	/^\w(\.?[\w-])*@\w(\.?[\w-])*\.[a-z]{2,6}(\.[a-z]{2})?$/i;

Opções de Caixas de Seleção

Se você quiser verificar se um usuário selecionou um dos itens de uma caixa de seleção, precisa usar a propriedade selectedIndex do objeto select que representa a caixa de seleção. Se o usuário selecionar a primeira opção, essa propriedade receberá um valor igual a 0; se o usuário selecionar a segunda opção, a propriedade selectedIndex receberá um valor igual a 1, a terceira receberá um valor igual a 2, e assim por diante.

Por padrão, se o usuário não alterar o valor que o controle possui quando a página é carregada, o valor será 0 para uma caixa de seleção padrão (a primeira opção é selecionada automaticamente quando o formulário é carregado), enquanto que, para uma caixa de seleção múltipla, o valor será 1 se nenhuma das opções for selecionada (o que indica que o usuário não selecionou alguma opção).

Examine a caixa de seleção simples a seguir, que pede ao usuário para selecionar um naipe de cartas (ch12_eg06.html):

```
<form name="frmCartas" action="Cartas.aspx" method="get"
      onsubmit="return validate(this)">
 <select name="selCartas" id="selCartas">
 <option>Selecione um Naipe de Cartas</option>
 <option value="copas">Copas</option>
 <option value="ouro">Ouro</option>
 <option value="espadas">Espadas</option>
 <option value="paus">Paus</option>
 </select>
```

```
<input type="submit" value="Enviar seleção" />
</form>
```

Agora, para verificar se um dos naipes de cartas foi selecionado, você tem a função validate(), que receberá o objeto form como parâmetro. No caso desse exemplo, se o valor for 0, então você tem que alertar o usuário de que ele não selecionou um dos naipes de cartas e solicitar que ele o faça.

```
function validate(form) {
 var valorDeRetorno = true;
 var opcaoSelecionada = form.selCartas.selectedIndex;
 if (opcaoSelecionada==0)
 {
    valorDeRetorno = false
    alert("Por favor selecione um naipe de cartas.");
 }
 return valorDeRetorno;
}
```

Na Figura 12-6, você pode ver o aviso de que o usuário não selecionou um naipe de cartas.

Observe que, se você quisesse coletar o valor da opção selecionada da janela dropdown, usaria a seguinte sintaxe:

```
form.selCartas.options[selected].value
```

Isso ocorre porque você precisa examinar qual dos elementos da [option] foi selecionado para obter seu valor em vez de apenas o número do índice do elemento selecionado.

Figura 12-6

Botões de Rádio

Um grupo de botões de rádio é diferente de outros controles de formulário no sentido de que compartilham um valor para o atributo name e apenas um dos botões de rádio pode ser selecionado de cada vez.

Se você quiser assegurar que um botão de rádio tenha sido selecionado, pode pré-selecionar um dos valores dos botões de rádio ou pode percorrer as propriedades checked dos objetos RadioButton para ver se uma foi selecionada.

Por exemplo, a seguir está um formulário com quatro botões de rádio (ch12_eg07.html):

```
<form name="frmCartas" action="cards.aspx" method="post"
      onsubmit="return validateForm(this)" >
 <p>Por favor selecione um naipe de cartas.</p>
 <p><input type="radio" name="radSuit" value="hearts" /> Copas </p>
 <p><input type="radio" name="radSuit" value="diamonds" /> Ouro </p>
 <p><input type="radio" name="radSuit" value="spades" /> Espadas </p>
 <p><input type="radio" name="radSuit" value="clubs" /> Paus </p>
 <p><input type="submit" value="Submeter escolha" /></p>
</form>
```

Lembre-se de que um grupo de botões de rádio compartilhará o mesmo nome, de modo que você precisa percorrer cada um dos botões de rádio da seleção e ver se ele tem uma propriedade checked; para fazer isso, você usará um laço *for*. Essa função usa uma variável que chamarei de radioEscolhido para indicar se um dos botões de rádio foi selecionado. Se um botões tiver sido selecionado, seu valor será configurado para verdadeiro. A seguir há um teste após cada um dos botões de rádio ter sido percorrido para verificar seu valor:

```
function validate(form) {
 var botoesRadio = form.radSuit;
 var radioEscolhido = false;
 for (var i=0; i<botoesRadio.length; i++) {
   if (botoesRadio[i].checked)
   {
     radioEscolhido=true;
     valorDeRetorno=true;
   }
 }
 if (radioEscolhido == false) {
   valorDeRetorno = false;
   alert("Você não selecionou um naipe de cartas");
```

```
    }
    return valorDeRetorno;
}
```

Observe que, embora a ordem dos atributos em um elemento não deva importar em XHTML, havia uma falha no Netscape 6 e em algumas versões do Mozilla, o que significa que ele mostrará uma propriedade checked do botão de rádio apenas se o atributo type for o primeiro atributo passado no elemento <input />.

Você pode ver o resultado na Figura 12-7.

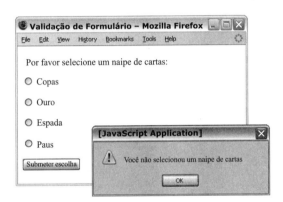

Figura 12-7

Caixas de verificação

Caixas de verificação permitem ao usuário selecionar zero, um ou mais itens de uma série de opções. Embora um grupo de caixas de verificação possa compartilhar o mesmo nome, elas são mutuamente excludentes como os botões de rádio, embora sejam disponibilizadas em JavaScript como uma matriz, da mesma forma que os botões de rádio,

A seguir está uma leve alteração no exemplo anterior usando caixas de verificação em vez de botões de rádio, e o usuário pode selecionar mais de um naipe de cartas (ch12_eg08.html):

```
<form name="frmCartas" action="cards.aspx" method="post">
  <p>Por favor selecione um ou mais naipe(s) de cartas.</p>
  <p><input type="checkbox" name="chkSuit" value="hearts" /> Copas
  </p>
  <p><input type="checkbox" name="chkSuit" value="diamonds" /> Ouro
  </p>
```

```
<p><input type="checkbox" name="chkSuit" value="spades" />
Espadas </p>
<p><input type="checkbox" name="chkSuit" value="clubs" /> Paus </
p>
<p><input type="button" value="Contar caixas de verificação"
   onclick="contarCaixasDeVerificação(frmCards.chkSuit)" /></p>
</form>
```

A seguir está a função que conta quantas caixas de verificação foram selecionadas e exibe esse número para o usuário. Da mesma forma que no exemplo anterior, se nenhuma caixa de verificação tiver sido selecionada, você pode alertar o usuário de que ele deve informar um valor.

```
function contarCaixasDeVerificação(field) {
 var contador = 0
 for (var i = 0; i < field.length; i++) {
  if (field[i].checked)
   contador++; }
 alert("Você selecionou " + contador + " caixa(s) de
verificação");
}
```

Você pode ver o formulário na Figura 12-8 onde o usuário selecionou duas caixas de verificação.

Figura 12-8

Evitando uma Submissão de Formulário até que uma Caixa de Verificação Tenha Sido Selecionada

Se você quiser assegurar que uma caixa de verificação tenha sido selecionada – por exemplo, se você quiser que um usuário concorde com determinados termos e condições – pode fazê-lo adicionando uma função ao manipulador de eventos onsubmit aos que você já viu. A função verifica se a caixa de verificação foi marcada e, se retornar verdadeiro, o formulário será submetido. Se a função retornar falso, o usuário seria solicitado a marcar uma caixa. A função poderia se parecer com esta (ch12_eg09.html):

```
function verificarCaixaDeVerificação(myForm){
   if (myForm.agree.checked == false )
   {
          alert('Você deve concordar com os termos e condições para continuar');
          return false;
   } else
     return true;
}
```

Outra técnica comum é usar scripts para simplesmente desabilitar o botão de Submissão até que os usuários tenham clicado na caixa para dizer que concordam com os termos e condições.

> Se você usar um script para habilitar novamente um controle de formulário, deve desabilitar o controle no script quando a página é carregada em vez de usar o atributo disabled no próprio elemento. Isso é importante para aqueles que não tenham JavaScript habilitada nos seus navegadores. Se você usar o atributo disabled em um elemento <form> e os usuários não tiverem JavaScript habilitada, eles nunca poderão usar esse controle de formulário. Entretanto, se você tiver usado um script para desabilitá-lo quando a página for carregada, sabe que o script poderá habilitar novamente o controle do formulário quando o usuário clicar na caixa apropriada. Este é um ótimo lembrete de que JavaScript deve ser usada para melhorar a usabilidade das páginas e não deve ser obrigatória para que se use uma página.

A seguir está uma página muito simples com um formulário. Quando ela for carregada, o botão de Submissão é desabilitado no evento onload. Se o usuário clicar a caixa de verificação, então o botão de Submissão será habilitado novamente (ch12_eg09.html):

```
<body onload="document.frmAgree.btnSubmit.disabled=true">
<form name="frmAgree" action="test.aspx" method="post">
```

Entendo que este software não poderá ser responsabilizado:

```
<input type="checkbox" value="0" name="chkAgree" id="chkAgree"
```

```
onclick="document.frmAgree.btnSubmit.disabled=false" />
<input type="submit" name="btnSubmit" value="Go to download" /><br
/>
<p>Você não poderiá submeter este formulário a menos que concorde
com os
        <a href="terms.html">termos e condições</a> e marque a
caixa de termos e    condições.</p>
</form>
</body>
```

Você pode ver esse exemplo na Figura 12-9. Observe como há uma explicação sobre o motivo pelo qual o botão de Submissão poderia estar desabilitado. Isso ajuda o usuário a entender o porquê de não conseguir clicá-lo.

Essa técnica também pode ser usada com outros controles de formulários - você verá um exemplo que habilita uma entrada de texto mais adiante neste capítulo.

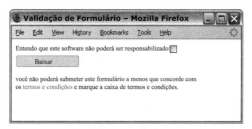

Figura 12-9

Melhorias nos Formulários

Os exemplos que você verá nesta seção não lhe auxiliam a validar um formulário; em vez disso, eles simplesmente melhoram a usabilidade de um formulário.

Dê o Foco ao Primeiro Item do Formulário

Se o seu formulário começar com uma caixa de texto, você pode passar o foco para essa caixa de texto de modo que os usuários não tenham que mover seu mouse, clicar na caixa de texto e a seguir mover suas mãos de volta para o teclado antes de digitar algum texto.

Para passar o foco para a primeira entrada de texto de um formulário, simplesmente adicione um manipulador de eventos onload ao elemento <body> do documento. Esse manipulador seleciona o controle de formulário que você quiser destacar e usa o método focus() desse controle para passar o foco para ele, da seguinte maneira (ch12_eg10.html):

```
<body onload="document.meuFormulário.minahCaixaDeTexto.focus();">
```

Quando a página for carregada, o cursor deve estar piscando no controle do formulário que você tiver selecionado, pronto para que o usuário digite algum texto. Veja a Figura 12-10.

Observe que o evento onload é disparado quando a página completa tiver sido carregada (e não assim que ele aparece na ordem da página).

Figura 12-10

Tabulação Automática Entre Campos

O método focus() também pode ser usado para passar o foco de um controle para outro. Por exemplo, se um dos controles de um formulário deve fornecer uma data de nascimento no formato MM/DD/AAAA, então você pode mover o foco entre as três caixas assim que o usuário tiver digitado um mês e depois novamente após ele ter digitado um dia (ch12_eg11.html):

```
<form name="frmDOB">
 Informe sua data de nascimento:<br />
 <input name="txtMês" id="txtMês" size="3" maxlength="2"
   onkeyup="if(this.value.length>=2)
   this.form.txtDia.focus();"/>
 <input name="txtDia" id="txtDia" size="3" maxlength="2"
   onkeyup="if(this.value.length>=2)
   this.form.txtAno.focus();" />
 <input name="txtAno" id="txtAno" size="5" maxlength="4"
   onkeyup="if(this.value.length>=4)
   this.form.submit.focus();" />
 <input type="submit" name="submit" value="Enviar" />
</form>
```

Esse exemplo usa o manipulador de eventos onkeyup para verificar se o comprimento do texto que o usuário digitou é igual ou maior que o número obrigatório de caracteres nesse campo. Se o usuário tiver digitado o número obrigatório de caracteres, o foco é passado para a próxima caixa.

Observe como o comprimento da entrada de texto é descoberto usando *this.value.length*. A palavra chave this indica o controle corrente de formulário, enquanto que a propriedade value indica o valor digitado para o controle.

A seguir, a propriedade length retorna o comprimento do valor digitado para o controle. Essa é uma forma mais rápida de se determinar o comprimento do valor no controle corrente do formulário do que o caminho completo, que seria o seguinte:

```
document.fromDOB.txtMês.value.length
```

> A outra vantagem de se usar a palavra chave this em vez do caminho completo é que o código funcionaria se você copiasse e colasse esses controles em um formulário diferente, já que não codificou explicitamente o nome do formulário.

Você pode ver esse exemplo na Figura 12-11; o usuário digitou um número apropriado de dígitos no campo, de modo que o foco é passado para o próximo.

Figura 12-11

Você talvez tenha percebido que o valor do atributo size também é um dígito maior que o comprimento máximo do campo para assegurar que haja espaço suficiente para todos os caracteres (geralmente a largura do controle será um pouco pequena demais para que se veja todos os caracteres ao mesmo tempo).

> Tenho visto esta técnica sendo usada para permitir aos usuários digitar seus detalhes de cartão de crédito usando quatro blocos de quatro códigos. Embora 16 dígitos seja o comprimento mais comum de um número de cartão de crédito, e eles sejam muitas vezes impressos em blocos de quatro dígitos, alguns cartões Visa, por exemplo, contêm 13 dígitos e alguns cartões American Express usam 15 dígitos.

Desabilitando uma Entrada de Texto

Às vezes você ainda irá querer desabilitar uma entrada de texto até que uma determinada condição seja satisfeita – da mesma forma que o botão de Submissão ficava

Trabalhando com JavaScript @ 569

desabilitado até que o usuário clicasse na caixa de verificação para concordar com os termos e condições na Figura 12-9.

Este exemplo mostra um formulário que pergunta aos usuários como descobriram o site; botões de rádio são usados para diversas opções como Amigos, propaganda de TV, propaganda em revistas, e então uma opção Outro. Se o usuário selecionar a opção Outro, a entrada de texto próxima a essa opção permite ao usuário indicar como ele soube do site. Você pode ver o formulário na Figura 12-12.

Neste exemplo, não é apenas o caso de se habilitar a caixa de texto quando o usuário seleciona o botão de rádio com a opção Outro; você na verdade precisa verificar o valor de cada botão de rádio como se ele estivesse selecionado – afinal, se o usuário selecionar Outro na sua primeira escolha, mas depois mudar de idéia e selecionar TV ou uma das outras opções, você irá querer desabilitar a entrada de texto e alterar seu valor novamente. Portanto, cada vez que o usuário selecionar um botão de rádio, uma função no cabeçalho do documento é chamada, sendo ela responsável pela habilitação e desabilitação do controle e da configuração dos valores.

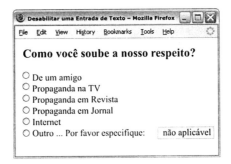

Figura 12-12

Primeiro, aqui está o formulário que dá aos usuários as opções (ch12_eg12.html). Observe como a entrada de texto é desabilitada usando o manipulador de eventos onload no elemento <body> e que a entrada de texto não usa o atributo disabled (isto é a mesma coisa que o exemplo anterior com o botão Submeter).

```
<body onload="document.frmReferrer.txtOther.disabled=true;
        document.frmReferrer.txtOther.value='não aplicável' ">
<h2>Como você soube a nosso respeito?</h2>
<form name="frmReferrer">
  <input type="radio" name="radHear" value="1"
        onclick="handleOther(this.value);" />De um amigo<br />
  <input type="radio" name="radHear" value="2"
        onclick="handleOther(this.value);" />Propaganda na TV<br />
  <input type="radio" name="radHear" value="3"
```

```
        onclick="handleOther(this.value);" />Propaganda em
Revista<br />
 <input type="radio" name="radHear" value="4"
        onclick="handleOther(this.value);" />Propaganda em
Jornal<br />
 <input type="radio" name="radHear" value="5"
        onclick="handleOther(this.value);" />Internet<br />
 <input type="radio" name="radHear" value="other"
        onclick="handleOther(this.value);" />Outro... Por favor
especifique:
 <input type="text" name="txtOther" />
</form>
```

Como você pode ver nesse formulário, cada vez que o usuário seleciona uma das opções no mesmo, o evento onclick chama uma função chamada handleOther(). Essa função recebe o valor do controle de formulário como parâmetro.

Examinando a função, você pode ver que ela verifica se o valor do controle do formulário é igual do texto Outro (lembre-se de que a verificação de se dois valores são iguais usa dois sinais de igual porque um sinal de igual sozinho é usado para configurar uma variável).

```
function handleOther(strRadio) {
      if (strRadio == "other") {
            document.frmReferrer.txtOther.disabled = false;
            document.frmReferrer.txtOther.value = ";
      }
      else {
            document.frmReferrer.txtOther.disabled = true;
            document.frmReferrer.txtOther.value = 'não
aplicável';
      }
}
```

Aqui você pode ver um comando if ... else simples que examina o valor do botão de rádio, que foi passado como um argumento. Se o valor for other, o controle é habilitado, e o valor é configurado para nada – caso contrário, é desabilitado e o valor é "não aplicável".

Conversão de Letras

Há vezes em que é útil alterar as letras de um texto que um usuário tiver digitado para passá-las todas para maiúsculas ou minúsculas – em especial porque JavaScript faz essa diferença. Para alterar a letra, há dois métodos internos do objeto String de javaScript:

```
toLowerCase()
toUpperCase()
```

Para demonstrar, aqui está um exemplo de uma entrada de texto que muda de caixa quando o foco sai da mesma (ch12_eg13.html):

```
<form>
        <input type="text" name="case" size="20"
              onblur="this.value=this.value.toLowerCase();" />
</form>
```

> *Se os dados do seu formulário estiverem sendo enviados a um servidor, geralmente é considerada uma boa prática fazer essas alterações no servidor porque elas distraem menos os usuários – um formulário que altere a caixa das letras enquanto você o usa pode parecer um pouco estranho para os usuários.*

Eliminando Espaços no Início e no Final de Campos

Você poderia querer remover espaços (em branco) do início ou do final de um campo de formulário por muitos motivos, até mesmo simplesmente porque o usuário não queria digitá-los lá. A técnica que demonstrarei aqui usa o método substring() do objeto String, cuja sintaxe:

```
substring (posiçãoInicial, posiçãoFinal)
```

Esse método retorna a string entre os pontos passados – se não for fornecida uma posição final, então o padrão é o final da string. As posições inicial e final são baseadas em zero, de modo que o primeiro caractere é o zero. Por exemplo, se você tiver uma string que diga Bem-vindo, então o método substring(0,1) retorna a letra B.

Primeiro removendo os espaços em branco no início de uma string, o método substring() será chamado duas vezes.

Primeiro você pode usar o método substring() para recuperar o valor que o usuário digitou em um controle de texto e retornar apenas o primeiro caractere. Você verifica se esse primeiro caracter retornado é um espaço:

```
this.value.substring(0,1) == ' '
```

Se este caracter for um espaço, você chama o método substring() uma segunda vez para removê-lo. Dessa vez, ele seleciona o valor do controle a partir do segundo caracter até o final da string (ignorando o primeiro caractere). Esse é configurado como o novo valor do controle de formulário; assim, você removeu o primeiro caracter, que era um espaço.

```
          this.value = this.value.substring(1, this.value.length);
```

Esse processo inteiro de verificação se o primeiro caractere é um espaço em branco e depois de remoção se o for, será chamado usando o manipulador de eventos onblur; assim, quando o foco sair do controle do formulário, o processo inicia. Você pode ver aqui que o processo usa um laço *while* para indicar que, enquanto o primeiro caracter for um espaço em branco, ele deve ser removido usando a segunda chamada ao método substring(). Este laço assegura que o primeiro caracter seja removido se for um espaço em branco até que a substring não retorne mais um espaço em branco como o primeiro caracter (ch12_eg14.html).

```
<form>
     <input type="text" name="txtName" size="100"
          value=" Digite um texto deixando um caractere em branco no início. A          seguir, altere o foco."
               onblur="while (this.value.substring(0,1) == ' ')
                    this.value = this.value.substring(1, this.value.length);" /><br />
</form>
```

Para eliminar quaisquer espaços em branco, o processo é semelhante mas invertido. O primeiro método substring() coleta o último caractere da string e, se ele for um espaço em branco, remove-o, da seguinte maneira:

```
<form>
<input type="text" name="txtName" size="100"
     value="Digite um texto deixando um espaço em branco no final. A seguir, altere o    foco. "
          onblur="while (this.value.substring
               (this.value.length-1,this.value.length) == ' ')
               this.value = this.value.substring(0, this.value.length-1);" /><br />
</form>
```

Desde que você não tenha como alvo navegadores antigos tão antigos como o Netscape 4 e o IE4, pode, de forma alternativa, usar uma Expressão Regular para eliminar os espaços, da seguinte maneira:

```
<form>
     <input type="text" name="removerEspaçosNoInícioENoFinal" size="100"
          value=" Digite um texto com espaços em branco e altere o foco. "
               onblur = "this.value = this.value.replace(/^\ \s+/, ").replace(/\s+$/, ");"
          /><br />
```

```
</form>
```

Isso remove espaços no início e no final.

Expressões Regulares são um tópico bastante extenso. Se você quiser aprender mais sobre elas, pode examinar *Beginning JavaScript 2nd Edition*, de Paul Wilton (Wrox, 2000).

Selecionando Todo o Conteúdo de uma Área de Texto

Se você quiser permitir aos usuários selecionem o conteúdo inteiro de uma área de texto (de modo que eles não precisem selecionar manualmente todo o texto com o mouse0, pode usar os métodos focus() e select().

Neste exemplo, a função selecionarTudo() recebe um parâmetro, o controle do formulário o qual você quer selecionar o conteúdo (ch12_eg15.html):

```
<html>
<head><title>Selecionar a toda a área de texto</title>
<script language="JavaScript">
      function selecionarTudo(strControl) {
            strControl.focus();
            strControl.select();
      }
</script>
</head>
<body>
      <form name="myForm">
            <textarea name="myTextArea" rows="5" cols="20">Aqui fica algum texto</textarea>
            <input type="button" name="btnSelectAll" value="Selecionar tudo"
                 onclick="selecionarTudo(document.myForm.myTextArea);" />
      </form>
</body>
</head>
</html>
```

O botão que permite ao usuário selecionar tudo tem um manipulador de eventos onclick para chamar a função selecionarTudo() e informar a ele de qual controle selecionar todo o conteúdo.

A função selecionarTudo() primeiro dá a esse controle o foco usando o método focus() e depois seleciona seu conteúdo usando o método select(). O controle de formulário deve obter novamente o foco antes que possa ter seu conteúdo selecionado. O mesmo método também funcionaria em uma entrada de texto de única alinha e em um campo de senha.

Marcar e Desmarcar Todas as Caixas de Verificação

Se houver diversas caixas de verificação em um grupo, pode ser útil permitir que os usuários marquem ou desmarquem o grupo inteiro ao mesmo tempo. A seguir estão duas funções que permitem exatamente isso:

```
function marcar(field) {
     for (var i = 0; i < field.length; i++) {
          field[i].checked = true;}
}
function desmarcar(field) {
     for (var i = 0; i < field.length; i++) {
          field[i].checked = false; }
}
```

Para que estas funções funcionem, mais de uma caixa de verificação deve pertencer ao grupo. Você adiciona então dois botões que chamam as funções marcar e desmarcar, passando uma matriz de elementos de caixa de verificação que compartilham o mesmo nome como os seguintes (ch12_eg16.html):

```
<form name="frmSnacks" action="">
     Sua cesta de compras<br />
<input type="checkbox" name="basketItem" value="1" />Biscoitos de chocolate<br />
<input type="checkbox" name="basketItem" value="2" />Batata frita<br />
<input type="checkbox" name="basketItem" value="3" />Refrigerante<br />
<input type="checkbox" name="basketItem" value="4" />Queijo<br />
<input type="checkbox" name="basketItem" value="5" />Barra de chocolate<br /><br />
<input type="button" value="Marcar tudo"
     onclick="marcar(document.frmSnacks.basketItem);" />
<input type="button" value="Desmarcar tudo"
     onclick="desmascar(document.frmSnacks.basketItem);" />
</form>
```

Você pode ver a aparência desse formulário na Figura 12-13.

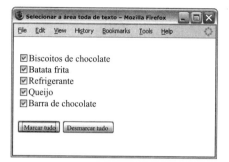

Figura 12-13

Isso também poderia ser combinado em uma única função, que poderia ser chamada do mesmo botão da seguinte maneira:

```
function marcarDesmarcarTudo(field) {
    var theForm = field.form, z = 0;
    for(z=0; z<theForm.length;z++){
        if(theForm[z].type == 'checkbox' && theForm[z].name != 'checkall'){
        theForm[z].checked = field.checked;
        }
    }
}
```

Experimente — Um Formulário de E-mail

Neste exercício, você criará um formulário de e-mail que possui alguns recursos interessantes. Ele usa uma Expressão Regular para verificar a estrutura de um endereço de e-mail e também verifica se todos os campos tenham algum tipo de entrada. O formulário inclui um livro de endereços rápido que contém endereços de potenciais destinatários do e-mail. A Figura 12-14 mostra como será a aparência do formulário; ela também mostra a mensagem que aparece quando o usuário tenta submeter o e--mail sem digitar uma mensagem.

576 @ Introdução à Programação WEB com HTML, XHTML e CSS

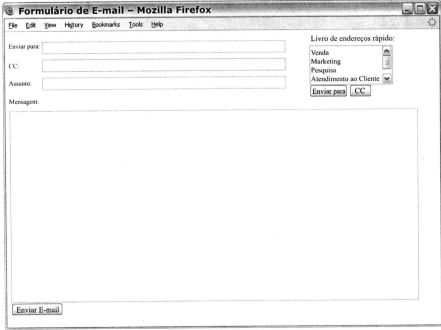

Figura 12-14

1. Primeiro crie um esqueleto de documento XHTML com elementos <head>, <title> e <body>.

2. No corpo do documento, adicione um elemento <form> e dois elementos <div>. O primeiro <div> armazena os campos Para, CC e Assunto, enquanto que o segundo guarda o endereço rápido.

```
<form    name="frmEmail"    onsubmit="return    validate(this)"
action="sendMail.aspx"
        method ="post">
<div id="toCCassunto">
<div class="label">Enviar para:</div>
<div class="input"><input type="text" size="70" name="txtTo" /></div>
<div class="label">CC:</div>
<div class="input"><input type="text" size="70" name="txtCC" /></div>
<div class="label">Assunto:</div>
<div class="input"><input type="text" size="70" name=""txtassunto" /></div>
</div>
```

```
<div id="addressBook">
<!-- o livro de endereços rápido vai aqui --></td>
</div>
```

3. Você precisa adicionar o livro de endereços rápido no segundo elemento <div>. O livro de endereços usa uma caixa de seleção múltipla. Abaixo dela há dois botões: um para adicionar endereços no campo txtTo e um para adicionar endereços para o campo txtCC. Ambos os botões chamam a função add() ao serem clicados:

```
Livro de endereços rápido:<br />
<select size="4" name="selectList1" style="width:150px">
<option value="sales@example.org">Vendas</option>
<option value="marketing@example.org">Marketing</option>
<option value="research@example.org">Pesquisa</option>
<option value="support@example.org">Atendimento ao Cliente</
option>
<option value="it@example.org">TI</option>
</select><br />
<input type="button" onclick="add(textTo, document.frmEmail.
selectList1);"
value="Enviar para" />
<input type="button" onclick="add(textCC, document.frmEmail.
selectList1);"
value="CC" />
```

4. Adicione o elemento de mensagem <textarea> e um botão Enviar E-mail:

```
Mensagem:<br />
<textarea name="mensagem" rows="20" cols="115"></textarea><br />
<input type="submit" value="Enviar E-mail" />
```

5. Agora você precisa adicionar a função de validação e a função add(). Primeiro, aqui está a função add() que adiciona endereços de e-mail do livro de endereços para os campos Para ou CC (se já houver um endereço lá, o ponto-e-vírgula é adicionado para separar múltiplos endereços):

```
function add(objInput, objList){\{}
var strGroup = objList.options[objList.selectedIndex].value;
        if (objInput.value == "")
        {
                objInput.value = strGroup
        }
        else
        {
                objInput.value += ('; ' + strGroup)
        }
```

}

6. Aqui está a função validate(), que você pode ver que é bastante longa:

```
function validate(form) {
        var valorDeRetorno = true;
        var enviarPara = form.txtTo.value;
        var cc = form.txtCC.value;
        var assunto = form.txtSubject.value;
        var mensagem = form.txtmensagem.value;
        if (enviarPara == "")
        {
                valorDeRetorno = false;
                alert("Não há endereços de e-mail no campo Para");
                form.txtTo.focus();
        }
        if (assunto == "")
        {
                valorDeRetorno = false;
                alert("Não há assunto para este e-mail");
                form.txtassunto.focus();
        }
        if (mensagem=="")
        {
                valorDeRetorno = false;
                alert("Não há mensagem para este e-mail");
                form.txtmensagem.focus();
        }
        var matrizPara = enviarPara.split("; ");
        var rxEmail=/\^\w(\.?[\w-])*@\w(\.?[\w-])*\.[a-z]{2,6}(\.[a-z]{2})?$/i;
        for (var i=0; i<(matrizPara.length); i++) {
                if (!rxEmail.test(matrizPara[i]))
                {
                        valorDeRetorno = false;
                        alert("O endereço de e-mail "+ matrizPara[i] +" não parece ser válido");
                }
        }
        var matrizCC = cc.split("; ");
        for (var i=0; i<(matrizCC.length); i++) {
                if (!rxEmail.test(matrizCC[i]))
                {
                        valorDeRetorno = false;
                        alert("O endereço de e-mail "+ matrizCC[i] +" não parece ser válido");
```

```
            }
        }
        return valorDeRetorno;
}
```

7. Grave o arquivo como emailform.html e, quando abri-lo na janela do navegador, ele deve se parecer com o exemplo que você viu na Figura 12-14.

Como Isto Funciona

O formulário neste exemplo contém duas funções. A primeira é a função add(), que passa os endereços de e-mail da caixa de seleção para os campos Para ou CC. A função add() é muito simples e recebe dois parâmetros:

❑ objInput: O campo para o qual o endereço selecionado está sendo enviado

❑ ObjList: A lista de seleção que contém o endereço de e-mail

Essa função começa coletando o valor do item selecionado, usando a propriedade selectedIndex da lista de seleção e colocando-o em uma variável chamada strGroup. A seguir ela verifica se o campo do formulário ao qual o endereço está sendo adicionado está vazio; se estiver, o endereço de e-mail armazenado no atributo strGroup é adicionado ao campo. Se o campo Para ou CC não estiver vazio, um ponto-e-vírgula é adicionado antes do endereço do e-mail porque é o delimitador comum parta múltiplos endereços de e-mail.

```
function add(objInput, objList){
        var strGroup = objList.options[objList.selectedIndex].value;
        if (objInput.value == "")
        {
                objInput.value = strGroup
        }
        else
        {
                objInput.value += ('; ' + strGroup)
        }
}
```

A função validate() é ligeiramente mais complexa, começando com a configuração de uma variável valorDeRetorno como verdadeira e juntando os valores do formulário em variáveis.

```
function validate(form) {
        var valorDeRetorno = true;
        var enviarPara = form.txtTo.value;
```

```
var cc = form.txtCC.value;
var assunto = form.txtSubject.value;
var mensagem = form.txtmensagem.value;
```

Ela verifica se os campos Para, Assunto e Mensagem estão vazios e, se estiverem, configura o atributo valorDeRetorno para falso e indica que algo deve ser adicionado nesse campo usando uma caixa de alerta – isto é muito semelhante aos exemplos que você viu anteriormente no capítulo:

```
if (enviarPara == "")
{
        valorDeRetorno = false;
        alert("Não há endereços de e-mail no campo Para");
        form.txtTo.focus();
}
```

A função validate se torna mais interessante quando se trata de verificar se endereços válidos de e-mail foram digitados no formulário. Primeiro, a Expressão Regular que é usada para verificar os endereços de e-mail precisa ser armazenada em uma variável – dessa vez chamada de rxEmail:

```
var rxEmail=/\^\w(\.?[\w-])*@\w(\.?[\w-])*\.[a-z]{2,6}(\.[a-z]{2})?$/i;
```

A seguir, o campo Para é dividido em uma matriz usando o método split() do objeto String. Essa função receberá uma string e a dividirá em valores separados sempre que se deparar com um caracter ou grupo de caracteres especificado. Nesse caso, o método procura instâncias de ponto-e-vírgula seguidos por um espaço e, onde as encontrar, cria um novo item na matriz.

```
var matrizTo = sendTo.split("; ");
```

Imagine ter os seguintes endereços de e-mail (observe que isto é apenas para ilustrar o método split(); não faz parte do código):

sales@example.com; accounts@example.com; marketing@example.com

Esses seriam divididos na seguinte matriz (novamente, isso não faz parte do código do exemplo):

```
matrizPara[0] = "sales@example.com"
matrizPara[1] = "accounts@example.com"
matrizPara[2] = "marketing@example.com"
```

Assim, agora deve haver um laço *for* no código que percorrerá cada endereço de e-mail na matriz e verificará se ele segue o padrão descrito na Expressão Regular. O laço *for* possui três parâmetros; configura um contador i como 0, verifica se o contador é menor que o número de itens da matriz e o incrementa. Dentro do laço está um comando *of* que verifica se o endereço de e-mail corresponde à Expressão Regular usando o método test(); se não corresponder, ele configurará o valorDeRetorno como falso e alertará o usuário de que o valor não parece ser um endereço válido de e-mail:

```
for (var i=0; i<(matrizTo.length); i++) {
    if (!rxEmail.test(matrizTo[i]))
    {
        valorDeRetorno = false;
        alert("O endereço de email "+ matrizTo[i] +" não parece ser válido");
    }
}
```

Após isto, você pode ver uma configuração semelhante para o campo CC.

```
var matrizCC = cc.split("; ");
for (var i=0; i<(matrizCC.length); i++) {
    if (!rxEmail.test(matrizCC[i]))
    {
        valorDeRetorno = false;
        alert("O endereço de e-mail "+ matrizCC[i] +" não parece ser válido");
    }
}
    return valorDeRetorno;
}
```

Agora você tem um exemplo de formulário que tem mais de uma função. Ele usa JavaScript para criar um livro de endereços rápido e valida as entradas para evitar que o usuário tente enviar um e-mail que não seja válido.

Rolagem de Imagens

Você viu um exemplo simples de rolagem de imagens no capítulo anterior, mas neste você verá uma função que lhe permitirá alterar diversas imagens na mesma página. Essa função pode então ser usada com tdas as páginas em vez de repetir o mesmo script em diversas páginas.

Para criar uma imagem rolante, você precisa de duas versões diferentes dela:

❑ A imagem normal que o usuário vê quando o mouse não está sobre ela.

❑ A outra imagem que aparece quando o usuário passa com o mouse sobre ela.

No capítulo anterior, você viu um script de rolagem muito simples de imagens que foi adicionado a um elemento <a> que continha uma imagem. Quando o usuário passa com o mouse sobre a conexão (que contém a imagem), um evento onmouseover é disparado e a propriedade src do objeto imagem é alterada para a imagem do mouse passando por cima. Quando o mouse sai da imagem, o evento onmouseout muda a propriedade src da imagem para a imagem original.

(Se apenas um desses eventos fosse monitorado, a imagem simplesmente mudaria, mas não voltaria para seu estado inicial, de modo que é importante monitorar ambos).

Você pode ver que o atributo name dessa imagem possui um valor de button, que é usado para identificar a imagem no manipulador de eventos:

```
<a href=""
    onmouseover="document.images.button.src='click_red.gif';"
    onmouseout="document.images.button.src='click_green.gif'">
    <img src="click_green.gif" width="100" height="50" border="0" name="button" />
</a>
```

Lembre-se de que cada imagem no documento possui seu próprio objeto correspondente no DOM, e uma das propriedades do objeto image é a src. Essa propriedade é o local da imagem, que corresponde ao valor especificado no atributo src do elemento <img> no documento.

> Ao criar imagens com rolamento que contenham texto, você geralmente deve usar o mesmo tamanho e força de texto em ambas as imagens. Texto que aparece de repente maior ou em negrito pode ser difícil de ler. Alterar ligeiramente a cor do fundo tende a ser uma opção melhor.

Criar uma função de rolagem de imagens é o próximo passo lógico quando você quer usar as mesmas imagens de rolagem em diversas páginas – por exemplo se você estiver criando uma barra de navegação que mude de cor quando os usuários movem o mouse sobre cada item. A Figura 12-15 mostra uma barra de navegação que faz isso.

Figura 12-15

Cada imagem nesta barra de navegação fica em uma conexão e cada imagem deve ter um nome diferente. Da mesma forma que no exemplo anterior, é o elemento <a> que traz os manipuladores de eventos. Quando o usuário coloca o mouse sobre a conexão, um evento onmouseover chama a função alterarImagens() e quando o mouse sai da conexão um evento onmouseout chama a mesma função mas passa valores para indicar que a imagem original deve ser mostrada novamente.

A função alterarImagens() tem dois argumentos – o primeiro é o nome da imagem e o segundo é o nome de uma variável que guarda a URL da imagem que substituirá a atual. Observe como o valor do atributo name da imagem corresponde aos parâmetros sendo passados quando os eventos onmouseover e onmouseout são disparados (ch12_eg17.html):

```
<a href="index.html"
      onmouseover="alterarImagens('image1', 'image1on')"
      onmouseout="alterarImagens('image1', 'image1off')">
      <img name="image1" src="images/home.gif" width="99" height="20"
            border="0" alt="home">
</a>
```

Este script que executa o trabalho real fica na pasta scripts e está em um arquivo chamado rollover.js. Este script pode ser incluído em qualquer página que tiver uma rolagem.

Lembre-se de que há duas imagens para cada rolagem – quando o mouse estiver sobre a imagem, está "on", e quanto o mouse está fora da imagem, está "off".

Cada imagem recebe duas variáveis, uma para quando o mouse estiver sobre ela e uma para quando estiver fora. As variáveis armazenam um objeto de imagem cuja propriedade src é a URL da imagem. Primeiro você vê as imagens usadas quando há rolagens e depois as usamos no estado normal:

```
if (document.images) {
image1on = new Image();
image1on.src = "images/nav_home_on.gif";
image2on = new Image();
image2on.src = "images/nav_products_on.gif";
image3on = new Image();
image3on.src = "images/nav_services_on.gif";
```

A seguir vêm as variáveis que armazenam os objetos de imagem que têm a propriedade src configurada para quando a imagem estiver "off".

```
image1off = new Image();
image1off.src = "images/nav_home.gif";
image2off = new Image();
```

```
image2off.src = "images/nav_products.gif";
image3off = new Image();
image3off.src = "images/nav_services.gif";
}
```

Agora, aqui está a função; ela percorre as imagens e recebe os argumentos passados para a função:

```
function alterarImagens() {
if (document.images) {
        for (var i=0; i<alterarImagens.arguments.length; i+=2) {
                document[alterarImagens.arguments[i]].src =
                        eval(alterarImagens.arguments[i+1] + ".src");
        }
        }
}
```

As linhas que estão fazendo o trabalho real aqui são as do meio. Se o usuário tiver movido seu mouse sobre a primeira imagem, a função será chamada da seguinte maneira:

```
onsubmit="alterarImagens(image1, image1on)"
```

O primeiro valor sendo passado é o da propriedade name da imagem. Assim, a linha a seguir na função diz ao navegador para pegar o primeiro argumento da função alterarImagem() (que é image1) e alterar a propriedade src desse elemento:

```
document[alterarImagens.arguments[i]].src =
```

A última coisa nessa linha é o sinal de igual (=). Essa propriedade ainda tem que ser configurada e o código na linha a seguir é o que realmente fornece o valor. Esta próxima linha diz que a propriedade deve receber o valor do segundo argumento da função:

```
        eval(alterarImagens.arguments[i+1] + ".src");
```

Você talvez lembre do último capítulo que o laço *for* recebe os seguintes três argumentos:

❑ O primeiro é executado apenas uma vez e nesse caso configura o valor do contador como 0 (i=0).

❑ O segundo indica se o laço deve ser executado novamente. Nesse caso, se o contador for menor do que o número de argumentos passados para a função alterarImagens, ele deve ser executado novamente.

❑ O terceiro incrementa o contador em dois.

Isso significa que a função alterarImagens() pode ser usada para alterar mais de uma imagem, porque você pode chamá-la com diferentes conjuntos de parâmetros.

Gerador de Script Aleatório

Há vezes em que é útil usar um script para selecionar um valor aleatório. O script a seguir pode ser usado para selecionar uma parte aleatória do conteúdo de uma matriz pré-definida. Você poderia gostar de usá-la para adicionar aspas ou dicas aleatórias, ou para rotacionar propagandas ou imagens. O script contém uma função chamada conteúdoAleatório() que inclui o conteúdo que será selecionado aleatoriamente.

O conteúdo é adicionado a uma matriz chamada conteúdoMatriz e a matriz contém os dados que você quer que apareçam aleatoriamente:

```
<script language="JavaScript">
function conteúdoAleatório(){
var conteúdoMatriz=new array()
conteúdoMatriz[0]='Esta é a primeira mensagem.'
conteúdoMatriz[1]='Esta é a segunda mensagem.'
conteúdoMatriz[2]='Esta é a terceira mensagem.'
conteúdoMatriz[3]='Esta é a quarta mensagem.'
conteúdoMatriz[4]='Esta é a quinta mensagem.'
```

Uma variável chamada i é então configurada com um valor aleatório entre 0 e o número de itens da matriz. Para gerar esse número aleatório, você precisa chamar dois métodos do objeto Math. O método random() gera um número aleatório entre 0 e 1 e esse é multiplicado pelo número de elementos da matriz. O número é então arredondado para o inteiro mais próximo menor ou igual ao número gerado usando o método floor().

O método floor() é usado em vez do método round() porque você poderia acabar com um número maior que o número de itens da matriz se usasse o método round().

```
var i=Math.floor(Math.random()*conteúdoMatriz.length)
     document.write(conteúdoMatriz[i])
}
</script>
```

Sempre que você quiser incluir o conteúdo aleatório, apenas chame essa função:

```
<script type="text/JavaScript">
     conteúdoAleatório();
</script>
```

Você pode ver o resultado na Figura 12-16.

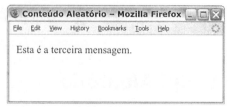

Figura 12-16

Se você quisesse que o conteúdo aleatório aparecesse em diversas páginas, poderia simplesmente colocar a função em um arquivo externo.

Janelas Pop-Up

Janelas pop-up têm um nome ruim. As pessoas as associam a propagandas pop-up que aparecem quando as páginas de um site são carregadas e muitas vezes trazem propagandas ou informações não desejadas. Há, contudo, alguns usos muito legítimos para janelas pop-up. Por exemplo, você poderia querer manter os usuários na página corrente ao mesmo tempo em que permite que eles forneçam algumas outras informações em uma pop-up, ou poderia querer que eles abrissem algo do seu site (como uma imagem) em uma nova janela sem que o usuário perca seu lugar.

É claro que você pode criar uma conexão normal e fazer a página aparecer em uma nova janela adicionando o atributo target="_new", mas quando você cria um pop-up em JavaScript pode controlar as dimensões da janela, indicar se ele pode ou não ser redimensionada e se possui barras de rolagem (ch12_eg19.html):

```
<a
 href="http://google.com/"
 onclick="window.open(this.href, 'Pesquisar',
 ''width=400,height=300,scrollbars,resizable');
 return false;"
>
```

Clique aqui para abrir a conexão em uma janela pop-up.

```
</a>
```

Você pode ver que o método open() do objeto window pode receber diversos parâmetros; a sintaxe é a seguinte:

```
open (url, 'nome da janela', 'recursos')
```

Você pode listar diversos recursos após o nome da janela e a tabela a seguir mostra a você os disponíveis. Como você pode ver, eles permitem controlar diversas propriedades da janela, incluindo tamanho e posição e se a tela possui barras de rolagem ou não – mas lembre-se de que usuários com diferentes resoluções podem requerer barras de rolagem mesmo se você não precisar.

Recurso	Valor	Configura
width	numérico	a largura da nova janela em pixels
height	numérico	a altura da nova janela em pixels
left	numérico	aonde o lado esquerdo da janela deve aparecer
top	numérico	aonde o topo da janela deve aparecer
location	sim/não	controla se o navegador deve exibir a sua barra de localização
menubar	sim/não	controla se o navegador deve exibir a barra de menu
resizable	sim/não	permite ao usuário redimensionar a janela do navegador
scrollbars	sim/não	controla se barras de rolagem horizontais ou verticais são mostradas
status	sim/não	controla a exibição da barra de status (a área na parte inferior do navegador)
toolbar	sim/não	controla se o navegador deve exibir a barra de ferramentas de botões

Você deve estar ciente de que alguns softwares de bloqueio de pop-ups podem evitar que funções como essa funcionem. Você também deve evitar o uso de palavras como "pop-up" (ou "popup") nos seus nomes de arquivo ao criar janelas pop-up porque alguns bloqueadores de janelas pop-up procuram palavras como essas nos seus nomes de arquivos e não abrirão arquivos que as contenham.

Você cria janelas pop-up em JavaScript de diversas formas, mas eu recomendo enfaticamente que você use essa abordagem se decidir criá-las com JavaScript porque muitos outros métodos evitam que um usuário clique com o botão direito do mouse sobre a conexão e a abra em uma nova janela. Navegadores web mais experientes muitas vezes permitem que você abra uma conexão em uma nova janela com o botão direito do mouse, e alguns métodos de criação de pop-ups significam que usuários que usam essa abordagem (decidir abrir a conexão em uma nova janela eles mesmos) obterão apenas uma janela em branco. Essa abordagem resolve o problema.

Bibliotecas JavaScript

Os exemplos que você viu até agora neste capítulo foram projetados para lhe dar uma melhor compreensão de como JavaScript funciona com seus documentos XHTML. Agora você examinará alguns exemplos que funcionam com algumas das bibliotecas JavaScript gratuitas mais populares que você pode baixar através da Web.

Bibliotecas JavaScript são simplesmente arquivos JavaScript que contêm código que ajudam os programadores a executar tarefas comumente usadas em páginas web com apenas algumas linhas de código. Você examinará exemplos que lhe permitem fazer o seguinte:

- Criar efeitos animados, como dissolução de texto, ou caixas encolhendo
- Reorganizar itens em uma lista com marcadores
- Ordenar tabelas
- Criar calendários
- Auto-completar campos de texto

Há muitas bibliotecas JavaScript que você pode baixar da Web; entretanto, neste capítulo você verá o Scriptaculous (que é na verdade construída sobre outra biblioteca JavaScript chamada Prototype), MochiKit e Yahoo User Interface (também conhecida como YUI).

Incluí versões de cada uma dessas três bibliotecas no código para download para este capítulo. Se você examinar a pasta de código do Capítulo 12, verá dentro dela a pasta de scripts onde há pastas chamadas scriptaculous, mochikit e yui (cada pasta corresponde às três bibliotecas que você usará).

Efeitos Animados usando a Scriptaculous

A Scriptaculous pode lhe ajudar em muitos tipos de tarefas: animação, funcionalidade do tipo arrastar e soltar, ferramentas de edição e auto-complemento de entradas de texto, assim como utilitários para ajudar a criar fragmentos DOM. Nesta seção, você examina alguns dos efeitos de animação.

Conforme mencionei, a Scriptaculous foi construída sobre outra biblioteca JavaScript chamada Prototype. Incluí uma cópia da Scriptaculous 1.8.0 e da Prototype 1.6.0 com o código para download deste capítulo; contudo, você pode verificar versões mais recentes e baixar sua própria cópia destes arquivos em http://script.aculo.us/.

A Scriptaculous contém funções que lhe ajudam a criar diversos tipos diferentes animações. Este exemplo demonstrará apenas quatro dos efeitos animados que você pode obter com a Scriptaculous, mas será suficiente para demonstrar a flexibilidade dos mesmos e como é fácil integrá-los às suas páginas. Você pode ver como ficará a aparência dessa página na Figura 12-17, embora você realmente precise experimentar o exemplo para ver os efeitos da animação em ch12_eg20.html.

Para usar a biblioteca Scriptaculous, você precisa criar referências à biblioteca prototype.js, que é a pasta lib dentro da pasta scriptaculous, e à biblioteca scriptaculous.js, que é a pasta src dentro da pasta scriptaculous (se você examinar na pasta src, há diversos outros scripts que este arquivo JavaScript carrega).

```
<script src="scripts/scriptaculous/lib/prototype.js"
  type="text/javascript"></script>
<script src="scripts/scriptaculous/src/scriptaculous.js"
  type="text/javascript"></script>
```

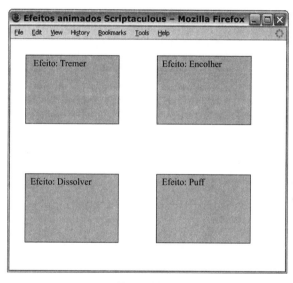

Figura 12-17

Você então tem quatro elementos <div> para demonstrar os quatro efeitos que examinará. O elemento <div> mais externo é usado para separar cada um dos quatro efeitos que você examinará; dentro do segundo elemento <div> está o nome da função que você demonstrará:

```
<div class="container">
     <div class="demo">
          Effect.Fade
     </div>
</div>
```

É a segunda linha de cada um desses elementos que você precisa examinar. Cada elemento <div> cujo atributo class tenha um valor igual a demo cria uma das caixas e nesse elemento você adiciona um atributo id que será usado para identificá-lo dentro do script, enquanto que o atributo onclick chama a biblioteca Scriptaculous para criar o efeito:

```
<div class="container">
    <div class="demo" id="demo-effect-shake" onclick="new Effect.Shake(this)">
        Effect.Shake
    </div>
</div>
<div class="container">
    <div class="demo" id="demo-effect-shrink" onclick="new Effect.Shrink(this);
        window.setTimeout('Effect.Appear(\'demo-effect-shrink\',
        {duration:.3})',2500);">
        Effect.Shrink
    </div>
</div>
<div class="clear"></div>
<div class="container">
    <div class="demo" id="demo-effect-fade" onclick="new Effect.Fade(this);
        window.setTimeout('Effect.Appear(\'demo-effect-fade\',           {duration:.3})',2500);">
        Effect.Fade
    </div>
</div>
    <div class="container">
        <div class="demo" id="demo-effect-puff" onclick="new Effect.Puff(this);
            window.setTimeout('Effect.Appear(\'demo-effect-puff\',             {duration:.3})',2500);">
            Effect.Puff
        </div>
</div>
```

Você não precisa saber *como* o script realiza esses efeitos; tudo o que você precisa saber é que, para acessar os efeitos você cria um objeto Effect (usando new Effect) e depois a sintaxe do método que chama cada efeito.

Começaremos examinando a primeira caixa, que usa um efeito de tremor para movê-la para esquerda e para a direita:

```
<div class="container">
        <div class="demo" id="demo-effect-shake" onclick="new Effect.Shake(this)">
            Effect.Shake
        </div>
</div>
```

Tudo o que você precisa fazer com este elemento é adicionar o atributo onclick, e aqui você cria um novo objet Effect e chama seu método Shake(). Como você viu ao validar um formulário usando a propriedade onsubmit do elemento <form>, pode informar um método de que está passando o elemento corrente (e qualquer conteúdo) usando a palavra chave this. Assim, o atributo onclick desse exemplo está simplesmente dizendo para a biblioteca Scriptaculous criar um novo objeto Effect para sacudir este elemento quando ele for clicado.

Você talvez tenha percebido que os próximos três exemplos contêm uma segunda linha após o efeito ter sido chamado. Isso ocorre porque cada um dos outros efeitos faz a caixa desaparecer. Assim, o método Appear() é chamado após uma duração fixa de modo que você possa testar o exemplo novamente (e é o método Appear() que está usando o valor do atributo id para indicar qual elemento precisa reaparecer); porém, os outros efeitos ainda são chamados usando Effect.nome_do_Método(this).

```
<div class="container">
        <div class="demo" id="demo-effect-shrink" onclick="new Effect.Shrink(this);
             window.setTimeout('Effect.Appear(\'demo-effect-shrink\',
             {duration:.3})',2500);">
            Effect.Shrink
        </div>
</div>
```

Como você pode ver, essa é uma forma muito simples de criar efeitos animados usando JavaScript.

Listas Ordenáveis Arrastar e Soltar Usando o Scriptaculous

A segunda das duas tarefas que você examinará usando o Scriptaculous é a criação de listas arrastar e soltar. Você pode já ter visto alguns sites onde pode reordenar listas (como as listas de coisas a fazer ou listas Top 10) apenas arrastando e soltando os elementos.

Você pode ver o exemplo que construirá na Figura 12-18; quando a página foi carregada, as caixas estavam em ordem numérica. Todavia, elas foram arrastadas e soltas em uma ordem diferente,

Figura 12-18

Nesse exemplo (ch123_eg21.html), você precisa incluir as bibliotecas Scriptaculous e Prototype novamente. A seguir você tem uma lista simples não ordenada (há algumas regra CSS no cabeçalho do documento que controlam a apresentação da lista para fazê-la parecer com caixas).

```
<script    src="scripts/prototype.js"    type="text/javascript"></script>
<script src="scripts/scriptaculous.js" type="text/javascript"></script>
<style type="text/css">
      li {border;1px solid #000000; padding:10px; margin-top:10px;
      font-family:arial, verdana, sans-serif;background-color:#d6d6d6;
      list-style-type:none; width:150px;}
</style>
</head>
<body>
<ul id="items_list">
      <li id="item_1">Item 1</li>
      <li id="item_2">Item 2</li>
      <li id="item_3">Item 3</li>
      <li id="item_4">Item 4</li>
</ul>
```

A seguir você só precisa adicionar um elemento <script> após a lista, de modo que ela possa ser reordenada:

```
<script type="text/javascript" language="javascript">
    Sortable.create("items_list",{ dropOnEmpty:true,constraint: false});
</script>
```

Aqui você está criando um objeto Sortable usando o método create() do objeto Sortable. Ele recebe os seguintes dois parâmetros:

- ❏ O primeiro é o valor do atributo id do elemento da lista não ordenada.
- ❏ O segundo são opções que descrevem como a lista ordenável deve funcionar. A primeira é dropOnEmpty, com um valor de verdadeiro para indicar que o elemento só deve ser colocado entre elemento, não um sobre o outro e a propriedade constraint, que é configurada como falsa (se estivesse sem ou fosse verdadeira, só permitiria que os itens fossem movidos no eixo vertical).

Para que esse tipo de lista arrastar e soltar seja útil para as pessoas, muitas vezes são associadas a algum código que atualize um banco de dados, como ASP.Net, PHP, JSP o Ruby on Rails. Entretanto, esse exemplo demonstra algo que é obtido muito facilmente com apenas algumas linhas d código, graças à biblioteca Scriptaculous.

Tabelas Ordenáveis com Mochikit

Neste exemplo, você verá outra biblioteca JavaScript – a Michikit. Observando alguns exemplos diferentes, você pode ver como é fácil conectar bibliotecas diferentes (que oferecem diferentes funcionalidades) nas suas páginas. Você pode baixar a versão mais recente da Mochikit em www.mochikit.com/, embora eu tenha incluído a versão 1.3.1 com o código de download para este capítulo.

Neste exemplo você criará uma tabela, onde você pode ordenar o conteúdo da mesma clicando no cabeçalho de qualquer uma das colunas para que a mesma fique ordenada de acordo com essa coluna. Você pode ver na Figura 12-19 como o cabeçalho de tabela Data de Admissão possui uma seta para cima próxima a ele, indicando que o conteúdo da tabela está ordenado pela data de admissão dos funcionários (em ordem ascendente).

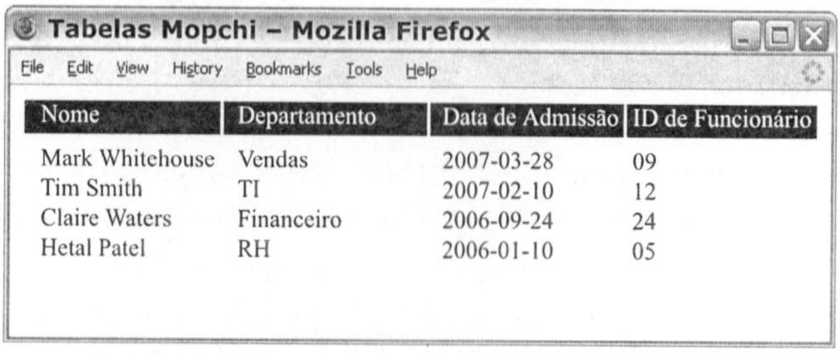

594 @ Introdução à Programação WEB com HTML, XHTML e CSS

Nome	Departamento	Data de Admissão	ID de Funcionário
Mark Whitehouse	Vendas	2007-03-28	09
Tim Smith	TI	2007-02-10	12
Claire Waters	Financeiro	2006-09-24	24
Hetal Patel	RH	2006-01-10	05

Figura 12-19

Para criar uma tabela ordenável, você precisa incluir dois scripts; primeiro é a biblioteca JavaScript Mochikit.js e o segundo é o arquivo sortable_tables.js que vem com o Mochikit (ch12_eg22.html):

```
<script type="text/javascript"
     src="scripts/MochiKit/lib/MochiKit/MochiKit.js"></script>
<script type="text/javascript"
     src="scripts/MochiKit/examples/sortable_tables/sortable_
tables.js"></script>
```

A seguir adicionei alguns estilos CSS para distinguir os cabeçalhos das colunas e para configurar a fonte usada:

```
<style type="text/css">
     th, td {font-family:arial, verdana, sans-serif;}
     th {background-color:#000000;width:200px;color:#ffffff;}
</style>
```

A parte interessante para você é a tabela e como você faz para integrar com scripts MochiKit. Três partes da página precisam ser identificadas para trabalhar com os scripts:

O elemento <table> precisa de um atributo id cujo valor seja sortable_table.

Os elementos <th> (cabeçalho de tabela) precisam ter um atributo chamado mochi:sortcolumn, cujo valor é uma id única para essa coluna, seguido por um espaço, seguido pelo tipo de dado dessa coluna (que pode ser str para uma string ou isoDate para uma data no formato mostrado).

A terceira linha de elementos <th> precisa ter atributos mochi:content cujo valor seja a palavra chave item, seguida por um ponto, seguida pela id única para a coluna que foi especificada no atributo mochi:sortcolumn no cabeçalho correspondente.

```
<table id="sortable_table" class="datagrid">
     <thead>
```

```
            <tr>
                <th mochi:sortcolumn="name str">Nome</th>
                <th mochi:sortcolumn="department str">Departmento</th>
                <th mochi:sortcolumn="datestarted isoDate">Date de Admissão</th>
                <th mochi:sortcolumn="extension str">ID do Funcionário</th>
            </tr>
        </thead>
        <tbody>
            <tr mochi:repeat="item domains">
                <td mochi:content="item.name">Tim Smith</td>
                <td mochi:content="item.department">TI</td>
                <td mochi:content="item.datestarted">2007-02-10</td>
                <td mochi:content="item.extension">12</td>
            </tr>
            <tr>
                <td>Claire Waters</td>
                <td>Financeiro</td>
                <td>2006-09-24</td>
                <td>24</td>
            </tr>
            <tr>
                <td>Hetal Patel</td>
                <td>RH</td>
                <td>2006-01-10</td>
                <td>05</td>
            </tr>
            <tr>
                <td>Mark Whitehouse</td>
                <td>Vendas</td>
                <td>2007-03-28</td>
                <td>09</td>
            </tr>
        </tbody>
</table>
```

Como você pode ver, esse é outro exemplo de como é fácil adicionar funcionalidade bastante complexa a uma tabela – criando um efeito semelhante às opções de Ordenar Dados em Excel, que são úteis ao se lidar com grandes quantidades de dados.

Criando Calendários com YUI

A terceira e última biblioteca JavaScript que você verá é a Yahoo User Interface. Essa foi criada pelo Yahoo, e é a maior das três, com todos os tipos de funcionalidade. Incluí a versão 2.4.0 com o código de download para este capítulo; entretanto, você pode baixar o exemplo mais recente de http://www.yahoo.com/yui/.

Você iniciará vendo como pode facilmente colocar um calendário em uma página web usando esse framework. Você pode ver como o calendário se parecerá na Figura 12-20.

Figura 12-20

Para começar, você tem que incluir dois arquivos JavaScript da biblioteca YUI – primeiro o script yahoo-dom-event.js e depois o calendar.js que é específico do calendário (ch12_eg23.html).

```
<script type="text/javascript"
    src="scripts/yui/build/yahoo-dom-event/yahoo-dom-event.js"></script>
<script type="text/javascript"
    src="scripts/yui/build/calendar/calendar.js"></script>
```

Para este exemplo, você também incluirá alguns arquivos CSS que estão incluídos com o download YUI:

```
<link rel="stylesheet" type="text/css"
    href="scripts/yui/build/fonts/fonts-min.css" />
<link rel="stylesheet" type="text/css"
    href="scripts/yui/build/calendar/assets/calendar.css" />
```

A seguir você adiciona um elemento <div>, que será povoado pelo calendário.

```
<div id="cal1Container"></div>
```

Trabalhando com JavaScript @ 597

Finalmente, adicione o script que chama a biblioteca YUI e preenche o elemento <div> com o calendário.

```
<script type="text/javascript">
       YAHOO.namespace("example.calendar");
       YAHOO.example.calendar.init = function() {
       YAHOO.example.calendar.cal1 = new   YAHOO.widget.Calendar("c
al1","cal1Container");
       YAHOO.example.calendar.cal1.render();
}
YAHOO.util.Event.onDOMReady(YAHOO.example.calendar.init);
</script>
```

Como os outros exemplos desta seção, esse provavelmente esteja conectado a algum outro tipo de funcionalidade, como um formulário de reservas de férias onde você especifica datas que quer viajar ou uma lista de eventos onde você examina o que estará acontecendo em uma determinada data. Contudo, isso demonstra como as bibliotecas podem ser usadas para adicionar significativa funcionalidade às suas páginas com facilidade.

Auto-Complemento em Entradas de Texto com YUI

O exemplo final que você examinará nesta seção é a capacidade de criar entradas de texto onde você faz sugestões sobre o que o usuário está digitando. O exemplo permite a você digitar o nome de um estado dos E.U.A. E fará sugestões sobre qual estado você esta tentando digitar.

Você pode ver como a entrada se parecerá na Figura 12-21.

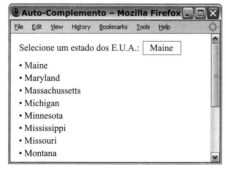

Figura 12-21

Para iniciar este exemplo (ch12_eg24.html), você inclui três arquivos JavaScript:

```
<script type="text/javascript"
    src="scripts/yui/build/yahoo-dom-event/yahoo-dom-event.
js"></script>
<script type="text/javascript"
    src="scripts/yui/build/animation/animation.js"></script>
<script type="text/javascript"
    src="scripts/yui/build/autocomplete/autocomplete.js"></
script>
```

A seguir, no corpo da página, você adiciona a entrada de texto e um <div> que conterá as sugestões que você está tentando digitar.

Selecione um estado dos E.U.A.:

```
<input id="statesinput" type="text">
<div id="statescontainer"></div>
```

A seguir, uma matriz JavaScript é criada com todas as possibilidades que alguém poderia estar tentando digitar.

```
<script type="text/javascript">
YAHOO.example.statesArray = [
"Alabama",
"Alaska",
"Arizona",
"Arkansas",
"California",
"Colorado",
// outros estados vão aqui
];
</script>
```

Finalmente, JavaScript é adicionada à página que conecta o controle de formulário de entrada de texto à matriz e chama a função Auto-Complete de modo que as sugestões sejam feitas quando os usuários colocarem seus cursores na entrada de texto.

```
<script type="text/javascript">
    YAHOO.example.ACJSArray = new function() {
    // Instancia o primeiro JS Array DataSource
    this.oACDS = new YAHOO.widget.DS_JSArray(YAHOO.example.
statesArray);
    // Instancia o primeiro AutoComplete
    this.oAutoComp = new YAHOO.widget.AutoComplete('statesinput
','statescontainer',
```

```
        this.oACDS);
        this.oAutoComp.prehighlightClassName = "yui-ac-
prehighlight";
        this.oAutoComp.typeAhead = true;
        this.oAutoComp.useShadow = true;
        this.oAutoComp.minQueryLength = 0;
        this.oAutoComp.textboxFocusEvent.subscribe(function(){
            var sInputValue = YAHOO.util.Dom.get('statesinput').value;
            if(sInputValue.length === 0) {
                var oSelf = this;
                setTimeout(function(){oSelf.
sendQuery(sInputValue);},0);
            }
        });
    };
</script>
```

Novamente, você pode ver que seguindo um exemplo simples disponibilizado por um kit de ferramentas JavaScript, pode melhorar significativamente a usabilidade ou funcionalidade da sua página (sem a necessidade de escrever todo o código a partir do zero para fazer o trabalho).

Há muito mais bibliotecas JavaScript na Web, cada uma das quais com diferentes funcionalidades. E cada uma delas está sendo continuamente desenvolvida e refinada, de modo que vale a pena gastar um pouco de tempo examinando as diferentes bibliotecas que estão disponíveis e verificar as suas favoritas com certa freqüência para ver como elas foram atualizadas.

Quando Não Usar JavaScript

Você viu alguns exemplos ótimos de quando deve usar JavaScript, mas devo lhe avisar sobre alguns usos que é melhor evitar, então os examinaremos antes que você termine o capítulo.

Menus de Navegação Drop-Down

Alguns clientes com os quais trabalhei me pediram para criar efeitos que requeriam JavaScript para navegação. Uma das solicitações mais comuns eram menus de navegação drop-down onde sub-páginas saíam dos itens principais do menu. Estes se baseiam em JavaScript e e desencorajo os clientes a usá-los por três motivos:

❑ A técnica simplesmente não funcionará com quem tiver JavaScript desligado no seu navegador. Embora essa seja uma porcentagem bastante pequena, significa que esses usuários simplesmente não poderão acessar essas páginas.

❑ A técnica tende a ser executada de forma ligeiramente diferente em navegadores diferentes, e é difícil fazer um script funcionar em todos os navegadores.

❑ Os usuários podem achar difícil clicar na parte apropriada de um menu que se mova (especialmente se tiverem alguma deficiência ou um mouse ruim).

Escondendo seu Endereço de E-mail

Tenho visto diversos artigos na Web que sugerem que você use use JavaScript para escrever seu endereço de e-mail em páginas (usando o método write() do objeto documento para escrever o endereço de e-mail, em vez de uma conexão XHTML <a> normal). O objetivo é evitar receber muito spam. Entre as fontes de spam estão pequenos programas (que muitas vezes recebem o nome de bots, spiders ou crawlers) que andam por web sites procurando endereços de e-mail. Esses endereços são então usados como alvo de spam. O problema com essa idéia é que qualquer pessoa sem JavaScript ligado no seu navegador não conseguirá ver seu endereço de e-mail. Uma alternativa melhor é fornecer um formulário de e-mail que envia solicitações a você - então, assim que você receber uma você pode estar razoavelmente seguro de que o usuário não está fazendo isso apenas para obter um endereço de e-mail e que você está seguro em dar seu endereço de e-mail a ele.

Caixas de Seleção Rápida

Alguns sites oferecem caixas de seleção em formulários (da mesma forma que as caixas de seleção que você viu no Capítulo 5) como um menu de navegação – muitas vezes chamadas de *menus rápidos* que lhe levam diretamente a diferentes páginas ou seções do site quando você seleciona esse item da lista drop-down. Algumas delas usam scripts para levar o usuário automaticamente para a página selecionada em que ele pressione um botão IR ou de Submissão. Em vez disso, o script é configurado para detectar uma mudança na caixa de seleção e então levar o usuário para essa página. Essa é uma prática ruim por dois motivos:

❑ Você pode usar as setas para cima e para baixo para selecionar itens de uma caixa de seleção e qualquer usuário que tentasse isso seria automaticamente levado para a primeira seleção assim que pressionasse a seta para baixo pela primeira vez. Os usuários nunca conseguiriam ir mais adiante do que essa opção usando teclas. Embora um usuário experiente possa entender isso rapidamente, os que tiverem alguma deficiência e que estiverem usando teclas em vez de um mouse para navegar pelo site podem ficar muito mais frustrados.

❑ E, novamente, se o usuário tiver JavaScript desabilitada, isto simplesmente não funcionará.

Qualquer Coisa que o Usuário Solicitar do Seu Site

O ponto final na decisão de usar JavaScript é se ela simplesmente irá melhorar a experiência do usuário ou se é necessária para o usuário executar uma ação ou ver alguma informação vital. Você nunca deve projetar alguma coisa que requeira JavaScript para funcionar – lembre-se da lição da seção "Desabilitar um Botão de Submissão Até que uma Caixa de Verificação Tenha Sido Selecionada".

Resumo

Neste capítulo você viu muitos usos para JavaScript e agora deve ter uma melhor compreensão de como aplicar esta linguagem que começou a aprender na capítulo anterior. Com a ajuda desses scripts você agora deve ser capaz de usar esses e outros na sua página. Você também deve ter uma idéia de como pode moldar ou até mesmo escrever seus próprios scripts.

Você viu como pode auxiliar um usuário a preencher um formulário corretamente fornecendo validação. Por exemplo, você poderia verificar se campos obrigatórios possuem algo ou se um endereço de e-mail segue um padrão esperado. Isso poupa tempo aos usuários informando a eles o que têm que fazer antes que uma página seja enviada para um servidor, processada e depois retornada com erros. Os exemplos de validação destacam o acesso que DOM dá ao conteúdo do documento, de modo que você pode executar operações nos valores que o usuário fornece. Este é um ótimo exemplo de interatividade – o documento não apenas fornece o formulário, mas também ajuda a preenchê-lo. E, é claro, os formulários são uma parte vital de qualquer web site que queira colher informações dos seus visitantes.

Você também viu que o DOM pode ajudar a tornar um formulário geralmente mais usável colocando o foco em partes apropriadas do mesmo e manipulando o texto que os usuários digitaram, removendo ou substituindo determinados caracteres.

Você viu diversas outras técnicas JavaScript, como rolagem de imagens, conteúdo aleatório e janelas pop-up. Esses exemplos lhe ajudarão a entender o que você pode fazer com JavaScript e como integrar scripts às suas páginas.

Finalmente, você examinou três bibliotecas JavaScript populares, Scriptaculous, MochiKit e a Yahoo User Interface Library. Bibliotecas JavaScript oferecem funcionalidade sofisticada que você pode colocar facilmente na sua página com apenas algumas linhas de código (simplesmente aprendendo como integrar o script com sua página).

Uma das coisas chaves a serem lembradas, entretanto, é que você deve usar JavaScript para melhorar uma página, em vez de se basear nela para exibir conteúdo ou oferecer alguma funcionalidade.

Exercícios

1. Sua tarefa é criar uma função de validação para o formulário de competição da Figura 12-22.

A função deve verificar se o usuário fez as seguintes coisas:

❏ Digitou seu nome

❏ Forneceu um endereço válido de e-mail

❏ Selecionou um dos botões de rádio como resposta à pergunta

❏ Deu uma resposta para a questão de desempate, a qual não tem mais de 20 palavras

Essas devem estar na ordem em que os controles aparecem no formulário.

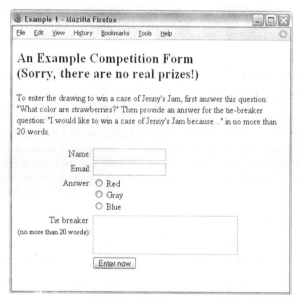

Figura 12-22

Aqui está o código do formulário:

```
<form     name="frmCompetition"     action="competition.aspx"
method="post"
onsubmit="return validate(this);">
<h2>An Example Competition Form <br />(Sorry, there are no real
prizes!)</h2>
```

```
<p> To enter the drawing to win a case of Jenny's Jam, first answer
this question: "What color are strawberries?" Then provide an answer for
the tie-breaker question: "I would like to win a case of Jenny's Jam
because..." in no more than 20 words.</p>
<table>
<tr>
        <td class="formTitle">Name: </td>
        <td><input type="text" name="txtName" size="18" /></td>
</tr>
<tr>
        <td class="formTitle">Email: </td>
        <td><input type="text" name="txtEmail" size="18" /></td>
</tr>
<tr>
        <td class="formTitle">Answer: </td>
        <td><input type="radio" name="radAnswer" value="Red" /> Red<br />
        <input type="radio" name="radAnswer" value="Gray" /> Gray<br />
        <input type="radio" name="radAnswer" value="Blue" /> Blue
        </td>
</tr>
<tr>
        <td class="formTitle">Tie breaker <br/ ><small>(no more than 20 words)
        </small>: </td>
        <td><textarea name="txtTieBreaker" cols="30" rows="3" /></textarea></td>
</tr>
<tr>
        <td class="formTitle"></td>
        <td><input type="submit" value="Enter now" /></td>
</tr>
</table>
</form>
```

13

Colocando seu Site na Web

Assim que você tiver criado, irá querer disponibilizá-lo para que todos o vejam. Neste capítulo final, você examinara como prepara seu site para, e o coloca na Web. Você também verá como pode ajudar a encorajar os visitante a vir ao seu site.

Web sites ficam em computadores especiais chamados servidores web que estão constantemente conectados à Internet. Em vez de comprar e executar seu próprio servidor web, geralmente é muito mais econômico alugar espaço em um servidor web de propriedade de uma *empresa de hospedagem*. Para ajudá-lo a escolher a empresa certa de hospedagem e, de fato, o pacote certo de uma empresa de hospedagem, você precisa aprender a terminologia chave usada por essas empresas. Neste capítulo, você descobrirá o que são coisas como hospedagem compartilhada e dedicada, como decidir quanto espaço e largura de banda precisa, e assim por diante.

Antes, porém, que você coloque seu site em um servidor web, deve executar algumas verificações e testes, desde a validação de documentos e de conexões até se assegurar que o site funcione em diferentes resoluções de tela e que o texto seja legível. Colocar um site na Web apenas para fazer com que os clientes lhe digam que a conexão para os produtos não funciona ou que eles não conseguem ver o site nos seus computadores não melhorará sua reputação. Assim, você deve aprender como testar seu site antes de colocá-lo no ar. Assim que você tiver colocado seu site em um servidor web, pode executar outros tipos de verificações e testes – afinal, embora um site possa parecer funcionar bem no seu computador, pode haver problemas com a forma através da qual ele é configurado no seu novo servidor quando você o passar para lá.

Assim que o seu site estiver pronto para ser visto pelo público, você irá querer assegurar que eles saibam sobre o site! Você irá quer assegurar que ele seja indexado pelos principais mecanismos de busca, como o Google e o Yahoo; isso pode ser um processo bastante complexo com muita experimentação e erros para fazer com que seu site chegue tão próximo ao topo da classificação quanto possível. Você talvez analise uma quantidade de outras estratégias para informar às pessoas que você está no ar, como propaganda Pay Per Click (do tipo do AdWords do Google ou do Overture do Yahoo). Após colocar todo o trabalho duro na criação do site, você quer que ele seja um sucesso.

Você também fará um breve exame em algumas outras tecnologias que talvez goste de iniciar a analisar assim que estiver familiarizado com o que aprendeu neste livro.

Antes, contudo, que você veja tudo isso, examinaremos um elemento final que você ainda não viu neste livro e que fornece informações sobre documentos e seus conteúdos – o elemento <meta>.

Neste capítulo você aprenderá a fazer o seguinte:

❑ Usar o elemento <meta>
❑ Executar testes para assegurar que o seu site ainda funciona conforme pretendido
❑ Verificar se o seu site é acessível
❑ Encontrar um *hospedeiro* para disponibilizar seu site a todos na Web
❑ Mover seu site do seu computador para o servidor web do seu hospedeiro usando FTP
❑ Submeter seu site a mecanismos de busca
❑ Aumentar o número de visitantes
❑ Usar propaganda Pay Per Click
❑ Descobrir outras tecnologias que talvez goste de examinar a seguir
❑ Controlar diferentes versões do seu site de modo que possa fazer alterações sem cometer erros

Rótulos Meta

Antes que você comece a examinar como testar seu site, precisa aprender sobre um último rótulo: o rótulo <meta>. Rótulos meta ficam no elemento <head> de um documento e contêm informações *sobre* um documento. Eles ficam no elemento <head> em vez de no <body> do documento porque esse elemento é reservado para conteúdo real, enquanto que o rótulo <meta> é usado para dar informações sobre o que está no corpo do documento. As informações podem ser usadas para uma diversidade de propósitos, incluindo auxiliar mecanismos de busca a indexar seu site, especificando o autor de um documento e, se esse for sensível a tempo, especificar quando a página deve expirar.

O elemento <meta> é um elemento vazio e, assim, não tem um rótulo de fechamento; em vez disso, elementos <meta> trazem informações dentro de atributos, de forma que você precisa de um caractere de barra no final do elemento. Por exemplo, aqui está um elemento <meta> que fornece uma descrição de um site de livraria de informática:

```
<meta name="description" content="Compre livros de programação de
computadores para aprender HTML, XHTML, JavaScript, ASP.Net, PHP,
Ruby" />
```

O elemento <meta> pode receber oito atributos, quatro dos quais são atributos universais – dir, lang, xml:lang e title. Os outros quatro, entretanto, são específicos do elemento <meta>:

```
schema
name
content
http-equiv
```

Os atributos name e content tendem a ser usados juntos, assim como os atributos http-equiv e content. Estes pares serão abordados a seguir.

Os Atributos name e content

Estes atributos especificam propriedades do documento. O valor do atributo name é a propriedade que você estiver configurando e o do atributo content é a configuração que você quiser dar à propriedade que configura no atributo name. No exemplo que você acabou de ver, o elemento <meta> estava configurando uma propriedade de descrição para o conteúdo do documento ou site. Como você pode ver, o atributo name tinha um valor igual a description e o valor do atributo content era uma descrição do tema do site:

```
<meta name="description" content="Compre livros de programação de
computadores para aprender HTML, XHTML, JavaScript, ASP.Net, PHP,
Ruby" />
```

O valor do atributo name pode ser qualquer coisa; não há restrições publicadas por quaisquer padrões. Portanto, se você precisar adicionar suas próprias informações sobre um documento e seu conteúdo, essa pode ser uma técnica útil. Há, todavia, alguns valores pré-definidos que você verá regularmente usados dessa forma. São os seguintes:

- ❑ description: Especifica uma descrição da página
- ❑ keywords: Contém uma lista de palavras chaves separadas por vírgulas que um usuários talvez busque encontrar na página
- ❑ robots: Indica como mecanismos de busca devem indexar a página

As propriedades description e keywords podem ser usadas por programas chamados *crawlers, bots* ou *spiders*, que a maioria dos mecanismos de busca utiliza para auxiliar a indexar web sites e, portanto, vale a pena adicionar a qualquer página web. Esses programas passam por web sites adicionando informações aos bancos de dados usados pelos mecanismos de busca, seguindo conexões quando se deparam com elas, indexando essas páginas e assim por diante – é assim que mecanismos de busca conseguem indexar tantos sites.

Usando name com um Valor de description

A propriedade keywords fornece uma lista de palavras chaves que um mecanismo de busca pode usar para indexar o site. Se alguém digitar uma das palavras ou uma combinação dessas palavras que você usar como suas palavras chaves, então um mecanismo de busca pode ter uma chance maior de retornar seu site. Por exemplo, uma livraria de informática online poderia palavras chaves com estas:

```
<meta name="keywords" content="computador, programação, livros,
web, asp,
asp.net, C#, vb, visual basic, c++, Java, Linux, XML,
profissional, desenvolvedor,
html, html, css, xslt, access, sql, php, mysql" />
```

Quanto mais palavras você fornecer, maior a chance da sua página aparecer em um mecanismo de busca; entretanto, você nunca deve usar palavras que não se relacionem diretamente com o conteúdo do site e, de modo ideal, as palavras chaves também aparecerão no texto da página.

> Geralmente considera-se que, embora palavras chaves costumavam ter um impacto maior a como os mecanismos de busca indexam seu site, têm muito pouco efeito atualmente. Entretanto, se você usar todas as estratégias disponíveis para fazer com que seu site seja reconhecido por mecanismos de busca, mais provavelmente as pessoas o descobrirão.

A maioria dos mecanismos de busca cria seu próprio limite para o número de palavras chaves que indexarão, e este número varia entre eles, mas você deve geralmente manter o seu número de palavras chaves em menos de 1.000 caracteres.

Você também poderia usar o atributo lang junto com a descrição e as palavras chaves para indicar a linguagem que estão usando, ou para oferecê-las em diversas línguas. Por exemplo, aqui estão as palavras chaves em inglês americano:

```
<meta name="keywords" content="computer, programming, books"
lang="en-us" />
```

E, novamente, em francês:

```
<meta name="keywords" content="livres, ordinatteur, programma-
tion"
lang="fr" />
```

E, finalmente, em alemão:

```
<meta name="keywords" content="" lang="programmieren, bucher,
computers" lang="de" />
```

Usando name com um Valor de robots

Como mencionei anteriormente, muitos mecanismos de busca usam pequenos programas para indexar páginas web por eles. Você pode usar o atributo name com um valor igual a robots para evitar que um desses programas indexe uma página ou conexões da página (porque muitos desses programas seguem as conexões que encontram no seu site e as indexam também). Por exemplo, você provavelmente não iria querer que um mecanismo de busca indexasse quaisquer páginas que você ainda estivesse desenvolvendo, ou que você usasse para administrar o site – porque você não quer que pessoas passem por elas.

Aqui você pode ver que o elemento <meta> diz aos mecanismos de busca que não indexam essa página ou sigam qualquer uma das conexões nela para indexá-las.

```
<meta name="robots" content="noindex, nofollow" />
```

O atributo content pode ter os valores mostrados na tabela a seguir:

Valor	Significado
all	Indexar todas as páginas.
none	Não indexar nenhuma página.
index	Indexar esta página.
noindex	Não indexar esta página.
follow	Seguir as conexões desta página.
nofollow	Não seguir as conexões desta página.

Por padrão, os valores seriam todos all, index e follow, permitindo aos crawlers seguir qualquer conexão e indexar todas as páginas.

Você deve usar esta técnica junto com um arquivo chamado robots.txt, que é discutido na seção "robots.txt" mais adiante neste capítulo se quiser evitar que as páginas sejam indexadas.

http-equiv e content

os atributo http-equiv e content são colocados juntos para configurar valores de cabeçalho HTTP. Cada vez que um navegador web solicita uma página, *cabeçalhos HTTP* são enviados com a solicitação, e cada vez que o servidor responde enviando uma página de volta para o cliente, ele adiciona cabeçalhos HTTP de volta:

- ❏ ao cabeçalhos enviados de um navegador para um servidor quando ele solicita uma página contêm informações como os formatos que o navegador aceita, o tipo do navegador, o sistema operacional, a resolução de tela, a data e outras informações sobre a configuração do usuário.

❑ Os cabeçalhos retornados de um servidor para um navegador web contêm informações como o tipo do servidor, a data e o horário nos quais a página foi enviada e a data e o horário nos quais a página foi modificada pela última vez.

É claro que os cabeçalhos *podem* conter muito mais informações e usar os rótulos <meta> é uma maneira de adicionar novos cabeçalhos para serem enviados com o documento. Por exemplo, você poderia querer adicionar um cabeçalho para indicar quando a página deveria expirar (não ser mais válida) – o que é especialmente útil se o documento contiver coisas como ofertas especiais de preços que você sabe que irão expirar – ou para atualizar uma página após um período de tempo.

Expirando Páginas

Pode ser importante expirar páginas porque os navegadores têm algo conhecido como *cache*, um espaço no disco rígido onde armazenam páginas de web sites que você visitou. Se você voltar a um site que já tenha visitado, o navegador pode carregar alguma parte ou toda a página da cache em vez de recuperar a página inteira de novo.

Aqui você pode ver um rótulo <meta> que fará com que a página expire na sexta-feira, 16 de abril de 2010, às 11:50 (e 59 segundos) da noite. Observe que a dava deve seguir o formato mostrado.

```
<meta http-equiv="expires" content="Fri, 16 April 2010 23:59:59 GMT" />
```

Se isso fosse incluído em um documento e o usuário tentasse carregar a página após a data de expiração, então o navegador não usaria a versão da cache; em vez disso, ele tentaria encontrar uma cópia atualizada do servidor. Isso ajuda os usuários a ter as cópias mais recentes dos documentos e evita portanto que as pessoas usem informações desatualizadas.

Evitando que um Navegador Coloque uma Página na Cache

Você pode evitar que alguns navegadores coloquem uma página na cache usando o valor pragma no atributo http-equiv e um valor igual a no-cache no atributo content, desta forma:

```
<meta http-equiv="pragma" content="no-cache" />
```

Infelizmente, o Internet Explorer 4 e versões posteriores ignoram essa regra e colocam a página na cache.

Atualizando e Redirecionando Páginas

Você pode fazer com que uma página seja atualizada após um determinado número de segundos usando o seguinte rótulo <meta>, que dá ao atributo http-equiv um valor igual a refresh:

```
<meta http-equiv="refresh" content="10;URL=http://www.wrox.com/latest.aspx" />
```

Isso fará com que a página seja atualizada após 19 segundos. Você pode usar o número de segundos dados como a primeira parte do valor do atributo content. Esse é seguido por um ponto-e-vírgula, a palavra chave URL, um sinal de igual e o endereço da página a ser atualizada.

Você pode atualizar até uma página diferente. Por exemplo, se o seu site passar de um domínio para outro, você pode deixar uma página para os visitantes que forem ao domínio antigo dizendo que você se mudou e que o usuário será redirecionado automaticamente em cinco segundos.

Quando você usa essa técnica para recarregar a mesma página, ela é chamada de *atualização* da página, enquanto que enviar o usuário para uma nova página ou site é chamado de *redirecionar* o usuário.

> *Você deve evitar atualizar uma página muito freqüentemente, já que isso irá distrair os usuários, especialmente se eles estiverem tentando ler um documento. Você também deve estar ciente de que atualizar regularmente um documento coloca uma carga extra no seu servidor web.*

Especificando Classificações

Você pode especificar taxas relacionadas ao conteúdo da sua página. Sem uma classificação, seria possível que alguns navegadores (ou programas projetados para controlar o que pode ser visto) impeçam o acesso ao seu site. Assim como com todos os rótulos <meta>, o usuário não verá a classificação, mas o navegador pode processá-la. Se você fornecer uma classificação, o navegador mais provavelmente a mostrará àqueles que tiverem concordado em visualizar esse tipo de conteúdo.

Inicialmente, classificações da Internet foram introduzidas para auxiliar pais e escolas a bloquear determinados conteúdos das crianças, embora a principal tecnologia dessa área, a PICS (a Plataform for Internet Content Selection), tenha se desenvolvido para possibilitar muitos outro usos.

Para especificar um valor de classificação para uma página, o valor do atributo http-equiv precisa ser pics-label. A parte que realmente indica qual é o conteúdo é conhecida como um *rótulo de classificação*. O rótulo deve ser criado de acordo com a Internet Content Ratings Association (ICRA).

O rótulo de classificação é constituído de quatro partes:

- Um identificador ICRA
- O rótulo ICRA
- O identificador RSACi (o nome antigo da ICRA)
- As classificações RSACi

Como você verá, o rótulo pode parecer bastante complicado, mas um formulário no web site da ICRA (www.icra.org/label/) lhe ajuda a criar um rótulo para o seu site. A classificação RSACi também é gerada no mesmo site como parte do processo.

Assim que você tiver seu rótulo, o rótulo <meta> deve se parecer com este, que foi criado para o site www.wrox.com:

```
<meta http-equiv="pics-label" content='(pics-1.1 "http://www.
icra.org/
ratingsv02.html"
comment "ICRAonline EN v2.0" l gen true for
""http://www.wrox.com/" r (nz 1 vz 1 lz 1 oz 1 cz 1)
""http://www.rsac.org/ratingsv01.html" l gen true for "http://www.
wrox.com/"
r (n 0 s 0 v 0 l 0))' />
```

Embora isto possa parecer complicado, o formulário no site da ICRA torna simples a geração de uma classificação e não deve demorar mais do que alguns minutos.

Configurando Cookies

Cookies são pequenos arquivos de texto que o navegador pode armazenar no seu computador. Você pode criá-los em uma linguagem de script que seja executada no navegador como JavaScript ou usando tecnologias no servidor como ASP.Net, PHP ou JSP.

> *Você provavelmente não usará cookies até que comece a trabalhar em profundidade com JavaScript ou com uma linguagem do lado servidor, mas eles são mencionados aqui para referência futura.*

Você pode usar o elemento <meta> para configurar cookies dando ao atributo http-equiv um valor de set-cookie e depois usando o atributo content para especificar um nome, valor e prazo de expiração do cookie, desta forma:

```
<meta http-equiv="Set-Cookie" content="cookie_name=myCookie;
expires="Fri 16 April 2009 23:59:59 GMT" />
```

Se você não fornecer uma data de expiração, o cookie ira expirar quando o usuário fechar sua janela do navegador.

Especificando o Nome do Autor

Você pode configurar o nome do autor do documento usando o valor de autor para o atributo http-equiv e depois usando o nome do autor como o valor do atributo content, da seguinte maneira:

```
<meta http-equiv="author" content="Jon Duckett" />
```

Configurando a Codificação de Caracteres

Codificações de caracteres indicam qual foi usada para armazenar os caracteres dentro de um arquivo. Você pode especificar a codificação usada em um documento com um rótulo <meta> cujo atributo http-equiv tenha um valor igual a Content-Type. O valor do atributo content deve então ser a codificação de caracteres usadas para gravar o documento. Por exemplo:

```
<meta http-equiv="Content-Type" content="ISO-8859-1" />
```

Aqui você pode ver que o documento foi escrito usando a codificação ISO-8859-1. Você verá mais sobre codificações de caracteres no Apêndice E.

Configurando uma Linguagem Padrão de Style Sheet

Você pode especificar o tipo da linguagem de style sheets que usará em um documento configurando o atributo http-equiv com o valor content-style-type e especificando o tipo MIME da linguagem de style sheet no atributo content.

```
<meta http-equiv="content-style-type" content="text/css" />
```

Quando regras de style sheets ficam dentro de um elemento <style>, o atributo type indica a linguagem de style sheet usada dentro daquele elemento, mas quando você tem regras de style sheet em linha usando o atributo de estilo em um elemento, não há indicação explícita da linguagem usada. Portanto, configurar o padrão para CSS remove quaisquer dúvidas. Embora CSS seja a linguagem mais popular para estilização de documentos HTML e XHTML, algumas aplicações suportam outras linguagens, com XSLT e DSSSL (embora estas linguagens raramente sejam usadas com páginas web, de modo que seria extremamente raro você ver content-style-type usado em páginas web).

Configurando uma Linguagem de Script Padrão

Se você for usar scripts por toda a sua página, pode usar o elemento <meta> para indicar a linguagem na qual seus scripts estão. Embora você ainda usar o atributo style em qualquer elemento <script>, muitas vezes pode usar scripts em manipuladores de eventos, e configurar este rótulo <meta> indica a linguagem usada nesses atributos.

```
<meta http-equiv="content-script-type" content="text/JavaScript" />
```

O Atributo scheme

Este atributo pode ser usado para especificar um esquema ou formato para um valor de propriedade. Por exemplo, se você estiver trabalhando com datas, pode escrevê-las de diversas formas. Nos E.U.A., o formato da data é escrito mm-dd-aaaa, enquanto que na Europa ele é escrito como dd-mm-aaaa. Assim, você poderia usar o atributo scheme para indicar um formato de data. Nos E.U.A., você poderia usar o seguinte:

```
<meta scheme="usa" name="date" content="04-16-1975" />
```

Na Europa, você poderia usar o seguinte:

```
<meta scheme="Europe" name="date" content="16-04-75" />
```

O uso do atributo scheme não supõe que a aplicação processante entenda o valor do atributo scheme e do atributo name – e dado que os navegadores mais conhecidos não entenderiam isso, recairia sobre um script ou uma aplicação personalizada interpretar o uso desse elemento.

Testando seu Site

Antes que você estabeleça seu site para todos examinarem, deve executar alguns testes. Mesmo se ele parecer funcionar bem no seu computador, não é tão fácil garantir que ele também funcionará nos computadores de outras pessoas. Afinal, pessoas diferentes têm versões diferentes de navegadores, diferentes velocidades conexões de Internet e diferentes tamanhos e resoluções de tela, de modo que o que funcionava no seu computador pode não funcionar tão bem com outras pessoas nas suas máquinas.

Assim, as duas etapas de testes são as seguintes:

- ❑ **Testes pré-publicação:** Estes são executados no seu computador antes de pedir a outras pessoas para olhar o site.
- ❑ **Testes de pré-lançamento:** Executados no site exatamente como será publicado na Web (em um servidor web).

Nesta seção, você aprenderá sobre diversos testes que podem ajudar a assegurar que o seu site fique disponível a tantas pessoas quanto possível.

A Importância da Estrutura de Diretórios e URLs Relativas

Gastaremos um momento para revisar como melhor escrever URLs para outras páginas do seu site, assim como as iimagens, style sheets e scripts externos que cada página use. Isso demonstra quanto são valiosas boas URLs relativas. Digamos que você já tenha construído um site e que queira criar uma nova versão do mesmo. Você poderia querer testar o novo site no servidor web, mas ele terá que estar em uma pasta separada e, portanto, terá uma URL diferente do seu site atual, se esse tiver que permanecer ativo. Por exemplo, você poderia testar o novo site em uma pasta chamada novo_site, de modo que a página inicial tenha a seguinte URL:

```
http://www.example.com/novo_site/index.html
```

Contudo, quando você estiver pronto para fazer a troca para o novo site, irá querer que ele apareça aqui:

```
http://www.example.com/index.html
```

Se você estiver usando URLs relativas para conectar todas as suas outras páginas, imagens, arquivos de script e assim por diante, então mover um site para uma nova pasta ou até mesmo para uma nova URL não será problema. Entretanto, se você codificar explicitamente suas conexões usando itens com o seu logotipo na sua página inicial usando um rótulo <img> como este:

```
<img src="http://www.example.com/novo_site/images/nosso_logo.gif"
alt="Nosso Logotipo" />
```

esta imagem não seria carregada quando você movesse o site para um novo domínio ou para uma pasta diferente. É melhor usar algo como:

```
<img src="images/nosso_logo.gif" alt="Nosso logotipo" />
```

Agora, desde que a pasta de imagens fique dentro do diretório no qual esta página esteja, a imagem será carregada, não importa para onde o site seja movido.

Validando HTML, XHTML e CSS

Um das suas melhores precauções para fazer seu site trabalhar na maioria dos navegadores é validar seu código e assegurar que respeitou as regras da linguagem. Um *validador* verificará coisas como, por exemplo, se você fechou todos os rótulos corretamente, se os atributo que você usou são realmente permitidos nesse elemento e assim por diante. Basta você perder algo tão simples como um rótulo de fechamento </

td>, embora a página possa parecer bem no seu navegador, ela não necessariamente funcionará bem nos computadores de outras pessoas.

> É útil validar um projeto após ter construído a primeira página, já que é bastante tentador copiar e colar partes do seu código de um arquivo para outro e usar sua primeira página como modelo. Se você tiver um erro na página que usar como modelo e a usar para criar todas as outras antes de testá-la, poderá ter que reescrever todas as páginas.

Conforme discutido no Capítulo 1, cada versão de HTML e XHTML possui pelo menos um documento contendo as regras para essa versão da linguagem, conhecida como um DTD ou esquema. Qualquer página web pode ser validada contra esse documento para assegurar que siga as regras. Portanto, validando suas páginas, você saberá se deixou de fora um rótulo ou outra parte importante da marcação. A declaração DOCTYPE no início da sua página informa a uma ferramenta de validação às regras de qual DTD ou esquema sua página deve corresponder.

Muitas ferramentas de autoração, como o Dreamweaver, contêm ferramentas que permitem a você validar seu site. Porém, se você não estiver usando essa ferramenta, ou se quiser verificar seu site com mais de uma ferramenta de validação, pode usar o validador de páginas web grátis da W3C em http://validator.w3.org.

Você pode ver o validador de marcação da W3C na Figura 13-1; ele permite a você digitar uma URL para um site ou enviar uma página do seu computador.

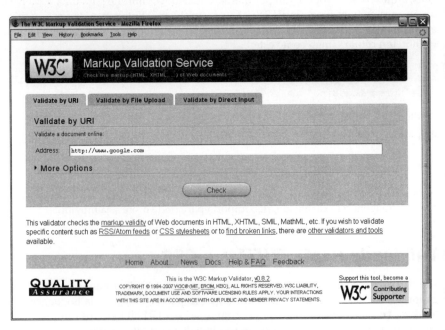

Figura 13-1

Ele lhe informará se houver erros no seu documento. Na Figura 13-2, você pode ver erros para uma página.

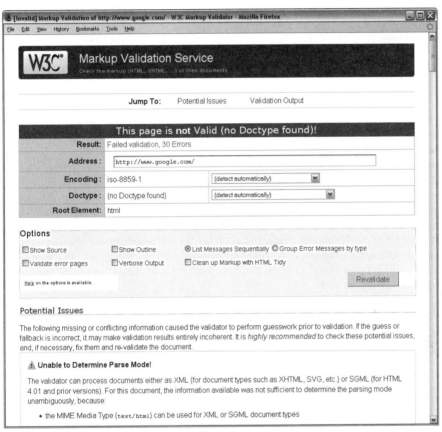

Figura 13-2

Embora a ferramenta de validação da W3C seja muito útil – e gratuita – ter que validar cada página individualmente pode ser um pouco cansativo. O Dreamweaver (que certamente parece ser de longe mais a ferramenta de autoração XHTML mais popular entre profissionais da web) introduziu excelentes recursos de validação para páginas XHTML na sua versão Dreamweaver MX (muito melhor do que a validação oferecida por versões anteriores do Dreamweaver). Validar uma página é tão simples quanto gravá-la e depois pressionar Shift+F6; você deve ver os erros aparecerem no painel de resultados, como na Figura 13-3.

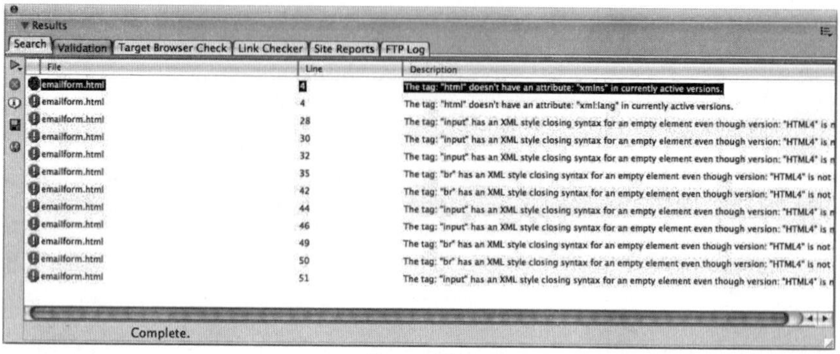

618 @ Introdução à Programação WEB com HTML, XHTML e CSS

Figura 13-3

Observe que, para isso funcionar apropriadamente, você deve ter as configurações corretas no Dreamweaver. Para obtê-las, você pode clicar com o botão direito do mouse no painel de resultados e escolher a caixa de diálogo de configurações (o Option-click em um Mac). Você verá então uma faixa inteira de padrões de documentos aparecer na nova caixa de diálogo de Preferências. Você quer se assegurar de que cada opção esteja desmarcada menos a versão que você quiser verificar. Assim, se você estiver tentando validar Transitional XHTML 1.0, deve ter apenas essa caixa marcada, conforme mostrado na Figura 13-4.

Agora revalide a caixa.

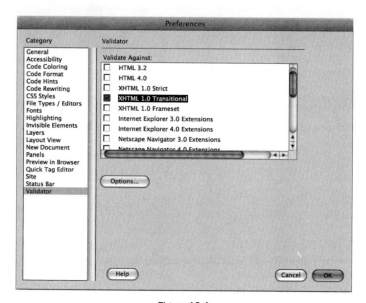

Figura 13-4

Verificando Conexões

É importante verificar suas conexões antes do seu site entrar no ar e após tê-lo publicado na Web. Há algumas ferramentas que lhe ajudarão a verificar conexões. Se você pesquisar por ferramentas de verificação de conexões, encontrará diversos sites que cobram pelo serviço. Entretanto, há alguns serviços grátis de verificação de conexões como:

❏ A validação da W3C em http://validator.w3.org/checklink/

❏ O Link Valet da HTMLHELP em www.htmlhelp.com/tools/valet

Você também pode usar a ferramenta Link Valet para verificar se algum site como qual se conecta foi alterado desde uma data especificada. Isso pode ser muito útil porque um site externo poderia reestruturar suas páginas e a URL antiga não ser mais válida, ou poderia começar a publicar conteúdo com o qual você não deseja mais se conectar.

Na Figura 13-5, você pode ver os resultados de uma única página validada com o validador de conexões da W3C.

Os resultados destes serviços poderia parecer muito prolixos, mas você deve ser capaz de perceber quais conexões estão ruins procurando algum tipo de destaque – que tendem a ficar em vermelho para conexões quebradas ou questionáveis.

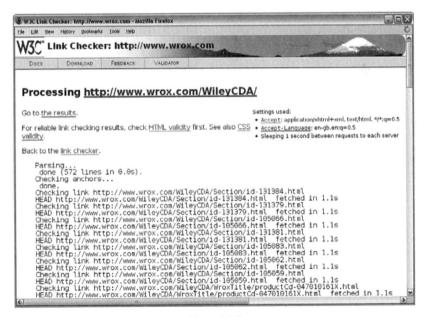

Figura 13-5

O Dreamweaver da Macromedia também contém sua própria ferramenta de verificação de conexões. Você pode acessá-la a partir do menu de resultados ou pressionando Control+Shift+F9.

Há opções para verificar uma página, uma pasta ou o site inteiro. Assim que o Dreamweaver tiver encontrado suas conexões quebradas, você pode consertá-las na janela Resultados ou na janela Propriedades conforme mostrado na Figura 13-6 (ou indo ao código da página relevante).

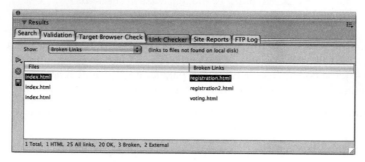

Figura 13-6

Verificando Diferentes Resoluções de Tela e Profundidades de Cores

Como você aprendeu no Capítulo 9, nem todas as pessoas terão a mesma resolução de tela que você; você deve verificar seu site com diferentes resoluções de telas para garantir que todo o texto ainda seja legível e que as informações caibam na página adeqüadamente.

Na maioria dos sistemas operacionais, você pode alterar a resolução da sua tela (geralmente através de caixas de diálogo da propriedade de exibição). Isso permite a você ver como seria a aparência da figura em diferentes monitores.

Você também pode alterar as cores de milhões para 256 e assegurar que o texto ainda possa ser lido (mesmo se as imagens não se pareçam tão bem quanto você esperava), Essa é uma boa forma de verificar se o seu texto fica legível.

Verificadores de Acessibilidade

Está se tornando cada vez mais importante a criação de web sites acessíveis; muitas vezes as pessoas pensam em disponibilizar seus sites a visitantes com problemas visuais ou físicos, embora isto na verdade signifique simplesmente tornar o site disponível a tantas pessoas quanto possível.

Você aprendeu sobre muitas questões de acessibilidade por todo o livro, como o fornecimento de texto alternativo para todas as imagens, de uma conexão para os usuários pularem a navegação que esteja repetida e mais. Você aprendeu que é importante garantir que as cores que escolheu tenham contaste suficiente para poderem ser lidas com qualquer texto, que tabelas linearizam bem e que, que você não usa apenas cores para passar informações.

Muitas ferramentas estão disponíveis para lhe ajudar a verificar algumas das questões principais de acessibilidade; algumas ferramentas populares são:

❑ WebExact da Watchfire http://webxact.watchfire.com/
❑ Wave da WebAim em www.webaim.org/resources/wave/
❑ LIFT da UsableNet em www.usablenet.com/usablenet_liftmachine.html

Todas essas ferramentas são baseadas em regras, e nenhuma é substituta para a compreensão das questões em torno de acessibilidade. Embora uma ferramenta possa verificar se você usou atributos alt em cada imagem, não pode verificar se o texto alternativo fará sentido para alguém que não possa ver a imagem dentro do contexto da página. Uma referência mito boa sobre o tópico de acessibilidade é *Constructing Accessible Web Sites* de Jim Thatcher, et al. (Glasshauss, 2002).

Servidor de Desenvolvimento ou Servidor ao Vivo

Assim que você tiver executado as verificações mencionadas até aqui, estará pronto para passar seu site para algum ligar onde outras pessoas possam testá-lo. Examinaremos em breve a hospedagem web, mas você provavelmente ira querer colocar seu site em um lugar onde o público ainda não começará a procurar; você irá querer executar uma segunda fase de testes primeiro.

Se você tiver uma versão do seu site já no ar e estiver trabalhando em uma atualização, então precisará ter um local diferente para o novo site ser testado – isso poderia ser tão simples quanto uma pasta diferente no seu computador ou então em um servidor deparado.

> *Se você estiver alterando um site existente, deve sempre trabalhar em uma cópia separada do mesmo em vez de na versão que o público verá. É uma boa prática ter uma cópia de segurança de cada versão do site.*

Assim que você tiver terminado os testes a seguir, pode colocar o site no ar, pronto para o público.

Verificando Diferentes Versões de Navegadores

Mesmo se você escrever suas páginas até agora exatamente como nas recomendações e elas forem validadas perfeitamente, versões diferentes de navegadores em diferentes sistemas operacionais se comportam de forma diferente. A página que parecia perfeita no seu monitor não tem a mesma aparência no de um amigo ou colega. Assim, você deve sempre tentar testar sua página web em tantos navegadores e plataformas diferentes quanto possível. Você deve, no mínimo, ter as versões mais recentes do Internet Explorer e do Firefox no seu computador.

Infelizmente, você pode instalar apenas uma versão do Internet Explorer em um único computador) a menos que você tenha uma partição executando uma segunda versão do Windows ou um emulador de Windows) e você provavelmente irá querer a versão mais recente para uso no dia-a-dia. Assim, se você tiver um PC disponível, pode manter versões mais antigas de navegadores nele e usá-lo para testar suas páginas assim que as tiver construído.

Se você precisar baixar uma versão antiga de um navegador, tente em http://browsers.evolt.org/.

> Alguns web sites e serviços oferecem imagens de cada página do seu web site em muitas versões diferentes de diversos navegadores para você, de modo que possa verificar como as páginas aparecem nesses diferentes navegadores; entretanto, isto pode ser bastante caro e demorado. Um bom exemplo é www.browsercam.com/.

Outra ótima forma de verificar se um site está funcionando como você quer pedir a todos os seus amigos para que o verifiquem antes que ele entre no ar. A esperança é que, entre eles, você encontre pelo menos um ou dois usuários que tenham navegadores mais antigos ou sistemas operacionais diferentes. Peça a eles que verifiquem como ele se parece e que enviem a você telas de algumas páginas nos seus navegadores. Se você quiser, pode até oferecer um pequeno prêmio por isso. Um colega meu recentemente solicitou a toda a equipe do cliente que pedisse a seus amigos que testassem o novo site e um sortudo que respondeu ao questionário relacionado ganhou um iPod.

Teste Piloto

Se você puder, pegue pessoas que não tenham estado envolvidas no projeto para testar seu site antes que ele seja liberado para o público. Isto é importante porque o que poderia parecer perfeitamente óbvio para você nem sempre é tão claro para alguém que está vindo ao site pela primeira vez. Quando você tiver construído o site, estará tão próximo dos projetos e trabalhos que será muito difícil olhar para ele com a mesma objetividade de alguém que nunca o tenha visto.

De forma ideal, as pessoas que estiverem executando esse tipo de teste no seu site deveriam ser seu público alvo.

A primeira coisa que você pode fazer é solicitar aos seus participantes que se sentem na frente do site e apenas observe o que eles fazem. Você deve resistir à tentação de intervir, seja para perguntar a alguém o que esta pessoa está tentando fazer ou então para lhe dizer como fazer algo que estiver tentando fazer. Assim que você começa a falar com eles, afetará seu comportamento normal – e não aprenderá tanto.

Observar onde as pessoas vão primeiro, quanto tempo gastam em cada página e como navegam pode lhe ensinar muito sobre o seu site.

Você também pode sentar pessoas na frente do site e dar a elas um conjunto de cenários imaginários; por exemplo, você poderia ter um site que vendesse bicicletas e poderia solicitar aos usuários que:

❑ Encontrassem uma bicicleta que eles achassem apropriada para seu filho ou filha

❑ Descobrissem quanto um determinado modelo de bicicleta custa

❑ descobrissem como visitar a loja e quando ela está aberta

❑ Verificassem se um capacete satisfaz a um determinado padrão de segurança

Mais de cinco tarefas e o usuário estará se acostumando á aparência e à operação do site. Algumas pessoas preferem observar em silêncio enquanto os participantes executam essas tarefas. Outras preferem pedir aos participantes que falem o que estão fazendo. Nesse segundo cenário (às vezes conhecido como protocolo de voz alta), você precisa assegurar que os usuários falem o que estão fazendo em cada processo que passar pelas suas mentes. Você muitas vezes obtém frases pela metade, mas pode ter uma idéia do que esperar deles executando você mesmo primeiro a tarefa em um site diferente. Aqui está um exemplo de uma transcrição com a qual você poderá acabar se deparando:

1. "Devo procurar uma bicicleta para a Júlia".

2. "Olhando o menu ... inicial, loja ..."

3. "Clicando em loja..."

4. "A lista de marcas aparece à esquerda, não ouvi falar de muitas destas".

5. "Figuras à direita dizendo bicicletas masculinas, femininas, para meninos, para meninas ...?"

6. "Clicar na figura de bicicletas para meninas ..."

7. "Mostra idades, então clico em 'primeiras bicicletas' ..."

8. "Olhando as figuras ..."

9. "Esta parece boa; clico nesta figura ...

10. "Não faz nada ... achei que fosse mostrar mais informações sobre elas ..."

11. "Clico em 'Raleigh Butterfly'."

12. "Aí está, esta parece boa."

Você fica melhor gravando a voz se puder, desde que não isto não aborreça o usuário. Novamente, você deve resistir à tentação de interromper se os usuários estiverem fazendo algo que não seja o que você acha que devam estar fazendo para executar a tarefa – afinal, neste exemplo você aprendeu que o usuário esperava poder clicar na imagem da bicicleta para ver mais detalhes, mas não pôde.

Revisando

Se você estiver trabalhando em um site comercial, muitas vezes pode ajudar contratar um revisor para examinar todo seu texto. Erros de digitação podem afetar a impressão das pessoas sobre o site que você construiu e fazer com que você e o cliente para o qual o está desenvolvendo pareçam menos profissionais.

Se o seu cliente encontrar erros pelo site, você parecerá descuidado – mesmo se ele fornecesse a cópia com erros do site.

Revisores não precisam ser caros e, no que tange para sua reputação, eles certamente podem valer o preço(já que você evita possíveis embaraços e potencialmente ganha contratos adicionais).

Colocando o Site no Ar

Agora seu site deve estar pronto para ser visto pelo público. Assim, é hora de ver como colocá-lo na Web. Para fazer isso, você precisará obter um nome de domínio, encontrar algum espaço de hospedagem e transferir o site para o novo servidor usando um programa de FTP. Você aprenderá sobre cada uma dessas etapas na seção a seguir. Em especial, você aprenderá sobre o que procurar ao decidir com quem hospedar seu site.

Obtendo um Nome de Domínio

Se você estiver criando um site pessoal, não precisa necessariamente ter seu próprio nome de domínio, mas é sempre uma boa idéia se você estiver criando um site para um negócio. O *nome de domínio* é a parte do nome que você comumente vê após o www em um endereço de site. Por exemplo, a Wrox Press usa o nome de domínio wrox.com, enquanto que a Amazon usa o nome de domínio amazon.com nos E.U.A., amazon.co.uk no Reino Unido, amazon.de na Alemanha e assim por diante (embora, com você talvez tenha percebido, alguns sites não usem o www no seu nome).

Você pode registrar seu nome de domínio com uma empresa de registro de domínios, das quais há centenas; pesquise no seu mecanismo de busca favorito e encontrará muitas. A maioria das empresas usa o sufixo .com, mas diversos outros sufixos estão disponíveis. Por exemplo, há domínios específicos de países (também conhecidos como *domínio de nível superior*) como .co.uk para o Reino Unido, .de a para Alemanha, .com.au para a Austrália e .ru para a Rússia. Você deve só deve escolher um domínio específico de país se estiver baseado no mesmo. De fato, alguns nomes de domínios (como domínios .com.au) só podem ser comprados por pessoas com empresas registradas ou empresas com produtos com esse nome vendido nesse país. Também há os sufixos .me.uk, que são para sites pessoas, .info, para sites baseados em informações e .org para organizações registradas.

Você não precisa de todos os sufixos disponíveis para o seu nome de domínio, embora deva se assegurar de que seu site não seja muito semelhante em nome a algum com o qual você não queira estar associado, só para o caso de erros de digitação do usuário. Por exemplo, você não iria querer que um site para crianças tivesse uma URL muito semelhante a um site de conteúdo adulto.

Antes que você registre seu nome, precisa ver se ele esta disponível; todas as empresas de registro de nomes de domínio devem ter um formulário que permita a você pesquisar se o seu nome de domínio está disponível. Você pode achar isso um processo frustrante, já que uma proporção incrivelmente alta dos nomes de domínio .com que você poderia pensar já foram pegos, assim como as palavras mais populares (mesmo combinações de palavras populares). Muitos números também já foram pegos.

Você pode encomendar um nome de domínio sem na verdade ter o site pronto; isso é conhecido às vezes como *estacionamento de domínio*. Você encomenda o nome assim que sabe que irá criar o site (afinal, provavelmente irá querer usar a URL no projeto do site e precisará portanto encomendá-lo antes que comece a projetar o site), mas não coloca nada lá até que tenha construído o site.

Diversas empresas de registro de nomes de domínio também oferecem hospedagem, mas não há necessidade de encomendar seu nome de domínio da mesma pessoa que hospeda o seu site; você pode fazer com que a empresa de registro de nomes de domínio aponte o domínio para os servidores da sua empresa de hospedagem (geralmente há um painel de controle simples no site onde você registrou o nome onde você controla para onde seu nome de domínio realmente aponta).

Seu nome de domínio deve ser fácil de lembrar. Evite nomes que sejam tão longos que os usuários achem difícil lembrar ou grande demais de digitar. Por exemplo, se você fosse a Sydney Slate Roofing Services Limited, poderia escolher um domínio como www.SydenySlate.com em vez de www.SydneySlateRoofingServicesLimited.com.

Quando você registrar o nome de domínio, provavelmente também poderá usá-lo para seus endereços de email. Por exemplo, se você escolher o domínio www.example. com, então nenhuma outra pessoa poderia usar o email bob@example.com sem a sua permissão (embora seja possível que *spammers*[1] façam os emails *parecerem* como se viessem do seu domínio, simplesmente alterando o endereço "de" nos seus programas de email.

Hospedagem

Você já sabe que, para poder visualizar uma página web, um navegador solicita a página de um servidor web. Esse é um computador especial que está constantemente conectado à Internet.

---

[1] N. do T.: remetentes de spams.

Quando você acessa uma página usando um nome de domínio, como http://www.example.com/, algo chamado de servidor de nomes altera o nome para um número. O número (conhecido como endereço IP) identifica de forma única uma máquina na web e esta máquina armazena seu web site.

Assim, quando você estiver pronto para colocar seu site na Web, precisará de algum espaço em um servidor web. Centenas de empresas permitirão a você colocar seu web site nos seus servidores e irão, é claro, cobrar pelo serviço. Esse serviço é conhecido com *hospedagem web* porque a empresa hospeda seu site para você.

Muitos ISPs lhe oferecerão uma pequena quantidade de espaço web de graça quando você as escolher para acessar a Internet. Também há outros sites que oferecem hospedagem gratuita (esses geralmente são pagos pelo uso de propagandas pop-ups que aparecem quando suas páginas são carregadas). Para um site pessoal você pode precisar de apenas uma pequena quantidade de espaço web e pode estar preparado para suportar propagandas pop-up que vêm com o serviço grátis. Para sites comerciais, entretanto, é melhor escolher alguma hospedagem paga – que ainda pode ser muito barata mas não terá propagandas.

Considerações Chaves para a Escolha de um Hospedeiro

Como eu disse, literalmente centenas de empresas oferecem hospedagem web, e pode parecer um campo minado decidir para qual ir. A seguir está uma discussão de pontos chave que você precisa entender e analisar ao escolher um site (esses pontos são listados aqui em ordem alfabética, em vez de em ordem de importância):

- ❏ **Cópias de segurança:** Você deve verificar se o seu hospedeiro executa cópias de segurança nos seus sites e, se o fizer, com qual freqüência. Uma cópia de segurança é simplesmente uma cópia do site feita para o caso de haver algum problema com o computador no qual ela se encontra. Embora os tipos de sites que você irá criar ao começar a trabalhar em web sites provavelmente não requeiram cópias de segurança regulares, é bom saber se a empresa de hospedagem mantém uma cópia do site para o caso de algo dar errado com os seus servidores (já que isso permitirá ao hospedeiro consertar o problema sem obter uma cópia do site de você). Quando você começar a desenvolver sites que sejam alterados freqüentemente e que possam ser atualizados por diversas pessoas, precisará examinar a questão de cópias de segurança com mais atenção.

- ❏ **Largura de banda:** Esta é a quantidade de dados que você pode enviar do seu site. Ela pode ser dada em uma taxa por dia, mês ou ano. Se o tamanho médio de uma das suas páginas web for de 75 KB incluindo imagens, então, se você tiver 100 visitantes no seu site por mês e cada visitante examinar 10 páginas, você precisará de pelo menos 75.000kb (ou 75 MB) de largura de banda por mês. Na verdade, você descobrirá que os hospedeiros muitas vezes permitem muito mais que isso, mas ajuda se você tiver uma idéia de como calcular a largura de banda

A parte complicada do processo de decisão de quanta largura de banda você precisará é julgar o quão bem sucedido seu site será. Você nunca consegue prever o quão popular seu site será e, se ele for mencionado em uma revista ou jornal popular, pode de repente ter muito mais tráfego. Uma forma de contornar o problema de quanta largura de banda você precisa é simplesmente escolher um serviço de hospedagem que só cobrará extra se você exceder sua largura de banda que for permitida pela sua conta. Você deve verificar regularmente se excedeu seu nível porque não irá querer acabar com uma conta surpresa cara no final do mês. Você também deve assegurar de ter dinheiro suficiente para pagar se extrapolar o limite, ou pode ser tirado do ar.

- **País:** Você pode querer analisar em qual país seu site ficará hospedado. É melhor hospedar o site no mesmo país onde você espera que a maioria dos seus clientes esteja porque os dados têm menos distância para viajar, o que deve fazer com que ele apareça mais rapidamente para esses usuários. Se você estiver estabelecendo um site para o mercado australiano, por exemplo, idealmente hospedaria esse site na Austrália já que seria mais rápido para visitantes australianos carregar páginas do que se ele estivesse hospedado na Europa. Na prática, entretanto, você raramente verá *muita* diferença de desempenho.

- **Centros de dados:** Muitas empresas dizem que têm centros de dados de vários milhões de dólares. Isso ocorre porque a maioria das empresas de hospedagem alugam espaço em um centro de dados grande e colocam ser serviços nestes dispositivos (isso não significa necessariamente que a sua empresa de hospedagem seja uma operação de vários milhões de dólares).

- **Espaço em disco:** Você geralmente verá um valor dado em MB (megabytes) ou GB (gigabytes) para a quantidade de espaço que obtém no computador que serve seu site. O espaço em disco controla o quão grande seu site pode ser e precisa ser maior que o total de todos os arquivos XHTML, CSS, de script e imagens que constituem o seu site. Você pode verificar o tamanhodo seu web site é simplesmente examinando o tamanho da pasta na qual ele está (desde que você não tenha outros arquivos nessa pasta).

- **Contas de email:** Empresas de hospedagem geralmente fornecem serviços com a hospedagem web. Você precisa analisar dois fatores aqui: o tamanho da caixa de correio que pode ter e o número de caixas de correio que recebeu. Alguns hospedeiros lhe dão caixas de correio ilimitadas mas estabelecem uma quantidade máxima de espaço de armazenamento que eles podem ocupar, de modo que, se você tiver cinco caixas de correio e apenas 10 megabytes de espaço parta compartilhar entre elas, cada conta pode ter apenas 2 MB de capacidade. Algumas empresas de hospedagem permitem a você ter apenas algumas caixas de correio, mas permitirão uma quantidade fixa para cada uma (digamos 10 MB cada). Finalmente, algumas empresas de hospedagem permitem a você usar a quantidade de espaço que alocou para o seu domínio com correspondência, de modo que o único limite é o seu limite de armazenamento.

- **Hospedagem compartilhada versus dedicada:** A hospedagem web mais barata é quase sempre fornecida no que é conhecido como *hospedeiro compartilhado*. Isso significa que o seu web site fica no mesmo computador físico que muitos outros sites. Devido ao fato dos sites menores não terem tantos visitantes, o computador pode lidar facilmente com a hospedagem de diversos sites. Entretanto, sites maiores que tenham muitos milhares de visitantes por dia ou que sirvam arquivos grandes (como downloads de músicas ou muitos gráficos pesados) requerem largura de banda extra e ocupam mais recursos nesse servidor. É quando o seu site provavelmente começa a exceder o limite de largura de banda estabelecido e suas contas começam a aumentar. Portanto, se o seu site se tornar extremamente popular, você pode achar mais barato obter seu próprio servidor (ou, de fato, seu hospedeiro poderia insistir que você obtivesse seu próprio servidor), o qual é conhecido com *servidor dedicado* porque é dedicado para o seu uso.

Alguns dos sites muito populares na Web na verdade estão hospedados em diversos servidores – o site pode ser tão ocupado que apenas um computador não consegue lidar com o tráfego, ou uma máquina pode requerer manutenção e existem outras para lhe substituir. Bancos, grandes lojas online e corporações multinacionais são exemplos de sites que usariam esse tipo de configuração – conhecida como *servidor de carga balanceada* ou *cluster*[2] *de servidores*.

Não fique desestimulado com essa conversa sobre servidores dedicados ou de carga balanceada. Geralmente, se o seu site for tão popular que você requeira seu próprio servidor dedicado, você deve estar ganhando dinheiro suficiente dele para garantir o custo extra.

❏ **Pacotes estatísticos:** Cada vez que um usuário solicita um arquivo do seu site, o servidor web pode registrar determinados detalhes sobre o usuário – por exemplo, o endereço IP, a versão do navegador, a linguagem do sistema operacional e assim por diante. Essas informações vêm nos cabeçalhos HTTP do navegador. Pacotes estatísticos pode examinar os arquivos de registro que contêm essaa informações e interpretar algumas informações muito úteis deles. Por exemplo, você pode ver quantas páginas serviu aos visitantes, quais usuários digitaram em mecanismos de busca para encontrar você e qual a página mais comum pela qual as pessoas deixam o seu site. Todas essas informações lhe ajudam a entender o que os usuários estão fazendo no seu site e podem lhe ajudar a melhorar o site e aumentar o número de visitantes que ele recebe. Você aprenderá mais sobre pacotes estatísticos mais adiante neste capítulo.

❏ **Uptime:** *Uptime* se refere à porcentagem de tempo em que o seu servidor web está trabalhando e disponível para as pessoas que examinam seu site. Você geralmente vê valores como 99 porcento de *uptime*, o que significa que, em média, em 99 de cada 100 minutos o seu site estará disponível. Contudo, isto também significa que o seu site pode estar fora do ar em 1 porcento do tempo, o que poderia ser 87,6 horas por ano, ou *quatro dias*. Se o seu site for sua maior fonte de renda, você deve descobrir uma alternativa com mais *uptime*.

---

[2] N. do T.: Grupos de servidores.

A menos que você esteja gerenciando uma empresa *muito* grande, raramente vale a pena o investimento de gerenciar seus próprios servidores, porque você provavelmente vá precisar de alguém capaz de administrar as máquinas e tomar conta delas regularmente. Se você decidir que não precisa dos seus próprios servidores dedicados, diversas empresas de hospedagem gerenciarão um servidor por você, atualizando-o com novos *patches* para o sistema operacional consertar falhas de segurança quando necessário – este é conhecido como um *servidor dedicado gerenciado*. Embora ainda seja caro, você geralmente achará mais barato do que contratar você mesmo alguém para gerenciar seus servidores.

Colocando seu Site em um Servidor Usando FTP

Assim que você tiver pago por algum espaço em um servidor web, precisa ser capaz de enviar os arquivos que constituem seu web site para esse computador – que pode estar no outro lado do mundo. A forma mais eficiente de fazer isso é usando FTP.

FTP significa File Transfer Protocol. A Internet usa um número de diferentes protocolos para enviar diferentes tipos de informações. Por exemplo, HTTP (Hypertext Transfer Protocol) é usado para transmitir arquivos de hipertexto, que são mais conhecidos como páginas web. FTP é um protocolo usado para transferir arquivos binários pela Internet e é muito mais rápido no envio de web sites inteiros para um servidor do que HTTP.

A maioria dos provedores de hospedagem na verdade requer que você use FTP para transferir suas páginas para seus servidores, o que significa que você precisa de um programa de FTP (às vezes chamadas de cliente FTP) para colocar seus arquivos em um servidor.

A maioria dos programas de FTP tem duas janelas, cada uma com um explorador de arquivos. Uma representa os arquivos e pastas no seu computador; a outra representa as pastas no servidor web. Na Figura 13-7, você pode ver as pastas no meu computador e, à direita, você pode ver as de um servidor web.

Figura 13-7

A tabela que se segue mostra alguns dos programas de FTP mais populares.

Nome do Produto	URL	SO
FireFTP	http://fireftp.mozdev.org/	Windows e Mac OS X
Cute FTP	www.cuteftp.com/	Windows e Mac OS X
FTPX	www.ftpx.com/	Windows
Fetch	www.fetchsoftworks.com/	Mac
Transmit	www.panic.com/transmit/	Mac

Cada um dos programas é ligeiramente diferente, mas todos seguem princípios semelhantes.

Quando você se registrar em um hospedeiro, esse hospedeiro lhe enviará detalhes sobre como enviar por FTP seu site para seus servidores. Isso incluirá:

❏ Um endereço de FTP (como ftp.example.com)

❏ Um nome de usuário de FTP (geralmente o mesmo nome de usuário para o domínio)

❏ Uma senha de FTP (geralmente a mesma senha do domínio)

A Figura 13-8 mostra como eles são digitados no programa de FTO chamado Transmit em um Mac.

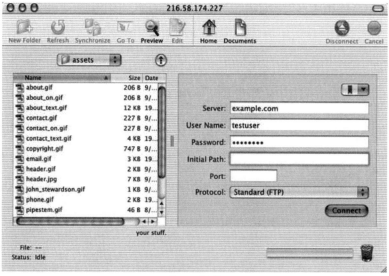

Figura 13-8

Embora você possa baixar versões de testes de diversos desses programas antes de comprá-los para descobrir com qual você se adapta melhor, a maioria deles têm interfaces gráficas de usuário que são muito semelhantes.

Estratégias de Mecanismos de Busca

Agora que você tem seu site no servidor, quer que as pessoas venham e o visitem. Uma das melhores formas de se obter visitantes para seu site é assegurar que eles possam encontrar seu site em um mecanismo de busca quando digitarem palavras que sejam relevantes para o conteúdo do site. De preferência, eles devem encontrar você nos primeiros dez valores retornados.

Além de Rótulos mega

você já viu como mecanismos de busca podem usar as propriedades description e keywords do rótulo <mega> para auxiliar a pesquisar um site, mas mecanismos de busca estão se tornando muito mais complexos por abordarem a tarefa de indexação de todos os sites da Web. Você, também, precisa portanto continuar a trabalhar nas suas estratégias de mecanismo de busca muito mais do que apenas adicionar seus rótulos <meta>.

> Ficar nas primeiras classificações do seu mecanismo de busca é um exercício que nunca pára e deve constituir uma parte da sua prática padrão de marketing. É bom revisar a

classificação do seu mecanismo de busca pelos menos uma vez por trimestre – ou uma vez por mês caso possível.

Você nunca deve depender apenas dos sites de mecanismos de buscas para descobrir seu site e indexá-lo. Por exemplo, sites como dir.yahoo.com e dmoz.org são sites de diretório Internet baseados em categorias, e você tem que navegar pelas categorias para descobrir o site que quer. Essa categorização manual de sites requer que você submeta a URL do seu site a eles; então pode demorar de algumas semanas e alguns meses para que seu site apareça no deles.

Alguns sites cobram pelo privilégio de estar listado no site deles e, em tais casos, você deve analisar com cuidado se vale a pena gastar esse dinheiro. Embora possa valer a pena pagar para aparecer em sites grandes e populares, a menos que você conheça pessoalmente o site, talvez descubra que ele não fornece muitas referências. Isto é discutido em maiores detalhes na próxima seção.

Assim que você tiver notificado manualmente um mecanismo de busca, deve esperar pelo menos um mês antes de submeter a URL novamente. Se você notificar em excesso um site, será considerado spam e você pode acabar não listado. Se você tive feito alterações significativas no seu site, sempre vale a pena submetê-lo novamente (não com freqüência excessiva) de modo que as alterações sejam identificadas.

> *Pessoalmente, ignoro programas que prometem submeter meu site a milhares de diretórios na Internet e preferiria fazer o trabalho eu mesmo. Gastando apenas uma hora por dia durante algumas semanas, primeiro submetendo o site aos principais mecanismos de busca e depois procurando outros web sites relevantes e solicitando a eles que listem meu novo site. Faço isso porque alguns dos programas usados geram tantas submissões para mecanismos de busca da web que são considerados spam (e como conseqüência, são ignorados). Lembre-se de que, se a oferta de resultados parecer boa demais (garantindo a você colocações nas dez primeiras posições em milhares de mecanismos de busca), ela talvez seja boa demais para ser verdade!*

Projetando sua Página para Maximizar as Classificações

Os mecanismos de busca que usam programas para indexar automaticamente sites estão usando cada vez mais regras para determinar quem fica nas primeiras posições de resultados em uma página web. A seguir estão algumas questões a serem consideradas ao se projetar suas páginas para ajudar a garantir que seu site obtenha a melhor posição que puder na classificação:

❑ Os títulos das suas páginas estão entre as palavras mais importantes no seu site e são uma das coisas mais importantes indexadas. Assim, evite usar títulos que contenham apenas palavras como "Página Inicial" e, em vez disso, use títulos mais descritivos como "Wrox Press – Editora de Livros de Programação Computacional". A seguir, nas páginas específicas o título poderia mudar para algo como "Livros de Programação XHTML, aprenda a codificar e construir web sites". Se as palavras que o usuário digitar no mecanismo de busca forem encontradas no seu título, o mecanismo irá considerar seu site relevante. Contudo, não deixe o título mais longo do que uma frase ou o programa perceberá que você está tentando enganá-lo e isso contará contra você.

- A maioria dos mecanismos de busca examina o conteúdo do texto de uma página e o indexará também. As primeiras palavras tendem a ser consideradas as mais relevantes. Assim, você deve tentar colocar estrategicamente as palavras chaves do seu site no texto próximo do início da página, assim como no título. Você também pode expandir essa lista de palavras chaves aqui.

- Se as palavras chaves que um usuário pesquisar aparecerem na página com mais freqüência do que outra palavras, então são consideradas mais relevantes. Todavia, não faça com que apareçam com demasiada freqüência – novamente, o mecanismo de busca contará isso contra você.

- Se o seu site usar imagens em vez de texto, o site pode indexar apenas seu texto alt; assim, tente assegurar que qualquer informação expressa com imagens também seja expressa no texto.

- Se você tentar enganar os mecanismos de busca repetindo palavras chaves no testo usando nelas a mesma cor do fundo (de modo que o texto repetitivo fique invisível para os usuários), então os mecanismos de busca podem penalizá-lo por isso.

- Usar palavras chaves que não estejam relacionadas com o assunto ou com o conteúdo do site pode contar contra você.

- Quanto mais sites tiverem conexões para o seu, melhor. Alguns mecanismos de busca lhe dão prioridade mais alta se houver conexões para o seu site a partir de muitos outros. Observe, porém, que eles ainda vão analisar qual site possui conexão para o seu. O site deve ser relevante para o seu negócio – um mecanismo de busca não consideraria uma revenda de carros usados se conectando com uma loja de animais de estimação como sendo uma conexão relevante.

- Quanto mais usuários clicarem em conexões para o seu site quando ele aparece no mecanismo de busca, melhor será sua classificação. Embora coisas como o título, as palavras chaves no texto, rótulos <meta> e o número de conexões possam ajudá-lo a aparecer mais próximo do topo dos mecanismos de busca, se ninguém clicar nas conexões para visitar seu site, sua classificação logo cairá.

Pode demorar muito tempo para a construção da sua classificação no mecanismo de busca, mas atenção constante lhe ajudará a melhorar. Veja na seção "Outras Possibilidades de Marketing Web" um pouco mais adiante neste capítulo dicas adicionais de marketing para lhe ajudar a construir tráfego no seu site. Contudo, primeiro lhe mostrarei o que fazer se você *não* quiser que suas páginas sejam indexadas.

robots.txt

Em alguns web sites, haverá páginas que você não irá querer que sejam indexadas – por exemplo, páginas administrativas e páginas de teste. Para evitar que páginas sejam indexadas por um mecanismo de busca, você pode incluir um arquivo de texto simples no seu site chamado robots.txt (o qual você pode escrever em um editor de textos simples como o Bloco de Notas no Windows ou o SimpleText ou TextEditor em um Mac).

O arquivo robots.txt pode conter comandos simples que evitam que partes do site sejam indexadas pelos *web crawlers* (os pequenos programas que indexam sites), os quais muitas vezes são programados para ler esses arquivos.

Você só deve ter um arquivo robots.txt para o seu site e ele deve ser colocado em uma pasta chamada htdocs na pasta raiz do seu servidor web. Algumas empresas de hospedagem web criam a pasta htdocs para você; outros hospedeiros necessitam que você mesmo faça isso caso precise.

A primeira linha desse arquivo de texto simples deve ser:

```
USER_AGENT: nome_do_web_crawler
```

Dado que você provavelmente irá querer que todos os *crawlers* obedeçam às regras, pode simplesmente usar um asterisco em vez dos nomes de alguns web crawlers – o asterisco às vezes também é chamado de caracter de máscara e indica que todos os crawlers devem obedecer às regras.

A seguir, você pode especificar para quais pastas você quer desabilitar a indexação do crawler (outro motivo pelo qual um site bem organizado é importante) usando o comando DISALLOW. Esse comando pode ser repetido para cada pasta que você não quiser que seja indexada:

```
USER-AGENT: *
DISALLOW: /admin/
DISALLOW: /scripts/
```

Isso simplesmente indica que nenhum crawler deve tentar indexar as pastas admin ou scripts (ou qualquer uma das suas pastas filhas).

Embora não exista um requisito de que os crawlers obedeçam às regras neste arquivo, é do interesse deles não indexar página que as pessoas não querem que sejam exibidas (geralmente porque elas não permitirão ao usuário fazer alguma coisa), de modo que os principais mecanismos de busca geralmente obedecerão a essas regras.

Outras Possibilidades de Marketing Web

Mecanismos de busca são apenas outra forma de fazer com que as pessoas visitem seu site – e realmente vale a pena alocar tempo para outros tipos de marketing do seu site tanto dentro quanto fora da Internet. Aqui estão apenas algumas das táticas que você pode usar para atrair visitantes para seu site:

- ❏ Pesquise outros web sites que estejam relacionados à sua indústria. Alguns destes itens terão links para sites interessantes e você pode pedir para ser adicionado à página que possui essas conexões.

- ❏ Muitas indústrias têm web sites de diretórios específicos das mesmas listando produtos e serviços para essa área específica. Entretanto, muitos deles cobram para fazer propaganda nos seus sites. Você terá que decidir se o custo se justifica pela quantidade de tráfego que ele lhe trará. Você poderia perguntar a alguns da sua indústria se usam o site e assim avaliar se provavelmente tenha muitas referências feitas por ele.

- ❏ Muitos sites oferecem conexões recíprocas, ou seja, eles terão uma conexão para você e, em troca, você terá uma para eles. É uma forma de todos aumentarem o tráfego. Contudo, assegure-se de não estar colocando uma conexão na sua página inicial enquanto que esteja colocando uma conexão para você em uma página que poucas pessoas vêem – o termo é *conexão recíproca*, afinal de contas.

- ❏ Use alguns mecanismos de busca para pesquisar empresas relacionadas e descobrir que tem conexões para elas – os sites que tiverem conexões para sites relacionados podem ter conexões para você também, também, se você solicitar. Você talvez descubra sites dos quais nunca ouviu falar antes mas que ficariam felizes em ter uma conexão para você.

- ❏ Você pode fornecer botões e banners no seu site de modo que as pessoas possam integrá-los aos seus sites. Ists é mais provável de acontecer com sites de comunidades do que com sites comerciais, mas pessoas que tenham hobbies muitas vezes terão conexões para sites de bastante interesse, e é muito mais fácil fazer isso se você já tiver fornecido conexões para eles. Se as conexões tiverem boa aparência, será mais provável que eles as adicionem.

- ❏ Examine a propaganda Pay Per Click (PPC). O Google possui um sistema PPC chamado AdWorks, para o qual você especifica palavras chaves e, quando um usuário fizer uma pesquisa usando palavras chaves específicas, as propagandas aparecem no lado direito da página. estas propagandas também podem aparecer em outros sites de interesses especiais. AdWorks funciona de uma forma muito inteligente. Você paga por uma propaganda apenas quando o usuário clica nela. A classificação de quais propagandas aparecem primeiro é baseada na quantia que você estiver preparado para pagar cada vez que alguém clicar na propaganda *e* o número de pessoas que realmente clicarem na sua propaganda. Se os usuários não clicarem na propaganda, sua posição cai, não importa quanto você pague (afinal, o Google ganha mais dinheiro se 10 pessoas clicarem em uma conexão mais barata do que se uma clicar em uma conexão ligeiramente mais cara e mais usuários estão recebendo valor pelo seu serviço). De modo geral, essa é uma forma muito eficaz em termos de custo para gerar tráfego para o seu site. O Yahoo oferece um serviço semelhante chamado Overture e a Microsoft possui um sistema chamado adCenter.

- ❏ Há muitas outras formas de propaganda paga que você pode usar na Web. Muitos sites usam banners de propaganda e muitos permitem a você pagar para ser listado. Você terá que julgar cada um desses, vendo se acha que obterá tráfego suficiente para justificar o gasto. Lembre-se de que muitos usuários web são imunes a propaganda e apenas varrem páginas para descobrir o que realmente querem – de modo que, se você criar um banner, assegure-se de que ele seja visualmente atrativo e que as pessoas queiram clicar nele para que ele valha o dinheiro que você está gastando para fazê-lo aparecer em outros sites.

❏ Se houver algum grupo de notícias, quadros de avisos ou fóruns para uma determinada indústria, responda questões neles e adicione o endereço do seu web site na forma de uma assinatura abaixo do seu nome quando assinar as postagens. Contudo, tenha o cuidado de fazer isso apenas quando puder ser útil para alguém – não comece a postar para grupos de notícias a menos que seja relevante; você provavelmente incomodará as pessoas em vez de atrair visitantes para o seu site se fizer isso.

❏ Se você tiver conteúdo que seja alterado regularmente, analise a adição de um recurso de boletim de notícias ao seu site de modo que as pessoas possam assinar para receber atualizações regulares. Isso é discutido mais adiante neste capítulo, mas é uma ótima forma de manter as pessoas atualizadas com o seu site e de informá-las sobre novo conteúdo.

❏ É claro que você não deve apenas usar a Web para marketing do seu site; um bom site deve gerar tráfego pela propaganda boca a boca. Você também pode usar folhetos impressos, colocar propagandas em revistas, colocar o seu endereço do site no cabeçalho das suas cartas ou no lado do seu carro. Você poderia até encontrar uma conferência ou evento que se relacione à área onde você atua e usá-la como forma de mostrar às pessoas da sua indústria mais cientes do que você faz.

Análises Estatísticas

Se o seu provedor de hospedagem tiver um pacote de análise de estatísticas, você pode descobrir muitas informações úteis sobre seus visitantes assim que seu site estiver no ar. Esses pacotes analisam os arquivos de registro do seu servidor web; arquivos de registro contêm informações sobre os arquivos que eles enviaram e para quem eles o fizeram.

Os termos usados em análise de sites podem ser confusos. Por exemplo, você pode ter ouvido as pessoas dizerem que um site obtém 10.000 *hits*, mas isso pode ser bastante enganoso. O termo "hit" se refere ao número de arquivos que foram baixados do site – e uma imagem conta como um arquivo nesse total, assim como as páginas XHTML, de modo que uma única página web com nove imagens será igual a dez hits (e algumas páginas com muitos gráficos podem ter mais de 30 imagens para cada página servida), Portanto, muitas vezes é mais útil examinar as *visualizações de páginas* e vez de hits, já que elas representam o número de páginas que foram visualizadas no seu site.

Você também pode se deparar com os termos "visitas". Você deve estar ciente, todavia, de que diferentes pacotes de estatísticas calculam as visitas de formas diferentes.

Colocando seu Site na Web @ 637

Alguns contam todas as pessoas usando o mesmo endereço IP como o mesmo visitante – assim, se houver dez pessoas, todas trabalhando no mesmo prédio e vendo o site ao mesmo tempo, então pareceria que você tinha um único usuário em vez de dez. Diferentes pacotes também tendem a contar visitas em diferentes extensões de tempo; alguns pacotes lembram um endereço IP durante um dia inteiro, de modo que, se a mesma pessoa vier ao site de manhã e novamente à noite, é contada como apenas uma visita. Outros lembrarão o endereço IP por apenas 15 minutos.

Você também descobrirá que alguns anunciantes solicitarão o número único de visitante que você recebe a cada mês – novamente, diferentes pacotes estatísticos podem contar usuários únicos de diferentes formas, de modo que esse número pode ser um pouco enganoso.

A maioria dos pacotes estatísticos oferecerá a você muito mais informações do que mencionei aqui. Por exemplo, é muito comum que esses pacotes lhe informem sobre como as pessoas chegaram ao seu site – de quais páginas e sites eles vieram e quantos vieram de quais. Isso ajuda a descobrir como as pessoas estão descobrindo a respeito de e vindo ao seu site, o que por sua vez ajuda a determinar bons locais para fazer marketing do seu site.

Pacotes estatísticos também freqüentemente informam quais termos as pessoas estavam pesquisando para descobrir seu site – de modo que você pode saber quais palavras chaves fora digitadas nos mecanismos de busca para os usuários encontrarem você, e depois trabalhar na melhoria da frequência dessas palavras em páginas e no melhoramento da sua posição no mecanismo de busca. A Figura 13-9 mostra alguns dos termos usados para encontrar um site sobre equipamentos e serviços de impressão.

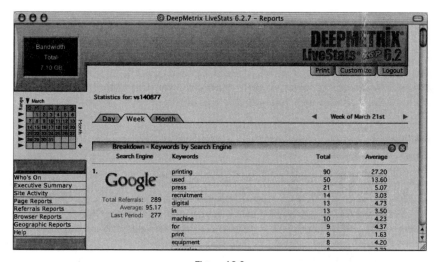

Figura 13-9

Algumas outras informações que você pode ser capaz de descobrir incluem:

- De quais páginas os usuários chegaram no seu site e de quais eles saíram do seu site. Isso é muito útil porque você pode ter uma idéia do motivo pelo qual as pessoas estão vindo ao site e onde elas o deixam. Se houver uma página que faz com que muitas pessoas deixem o site, você pode fazer algo para melhorar o projeto para tentar manter os visitantes por mais tempo no seu site.
- De quais países os usuários são
- Quais navegadores os usuários estavam usando
- A língua com as quais os sistemas operacionais estavam configurados e, portanto, quais línguas eles provavelmente falavam
- Quanto tempo usuários individuais gastaram no site

> Esteja ciente de que todos esses números são aproximados e pode haver diferenças entre valores devido a diferentes pacotes de informações, mas os valores são, apesar de tudo, ferramentas muito úteis na análise de como as pessoas descobriram sobre você e o que as pessoas estão fazendo no seu site.

Além de usar o sistema de estatísticas interno do seu servidor web, você também pode usar sistemas que usem JavaScript para chamar um arquivo no servidor e criar informações analíticas para você. Um exemplo muito popular (e gratuito) disso é oferecido pelo Google e é chamado Google Analytics. Para executar esse sistema, você precisa apenas colocar um trecho de código na parte inferior de cada página; o Google então criará todos os tipos de relatórios sobre seus visitantes, o que pode complementar muito bem o pacote de estatísticas oferecido pelo seu hospedeiro web.

Controle de Versão

Como tempo, você provavelmente irá querer fazer alterações no seu site. Conforme mencionado anteriormente, você não deve fazer alterações no seu servidor no ar. Em vez disso, deve ter outra cópia do site, a qual pode usar para testar, tanto na sua máquina local e no servidor web, antes de ativar as mudanças.

Quando você estiver trabalhando em algum tipo de arquivo, é fácil trabalhar em apenas uma versão de um documento e gravar as alterações quando sair. Entretanto, isso traz alguns problemas:

- Você poderia gravar sobre o arquivo quando na verdade não queria fazê-lo, ou cometer um erro e querer voltar ao original.
- Você poderia abrir um arquivo, fazer algumas alterações e gravá-lo. A seguir, enquanto você está editando sua versão, um colega poderia vir e abrir o mesmo arquivo, fazer alterações e então gravar a versão dele após a sua – gravando por cima de todas as suas alterações.

❑ Você poderia estar trabalhando em um site para um cliente e decidir que quer voltar para uma versão anterior ou para algum conteúdo anterior.

❑ Você poderia precisar de uma cópia de algo que o seu site continha anteriormente – mas, se não tiver esses arquivos, não conseguirá.

Quando mais de uma pessoa estiver trabalhando nos mesmos arquivos ou se você estiver atualizando seus próprios arquivos, pode ser uma boa idéia criar uma nomenclatura para gravar todos os arquivos mais antigos antes de gravar novos documentos com o mesmo nome. Por exemplo, você pode simplesmente adicionar uma data e horário a qualquer arquivo antes de gravar sobre ele. Se você quiser alterar sua página index.html, pode gravar uma cópia com a data na qual a alterou. A vantagem disso é que você também sabe quando ela foi alterada pela última vez.

Isso não ocupa muito espaço no seu disco rígido mas, se você fizer cópias regularmente dos seus sites e remover arquivos mais antigos que não são usados nunca, pode limpar regularmente o espaço que eles ocupam e manter um conjunto gerenciável de arquivos.

Você também pode usar seus próprios rótulos <meta> para indicar a versão assim como o nome da última pessoa que atualizou o arquivo. Você talvez lembre do início deste capítulo, onde eu disse que você pode usar qualquer coisa que quiser como o valor do atributo name do rótulo <meta>. Esse é um bom exemplo disso. Por exemplo, aqui estão rótulos <meta> para indicar a data da última modificação e quem as fez:

```
<meta type="last-modified" content="16-04-04:12:34:00 GMT" />
<meta type="last-changes-by" content="Jon Duckett" />
```

> Lembre-se de que você também tem os elementos <ins> e <del>, embora eles provavelmente não sejam de tanto uso para simplesmente fazer atualizações no site – eles são mais úteis para registrar versões de documentos.

Também é uma boa prática adicionar documentos no código quando você altera algo que outras pessoas tenham feito. Por exemplo, se você estiver trabalhando em um site e quiser adicionar um novo script, poderia fazer algo como o seguinte:

```
<!-- início da nova seção adicionada em 12/12/03 por Bob Stewart -->
<b><a href="specials.html">Clique aqui para ver ofertas especiais de itens de fim de estoque.</a>
<!-- final da nova seção adicionada em 12/12/03 por Bob Stewart -->
```

Você provavelmente não fará isso em alterações grandes em sites, mas para pequenas alterações (especialmente as em linguagens de programação ou script), o comentário ajudará alguém voltando ao site posteriormente a ver quais alterações foram feitas.

Você pode comprar software para lidar com o controle de versões por você. Esse software lhe permite reservar arquivos, como se fossem bibliotecas – evitando que duas pessoas trabalhem no mesmo arquivo ao mesmo tempo. Algumas destas aplicações podem ser bastante caras, embora ferramentas gratuitas estejam disponíveis como CVS (Concurrent Versions Systems) em www.cvshome.org/.

Se você usar o Macromedia Dreamweaver, uma função quando você cria um site permite indicar se apenas uma pessoa de cada vez deve poder usar um arquivo. Isso é útil para evitar que alguém abra um arquivo enquanto você estiver trabalhando na mesma página e depois gravar sobre as alterações que você fez e gravou desde que essa segunda pessoa abriu o arquivo.

O Que Vem a Seguir?

Você aprendeu sobre XHTML e CSS, teve um bom início de aprendizado de JavaScript e aprendeu como colocar seu site no ar na Web. Você poderia estar pensando: por que existe uma seção chamada "O Que Vem a Seguir?". Esta seção cobre dois tópicos:

❑ Ferramentas que você pode usar para adicionar recursos poderosos ao seu site, usando conhecimento que você já tem

❑ Quais tecnologias poderiam ser apropriadas para se aprender a seguir

Então, a primeira parte desta seção final examinara os serviços fornecidos na Web que você pode usar para melhorar seu site. Você aprenderá como criar um blog, como adicionar grupos ou fóruns de discussão aos seus sites e como adicionar recursos de pesquisa. Embora possam soar muito complicados – e certamente são recursos avançados – podem ser consideravelmente fáceis de implementar e você verá como eles podem ser recursos poderosos e impressionantes em qualquer site.

Muito semelhante à forma pela qual o Hotmail oferece email pela Web, a maioria desses serviços é implementada usando código e servidores de outras empresas – tudo o que você tem que fazer é personalizá-los para que pareçam parte do seu site.

Blogs

A palavra "blog" é a abreviação de *weblog*. Blogs eram inicialmente vistos como uma forma de adicionar notícias online em um web site pessoal. A idéia por trás dos blogs era permitir aos usuários adicionar facilmente novas entradas ou *posts* no seu web site sem ter que recodificar manualmente a página (muitas vezes chamada de *publicação com um clique*). O usuário vai ao web site da empresa que fez o blog, escreve um post em um formulário e essa entrada aparece no web site.

Os posts são adicionados no site em ordem cronológica e, embora sejam muitas vezes usados para diários online, têm sido usados para uma ampla variedade de outros propósitos, como uma forma de se adicionar notícias, posts sobre um tópico de interesse compartilhado, conexões e assim por diante.

De fato, embora os blogs tenham começado como uma forma de qualquer pessoa compartilhar pensamentos com o resto da Web, logo começaram a aparecer em intranets de empresas (como uma forma de compartilhar informações) e em web sites públicos como um recurso de notícias (em vez de serem usados apenas como diários).

Diversas empresas e web sites diferentes lhe dão as ferramentas para adicionar um blog ao seu web site. Duas das mais populares são:

- www.blogger.com/
- www.movabletype.org/

Ambos os sites lhe dão as ferramentas para adicionar posts ao seu blog sem ter que atualizar manualmente sua página cada vez que quiser escrever algo novo. Você não tem que instalar scripts de software no seu servidor (embora ambos tenham aplicações onde você *pode* fazê-lo). Além disso, eles podem parecer parte do seu site sob o seu nome de domínio (em vez do da empresa que você usa para o seu blog) e muitas vezes têm outras funcionalidades – como permitir aos usuários postar comentários sobre seus posts ou adicionar palavras chave para ajudar as pessoas a encontrar posts relacionados.

Fóruns e Quadros de Discussão

Quadros de discussão permitem aos usuários postar questões ou comentários e obter respostas de outros usuários e são uma ótima forma de adicionar um sentimento de comunidade ao seu site. Eles também fornecem conteúdo novo sem que você próprio tenha que adicioná-lo e podem atrair visitantes de volta ao seu site em intervalos regulares. Por exemplo, se você estivesse administrando um site sobre um determinado tipo de carro, poderia ter um grupo de discussão para questões técnicas e respostas sobre o conserto de problemas com esse tipo de carro, e você poderia ter outro fórum que permita aos usuários indicar quando estiverem comprando ou vendendo peças para esse carro.

Um dos pontos positivos sobre quadros de discussão é que, se o seu site ficar conhecido por responder a perguntas, as pessoas virão a ele sempre que tiverem um problema. Você pode ter que iniciar a comunidade respondendo você mesmo a todas as perguntas mas, com sorte, outros membros logo começarão a adicionar seus pensamentos.

Da mesma forma que com blogs, há empresas que criam software e o oferecem nos seus servidores de modo que essa funcionalidade faça parecer que seu site tivesse um grupo de discussão (embora ele seja executado nos servidores delas). Uma das melhores é www.ezboard.com/. Assim como com os blogs, você geralmente pode personalizar a aparência do quadro de discussão usando CSS.

Você deve observar, contudo, que pode ser responsabilizado pelo que as pessoas escrevem no seu quadro de discussão. Se alguém se sentir ofendido por algo escrito em um quadro ou fórum no seu site, você pode ser responsabilizado como o editor do conteúdo na Web – mesmo se você não compartilhar a opinião da pessoa que escreveu o item.

Alguns quadros de discussão contornam isso permitindo ao proprietário moderar cada postagem (lê-la antes de permitir que ela vá para o site); outros simplesmente verificam regularmente o site procurando material ofensivo e removem quaisquer postagens que considerem ofensivas assim que possível.

Adicionando um Utilitário de Pesquisa

Conforme mencionado no Capítulo 10, você talvez queira adicionar um utilitário de pesquisa ao seu site, No Capítulo 10, você viu que pode adicionar um utilitário de pesquisa Google ao seu site, e pode até mesmo personalizar a pesquisa indo a www.google.com/coop/cse/. Outro site que oferecer um serviço de pesquisa gratuito e personalizável em sites de até 500 páginas é o serviço Atomz Express em www.Atomz.com/ (você pode seguir as conexões para o serviço de testes).

A adição de um dispositivo de pesquisa ao seu site pode significar a diferença entre os usuários encontrarem o que queriam ou simplesmente desistirem e irem embora; afinal, muitos visitantes não ficarão tempo suficiente para navegar através de muitas páginas se as informações que eles querem não estiverem facilmente acessíveis.

Com os serviços do Google e do Atomz, você recebe o código para um formulário que permitirá aos usuários enviar consultas para os web sites das respectivas empresas. Os servidores da empresa então retornarão uma página para os seus usuários com os resultados da pesquisa. Ambos os serviços permitem a você criar cabeçalhos personalizados para a página, de modo que ele contenha sua marca, embora os resultados sejam gerados pelos servidores da empresa.

Introduzindo Outras Tecnologias

Esta seção seção fornece uma introdução a alguma outras tecnologias, o que elas podem fazer e como você pode usá-las em web sites. Espero que lhe ajude a decidir sobre quais tecnologias você poderia querer iniciar a aprender a seguir quando tiver obtido experiência com tudo que aprendeu neste livro.

Programação Web no Lado Servidor: ASP.NET e PHP

Você já viu os fundamentos do que uma linguagem de programação com JavaScript pode fazer em um navegador, mas quando uma linguagem de programação é usada em um servidor web, se tornam ainda mais poderosa.

Sempre que você quiser coletar informações de um visitante do seu site e retornar uma página que seja personalizada para ele, irá querer examinar a programação no lado servidor. Aqui estão alguns exemplos de aplicações onde diferentes usuários precisarão de diferentes páginas:

❑ **Pesquisa de conteúdo em um site:** O usuário digita em um formulário um termo que queira pesquisar e que é enviado para a aplicação no servidor. A aplicação então cria uma página que contém resultados que o usuário solicitou.

❑ **Verificação de tempos de trens:** O usuário digita o ponto de onde ele ou ela está viajando e o destino, junto com horários preferidos de viagem. A aplicação então cria uma página que contém os tempos de viagem solicitados.

❑ **Comprando online:** Os usuários navegam através de um catalogo de produtos e selecionam os que querem. Suas escolhas são muitas vezes refletidas em uma cesta de compras exibida em cada página. Após eles terem escolhido o que querem, fornecem seu detalhe de pagamento e de contato/entrega. Ao mesmo tempo, as pessoas administrando a loja provavelmente terão uma interface baseada em navegador que permite a elas adicionar novos produtos ao site (em vez de ter que criar cada nova página e conectá-la individualmente).

❑ **Quadros e fóruns de discussão:** Os exemplos que você já viu mencionados neste capítulo sobre quadros e fóruns de discussão se baseiam em programação no lado servidor de outra empresa e em código para lidar com todas as postagens.

O termo "aplicação do lado servidor" pode ser algo tão simples quando uma página que contenha um script executado no servidor. Todavia, pode ser muito mais complexo; ela pode se constituir de centenas de páginas de código que usam bancos de dados, coisas chamadas de componentes, até mesmo outros programas sendo executados no servidor. A complexidade da aplicação geralmente depende dos recursos que ela possui.

De fato, a maioria dos sites que mudam regularmente usarão uma linguagem de programação no lado servidor porque o conteúdo do site estará em um banco de dados. Você aprenderá mais sobre isso em breve na seção "Gerência de Conteúdo".

Escolhendo uma Linguagem no Lado Servidor

Você pode trabalhar com diversas linguagens e ambientes no lado servidor, como ASP.NET e PHP, ambas oferecendo capacidades muito semelhantes. De modo geral (embora existam exceções à regra):

❑ ASP.NET é executada no Microsoft IIE e servidores Windows.

❑ PHP e JSP são executadas em servidores UNIX.

Você pode codificar essas páginas no seu computador desktop com o software correto instalado, mas irá querer hospedar o web site pronto em um servidor web.

> As primeiras aplicações criadas usando um script em um servidor eram conhecidas como scripts CGI. Você ainda pode ver CGI ou CGI-bin na URL de algumas aplicações. Entretanto, as linguagens discutidas aqui têm muito mais demanda e são mais poderosas.

Diferentes desenvolvedores terão diferentes opiniões sobre qual linguagem usar. Contudo, a maioria das pessoas aprende um ambiente e permanece com ele (embora até certo ponto seja muito mais simples aprender uma segunda linguagem e ambiente quando você já conhece um e sabe o que pode ser feito com linguagens de script no lado servidor).

Se você estiver aprendendo alguma tecnologia para obter um emprego, então é uma boa idéia prestar atenção nos anúncios. Você poderá registrar as tecnologias requeridas e também (se examinar regularmente) poderá ver as tecnologias emergentes logo cedo – primeiro haverá apenas uma ou duas menções a essas tecnologias e depois as menções ficarão mais regulares. Anúncios de emprego podem, portanto, ser um bom indício de tecnologias que você deve considerar. (E se o seu chefe lhe pegar examinando anúncios de emprego, você tem uma ótima desculpa – está pesquisando quais tecnologias serão mais populares em um futuro próximo.)

Gerência de Conteúdo

Um dos aspectos chaves de muitos sites é um *sistema de gerência de conteúdo*. Isso na verdade é um nome sofisticado para algo que permitirá a você atualizar com facilidade o conteúdo do seu web site sem ter que criar uma nova página para cada novo artigo, postagem ou produto à venda.

Sistemas de gerência de conteúdo tendem a se basear em um banco de dados relacional. Bancos de dados relacionais contêm uma ou mais tabelas, cada uma das quais é como uma planilha. A Figura 13-10 mostra um banco de dados usado em um site de música.

Você pode ver que há diversas linhas nessa tabela, cada uma contendo os detalhes de uma propaganda diferente. As colunas contêm diferentes informações sobre o artigo daquela linha:

- ❏ articleid é um número usado para identificar unicamente cada artigo no sistema.
- ❏ postedid é a data na qual o artigo foi postado.
- ❏ lastupdate é a data na qual o artigo foi atualizado pela última vez.
- ❏ headline é o cabeçalho do artigo.
- ❏ headlinedate é a data que o artigo informa ter sido escrito.
- ❏ startdate é a data na qual o artigo deve ser publicado.
- ❏ enddate é a data na qual o artigo deve parar de ficar disponível no site (diversos artigos têm a data estabelecida com 31 de dezembro de 9999 – de modo que, se o

site ainda estiver ativo nesta data, os gerentes terão que fazer algo a respeito das datas, mas até lá o artigo permanecerá publicado).

A tabela na verdade contém muito mais campos, mas isso dá uma idéia de como as informações são armazenadas. Quando usuários vierem ao site que usa esse banco de dados, navegarão por categoria para encontrar os itens nos quais estiverem interessados. Em vez de ter uma página contendo os detalhes de cada artigo, o site contém apenas uma página que exibe todos os novos artigos, chamada article.aspx. Isso é como um modelo para todos os artigos e o título, data do cabeçalho e o artigo são adicionados à página no mesmo lugar em cada artigo. Você pode ver um exemplo de um artigo na Figura 13-11.

Examine a estrutura da URL para esse anúncio; ela é a chave de como esse sistema baseado em modelos funciona:

http://www.musictowers.com/news/features/article.aspx?a=1496

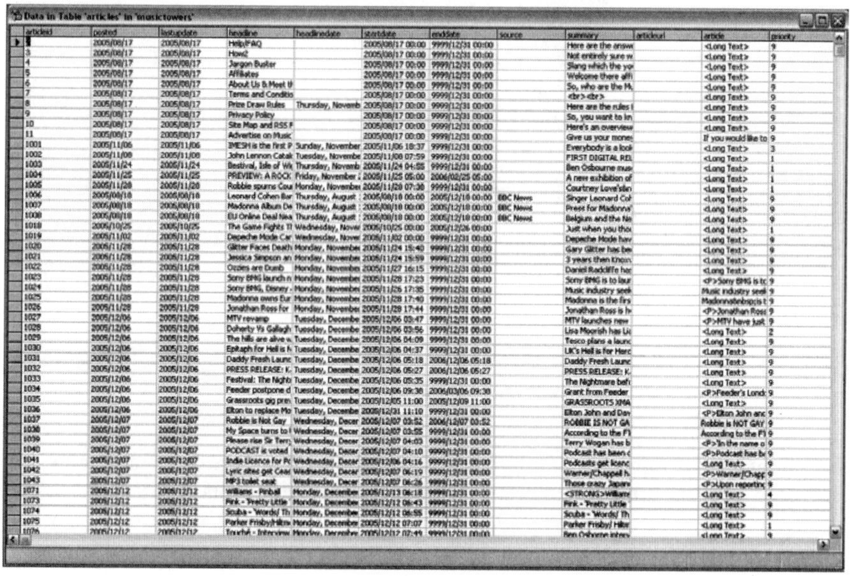

Figura 13-10

Figura 13-11

Esta página é solicitada e, quando o é, o identificador de artigo 1496 também é solicitado. Esse corresponde ao número na primeira coluna da tabela 13-11. Todos os detalhes desse artigo são então colocados no modelo. Assim, onde o texto diz "Thursday December 6, 2007", esse é o campo de data do cabeçalho do banco de dados.

Esta abordagem também é o que possibilita que muitos autores atualizem o mesmo site sem precisar saber como codificar cada página individual. Em vez disso, eles se conectam a uma ferramenta simples de administração que permite a eles submeter artigos usando um formulário simples. A Figura 13-12 mostra uma das páginas que permite aos usuários entrar com novos artigos.

Colocando seu Site na Web @ 647

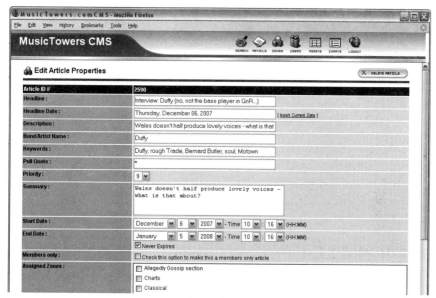

Figura 13-12

Essa abordagem de armazenamento de conteúdo em um banco de dados é empregada em muitos tipos diferentes de sites. Por exemplo, sites de leilão como o eBay armazenam cada item à venda em uma linha de um banco de dados; da mesma forma.,lojas de comércio eletrônico tendem a armazenar detalhes de produtos em um banco de dados, com cada produto armazenado em uma linha de uma das tabelas. Quando esses itens usam uma linha de uma tabela para cada artigo ou produto, novos artigos ou produtos podem ser adicionados usando formulários XHTML (em vez de ter que páginas codificadas à mão) e páginas de conteúdo podem listar todos os artigos ou produtos sem ter que ser modificadas cada vez que um novo for adicionado.

Flash

Flash é escrito usando um programa especial (chamado Flash). Os usuários precisam ter o plug-in do Flash - conhecido como Flash Player – instalado nos seus computadores para poder ver os arquivos Flash, mas estatísticas de diversas fontes sugerem que mais de 90 porcento dos computadores conectados à Web já o tem instalado e ele é muito popular.

Flash iniciou como uma forma de criar animações na Web – de desenhos animados a logotipos ou textos. Ela é uma ferramenta muito popular e você pode ver muitos exemplos dela nos seguintes sites:

❏ www.adobe.com/products/flash

❏ www.flashkit.com/gallery

Ele também está sendo cada vez mais uma forma exibir conteúdo de áudio e vídeo na Web em sites como o YouTube se baseando em Flash para realizar o *streaming* de vídeos.

Muito poucos sites precisam ser projetados completamente em Flash; é muito mais comum se ver partes criadas em Flash (como banners de propaganda e animações). Isso em parte ocorre porque é muito mais rápido desenvolver um site em XHTML e em parte porque menos pessoas têm as habilidades para integrar Flash bem com bancos de dados do que com XHTML.

O software de criação de filmes Flash custa dinheiro, mas o plug-in é gratuito. Se você não tiver certeza de que Flash seja a coisa certa para você aprender a seguir, pode baixar uma versão de teste gratuita do web site da Adobe.

Aprendendo Pacotes Gráficos

Aprender como lidar com textos, ilustrações, fotos e imagens corretamente é muito importante se você for se envolver com o projeto de páginas além de sua codificação. A diferença entre um site de aparência razoável e um de ótima aparência muitas vezes é o seu uso de gráficos.

Há dois tipos chaves de pacotes gráficos que você poderia querer aprender:

❏ Um pacote de edição e manipulação de fotos como o Adobe Photoshop ou a versão "leve", os Photoshop Elements. Esses funcionam com gráficos de bitmaps.

❏ Um pacotes de arte de vetores como o Adobe Illustrator ou o Macromedia freehand. Estes funcionam com gráficos de vetores (desenhos de retas criados usando coordenadas), que são então preenchidos com cores.

Você aprendeu um pouco sobre a diferença entre gráficos de bitmap e gráficos de vetores no Capítulo 3.

O Adobe Photoshop é de longe o programa gráfico mais popular usado para o desenvolvimento de gráficos na web. Você só precisa examinar anúncios de emprego para projetistas web e verá que conhecer Photoshop é muitas vezes um pré-requisito. O Photoshop não apenas permite a você trabalhar com fotos, mas também pode ser usado para criar textos e logotipos (embora um projetista experiente geralmente favoreceria um programa de vetores na hora de criar logotipos e diagramas a partir do zero).

O Photoshop é uma ferramenta valiosa porque permite a você não apenas editar fotos, mas também criar todo tipo de imagens, como imagens de navegação e logotipos. Ele pega então essas imagens e cria versões otimizadas prontas para a Web com arquivos menores para downloads mais rápidos.

Ao trabalhar com o Photoshop, você pode criar uma imagem a partir de muitas camadas – cada camada é como um pedaço de filme sobre a primeira imagem com a qual começou, permitindo a você fazer alterações no topo da imagem.

Quando você tiver experiência com um pacote de imagens, poderá querer aprender um pacote de imagens de vetores, especialmente se for criar muitos logotipos e diagramas Pacotes de vetores são de pouco uso se você trabalhar com fotos, mas são ótimos para trabalhos baseados em retas. Pela sua natureza, gráficos de vetores escalam muito bem, e logotipos são criados muitas vezes em um formato de vetor porque permitem a você escalar uma imagem para um tamanho grande para fazer um poster ou encolhê-la para um pequeno gráfico web. Em comparação, se você colocar uma imagem de bitmap em um tamanho muito grande ele ficará granular - você poderá ver todos os pixels que a constituem.

É claro que há outras tecnologias que você poderia aprender, mas as que você aprendeu nesta seção oferecem os próximos passos lógicos na sua carreira de desenvolvimento web. Se você quiser aprender a trabalhar mais com gráficos eu aconselho a começar com Photoshop ou Flash, enquanto que, se você quiser trabalhar mais em programação, comece aprendendo uma linguagem do lado servidor.

Resumo

Neste capítulo, você viu como preparar seu web site para o mundo que o espera. Você começou aprendendo sobre os rótulos <meta> que podem usar para adicionar conteúdo *sobre* seus documentos (como o autor, data de expiração ou linguagem padrão de script) – daí o nome *rótulos* <meta>; eles contêm informações sobre o documento em vez de serem parte dos próprios documentos.

Você aprendeu a seguir sobre diferentes tipos de testes que deve executar nas suas páginas antes de colocá-las em um servidor, ou após elas estarem no servidor mas antes que você queira que o mundo as veja. Esses testes incluíam a validação das suas páginas (para garantir que sua marcação seja escrita de acordo como a recomendação relevante e que você esteja seguindo as regras que deveria), a verificação de conexões para assegurar que eles funcionem e que não estejam apontando para o lugar errado, e a verificação de que seu site satisfaz às diretrizes de acessibilidade.

Em seguida. você examinou o potencial campo minado da escolha dos servidores web de quem você pode colocar seu web site. Esse mercado em constante mudança é difícil de acompanhar, mas pode valer a pena verificar alguns hospedeiros em vez de ir com o primeiro que você encontrar. Novos acertos com mais armazenamento, largura de banda maior, caixa de correio maiores e novos recursos estão surgindo o tempo inteiro, de modo que compensa examiná-los.

Assim que o seu site estiver no ar, você ira querer que as pessoas venham e o examinem. Uma das principais formas de atrair novos visitantes é através da combinação de técnicas como a escolha cuidadosa de título, palavras chaves, conteúdo das suas páginas e a submissão manual a sites. Esse é um processo em andamento contínuo que requer atenção regular. É claro que online não é a única forma de divulgar seu site – há muitas outras maneiras pelas quais você pode atrair visitantes.

Você também pode obter informações importantes sobre seus visitantes usando pacotes estatísticos que analisem seus arquivos de registro, descobrindo como as pessoas vêm ao seu site, quantas páginas examinarem e quais termos eles procuraram em mecanismos de pesquisa para chegar ao seu site, e assim por diante.

Este capítulo também cobriu o controle de versões, de modo que, quando você for fazer alterações no seu site não precise acabar perdendo arquivos importantes ou com alguém gravando por cima do seu trabalho. As palavras chaves aqui são trabalhar com segurança e manter uma cópia de tudo que você alterar, pelo menos até que tenha terminado o trabalho. A seguir você pode arquivar essa versão do site e apagar arquivos mais antigos.

A parte final do capítulo examinou onde você pode ir a seguir com seu site. Você viu que há serviços como blogs, quadros de discussão e recursos de pesquisa que já foram desenvolvidos por empresas que permitem a você integrar esses serviços ao seu site. Se você estiver interessado em programar, deve analisar o aprendizado de uma linguagem do lado servidor, como ASP.NET ou PHP. Alternativamente, se você estiver mais interessado na aparência visual e no projeto de sites, deve considerar aprender um programa gráficos como o Adobe Photoshop e possivelmente algum software de animação como o Flash.

Este livro cobriu muita coisa, e a melhor maneira de se assegurar de que o entendeu apropriadamente é construindo alguns sites. Talvez você possa criar um site sobre um hobby ou um interesse que tenha, ou talvez um para amigos que tenham seus próprios pequenos negócios.

Lembre-se de que, se você gostar da forma através da qual alguém tiver feito algo em um site (talvez você goste da aparência, ou do tamanho e tipo de fonte usada), pode simplesmente ir ao menu Visualizar no seu navegador e selecionar a opção para exibir o fonte da página. Embora você nunca deva copiar o projeto ou aparência de outros, pode aprender muito examinando como outras pessoas construíram seus sites. Lembre-se, porém, de que eles podem não estar usando XHTML; muitas páginas foram construídas usando versões mais antigas de HTML. HTML não é estrita a respeito de como você escreve suas páginas e há muitos codificadores que não estão cientes de coisas como quais elementos requerem fechamentos, quando usar aspas para atributos ou como usar bem CSS.

Embora formas mais antigas e informais de codificação possam parecer mais fáceis, sendo rígido sobre como você usa marcação, separando tanto quanto for possível a sua marcação do estilo, e usando JavaScript apenas para melhorar as páginas, você acabará com páginas que ficarão disponíveis para mais navegadores e mais pessoas por um tempo maior.

Assim, obrigado por escolher este livro e parabéns por ter chegado ao final. Desejo a você tudo de melhor na criação do seu primeiro web site e espero que esse seja o primeiro de muitos!

A

Respostas dos Exercícios

Capítulo 1

1. Marque a seguinte sentença com os elementos de apresentação relevantes

A 1a vez que negrito o homem escreveu em itálico, ele sublinhou diversas palavras chaves.

R. A sentença usa elementos de apresentação superescrito, negrito, itálico e sublinhado.

```
<p>A 1<sup>a</sup> vez que <b>negrito</b> homem escreveu em
<i>itálico</i>, ele
<u>sublinhou</u> diversas palavras chaves.</p>
```

2. Marque a lista a seguir, com texto inserido e excluído:

Ingredientes de panqueca de ricota:

- 1 e 1/2 3/4 de xícara de ricota
- 3/4 de xícara de leite
- 4 ovos
- 1 xícara de farinha branca
- 1 colher de chá de fermento
- 75g 50g de manteiga
- uma pitada de sal

R. Aqui está a lista com marcadores com os elementos de edição adicionados:

```html
<h1>Ingredientes de panqueca de ricota:</h1>
<ul>
  <li>1 <del>1/2</del><ins>3/4</ins> de xícara de ricota</li>
  <li>3/4 de xícara de leite</li>
  <li>4 ovos</li>
  <li>1 xícara de farinha <ins>branca</ins></li>
  <li>1 colher de chá de fermento</li>
  <li><del>75g</del><ins>50g</ins> de manteiga</li>
  <li>uma pitada de sal</li>
</ul>
```

Capítulo 2

1. Olhe novamente o exemplo Experimente onde você criou um menu, e crie uma nova página que tenha conexões, como aquelas do topo da página do menu, para cada um dos cursos no menu de exemplo. A seguir adicione uma conexão para o site da Wrox Press (www.wrox.com).

R. Seu código deve se parecer com este:

```html
<?xml version="1.0" encoding="UTF-8"?>
<!DOCTYPE html PUBLIC "-//W3C//DTD XHTML 1.0 Strict//EN"
        "http://www.w3.org/TR/xhtml1/DTD/xhtml1-strict.dtd">
<html xmlns="http://www.w3.org/1999/xhtml" lang="en">
<head>
        <title>Conexões para o menu</title>
</head>
<body>
<h1>Conexões para  Wrox Cafe Menu</h1>
<div id="links">
        <a href="menu.html#starters">Entradas</a> |
        <a href="menu.html#mains">Pratos principais</a> |
        <a href="menu.html#deserts">Sobremesas</a>
</div>
<p>O Wrox Cafe é um café fictício trazido até você pela <a
href="http://www.wrox.com">Wrox Press</a></p>
</body>
</head>
```

Para que esse seja um documento em Strict XHTML 1.0, as conexões que formam o menu foram colocadas dentro de um elemento <div> (porque todos os elementos de linha devem ficar dentro de um elemento de nível de bloco) e cada conexão usa a libra ou sinal de hash (#) após o nome do arquivo seguido pelo valor do atributo id para indicar a parte da página para a qual a conexão deve ir.

A conexão para o web site da Wrox, enquanto isso, usa uma URL completa, a qual você digitaria em uma janela de navegador como o valor do seu atributo href.

2. Pegue a sentença a seguir e coloque elementos <a> em volta das partes que devem ter a conexão.

```
<p>Para descobrir por que fazer propaganda no nosso site funciona,
visite a página de testemunhos.</p>
```

R. A conexão está bem colocada em torno da palavra "testemunhos". Lembre-se de que quando uma conexão fica no meio do texto, o conteúdo real da mesma deve ser curto e direto, de modo que os usuários possam percorrer a página buscando itens chaves nos quais estão interessados.

```
<p>Para descobrir por que fazer propaganda no nosso site funcio-
na, visite a página de
<a>testemunhos</a>.</p>
```

3. O que está errado com o posicionamento do elemento <a> aqui?

```
<p>Você pode ler o artigo inteiro <a>aqui</a>.</p>
```

R. A conexão não é muito descritiva para alguém que esteja percorrendo a página. A palavra "aqui" se destacará quando você quiser chamar a atenção das pessoas para as palavras "artigo inteiro".

```
<p>Clique na conexão para ler o <a>artigo inteiro</a>.</p>
```

Capítulo 3

1. Adicione as imagens de ícones que representam um diário, uma câmera e um jornal ao exemplo a seguir. Todas as imagens são fornecidas na pasta images no código de download do capítulo 3.

```
<h1>Ícones</h1>
<p>Aqui está um ícone usado para representar um diário.</p>
<img src="images/diary.gif" alt="Diário" width="150" height="120"
/><br />
<p>Aqui está um ícone usado para representar uma figura.</p>

A imagem da câmera vai aqui<br />
<p>Aqui vai um ícone usado para representar um item de notícias.</
p>
A imagem do jornal vai aqui
```

654 @ Introdução à Programação WEB com HTML, XHTML e CSS

Sua página pronta deve se parecer com a Figura 3-16.

R. Aqui você pode ver o corpo da página que contém as novas imagens; as linhas com as imagens receberam tonalidade:

```
<?xml version="1.0" ?>
<!DOCTYPE html PUBLIC "-//W3C//DTD XHTML 1.0 Strict//EN"
      "http://www.w3.org/TR/xhtml1/DTD/xhtml1-strict.dtd">
<html xmlns="http://www.w3.org/1999/xhtml" lang="en"
xml:lang="en">
<head>
      <title>Exercício 1</title>
</head>
<body>
<h1>Ícones</h1>
<p>Aqui está um ícone usado para representar um diário.</p>
<img src="images/diary.gif" alt="Diário" width="150" height="120" /><br />
<p>Aqui está um ícone usado para representar uma imagem.</p>
<img src="images/picture.gif" alt="Imagem" width="150" height="120" /><br />
<p>Aqui está um ícone usado para representar um item de notícia.</p>
<img src="images/news.gif" alt="notícia" width="150" height="120" /><br />
</body>
</html>
```

2. Examine as quatro imagens mostradas nas Figuras 3-17 e 3-18 e decida se você provavelmente terá tamanhos menores de arquivos se as gravar com JPEGs ou GIFs.

R. Você deve gravar as imagens nos seguintes formatos:

❑ Imagem 1: JPEG

❑ Imagem 2: GIF

Conforme discutido no Capítulo 3, imagens com áreas planas coloridas maiores, como a imagem 1 onde você só vê a silhueta das pessoas, são comprimidas melhor como GIFs do que como JPEGs, enquanto que JPEGs são melhores para gravar imagens fotográficas. Você também poderia ter sugerido PNGs em vez de GIFs, já que aquelas são uma substituição de GIFs.

Capítulo 4

1. Onde o elemento <caption> de um rótulo deve ser colocado no documento e, por padrão, onde é exibido?

R. O elemento <caption> deve aparecer após o elemento <table> de abertura mas antes do primeiro elemento <tr>.

2. Em qual ordem as células da Figura 4-11 serão lidas por um leitor de tela?

R. Os nomes devem ser lidos na seguinte ordem: Emily, Jack, Frank, Mary, Dominic, Amy, Thomas, Angela e David.

3. Crie uma tabela para guardar os dados mostrados na Figura 4-12. Para dar a você algumas dicas, o documento deve ser Transitional XHTML 1.0 porque o atributo width é usado nas células da primeira linha da tabela. Você também deve ter visto exemplos de como a borda é gerada neste capítulo, usando outro atributo desatualizado, mas no elemento <table> em vez das células.

R. Aqui está um exemplo da agenda de cinema (cinema.html).

```
<?xml version="1.0" encoding="UTF-8"?>
<!DOCTYPE html PUBLIC "-//W3C//DTD XHTML 1.0 Transitional//EN"
      "http://www.w3.org/TR/xhtml1/DTD/xhtml1-transitional.dtd">
<html xmlns="http://www.w3.org/1999/xhtml" lang="en">
<head>
        <title>Horários de Filmes Clássicos</title>
</head>
<body>
<table border="1" width="500">
<caption>Dia dos Filmes Clássicos</caption>
<tr>
<th></th>
        <th width="200">5 pm</th>
        <th width="200">7 pm</th>
        <th width="200">9 pm</th>
        <th width="200">11 pm</th>
</tr>
<tr>
<th>Tela um</th>
        <td>Guerra nas Estrelas</td>
        <td>O Império Contr-Ataca</td>
        <td>O Retorno de Jedi</td>
        <td>O Exorcista</td>
</tr>
<tr>
<th>Tela dois</th>
        <td colspan="2">Dança com Lobos</td>
        <td colspan="2">...E o Vento Levou</td>
</tr>
<tr>
<th>Tela três</th>
        <td colspan="2">2001: Uma Odisséia no Espaço</td>
```

```
        <td>A Conversa</td>
        <td>5 Partes Fáceis</td>
</tr>
</table>
</body>
</html>
```

Capítulo 5

1. Crie um formulário de retorno de e-mail que se pareça com a mostrada na Figura 5-25.

Observe que a primeira caixa de texto é readonly (apenas de leitura), de forma que o usuário não consegue alterar o nome da pessoa para a qual o email está sendo enviado.

R. Aqui está o código para o formulário de retorno de email:

```
<?xml version="1.0" encoding="UTF-8"?>
<!DOCTYPE html PUBLIC "-//W3C//DTD XHTML 1.0 Transitional//EN"
      "http://www.w3.org/TR/xhtml1/DTD/xhtml1-transitional.dtd">
<html xmlns="http://www.w3.org/1999/xhtml" lang="en">
<head>
        <title>Responder anúncio</title>
</head>
<body>
<h2>Responder anúncio</h2>
<p>Use o formulário a seguir para responder ao anúncio:</p>
        <form action="http://www.example.com/ads/respond.aspx" method="post" name="frmRespondToAd">
<table>
<tr>
        <td><label for="emailTo">Para</label></td>
        <td><input type="text" name="txtTo" readonly="readonly" id="emailTo" size="20" value="Star Seller" /></td>
</tr>
<tr>
        <td><label for="emailFrom">Para</label></td>
        <td><input type="text" name="txtFrom" id="emailFrom" size="20" /></td>
</tr>
<tr>
        <td><label for="emailSubject">Assunto</label></td>
```

```
        <td><input type="text" name="txtSubject" id="emailSubject"
size="50"
/></td>
</tr>
<tr>
        <td><label for="emailBody">Body</label></td>
        <td><textarea name="txtBody" id="emailBody" cols="50"
rows="10">
                </textarea></td>
</tr>
</table>
        <input type="submit" value="Enviar email" />
</form>
</body>
</html>
```

2. Crie um formulário de votação ou classificação que se pareça com o mostrado na Figura 5-26.

Observe que o elemento <style> a seguir foi adicionado ao elemento <head> do documento para fazer com que cada coluna da tabela tenha a mesma largura, com o texto alinhado no centro (você verá mais sobre isto no Capítulo 7).

```
<head>
        <title>Votação</title>
        <style type="text/css">td {width:100; text-align:center;}</style>
</head>
```

R. Aqui está o código para o formulário de votação. Observe como o atributo checked é usado no valor do meio para esse formulário de modo que ele seja carregado com um valor médio (no caso do formulário ser submetido sem um valor selecionado):

```
<?xml version="1.0" ?>
<!DOCTYPE html PUBLIC "-//W3C//DTD XHTML 1.0 Transitional//EN"
        "http://www.w3.org/TR/xhtml1/DTD/xhtml1-transitional.dtd">
<html xmlns="http://www.w3.org/1999/xhtml" lang="en">
<head>
        <title>Votação</title>
        <style type="text/css">td {width:100; text-align:center;}</style>
</head>
<body>
<h2>Registre sua opinião</h2>
<p>Como você classifica as informações deste site (onde 1
significa muito fracas e 5 muito boas)?</p>
```

```html
<form action="http://www.example.com/ads/respond.aspx"
method="get"
        name="frmRespondToAd">
<table>
<tr>
        <td><input type="radio" name="radVote" value="1" id="vpoor" /></td>
        <td><input type="radio" name="radVote" value="2" id="poor" /></td>
        <td><input type="radio" name="radVote" value="3" id="average"
                checked="checked" /></td>
        <td><input type="radio" name="radVote" value="4" id="good" /></td>
        <td><input type="radio" name="radVote" value="5" id="vgood" /></td>
</tr>
<tr>
        <td><label for="vpoor">1 <br />Muito Fracas</label></td>
        <td><label for="poor">2 <br />Fracas</label></td>
        <td><label for="average">3 <br />Médias</label></td>
        <td><label for="good">4 <br />Boas</label></td>
        <td><label for="vgood">5 <br />Muito Boas</label></td>
</tr>
</table>
<input type="submit" value="Vote agora" />
</form>
</body>
</html>
```

Capítulo 6

1. Recrie o documento de frameset mostrado na Figura 6-11, onde clicar em uma fruta carrega uma nova página na janela principal. Quando a página é carregada, ele traz os detalhes sobre a fruta apropriada.

R. O primeiro exemplo requeria cinco arquivos:

- Um documento frameset
- Um documento de navegação
- A página da maçã
- A página da laranja
- A página da banana

Aqui está o documento frameset (example1.html):

```
<?xml version="1.0" encoding="iso-8859-1"?>
<!DOCTYPE html PUBLIC "-//W3C//DTD XHTML 1.0 Frameset//EN"
    "http://www.w3.org/TR/xhtml1/DTD/xhtml1-frameset.dtd">
<html>
<head>
    <title>Exemplo de frutas</title>
</head>
<frameset cols="200, 450, *">
    <frame src="frames/fruitNav.html" />
    <frame name="main_frame" src="frames/apple.html" />
    <noframes><body>Este site usa uma tecnologia chamada frames.
    Infelizmente o navegador que você está usando não suporta esta tecnologia.
    Recomendamos que você atualize seu navegador. Pedimos desculpas por qualquer inconveniência que isso cause.
    </body></noframes>
</frameset>
</html>
```

Este é um tipo de documento frameset que contém duas colunas de tamanho fixo e o resto da janela é deixado em branco (daí que há apenas elementos <frame> para as duas primeira colunas). Observe como o segundo elemento <frame> traz o atributo name de modo que as conexões no frame de navegação podem ser carregadas nessa parte da página.

A seguir está o painel de navegação (fruitNav.html):

```
<?xml version="1.0" encoding="iso-8859-1"?>
<!DOCTYPE html PUBLIC "-//W3C//DTD XHTML 1.0 Transitional//EN"
"http://www.w3.org/TR/xhtml1/DTD/xhtml1-transitional.dtd">
<html xmlns="http://www.w3.org/1999/xhtml">
<head>
    <title>Navegação</title>
    <style type="text/css">img {border-style:none; border-width:0px;}</style>
</head>
<body>
<h1> Navegação </h1>
<p>Clique na fruta para descobrir mais sobre ela.</p>
<a href="../frames/apple.html" target="main_frame"><img src="../images/
    apple.jpg" alt="maçã" /></a>
```

```
<a href="../frames/orange.html" target="main_frame"><img src="../
images/
        orange.jpg" alt="laranja" /></a>
<a href="../frames/banana.html" target="main_frame"><img src="../
images/
        banana.jpg" alt="banana" /></a>
</body>
</html>
```

Esse é um documento XHTML normal; as únicas coisas a serem observadas nele são os atributos target nas conexões para indicar que elas devem ser abertas em outro frame e o elemento <style> no elemento <head> (que você aprendeu no Capítulo 7).

As páginas sobre a fruta (apple.html, orange.html e banana.html) são as mesmas, exceto pelo seu conteúdo. Esta é a apple.html:

```
<?xml version="1.0" encoding="iso-8859-1"?>
<!DOCTYPE html PUBLIC "-//W3C//DTD XHTML 1.0 Transitional//EN"
"http://www.w3.org/TR/xhtml1/DTD/xhtml1-transitional.dtd">
<html xmlns="http://www.w3.org/1999/xhtml">
<head>
        <title>Maçã</title>
</head>
<body>
<h1>Maçãs</h1>
<p>As maçãs vêm em diferentes cores e há mais de 7.500
variedades.</p>
<p>Uma maçã contém em torno de 5 g de fibra (1/5 da média diária
recomendada).</p>
</body>
</html>
```

2. Recrie o elemento <iframe> mostrado na Figura 6-12.

Aqui está o novo código do exercício; a única alteração do exemplo do iFrame no capítulo é o texto:

```
<?xml version="1.0" encoding="iso-8859-1"?>
<!DOCTYPE html PUBLIC "-//W3C//DTD XHTML 1.0 Transitional//EN"
"http://www.w3.org/TR/xhtml1/DTD/xhtml1-transitional.dtd">
<html xmlns="http://www.w3.org/1999/xhtml">
<head>
        <title>Foco no Futebol</title>
</head>
<body>
<h1>Quartas de Final - Copa Wintertons</h1>
<h3>
```

```
            <a href="frames/teamA.html" target="iframe">Manchester
Rangers</a>
                    vs
            <a href="frames/teamB.html" target="iframe">Birmingham
United</a>
        </h3>
        <p><iframe name="iframe" width="300" height="150"
            src="frames/clickForTeams.html" align="left"></iframe>
            O grande jogo de hoje é entre o Manchester Rangers e o
Birmingham
            United.
        <br />A partida será disputada no estádio Highgate Fields, e
            certamente será o grande jogo da semana.<br /> Todos os
olhos estão
            voltados para os azarões do Birmingham United que não
esperavam chegar
            tão longe na competação.
        </p>
    </body>
</html>
```

R. O exemplo do frame em linha requer quatro arquivos:

- example2.html contém a página que você carrega.
- teamA.html contém os nomes dos jogadores da Equipe A.
- teamB.html contém os nomes dos jogadores da Equipe B.
- clickForTeam.html carrega o iframe antes que o usuário clique em alguma equipe.

Primeiro o exemple2.html, que contém o elemento <iframe>. Ele é um documento XHTML normal, com duas conexões que trazem o atributo target de modo que possam indicar em qual frame o documento deve ir.

```
<?xml version="1.0" encoding="iso-8859-1"?>
<!DOCTYPE html PUBLIC "-//W3C//DTD XHTML 1.0 Transitional//EN"
"http://www.w3.org/TR/xhtml1/DTD/xhtml1-transitional.dtd">
<html xmlns="http://www.w3.org/1999/xhtml">
    <head>
<title>Foco no futebol</title>
    </head>
    <body>
        <h1>Quartas de Final - Copa Wintertons</h1>
        <h3>
            <a href="frames/teamA.html" target="iframe">Manchester
Rangers</a>
```

```
          vs
          <a href="frames/teamB.html" target="iframe">Birmingham
United</a>
</h3>
          <p>
          <iframe name="iframe" width="300" height="150"
src="frames/clickForTeams.html"
align="left" />
          O grande jogo de hoje com o Manchester Rangers jogando
contra o Birmingham
          United. A partida será disputada no estádio Highgate
Fields, e certamente
          será o grande jogo da semana, com todos os olhos nos
azarões Birmingham
          United que não esperavam chegar tão longe na competição,
apesar de que
          a renda da partida ser um grande alívio para a equipe que
tem enfrentado
          dificuldades financeiras.
</p>
</body>
</html>
```

Como você pode ver do elemento <iframe>, ele traz um atributo src que indica que uma página chamada clickForTeams deve ser carregada no iframe quando a página for carregada. Esta é apenas uma página XHTML:

```
<?xml version="1.0" encoding="iso-8859-1"?>
<!DOCTYPE html PUBLIC "-//W3C//DTD XHTML 1.0 Transitional//EN"
   "http://www.w3.org/TR/xhtml1/DTD/xhtml1-transitional.dtd">
<html xmlns="http://www.w3.org/1999/xhtml">
<head>
          <title>Times</title>
</head>
<body>
<h3>Cilque no nome de um time para carregar seus jogadores aqui
</h3>
</body>
</html>
```

A página teamB.html contém uma tabela para os jogadores na escalação inicial do time. A página teamB.html é exatamente a mesma, apenas com jogadores diferentes.

```
<?xml version="1.0" encoding="iso-8859-1"?>
<!DOCTYPE html PUBLIC "-//W3C//DTD XHTML 1.0 Transitional//EN"
   "http://www.w3.org/TR/xhtml1/DTD/xhtml1-transitional.dtd">
```

```
<html xmlns="http://www.w3.org/1999/xhtml">
<head>
        <title>Time B</title>
</head>
<body>
<h3>Birmingham United</h3>
<p>Os jogadores do Birmingham United são</p>:
        <table>
                <tr><th>Number</th><th>Name</th></tr>
                <tr><td>1</td><td>Chris Warner</td></tr>
                <tr><td>2</td><td>Felix Thomlinson</td></tr>
                <tr><td>3</td><td>Barry Carr</td></tr>
                <tr><td>4</td><td>Mike Patterson</td></tr>
                <tr><td>5</td><td>Richard Neilson</td></tr>
                <tr><td>6</td><td>Brian Childer</td></tr>
                <tr><td>7</td><td>Micky Stephens</td></tr>
                <tr><td>8</td><td>Richard Brooks</td></tr>
                <tr><td>9</td><td>Nick Evans</td></tr>
                <tr><td>10</td><td>Joseph Barton</td></tr>
                <tr><td>11</td><td>Rob Bishop</td></tr>
        </table>
</body>
</html>
```

Capítulo 7

1. Volte ao primeiro exemplo Experimente neste capítulo e adicione estilos para mostrar como seria a aparência de versões em negrito e em itálico de cada um. Você deve acabar com algo como a Figura 7-36.

Você só pode usar elementos <span> ou <br /> no documento fonte e seletores de classe na style sheet. Você também precisa adicionar uma margem superior ao conteúdo dos elementos <div> para separá-los uns dos outros.

R. O código XHTML a seguir mostra a nova estrutura do documento. Usei os elementos <span> para repetir a linha sobre a raposa marrom ligeira. Cada elemento <span> possui um atributo class cujo valor é bold ou italic. Após cada linha de texto há um elemento break. O atributo href do elemento <link /> também aponta para a nova style sheet.

Aqui está o novo arquivo fonte font-test2.html:

```
<?xml version="1.0" encoding="iso-8859-1"?>
<!DOCTYPE html PUBLIC "-//W3C//DTD XHTML 1.0 Transitional//EN"
        "http://www.w3.org/TR/xhtml1/DTD/xhtml1-transitional.dtd">
<html xmlns="http://www.w3.org/1999/xhtml" lang="en">
```

```html
<head>
    <title>Teste de Fontes</title>
    <link rel="stylesheet" type="text/css" href="font-test2.css" />
</head>
<body>
<div class="arial">
    Arial A raposa marrom ligeira pulou sobre o cachorro preguiçoso.<br />
    <span class="bold">Arial The quick brown fox jumped over the lazy
    dog.</span>
    <br />
    <span class="italic">Arial A raposa marrom ligeira pulou sobre o cachorro    preguiçoso.</span><br />
</div>
<div class="helvetica">
    Helvetica A raposa marrom ligeira pulou sobre o cachorro preguiçoso.<br />
    <span class="bold">Helvetica A raposa marrom ligeira pulou sobre o cachorro    preguiçoso.</span><br />
    <span class="italic">Helvetica A raposa marrom ligeira pulou sobre o cachorro    preguiçoso.</span><br />
</div>
<div class="TimesNewRoman">
    Times New Roman A raposa marrom ligeira pulou sobre o cachorro preguiçoso .<br />
    <span class="bold">Times New Roman A raposa marrom ligeira pulou sobre o cachorro preguiçoso.</span><br />
    <span class="italic">Times New Roman A raposa marrom ligeira pulou sobre o    cachorro preguiçoso.</span><br />
    </div>
    <div class="MrsEaves">
    Mrs Eaves A raposa marrom ligeira pulou sobre o cachorro preguiçoso.<br />
    <span class="bold">Mrs Eaves Bold A raposa marrom ligeira pulou sobre o cachorro preguiçoso.</span><br />
    <span class="italic">Mrs Eaves Italic A raposa marrom ligeira pulou sobre o    cachorro preguiçoso.</span><br />
</div>
</body>
</html>
```

Agora é hora de examinarmos a style sheet font-test2.css. A primeira propriedade nova é margin-top, que divide os exemplos para cada fonte. A seguir estão os novos seletores de classes para o estilo negrito, que usa a propriedade font-weight, e o estilo itálico, que usa a propriedade font-style.

```
/* Style sheet CSS para font-test.html */
body {background-color:#ffffff;}
div {line-height:28px;
margin-top:20px;}
div.arial {font-family:arial, courier;}
div.helvetica {font-family:Helvetica, courier;}
div.TimesNewRoman {font-family:"Times New Roman", courier;}
div.MrsEaves {font-family:"Mrs Eaves", courier;}
.bold {font-weight:bold;}
.italic {font-style:italic;}
```

2. Examine a seguinte página XHTML:

```
<?xml version="1.0" encoding="iso-8859-1"?>
<!DOCTYPE html PUBLIC "-//W3C//DTD XHTML 1.0 Transitional//EN"
      "http://www.w3.org/TR/xhtml1/DTD/xhtml1-transitional.dtd">
<html xmlns="http://www.w3.org/1999/xhtml" lang="en">
<head>
      <title>Teste de fontes</title>
      <link rel="stylesheet" type="text/css" href="tableStyles.css" />
</head>
<body>
<table>
<tr>
      <th>Quantidade</th>
      <th>Ingredientes</th>
</tr>
<tr class="odd">
      <td>3</td>
      <td>Ovos</td>
</tr>
<tr>
      <td>100ml</td>
      <td>Leite</td>
</tr>
<tr class="odd">
      <td>200g</td>
      <td>Espinafre</td>
</tr>
<tr>
      <td>1 pitada</td>
      <td>Canela</td>
```

```
</tr>
</table>
</body>
</html>
```

Agora crie a style sheet tableStyles.css que faz com que este exemplo se pareça com a Figura 7-37.

Não se preocupe em fazer com que os tamanhos sejam exatamente os mesmos da imagem da tela, mas assegure-se de ter espaçamento nas células e uma borda por fora.

R. Você pode criar essa style sheet de diversas formas. Aqui está uma delas:

```
/* Style sheet CSS para tableStyles.html */
body {
        background-color:#ffffff;
        font-family:arial, verdana, sans-serif;
        font-size:14px;}
table {
        border-style:solid;
        border-width:1px;
        border-color:#666666;}
th {
        color:#ffffff;
        background-color:#999999;
        font-weight:bold;
        border:none;
        padding:4px;}
tr {background-color:#cccccc;}
tr.odd {background-color:#efefef;}
td {
        color:#000000;
        padding:2px;}
```

Capítulo 8

1. Neste exercício, você cria uma tabela com conteúdo que ficará no topo de um documento longo em uma lista ordenada e conecta aos cabeçalhos na parte principal do documento.

O arquivo XHTML exercise1.html é fornecido com o código de download para este livro, pronto para você criar a style sheet. Sua style sheet deve fazer o seguinte:

❑ Configurar os estilos de todas as conexões, incluindo conexões ativas e visitadas

❑ Deixar em negrito o conteúdo da lista

- Tornar cinza claro o fundo da lista e usar espaçamento para assegurar que as marcadores apareçam
- Fazer com que a largura da caixa de conexões seja de 250 pixels
- Alterar os estilos dos marcadores de cabeçalhos para círculos vazios
- Alterar o estilo dos marcadores de conexões para quadrados

R. Aqui está a style sheet para a tabela de conteúdo com conexões, começando com o estilo do elemento <body>:

```
body {
      background-color:#ffffff;
      font-family:arial, verdana, sans-serif;
      font-size:12px;}
```

O seletor do primeiro elemento <ul> deve ter regras para a propriedade list-style ser um círculo e para a propriedade font-weight ficar em negrito.

```
ul {
      list-style:circle;
      font-weight:bold;
```

Também é neste primeiro seletor <ul> que você coloca as regras para o fundo das conexões, de modo que você deve ter regras como essas na mesma declaração. Observe como a propriedade padding-left assegura que os marcadores permaneçam visíveis:

```
background-color:#efefef;
padding-left:30px;
width:250px;}
```

Um segundo seletor deve então indicar que um elemento <ul> dentro de outro elemento <ul> deve ter uma propriedade list-style com um valor de square, de modo que os elementos das conexões aninhadas sejam precedidos por quadrados:

```
      ul ul {list-style:square;}
```

Finalmente, o resto das regras indicam como as conexões devem aparecer:

```
a:link {
      color:#0033ff;;
      text-decoration:none;}
a:visited {
      color:#0066ff;
      text-decoration:none;}
a:active {
```

```
        text-decoration:underline;}
a:link:hover {
        color:#003399;
        background-color:#e9e9e9;
        text-decoration:underline;}
```

2. Neste exercício, você testa suas habilidades de posicionamento CSS. Você deve criar uma página que represente as conexões para as diferentes seções do capítulo de uma forma muito diferente. Cada uma das seções será mostrada em um bloco diferente e cada bloco será posicionado de forma absoluta de uma diagonal de cima para baixo da esquerda para a direita. A caixa do meio deve aparecer no topo, conforme mostrado na Figura 8-37.

Você pode encontrar arquivo XHTML fonte (exercise2.html) como código de download para este capítulo.

R. Primeiro você precisa configurar algumas propriedades de segundo plano para o elemento <body>:

```
body {
        background-color:#ffffff;
        font-family:arial, verdana, sans-serif;
        font-size:12px;}
```

Para dar a cada elemento <div> uma borda, largura fixa e espaçamento, as regras devem ser colocadas em um seletor para todos os elementos <div>. Esses também têm uma propriedade background-color (nesse caso com um valor configurado para a cor branca) para evitar que o texto se torne confuso (porque, em caso contrário, as caixas são transparentes):

```
div {
        background-color:#ffffff;
        padding:10px;
        border-style:groove; border-width:4px; border-color:#999999;
        width:300px;}
```

Elementos <div> individuais precisam então de diferentes propriedades de posicionamento para assegurar que apareçam em posições diagonais. A propriedade z-index também deve ser configurada para apresentar as caixas selecionadas na ordem correta.

```
div.page1 {
        position:absolute;
        top:70px;
        z-index:2;
        background-color:#f2f2f2;}
```

```
div.page2 {
      position:absolute;
      top:170px; left:100px;
      z-index:3; }
div.page3 {
      position:absolute;
      top:270px; left:200px;
      z-index:1;
      background-color:#efefef; }
```

Capítulo 9

1. Examine a página mostrada na Figura 9-18. Liste todos os diferentes elementos na página que seriam listados na etapa de projeto e coloque-os juntos nos seus agrupamentos ou categorias relevantes.

Por exemplo, para a caixa de pesquisa você poderia listar o seguinte:

```
Título
Navegação
Principais Artigos de Notícias
```

R. Exatamente como você escreve sua lista de elementos para uma página depende de você, mas quando criei este projeto, decidi colocar os seguintes elementos na página:

```
Título
Navegação
        Notícias Locais
        Notícias Nacionais
        Notícias Mundiais
        Política
        Ciência
        Tecnologia
        Viagens
        Negócios
        Educação
        Entretenimento
Artigo Principal
        Cabeçalho
        Texto
        Imagem
        Conexão "Ler mais"
Segundo e terceiro artigos
Cabeçalho
```

```
Texto
Imagem
Conexão "Ler mais"
```
Texto para explicar que esse é um exemplo de aparência com largura fixa

2. Examine novamente a Figura 9-18 e use CSS para criar uma página de largura fixa como essa. Para ajudar, comece com o código de exemplo para a página de largura fixa.

R. Essa página é construída inteiramente em uma tabela de largura fixa. A barra de pesquisa, logotipo, barra de navegação, corpo principal da página e o cabeçalho ficam em linhas separadas da tabela.

O corpo principal da página fica dentro de um elemento contêiner, que é usado para controlar a largura a página. Dentro desse está um cabeçalho, que ocupa a largura inteira da página, e duas colunas, cada uma das quais ficando dentro dos seus próprios elementos <div> contêineres.

```
<!DOCTYPE html PUBLIC "-//W3C//DTD XHTML 1.0 Transitional//EN"
"http://www.w3.org/TR/xhtml1/DTD/xhtml1-transitional.dtd">
<html xmlns="http://www.w3.org/1999/xhtml" lang="en"
xml:lang="en">
<head>
        <meta http-equiv="Content-Type" content="text/html;
charset=iso-8859-1" />
        <title>Projeto de página com largura fixa</title>
        <link rel="stylesheet" type="text/css" href="exercise.css"
</head>
<body>
        <div id="maincontainer">
        <div id="topsection"><h1>Notícias de Londres</h1></div>
        <div id="leftcolumn">
            <a class="nav1" href="">Notícias Locais</a>
            <a class="nav2" href="">Notícias Nacionais</a>
            <a class="nav3" href="">Notícias Mundiais</a>
            <a class="nav4" href="">Política</a>
            <a class="nav5" href="">Ciência</a>
            <a class="nav6" href="">Tecnologia</a>
            <a class="nav7" href="">Viagens</a>
            <a class="nav8" href="">Negócios</a>
            <a class="nav9" href="">Educação</a>
            <a class="nav10" href="">Entretenimento</a>
</div>
<div id="contentwrapper">
        <div id="contentcolumn">
```

```
                    <img src="images/london.jpg" width="350"
height="210"
                    alt="A Paisagem de Londres no Inverno"
align="left" />
                    <h2>O Grande Frio</h2>
                    <p>London se prepara para um grande frio já que
as previsões são de uma queda severa na temperatura por toda a
capital. A equipe do tempo da Met Office
indicou que as temperaturas permaneceriam em números negativos até
quarta-feira
com os ventos tornando a sensação de ainda mais frio.</p>
                    <div class="readmore"><a href="">Leia mais</a></div>
                    <div class="clear"><br /></div>
                    <div class="secondaryStory">
                    <img src="images/cows.jpg" width="110" height="72"
alt="Vacas em uma fazenda"
                    align="left" />
                    <h3>Fazendas Limpas</h3>
                    <p>As três fazendas do centro da última preocupação
da comunidade agrícola receberam a classificação de limpas.</p>
                    <div class="readmore"><a href="">Leia mais</a></div>
        </div>
        <div class="secondaryStory">
        <img src="images/houses.jpg" width="110" height="72"
alt="Fila de casas"
                    align="left" />
                    <h3>Juros Sobem</h3>
                    <p>O Banco da Inglaterra subiu as taxas de juros básicas
em mais meio porcento - o quarto aumento consecutivo nos juros na
mesma quantidade de trimestres.</p>
                    <div class="readmore"><a href="">Read more</a></div>
        </div>
        <div class="clear"></div>
        </div>
        </div>
        <div id="footer">Projeto de página com largura fixa</div>
</div>
</body>
</html>
```

A seguir está a CSS que é usada para configurar o estilo da página:

```
body{
        margin:0;
        padding:0;
        font-family:arial, verdana, sans-serif;
```

```css
        background-color:#ffffff;}
#maincontainer{width:800px;}
#topsection{
        color:#ffffff;
        background-color: #000000;
        height: 100px;}
#topsection h1{
        margin: 0;
        padding-top: 15px;}
#contentwrapper{
        float: left;
        width:600px;}
#contentcolumn{
        padding:10px;}
#contentcolumn img {
        margin: 0px 10px 10px 0px;}
#leftcolumn{
        float: left;
        width: 200px; /*Width of left column*/
        color:#333333;}
#leftcolumn a{
        display:block;
        color:#333333;
        background-color:#d6d6d6;
        margin-bottom:2px;
        padding:2px;
        text-decoration:none;
        font-weight:bold;}
#leftcolumn .nav1 {border-left: 5px solid #3366FF;}
#leftcolumn .nav2 {border-left: 5px solid #6633FF;}
#leftcolumn .nav3 {border-left: 5px solid #CC33FF;}
#leftcolumn .nav4 {border-left: 5px solid #FF33CC;}
#leftcolumn .nav5 {border-left: 5px solid #FF3366;}
#leftcolumn .nav6 {border-left: 5px solid #FF6633;}
#leftcolumn .nav7 {border-left: 5px solid #FFCC33;}
#leftcolumn .nav8 {border-left: 5px solid #66FF33;}
#leftcolumn .nav9 {border-left: 5px solid #33FF66;}
#leftcolumn .nav10 {border-left: 5px solid #33FFCC;}
#footer{
        clear: left;
        width: 800px;
        color: #ffffff;
        background-color:#000000;
        text-align:center;
        padding: 4px;}
.clear {clear:both;}
```

```
.secondaryStory {
     float:left;
     width:50%;}
h1 {padding:0px 0px 0px 20px;margin:0px;}
h2, h3 {margin:0px;}
img {border:1px solid #000000;}
```

Capítulo 10

1. Neste exercício, você deve adicionar uma segunda página ao formulário Experimente no final do capítulo (registration.html). A tabela que se segue mostra os novos itens que você deve adicionar ao formulário.

Informação	Controle de Formulário	Obrigatório
Endereço 1	Entrada de texto	Sim
Endereço 2	Entrada de texto	Não
Cidade/Subúrbio	Entrada de texto	Não
Cidade/Estado	Entrada de texto	Sim
Código Postal	Entrada de texto	Sim

Você também deve adicionar o seguinte:

❑ Uma indicação no topo da página sobre quanto do formulário o usuário já completou

❑ Um botão Voltar e um botão Prosseguir na parte inferior (em vez do botão Submeter)

Quando você tiver terminado, a página deve se parecer com a Figura 10-27 (registration2.html).

R. A seguir está o código do arquivo registration2.html. Ele começa como muitos dos outros exemplos que usam uma style sheet CSS externa:

```
<html>
     <head>
     <title>Experimente</title>
     <link rel="stylesheet" type="text/css" href="registration.css" />
     </head>
<body>
```

674 @ Introdução à Programação WEB com HTML, XHTML e CSS

A seguir está uma tabela que indica que o formulário tem três páginas. Essas usam diferentes estilos para indicar se o usuário está atualmente nessa etapa (indicada com a classe stepOn):

```
<table class="steps">
      <tr>
            <td class="stepOff">Detalhes de Login</td>
            <td class="stepOn">Detalhes de Contato</td>
            <td class="stepOff">Detalhes de Confirmação</td>
      </tr>
</table>
```

A seguir vem o formulário real. Ele está dentro de uma tabela, de modo que os rótulos e os elementos do formulário se alinham bem. Cada um dos elementos do formulário possui um elemento <label> cujo atributo for possui um valor que corresponde ao id fo controle do formulário:

```
<form name="frmExample" action="" method="post">
      <fieldset>
      <legend>Contact details:</legend>
      <table>
            <tr>
                  <td class="label"><label for="address1">Endereço 1:</label></td>
                  <td class="form">
                  <input type="text" name="txtAddress1" id="address1" size="30" />
                  </td>
            </tr>
            <tr>
                  <td class="label"><label for="address2">Endereço 2:</label></td>
                  <td class="form">
                  <input type="text" name="txtAddress2" id="address2" size="30" />
                  </td>
            </tr>
            <tr>
                  <td class="label"><label for="town">Cidade/Subúrbio:</label></td>
                  <td class="form">
                  <input type="text" name="txtTown" id="town" size="12" />
                  </td>
            </tr>
            <tr>
```

```
            <td class="label"><label for="city">Cidade/
Estado:</label></td>
            <td class="form">
                <input type="text" name="txtState" id="city"
size="12" />
            </td>
        </tr>
        <tr>
            <td class="label"><label for="postcode">Código
Postal:</label></td>
            <td class="form">
                <input type="text" name="txtPostCode" id="postcode"
size="12" />
            </td>
        </tr>
    </table><br />
```

Finalmente, um botão Voltar à esquerda da página e um botão Prosseguir à direita. Esses são posicionados com o uso de uma tabela. Uma chave permite que o asterisco indique que um campo do formulário deve ser preenchido:

```
<table class="steps">
    <tr>
        <td class="back"><input type="submit" value="Voltar"
/></td>
        <td class="proceed"><input type="submit"
value="Prosseguir" /></td>
    </tr>
</table>
</fieldset>
<br /><span class="required">*</span> = required
</form>
</body>
</html>
```

Capítulo 11

1. Crie um script para escrever a tabela da multiplicação do número 5 de 1 a 20 usando um laço while.

R. Esse exercício usa código muito semelhante ao ch11_eg09.html; na verdade, você só precisa alterar os números apropriados do exemplo – caso contrário ele é idêntico. O arquivo ch11_eg09.html calculava a tabela de multiplicação de 3 até 10. Esse exemplo calcula a tabela de multiplicação de 5 até 20.

O exemplo é baseado em um contador (para descobrir onde você está na sua tabela); cada vez que o código é executado, o contador é incrementado em 1. Assim, você precisa assegurar que ele possa ir até 20, em vez de 10. Isso vai na condição do laço while:

```
while (i < 21) {
```

A seguir, você precisa alterar o multiplicador, que é escrito e usado no cálculo. O código a seguir mostra a alteração no 5 como multiplicador:

```
document.write(i + " x 5 = " + (i * 5) + "<br />" );
```

O código final deve se parecer com este:

```
<script type="text/JavaScript">
i = 1
while (i < 21) {
document.write(i + " x 5 = " + (i * 5) + "<br />" );
i ++
}
</script>
```

Como você pode ver, este código não é mais longo do que o laço do ch11_eg09.html, mas escreve duas vezes os números, o que demonstra o poder de usar laços no seu código.

2. Modifique o ch11_eg06.html de modo que ele possa dizer uma entre três coisas:

❑ "Bom Dia" aos visitantes que chegarem na página antes do meio-dia (usando um comando if).

❑ "Boa Tarde" aos visitantes que chegarem na página entre o meio-dia e as 6 da tarde (usando novamente um comando if). (Dica: Você pode precisar usar um operador lógico).

❑ "Boa Noite" aos visitantes que chegarem na páginas após as 6 da tarde e até a meia-noite (novamente usando um comando if).

R. O script simples a seguir modificado do ch11_eg06.html saudará o usuário com as palavras "Bom Dia" de manhã, "Boa Tarde" à tarde e "Boa Noite" de noite.

Ele usa o método getHours() do objeto de data para determinar o horário e a seguir usa os comandos if para verificar o horário apropriado para cada comando apresentado ao usuário.

Observe como a tarde usa o operador lógico para verificar se é depois do meio-dia mas antes das 6 da tarde.

```
<script type="text/JavaScript">
```

```
        date = new Date();
        time = date.getHours();
        if (time < 12)
        document.write('Bom Dia');
        if (time > 12 && time < 18)
        document.write('Boa Tarde')
        if (time > 18)
        document.write('Boa Noite');
</script>
```

Capítulo 12

1. Sua tarefa é criar uma função de validação para o formulário de competição da Figura 12-22.

A função deve verificar se o usuário fez as seguintes coisas:

❑ Digitou seu nome

❑ Forneceu um endereço válido de email

❑ Selecionou um dos botões de rádio como resposta à pergunta

❑ Deu uma resposta para a pergunta de desempate e ela não tem mais de 20 palavras.

Essas devem estar na ordem em que os controles aparecem no formulário.

Aqui está o código para o formulário:

```
<form          name="frmCompetition"          action="competition.asp"
method="post" onsubmit=
"return validate(this);">
<h2>Um Formulário de Exemplo de Competição<br />(Sinto muito, não
há prêmios reais!)</h2>
<p> Para entrar com o desenho para ganhar uma caixa de Geléia da
Jenny, primeiro responda esta questão: "Que cor são os morangos?"
A seguir forneça uma resposta para a pergunta de desempate: "Eu
gostaria de ganhar uma caixa de Geléia da Jenny porque ..." em não
mais de 20 palavras.</p>
<table>
        <tr>
                <td class="formTitle">Nome: </td>
                <td><input type="text" name="txtName" size="18" /></
td>
        </tr>
        <tr>
                <td class="formTitle">Email: </td>
```

```
            <td><input type="text" name="txtEmail" size="18"
/></td>
        </tr>
        <tr>
            <td class="formTitle">Resposta: </td>
            <td><input type="radio" name="radAnswer"
value="Vermelho" /> Red<br />
                <input type="radio" name="radAnswer"
value="Cinza" /> Gray<br />
                <input type="radio" name="radAnswer"
value="Azul" /> Blue
            </td>
        </tr>
        <tr>
            <td class="formTitle">Desempate<br/ ><small>(não
mais de 20 palavras)
            </small>:
            </td>
            <td><textarea name="txtdesempate" cols="30" rows="3"
/></textarea></td>
        </tr>
        <tr>
            <td class="formTitle"></td>
            <td><input type="submit" value="Enviar agora" /></
td>
        </tr>
</table>
</form>
```

R. A função validate() para esse exemplo usa técnicas que você aprendeu no Capítulo 12. Ela começa configurando uma variável chamada valorDeRetorno com um valor que será verdadeiro ou falso quando a função terminar sua execução. Ela começa com um valor verdadeiro, que é alterado para falso se algum dos campos do formulário não satisfizer as requisitos.

```
<script type="text/JavaScript">
      function validate(form) {
            var valorDeRetorno = true
```

Primeiro você tem que verificar se o valor do campo txtName tem algo nele:

```
var name=form.txtName.value
if (name=="")
      {
      valorDeRetorno = false;
      alert("Você deve digitar um nome")
```

```
            document.frmCompetition.txtName.focus();
}
```

A seguir você tem que verificar se o endereço de email segue o formato esperado. Se o endereço estiver vazio, ele não corresponderá à Expressão Regular; portanto, você não precisa ver se o controle está vazio primeiro:

```
var email=form.txtEmail.value
var rxEmail = /^\ w(\.?[\w-])*@\w(\.?[\w-])*\.[a-z]{2,6}(\.[a-z]
{2})?$/i;
if (!rxEmail.test(email))
{
        returnValue = false;
        alert("Você deve digitar um endereço válido de email")
        document.frmCompetition.txtEmail.focus()
}
```

A seguir, você deve percorrer os botões de rádio para ver se alguma resposta foi fornecida. Isto envolve percorrer os botões e testar se cada botão possui a propriedade checked. Se um botão de rádio tiver sido marcado, então uma variável (nesse caso chamada radioSelecionado) é alterada para ter seu valor como verdadeiro. Assim que todos os botões de rádio tiverem sido percorridos, um comando if condicional verifica se o valor desse atributo é verdadeiro ou falso.

```
var radioSelecionado = false;
var botoesRadio = form.radAnswer;
for (var i=0; i<botoesRadio.length; i++) {
if (botoesRadio[i].checked)
{
        radioSelecionado=true;
}
}
if (radioSelecionado == false) {
    valorDeRetorno = false;
    alert("Você não respondeu a pergunta");
}
```

Finalmente, você chega no elemento <textarea> e no desempate. Esse precisa ter um valor, mas não deve ser maior de 20 palavras. Para iniciar, verifica-se se ele possui algum valor:

```
var desempate=form.txtTieBreaker.value
if (desempate=="")
{
        valorDeRetorno = false;
        alert("Você deve digitar uma resposta para o desempate")
```

```
        document.frmCompetition.txtTieBreaker.focus();
}
```

A seguir o valor digitado é dividido em palavras separadas usando a função split() do objeto string e uma Expressão Regular. Devido ao fato da função split() dividir a string após os espaços, você pode verificar quantas palavras foram digitadas simplesmente encontrando o comprimento da matriz criada pela função split(). Devido à matriz ser baseada em zero, você precisa descobrir se o número de itens na matriz é menor ou igual a 20. Se houver palavras demais, o usuário é avisado e informado sobre quantas palavras digitou para auxiliá-lo a tornar a resposta mais curta.

```
var palavrasNoDesempate = tieBreaker.split(/\s+/g);
contadorDePalavreas = palavrasNoDesempate.length;
if (contadorDePalavreas > 20) {
valorDeRetorno = false;
alert("Sua resposta de desempate não deve ter mais de 20 palavras.
Você digitou
""+
contadorDePalavreas+ "palavras.");
document.frmCompetition.txtTieBreaker.focus();
}
```

Este é o teste final e valorDeRetorno (seja verdadeiro ou falso) indica se o formulário será submetido ou não.

```
return valorDeRetorno
}
</script>
```

B

Referência de Elementos XHTML

Este apêndice é uma referência rápida para os elementos que estão nas recomendações HTML e XHTML. Elas estão listadas com os atributos que cada elemento pode trazer e uma breve descrição do seu propósito.

Elementos desatualizados são marcados com a palavra "desatualizado" próxima a eles. Você deve evitar usar esses elementos onde possível. Também recomendo que elementos e marcação de estilos sejam substituídas por regras CSS.

A primeira versão do Internet Explorer (IE), Netscape (N) e Firefox (F) que suportavam o elemento são apresentadas próximas ao nome do mesmo, começando com IE3, N3 e FF1. Elementos que eram suportados pelo Netscape também o serão pelo Firefox. A notação "todos" identifica elementos que sejam suportados em todos os navegadores a partir do IE3, N3 e FF1 e posteriores. Observe, entretanto, que nem todos os atributos funcionarão com as mesmas versões dos navegadores – alguns atributos foram introduzidos em versões posteriores.

Analise as seguintes observações sobre sintaxe:

❑ Todos os nomes de elementos devem ser apresentados em letras minúsculas.

❑ Quaisquer atributos listados sem um valor devem ter o nome do atributo repetido como se o seu valor para que seja compatível com XHTML; por exemplo: disabled = "disabled".

❑ Todos os valores de atributos devem ser passados entre aspas duplas.

Atributos Básicos

A menos que declarado em contrário, os atributos básicos podem ser usados com todos os elementos deste apêndice.

`class = nome`	Especifica uma classe para o elemento associá-la a suas regras em uma style sheet
`dir = ltr | rtl`	Especifica a direção da exibição do texto (da esquerda para a direita ou vice-versa)
`id = nome`	Define um valor de identificação único dentro do documento para esse elemento
`lang = linguagem`	Especifica a linguagem (humana) para o conteúdo do elemento
`onclick = script`	Especifica um script a ser chamado quando o usuário clicar com o mouse nesse elemento
`ondblclick = script`	Especifica um script a ser chamado quando o usuário clicar com o mouse nesse elemento
`onkeydown = script`	Especifica um um script a ser chamado quando o usuário pressionar uma tecla enquanto o foco estiver nesse elemento
`onkeypress = script`	Especifica um script a ser chamado quando o usuário pressionar e soltar uma tecla enquanto esse elemento tiver o foco
`onkeyup = script`	Especifica um script a ser chamado quando o usuário soltar uma tecla enquanto esse elemento tiver o foco
`onmousedown = script`	Especifica um script a ser chamado quando o usuário pressionar o mouse enquanto o cursor estiver sobre o conteúdo deste elemento
`onmousemove = script`	Especifica um script a ser chamado quando o usuário mover o mouse enquanto o cursor estiver sobre o conteúdo deste elemento
`onmouseout = script`	Especifica um script a ser chamado quando o mouse estiver sobre um elemento e for movido para fora da sua borda de modo que não esteja mais sobre o elemento
`onmouseover = script`	Especifica um script a ser chamado quando o mouse for movido sobre o conteúdo do elemento
`onmouseup = script`	Especifica um script a ser chamado quando o usuário liberar o mouse enquanto o cursor estiver sobre o conteúdo desse elemento
`style = estilo`	Especifica uma regra de estilo CSS em linha para o elemento
`title = string`	Especifica um título para o elemento
`xml:lang`	Especifica a linguagem (humana) para o conteúdo do elemento

\<a> (todos)

Define uma conexão. O atributo href ou name deve ser especificado.

\<abbr> (IE4+, N6+, FF1+)

Indica que o conteúdo do elemento é uma abreviação.

\<acronym> (IE4+, N6+, FF1+)

Indica que o conteúdo do elemento é um acrônimo.

\<address> (todos)

Indica que o conteúdo do elemento é um endereço.

accesskey = caractere_chave	Define um atalho para esta âncora
charset = codificação	Especifica um conjunto de caracteres usado para codificar o documento alvo
coords = coordenadas x_y	Especifica uma lista de coordenadas
href = url	Especifica a URL do alvo do hiperlink
hreflang = código_da_linguagem	Especifica a codificação de linguagem para o alvo da conexão
rel = relationship (same | next | parent | previous | string)	Indica o relacionamento do documento com o documento alvo
rev = relationship	Indica o relacionamento inverso do documento alvo com este
shape = circ | circle | poly | polygon | rect | rectangle	Define o formato de uma região
tabindex = number	Define a posição deste elemento na ordem de tabulação
target = \<noem_da_janela> | _parent | _blank | _top | _self	Define o nome do frame ou janela que deve carregar o documento conectado
type = MIME_type	Define o tipo MIME do alvo

<applet> Desatualizado (todos)

Usado pata colocar um applet Java ou código executável na página.
Recebe apenas os atributos listados na tabela a seguir.

`align = top | middle | bottom | left | right | absmiddle | baseline | absbottom | texttop`	Alinha a applet dentro do elemento contêiner
`alt = texto`	Especifica texto alternativo para substituir o <applet> para navegadores que suportam o elemento, mas que são incapazes de executá-lo
`archive = url`	Especifica um arquivo de classe que deve ser baixada para o navegador e procurado
`class = nome`	Especifica texto alternativo para associá-lo com regras em uma style sheet
`code = nome da classe`	Especifica o nome da classe do código (obrigatório)
`codebase = url`	Especifica uma URL a partir da qual o código pode ser baixado
`height = número`	Especifica a altura do <applet> em pixels
`hspace = número`	Especifica a largura à esquerda e direita da <applet> em pixels
`id = nome`	Especifica um ID único para o elemento
`name = nome`	Especifica o nome desta instância da applet
`object = dados`	Especifica o nome de arquivo do código compilado a ser executado
`vspace = número`	Especifica a altura até o topo e parte inferior da <applet> em pixels
`width = número`	Especifica a largura da <applet> em pixels

<param> *(todos)*

`name = nome`	Especifica o nome do parâmetro
`type = tipo_MIME`	Define o tipo MIME do parâmetro
`value = string`	Define o valor do parâmetro

<area> *(todos)*

Usado para especificar coordenadas para uma área clicável ou hotspot em um mapa de imagem.

`accesskey = caracter_chave`	Define um atalho para esta área
`alt = texto`	Especifica texto alternativo para a área se a imagem não puder ser carregada
`coords = string`	Especifica uma lista de coordenadas para a área
`href = url`	Especifica a URL do alvo do hiperlink
`name = string`	Especifica um nome para o elemento que pode ser usado para identificá-lo
`nohref`	Especifica que não existe um documento associado à área
`notab`	Especifica que este elemento não faz parte da ordem de tabulação do documento
`shape = circ	circle	poly	polygon	rect	rectangle`	Define o formato de uma região
`tabindex = número`	Define a posição deste elemento na ordem de tabulação
`target = <nome_da_janela>	_parent	_blank	_top	_self`	Define o nome do frame ou janela que deve carregar o documento conectado

<b> *(todos)*

O conteúdo do elemento deve ser exibido em uma fonte em negrito.

\<base\>

Especifica a URL base para as conexões em um documento.

Suporta apenas os atributos listados na tabela a seguir.

href = url	Especifica a URL da base para as conexões deste documento
id = id	Especifica um identificador único para o elemento
target = \<nome_da_janela\> | _parent | _blank | _top | _self	Define o nome do frame ou janela que deve carregar o documento conectado

\<basefont\> Desatualizado (todos)

Especifica a fonte base a ser usada como padrão ao se exibir um documento.

Suporta apenas os atributos listados na tabela a seguir.

color = cor	Especifica a cor do texto neste elemento
face = nome_da_família_de_fontes	Especifica a família de fontes neste elemento
size = valor	Especifica o tamanho da fonte (obrigatório)

\<bdo\> (IE5+, N6+, FF1+)

Desliga o algoritmo de exibição bidirecional para fragmentos selecionados do texto.

dir = ltr | rtl	Especifica a família de fontes neste elemento

\<bgsound\> (IE apenas — IE3+)

Especifica uma cor de fundo ou arquivo de áudio a ser executado quando a página for carregada.

`loop = número`	Especifica o número de vezes que o arquivo de áudio deve ser executado (pode ser um valor inteiro ou a palavra chave infinite)
`src = url`	Especifica a URL do arquivo de áudio a ser executado

<big> (IE4+, N4+, FF1)

Exibe texto em um tamanho de fonte maior que o do seu elemento contêiner.

<blink> (Netscape/Firefox apenas — N3+, FF1+)

O conteúdo do elemento pisca. Netscape e Firefox apenas.

<blockquote> (todos)

O conteúdo do elemento é uma citação. Geralmente usado para uma citação de um parágrafo ou maior (caso contrário, use o elemento <q>).

cite = url	Especifica uma URL para a fonte da citação

<body> (todos)

Especifica o início e o final da seção do corpo de uma página.

`accesskey = caractere_chave`	Define um atalho para o
`alink = cor`	Especifica a cor de conexões ativas
`background = url`	Especifica uma imagem de fundo para ser usada como papel de parede do documento inteiro
`bgcolor = cor`	Especifica uma cor de fundo para o documento
`bgproperties = fixo`	A imagem não é rolada com o conteúdo do documento
`leftmargin = número`	Especifica uma margem em pixels para a esquerda do documento

link = cor	Especifica a cor das conexões não visitadas
onload = script manipulador de eventos	Especifica um script a ser executado quando a página é carregada
onunload = script manipulador de eventos	Especifica um script a ser executado quando a página é descarregada
text = cor	Especifica a cor do texto do documento
topmargin = número	Especifica uma margem em pixels para o topo do documento
vlink = cor	Especifica a cor das conexões visitadas

*
* *(todos)*

Insere uma quebra de linha.

Suporta apenas os atributos listados na tabela a seguir.

class = nome	Especifica uma classe para o elemento associá-la às regras em uma style sheet
clear = left | right | none |	Quebra o fluxo da página e passa a quebra para baixo all até que a margem especificada esteja limpa
id = id	Especifica um identificador único para este elemento
style = estilo	Especifica regras de estilo CSS para este elemento
title = string	Especifica um título para este elemento

<button> *(IE4+, N3+, FF1+)*

Cria um botão HTML. Qualquer marcação interna é usada como texto do botão.

accesskey = caractere_chave	Define um atalho para este
disabled = disabled	Desabilita o botão, evitando a intervenção do usuário

name = nome	Especifica um nome para o controle de formulário passado para a aplicação processando o formulário como parte do par nome/valor (obrigatório)
onblur = script	Especifica um script a ser executado quando o mouse se mover para fora do botão
onfocus = script	Especifica um script a ser executado quando o elemento ganha o foco
tabindex = número	Define a posição do elemento na ordem de tabulação
type = button | submit |	Especifica o tipo do botão reset
value = string	Especifica o valor do parâmetro enviado para a aplicação processadora como parte do par nome/valor (obrigatório)

<caption> (todos)

O conteúdo deste elemento especifica um texto a ser colocado próximo de uma tabela.

align = top|_ bottom | right | left	Para o IE isto especifica o alinhamento horizontal do texto; no Netscape configura uma posição vertical
valign = bottom | top	Especifica a posição vertical do texto

<center> Desatualizado (todos)

O conteúdo deste elemento (e seus elementos filhos) deve ser centralizado na página.

<cite> (todos)

O conteúdo do elemento é uma citação e tende a ser exibido em itálico.

<code> (todos)

O conteúdo do elemento é código e deve ser exibido em uma fonte de tamanho fixo.

`<col>` (IE3+, N4+, FF1+)

Especifica padrões baseados em colunas para uma tabela.

align = center | left | right | justify | char	Especifica o alinhamento da coluna
bgcolor = cor	Especifica a cor de fundo para a coluna
char = string	Especifica o caractere de alinhamento para texto dentro das células
charoff=string	Especifica o caractere de offset para o qual o caractere de alinhamento está configurado
span = número	Número de colunas afetadas pelo rótulo `<col>`
valign = bottom | top	Especifica o alinhamento vertical de conteúdo dentro do elemento
width = número	Especifica a largura da coluna em pixels

`<colgroup>` (IE3+, N4+, FF1+)

Usado para guardar um grupo de colunas.

align = center | left | right | justify | char	Especifica o alinhamento horizontal do conteúdo dentro da coluna
bgcolor = cor	Especifica a cor de fundo para o grupo de colunas
char = string	Especifica o caractere de alinhamento para o texto dentro das células
charoff = string	Especifica o caractere de offset para o qual o caractere de alinhamento está configurado
valign = bottom | top	Especifica o alinhamento vertical do conteúdo dentro do elemento
width = número	Especifica a largura do grupo de colunas em pixels

<comment> (IE4+ apenas)

O conteúdo é um comentário que não será exibido (IE4+ apenas – não faz parte de HTML ou XHTML).

Suporta apenas os atributos mostrados na tabela a seguir.

id = string	Especifica um identificador único para o elemento
Lang = tipo_de_linguagem	Especifica a linguagem do comentário
xml:lang = tipo_de_linguagem	Especifica a linguagem do comentário

<dd> (todos)

A definição de um item em uma lista de definições. Geralmente é indentado de outro texto.

<del> (IE4+, N6+, FF1+)

O conteúdo do elemento foi excluído de uma versão anterior do documento.

cite = url	Especifica uma URL para justificativa da exclusão
datetime = data	Especifica a data e o horário da exclusão

<dfn> (todos)

Define uma instância de um item.

<dir> Desatualizado (todos)

O conteúdo do elemento é exibido em uma lista de arquivo no estilo de diretórios

type = marcador	Especifica o tipo de marcador usado para exibir a lista

<li> (todos)

type = formato	Especifica o tipo de marcador usado para exibir o item da lista
value = número	Especifica o número do item da lista

<div> (todos)

Um elemento contêiner para guardar outros elemento, definindo uma seção de uma página. Este é um contêiner de nível de bloco.

align = center | left | right	Especifica o alinhamento do texto dentro do elemento <div>
nowrap = nowrap	Evita que a palavra passe para outra linha dentro deste elemento <div>

<dl> (todos)

Denotes uma lista de definições.

compact = compact	Torna a lista mais compacta verticalmente

<dt> (todos)

Denotes um termo de definição dentro de uma lista de definições.

<em> (todos)

O conteúdo do elemento é texto enfatizado e geralmente exibido em itálico.

<embed> (todos)

Insere documentos em uma página que requerem outra aplicação de suporte.

align = absbottom | absmiddle | baseline | bottom | left | middle | right | texttop | top	Especifica o alinhamento dentro do elemento contêiner
border = número	Especifica a largura em pixels da borda em torno do objeto interno
height = número	Especifica a altura em pixels do objeto interno
hidden = hidden	Especifica que o objeto interno deve ser escondido
hspace = número	Especifica a quantidade de espaço adicional a ser acrescentado à esquerda e à direita do objeto interno
name = nome	Especifica um nome para o objeto interno
palette=foreground | background	Configura cor de frente e fundo do objeto interno
pluginspage = url	Especifica a URL da página onde o plug-in associado ao objeto pode ser baixado
src = url	Especifica a URL dos dados a serem usados pelo objeto
type = tipo_MIME	Especifica o tipo MIME dos dados usados pelo objeto
units = en | ems | pixels	Configura unidades para atributos de altura e largura
vpsace = número	Especifica a quantidade de espaço adicional a ser acrescentado acima e abaixo do objeto interno
width = número	Especifica a largura em pixels do objeto interno

<fieldset> (IE4+, N6+, FF1+)

Cria uma caixa em torno dos elementos contidos indicando que eles são itens relacionados em um formulário.

align = center | left | right	Especifica o alinhamento do grupo de elementos
tabindex = número	Define a posição deste <fieldset> na ordem de tabulação

<font> Desatualizado *(todos)*

Especifica o tipo, tamanho e cor da fonte a ser usada para textos dentro do elemento.

`color = cor`	Especifica a cor do texto neste elemento
`face = lista_das_famílias_de_fontes`	Especifica a família de fontes a ser usada para o texto neste elemento
`size = valor`	Especifica o tamanho do texto usado neste elemento

<form> *(todos)*

Elemento contêiners para elementos e controles de formulário.

`accept-charset = lista`	Especifica uma lista de conjuntos de caracteres aceitos com os quais a aplicação processadora pode lidar
`action = url`	Especifica a URL da aplicação processadora que manipulará o formulário
`enctype = codificação`	Especifica o método de codificação para valores de formulário
`method = get	post`	Especifica como os dados são enviados do navegador para a aplicação processadora
`onreset = script`	Especifica um script que é executado quando os valores do formulário são reinicializados
`onsubmit = script`	Especifica um script que é executado antes que o formulário seja submetido
`target = <noem_da_janela>	_parent	_blank	_top	_self`	Define o nome do frame ou janela que deve carregar os resultados do formulário

<frame> *(todos)*

Especifica um frame dentro do frameset.

Suporta apenas os atributos listados na tabela a seguir.

[event_name] = script	Os eventos intrínsecos suportados pela maioria dos elementos
bordercolor = cor	Especifica a cor da borda do frame
class = nome	Especifica um nome de classe para associar estilos ao elemento
frameborder = no | yes | 0 | 1	Especifica a presença ou ausência de uma borda no frame
Id = string	Especifica um valor único para o elemento
lang = tipo_linguagem	Especifica a linguagem usada para o conteúdo do frame
longdesc = url	Especifica uma URL para descrição do conteúdo do frame
marginheight = número	Especifica a altura em pixels da margem do frame
marginwidth = número	Especifica a largura em pixel da margem da imagem
noresize = noresize	Especifica que o frame não pode ser redimensionado
scrolling = auto | yes | no	Especifica se o frame pode ter barras de rolagem se o conteúdo n]ao couber no espaço no navegador
style = style	Especifica regras de estilo CSS em linha
src = url	Especifica uma URL para a localização do conteúdo desse frame
title = title	Especifica um título para o frame

<noframes> (todos)

O conteúdo deste elemento deve ser exibido se o navegador não suportar frames.

<frameset> (todos)

Especifica um frameset contendo múltiplos frames (e possivelmente outros framesets aninhados). Este elemento substitui o elemento <body> elemento em um documento.

border = numero	Especifica a largura das bordas para cada frame do frameset
bordercolor = cor	Especifica a cor das bordas por frames no frameset

Continua

cols = list	Especifica o número de colunas no frameset, permitindo a você controlar a aparência do mesmo
frameborder = no | yes | 0 | 1	Especifica se as bordas estarão presentes nos frames deste frameset
framespacing = número	Especifica o espaço em pixels entre cada frame
onblur = script	Especifica um script a ser executado quando o mouse sai do frameset
onload = script	Especifica um script a ser executado quando o frameset é carregado
onunload = script	Especifica um script a ser executado quando o frameset é descarregado
rows = número	Especifica o número de linhas de um frameset permitindo a você controlar a aparência do mesmo

<head> (todos)

Elemento contêiner para informações de cabeçalho *sobre* o documento; seu conteúdo não será exibido no navegador.

Suporta apenas os atributos listados na tabela a seguir.

class = nome_da_classe	Especifica uma classe para associar regras de estilo a este elemento
dir = ltr | rtl	Especifica a direção do texto dentro deste elemento
Id = string	Especifica um identificador único para este elemento
lang = tipo_linguagem	Especifica a linguagem usada neste elemento
profile = url	Especifica uma URL para um perfil do documento
xml:lang = tipo_linguagem	Especifica a linguagem usada neste elemento

`<hn>` *(todos)*

Cabeçalhos de <h1> (maior) até <h6> (menor).

`align = left	center	right`	Especifica o alinhamento horizontal do cabeçalho dentro do seu elemento contêiner

`<hr />` *(todos)*

Cria uma régua horizontal pela página (ou elemento contêiner).
Suporta apenas os atributos listados na tabela a seguir.

`[event_name] = script`	Os eventos intrínsecos suportados pela maioria dos elementos
`align = center	left	right`	Especifica o alinhamento horizontal da régua
`class = nome_da_classe`	Especifica uma classe para o elemento associar com regras de uma style sheet
`color = cor`	Especifica a cor da régua horizontal
`dir = ltr	rtl`	Especifica a direção do texto
`id = string`	Especifica um identificador único para este elemento
`noshade = noshade`	Especifica que não deve haver um sombreamento 3D sobre a régua
`style = string`	Especifica regras de estilo CSS em linha para o elemento
`title = string`	Especifica um título para o elemento
`width = número`	Especifica a largura em pixels da régua ou como uma percentagem do elemento contêiner

`<html>` *(todos)*

Elemento contêiner para uma página HTML ou XHTML.

`class = nome_da_classe`	Especifica uma classe para o elemento associar com regras de uma style sheet
`dir = ltr	rtl`	Especifica a direção do texto dentro do elemento

Continua

`id = string`	Especifica um identificador único para este elemento
`lang = tipo_linguagem`	Especifica a linguagem usada neste elemento
`version = url`	Especifica a versão HTML usada no documento – substituído pela declaração DOCTYPE em XHTML
`xmlns = uri`	Especifica namespaces usandos em documentos XHTML
`xml:lang = tipo_linguagem`	Especifica a linguagem usada neste elemento

<i> (todos)

O conteúdo deste elemento deve ser exibido em itálico.

<iframe> (IE3+, N6+, FF1+)

Cria um frame flutuante em linha dentro de uma página.

`align = absbottom	absmiddle	baseline	bottom	top	left	middle	right	texttop	top`	Especifica o alinhamento do frame em relação a margens ou ao conteúdo ao seu redor
`frameborder = no	yes	0	1`	Especifica a presença de uma borda: 1 habilita bordas e 0 as desabilita
`height = número`	Especifica a altura em pixels do frame
`longdesc = url`	Especifica uma URL para uma descrição do conteúdo do frame
`Marginheight = número`	Especifica em pixels o espaço acima e abaixo do frame e do conteúdo ao seu redor
`marginwidth = número`	Especifica o espaço em pixels à esquerda e a direita do frame e do conteúdo ao seu redor
`scrolling = auto	yes	no`	Especifica se as barras de rolagem devem ser permitidas se o conteúdo for grande demais para o frame
`src = url`	Especifica a URL do arquivo a ser exibido no frame
`width = número`	Especifica a largura em pixels do frame

<img> (todos)

Insere uma imagem dentro de um documento.

`align = absbottom | absmiddle | baseline | bottom | top | left | middle | right | texttop | top`	Especifica o alinhamento da imagem em relação ao conteúdo ao redor da mesma
`alt = texto`	Especifica texto alternativo se a aplicação não conseguir carregar a imagem (obrigatório); também usado em dispositivos de acessibilidade
`border = número`	Especifica a largura em pixels da borda da imagem - você deve usar essa propriedade se a imagem for uma conexão para evitar que as bordas apareçam
`controls`	Exibe controles de playback para vídeo clipes (apenas IE3)
`dynsrc = url`	Especifica a URL de um vídeo clipe a ser exibido
`height = número`	Especifica a altura em pixels da imagem
`hspace = número`	Especifica a quantidade de espaço adicional a ser acrescentado à esquerda e à direita da imagem
`ismap = ismap`	Especifica se a imagem é um mapa de imagem no lado servidor
`longdesc = url`	Especifica uma URL para descrição do conteúdo da imagem
`loop = número`	Especifica o número de vezes que o vídeo deve ser executado; pode receber um valor igual a infinito
`lowsrc = url`	Especifica uma URL para uma versão com baixa resolução da imagem que pode ser exibida enquanto a imagem integral estiver sendo carregada
`name = nome`	Especifica um nome para o elemento
`onabort = script`	Especifica um script a ser executado se o carregamento da imagem for abortado
`onerror = script`	Especifica um script a ser executado se houver um erro durante o carregamento da imagem
`onload = script`	Especifica um script a ser executado quando a imagem tiver sido carregada

Continua

`src = url`	Especifica a URL da imagem
`start=fileopen mouseover_number`	Especifica quando executar um vídeo clipe
`usemap = url`	Especifica o mapa contendo as coordenadas e conexões que definem as conexões para a imagem (mapa de imagem no lado servidor)
`vspace = número`	Especifica a quantidade de espaço adicional a ser acrescentado acima e abaixo da imagem
`width = nome`	Especifica a largura da imagem

<input type="button"> (todos)

Cria um controle de entrada de formulário que é um botão que o usuário pode clicar.

`accesskey = caracter_chave`	Define um atalho para esta
`disabled = disabled`	Desabilita um atalho o botão, evitando a intervenção do usuário
`name = nome`	Especifica um nome pata o controle de formulário passado para a aplicação de processamento do formulário como parte do par nome/valor (obrigatório)
`notab = notab`	Especifica que este elemento não faz parte da ordem de tabulação do documento
`tabindex = número`	Define a posição do elemento na ordem de tabulação
`taborder = número`	Especifica a posição do elemento na ordem de tabulação
`value = string`	Especifica o valor do parâmetro enviado para aplicação processadora como parte do par nome/valor

<input type="checkbox"> (todos)

Cria um controle de entrada de formulário que é uma caixa de verificação que um usuário pode clicar.

`accesskey = caractere_chave`	Define um atalho para esta
`checked = checked`	Especifica que a caixa de verificação está marcada (pode ser usada para torná-la marcada como padrão)
`disabled = disabled`	Desabilita a caixa de verificação, evitando a intervenção do usuário
`name = nome`	Especifica um nome para o controle de formulário passado para a aplicação processadora do formulário como parte do par nome/valor (obrigatório)
`notab = notab`	Especifica que este elemento não faz parte da ordem de tabulação do documento
`readonly = readonly`	Evita que o usuário modifique seu conteúdo
`tabindex = número`	Define a posição deste elemento na ordem de tabulação
`taborder = número`	Especifica a posição deste elemento na ordem de tabulação
`value = string`	Especifica o valor do controle enviado para a aplicação processadora como parte do par nome/valor

<input type="file"> (todos)

Cria um controle de entrada de formulário que permite ao usuário selecionar um arquivo.

`accesskey = caractere_chave`	Define um atalho para esta
`disabled = disabled`	Desabilita o controle de envio de arquivos, impedindo a intervenção do usuário
`maxlength = número`	Número máximo de caracteres que o usuário pode digitar
`name = nome`	Especifica um nome para o controle de formulário passado para a aplicação processadora do formulário como parte do par nome/valor (obrigatório)
`notab = notab`	Especifica que este elemento não faz parte da ordem de tabulação do documento
`onblur = script`	Especifica um script a ser executado quando o mouse sair do controle

Continua

onchange = script	Especifica um script a ser executado quando o elemento mudar
onfocus = script	Especifica um script a ser executado quando o elemento receber o foco
readonly = readonly	Evita que o usuário modifique o conteúdo
size = número	Especifica o número de caracteres a serem exibidos para o elemento
tabindex = número	Define a posição deste elemento na ordem de tabulação
taborder = número	Especifica a posição deste elemento na ordem de tabulação
value = string	Especifica o valor do controle enviado para a aplicação processadora como parte do par nome/valor

<input type="hidden"> *(todos)*

Cria um controle de entrada de formulário, semelhante à entrada de texto, mas escondido da visão do usuário (embora o valor ainda possa ser visto se o usuário visualizar a fonte da página).

name = nome	Especifica um nome para o controle de formulário passado para a aplicação processadora do formulário como parte do par nome/valor (obrigatório)
value = string	Especifica o valor do controle enviado à aplicação processadora como parte do par nome/valor

<input type="image"> *(todos)*

Cria um controle de entrada de formulário como um botão ou controle de submissão, mas usa uma imagem em vez de um botão.

$accesskey = caractere-chave	Define um atalho para esta
align = center | left | right	Especifica o alinhamento da imagem

Continua

`alt = string`	Fornece um texto alternativo para a imagem
`border = número`	Especifica a largura da borda em pixels
`Disabled = disabled`	Desabilita o botão de imagens, evitando a intervenção do usuário
`name = nome`	Especifica um nome para o controle de formulário passado para a aplicação processadora do formulário como parte do par nome/valor (obrigatório)
`notab = notab`	Especifica que este elemento não faz parte da ordem de tabulação do documento
`src = url`	Especifica a fonte da imagem
`Readonly = readonly`	Evita que o usuário modifique o conteúdo
`tabindex = número`	Define a posição deste elemento na ordem de tabulação
`taborder = número`	Especifica a posição do elemento na ordem de tabulação
`value = string`	Especifica o valor do controle enviado para a aplicação processadora como parte do par nome/valor

<input type="password"> (todos)

Cria um controle de entrada de formulário que é como um controle de entrada de texto de linha única mas mostra asteriscos ou marcadores em vez de caracteres para evitar que outra pessoa veja os valores que um usuário tiver digitado. Este deve ser usado para informações sensíveis – embora você deva fazer com que os valores sejam passados para os servidores como texto simples. (Se você tiver informações, deve analisar tornar as submissões seguras usando uma técnica como SSL).

`accesskey = caractere_chave`	Define um atalho para esta
`disabled = disabled`	Desabilita a entrada de texto, evitando a intervenção do usuário
`maxlength = número`	Número máximo de caracteres que o usuário pode digitar

Continua

`name = nome`	Especifica um nome do formulário para o controle de formulário passado para a aplicação processadora de formulário como parte do par nome/valor (obrigatório)
`notab = notab`	Especifica que este elemento não faz parte da ordem de tabulação deste documento
`onblur = script`	Especifica um script a ser executado quando o mouse sair do elemento
`onchange = script`	Especifica um script a ser executado quando o valor do elemento muda
`onfocus = script`	Especifica um script a ser executado quando o elemento ganha o foco
`onselect = script`	Especifica um script a ser executado quando o usuário seleciona este elemento
`readonly = readonly`	Evita que o usuário modifique o conteúdo
`size = número`	Especifica a largura da entrada em número de caracteres
`tabindex = número`	Define a posição deste elemento na ordem de tabulação
`taborder = número`	Especifica a posição deste elemento na ordem de tabulação
`value = string`	Especifica o valor do controle enviado para a aplicação processadora como parte do par nome/valor

<input type="radio"> (todos)

Cria um controle de entrada de formulário que é um botão de rádio. Esses aparecem em grupos que compartilham o mesmo valor para o atributo nome e cria grupos de valores mutuamente exclusivos (apenas um dos botões de rádio do grupo pode ser selecionado).

`accesskey = caractere_chave`	Define um atalho para esta
`checked = checked`	Verifica se a condição padrão deste botão de rádio é marcada
`disabled = disabled`	Desabilita o botão de rádio, evitando a intervenção do usuário

Continua

`name = nome`	Especifica o controle de formulário passado para a aplicação processadora do formulário como parte do par nome/valor (obrigatório)
`notab = notab`	Especifica que este elemento não faz parte da ordem de tabulação do documento
`readonly = readonly`	Evita que o usuário modifique o conteúdo
`tabindex = número`	Define a posição deste elemento na ordem de tabulação
`taborder = número`	Especifica a posição deste elemento na ordem de tabulação
`value = string`	Especifica o valor do controle enviado para a aplicação processadora como parte do par nome/valor

<input type="reset"> (todos)

Cria um controle de entrada de formulário que é um botão para reinicializar os valores do formulário para os mesmos valores presentes quando o página foi carregada.

`accesskey = caractere_chave`	Define um atalho para esta
`disabled = disabled`	Desabilita o botão evitando a intevenção do usuário
`notab = notab`	Especifica que este elemento não faz parte da ordem de tabulação do documento
`tabindex = número`	Define a posição deste elemento na ordem de tabulação
`taborder = número`	Especifica a posição deste elemento na ordem de tabulação
`value = string`	Especifica o valor do controle enviado para a aplicação processadora como parte do par nome/valor

<input type="submit"> (todos)

Cria um controle de entrada de formulário que é um botão de submissão para enviar os valores do formulário para o servidor

`accesskey = caractere_chave`	Define um atalho para esta
`disabled = disabled`	Desabilita o botão, impedindo a intervenção do usuário
`name = nome`	Especifica o nome do controle de formulário passado para a aplicação processadora como parte do par nome/valor
`notab = notab`	Especifica que este elemento não faz parte da ordem de tabulação do documento
`tabindex = número`	Define a posição do elemento na ordem de tabulação
`taborder = número`	Especifica a posição do elemento na ordem de tabulação
`value = string`	Especifica o valor do controle enviado para a aplicação processadora como parte do par nome/valor

<input type="text"> (todos)

Cria um controle de entrada que é uma entrada de texto de linha única.

`accesskey = caractere_chave`	Define um atalho para esta
`disabled = disabled`	Desabilita a entrada de texto, evitando a intervenção do usuário
`maxlength = número`	Número máximo de caracteres que o usuário pode digitar
`name = nome`	Especifica um nome para o controle de formulário passado para a aplicação processadora do formulário como parte do par nome/valor (obrigatório)
`notab = notab`	Especifica que este elemento não faz parte da ordem de tabulação do documento
`onblur = script`	Especifica um script a ser executado quando o mouse sai do elemento
`onchange = script`	Especifica um script a ser executado quando o valor do elemento muda

`onfocus = script`	Especifica um script a ser executado quando o elemento recebe o foco
`onselect = script`	Especifica um script a ser executado quando o elemento é selecionado
`readonly = readonly`	Evita que o usuário modifique o conteúdo
`size = número`	Especifica a largura do controle em caracteres
`tabindex = número`	Define a posição do elemento na ordem de tabulação
`taborder = número`	Especifica a posição do elemento na ordem de tabulação
`value = string`	Especifica o valor do controle enviado para a aplicação processadora como parte do par nome / valor

<ins> (IE4+, N6+, FF1+)

O conteúdo do elemento foi adicionado desde uma versão anterior do documento.

`cite = url`	Especifica uma URL indicando por quê o conteúdo que foi adicionado
`datetime = date`	Especifica a data e o horário da adição do conteúdo

<isindex> Desatualizado (todos)

Identifica um índice pesquisável.

Apenas os atributos listados na tabela a seguir são suportados.

`accesskey = caractere_chave`	Define um atalho para esta
`action = url`	IE especifica apenas a URL da aplicação de pesquisa
`class = nome_da_classe`	Especifica uma classe para o elemento associá-la com regras em uma style sheet
`dir = ltr  |  rtl`	Especifica a direção do texto dentro do elemento

Continua

`id = string`	Especifica um identificador único para este elemento
`lang = tipo_de_linguagem`	Especifica a linguagem usada neste elemento
`prompt = string`	Especifica um prompt alternativo para a entrada do campo
`style = string`	Especifica regras de estilo CSS em linha para o elemento
`tabindex = número`	Define a posição deste elemento na ordem de tabulação
`title = string`	Especifica um título para o elemento
`xml:lang = tipo_de_linguagem`	Especifica a linguagem usada neste elemento

<kbd> (todos)

O conteúdo do elemento é algo que deve ser digitado em um teclado e é exibido em uma fonte de largura fixa.

<keygen> (apenas Netscape, N3+)

Usado para gerar material chave na página – material chave se referindo a chaves de criptografia para segurança.

Recebe apenas os atributos listados na tabela a seguir.

`challenge = string`	Fornece uma string de desafio para ser colocado no pacote com a chave
`class = nome_da_classe`	Especifica uma classe para o elemento associar com as regras de uma style sheet
`id = string`	Especifica um identificador único para este elemento
`name = string`	Especifica um nome para o elemento

<label> (IE4+, N6+, FF1+)

O conteúdo do ele é usado como rótulo para um elemento de formulário.

`accesskey = caractere_chave`	Define um atalho para esta
`for = nome`	Especifica o valor do atributo id para o elemento para o qual é rótulo
`onblur = script`	Especifica um script a ser executado quando o mouse sai do rótulo
`onfocus = script`	Especifica um script a ser executado quando o rótulo recebe o foco

<layer> (Netscape apenas, N4+)

Define uma área de uma página que pode armazenar uma página diferente. Específico do Netscape; não coberta neste livro.

`above = nome`	Posiciona esta camada acima da camada mencionada
`background = url`	Especifica a URL de uma imagem de fundo para a camada
`below = nome`	Posiciona esta camada abaixo da camada mencionada
`bgcolor = cor`	Estabelece a cor de fundo para a camada
`clip = número , número,`	Especifica a região de corte da camada número, número]
`left = número`	Especifica a posição do limite esquerdo da camada a partir do documento ou camada contêiner
`Name = nome`	Especifica o nome da camada
`src = url`	Especifica outro documento como o conteúdo da camada
`top = número`	Especifica a posição da camada a partir do topo do documento ou camada contêiner
`visibility=show | hide |`	Especifica se a camada deve ficar visível inherit
`width = número`	Especifica a largura da camada em pixels
`z-index = número`	Especifica a ordem de empilhamento da camada

<legend> (IE4+, N6+, FF1+)

O conteúdo deste elemento é o título próximo a ser colocado em um <fieldset>.

accesskey = caractere_chave	Define um atalho para esta
align = top | left | bottom | righ	Especifica a posição da legenda em relação ao fieldset

<li>(todos)

O conteúdo deste elemento é um item de uma lista. O elemento é chamado de item de linha. Para conhecer os atributos apropriados, veja o elemento pai deste tipo de lista (<ul>, <ol>, <menu>).

type = tipo_de_marcador	Especifica o tipo de marcador usado para exibir os itens de lista.
value = número	Especifica o número com o qual a lista começará

<link> (todos)

Define uma conexão entre o documento e outra fonte. Muitas vezes usado para incluir style sheets em documentos.

Recebe apenas os atributos listados na tabela a seguir.

charset = conjunto_de_caracteres	Especifica um conjunto de caracteres usado para codificar o arquivo conectado
href = url	Especifica a URL do arquivo conectado
hreflang = tipo_de_linguagem	Especifica a codificação de linguagem para o alvo da conexão
media = lista	Tipos de mídia para as quais o documento é feito
rel = same | next | parent | previous | string	Indica o relacionamento do documento com o documento alvo
rev = relação	Indica o relacionamento inverso do documento alvo com este
type = tipo	Especifica o tipo MIME do documento ao qual se conecta

\<listing\> Desatualizado (IE3+)

O conteúdo deste elemento é exibido com uma fonte de tamanho fixo.

\<map\> (todos)

Cria um mapa de imagem no lado cliente e especifica um conjunto de áreas clicáveis.

name = string	Nome do mapa (obrigatório)

\<marquee\> (IE only, IE3+)

Cria um texto rolante (IE3+ apenas).

accesskey = caractere_chave	Define um atalho para esta
align = top | middle | bottom	Posiciona o texto em relação ao conteúdo ao seu redor
behavior = alternate | scroll | side	Especifica a ação ou comportamento do texto
bgcolor = cor	Especifica a cor de fundo do texto
direction = down | left | up | right	Especifica a direção na qual o texto rola
height = número	Especifica a altura da área do texto em pixel
hspace = número	Especifica a quantidade de espaço adicional a ser acrescentado à esquerda e à direita da área do texto
id = string	Especifica um identificador único para este elemento
loop = número	Especifica o número de vezes que o laço é executado ou pode ter a palavra chave infinito
scrollamount = número	Especifica o número de pixels movido a cada vez que o texto rola
scrolldelay = número	Especifica o tempo de espera em milissegundos a cada movimento de rolagem
tabindex = número	Define a posição deste elemento na ordem de tabulação
vspace = número	Especifica a quantidade de espaço adicional a ser acrescentado acima e abaixo da área do texto
width = número	Especifica a largura da área de texto em pixels

<menu> Desatualizado (todos)

Exibe os elementos filhos como itens individuais. Substituído por listas (<ol> e <ul>). Desatualizado em HTML 4.01.

<li> (todos)

type = tipo_de_marcador	Especifica o tipo de marcador usado para exibir os itens da lista

<meta> (todos)

Possibilita informações sobre o documento ou instruções para o navegador; estas não são exibidas para o usuário.

Recebe apenas os atributos listados na tabela a seguir.

charset = conjunto_de_caracteres	Especifica um conjunto de caracteres usado para codificar o documento
content= meta_conteúdo	Especifica o valor das meta-informações
dir = ltr | rtl	Especifica a direção do texto dentro do elemento
http-equiv = string	Especifica o nome equivalente HTTP para a meta-informação; faz com que o servidor inclua o nome e o conteúdo no cabeçalho HTTP
lang = tipo_de_linguagem	Especifica o tipo da linguagem usada neste elemento
name = string	Especifica o nome da meta-informação
scheme = esquema	Especifica o esquema de perfil usado para interpretar a propriedade
xml:lang = tipo_de_linguagem	Especifica a linguagem usada neste elemento

<multicol> (N3, N4 apenas)

Usada para definir formatação multi-colunas. (Netscape 3 e 4 apenas — não é parte da XHTML.)

cols = número	Especifica o número de colunas
gutter = número	Especifica o tamanho do espaço entre colunas em pixels
width = número	Especifica a largura das colunas em pixels

<nextid> (não suportada em navegadores)

Usada para especificar identificadores que teriam sido usados por software de edição de HTML de modo que soubesse a ID do próximo documento de uma série de documentos (era parte da especificação HTML 2.0 apenas, não implementada por navegadores.)

Recebe apenas o atributo listado na tabela a seguir.

n = string	Estabelece o número da próxima id

<nobr> (todos)

Significa "no break" (sem quebras de linha) e evita que o conteúdo do elemento seja passado para uma nova linha.

<noembed> (N2, N3, N4)

O conteúdo do elemento é exibido por navegadores que não suportam elementos >embed> ou a aplicação de visualização necessária.

<noframes> (todos)

O conteúdo do elemento é exibido por navegadores que não suportam frames.

<nolayer> (N4+ apenas)

O conteúdo do elemento é exibido por navegadores que não suportam camadas.

<noscript> (todos)

O conteúdo do elemento é exibido por navegadores que não suportam o script. A maioria dos navegadores também exibirá esse conteúdo se os scripts estiverem desabilitados.

<object> (IE3+, N6+, FF1+)

Adiciona um objeto ou controle não HTML à página. Será a forma padrão de incluir imagens no futuro.

`align = absbottom | absmiddle | baseline | bottom | left | middle | right | texttop | top`	Especifica a posição de um objeto em relação ao texto ao seu redor
`archive = url`	Especifica uma lista de URLs para arquivos ou fontes usadas pelo objeto
`border = número`	Especifica a largura da borda em pixels
`classid = url`	Especifica a URL para o objeto
`codebase = url`	Especifica a URL do código necessário para executar o objeto
`codetype = tipo_MIME`	Especifica o tipo MIME do código base
`data = url`	Especifica os dados para o objeto
`declare`	Declara um objeto sem instanciá-lo
`height = número`	Especifica a altura do objeto em pixels
`hspace = número`	Especifica a quantidade de espaço adicional a ser acrescentado à esquerda e à direita do objeto interno
`name = nome`	Especifica um nome para o objeto
`notab = notab`	Especifica que este elemento não faz parte da ordem de tabulação do documento
`shapes = shapes`	Especifica que o objeto tem hiperlinks com formas
`standby = string`	Define uma mensagem para ser exibida enquanto o objeto está sendo carregado
`tabindex = número`	Define a posição deste elemento na ordem de tabulação
`type = tipo_MIME`	Especifica o tipo MIME para os dados do objeto

Continua

`usemap = url`	Define um mapa de imagem para uso com o objeto
`vspace = número`	Especifica a quantidade de espaço adicional a ser acrescentado acima e abaixo do objeto interno
`width = número`	Especifica a largura do objeto em pixels

<param> (IE3+, N6+, FF1+)

Usado como filho de <object> para configurar propriedades do objeto.

`id = id`	Especifica uma ID única para este parâmetro
`name = nome`	Especifica um nome para o parâmetro
`type = tipo_MIME`	Especifica o tipo MIME para o parâmetro
`value = string`	Especifica um valor para o parâmetro
`valuetype = tipo`	Especifica o tipo do atributo value

<ol> (todos)

Cria uma lista ordenada ou numerada.

`compact = compact`	Tenta tornar a lista mais compacta verticalmente
`start = número`	Especifica o número com o qual a lista deve começar
`type = tipo_de_marcador`	Especifica o tipo de marcador usando para exibir os itens da lista

<li> (todos)

`type = tipo_de_marcador`	Especifica o tipo de marcador usado para exibir os itens da lista
`value = número`	Especifica o número do item da lista

\<optgroup\> (IE6+, N6+, FF1+)

Usado para agrupar elementos <option> em uma caixa de seleção.

disabled = disabled	Desabilita o grupo, impedindo a intervenção do usuário
label = string	Especifica um rótulo para o grupo de opções

\<option\> (todos)

Contém uma escolha em uma lista drop-down ou caixa de seleção.

disabled = disabled	Desabilita a opção, impedindo a intervenção do usuário
label = string	Especifica um rótulo para a opção
selected = selected	Indica que a opção deve ser selecionada como padrão quando a página for carregada
value = string	Especifica o valor desta opção no controle de formulário enviado para a aplicação processadora como parte do par nome/valor

\<p\> (todos)

O conteúdo deste elemento é um parágrafo.

align = center | left | right	Especifica o alinhamento do texto dentro do parágrafo

\<param\>

Usado como filho de um elemento <object> ou <applet> para configurar propriedades do objeto. Veja detalhes nos elementos <object> ou <applet>.

\<plaintext\> Desatualizado (IE3+, N2, N3, N4)

Exibe o conteúdo do elemento sem formatação (Desatualizado em HTML 3.2).

<pre> (todos)

O conteúdo deste elemento é exibido em um tipo de tamanho fixo que retém a formatação (como os espaços e quebras de linha) do código.

width = número	Especifica a largura da área pré-formatada em pixels

<q> (IE4+, N6+, FF1+)

O conteúdo do elemento é uma citação curta.

cite = url	Especifica a URL do conteúdo da citação em questão

<s> Desatualizado (todos)

O conteúdo do elemento deve ser exibido como texto riscado.

<samp> (todos)

O conteúdo do elemento é uma listagem de código de exemplo. Geralmente exibido com uma fonte de tamanho fixo e menor.

<script> (todos)

O conteúdo do elemento é um código de script que o navegador deve executar.

charset = codificação	Especifica um conjunto de caracteres usado para codificar o script
Defer = defer	Adia a execução do script
language = nome	Especifica a linguagem usada neste elemento
src = url	URL da localização do arquivo de script
type = codificação	Especifica o tipo MIME do script

<select> *(todos)*

Cria uma caixa de lista drop-down ou de seleção.

`disabled = disabled`	Desabilita a caixa de seleção, impedindo a intervenção do usuário
`Multiple = multiple`	Permite a seleção de múltiplos itens da lista
`name = nome`	Especifica um nome para o controle de formulário passado para a aplicação processadora do formulário como parte do par nome/valor (obrigatório)
`onblur = script`	Especifica um script a ser executado quando o mouse sair do controle
`onchange = script`	Especifica um script a ser executado quando o valor do elemento mudar
`onfocus = script`	Especifica um script a ser executado quando o elemento receber o foco
`size = número`	Especifica o número de itens que podem aparecer de cada vez
`tabindex = número`	Define a posição deste elemento na ordem de tabulação

<small> *(todos)*

O conteúdo deste elemento deve ser exibido em uma fonte menor do que a do seu elemento contêiner.

<span> *(todos)*

Usado como elemento agrupador de elementos em linha (em contraste com elementos de nível de bloco); também permite a definição de atributos não padrão para o texto de uma página.

<strike> Desatualizado *(todos)*

O conteúdo deste elemento deve ser exibido com texto riscado.

\<strong\> (todos)

O conteúdo deste elemento possui ênfase e deve ser exibido em um tipo em negrito.

\<style\> (IE3+, N4+, FF1+)

Contém regras de estilo CSS que se aplicam à essa página.

\<sub\> (todos)

O conteúdo deste elemento é exibido como subscrito.

\<sup\> (todos)

O conteúdo deste elemento é exibido como superescrito.

\<table\> (todos)

Cria uma tabela.

align = center | left | right	Especifica o alinhamento da tabela dentro do seu conteúdo
background = url	Especifica uma URL para a imagem de fundo
bgcolor = cor	Especifica uma cor de fundo para a tabela
border = número	Especifica a largura da borda em pixels
bordercolor = cor	Especifica a cor da borda
bordercolordark = cor	Especifica a cor mais escura da borda
bordercolorlight = cor	Especifica a cor mais clara da borda
cellpadding = número	Especifica a distância entre a borda e o seu conteúdo em pixels
cellspacing = número	Especifica a distância em pixels entre as células
cols = número	Especifica o número de colunas da tabela

Continua

frame = above | below | border | box | hsides | lhs | rhs | void | vsides	Define onde as bordas são exibidas
height = número	Especifica a altura da tabela em pixels
hspace = número	Especifica a quantidade de espaço adicional a ser acrescentado à esquerda e à direita da tabela
nowrap = nowrap	Impede que o conteúdo da tabela seja passado para uma nova linha
rules = all | cols | groups | none | rows	Especifica onde os divisores internos são desenhados
summary = string	Oferece uma descrição resumida da tabela
valign = bottom | top	Especifica o alinhamento do conteúdo da tabela
vspace = número	Especifica a quantidade de espaço adicional a ser acrescentado acima e abaixo da tabela
width = número	Especifica a largura da tabela em pixels

<tbody> (IE3+, N6+, FF1+)

Denota a seção do corpo de uma tabela.

align = center | left | right	Especifica o alinhamento do conteúdo do corpo da tabela
char = string	Especifica um caracter offset para alinhamento
charoff = string	Especifica o deslocamento dentro das células com relação à posição do alinhamento
valign = bottom | top	Especifica o alinhamento vertical do conteúdo do corpo da tabela
width = número	Especifica a largura do corpo da tabela em pixels

<td> (todos)

Cria uma célula de uma tabela

`abbr = string`	Especifica uma abreviação para o conteúdo da célula
`align = center	left	right`	Especifica o alinhamento do conteúdo da célula
`axis = string`	Especifica um nome para um grupo relacionado de células
`background = url`	Especifica uma URL para uma imagem de fundo da célula
`bgcolor = cor`	Especifica a cor de fundo da célula
`border = número`	Especifica a largura da borda da célula em pixels
`bordercolor = cor`	Especifica a cor da borda da célula
`bordercolordark= cor`	Especifica a cor escura da borda de célula
`bordercolorlight= cor`	Especifica a cor clara da borda da célula
`char = string`	Especifica o caracter de alinhamento da célula
`charoff = string`	Especifica o deslocamento do caractere de alinhamento da célula
`colspan = número`	Especifica o número de colunas que esta célula ocupa
`headers = string`	Especifica os nomes das células de cabeçalho associadas a esta célula
`height = número`	Especifica a altura em pixels da célula
`nowrap = nowrap`	Evita que o conteúdo da célula passe para uma nova linha
`rowspan = número`	Especifica o número de linhas que a célula ocupa
`scope = row	col	rowgroup	colgroup`	Especifica o escopo de uma célula de cabeçalho
`valign = bottom	top`	Especifica o alinhamento vertical do conteúdo da célula
`width = número`	Especifica a largura da célula em pixels

<textarea> (todos)

Cria um controle de entrada de texto de múltiplas linha em um formulário.

`accesskey= caractere_chave`	Define um atalho para este controle de formulário
`cols = número`	Especifica o número de colunas de caracteres que a área de texto deve ter (a largura em caracteres)
`disabled = disabled`	Desabilita a área de texto, impedindo a intervenção do usuário
`name = string`	Especifica um nome para o controle de formulário passado para a aplicação processadora como parte do par nome/valor (obrigatório)
`onblur = script`	Especifica um script a ser executado quando o mouse sair da área de texto
`onchange = script`	Especifica um script a ser executado quando o valor do elemento mudar
`onfocus = script`	Especifica um script a ser executado quando o elemento receber o foco
`onselect = script`	Especifica um script a ser executado quando a área de texto for selecionada
`readonly = readonly`	Evita que o usuário modifique o conteúdo
`rows = número`	Especifica o número de linhas de texto que deve aparecer na área de texto sem que a barra de rolagem apareça
`tabindex = número`	Define a posição deste elemento na ordem de tabulação
`wrap = physical _ vertical _ off`	Especifica se o texto de uma área de texto deve passar para a próxima linha ou continuar na mesma linha quando a largura da área de texto for atingida

<tfoot> (IE3+, N6+, FF1+)

Denota linha ou linhas de uma tabela a serem usadas como rodapé da mesma.

`align = center	left	right`	Especifica o alinhamento do conteúdo do rodapé da tabela
`char = string`	Especifica um caracter de deslocamento para o alinhamento

Continua

`charoff = string`	Especifica o deslocamento dentro das células da posição do alinhamento
`valign = bottom | top`	Especifica o alinhamento vertical do conteúdo do rodapé da tabela
`width = número`	Especifica a largura do corpo da tabela em pixels

<thead> (IE3+, N6+, FF1+)

Denota linha ou linhas de uma tabela a serem usadas como o cabeçalho da mesma.

`align = center | left | right`	Especifica o alinhamento do conteúdo do cabeçalho da tabela
`char = string`	Especifica um caractere de deslocamento para alinhamento
`charoff = string`	Especifica o deslocamento dentro das células da posição de alinhamento
`valign = bottom | top`	Especifica o alinhamento vertical do conteúdo no cabeçalho da tabela
`width = número`	Especifica a largura do corpo da tabela em pixels

<th> (todos)

Denota uma célula de cabeçalho de uma tabela. Por padrão, o conteúdo muitas vezes é mostrado em negrito.

`abbr = string`	Especifica uma abreviação para o conteúdo da célula
`align = center | left | right`	Especifica o alinhamento do conteúdo da célula
`axis = string`	Especifica um nome para um grupo de células relacionadas
`background = url`	Especifica uma URL para uma imagem de fundo para a célula
`bgcolor = cor`	Especifica a cor de fundo da célula

Continua

`border = número`	Especifica a largura da borda da célula em pixels
`bordercolor = cor`	Especifica a cor da borda da célula
`bordercolordark= cor`	Especifica a cor escura da borda da célula
`bordercolorlight= cor`	Especifica a cor clara da borda da célula
`char = string`	Especifica o caractere de alinhamento da célula
`charoff = string`	Especifica o deslocamento do caractere de alinhamento da célula
`colspan = número`	Especifica o número de colunas que esta célula ocupa
`headers = string`	Especifica os nomes das células de cabeçalho associadas a esta célula
`height = número`	Especifica a altura da célula em pixels
`nowrap`	Evita que o conteúdo da célula passe para a próxima linha
`rowspan = número`	Especifica o número de linhas que a célula ocupa
`scope = row	col	rowgroup	colgroup`	Especifica o escopo de uma célula de cabeçalho
`valign = bottom	top`	Especifica o alinhamento vertical do conteúdo da célula
`width = número`	Especifica a largura da célula em pixels

<title> (todos)

O conteúdo deste elemento é o título do documento e geralmente será exibido na barra superior de título do navegador; ele pode ficar apenas no cabeçalho da página. Suporta apenas os atributos listados na tabela a seguir.

`dir = ltr	rtl`	Especifica a direção do texto dentro do elemento
`id = string`	Especifica um identificador único para este elemento
`lang = tipo_de_linguagem`	Especifica a linguagem usada neste elemento
`xml:lang = tipo_de_linguagem`	Especifica a linguagem usada neste elemento

\<tr\> *(todos)*

Denota uma linha de uma tabela.

`align = center	left	right`	Especifica o alinhamento do conteúdo da linha
`background = url`	Especifica uma URL para uma imagem de fundo da linha
`bgcolor = cor`	Especifica a cor de fundo da linha
`border = número`	Especifica a largura em pixels da borda das linhas
`bordercolor = cor`	Especifica a cor da borda da linha
`bordercolordark= cor`	Especifica a cor escura da borda da linha
`bordercolorlight= cor`	Especifica a cor clara da borda da linha
`char = string`	Especifica o caractere de alinhamento da linha
`charoff = string`	Especifica o deslocamento do caracter de alinhamento da linha
`nowrap = nowrap`	Evita que o conteúdo da célula passe para a próxima linha
`valign = bottom	top`	Especifica o alinhamento vertical do conteúdo da célula

\<tt\> *(todos)*

O conteúdo deste elemento é exibido com uma fonte de tamanho fixo, como se fosse um dispositivo de teletipo.

\<u\> *(todos)*

O conteúdo deste elemento é exibido com texto sublinhado (Desatualizado em HTML 4.01).

\<ul\> *(todos)*

Cria uma lista não ordenada.

compact = compact	Tenta tornar a lista seja mais compacta verticalmente
type = tipo_de_marcador	Especifica o tipo de marcador usado para exibir os itens da lista

<li> (todos)

type = tipo_de_marcador	Especifica o tipo de marcador usado para exibir os itens da lista
value = número	Especifica o número do item da lista

<var> (IE3+, N6+, FF1+)

O conteúdo deste elemento é uma variável de programação e geralmente é exibido com uma fonte pequena e de tamanho fixo.

<wbr> (IE3, N2, N3, N4)

Cria uma quebra de linha suave dentro de um elemento <nobr>.

<xmp> Desatualizado (todos)

O conteúdo deste elemento é exibido em um tipo de tamanho fixo, para exemplos ou códigos de exemplo. Substituído por elementos <pre> e <samp>.

C

Propriedades CSS

Este apêndice é uma referência às principais propriedades CSS que você usará para controlar a aparência dos seus documentos.

Para cada propriedade coberta, você primeiro verá uma breve descrição da mesma e a seguir um exemplo do seu uso. Depois, as tabelas à esquerda mostram os valores possíveis que a propriedade pode receber, junto com as primeiras versões do IE, Netscape e Firefox que as suportam.

A tabela à direita indica se a propriedade pode ser herdada, qual o valor padrão para a mesma e a quais elementos ela se aplica.

No final do apêndice estão unidades de medida.

Embora o Netscape e o Firefox suportem o valor inherit de muitas propriedades, se ele não for capaz de configurar a propriedade com algum outro valor em primeiro lugar, então esse valor é de pouca utilidade.

> As tabelas indicando qual versão de navegador suportaram um valor são baseadas na plataforma Windows. O Internet Explorer 5 em um Mac possui suporte notadamente melhor para muitas das propriedades do que suas contrapartidas para Windows.

Propriedades de Fontes

As propriedades de fontes permitem a você alterar a aparência de um tipo de fonte.

fonte

Permite a você configurar diversas propriedades de fontes ao mesmo tempo, separadas por espaço. Você pode especificar font-size, line-height, font-family, font-style, font-variant e font-weight nest a propriedade.

```
font {color:#ff0000; arial, verdana, sans-serif; 12pt;}
```

Valor	IE	N	FF
[font-family]	3	4	1
[font-size]	3	4	1
[font-style]	3	4	1
[font-variant]	4	6	1
[font-weight]	3	4	1
[line-height]	3	4	1
inherit	-	6	1

Herdada	Sim
Padrão	n/a
Aplica-se a	Todos os elementos

font-family

Permite a você especificar os tipos de fontes que quer usar. Pode receber múltiplos valores separados por vírgulas, começando com sua primeira preferência, a seguir sua segunda preferência e terminando com uma família de fontes genérica (serif, sans-serif, cursive, fantasy ou monospace).

p {font-family:arial, verdana, sans-serif;}

Valor	IE	N	FF
[família genérica]	3	4	1
[família específica]	3	4	1
inherit	-	6	1

Herdada	Sim
Padrão	Estabelecido por navegador
Aplica-se a	Todos os elementos

font-size

Permite a você especificar um tamanho de fonte. A propriedade font-size possui seus próprios valores específicos:

- **Valores absolutos:** xx-small, x-small, small, medium, large, x-large, xx-large
- **Tamanhos relativos:** larger, smaller
- **Porcentagem:** Porcentagem da fonte mãe
- **Comprimento:** Uma unidade de medida (conforme descrito no final do apêndice)

Valor	IE	N	FF
[absolute size]	3	4	1
[relative relativo]	4	4	1
[percent]	3	4	1
[length]	3	4	1
inherit	-	6	1

Herdada	Sim
Padrão	medium
Aplica-se a	Todos os elementos

font-size-adjust

Permite a você ajustar o valor do aspecto de uma fonte, que é a taxa entre a altura de uma letra minúscula x na fonte e a altura da fonte.

`{font-size-adjust:0.5;}`

Valor	IE	N	FF
[number]	-	-	-
none	-	-	-
inherit	-	6	1

Herdada	Sim
Padrão	Específico da fonte
Aplica-se a	Todos os elementos

font-stretch

Permite a você especificar a largura das letras em uma fonte (não o tamanho entre elas).

- **Valores relativos:** normal, wider, narrower
- **Valores fixos:** ultra-condensed, extra-condensed, condensed, semi-condensed, semi-expanded, expanded, extra-expanded, ultra-expanded

`p {font-family:courier; font-stretch:semi-condensed;}`

Valor	IE	N	FF
[relative]	-	-	-
[fixed]	-	-	-
inherit	-	6	1

Herdada	Sim
Padrão	Específico da fonte
Aplica-se a	Todos os elementos

font-style

Aplica estilos a uma fonte. Se a versão especificada da fonte estiver disponível, será usada; caso contrário, o navegador a exibirá.

```
p {font-style:italic;}
```

Valor	IE	N	FF
normal	3	4	1
italic	3	4	1
oblique	4	6	1
inherit	-	6	1

Herdada	Sim
Padrão	normal
Aplica-se a	Todos os elementos

font-variant

Cria letras maiúsculas que têm o mesmo tamanho de letras minúsculas normais.

Valor	IE	N	FF
normal	4	6	1
small-caps	4	6	1
inherit	-	6	1

Herdada	Sim
Padrão	normal
Aplica-se a	Todos os elementos

font-weight

Especifica a espessura do texto.

- **Valores absolutos:** normal, bold
- **valores relativos:** bolder, lighter
- **valor numérico:** Entre 0 e 100

```
p {font-weight:bold;}
```

Valor	IE	N	FF
[absolute]	3	4	1
[relative]	4	6	1
[number 1-100]	4	6	1
inherit	-	6	1

Herdada	Sim
Padrão	normal
Aplica-se a	Todos os elementos

Propriedades de Texto

Propriedades de texto alteram a aparência do texto em geral (ao contrário da fonte).

letter-spacing

Especifica a distância entre letras como uma unidade de comprimento.

```
p {letter-spacing:1em;}
```

Valor	IE	N	FF
[length]	4	6	1
normal	4	6	1
inherit	-	6	1

Herdada	Sim
Padrão	normal
Aplica-se a	Todos os elementos

text-align

Especifica se o texto é alinhado à esquerda, à direita, centralizado ou justificado.

Valor	IE	N	FF
left	3	4	1
right	3	4	1
center	3	4	1
Justify	4	4	1
inherit	-	6	1

Herdada	Sim
Padrão	Depende do elemento e agente do usuário (geralmente left, exceto para elementos <th>, que são center).
Aplica-se a	Todos os elementos

text-decoration

Especifica se o texto deve ter aparência subscrita, superescrita, riscada ou piscante.

```
p {text-decoration:underline;}
```

Valor	IE	N	FF
none	3	4	1
underline	3	4	1
overline	4	6	1
line-through	3	4	1
blink	-	4	1
inherit	-	6	1

Herdada	Não
Padrão	none
Aplica-se a	Todos os elementos

text-indent

Especifica a indentação em comprimento ou como porcentagem do comprimento do elemento pai.

```
p {text-indent:3em;}
```

Valor	IE	N	FF
[length]	4	4	1
[percentage]	4	4	1
inherit	-	6	1

Herdada	Sim
Padrão	zero
Aplica-se a	Elementos de bloco

text-shadow

Cria uma sombra para o texto. Deve receber três comprimentos; os dois primeiros especificam coordenadas X e Y para o deslocamento da sombra, enquanto que o terceiro especifica um efeito de difusão. Isso é seguido por uma cor, que pode ser um nome ou um valor hexadecimal.

```
.dropShadow {text-shadow: 0.3em 0.3em 0.5em black}
```

Valor	IE	N	FF
[shadow effects]	-	-	-
none	-	-	-
inherit	-	6	1

Herdada	Não
Padrão	none
Aplica-se a	Todos os elementos

text-transform

Especifica se o texto de um elemento ficará em maiúsculas ou minúsculas:

❑ **none:** Remove configurações herdadas.

❑ **uppercase:** Todos os caracteres ficam em maiúsculas.

❑ **lowercase:** Todos os caracteres ficam em minúsculas.

❑ **Capitalize:** A primeira letra de cada palavra fica em maiúscula.

```
p {text-transform:uppercase;}
```

Valor	IE	N	FF
none	4	4	1
uppercase	4	4	1
lowercase	4	4	1
capitalize	4	4	1
inherit	-	6	1

Herdada	Sim
Default	none
Aplica-se a	Todos os elementos

white-space

Indica como se deve lidar com os espaços em branco:

- **normal:** Os espaços em branco devem ser apagados.
- **pre:** Os espaços em branco devem ser preservados.
- **nowrap:** O texto não deve passar para uma nova linha exceto com o elemento <br />.

```
p {white-space:pre;}
```

Valor	IE	N	FF
normal	5.5	4	1
pre	5.5	4	1
nowrap	5.5	6	1
inherit	-	6	1

Herdada	Sim
Padrão	normal
Aplica-se a	Elementos de bloco

word-spacing

Especifica o espaçamento entre palavras:

```
p {word-spacing:2em;}
```

Valor	IE	N	FF
normal	6	6	1
[length]	6	6	1
inherit	-	6	1

Herdada	Sim
Padrão	normal
Aplica-se a	Todos os elementos

Propriedades de Cores e Cores de Fundo

As propriedades a seguir permitem a você alterar as cores e cores de fundo tanto da página quando de outras caixas.

background

Este é um atalho para especificar propriedades de cores de fundo para color, url, repeat, scroll e position; separadas por um espaço. Por padrão, o fundo é transparente.

`body {background: #efefef url(images/background.gif); }` **Inherited** No

Valor	IE	N	FF
[background-attachment]	4	6	1
[background-color]	3	4	1
[background-image]	3	4	1
[background-position]	4	6	1
[background-repeat]	3	4	1
inherit	-	6	1

Herdada	Não
Padrão	Não definido (por padrão, attachment] o fundo é transparente)
Aplica-se a	Todos os elementos

background-attachment

Especifica se uma imagem de fundo deve ficar fica em uma posição ou rolar pela página:

```
body {background-attachment:fixed;
      background-image: url(images/background.gif);}
```

Valor	IE	N	FF
fixed	4	6	1
scroll	4	6	1
inherit	4	6	1

Heradad	Não
Padrão	scroll
Aplica-se a	Todos os elementos

background-color

Configura a cor do fundo. Isso pode ser uma única cor ou duas cores misturadas. As cores podem ser especificadas como um nome de cor, valor hexadecimal ou valor RGB. Por padrão, a caixa será transparente.

```
body {background-color:#efefef;}
```

Valor	IE	N	FF
[color]	4	4	1
transparent	4	4	1
inherit	-	6	1

Herdada	Não
Padrão	transparent
Aplica-se a	Todos os elementos

background-image

Especifica uma imagem a ser usada como fundo, a qual por padrão será lado a lado. O valor é uma URL para a imagem.

```
body {background-image: url(images/background.gif);}
```

Valor	IE	N	FF
[url]	4	4	1
none	4	4	1
inherit	-	6	1

Herdada	Não
Padrão	none
Aplica-se a	Todos os elementos

background-position

Especifica onde uma imagem de fundo deve ser colocada na página, a partir do canto superior esquerdo. Os valores podem ser uma distância absoluta, porcentagem ou uma das palavras chaves. Se apenas um valor for dado, supõe-se que seja horizontal.

❑ As palavras chaves disponíveis são: top, bottom, left, right, center

```
body {background-position:center;
      background-image: url(images/background.gif);}
```

Valor	IE	N	FF
[length - x y]	4	6	1
[percentage - x% y%]	4	6	1
top	4	6	1
left	4	6	1
bottom	4	6	1
right	4	6	1
center	4	6	1
inherit	-	6	1

Herdada	Não
Padrão	top, left
Aplica-se a	Elementos de nível de bloco

background-positionX

A posição de uma imagem de fundo a passar horizontalmente pela página. Os valores são os mesmos de background-position (padrão: top).

background-positionY

A posição de uma imagem de fundo a passar verticalmente pela página. Os valores são os mesmos de background-position (padrão: left).

Propriedades de Bordas

As propriedades de bordas permitem a você controlar a aparência e tamanho de uma borda em qualquer caixa.

border (border-bottom, border-left, border-top, border-right)

Este é um atalho para especificar as propriedades border-style, border-width e border-color.

Valor	IE	N	FF
<border-style>	4	6	1
<border-width>	4	6	1
<border-color>	4	6	1
inherit	-	6	1

Herdada	Não
Padrão	none, medium, none
Aplica-se a	Todos os elementos

border-style (border-bottom-style, border-left-style, border-top-style, border-right-style)

Especifica o estilo da linha que deve contornar uma caixa de bloco.

```
div.page {border-style:solid;}
```

Observe que o Netscape não suportava propriedade para lados individuais até a versão 6.

Valor	IE	N	FF
none	4	4	1
dotted	5.5	6	1
dashed	5.5	6	1
solid	4	4	1
double	4	4	1
groove	4	4	1
ridge	4	4	1
inset	4	4	1
outset	4	4	1
hidden	-	-	-
inherit	–	6	1

Herdada	Não
Padrão	none
Aplica-se a	Todos os elementos

border-width (border-bottom-width, border-left-width, border-top-width, border-right-width)

Especifica o comprimento de uma linha de borda; pode ser um comprimento ou uma palavra chave.

```
div.page {border-width:2px;}
```

Valor	IE	N	FF
[length]	4	4	1
thin	4	4	1
thick	4	4	1
medium	4	4	1
inherit	-	6	1

Herança	Não
Padrão	medium
Aplica-se a	Todos os elementos

border-color (border-bottom-color, border-left-color, border-top-color, border-right-color)

Especifica a cor de uma borda; valores podem ser um nome de cor, um código hexadecimal ou valor RGB.

```
table {border-color:#000000;}
```

Valor	IE	N	FF
[color value]	4	4	1
inherit	-	6	1

Herdada	Não
Padrão	none
Aplica-se a	Todos os elementos

Dimensões

As propriedades de dimensões permitem a você especificar o tamanho que as caixas devem ter.

height

Especifica a altura vertical de um elemento de bloco; pode escalar o elemento.

```
table {height:400px;}
```

Valor	IE	N	FF
auto	4	6	1
[length]	4	6	1
[percentage]	4	-	1
inherit	-	6	1

Herdada	Não
Padrão	auto
Aplica-se a	Elementos de nível de bloco

width

Especifica o comprimento horizontal de um elemento; pode escalar o elemento.

```
td {width:150px;}
```

Valor	IE	N	FF
auto	4	4	1
[length]	4	4	1
[percentage]	4	4	1
inherit	-	6	1

Herdada	Não
Padrão	auto
Aplica-se a Elementos de nível de bloco	

line-height

Especifica a altura de uma linha de texto e, portanto, o espaço entre múltiplas linhas de texto.

```
p {line-height:18px;}
```

Valor	IE	N	FF
normal	3	4	1
[number]	4	4	1
[length]	3	4	1
[percentage]	3	4	1
inherit	-	6	1

Herdada	Sim
Padrão	Depende do navegador
Aplica-se a	Todos os elementos

max-height

Especifica a altura máxima de um elemento de nível de bloco (mesmos valores que para height).

```
td {max-height:200px;}
```

Valor	IE	N	FF
auto	7	-	1
[length]	7	-	1
[percentage]	7	-	1
inherit	-	6	1

Herdada	Não
Padrão	auto
Aplica-se a Elementos de nível de bloco	

max-width

Especifica o comprimento máximo de um elemento de nível de bloco (mesmos valores que para width).

```
td {max-width:400px;}
```

Valor	IE	N	FF
auto	7	-	1
[length]	7	-	1
[percentage]	7	-	1
inherit	-	6	1

Herdada	Não
Padrão	auto
Aplica-se	Elementos de nível de bloco

min-height

Especifica o comprimento máximo de um elemento de nível de bloco (mesmos valores de height).

```
td {min-height:100px;}
```

Valor	IE	N	FF
auto	7	-	1
[length]	7	-	1
[percentage]	7	-	1
inherit	-	6	1

Herdada	Não
Padrão	auto
Aplica-se a	Elementos de nível de bloco

min-width

Especifica o comprimento mínimo de um elemento de nível de bloco (mesmos valores que para width).

```
td {min-width:200px;}
```

Valor	IE	N	FF
auto	7	-	1
[length]	7	-	1
[percentage]	7	-	1
inherit	-	6	1

Herdada	Não
Padrão	auto
Aplica-se a	Elementos de bloco

Propriedades de Margens

Propriedades de margens permitem a você especificar uma margem em torno de uma caixa e assim criar um espaço entre bordas de elementos.

margin (margin-bottom, margin-left, margin-top, margin-right)

Especifica o comprimento de uma margem em torno de uma caixa.

```
p {margin:15px;}
```

Valor	IE	N	FF
auto	3	4	1
[length]	3	4	1
[porcentagem — relativa ao elemento pai]	3	4	1
inherit	-	6	1

Herdada	Não
Padrão	zero
Aplica-se a	Todos os elementos

Propriedades de Espaçamento

Propriedades de espaçamento configuram a distância entre a borda de um elemento e seu conteúdo. Elas são importantes para adicionar espaço em branco nos documentos (em especial células de tabelas).

padding (padding-bottom, padding-left, padding-right, padding-top)

Especifica a distância entre a borda de um elemento e seu conteúdo.

```
td {padding:20px;}
```

Valor	IE	N	FF
auto	4	4	1
[length]	4	4	1
[porcentagem — relativa ao elemento pai]	4	4	1
inherit	-	6	1

Herdada	Não
Padrão	zero
Aplica-se a	Todos os elementos

Propriedades de Listas

Propriedades de listas afetam a apresentação de listas de definição, numeradas e com marcadores.

```
ul {list-style: inside disc}
```

Valor	IE	N	FF
<position>	4	6	1
<type>	4	4	1
<image>	4	6	1
inherit	-	6	1

Herdada	Sim
Padrão	Depende do navegador
Aplica-se a	Membros de listas

list-style-position

Especifica se o marcador deve ser colocado dentro de cada item de uma lista ou à esquerda deles.

```
ul {list-style-position:inside;}
```

Valor	IE	N	FF
inside	4	6	1
outside	4	6	1
inherit	-	6	1

Herdada	Sim
Padrão	outside
Aplica-se a	Elementos de listas

list-style-type

Indica o tipo de marcador ou numeração que um marcador deve usar.

```
ul {list-style-type:circle;}
```

Valor	IE	N	FF
None	4	4	1
disc (default)	4	4	1
Circle	4	4	1
square	4	4	1
decimal	4	4	1
decimal-leading-zero	-	-	-
lower-alpha	4	4	1
upper-alpha	4	4	1
lower-roman	4	4	1
upper-roman	4	4	1

Herdada	Sim
Padrão	disc
Aplica-se a	Elementos de listas

Estilos adicionais de listas numeradas estão disponíveis em CSS, mas infelizmente não são suportadas em IE7, Netscape 7 ou Firefox 2.

`hebreu`	Numeração Hebraica Tradicional
`georgiano`	Numeração Georgiana Tradicional (an, ban, gan, . . . , he, tan, in, in-an, . . .)
`armênio`	Numeração Armênia Tradicional
`cjk-ideográfico`	Números ideográficos simples
`hiragana`	(a, i, u, e, o, ka, ki, . . .)
`katakana`	(A, I, U, E, O, KA, KI, . . .)
`hiragana-iroha`	(i, ro, ha, ni, ho, he, to, . . .)
`katakana-iroha`	(I, RO, HA, NI, HO, HE, TO, . . .)

marker-offset

Especifica o espaço entre um item de lista e seu marcador.

```
ol {marker-offset:2em;}
```

Valor	IE	N	FF
[length]	-	7	1
auto	-	7	1
inherit	-	6	1

Herdada	Não
Padrão	auto
Aplica-se a	Elementos marcadores

Propriedades de Posicionamento

Propriedades de posicionamento permitem a você usar CSS para particionar caixas na página.

position

Especifica o esquema de posicionamento que deve ser usado para um elemento. Quando um elemento é posicionado, você também precisa usar as propriedades de deslocamento de caixa cobertas a seguir (top, left, bottom e right). Observe que você não deve usar top e bottom ou left e right juntos (se o fizer, top e left têm prioridade).

- absolute pode ser fixado na tela em uma posição específica a partir do seu elemento contêiner (que é outro elemento posicionado de forma absoluta); ele também se moverá quando o usuário rolar a página.
- static o fixará na página no mesmo lugar e o manterá quando o usuário rolar a página.
- relative será colocado com um deslocamento em relação à sua posição normal.
- fixed o fixará no fundo da página e não moverá quando o usuário rolar.

```
p.article{position:absolute; top:10px; left:20px;
```

Valor	IE	N	FF
absolute	4	4	1
relative	4	4	1
static	4	4	1
fixed	-	6	1
inherit	-	6	1

Herdada	Não
Padrão	static
Aplica-se a	Todos os elementos

Top

Configura a posição vertical de um elemento a partir do topo da janela ou do elemento contêiner.

Valor	IE	N	FF
auto	4	6	1
[length]	4	6	1
[porcentagem - relativa à altura do pai]	4	6	1
inherit	-	6	1

Herdada	Não
Padrão	auto
Aplica-se a	Elementos posicionados

Left

Configura a posição horizontal de um elemento a partir da esquerda da janela ou elemento contêiner.

Valor	IE	N	FF
auto	4	6	1
[length]	4	6	1
[porcentagem - relativa à largura do pai]	4	6	1
inherit	-	6	1

Herdada	Não
Padrão	auto
Aplica-se a	Elementos posicionados

bottom

Configura a posição vertical de um elemento a partir da parte inferior da janela ou elemento contêiner.

Valor	IE	N	FF
auto	5	6	1
[length]	5	6	1
[porcentagem - relativa à altura do pai]	5	6	1
inherit	-	6	1

Herdada	Não
Padrão	auto
Aplica-se a	Elementos posicionados

right

Configura a posição horizontal de um elemento a partir da janela ou elemento contêiner.

Valor	IE	N	FF
auto	5	6	1
[length]	5	6	1
[porcentagem - relativa à largura do pai]	5	6	1
inherit	-	6	1

Herdada	Não
Padrão	auto
Aplica-se a Elementos posicionados	

vertical-align

Configura o posicionamento vertical de um elemento em linha:

- ❏ baseline alinha o elemento com a base do pai.
- ❏ middle alinha o ponto central do elemento com a metade da altura do pai.
- ❏ sub torna o elemento subscrito.
- ❏ super torna o elemento superescrito.
- ❏ text-top alinha o elemento com o topo da fonte do elemento pai.
- ❏ text-bottom alinha o elemento com a parte inferior da fonte do elemento pai.
- ❏ top alinha o topo do elemento com o topo do elemento mais alto na linha corrente.
- ❏ bottom alinha o elemento com a parte inferior do elemento mais baixo da linha corrente.

```
span.superscript {vertical-align:superscript;}
```

Valor	IE	N	N
baseline	4	4	1
middle	4	4	1
sub	4	6	1
super	4	6	1
text-top	4	4	1
text-bottom	4	4	1
top	4	4	1
bottom	4	4	1
[porcentagm relativa à altura da linha]	-	6	1
[length]	-	-	-
inherit	4	6	1

Herdada	Não
Padrão	baseline
Aplica-se a	Elementos em linha

z-index

Controla qual elemento de intersecção aparece por cima; só funciona para elementos posicionados absolutamente. Números positivos e negativos são permitidos.

```
p {position:absolute; top:10px; left:20px; z-index:3;}
```

Valor	IE	N	FF
auto	4	-	1
[number]	4	4	1
inherit	-	6	1

Herdada	Não
Padrão	Depende da posição do elemento no código fonte XHTML
Aplica-se a	Elementos posicionados

clip

Controla qual parte de um elemento é visível. Partes fora do clipe não são visíveis. Se o valor for rect(), assume a seguinte forma:

❏ rect (rect([top] [right] [bottom] [left])

rect(25 100 100 25)

Valor	IE	N	FF
auto	4	-	1
rect	4	6	1
inherit	-	6	1

Herdada	Não
Padrão	auto
Aplica-se a	Elemento de bloco

overflow

Especifica como um elemento contêiner exibirá o conteúdo que for grande demais para seu elemento contido.

p {width:200px; height:200px; overflow:scroll;}

Valor	IE	N	FF
auto	4	6	1
hidden	4	6	1
visible	4	6	1
scroll	4	6	1
inherit	-	6	6

Herdada	Não
Padrão	visible
Aplica-se a	Elementos de bloco

overflow-x

Mesmo que overflow, mas apenas para o eixo x. Suportado primeiro no IE5.

overflow-y

Mesmo que overflow, mas apenas para o eixo y. Suportado primeiro no IE5.

Propriedades de Destaque

Destaques atuam como bordas, mas não usam espaço – eles ficam por cima da área.

Outline (outline-color, outline-style, outline-width)

Atalho para as propriedades outline-color, outline-style e outline-width.

```
outline {solid #ff0000 2px}
```

Observe que outline-color, outline-style e outline-width recebem os mesmos valores que bordercolor, border-style e border-width. Eles não são convertidos individualmente porque ainda não são suportados.

Valor	IE	N	FF
outline-color	-	-	1.5
outline-style	-	-	1.5
outline-width	-	-	1.5
outline	-	-	1.5

Herdada	Não
Padrão	none
Aplica-se a	Todos os elementos

Propriedades de Tabelas

Propriedades de tabelas permitem a você afetar o estilo de tabelas, linhas e células.

border-collapse

Especifica o modelo de borda que a tabela deve usar (se bordas adjacentes devem ser juntadas em um valor ou mantidas separadas).

```
table {border-collapse:separate;}
```

Valor	IE	N	FF
collapse	5	7	1
separate	5	7	1
inherit	-	6	1

Herdada	Sim
Padrão	collapse
Aplica-se a	Elementos de tabelas e em linha

border-spacing

Especifica a distância ente as bordas de células adjacentes.

```
table {border-spacing:2px;}
```

Valor	IE	N	FF
[length]	-	6	1
inherit	-	6	1

Herdada	Sim
Padrão	0
Aplica-se a	Elementos de tabela e em linha

caption-side

Indica de que lado de uma tabela um rótulo deve ser colocado.

```
caption {caption-side:bottom;}
```

Valor	IE	N	FF
top	-	6	1
left	-	6	1
bottom	-	6	1
right	-	6	1
inherit	-	6	1

Herdada	Sim
Padrão	top
Aplica-se a	Elementos <caption> em elementos <table>

empty-cells

Especifica se as bordas devem ser exibidas caso uma célula esteja vazia.

```
td, th {empty-cells:hide;}
```

Valor	IE	N	FF		Herdada	Sim
show	5	6	1		Padrão	show
hide	5	6	1		Aplica-se a	Elementos de células de tabelas
inherit	-	6	1			

table-layout

Especifica como o navegador deve calcular a aparência de uma tabela; pode afetar a velocidade de exibição de uma tabela grande ou com muitos gráficos.

Valor	IE	N	FF		Herdada	Não
auto	5	6	1		Padrão	auto
fixed	5	6	1		Aplica-se a	Elementos de tabela e em linha
inherit	-	6	6			

Propriedades de Classificação

Propriedades de classificação afetam o modo através do qual as caixas do modelo de caixas são exibidas.

clear

Obriga elementos, que normalmente passariam por um elemento alinhado, a serem exibidos abaixo dele.

O valor indica qual lado pode não tocar em um elemento alinhado.

```
p {clear:left;}
```

Valor	IE	N	FF
none	4	4	1
both	4	4	1
left	4	4	1
right	4	4	1
inherit	-	6	1

Herdada	Não
Padrão	none
Aplica-se a	Todos os elementos

display

Especifica como um elemento é exibido, caso o seja. Se configurado como "none", o elemento não é exibido e não ocupa espaço. Pode forçar um elemento em linha a ser exibido como um bloco ou vice-versa.

```
span.important {display:block;}
```

Valor	IE	N	FF
none	4	4	1
inline	5	4	1
block	5	4	1
list-item	5	4	1
inherit	-	6	1

Herdada	Sim
Padrão	inline
Aplica-se a	Todos os elementos

outras propriedades ou não são suportadas ou não são obrigatórias para XHTML.

Embora o valor padrão desta propriedade seja "inline", os navegadores tendem a tratar o elemento dependendo do seu tipo de exibição inerente. Elementos de nível de bloco, como cabeçalhos e parágrafos, são tratados como se o padrão fosse "block", enquanto que elementos em linha como <i>, <b> ou <span> são tratados como "inline".

float

Elementos subseqüentes devem ser passados para a esquerda ou direita do elemento, em vez de abaixo.

```
img.featuredeItem {float:left;}
```

Valor	IE	N	FF
none	4	4	1
left	4	4	1
right	4	4	1
inherit	-	6	1

Herdada	Não
Padrão	none
Aplica-se a	Todos os elementos

visibility

Especifica se um elemento deve ser exibido ou escondido. Mesmo se escondidos, os elementos ocupam espaço na página, porém são transparentes.

Valor	IE	N	FF
visible	4	-	1
show	-	4	1
hidden	4	-	1
hide	-	4	1
collapse	-	-	1
inherit	4	4	1

Herdada	Não
Padrão	inherit
Aplica-se a	Todos os elementos

Propriedades de Internacionalização

Propriedades de internacionalização afetam o modo através do qual o texto é exibido em diferentes linguagens.

direction

Especifica a direção do texto, da esquerda para a direita ou vice-versa. Deve ser usada junto com a propriedade unicode-bidi.

```
td.word{direction:rtl; unicode-bidi:bidi-override;}
```

Valor	IE	N	FF
ltr	5	6	1
rtl	5	6	1
inherit	5	6	1

Herdada	Sim
Padrão	ltr
Aplica-se a	Todos os elementos

unicode-bidi

Esta propriedade permite a você sobrescrever as configurações de direcionalidade internas do Unicode para linguagens.

```
td.word{unicode-bidi:bidi-override; direction:rtl; }
```

Valor	IE	N	FF
normal	5	-	2
embed	5	-	2
bidi-override	5	-	2
inherit	-	6	2

Herdada	Não
Padrão	normal
Aplica-se a	Todos os elementos

Comprimentos

A seguir estão as unidades de medida para comprimentos que podem ser usadas em CSS.

Comprimentos Absolutos

Unidade	IE	N	FF
cm	3	4	1
in	3	4	1
mm	3	4	1
pc	3	4	1
pt	3	4	1

Comprimentos Relativos

Unidade	IE	N	FF
em	4	4	1
ex	4	4	1
px	3	4	1

D

Nomes e Valores de Cores

A primeira coisa que você precisa aprender sobre cores é como especificar exatamente a cor que quer; afinal, há muitos vermelhos, verdes e azuis diferentes, e é importante que você escolha as cores certas.

Em XHTML há duas formas chaves de se especificar uma cor:

- **Códigos hexadecimais:** Um código de seis dígitos representando a quantidade de vermelho, verde e azul que constituem a propriedade color, precedidos por um sinal de libra ou cerquilha (por exemplo, #333333).
- **Nomes de cores:** Um conjunto de nomes que representam mais de 200 cores, como red, lightslategray e fuchsia.

Em CSS você também pode usar valores para representar os valores de vermelho, verde e azul que constituem cada cor.

Usando Códigos Hexadecimais para Especificar Cores

Quando você começa a usar *códigos hexadecimais*, eles podem parecer um pouco desencorajadores. A idéia de que cores sejam representadas por uma misturada de números e letras pode parecer um pouco estranha, mas o que segue o sinal # na verdade são as quantidades de vermelho, verde e azul que constituem a cor. O formato do código hexadecimal é:

#rrggbb[1]

A tabela a seguir fornece alguns exemplos.

---

[1] N. do T.: (red, green, blue) = vermelho, verde e azul.

Cor	Código Hexadecimal	Cor	Código Hexadecimal
Preto	#000000	Verde	#008000
Branco	#FFFFFF	Azul	#0000FF
Vermelho	#FF0000	Lilás	#800080

Como você talvez já saiba, monitores de computadores funcionam em um espaço de cores conhecidos como *espaço de cores RGB*. Quando um monitor de computador não é ligado, a tela fica preta porque não está emitindo nenhuma cor. Para criar a imagem que você vê na tela, cada um dos pixels que constituem a tela emite uma quantidade diferente de cores vermelha, verde e azul, da mesma forma que uma tela de televisão.

Não é surpreendente, portanto, que você especifique cores nas quantidades de vermelho, verde e azul que são necessárias para formar uma determinada cor. Os valores de vermelho, verde e azul necessários para compor uma cor ficam entre 0 e 255, de modo que, quando vermelho, verde e azul têm valor igual a 0, você obtém preto, enquanto que, se cada um tiver uma valor igual a 255, você obtém branco.

Você talvez tenha visto algum software que represente as cores usando três conjuntos de números entre 0 e 255. A Figura D-1 mostra a janela de cores do Adobe Photoshop.

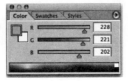

Figura D-1

Os códigos hexadecimais usados na web para cores são uma tradução direta destes valores entre 0 e 255, exceto que usam dois caracteres, não três, para representar os números entre 0 e 255. Por exemplo, FF representa 255 e 00 representa 0.

A melhor forma de se realmente entender como os códigos hexadecimais funcionam é examinando brevemente como os computadores armazenam informações.

Entendendo Códigos Hexadecimais

Você talvez tenha ouvido as pessoas dizerem que os computadores armazenam todas as suas informações como 0s e 1s e, embora possa parecer difícil de acreditar, é verdade! A menor unidade de informação que um computador armazena é conhecida como um *bit* e pode ter apenas um entre dois valores:

- ❑ 0, que significa desligado (ou falso)
- ❑ 1, que significa ligado (ou verdadeiro)

Esses dois valores sozinhos não armazenam muita informação, mas se você combinar 4 bits, pode obter 16 valores diferentes. Por exemplo, usando combinações de quatro 0s w 1s, você pode representar os dígitos de 1 a 9 (e ainda ter valores de reserva):

0000	0001	0010	0011	0100	101	0110	0111	1000	1001	1010	1011	1100	1101	1110	1111
0	1	2	3	4	5	6	7	8	9	-	-	-	-	-	-

Quatro bits pode ser substituídos por um único dígito hexadecimal. Há 16 dígitos em números hexadecimais para representar os 16 valores possíveis de quatro 0s e 1s:

0000	0001	0010	0011	0100	0101	0110	0111	1000	1001	1010	1011	1100	1101	1110	1111
0	1	2	3	4	5	6	7	8	9	A	B	C	D	E	F

0 é o menor e F o maior.

Ainda assim, os computadores precisam trabalhar com mais de 16 valores possíveis, de modo que tendem a armazenar informações em segmentos ainda maiores. Um grupo de 8 bits é conhecido como um *byte*. Um byte pode, portanto, ser representado usando apenas dois dígitos hexadecimais. Por exemplo:

Binário	0100	1111
Hexadecimal	4	F

Isso dá 256 combinações possíveis de 0s e 1s, bastante para os caracteres da língua inglesa e sim, é por isso que as cores são representadas em números entre 0 e 255.

Dessa forma, embora códigos hexadecimais para cores web possa parecer um pouco complicados, acho que você concordaria que #4F4F4F é muito mais fácil do que 010011110100111101001111. A tabela a seguir mostra mais alguns códigos hexadecimais e seus correspondentes números decimais.

Hexadecimal	Decimal	Hexadecimal	Decimal
00	0	BB	187
33	51	CC	204
66	102	DD	221
99	153	EE	238
AA	170	FF	255

Usando Nomes de Cores para Especificar Cores

Em vez de usar valores hexadecimais para especificar cores, você também pode usar nomes de cores como red, green e white para especificar a cor que quiser. Há mais de 200 nomes diferentes de cores suportados por Netscape, Firefox e IE, todos os quais estão listados no final deste apêndice.

Embora nomes pareçam soar muito mais fáceis de se entender do que códigos hexadecimais, algumas das cores são mais fáceis de lembrar que outras, e lembrar com que cor se parece cada um dos 200 nomes é difícil. Aqui está um exemplo de alguns nomes de cores:

> *aqua, beige, coral, darkcyan, firebrick, green, honeydew, indianred, lavenderblush, maroon, navy, oldlace, palegreen, red, saddlebrown, tan, white, yellow*

Além disso, se você executar trabalhos para empresas grandes, essas muitas vezes querem especificar cores muito exatas que representam suas marcas e suas cores pode não ter um nome HTML. De fato, quando os clientes especificam a cor que querem, geralmente especificam um código hexadecimal.

Códigos Hexadecimais versus Nomes de Cores

Pode parecer que nomes de cores sejam mais diretos de usar do que códigos hexadecimais; se você usar cores como vermelho, laranja, verde, azul, preto e branco, então eles são simples de lembrar e usar. Entretanto, lembrar cada nome de cor e a cor que ele origina é muito difícil.

Na prática, você muitas vezes acaba usando uma tabela de cores para encontrar a cor que quer, esteja trabalhando com códigos hexadecimais ou com nomes de cores. Dado que códigos hexadecimais lhe dão muito mais opções de tonalidades, variações e misturas de cores do que nomes de cores, e tendo em mente que muitas empresas solicitam cores específicas para representá-las, códigos hexadecimais tendem a ser a escolha de profissionais web.

Se você estiver usando um programa gráfico ou uma ferramenta de autoração de páginas web, esse programa geralmente irá gerar para você o código da cor que você precisa, e muitos gráficos também têm uma ferramenta de escolha de cores para lhe ajudar a selecionar a cor exata que você quer. Você também pode encontrar ferramentas de seleção de cores em diversos web sites como o www.visibone.com/colorlab/. A Figura D-2 mostra o seletor de cores do Photoshop.

Observe que a caixa de verificação na parte inferior esquerda dessa janela indica uma opção de usar apenas cores seguras da web. Isso é para uma paleta de cores restrita (contendo um subconjunto de todas as cores disponíveis) conhecida como Web Safe Coloor Palette, que foi projetada quando os computadores não suportavam tantas cores. Atualmente, a maioria dos computadores pode lidar com mais de 256 cores na paleta de cores segura da web e esta pode ser ignorada com segurança.

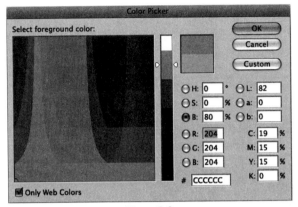

Figura D-2

Nome de Core e Referência de Número

A tabela a seguir lista os 16 nomes de cores que foram introduzidos em HTML 3.2 para suportar as 16 cores que as placas gráficas de 8 bits ofereciam.

Nome da Cor	Valor Hexadecimal	Nome da Cor	Valor Hexadecimal
aqua	#00ffff	navy	#000080
black	#000000	olive	#808000
blue	#0000ff	purple	#800080
fuchsia	#ff00ff	red	#ff0000
green	#008000	silver	#c0c0c0
gray	#808080	teal	#008080
lime	#00ff00	white	#ffffff
maroon	#800000	yellow	#ffff00

Todas as cores listadas na tabela a seguir estão disponíveis no IE e na maioria dos Netscape e Firefox também. Entretanto, são extensões de navegadores, não parte das recomendações HTML e XHTML

Nome da Cor	Valor Hexadecimal	Nome da Cor	Valor Hexadecimal
aliceblue	#f0f8ff	black	#000000
antiquewhite	#faebd7	blanchedalmond	#ffebcd
aqua	#00ffff	blue	#0000ff
aquamarine	#7fffd4	blueviolet	#8a2be2
azure	#f0ffff	brown	#a52a2a
beige	#f5f5dc	burlywood	#deb887
bisque	#ffe4c4	cadetblue	#5f9ea0
chartreuse	#7fff00	darkturquoise	#00ced1
chocolate	#d2691e	darkviolet	#9400d3
coral	#ff7f50	deeppink	#ff1493
cornflowerblue	#6495ed	deepskyblue	#00bfff
cornsilk	#fff8dc	dimgray	#696969
crimson	#dc143c	dodgerblue	#1e90ff
cyan	#00ffff	firebrick	#b22222
darkblue	#00008b	floralwhite	#fffaf0
darkcyan	#008b8b	forestgreen	#228b22
darkgoldenrod	#b8860b	fuchsia	#ff00ff
darkgray	#a9a9a9	gainsboro	#dcdcdc
darkgreen	#006400	ghostwhite	#f8f8ff
darkkhaki	#bdb76b	gold	#ffd700
darkmagenta	#8b008b	goldenrod	#daa520
darkolivegreen	#556b2f	gray	#808080
darkorange	#ff8c00	green	#008000
darkorchid	#9932cc	greenyellow	#adff2f
darkred	#8b0000	honeydew	#f0fff0
darksalmon	#e9967a	hotpink	#ff69b4
darkseagreen	#8fbc8f	indianred	#cd5c5c
darkslateblue	#483d8b	indigo	#4b0082
darkslategray	#2f4f4f	ivory	#fffff0
khaki	#f0e68c	maroon	#800000
lavender	#e6e6fa	mediumaquamarine	#66cdaa
lavenderblush	#fff0f5	mediumblue	#0000cd

Continua

Nome da Cor	Valor Hexadecimal	Nome da Cor	Valor Hexadecimal
lawngreen	#7cfc00	mediumorchid	#ba55d3
lemonchiffon	#fffacd	mediumpurple	#9370db
lightblue	#add8e6	mediumseagreen	#3cb371
lightcoral	#f08080	mediumslateblue	#7b68ee
lightcyan	#e0ffff	mediumspringgreen	#00fa9a
lightgoldenrodyellow	#fafad2	mediumturquoise	#48d1cc
lightgreen	#90ee90	mediumvioletred	#c71585
lightgrey	#d3d3d3	midnightblue	#191970
lightpink	#ffb6c1	mintcream	#f5fffa
lightsalmon	#ffa07a	mistyrose	#ffe4e1
lightseagreen	#20b2aa	moccasin	#ffe4b5
lightskyblue	#87cefa	navajowhite	#ffdead
lightslategray	#778899	navy	#000080
lightsteelblue	#b0c4de	oldlace	#fdf5e6
lightyellow	#ffffe0	olive	#808000
lime	#00ff00	olivedrab	#6b8e23
limegreen	#32cd32	orange	#ffa500
linen	#faf0e6	orangered	#ff4500
magenta	#ff00ff	orchid	#da70d6
palegoldenrod	#eee8aa	sienna	#a0522d
palegreen	#98fb98	silver	#c0c0c0
paleturquoise	#afeeee	skyblue	#87ceeb
palevioletred	#db7093	slateblue	#6a5acd
papayawhip	#ffefd5	slategray	#708090
peachpuff	#ffdab9	snow	#fffafa
peru	#cd853f	springgreen	#00ff7f
pink	#ffc0cb	steelblue	#4682b4
plum	#dda0dd	tan	#d2b48c
powderblue	#b0e0e6	teal	#008080
purple	#800080	thistle	#d8bfd8
red	#ff0000	tomato	#ff6347
rosybrown	#bc8f8f	turquoise	#40e0d0

Continua

Nome da Cor	Valor Hexadecimal	Nome da Cor	Valor Hexadecimal
royalblue	#4169e1	violet	#ee82ee
saddlebrown	#8b4513	wheat	#f5deb3
salmon	#fa8072	white	#ffffff
sandybrown	#f4a460	whitesmoke	#f5f5f5
seagreen	#2e8b57	yellow	#ffff00
seashell	#fff5ee	yellowgreen	#9acd32

Codificações de Caracteres

No Apêndice D, discuti como os computadores armazenam informações, como um esquema de codificação de caracteres é uma tabela que traduz entre caracteres e como eles são armazenados no computador.

O conjunto de caracteres (ou codificação de caracteres) mais comum em uso em computadores é o ASCII (American Standard Code for Information Exchange) e é provavelmente o conjunto de caracteres mais amplamente usado para codificar textos eletronicamente. Você pode esperar que todos os computadores navegando na Web entendam ASCII.

Conjunto de Caracteres	Descrição
ASCII	American Standard Code for Information Interchange, que é usado na maioria dos computadores

O problema com ASCII é que ele suporta apenas o alfabeto latino em letras maiúsculas e minúsculas, os números de 0 a 9 e alguns caracteres extras: um total de 128 caracteres no total. Aqui estão os caracteres ASCII imprimíveis (os outros são coisas como caracteres de nova linha e de retorno de carruagem).

!	``	#	$	%	&	`	(	)	*	+	,	-	.	/
0	1	2	3	4	5	6	7	8	9	:	;	<	=	>	?
@	A	B	C	D	E	F	G	H	I	J	K	L	M	N	O
P	Q	R	S	T	U	V	W	X	Y	Z	[	\	]	^	_
`	a	b	c	d	e	f	g	h	i	j	k	l	m	n	o
p	q	r	s	t	u	v	w	x	y	z	{			}	~

Entretanto, muitas linguagens usam caracteres latinos acentuados ou alfabetos completamente diferentes. ASCII não aborda esses caracteres, de modo que você precisa aprender sobre codificações de caracteres se quiser usar caracteres não ASCII.

A codificação de caracteres também é especialmente importante se você quiser usar símbolos, já que estes não podem receber garantias de serem transferidos apropriadamente entre diferentes codificações (de algumas barras para algumas aspas). Se você não indicar a codificação dos caracteres na qual o documento está escrito, alguns dos caracteres especiais podem não ser exibidos.

A International Standards Organization criou uma faixa de conjuntos de caracteres para lidar com caracteres nacionais diferes. A ISO-8859-1 é usada comumente em versões ocidentais de ferramentas de autoração como o Macromedia Dreamweaver, assim como aplicações como o Bloco de Notas do Windows.

Conjunto de Caracteres	Descrição
ISO-8859-1	Alfabeto latino parte 1 Cobrindo a América do Norte, Europa Ocidental, América Latina, Caribe, Canadá, África
ISO-8859-2	Alfabeto latino parte 2 Cobrindo a Europa Oriental incluindo Bósnio, Croata, Tcheco, Húngaro, Polonês, Romeno, Sérvio (em transcrição latina), Servo-Crota, Eslovaco, Esloveno, Sérvio Superior e Sérvio Inferior.
ISO-8859-3	Alfabeto latino parte 3 Cobrindo o sudeste da Europa, Esperanto, Maltês, Turco, outras
ISO-8859-4	Alfabeto latino parte 4 Cobrindo a Escandinávia/Países Bálticos (e outros que não estão em ISO-8859-1)
ISO-8859-5	Alfabeto latino/cirílico parte 5
ISO-8859-6	Alfabeto latino/arábico parte 6
ISO-8859-7	Alfabeto latino/grego parte 7
ISO-8859-8	Alfabeto latino/hebreu parte 8
ISO-8859-9	Alfabeto latino 5 parte 9 (mesmo que ISO-8859-1 exceto por caracteres turcos substituírem os islandeses)
ISO-8859-10	Latim 6, Lapão, Nórdico e Esquimó
ISO-8859-15	Latim 10 Cobrindo o sudeste da Europa, Albanês, Croata, Húngaro, Polonês, Romeno e Esloveno, mas pode ser usado em Francês, Alemão, Italiano e em Irlandês (Gaélico)

Continua

Conjunto de Caracteres	Descrição
ISO-2022-JP	Alfabeto latino/japonês parte 1
ISO-2022-JP-2	Alfabeto latino/japonês parte 2
ISO-2022-KR	Alfabeto latino/coreano parte 1

É útil observar que os primeiros 128 caracteres de ISO-8859-1 correspondem àqueles de ASCII, de modo que você pode usar com segurança esses caracteres como você faria em ASCII.

O Consórcio *Unicode* foi então estabelecido para planejar uma forma de mostrar *todos* os caracteres de diferentes linguagens, em vez de ter esses códigos de caracteres diferentes incompatíveis para linguagens diferentes.

Portanto, se você quiser criar documentos que usem caracteres de múltiplos conjuntos de caracteres, poderá fazê-lo usando a única codificação Unicode. Além disso, os usuários devem poder visualizar documentos escritos com diversos conjuntos de caracteres, desde que seu processador (e fontes) suporte os padrões Unicode, não importa em qual plataforma ou em qual país estejam. Tendo a única codificação de caracteres, você pode reduzir os custos de desenvolvimento de software porque os programas não precisam ser projetados para suportar diversas codificações de caracteres.

Um problema com o Unicode é que muitos programas mais antigos foram escritos para suportar apenas conjuntos de caracteres de 8 bits (limitando-os a 256 caracteres), o que não está próximo do número requerido para todas as linguagens.

O Unicode portanto especifica codificações que podem lidar com uma string de formas especiais como para criar espaço suficiente para o enorme conjunto de caracteres que engloba. Estes são conhecidos como UTF-8, UTF-16 e UTF-32.

Conjunto de Caracteres	Descrição
UTF-8	Um Unicode Translation Format que vem em unidades de 8 bits, ou seja, vem em *bytes*. Um caractere em UTF-8 pode ter de 1 a 4 bytes, tornando o UTF-8 variável em comprimento.
UTF-16	Um Unicode Translation Format que vem em unidades de 16 bits, ou seja, vem em *shorts*. Pode ter de 1 ou 2 *shorts*, tornando o UTF-16 variável em comprimento.
UTF-32	Um Unicode Translation Format que vem em unidades de 32 bits, ou seja, vem em *longs*. É um formato de comprimento fixo sempre igual a 1 "long".

Os primeiros 256 caracteres dos conjuntos de caracteres Unicode correspondem aos 256 caracteres do ISO-8859-1.

Por padrão, processadores HTML devem suportar UTF-8 e os processadores XML devem suportar UTF-8 e UTF-16; portanto, todos os processadores compatíveis com XHTML também devem suportar UTF-16 (já que XHTML é uma aplicação de XML).

Para obter mais informações sobre internacionalização e diferentes conjuntos de caracteres e codificações, veja www.i18nguy.com/.

Caracteres Especiais

Alguns caracteres são reservados em XHTML; por exemplo, você não pode usar os sinais de maior que e menor que ou < e < no seu texto porque o navegador poderia confundi-los com marcação. Processadores XHTML devem suportar os cinco caracteres especiais listados na tabela a seguir:

Símbolo	Descrição	Nome da Entidade	Código Numérico
&	E comercial	&amp;	&#38;
<	Menor que	&lt;	&#60;
>	Maior que	&gt;	&#62;
"	Aspas duplas	&quot;	&#34;
	Espaço sem quebra		

Para escrever um elemento e atributo na sua página, de modo que o código seja mostrado para o usuário em vez de ser processado (por exemplo, <div id="character">), você escreveria:

<div id="character">

Também há uma lista longa de caracteres especiais que processadores que conheçam HTML 4.0 devem suportar. Para que eles apareçam no seu documento, você pode usar o código numérico ou o nome da entidade. Por exemplo, para inserir o caractere de direito autoral, você pode usar uma das duas opções a seguir:

© 2008
© 2008

Os caracteres especiais foram divididos nas seguintes seções:

- Referências de Entidades de Caracteres para Caracteres ISO-8859-1
- Referências de Entidades de Caracteres para Símbolos, Símbolos Matemáticos e Letras Gregas
- Referências de Entidades de Caracteres para Caracteres de Internacionalização e de Marcação

Eles foram tirados do web site da W3C em www.w3.org/TR/REC-html40/sgml/entities.html.

| Referências de Entidades de Caracteres para Caracteres ISO 8859-1 ||||
Nome do Caractere	Símbolo	Código Numérico	Descrição
			Espaço sem quebra
&iexcl;	¡	&#161;	Ponto de exclamação invertido
&cent;	¢	&#162;	Sinal de centavos
&pound;	£	&#163;	Sinal de libra
&curren;	¤	&#164;	Sinal monetário
&yen;	¥	&#165;	Sinal de yen
&brvbar;	¦	&#166;	Barra vertical quebrada (pipeline)
&sect;	§	&#167;	Sinal de seção
&uml;	¨	&#168;	Trema
&copy;	©	&#169;	Sinal de direitos autorais
&ordf;	ª	&#170;	Indicador ordinal feminino
&laquo;	«	&#171;	Dupla seta para a esquerda
&not;	¬	&#172;	Sinal de negação
&shy;		&#173;	Hífen
&reg;	®	&#174;	Sinal de marca registrada
&macr;	¯	&#175;	Barra superior
&deg;	°	&#176;	Sinal de grau
&plusmn;	±	&#177;	Sinal de mais ou menos
&sup2;	²	&#178;	Dígito 2 superior (quadrado)
&sup3;	³	&#179;	Dígito 3 superior (cubo)
&acute;	´	&#180;	Acento agudo
&micro;	µ	&#181;	Sinal de micra
&para;	¶	&#182;	Sinal de parágrafo

Continua

Nome do Caractere	Símbolo	Código Numérico	Descrição
&middot;	·	&#183;	Ponto central
&cedil;	¸	&#184;	Cedilha
&sup1;	1	&#185;	1 superior
&ordm;	º	&#186;	Indicador ordinal masculino
&raquo;	»	&#187;	Dupla seta para direita
&frac14;	¼	&#188;	Um quarto
&frac12;	½	&#189;	Metade
&frac34;	¾	&#190;	Três quartos
&iquest;	¿	&#191;	Ponto de interrogação invertido
&Agrave;	À	&#192;	[1]Letra A maiúscula com crase
&Aacute;	Á	&#193;	Letra A maiúscula com acento agudo
&Acirc;	Â	&#194;	Letra A maiúscula com acento circunflexo
&Atilde;	Ã	&#195;	Letra A maiúscula com til
&Auml;	Ä	&#196;	Letra A maiúscula com trema
&Aring;	Å	&#197;	Letra A maiúscula com acento
&AElig;	Æ	&#198;	Letras A e E em maiúsculas
&Ccedil;	Ç	&#199;	C cedilha maiúsculo
&Egrave;	È	&#200;	E maiúsculo com crase
&Eacute;	É	&#201;	E maiúsculo com acento agudo
&Ecirc;	Ê	&#202;	E maiúsculo com acento circunflexo
&Euml;	Ë	&#203;	E maiúsculo com trema
&Igrave;	Ì	&#204;	I maiúsculo com crase
&Iacute;	Í	&#205;	I maiúsculo com acento agudo
&Icirc;	Î	&#206;	I maiúsculo com acento circunflexo
&Iuml;	Ï	&#207;	I maiúsculo com trema
&ETH;	Ð	&#208;	Letras ETH maiúsculas
&Ntilde;	Ñ	&#209;	N maiúsculo com acento circunflexo
&Ograve;	Ò	&#210;	O maiúsculo com crase
&Oacute;	Ó	&#211;	O maiúsculo com acento agudo
&Ocirc;	Ô	&#212;	O maiúsculo com acento circunflexo
&Otilde;	Õ	&#213;	O maiúsculo com til
&Ouml;	Ö	&#214;	O maiúsculo com trema

Continua

Nome do Caractere	Símbolo	Código Numérico	Descrição
&times;	×	&#215;	Sinal de multiplicação
&Oslash;	Ø	&#216;	O maiúsculo com barra
&Ugrave;	Ù	&#217;	U maiúsculo com crase
&Uacute;	Ú	&#218;	U maiúsculo com acento agudo
&Ucirc;	Û	&#219;	U maiúsculo com acento circunflexo
&Uuml;	Ü	&#220;	U maiúsculo com trema
&Yacute;	Ý	&#221;	Y maiúsculo com acento agudo
&THORN;	Þ	&#222;	Letras THORN em maiúsculas
&szlig;	ß	&#223;	Letra s *sharp*
&agrave;	à	&#224;	Letra a minúscula com crase
&aacute;	á	&#225;	Letra a minúscula com acento agudo
&acirc;	â	&#226;	Letra a minúscula com acento circunflexo
&atilde;	ã	&#227;	Letra a minúscula com til
&auml;	ä	&#228;	Letra a minúscula com trema
&aring;	å	&#229;	Letra a minúscula com sinal
&aelig;	æ	&#230;	Letras ae minúsculas
&ccedil;	ç	&#231;	C dedilha minúsculo
&egrave;	è	&#232;	e minúscula com crase
&eacute;	é	&#233;	e minúscula com acento agudo
&ecirc;	ê	&#234;	e minúsculo com acento circunflexo
&euml;	ë	&#235;	e minúsculo com trema
&igrave;	ì	&#236;	i minúsculo com crase
&iacute;	í	&#237;	i minúsculo com acento agudo
&icirc;	î	&#238;	i minúsculo com acento circunflexo
&iuml;	ï	&#239;	i minúsculo com trema
&eth;	ð	&#240;	eth em minúsculas
&ntilde;	ñ	&#241;	n minúsculo com til
&ograve;	ò	&#242;	o minúsculo com crase
&oacute;	ó	&#243;	o minúsculo com acento agudo
&ocirc;	ô	&#244;	o minúsculo com acento circunflexo
&otilde;	õ	&#245;	o minúsculo com til
&ouml;	ö	&#246;	o minúsculo com trema

Continua

Nome do Caractere	Símbolo	Código Numérico	Descrição
&divide;	÷	&#247;	Sinal de divisão
&oslash;	ø	&#248;	o minúscula com barra
&ugrave;	ù	&#249;	u minúsculo com crase
&uacute;	ú	&#250;	u minúsculo com acento agudo
&ucirc;	û	&#251;	u minúsculo com acento circunflexo
&uuml;	ü	&#252;	u minúsculo com trema
&yacute;	ý	&#253;	y minúsculo com acento agudo
&thorn;	þ	&#254;	thorn em em minúsculas
&yuml;	ÿ	&#255;	y minúsculo com trema

Referências de Entidades de Caracteres para Símbolos, Símbolos Matemáticos e Letras Gregas

Nome da Entidade	Símbolo	Código Numérico	Descrição
Latim Estendido-B			
&fnof;	f	&#402;	f minúsculo com extensão
Grego			
&Alpha;	A	&#913;	Letra grega alfa maiúscula
&Beta;	B	&#914;	Letra grega beta maiúscula
&Gamma;		&#915;	Letra grega gama maiúscula
&Delta;		&#916;	Letra grega delta maiúscula
&Epsilon;	E	&#917;	Letra grega ipsilone maiúscula
&Zeta;	Z	&#918;	Letra grega zeta maiúscula
&Eta;	H	&#919;	Letra grega eta maiúscula
&Theta;		&#920;	Letra grega teta maiúscula
&Iota;	I	&#921;	Letra grega iota maiúscula
&Kappa;		&#922;	Letra grega capa maiúscula
&Lambda;		&#923;	Letra grega lambda maiúscula
&Mu;	M	&#924;	Letra grega mu maiúscula
&Nu;	N	&#925;	Letra grega nu maiúscula
&Xi;		&#926;	Letra grega xi maiúscula
&Omicron;	O	&#927;	Letra grega omicron maiúscula

Continua

Nome da Entidade	Símbolo	Código Numérico	Descrição
&Pi;		&#928;	Letra grega pi maiúscula
&Rho;	P	&#929;	Letra grega rho maiúscula
&Sigma;		&#931;	Letra grega sigma maiúscula
&Tau;	T	&#932;	Letra grega tau maiúscula
Grega			
&Upsilon;	Y	&#933;	Letra grega ipsilone maiúscula
&Phi;	&	#934;	Letra grega phi maiúscula
&Chi;	X	&#935;	Letra grega chi maiúscula
&Psi;		&#936;	Letra grega psi maiúscula
&Omega;		&#937;	Letra grega ômega maiúscula
&alpha;	a	&#945;	Letra grega alfa minúscula
&beta;	ß	&#946;	Letra grega beta minúscula
&gamma;	Y	&#947;	Letra grega gama minúscula
&delta;		&#948;	Letra grega delta minúscula
&epsilon;		&#949;	Letra grega ipsilone minúscula
&zeta;		&#950;	Letra grega zeta minúscula
&eta;		&#951;	Letra grega eta minúscula
&theta;		&#952;	Letra grega teta minúscula
&iota;		&#953;	Letra grega iota minúscula
&kappa;		&#954;	Letra grega capa minúscula
&lambda;		&#955;	Letra grega lambda minúscula
&mu;	µ	&#956;	Letra grega mu minúscula
&nu;		&#957;	Letra grega nu minúscula
&xi;		&#958;	Letra grega xi minúscula
&omicron;		&#959;	Letra grega omicron minúscula
Grego			
&pi;		pπ	Letra grega pi minúscula
&rho;		&#961;	Letra grega rho minúscula
&sigmaf;		&#962;	Letra grega sigma final minúscula
&sigma;		sσ	Letra grega sigma minúscula
&tau;		&#964;	Letra grega tau minúscula

Continua

Nome da Entidade	Símbolo	Código Numérico	Descrição
&upsilon;		&#965;	Letra grega ipsilon minúscula
&phi;		&#966;	Letra grega fi minúscula
&chi;		&#967;	Letra grega chi minúscula
&psi;		&#968;	Letra grega psi minúscula
&omega;		&#969;	Letra grega ômega minúscula
&thetasym;		&#977;	Letra grega teta minúscula
&upsih;		&#978;	Símbolo grego ipsilone com extensão
&piv;		&#982;	Símbolo grego pi
Pontuação Geral			
&bull;	•	&#8226;	Marcador
&hellip;	...	&#8230;	Três pontos
&prime;	′	&#8242;	Minutos = pés
&Prime;		&#8243;	Segundos = polegadas
&oline;	–	&#8254;	Traço superior
&frasl;	/	&#8260;	Barra de fração
&weierp;		&#8472;	P maiúsculo de script
&image;		&#8465;	Parte imaginária
&real;		&#8476;	Símbolo da parte real
&trade;	™	&#8482;	Sinal de marca registrada
&alefsym;		&#8501;	Primeiro cardinal transfinito
Setas			
&larr;		&#8592;	Seta para esquerda
&uarr;		&#8593;	Seta para cima
&rarr;		&#8594;	Seta para direita
&darr;		&#8595;	Seta para baixo
&harr;		&#8596;	Seta para direita e esquerda
&crarr;		&#8629;	Seta dupla para esquerda e para baixo = retorno de carruagem
&lArr;		&#8656;	Seta dupla para esquerda
&uArr;		&#8657;	Seta dupla para cima
&rArr;		&#8658;	Seta dupla para direita

Continua

Nome da Entidade	Símbolo	Código Numérico	Descrição
&dArr;		&#8659;	Seta dupla para baixo
&hArr;		&#8660;	Seta dupla para direita e esquerda
Operadores Matemáticos			
&forall;		&#8704;	Para todos
&part ;		&#8706;	Diferencial parcial
&exist;		&#8707;	Existe
&empty;	Ø	&#8709;	Conjunto vazio = nulo = diâmetro
&nabla;		&#8711;	Diferença retroativa
&isin;		&#8712;	Elemento de
&notin;		&#8713;	Não é um elemento de
&ni;		&#8715;	Contém um membro
&prod;		&#8719;	produto n-ário
&sum;		&#8721;	soma n-ária
&minus;	-	&#8722;	Sinal de menos
&lowast;	*	&#8727;	Operador asterisco
&radic;		&#8730;	Raiz quadrada
&prop;		&#8733;	Proporcional a
&infin;		&#8734;	Infinito
&ang;		&#8736;	Ângulo
&and;		&#8743;	"E" lógico
&or ;		&#8744;	"OU" lógico
&cap;		&#8745;	Intersecção
&cup;		&#8746;	União
&int;		&#8747;	Integral
&there4;		&#8756;	Portanto
Operadores Matemáticos			
&sim;	~	&#8764;	Operador til = varia com = semelhante a
&cong;		&#8773;	Aproximadamente igual a
&asymp;		&#8776;	Quase igual a

Continua

Caracteres Especiais

Nome da Entidade	Símbolo	Código Numérico	Descrição
&ne;		&#8800;	Não igual a
&equiv;		&#8801;	Idêntico a
&le;		&#8804;	Menor ou igual
&ge;		&#8805;	Maior ou igual a
&sub;		&#8834;	Subconjunto de
&sup;		&#8835;	Superconjunto de
&nsub;		&#8836;	Não é um subconjunto de
&sube;		&#8838;	Subconjunto de ou igual a
&supe;		&#8839;	Superconjunto de ou igual a
&oplus;		&#8853;	Soma com círculo = soma direta
&otimes;		&#8855;	Vezes com círculo = produto de vetores
&perp;		&#8869;	Ortogonal = perpendicular
&sdot;	·	&#8901;	Operador de ponto
Miscelânea técnica			
&lceil;		&#8968;	Alto para direita
&rceil;		&#8969;	Alto para esquerda
&lfloor;		&#8970;	Baixo para direita
Miscelânea técnica			
&rfloor;		&#8971;	Baixo para esquerda
&lang;		&#9001;	ângulo para esquerda
&rang;		&#9002;	ângulo para direita
Forma Geométrica			
&loz;		&#9001;	Losângulo
Símbolos de Miscelânea			
&spades;		&#9824;	Naipe de espadas
&clubs;		&#9827;	Naipe de paus
&hearts;		&#9829;	Naipe de copas
&diams;		&#9830;	Naipes de ouro
Caracteres de Internacionalização e de Marcação			
&quot;		&#34;	Aspas
&amp;	&	&#38;	E comercial

Continua

Nome da Entidade	Símbolo	Código Numérico	Descrição
&lt;	<	&#60;	Menor que
&gt;	>	&#62;	Maior que
&OElig;		&#338;	Ligação OE latina em maiúsculas
&oelig;		&#339;	Ligação OE latina em minúsculas
&Scaron;	Š	&#352;	S latina em maiúscula com caron
&scaron;	š	&#353;	S latina em minúscula com caron
&Yuml;	Ÿ	&#376;	Y latina em maiúscula com trema
Modificadores de Espaço			
&circ;	ˆ	&#710;	Letra modificadora com acento circunflexo
&tilde;	˜	&#732;	Til pequeno
Pontuação Geral			
			Espaço en
			Espaço em
			Espaço fino
&zwnj;		&#8204;	Sem junção de largura zero
&zwj;		&#8205;	Junção de largura zero
&lrm;		&#8206;	Marcador esquerda-para-direita
&rlm;		&#8207;	Marcador direita-para-esquerda
&ndash;	–	&#8211;	Hífen en
&mdash;	—	&#8212;	Hífen em
&lsquo;	'	&#8216;	Aspa esquerda simples
&rsquo;	'	&#8217;	Aspa direita simples
&sbquo;	‚	&#8218;	Aspa simples baixa 9
&ldquo;	"	&#8220;	Aspa esquerda dupla
&rdquo;	"	&#8221;	Aspa direita dupla
&bdquo;	„	&#8222;	Aspa dupla baixa 9
&dagger;	†	&#8224;	*Dagger*

Continua

Nome da Entidade	Símbolo	Código Numérico	Descrição
&Dagger;	‡	&#8225;	*Dagger* duplo
&permil;	‰	&#8240;	Sinal por mil
&lsaquo;	‹	&#8249;	Ângulo simples para esquerda (porposto, mas ainda não padronizado)
&rsaquo;	›	&#8250;	Ângulo simples para esquerda (porposto, mas ainda não padronizado)
&euro;	€	&#8364;	Sinal do euro

G

Códigos de Línguas

A tabela a seguir mostra os códigos de línguas ISO 639 de duas letras que são usadas para declarar a língua de um documento nos atributos lang e xml:lang. Ela cobre muitas das principais línguas do mundo.

País/Idioma	Código ISO	País/Idioma	Código ISO
Abkhazia	AB	Bengali; Bangladesh	BN
Afan (Oromo)	OM	Butão	DZ
Afar	AA	Bihari	BH
Afrikâner	AF	Bislama	BI
Albanês	SQ	Bretão	BR
Amárico	AM	Búlgaro	BG
Árabe	AR	Birmanês	MY
Armênio	HY	Bielorusso	BE
Assamês	AS	Cambojano	KM
Aymará	AY	Catalão	CA
Azerbaijão	AZ	Chinês	ZH
Bashkir	BA	Córsego	CO
Basco	EU	Croata	HR
Tcheco	CS	Islandês	IS
Dinamarquês	DA	Indonésio	ID
Holandês	NL	Interlíngua	IA
Inglês	EN	Interlíngue	IE
Esperanto	EO	Inuktitut	IU
Estoniano	ET	Inupiak	IK

Continua

País/Idioma	Código ISO	País/Idioma	Código ISO
Faroense	FO	Irlandês	GA
Fijiano	FJ	Italiano	IT
Finlandês	FI	Japonês	JA
Francês	FR	Javanês	JV
Frísio	FY	Kannada	KN
Galego	GL	Cashemirês	KS
Georgiano	KA	Cazaque	KK
Alemão	DE	Kinyarwanda	RW
Grego	EL	Kirghiztão	KY
Groenlandês	KL	Kurundi	RN
Guarani	GN	Coreano	KO
Gujarati	GU	Curdo	KU
Hausa	HA	Laonês	LO
Hebraico	HE	Latino	LA
Hindu	HI	Letoniano;	LV
Húngaro	HU	Lingala	LN
Lituano	LT	Romeno	RO
Macedônio	MK	Russo	RU
Málaga	MG	Samoanês	SM
Malaio	MS	Sangho	SG
Malayalam	ML	Sânscrito	SA
Maltês	MT	Gaélico Escocês	GD
Maori	MI	Sérvio	SR
Marathi	MR	Servo-Croata	SH
Moldávio	MO	Sesotho	ST
MongolÊS	MN	Setswana	TN
Nauru	NA	Shona	SN
Nepalês	NE	Sindhi	SD
Norueguês	NO	Senegalês	SI
Occitan	OC	Siswati	SS
Oriya	OR	Eslovaco	SK
Pashto; Pushto	PS	Esloveno	SL
Persa (Farsi)	FA	Somali	SO

Continua

País/Idioma	Código ISO	País/Idioma	Código ISO
Polonês	PL	Espanhol	ES
Português	PT	Sudanês	SU
Punjabi	PA	Suaíle	SW
Quechua	QU	Sueco	SV
Reto-romano	RM	Tagalog	TL
Tajiquistanês	TG	Ucraniano	UK
Tamil	TA	Urdu	UR
Tatar	TT	Usbeque	UZ
Telugu	TE	Vietnamita	VI
Tailandês	TH	Volapuk	VO
Tibetano	BO	Galês	CY
Tigrinya	TI	Wolof	WO
Tonga	TO	Xhosa	XH
Tsonga	TS	Iídiche	YI
Turco	TR	Yoruba	YO
Turcomeno	TK	Zhuang	ZA
Twi	TW	Zulu	ZU
Uigur	UG		

Tipos de Mídia MIME

Você viu o atributo type usado por todo este livro em uma quantidade de exercícios, o valor do qual era um tipo de mídia MIME.

Tipos de mídia MIME (Multipurpose Internet Mail Extension) foram concebidos inicialmente de modo que e-mails pudessem incluir informações além de texto simples. Tipos de mídia MIME indicam o seguinte:

- Como as parte de uma mensagem, como textos e anexos, são combinadas na mensagem
- A forma através da qual cada parte da mensagem é especificada
- A forma através da qual os itens são codificados para transmissão de modo que mesmo software que tenha sido projetado para funcionar apenas com texto ASCII possa processar a mensagem

Como você viu, entretanto, tipos MIME não são apenas para uso com e-mails; eles foram adotados por servidores web como uma forma de informar aos navegadores web sobre o tipo de material que está sendo enviado para eles, de forma que possam lidar com esse tipo de arquivo corretamente.

Os tipos de conteúdo MIME consistem de duas partes:

- Um tipo principal
- Um sub-tipo

O tipo principal é separado do sub-tipo por uma barra para a frente – por exemplo, text/html para HTML.

Este apêndice está organizado por tipos principais:

- text
- image
- multipart
- audio

- video
- message
- model
- application

Por exemplo, o tipo principal texto contém tipos de arquivos de texto simples, como:

- text/plain para arquivos de texto simples
- text/html para arquivos HTML
- text/rtf para arquivos usando a formatação RTF

Tipos MIME devem oficialmente ser atribuídos e listados pela Internet Assigned Numbers Authority (IANA).

Muitos tipos MIME populares nesta lista (todos aqueles que começam com "x-") não são atribuídos pela IANA e não têm status de oficial. (Isso dito, devo mencionar que alguns desses são muito populares e suportados pelos navegadores, como audio/x-mp3. Você pode ver a lista de tipos oficiais MIME em www.iana.org/assignments/media-types/.)

Aqueles precedidos por .vnd são específicos de vendedores.

Os tipos MIME mais populares estão listados neste apêndice em negrito para lhe ajudar a encontrá-los.

text

Observe que, ao especificar o tipo MIME de um campo de tipo de conteúdo (por exemplo, em um elemento <meta>), você também pode indicar o conjunto de caracteres para o texto sendo usado. Por exemplo:

```
content-type:text/plain; charset=iso-8859-1
```

Se você não especificar um conjunto de caracteres, o padrão será US-ASCII.

calendar	parityfec	richtext
css	**plain**	**rtf**
directory	prs.fallenstein.rst	**sgml**
enriched	prs.lines.tag	t140
html	rfc822-headers	tab-separated-values
uri-list	vnd.in3d.spot	vnd.sun.j2me.app-descriptor
		Continua

calendar	parityfec	richtext
vnd.abc	vnd.IPTC.NewsML	vnd.wap.si
vnd.curl	vnd.IPTC.NITF	vnd.wap.sl
vnd.DMClientScript	vnd.latex-z	vnd.wap.wml
vnd.fly	vnd.motorola.reflex	vnd.wap.wmlscript
vnd.fmi.flexstor	vnd.ms-mediapackage	**xml**
vnd.in3d.3dml	vnd.net2phone.commcenter.command	**xml-external-parsed-entity**

image

bmp	tiff-fx	vnd.mix
cgm	vnd.cns.inf2	vnd.ms-modi
g3fax	vnd.djvu	vnd.net-fpx
gif	vnd.dwg	vnd.sealed.png
ief	vnd.dxf	vnd.sealedmedia.softseal.gif
jpeg	vnd.fastbidsheet	vnd.sealedmedia.softseal.jpg
naplps	vnd.fpx	vnd.svf
png	vnd.fst	vnd.wap.wbmp
prs.btif	vnd.fujixerox.edmics-mmr	vnd.xiff
prs.pti	vnd.fujixerox.edmics-rlc	**x-portable-pixmap**
t38	vnd.globalgraphics.pgb	**x-xbitmap**
tiff	vnd.microsoft.icon	

multipart

alternative	**form-data**	report
appledouble	header-set	signed
byteranges	mixed	voice-message
digest	parallel	
encrypted	related	

audio

32kadpcm	G726-24	**MP4A-LATM**
AMR	G726-32	mpa-robust
AMR-WB	G726-40	**mpeg**
basic	G728	mpeg4-generic
CN	G729	parityfec
DAT12	G729D	PCMA
dsr-es201108	G729E	PCMU
DVI4	GSM	prs.sid
EVRC	GSM-EFR	QCELP
EVRC0	L8	RED
EVRC-QCP	L16	SMV
G722	L20	SMV0
G.722.1	L24	SMV-QCP
G723	LPC	telephone-event
G726-16	**MPA**	tone
VDVI	vnd.nokia.mobile-xmf	vnd.sealedmedia.softseal.mpeg
vnd.3gpp.iufp	vnd.nortel.vbk	vnd.vmx.cvsd
vnd.cisco.nse	vnd.nuera.ecelp4800	**x-aiff**
vnd.cns.anp1	vnd.nuera.ecelp7470	**x-midi**
vnd.cns.inf1	vnd.nuera.ecelp9600	x-mod
vnd.digital-winds	vnd.octel.sbc	**x-mp3**
vnd.everad.plj	vnd.qcelp — desatualizado, use audio/qcelp **x-wav**	
vnd.lucent.voice	vnd.rhetorex.32kadpcm	

video

BMPEG	MP4V-ES	vnd.mpegurl
BT656	MPV	vnd.nokia.interleaved-multimedia
CelB	**mpeg**	vnd.objectvideo
DV	mpeg4-generic	vnd.sealed.mpeg1
H261	nv	vnd.sealed.mpeg4
H263	parityfec	vnd.sealed.swf
H263-1998	pointer	vnd.sealedmedia.softseal.mov
H263-2000	**quicktime**	vnd.vivo
JPEG	SMPTE292M	**x-sgi-movie**
MP1S	vnd.fvt	**x-msvideo**
MP2P	vnd.motorola.video	
MP2T	vnd.motorola.videop	

message

CPIM	http	s-http
delivery-status	news	sip
disposition-notification	partial	sipfrag
external-body	rfc822	

model

iges	vnd.gdl	vnd.parasolid.transmit.binary
mesh	vnd.gs-gdl	vnd.parasolid.transmit.text
vnd.dwf	vnd.gtw	vnd.vtu
vnd.flatland.3dml	vnd.mts	**vrml**

application

activemessage	cpl+xml	eshop
andrew-inset	cybercash	font-tdpfr
applefile	dca-rft	http
atomicmail	dec-dx	hyperstudio
batch-SMTP	dicom	iges
beep+xml	dvcs	index
cals-1840	EDI-Consent	index.cmd
cnrp+xml	EDIFACT	index.obj
commonground	EDI-X12	index.response
index.vnd	pkcs10	sgml-open-catalog
iotp	pkcs7-mime	sieve
ipp	pkcs7-signature	slate
isup	pkix-cert	timestamp-query
mac-binhex40	pkixcmp	timestamp-reply
macwriteii	pkix-crl	tve-trigger
marc	pkix-pkipath	vemmi
mathematica	**postscript**	vnd.3gpp.pic-bw-large
mpeg4-generic	prs.alvestrand.titrax-sheet vnd.3gpp.pic-bw-small	
msword	prs.cww	vnd.3gpp.pic-bw-var
news-message-id	prs.nprend	vnd.3gpp.sms
news-transmission	prs.plucker	vnd.3M.Post-it-Notes
ocsp-request	qsig	vnd.accpac.simply.aso
ocsp-response	reginfo+xml	vnd.accpac.simply.imp
octet-stream	remote-printing	vnd.acucobol
oda	riscos	vnd.acucorp
ogg	rtf	vnd.adobe.xfdf
parityfec	sdp	vnd.aether.imp
pdf	set-payment	vnd.amiga.ami
pgp-encrypted	set-payment-initiation	vnd.anser-web-certificate-issue-initiation
pgp-keys	set-registration	vnd.anser-web-funds-transfer-initiation

Continua

pgp-signature	set-registration-initiation	vnd.audiograph
pidf+xml	sgml	vnd.blueice.multipass
vnd.bmi	vnd.ecowin.chart	vnd.fujitsu.oasysgp
vnd.businessobjects vnd.ecowin.filerequest	vnd.fujitsu.oasysprs	
vnd.canon-cpdl	vnd.ecowin.fileupdate	vnd.fujixerox.ddd
vnd.canon-lips	vnd.ecowin.series	vnd.fujixerox.docuworks
vnd.cinderella	vnd.ecowin.seriesrequest	vnd.fujixerox.docuworks.binder
vnd.claymore	vnd.ecowin.seriesupdate	vnd.fut-misnet
vnd.commerce-battelle vnd.enliven	vnd.genomatix.tuxedo	
vnd.commonspace vnd.epson.esf	vnd.grafeq	
vnd.cosmocaller	vnd.epson.msf	vnd.groove-account
vnd.contact.cmsg	vnd.epson.quickanime	vnd.groove-help
vnd.criticaltools.wbs+xml vnd.epson.salt	vnd.groove-identity-message	
vnd.ctc-posml	vnd.epson.ssf	vnd.groove-injector
vnd.cups-postscript vnd.ericsson.quickcall	vnd.groove-tool-message	
vnd.cups-raster	vnd.eudora.data	vnd.groove-tool-template
vnd.cups-raw	vnd.fdf	vnd.groove-vcard
vnd.curl	vnd.ffsns	vnd.hbci
vnd.cybank	vnd.fints	vnd.hhe.lesson-player
vnd.data-vision.rdz vnd.FloGraphIt	vnd.hp-HPGL	
vnd.dna	vnd.framemaker	vnd.hp-hpid
vnd.dpgraph	vnd.fsc.weblaunch	vnd.hp-hps
vnd.dreamfactory	vnd.fujitsu.oasys	vnd.hp-PCL
vnd.dxr	vnd.fujitsu.oasys2	vnd.hp-PCLXL
vnd.ecdis-update	vnd.fujitsu.oasys3	vnd.httphone
vnd.hzn-3d-crossword	vnd.japannet-setstore-wakeup	vnd.lotus-notes
vnd.ibm.afplinedata	vnd.japannet-verification	vnd.lotus-organizer

Continua

vnd.ibm.electronic-media	vnd.japannet-verificationwakeup vnd.lotus-screencam	
vnd.ibm.MiniPay	vnd.jisp	vnd.lotus-wordpro
vnd.ibm.modcap	vnd.kde.karbon	vnd.mcd
vnd.ibm.rights-management	vnd.kde.kchart	vnd.mediastation.cdkey
vnd.ibm.secure-container	vnd.kde.kformula	vnd.meridian-slingshot
vnd.informix-visionary	vnd.kde.kivio	vnd.micrografx.flo
vnd.intercon.formnet	vnd.kde.kontour	vnd.micrografx.igx
vnd.intertrust.digibox	vnd.kde.kpresenter vnd.mif	
vnd.intertrust.nncp	vnd.kde.kspread	vnd.minisoft-hp3000-save
vnd.intu.qbo	vnd.kde.kword	vnd.mitsubishi.misty-guard
.trustweb		
vnd.intu.qfx	vnd.kenameaapp	vnd.Mobius.DAF
vnd.ipunplugged.rcprofile	vnd.kidspiration	vnd.Mobius.DIS
vnd.irepository.package+xml	vnd.koan	vnd.Mobius.MBK
vnd.is-xpr	vnd.liberty-request+xml	vnd.Mobius.MQY
vnd.japannet-directoryservice	vnd.llamagraphics.lifebalance.desktop vnd.Mobius.MSL	
vnd.japannet-jpnstore-wakeup	vnd.llamagraphics.lifebalance.exchange+xml vnd.Mobius.PLC	
vnd.japannet-payment-wakeup	vnd.lotus-1-2-3	vnd.Mobius.TXF
vnd.japannet-registration	vnd.lotus-approach vnd.mophun.application	
vnd.japannet-registrationwakeup vnd.lotus-freelance vnd.mophun.certificate		
vnd.motorola.flexsuite	vnd.netfpx	vnd.pvi.ptid1

Continua

vnd.motorola.flexsuite.adsi [RFC3391]	vnd.noblenet-directory	vnd.pwg-multiplexed
vnd.motorola.flexsuite.fis	vnd.noblenet-sealer	vnd.pwg-xhtml-print+xml
vnd.motorola.flexsuite.gotap	vnd.noblenet-web	vnd.Quark.QuarkXPress
vnd.motorola.flexsuite.kmr	vnd.novadigm.EDM	vnd.rapid
vnd.motorola.flexsuite.ttc	vnd.novadigm.EDX	vnd.s3sms
vnd.motorola.flexsuite.wem	vnd.novadigm.EXT	vnd.sealed.doc
vnd.mozilla.xul+xml	vnd.obn	vnd.sealed.eml
vnd.ms-artgalry	vnd.osa.netdeploy	vnd.sealed.mht
vnd.ms-asf	vnd.palm	vnd.sealed.net
vnd.mseq	vnd.paos.xml	vnd.sealed.ppt
vnd.ms-excel	vnd.pg.format	vnd.sealed.xls
vnd.msign	vnd.pg.osasli	vnd.sealedmedia.softseal.html
vnd.ms-lrm	vnd.picsel	vnd.sealedmedia.softseal.pdf
vnd.ms-powerpoint	vnd.powerbuilder6	vnd.seemail
vnd.ms-project	vnd.powerbuilder6-s	vnd.shana.informed.formdata
vnd.ms-tnef	vnd.powerbuilder7	vnd.shana.informed.formtemplate
vnd.ms-works	vnd.powerbuilder7-s vnd.shana.informed.interchange	
vnd.ms-wpl	vnd.powerbuilder75	vnd.shana.informed.package
vnd.musician	vnd.powerbuilder75-s	vnd.smaf
vnd.music-niff	vnd.previewsystems.box	vnd.sss-cod
vnd.nervana	vnd.publishare-delta-tree vnd.sss-dtf	
vnd.sss-ntf	vnd.vectorworks	vnd.yamaha.smaf-audio
vnd.street-stream	vnd.vidsoft.vidconference vnd.yamaha.smaf-phrase	

Continua

vnd.svd vnd.visio	vnd.yellowriver-custom-menu	
vnd.swiftview-ics	vnd.visionary	watcherinfo+xml
vnd.triscape.mxs	vnd.vividence.scriptfile	whoispp-query
vnd.trueapp	vnd.vsf	whoispp-response
vnd.truedoc	vnd.wap.sic	wita
vnd.ufdl	vnd.wap.slc	wordperfect5.1
vnd.uiq.theme	vnd.wap.wbxml	x400-bp
vnd.uplanet.alert	vnd.wap.wmlc	**x-debian-package**
vnd.uplanet.alert-wbxml	vnd.wap.wmlscriptc	**x-gzip**
vnd.uplanet.bearer-choice	vnd.webturbo	**x-java**
vnd.uplanet.bearerchoice-wbxml	vnd.wqd	**x-javascript**
vnd.uplanet.cacheop	vnd.wrq-hp3000-labelled	x-msaccess
vnd.uplanet.cacheop-wbxml	vnd.wt.stf	**x-msexcel**
vnd.uplanet.channel	vnd.wv.csp+xml	**x-mspowerpoint**
vnd.uplanet.channel-wbxml	vnd.wv.csp+wbxml	x-rpm
vnd.uplanet.list	vnd.wv.ssp+xml	**x-zip**
vnd.uplanet.list-wbxml	vnd.xara	xhtml+xml
vnd.uplanet.listcmd	vnd.xfdl	**xml**
vnd.uplanet.listcmd-wbxml	vnd.yamaha.hv-dic	**xml-dtd**
vnd.uplanet.signal	vnd.yamaha.hv-script	**xml-external-parsed-entity**
vnd.vcx	vnd.yamaha.hv-voice	**zip**

I

Marcadores Desatualizados e Específicos de Navegadores

À medida em que as versões de HTML e XHTML se desenvolvem, muitas marcações são *desatualizadas*, o que significa que já foram removidas das especificações XHTML ou o serão nas próximas versões. Embora você ainda seja capaz de usar muitas dessas marcações com Transitional XHTML, Strict XHTML 1.0 já removeu a maioria dos elementos, atributos e estilos sobre os quais você lerá neste apêndice.

Eu incluí neste livro, apesar das marcações estarem desatualizadas, porque você provavelmente irá se deparar com elas no código de outras pessoas ou nas raras situações nas quais você possa precisar usá-las em alguma tarefa (por exemplo, se precisar funcionar em navegadores muito antigos como o IE3 e o Netscape 3) e alguns desses navegadores não suportarão o que você quer fazer com CSS.

Além de marcadores desatualizados, você ainda verá também algumas das marcações que poderá encontrar. Essa é uma marcação que a Microsoft ou a Netscape (e em alguns casos ambas as empresas) adicionaram a seus navegadores para permitir aos usuários fazer mais coisas do que seus competidores – mas esses elementos e atributos nunca entraram nas recomendações HTML e são portanto chamados de *marcadores específicos de navegadores*.

Assim, este apêndice não apenas lhe auxilia a lidar com marcadores desatualizados que você encontrará, mas também poderá usar algumas técnicas para obter os resultados que quiser. Este apêndice cobre o seguinte:

❑ Elementos e atributos que foram desatualizados em versões recentes de HTML e XHTML

❑ Especificação da aparência de fontes sem o uso de CSS

❑ Controle de fundos sem o uso de CSS

❑ Controle de apresentações de conexões, listas e tabelas sem usar CSS

❑ Elementos e atributos que controlam a formatação de um documento

798 @ Introdução à Programação WEB com HTML, XHTML e CSS

- Elementos, atributos e estilos que a Microsoft adicionou ao IE (mas que não são suportados por outros fabricantes de navegadores)
- Elementos, atributos e estilos que a Netscape adicionou ao Navigator (mas que não são suportados por outros fabricantes de navegadores)

Antes que você examine algum destes marcadores, contudo, uma palavra rápida sobre o porquê de um apêndice sobre marcadores desatualizados.

Por que Existem Marcadores Desatualizados

No primeiro capítulo, expliquei como XHTML 1.0 foi criada após sua predecessora (HTML) ter chegado na versão 4.01. Com cada versão de HTML, novos elementos e atributos são acrescentados e antigos são removidos. Estas mudanças foram necessárias não apenas porque os autores de páginas web querem criar páginas cada vez mais complicadas, mas também porque os tipos de navegadores (também conhecidos como *clientes*) acessando a Internet mudam.

Enquanto você costumava poder navegar a web apenas em computadores desktop, muitos dispositivos novos estão entrando online, e esses novos dispositivos são parte do motivo pelo qual a marcação que descreve o conteúdo de um documento (cabeçalhos, parágrafos e assim por diante) tem sido separada das regras de apresentação.

Em versões mais antigas de HTML, antes que CSS fossem introduzidas, HTML continha marcadores que podiam ser usados para controlar a apresentação de uma página web (como o elemento <font> que controlava a fonte usada em um documento, ou o atributo <bgcolor> que estabelecia a cor de fundo de uma página). A separação do estilo do conte e a introdução das CSS foram as maiores fontes de marcadores desatualizados.

Infelizmente, os navegadores mais antigos que foram construídos antes das CSS e outros marcadores mais recentes simplesmente não entenderão as formas mais novas de fazer as coisas e, se você tiver que criar um web site para o IE3 ou o Netscape 3, terá que pensar com muito cuidado sobre usar CSS (que eles mal entendem, se entenderem) ou então usar esses elementos e atributos desatualizados. Na verdade, é muito improvável que você tenha que criar marcadores que funcionem nesses navegadores antigos; entretanto, você precisa entender como funciona uma página escrita naquela época.

Páginas Mais Antigas Quebram Muitas Regras

Você deve estar ciente de que muitas das páginas que vê na Web provavelmente quebram muitas das regras que você aprendeu até agora. Você verá nomes de atributos e elementos em maiúsculas e minúsculas, verá a falta de aspas em valores de atributos, até mesmo atributos sem valores e elementos que não têm rótulos de fechamento. Você verá páginas sem declarações DOCTYPE e páginas poluídas com marcadores desatualizados. Tenha em mente, entretanto, que muitas das páginas que quebram as regras que você aprendeu podem ter sido escritas quando as regras não eram tão estritas e, quando da escrita do código, podem ter sido perfeitamente aceitáveis.

> Mesmo se uma página com marcadores ruins ou desatualizados parecer bem no seu navegador, ainda assim é sábio evitar hábitos ruins a todo custo; caso contrário, suas páginas não poderão ser visualizadas por tantos navegadores no futuro.

Não são apenas humanos que escreveram código que pode ser desaprovado atualmente. As primeiras versões de ferramentas de autoração como o Microsoft FrontPage e o Macromedia Dreamweaver às vezes geravam código que tinha letras maiúsculas estranhas ou falta de aspas, e tinham atributos sem valores. Isso certamente mostra que não é bom segui-las. As primeiras versões desses programas foram escritas antes que XHTML aparecesse com suas regras estritas (que foram discutidas no Capítulo 1). Navegadores mais antigos são muito condescendentes com código que não seja escrito corretamente e foram projetados para exibir uma página de alguma forma. Mas esse é um dos principais motivos pelos quais os navegadores têm aumentado de tamanho – navegadores futuros não serão necessariamente tão condescendes.

Você foi avisado de que este apêndice conterá algumas coisas estranhas, mas se lembrar de continuar com os princípios que aprendeu nesse livro (e não esqueça aspas, valores de atributos e elementos de fechamento, nem siga hábitos ruins que outros tenham), suas páginas ficarão disponíveis para muito mais pessoas e suas habilidades serão mais comercializáveis.

Fontes

Nesta seção, você aprenderá sobre diversos elementos (e seus atributos) que afetam a aparência de texto e fontes, todos os quais foram desatualizados.

O Elemento <font>

Este elemento foi introduzido em HTML 3.2 e desatualizado em HTML 4.0, mas ainda é amplamente usado atualmente. Ele permite a você indicar a fonte, tamanho e cor que o navegador deve exibir entre os rótulos de abertura <font> e de fechamento </font>. Você provavelmente possa encontrar site poluídos com rótulos<font>, um para cada vez que você vir o estilo de texto mudar na página.

A tabela a seguir mostra os três atributos nos quais o elemento <font> se baseia.

Nome do Atributo   Uso Valores

face	Especifica a fonte que deve ser usada	Nome das fontes a serem usadas (pode incluir mais de um nome em ordem de preferência)
size	Especifica o tamanho da fonte	Um número entre 1 e 7 onde 1 é o menor tamanho de fonte e 7 o maior
color	Especifica a cor da fonte	Um nome de cor ou valor hexadecimal (veja o Apêndice D)

A seguir está um exemplo de como o elemento <font> teria sido usado (ai_eg01.html). Você pode ver que há três ocorrências do elemento <font>:

```
<html>
	<head>
		<title>Exemplo do Elemento &lt;font&gt; </title>
	</head>
	<body>
		<p>Esta é a fonte padrão do navegador.</p>
		<font face="arial, verdana, sans-serif" size="2">
			<h1>Exemplo do Elemeno &lt;font&gt; </h1>
			<p><font size="4" color="darkgray">Aqui está algum de tamanho 3
			escrevendo na cor chamada darkgray. A fonte é determinada pelo
			elemento &lt;font&gt; anterior que contém este parágrafo.</font></p>
			<p><font face="courier" size="2" color="#000000">Agora aqui está uma                         fonte courier, tamanho 2, em preto</font></p>
		</font>
	</body>
</html>
```

O resultado deste exemplo é mostrado na Figura I-1.

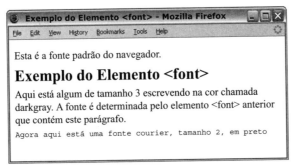

Figura I-1

Como você pode ver na Figura I-1, toda a escrita dentro de um elemento <font> segue as regras estabelecidas nos atributos do rótulo de abertura <font>. O primeiro parágrafo está na fonte padrão do navegador (que provavelmente é uma fonte da família Times tamanho 3 em preto). O primeiro elemento <font> aparece diretamente após esse parágrafo e contém o resto da página. Esse primeiro elemento <font> atua como uma configuração padrão para todos menos o primeiro parágrafo nesta página. O elemento não é fechado até antes do rótulo de fechamento <body> e, portanto, o resto do documento deve ficar na fonte Arial.

Como você pode ver, o nome da fonte Arial é seguido pelo nome da fonte Verdana; essa deve ser a segunda opção caso Arial não esteja disponível. A seguir, se Verdana não estiver disponível, a fonte sans-serif padrão do navegador deve ser usada:

```
<font face="arial, verdana, sans-serif" size="2">
```

Este elemento <font> também indica que o tamanho padrão do texto no resto do documento deve ser 2. Observe que o elemento <font> não sobrescreve o tamanho do elemento <h1>, mas não afeta a fonte usada – o cabeçalho é escrito em Arial.

Embora este elemento <font> esteja atuando como o padrão na maior parte da página, se você quiser que uma parte específica da página tenha alguma outra propriedade de fonte, pode indicar isso em outro elemento <font>.

Você pode ver no segundo parágrafo que a cor e o tamanho da fonte são alterados para cinza escuro em tamanho 4.

```
<p><font size="4" color="darkgray">Aqui está algo em tamanho 4 cinza escuro</font></p>
```

O terceiro parágrafo usa então uma fonte diferente, de tamanho menor, e preta:

```
<p><font face="courier" size="2" color="#000000">Agora aqui está uma fonte courier, tamanho 2, em preto</font></p>
```

Observe que você pode ter que usar elementos <font> dentro de elementos <td> e <th>, já que os estilos especificados fora de tabelas não são herdados pelo texto dentro das células. A Figura I-2 mostra os diferentes tamanhos de fontes de 1 a 7 (ai_eg02.html).

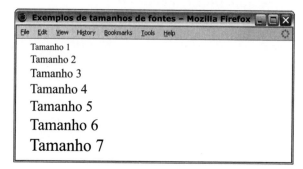

Figura I-2

Tamanhos de fontes podem mudar ligeiramente de navegador para navegador, de forma que você não pode se basear neles tendo exatamente o mesmo número de pixels de altura ou largura em um layout.

O método preferido com CSS seria usar as propriedades font-family, font-size e color no elemento contendo o texto que você quisesse configurar o estilo. Você aprendeu sobre essas propriedades CSS no Capítulo 7.

O Atributo text

O atributo text é usado no elemento <body> para indicar a cor padrão no documento; ele foi desatualizado em HTML 4. Seu valor deve ser um nome de cor ou uma cor em hexadecimal. Por exemplo (ai_eg03.html):

```
<body text="#999999">
    Esse texto deve estar em uma cor diferente do próximo trecho
        <font color="#000000">, que é preto, </font> e agora voltamos para cinza.
</body>
```

Você pode ver o resultado na Figura I-3.

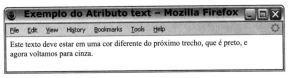

Figura I-3

O Elemento <basefont>

Este elemento deve configurar um tamanho, cor e fonte para quaisquer partes do documento que não estejam dentro de um elemento <font>. Você pode usar os elementos <font> para sobrescrever as configurações de <basefont>. Entretanto, isso não é suportado no Firefox ou no Netscape 6, e outros navegadores nem sempre obedecem às configurações em tabelas e cabeçalhos.

Os atributos que o elemento <basefont> recebe são exatamente os mesmos do elemento <font>, que você acabou de ver. Novamente, elementos como os de cabeçalho permanecerão com o seu tamanho.

Você também pode configurar o tamanho de fontes relativamente ao tamanho de <basefont> dando a elas um valor de +1 para um tamanho maior ou -2 para dois tamanhos menor (na mesma escala de 1 a 7).

Você pode ver estes efeitos revendo o exemplo anterior e fazendo algumas alterações – estas estão destacadas (ai_eg04.html):

```
<html>
    <head>
        <title>Exemplo do  Elemento &lt;basefont&gt; </title>
    </head>
    <body>
        <basefont face="arial, verdana, sans-serif" size="2" color="#ff0000">
        <p>Esta á a fonte padrão da página.</p>
            <h2>Exemplo do Elemento &lt;basefont&gt; </h2>
            <p><font size="+4" color="darkgray">Aqui está um texto em                cinza quatro vezes maior</font></p>
            <p><font face="courier" size="-1" color="#000000">Aqui está uma                         fonte courier, um tamanho menor, em preto</font></p>
    </body>
</html>
```

Você pode ver o resultado na Figura I-4 mostrado no Internet Explorer (porque o exemplo não funciona no Firefox).

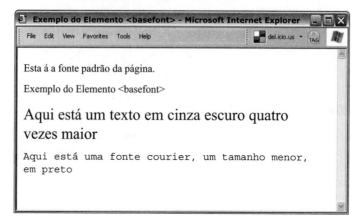

Figura I-4

Como você pode ver, a fonte padrão agora pega as propriedades especificadas no elemento <basefont>; é vermelha, tamanho 2 e usa a fonte Arial.

O parágrafo após o elemento <h2> usa um tamanho de fonte quatro tamanhos maior do que o tamanho padrão e o texto é cinza, enquanto que o parágrafo a seguir usa uma fonte um tamanho menor do que a fonte padrão - você também pode ver que a cor dessa fonte é preta (sobrescrevendo a padrão).

Devido ao fato deste elemento ter sido desatualizado em HTML 4, a opção preferida é usar estilos CSS para o elemento <body> para estabelecer propriedades padrão da fonte para o documento.

Os Elementos <s> e <strike>

Tanto o elemento <s> quanto o <strike> foram adicionados à HTML na versão 3.2 e desatualizados na versão 4. Eles indicam que seu conteúdo deve ter um rasurado. Por exemplo (ai_eg05.html):

```
<s>Este texto terá uma linha através dele</s>
<strike>Este texto também terá uma linha através dele.</strike>
```

Você pode ver os resultados na Figura I-5.

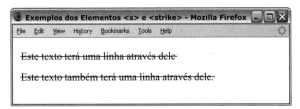

Figura I-5

Você deve usar agora a propriedade text-decoration em CSS, com um valor de strikethrough, a menos que esteja tentando indicar conteúdo apagado, em cujo caso deve usar o elemento <del>.

O Elemento <u>

Este elemento exibe seu conteúdo sublinhado. Foi introduzido em HTML 3.2 e desatualizado na versão 4.

```
<u>Este texto deve ficar sublinhado.</u>
```

Você pode ver o efeito na Figura I-6.

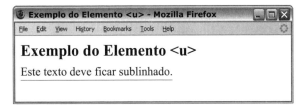

Figura I-6

Você deve usar agora a propriedade text-decoration em CSS com um valor de underline, a menos que esteja tentando indicar conteúdo adicionado (quando um documento tiver sido revisado), em cujo caso você deve usar o elemento <ins>.

Os Elementos <listing>, <plaintext> e <xmp>

Estes três elementos estão todos obsoletos; eles foram introduzidos em HTML 2 e removidos da HTML 4. Eles estão incluídos aqui apenas porque você pode se deparar com eles em exemplos antigos.

Todos os três elementos exibem texto em uma fonte monoespaço da mesma forma que o elemento <pre> faz.

O elemento <xmp> foi projetado para um trecho curto de código de exemplo e não pode conter qualquer outra marcação; quaisquer caracteres como sinais de maior ou de menor em nomes de elementos são exibidos como se fossem texto, de modo que você não precisa usar caracteres de espaço para eles. É recomendado que o autor use um limite máximo de 80 caracteres em uma linha.

O elemento <listing> tem um limite recomendado de 132 caracteres por linha e tende a exibir texto em uma fonte pequena.

O rótulo <plaintext> indica que *qualquer coisa* que se seguir a ele deve aparecer como texto simples, inclusive marcadores. Devido ao fato de que tudo após o elemento <plaintext> ser exibido como texto normal, incluindo rótulos, não há rótulo de fechamento (se você tentasse usar um rótulo </plaintext>, ele também seria exibido como texto normal).

Aqui está um exemplo destes três elementos (ai_eg07.html):

```
<body>
        <h2>Exemplo dos Elementos &lt;listing&gt;,
&lt;plaintext&gt; e &lt;xmp&gt;</h2>
        <listing>Estas palavras estão escritas dentro de um
elemento &lt;listing&gt;.</listing>
        <xmp>Estas palavras são escritas dentro de um elemento
<xmp>.</xmp>
        <plaintext>Estas palavras estão escritas dentro de um
elemento <plaintext>.
</body>
```

Você pode ver o resultado na Figura I-7. Observe como os caracteres de escape no elemento <xmp> são ignorados (esse também poderia conter sinais de maior e menor e eles seriam exibidos normalmente). Você também verá os rótulos de fechamento </body> e </html> porque qualquer coisa após o rótulo de abertura <plaintext> é tratado como texto simples:

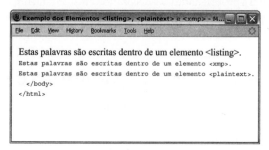

Figura I-7

Os substitutos em XHTML são <pre> e <samp>.

Fundos

Há dois atributos em HTML que permitiam a você alterar o fundo de uma página inteira ou uma parte dela:

❏ bgcolor, que permitia a você especificar uma cor de fundo no elemento <body> e em diversos elementos de tabela

❏ background, que permitia a você especificar uma imagem de fundo no elemento <body>

O Atributo bgcolor

O atributo bgcolor permitia a você especificar uma cor de fundo para o documento inteiro, ou apenas parte dele. Ele podia ser usado nos seguintes elementos:

<body> <table> <tr> <th> <td>

O valor do atributo deve ser um nome de cor ou cor em hexadecimais, conforme descrito no Apêndice D.

A seguir está um exemplo de documento usando algumas cores de fundo diferentes (ai_eg08.html):

```
<html>
        <head>
                <title>Exemplo do Atributo bgcolor</title>
        </head>
        <body bgcolor="#efefef">
                <h2>Exemplo do Atributo bgcolor</h2>
                <table bgcolor="#999999">
                        <tr>
                                <th bgcolor="#cccccc">Cabeçalho Um</th>
                                <th bgcolor="#cccccc">Cabeçalho Dois</th>
                        </tr>
                        <tr bgcolor="#f2f2f2">
                                <td>Célula Um</td>
                                <td>Célula Dois</td>
                        </tr>
                        <tr>
                                <td>Célula Três</td>
```

808 @ Introdução à Programação WEB com HTML, XHTML e CSS

```
                        <td>Célula Quatro</td>
                </tr>
        </body>
</html>
```

Você pode ver esta página na Figura I-8.

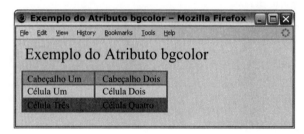

Figura I-8

A página tem uma cor de fundo cinza muito claro especificada no elemento <body>. A tabela tem então uma cor de fundo, a qual você pode ver na linha de baixo e em torno dos limites da tabela. Essa é a cor padrão da tabela. A seguir você pode ver o atributo bgcolor ser usado tanto no elemento <th> (os cabeçalhos da tabela) quando no elemento <tr> seguinte na primeira linha.

O método preferido de alteração de cores de fundo é usar a propriedade background-color em CSS.

O Atributo background

O atributo background permitia a você especificar uma imagem de fundo para a página inteira e seu valor devia ser a URL para a imagem de fundo (a qual poderia ser uma URL absoluta ou relativa). O Netscape e o Microsoft também permitiam que este atributo fosse usado em tabelas para criar uma imagem de fundo para as tabelas.

Aqui você pode ver um exemplo do atributo background sendo usado (ai_eg09.html):

```
<html>
        <head>
                <title>Exemplo do Atributo background</title>
        </head>
        <body background="images/background_large.gif" bgcolor="#f2f2f2">
                <h2>Exemplo do Atributo background</h2>
        </body>
```

```
</html>
```

Observe que o atributo bgcolor também tem sido usado no elemento <body>, que será usado se a imagem não puder ser encontrada. Você pode ver o resultado neste exemplo na Figura I-9.

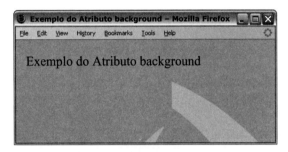

Figura I-9

Formatação

O próximo conjunto de elementos e atributos lhe auxilia a formatar e posicionar elementos e seu conteúdo na página.

O Elemento <center>

O elemento <center> foi introduzido pelo Netscape para permitir aos autores centralizar o conteúdo em uma página. Qualquer coisa entre os rótulos de abertura e de fechamento <center> serão centralizados horizontalmente no meio da página ou do elemento contêiner. Ele foi introduzido na especificação HTML 3.2 e desatualizado na HTML 4.

A seguir está um exemplo de como o elemento <center> foi usado. O exemplo também contém uma tabela por causa da forma interessante através da qual tabelas são manipuladas dentro de um elemento <center> (ai_eg10.html).

```
<body>
        <h2>Exemplo do Elemento &lt;center&gt; </h2>
        <center>
               Qualquer coisa dentro de um elemento &lt;center&gt;
é centralizada na
               página ou dentro do seu elemento contêiner.<br /><br
/>
               <table width="600" border="1">
```

```
                <tr>
                    <td>Células cujo conteúdo seja escrito dentro de um                            &lt;center&gt; serão centralizadas dentro da célula,
                        como a que está à direita.</td>
                    <td><center>O conteúdo desta célula deve ser centralizado.
                        </center> </td>
                </tr>
                <tr>
                    <td><center>O conteúdo desta célula deve ser centralizado.</center></td>
                    <td>Células cujo conteúdo seja escrito dentro de um                            &lt;center&gt; serão centralizadas dentro da célula
                        como a que está à esquerda.</td>
                </tr>
            </table>
        </center>
</body>
```

Neste exemplo (veja a Figura I-10) você pode ver como o rótulo <center> (logo após o elemento <h1> centraliza o conteúdo do resto da página. De modo interessante, ele centraliza qualquer texto na página e a própria tabela, mas não centraliza o texto nas células a menos que contenham elementos <center> dentro dos elementos <td>. (A tabela nesse exemplo recebeu uma borda usando o atributo border para ilustrar onde seu limite está localizado.)

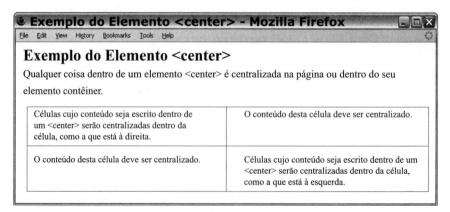

Figura I-10

O método preferido de alinhamento de conteúdo de texto é usar propriedades CSS como text-align.

O Atributo align

Este atributo align é usado com muitos elementos para indicar o posicionamento de um elemento dentro do navegador ou do seu elemento contêiner. Ele foi desatualizado em HTML 4.01.

Os valores possíveis para o atributo align são mostrados na tabela a seguir. Observe que o valor justify funciona apenas com texto e que, top, middle e bottom são menos suportados do que left, right e center.

Valor	Propósito
left	Alinha o elemento com o lado esquerdo da página ou do elemento contêiner
right	Alinha o elemento com o lado direito da página ou do elemento contêiner
center	Centraliza o elemento dentro da página ou do elemento contêiner
justify	Justifica as palavras pela página ou elemento contêiner de modo que os lados direito e esquerdo do texto toquem o contêiner
top	Alinha o elemento com o topo da janela do navegador ou do elemento contêiner
middle	Alinha verticalmente o elemento no meio da janela do navegador ou do elemento contêiner
bottom	Alinha verticalmente o elemento com a parte inferior da janela do navegador ou do elemento contêiner

Aqui estão os elementos que poderiam trazer o atributo align:

```
<caption> <applet> <iframe> <img> <input> <object> <legend> <table> <hr>
<div> <h1> <h2> <h3> <h4> <h5> <h6> <p>
```

O código a seguir contém alguns exemplos de como o atributo align pode ser usado (ai_eg11.html).

```
<body>
    <h2 align="center">Exemplo do Atributo align </h2>
        <table width="600" align="center" border="1">
            <tr>
```

```
                        <td align="left">O conteúdo desta
célula deve ficar alinhado à
esquerda.</td>
                        <td align="right">O conteúdo desta
célula deve ficar alinhado à
direita.</td>
                </tr>
                <tr>
                        <td align="center">O conteúdo
desta célula deve ser
centralizado.</td>
                        <td width="300" align="justify">O
conteúdo desta célula deve                               ser
justificado, mas precisa se espalhar por mais de uma
             linha para que seja possível a visualização do seu
                                    funcionamento.</td>
                </tr>
        </table>
</body>
```

Você pode ver aqui que os elementos <h1> e <table> estão ambos centralizados e cada célula na tabela usa um tipo diferente de alinhamento.

Para que o texto seja justificado, ele precisa passar para mais de um linha (é por isso que o elemento <td> traz um atributo width neste exemplo). A última linha de um parágrafo justificado não tem que se estender até as bordas esquerda e direita do navegador ou do seu elemento contêiner como as outras linhas fazem.

A Figura I-11 mostra como esta página se parece. 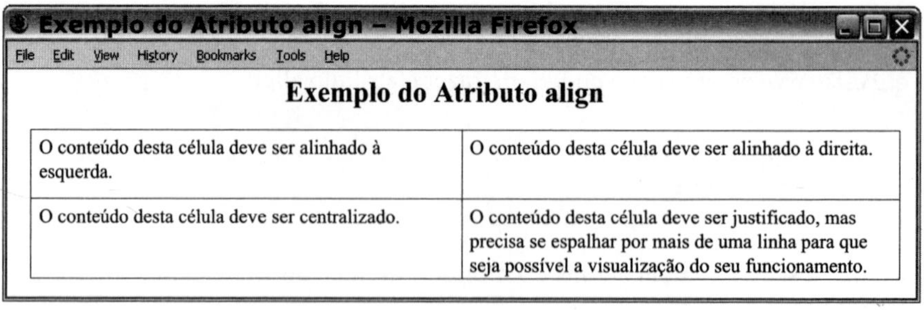

Figura I-11

Os métodos preferidos de alinhamento de conteúdo em CSS são as propriedades text-align e vertical-align e o posicionamento float.

O Atributo width

O atributo width estabelece a largura de um elemento em pixels. Ele pode ser usado com os seguintes elementos:

      `<td> <th> <table> <hr> <applet>`

O atributo width ainda é comumente usado atualmente, especialmente entre quem usa tabela para definir a aparência. Sites que se baseiam em tabelas para posicionar conteúdo precisam que a largura seja fixa para que a página seja exibida apropriadamente e faça sentido para o leitor e, enquanto poucos navegadores tinham navegadores na versão 3 ou anteriores, esses não conseguiriam visualizar o site apropriadamente sem as tabelas de largura fixa, porque não suportam a propriedade width das CSS.

Aqui você pode ver um exemplo do atributo width em uma tabela e um elemento <hr /> (ai_eg12.html):

```
<body>
        <h2>Exemplo do Atributo width</h2>
                <table width="600" border="1">
                        <tr>
                                <td width="200">Esta célula deve ter largura de 200 pixels.</td>
                                <td width="400">Esta célula deve ter largura de 400 pixels.</td>
                        </tr>
                        <tr>
                                <td width="200">Esta célula deve ter largura de 200 pixels.</td>
                                <td width="400">Esta célula deve ter largura de 400 pixels.</td>
                        </tr>
                </table>
        <br /><br />
        <hr width="300" />
</body>
```

A Figura I-12 mostra como isto se parece em um navegador.

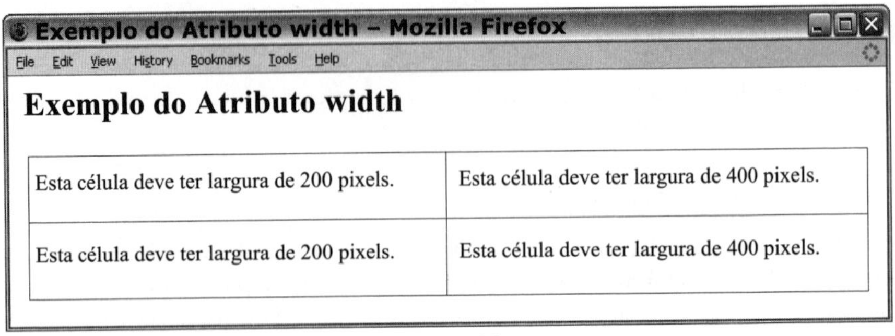

Exemplo do Atributo width – Mozilla Firefox	
Esta célula deve ter largura de 200 pixels.	Esta célula deve ter largura de 400 pixels.
Esta célula deve ter largura de 200 pixels.	Esta célula deve ter largura de 400 pixels.

Figura I-12

O método preferido de estabelecer a largura destes elementos é a propriedade width em CSS.

O Atributo height

Este atributo configura a altura de um elemento em pixels. Ele era usado com os elementos <th>, <td> e <applet>. Aqui você pode ver o atributo height usando no elemento <td> (ai_eg13.html): <body>

```
<h2>Exemplo do Atributo height</h2>
    <table width="600" border="1">
        <tr>
            <td width="300" height="300">Esta célula deve ter altura de 300 pixels.</td>
            <td width="300" height="300">Esta célula deve ter altura de 300 pixels.</td>
        </tr>
    </table>
</body>
```

Como você pode ver na Figura I-13, essas células de tabela são quadradas.

O método preferido de configuração da altura destes elementos é a propriedade height em CSS.

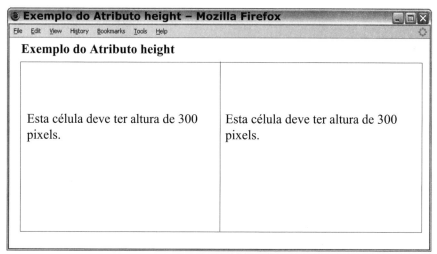

Figura I-13

O Atributo vspace

Este atributo especifica a quantidade de espaços em branco que devem aparecer acima ou abaixo de um elemento HTML. Seu valor é dado em pixels.

O exemplo a seguir mostra como o atributo vspace no elemento <img> assegura que existam 20 pixels acima e abaixo da imagem para separá-la do texto (ai_eg14.html):

```
<body>
        <h2>Exemplo do Atributo vspace </h2>
        <p>Lorem ipsum dolor sit amet, consectetur adipisicing
elit, sed
do eiusmod tempor incididunt ut labore et dolore magna aliqua. Ut
enim
ad minim veniam, quis nostrud exercitation ullamco laboris nisi ut
aliquip ex ea commodo consequat. Duis aute irure dolor in
reprehenderit
in voluptate velit esse cillum dolore eu fugiat nulla pariatur.
Excepteur
sint occaecat cupidatat non proident, sunt in culpa qui officia
deserunt
mollit anim id est laborum.
        <img src="images/logo_small.gif" alt="wrox logo"
vspace="20" border="1" />
```

```
              Lorem ipsum dolor sit amet, consectetur adipisicing elit,
sed do eiusmod
tempor incididunt ut labore et dolore magna aliqua. Ut enim ad
minim veniam,
quis nostrud exercitation ullamco laboris nisi ut aliquip ex ea
commodo
consequat. Duis aute irure dolor in reprehenderit in voluptate
velit esse
cillum dolore eu fugiat nulla pariatur. Excepteur sint occaecat
cupidatat
non proident, sunt in culpa qui officia deserunt mollit anim id
est
laborum.</p>
</body>
```

Você pode ver o resultado na Figura I-14.

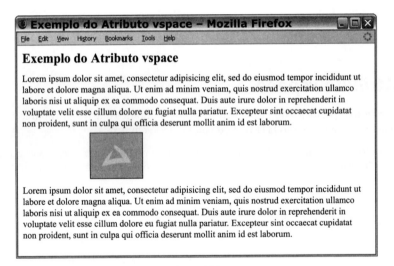

Figura I-14

Isto foi substituído pelas propriedades de espaçamento no modelo de caixa CSS.

O Atributo hspace

Este atributo é o equivalente horizontal do atributo vspace e assegura que haja espaçamentos à esquerda e à direita de um elemento.

Aqui você pode ver que o atributo hspace é usado para criar 40 pixels de espaçamento à esquerda e à direita da imagem (ai_eg15.html):

```
<body>
    <h2>Exemplo d Atributo vspace </h2>
    <p><img src="images/logo_small.gif" alt="wrox logo"
hspace="40" border="1" />
    Deve haver 40 pixels entre a imagem e o limite da janela e
outros 40 pixels
    entre o limite da imagem e este texto.</p>
</body>
```

Você pode ver o resultado na Figura I-15.

Isto foi substituído pelas propriedades de alinhamento no modelo de caixa CSS.

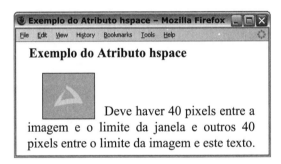

Figura I-15

O Atributo clear (no elemento <br />)

Este elemento usado em um elemento de quebra de linha <br /> indica como o navegador deve exibir a linha após o elemento <br />. O atributo clear recebe os valores left, righht, all e none. Seu uso é melhor explicado através de um exemplo (ai_eg16.html):

```
<body>
    <img src="images/logo_small.gif" alt="wrox logo"
align="left" border="1" />
    O texto após esta imagem será exibido ao lado da imagem e
passará para a
    próxima linha até que você use o elemento de quebra de
linha .<br clear="left">    Agora ele deve ficar em uma nova linha
abaixo (não ao lado) da imagem.
</body>
```

Se o atributo clear for usado em um elemento <br />, então o texto ou elemento a seguir não será exibido até que a borda indicada como um valor do atributo clear seja limpa. Nesse caso, devido ao elemento <br /> ter um atributo clear cujo valor é left, o texto após o elemento <br /> não será mostrado até que não haja nada à sua esquerda (dentro da caixa ou elemento contêiner). Neste exemplo, o texto não continua até após a imagem, que estava à esquerda desse texto.

Você pode ver o resultado na Figura I-16 – e observar como o texto continua sob a imagem. Se não fosse pelo atributo clear, este texto simplesmente apareceria na próxima linha.

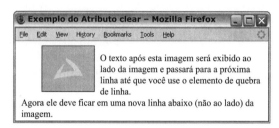

Figura I-16

Se o valor all for passado, não deve haver nada à esquerda ou à direita do texto ou do elemento.

CS possui sua própria propriedade clear para substituir este atributo.

Conexões

Você talvez tenha percebido em alguns web sites que as cores das conexões mudam quando você já visitou a página ou quando clica na conexão. Como pode ver na tabela a seguir, há três atributos que permitem a você especificar as cores das conexões: alink, link e vlink. Cada um deve ser especificado no elemento <body>.

Atributo	Uso	Valores
alink	Especificar a cor de uma conexão ativa ou selecionada.	Um código em hexadecimal ou nome de cor
link	Especifica a cor padrão de todas as conexões no documento.	Um código em hexadecimal ou nome de cor
vlink	Especifica a cor das conexões visitadas	Um código em hexadecimal ou nome de cor

A seguir está um exemplo de como estes atributos afetam as cores das conexões (ai_eg17.html):

```
<body alink="0033ff" link="#0000ff" vlink="#333399">
    <h2>Exemplo do Atributo Link </h2>
    <p>Este exemplo contém algumas conexões, as quais você deve testar
    para ver como se comportam:</p>
    <ul>
        <li>O Web site Wrox <a href="http://www.wrox.com/"></a> lhe informa sobre
        livros da Wrox existentes e futuros.</li>
        <li>O Web site W3C <a href="http://www.w3.org/"></a> é o site das                recomendações XHTML e CSS.</li>
        <li>O Web site Google <a href="http://www.google.com/"></a> é um               mecanismo de busca popular.</li>
    </ul>
</body>
```

Neste exemplo, há diversos tons de azul para conexões que ainda não foram visitadas e para aquelas onde o usuário já esteve. Isto ajuda os usuários a navegar por um site porque podem identificar conexões que já tenham visitado (o que os ajuda a encontrar uma página novamente seguindo uma trilha de conexões nas quais já tenham entrado), ao mesmo tempo em que também não vão para a mesma página duas vezes caso não queiram.

Geralmente as cores de conexões que já foram ou não foram visitadas são bastante semelhantes. Este é o caso das conexões que você pode ver na Figura I-17 (o que pode ser difícil de distinguir). Para se obter uma ideia melhor de como esse exemplo funciona, experimente você mesmo (ele está disponível para download junto com o resto do código deste apêndice).

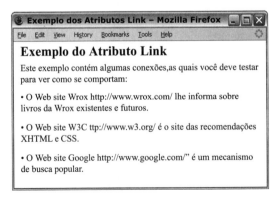

Figura I-17

Listas

Diversos elementos e atributos se relacionam a listas e estão desatualizados ou não são mais permitidos, dos atributos que ajudavam a ordenar e configurar o estilo de listas até outros elementos que criavam efeitos visuais semelhantes a listas.

O Atributo start

Este atributo é usado no elemento <ol> de listas ordenadas para indicar em qual número um navegador deve começar a numerar uma lista. O padrão é, é claro, 1. Por exemplo (ai_eg18.html):

```
<body>
    <ol start="4">
        <li>Esta lista deve começar no quatro</li>
        <li>Portanto, este item deve ser cinco</li>
        <li>E este item deve ser seis</li>
    </ol>
</body>
```

Você pode ver o resultado disto na Figura I-18.

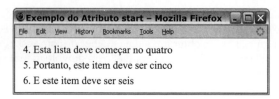

Figura I-18

Isto foi substituído por contadores CSS e pela propriedade counter-reset. Entretanto, estes contadores CSS ainda não são bem suportados em navegadores, de modo que você provavelmente terá que usar este atributo se quiser que uma lista comece com um número diferente de 1 e para funcionar com uma ampla faixa de navegadores.

O Atributo value

Este atributo foi projetado para ser usado no elemento <li> para indicar que número que esse item de linha deve ter em listas numeradas. Ele portanto permite a você criar listas numeradas que deixam de fora números ou que estejam fora de seqüência. Aqui você pode ver um exemplo:

```
<body>
    <ol>
        <li value="3">um</li>
        <li value="7">dois</li>
        <li value="1">três</li>
        <li value="9">quatro</li>
        <li value="4">cinco</li>
    </ol>
</body>
```

Você pode ver o resultado e como os pontos são numerados fora de seqüência na Figura I-19.

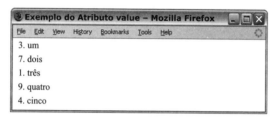

Figura I-19

O Atributo type

Este atributo controla o tipo de marcador ou numeração que é usado em listas. Esse atributo pode ser usado nos elementos <li>, <ol> e <ul>.

A tabela a seguir mostra diferentes tipos de marcadores para sistemas de pontos e de numeração.

Valor	Descrição
disc	Um círculo sólido
square	Um quadrado sólido
circle	Um círculo vazio
1	Números 1, 2, 3, 4
a	Letras minúsculas a, b, c, d
A	Letras maiúsculas A, B, C, D
i	Números romanos minúsculos i, ii, iii, iv
I	Números romanos maiúsculos I, II, III, IV

O padrão para listas não ordenadas é o disco e o padrão para listas ordenadas são números arábicos como 1, 2, 3 e assim por diante. Aqui você pode ver estes valores para o atributo type em uso (ai_eg20.html):

```
<body>
    <ul>
        <li type="disc">Marcador na forma de disco</li>
        <li type="square">Marcador na forma de quadrado</li>
        <li type="circle">Marcador na forma de círculo</li>
    </ul>
    <ol>
        <li type="1">Números</li>
        <li type="a">Letras minúsculas</li>
        <li type="A">Letras maiúsculas</li>
        <li type="i">Números romanos minúsculos</li>
        <li type="I">Números romanos maiúsculos</li>
    </ol>
</body>
```

Você pode ver cada um destes na Figura I-20.

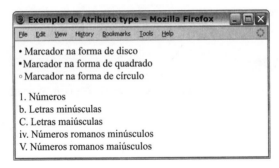

Figura I-20

Os Elementos <dir> e <menu>

Estes elementos foram adicionados na especificação HTML 2.0 e são usados para criar listas de marcadores não ordenados e listas aninhadas. Eles são quase que exatamente iguais entre si e ao elemento <ul> (ai_eg21.html).

```
<dir>
    <li>Item 1</li>
    <li>Item 2</li>
```

```
        <li>Item 3</li>
        <li>Item 4</li>
        <dir>
                <li>Item 4.1</li>
                <li>Item 4.2</li>
                <li>Item 4.3</li>
                <li>Item 4.4</li>
        </dir>
</dir>
<menu>
        <li>Item 1</li>
        <li>Item 2</li>
        <li>Item 3</li>
        <li>Item 4</li>
        <menu>
                <li>Item 4.1</li>
                <li>Item 4.2</li>
                <li>Item 4.3</li>
                <li>Item 4.4</li>
                </menu>
        </menu>
```

Você pode ver o resultado de cada um destes elementos na Figura I-21.

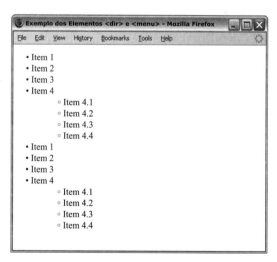

Figura I-21

O elemento <dir> inicialmente servia para listar arquivos em um diretório, enquanto que o elemento <menu> foi projetado para um menu de conexões e pode portanto ser exibido de forma um pouco mais compacta em alguns navegadores do que o conteúdo de elementos <ul> e <dir>. Você deve simplesmente usar o elemento <ul> em vez de algum destes elementos desatualizados.

Tabelas

Há alguns atributos que foram desatualizados e que anteriormente eram permitidos no elemento <table> - notadamente os atributos align e bgcolor, que você já viu, e o atributo nowrap, que é coberto a seguir.

O Atributo nowrap

Este atributo ficava disponível nos elementos <td> e <th> e evitava que o texto passasse de uma linha para outra dentro daquela célula da tabela. Por exemplo:

```
<table width="200">
        <tr>
                <td nowrap>Este texto não deve passar para a próxima
linha embora
                        a tabela só deva ter largura de 200 pixels.</
td>
        </tr>
</table>
```

Como você pode ver na Figura I-22, embora a tabela só deva ter largura de 200 pixels, na verdade ela se estende por toda a linha – o texto não passa para a linha seguinte.

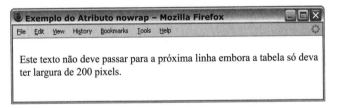

Figura I-22

A substituição do atributo nowrap é a propriedade white-space em CSS com o valor igual a nowrap.

Atributos de Miscelânea

Esta seção descreve uma seleção de outros elementos e atributos que foram desatualizados mas que não se enquadram facilmente em alguma das seções anteriores.

O Atributo border

Este atributo especifica a espessura de uma borda em torno de um elemento em pixels. Por exemplo, aqui está um elemento <img> com um atributo border (ai_eg23.html):

```
<body>
        <img src="images/logo_small.gif" border="4" alt="wrox logo" />
</body>
```

Você pode ver o resultado na Figura I-23.

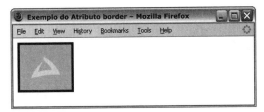

Figura I-23

Este atributo foi desatualizado pela propriedade border-width de CSS, mas ainda é usado com freqüência – em especial, com imagens que requeiram conexões, porque o IE irá, por padrão, adicionar uma borda azul com um único pixel em torno de qualquer imagem que seja uma conexão.

O Atributo compact

Este atributo faz com que o navegador mostre texto com menos altura do que o normal entre as linhas. Ele não recebe um valor (embora, se fosse usado com Transitional XHTML 1.0, seria necessário um valor igual a compact).

O valor padrão é falso. Esse atributo foi desatualizado substituído pelas propriedades letter-spacing e word-spacing.

O Atributo language

Este atributo deve indicar que linguagem de script deve ser usada para um elemento HTML – mais comumente o elemento <script>. Por exemplo:

```
<script language="JavaScript">
```

O atributo da linguagem foi substituído pelo atributo type, cujo valor é um tipo MIME)por exemplo, type="text/JavaScript").

O Atributo version

Este atributo especifica de acordo com qual versão do DTD HTML o documento foi escrito.

Ele foi deixado de lado porque duplica as informações que devem ser fornecidas pela declaração DOCTYPE.

O Elemento <applet>

Este elemento era usado para inserir applets Java em uma página HTML. O elemento e seus atributos foram introduzidos em HTML 3.2 e substituídos pelo elemento <object>, que foi discutido no Capítulo 3.

A tabela a seguir mostra os atributos que <applet> pode trazer.

Atributo	Uso
code	O nome do arquivo do código compilado da applet Java. O caminho até o arquivo da applet especificado por este atributo é relativo ao codebase da applet (não uma URL ou caminho absoluto).
codebase	Especifica o diretório do código da applet Java. Se o atributo codebase não for especificado, supõe-se os arquivos da applet estejam no mesmmo diretório do arquivo HTML.
object	Especifica o nome do arquivo do código compilado da applet Java que armazena a representação serializada do estado de uma applet. O caminho do arquivo deve ser relativo apenas ao codebase da applet (não uma URL ou um caminho absoluto).
name	Especifica o nome do elemento de modo que os scripts possam se comunicar com ele (apenas desatualizado para uso com o elemento <applet>).
archive	Um conjunto de URLs delimitado por espaços com múltiplas classes Java ou outros recursos que serão carregados no navegador para melhorar o desempenho da applet (só desatualizado para uso com o elemento <applet>).
width	A largura da applet em pixels.
height	A altura da applet em pixels.

O Elemento <embed>

Este elemento era usado antes do elemento <object> ter sido introduzido na HTML como uma forma de inclusão de um arquivo que requeresse uma aplicação plug-in especial. Por exemplo, ele era usado para incluir animações Flash em páginas.

O objeto a ser incluído seria identificado usando o atributo scr – da mesma forma que uma imagem. Você indica o tipo do conteúdo a ser incluído usando o atributo type, cujo valor é um tipo MIME para esse recurso (ou apenas deixa o navegador descobrir por si próprio).

Os atributos que o elemento <embed> pode receber estão listados na tabela a seguir.

Atributo	Uso
align	Especifica o alinhamento do objeto dentro da página ou do seu elemento contêiner.
border	Especifica a largura da borda em pixels para o objeto.
height	Especifica a altura do objeto (em pixels).
hidden	Esconde o objeto do usuário (tornando-o com 0 pixel de largura e 0 de altura). Isto é especialmente útil para áudio.
hspace	Especifica o espaço horizontal que deve ser deixado à esquerda e à direita do objeto (em pixels).
name	Da mesma forma que o atributo name em outros elementos, este é usado para rotular o elemento.
palette	No IE, o valor é um par de valores hexadecimais de cores separados por uma barra vertical. O primeiro é uma cor de frente e o segundo é a de fundo. No Netscape, o atributo palette é a frente ou o fundo, indicando qual palheta das cores de sistema do Windows o plug-in deve usar.
pluginspace	Especifica a URL de uma página Web a partir da qual você pode baixar o plug-in necessário para usar o arquivo (apenas Netscape).
scr	A URL do objeto que você quer inserir.
type	Indica o tipo MIME do objeto a ser incluído na página (que determina o plug-in usado para visualizar o objeto).
units	Permite a você alterar as unidades de medida que indicam a altura e largura do objeto interno do padrão em pixels para a unidade relativa en (metade da largura do tamanho do ponto do texto).
vspace	Especifica a quantidade de espaço vertical que deve ser deixado acima e abaixo do objeto (em pixels).
width	Especifica a largura do objeto em pixels.

O elemento <embed> também pode trazer atributos específicos do plug-in necessário para visualizá-lo. Você deve ver a documentação do plug-in especifico que precisar usar a respeito destes atributos, já que há uma quantidade grande demais para que possa ser listada aqui.

> *Se você estiver usando o Macromedia Flash para incluir gráficos na sua página, descobrirá que a ferramenta de publicação que lhe dá o código HTML para incluir animações Flash nas suas páginas não apenas usa o elemento <object> para incluir a animação como também fornece o elemento <embed> para qualquer navegador que seja mais antigo e não entenda o elemento <object>.*

O Elemento <isindex>

Este elemento foi introduzido em HTML 2.0 para criar um campo de texto com uma única linha sem a necessidade de um elemento <form> (a entrada do usuário seria enviada usando o método HTTO get). Quando o usuário pressiona a tecla Enter, o formulário é submetido e espaços são substituídos por um caractere +. (Um programa ou página no servidor teria então que responder aos, ou agir sobre, os dados enviados.)

Quando é exibida, a caixa de texto terá uma régua horizontal acima e abaixo dela.

Embora você possa usar diversos rótulos <isindex>, apenas o último com conteúdo será enviado para o servidor. Ele também pode trazer o atributo prompt, que permite a você fornecer uma dica para os usuários sobre o que deve ser informado na caixa. Por exemplo, aqui está um elemento <isindex> usado para criar uma caixa de pesquisa (ai_eg24.html):

```
<body>
        <isindex prompt="Pesquisar">
</body>
```

Você pode ver o resultado disto com suas linhas horizontais na Figura I-24.

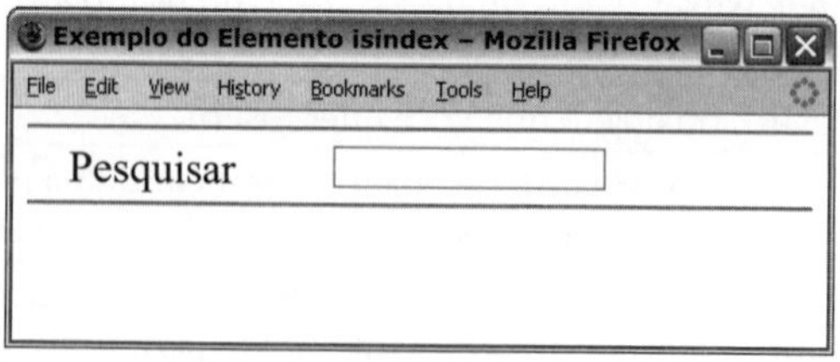

Figura I-24

O Elemento <nobr>

Firefox, Netscape e IE suportam uma extensão da recomendação XHTML que evita quebras de linha: o elemento <nobr>. (Isto mantém o estilo normal do seu elemento contêiner e não resulta no texto sendo exibido em uma fonte monoespaço). Se você decidir usar o elemento <nobr>, ele pode conter outro elemento filho chamado <wbr> para indicar onde uma quebra pode ocorrer dentro de um elemento <nobr>, embora essa também seja uma extensão.

Elementos Específicos do IE

A tabela a seguir lista cinco elementos que o IE suporta e que não são parte das recomendações HTML. Você geralmente deve evitá-los a menos que esteja fornecendo diferentes páginas para diferentes navegadores ou saiba que todos os seus visitantes usarão o IE.

Elemento	IE	Propósito
`<bgsound>`	2	Toca um arquivo de som em segundo plano (substituído pelo elemento <object>)
`<marquee>`	2	Exibe texto rolante
`<ruby>`	5	Fornece suporte a pronúncia
`<rt>`	5	Fornece suporte a pronúncia
`<xml>`	5	Cria uma ilha de dados XML, inserindo um conjunto de registros XML na página

Atributos Específicos do IE

A tabela a seguir lista atributos específicos do IE.

Atributos	Propósito
`atomicselection`	Especifica se o elemento agrupador e seu conteúdo devem ser selecionados como um todo.
`balance`	O balanço do áudio entre os auto-falantes da esquerda e da direita (usado com <bgsound>).
`behavior`	Especifica como o conteúdo de um elemento <marquee> rola.

Continua

Atributos	Propósito
bgproperties	Configura uma imagem de fundo fixa para uma página; também conhecido como marca d'água.
bordercolordark	Especifica a mais escura das cores usadas quando as células de um tabela são exibidas com bordas 3D. Usado no elemento <table>.
bordercolorlight	Especifica a mais clara das cores usadas quando as células de um tabela são exibidas com bordas 3D. Usado no elemento <table>.
bottommargin	Especifica a margem inferior da página em pixels. Usado no elemento <body>.
contenteditable	Determina se o conteúdo de um elemento agrupador pode ser editado por um usuário.
dataformatas	Grava ou lê se os dados contidos pelo elemento agrupados devem ser exibidos como texto ou HTML.
datalfd	Usado na ligação de dados quando o navegador está conectado com um banco de dados no lado servidor (veja mais informações na referência sobre ASP).
datasrc	Usado na ligação de dados quando o navegador está conectado com um banco de dados no lado servidor (veja mais informações na referência sobre ASP).
datapagesize	Usado na ligação de dados quando o navegador está conectado com um banco de dados no lado servidor (veja mais informações na referência sobre ASP).
direction	Indica a direção da rolagem do texto dentro de um elemento <marquee>.
dynsrc	Usado para inserir filmes em caches no lado cliente.
framespacing	Especifica a quantidade de espaço em pixels entre frames em um conjunto de frames.
hidefocus	Usado para evitar que uma linha visível apareça em torno de um elemento quando ele recebe o foco.
leftmargin	Especifica a margem esquerda da página em pixels. Usado no elemento <body>.
rightmargin	Especifica a margem direita da página em pixels. Usado no elemento <body>.
loop	Especifica o número de vezes que o conteúdo de um elemento <marquee> deve rolar.

Continua

Atributos	Propósito
`lowsrc`	Permite a você especificar uma versão em baixa resolução de uma imagem em um elemento <img> que deva ser carregado primeiro.
`scrolldelay`	Especifica o tempo do atraso em milissegundos entre cada desenho do elemento <marquee>. (O padrão é que ele seja redesenhado a cada 60 milissegundos.)
`topmargin`	Especifica a margem superior da página em pixels. Usado no elemento <body>.
`truespeed`	Um atributo Booleano indicando se o valor de scrolldelay deve ser usado. O default é falso; se for verdadeiro, o elemento <marquee> usará os valores que forem indicados nos atributos scrollamount e scrolldelay. (Qualquer valor abaixo de 6 milissegundos é ignorado).
`unselectable`	Indica que um elemento não pode ser selecionado.
`volume`	Indica o volume no qual o conteúdo de um elemento <bgsound> deve ser executado, com valores de -10.000 a 0 (o padrão é 0, que é o volume máximo).

Observe que, quando uma tabela está sendo usada para controlar a aparência integral de uma página e a página aparece no canto superior esquerdo do IE sem uma borda branca em torno do seus limites, a página às vezes as os atributos topmargin e leftmargin no elemento <body> para indicar que não deve haver margens em torno dos limites.

```
<body topmargin="0" leftmargin="0" border="0">
```

Você pode usar com segurança os atributos topmargin e leftmargin em Transitional XHTML, já que o Netscape e outros navegadores devem simplesmente ignorar os atributos que não entendam, embora eles não seriam válidos já que não fazem parte da marcação. (Validação é discutida no Capítulo 13.)

Estilos CSS Específicos do IE

A tabela a seguir lista alguns estilos CSS que são suportados apenas pelo IE (e a versão na qual foram introduzidos).

Propriedade	IE	Propósito
behavior	5	Determina como o texto em um elemento <marquee> deve rolar.
Ime-mode	5	Permite a entrada em caracteres em chinês, japonês e coreano quando usado com um indicador de método de entrada.
layout-grid	5	Atalho para outras propriedades layout-grid.
layout-grid-char	5	Especifica o tamanho da grade de caracteres para exibir texto (semelhante à propriedade line-height).
layout-grid-charspacing	5	Especifica o espaçamento entre caracteres (efeito semelhante a line-height).
layout-grid-line	5	Especifica valores de linhas de grades usados para exibir texto (semelhante a line-height).
layout-grid-mode	5	Especifica se a grade usa uma ou duas dimensões.
layout-grid-type	5	Especifica o tipo (se houver algum) da grade da página a ser usado ao se exibir o conteúdo de um elemento.
line-break	5	Especifica regras para quando uma linha dever ser dividida em japonês.
ruby-align	5	Especifica o alinhamento horizontal do texto em um elemento <rt>.
ruby-overhang	5	Especifica se o texto no elemento <rt> ficará sobre o limite do conteúdo não ruby se for mais largo que ele.
ruby-position	5	Especifica a posição do texto especificado no elemento <rt> (acima ou em linha).
text-autospace	5	Controla o auto-espaçamento e o comportamento de ajuste de largura de espaço estreito de texto; de particular utilidade com ideogramas usadas em línguas asiáticas.
text-justify	5	Justifica o texto em um elemento.
text-kashida-space	5.5	Controla a taxa de expansão kashida para expansão de espaços em branco ao justificar texto em um elemento. Um kashida é um efeito tipográfico que justifica linhas de texto alongando determinados caracteres em pontos específicos; muitas vezes usado em árabe.
text-underline-position	5.5	Especifica o quão longe um sublinhado deve aparecer sob o texto quando a propriedade text-decoration for usada.
word-break	5	Controla a quebra de linhas dentro de palavras; de particular utilidade com documentos que contenham múltiplas línguas.

Continua

Propriedade	IE	Propósito
word-wrap	5.5	Controla onde uma palavra longa deve ser dividida se for grande demais para o seu elemento contêiner.
writing-mode	5.5	Controla a direção horizontal e vertical do fluxo de conteúdo no objeto.
zoom	5.5	Especifica a escala de ampliação de um objeto.

As propriedades layout-grid são usadas com línguas asiáticas que muitas vezes empregam a aparência da página para caracteres para formatar texto usando uma grada uni ou bi-direcional.

Também há diversos estilos CSS que são específicos da apresentação de uma barra de rolagem. Não custa acrescentar estas propriedades a alguma style sheet CSS, já que os navegadores que não as entendem apenas as ignorarão. Todas as cores podem ser especificadas como um nome de cor, código hexadecimal ou valor RGB (da mesma forma que todas as cores em CSS).

Propriedade	IE	Propósito
`scrollbar-3dlight-color`	5.5	Cor dos limites superior e esquerdo da caixa de rolagem e setas de rolagem da barra de rolagem
`scrollbar-arrow-color`	5.5	Cor das setas em uma seta de rolagem
`scrollbar-base-color`	5.5	Cor dos elementos principais de uma barra de rolagem, que inclui a caixa de rolagem, faixa e setas de rolagem
`scrollbar-darkshadow-color`	5.5	Cor do sulco da barra de rolagem
`scrollbar-face-color`	5.5	Cor da caixa de rolagem e setas de rolagem de uma barra de rolagem
`scrollbar-highlight-color`	5.5	Cor dos limites superior e esquerdo da caixa de rolagem e setas de rolagem de uma barra de rolagem
`scrollbar-shadow-color`	5.5	Cor dos limites inferior e direito da caixa de rolagem e setas de rolagem de uma barra de rolagem

Elementos e Atributos Específicos do Netscape

A tabela a seguir mostra os elementos que são suportados apenas pelo Netscape. As versões do Netscape que suportam estes elementos são mostradas na coluna Versões da tabela.

Elemento	Versões	Uso
<blink>	2,3,4,6,7	Faz o conteúdo do elemento piscar. (A propriedade CSS2 text-decoration possui um valor igual a blink que não funciona nos navegadores atuais.)
<ilayer>	4	Cria uma camada em linha que pode conter uma página diferente da sendo visualizada no momento em uma seção separada do documento HTML. O elemento <iframe> em HTML 4 pode criar efeitos semelhantes. Ele difere do rótulo <layer> pelo fato de ser posicionado relativamente – e não absolutamente.
<keygen>	2,3,4,6,7	Usado para gerar uma chave de criptografia para formulários submetidos a partir de um documento HTML (fica dentro do formulário, cria uma lista de seleção de tamanhos de chaves de criptografia disponíveis, requer que o cliente tenha um certificado instalado e usa esquemas de criptografia proprietários Netscape).
<layer>	4	Cria uma camada que pode conter uma página diferente da sendo visualizada no momento em uma seção separada do documento HTML. O elemento <div> em HTML 4 pode criar efeitos semelhantes.
<multicol>	2,3,4	Permite ao usuário definir a formatação de múltiplas colunas – como colunas do estilo de jornais. Você pode usar uma tabela ou posicionamento CSS para criar um efeito semelhante em XHTML.
<noembed>	2,3,4,6,7	Exibe texto HTML para navegadores que não suportem o elemento <embed>.
<nolayer>	4	Exibe texto HTML para navegadores que não exibam o conteúdo de um elemento <layer>.
<spacer>	3,4	Exibe espaços em branco em um documento HTML.

Atributos Específicos do Netscape

A tabela a seguir contém os atributos que são suportados apenas pelo Netscape.

Atributo	Versões Netscape	Propósito
`above`	4	Indica qual camada deve aparecer no topo da outra se duas camadas se interseccionarem. Usado em elementos <layer> e <ilaayer> (como "trazer para a frente" em um programa de publicação desktop).
`below`	4	Indica qual camada deve aparecer embaixo se duas camadas se interseccionarem. Usado em elementos <layer> e <ilayer> (como "enviar para trás" em um programa de publicação desktop).
`challenge`	2	Usado no elemento <keygen> para especificar o valor da string na qual o valor da chave criptografada está empacotado.
`clip`	4	Especifica uma área em pixels que deve ser recortada de modo que o navegador mostre apenas o conteúdo indicado, o qual é especificado usando quatro valores representando as posições x, y do canto superior esquerdo e do canto inferior direito. Usado em elementos <layer> e <ilayer>.
`gutter`	3,4	Usado no elemento <multicol> para indicar o número de pixels entre cada coluna.
`hidden`	4	Usado com o elemento <embed> para indicar que um objeto não deve ficar visível para o visualizador. Outros itens na página devem fluir normalmente. Geralmente usado para inserir arquivos de som em uma página onde você não queira que o usuário veja o objeto.
`left`	4	Especifica o deslocamento horizontal do elemento pai dentro do documento. O valor é dado em pixels. Usado com elementos <layer> e <ilayer>.
`mayscript`	3,4,6,7	Atributo Booleano usado no elemento <applet> para indicar se a applet Java será capaz de acessar recursos JavaScript. Deve ser configurado como yes se uma applet acessar JavaScript – caso contrário o navegador irá parar de funcionar.
`pagex`	4	Especifica a posição horizontal da camada em relação à página (dada em pixels). Usado com elementos <layer> e <ilayer>.
`pagey`	4	Especifica a posição vertical da camada em relação à página (dada em pixels). Usado com elementos <layer> e <ilayer>.

Continua

Atributo	Versões Netscape	Propósito
pluginspace	4,6,7	Usado no elemento <embed> para indicar a URL de uma página web que permite aos usuários baixar um objeto interno se eles não o tiverem instalado.
point-size	4,6,7	Especifica o tamanho de uma fonte em pontos.
top	4	Especifica o deslocamento vertical a partir do elemento pai. Valor dado em pixels. Usado com elementos <layer> e <ilayer>.
weight	4,6,7	Especifica o peso de uma fonte (normal ou negrito).
z-index	4	Indica qual camada deve ficar em cima ou embaixo de outras quando elas interseccionarem. O valor é um número acima de 0; quanto maior o número, mais próximo do topo a camada está.

Índice

A
abbr 143
Abreviações 37
accept 173
accesskey 180
Acessibilidade 159
action 170
Active X 93
Adicionando um Utilitário de Pesquisa 642
Adições ao Texto 56
agrupamento de informações relacionadas 455
Agrupando 390, 407
agrupar elementos de formulários 460
align 135, 140, 143
Alinhamento 432
âncora 7
Âncora de Origem 78
Animados 99
Apresentação de conexões 327
A Regra @charset 364
A Regra !important 364
arquivo externo 487
arquivo JavaScript externo 547
atributos básicos 14
atributos universais 14
Auto-Complemento 597

axis 143

B
bgcolor 137, 141, 144
bibliotecas 545
Bibliotecas JavaScript 588
Bordas 407
border 137, 231
Botões 499
botões de rádio 458, 499
Botões de Rádio 562

C
Cabeçalho 151
Caixas de seleção 459, 499
Caixas de Seleção 560
Caixas de texto 459
Caixas de verificação 499
Calendários 596
Caminho 71
Campos de texto 498
caption 154
cellpadding 138
cellspacing 138
Chamar uma Função 513
char 141, 144
charoff 142, 144
Citações 39, 41

Códigos 41
Coleção de Formulários 497
colgroup 157
cols 228
colspan 144, 154
Comentários 488
compactação 98
Compartilhando Estilos 159
Comprimentos 299
Conexões 328
Conexões Entre Frames 238
Contadores 357
Contornos 352
Contornos em caixas 327
Controlando 269
Conversão de Letras 570
Cor 407
cores 96
Corpo 151
CSS) 255

D

Declaração, 256
Definir uma Função 513
Desabilitando uma Entrada de Texto 568
Dimensões 312
dir 138
disabled 180
dithering 97
Dividindo um Formulário 461

E

Efeitos Animados 588
Eliminando Espaços 571
Em 301
Encontrando Caracteres 555
enctype 173
Endereços 44
Endereços de Email 66
entrelaçada 99
Escolha de um Hospedeiro 626
espaços em branco 432

especificações CSS 327
Estilos 407
Estilos de marcadores 327
Estruturando 413
estruturas de Diretórios 68
Expressões Regulares 558

F

Filme 119
filmes 93
Fluxo Normal 365
Foco 566
form 174
formato 93
Formulário de E-mail 575
formulários 431
Formulários de Papel 456
frame 139
frameborder 232
Frames 223
frameset 228
framespacing 234
Funções Reutilizáveis 546
Fundos 330
Fundos de documentos 327

G

GIFs 93

H

headers 144
height 145
Herança 262
hiperligações 448
Hospedeiro 71
hyperlinks 7

I

ícone para conexões 445
id 171
image 180

Imagens 121
Imagens de fundo 432
Imagens no Lado Cliente 124
Imagens no Lado Servidor 123
Introduzindo Outras Tecnologias 642

J

Janelas Pop-Up 586
JavaScript 545
JPEGs 93

L

Laços Infinitos 522
largura do texto 439
Layouts 414
leading 437
Linearização 160
Listas 339
Listas Aninhadas 49
Listas de Definição 49
listas numeradas 327
Listas Ordenadas 47
Localização 407
login 455
longdesc 237

M

Mapa 391
Marcadores de Citação 358
Marcar e Desmarcar Todas as Caixas de Verificação 574
marginheight 236
marginwidth 236
Maximizar as Classificações 632
maxlength 177
menus 431
method 171
Modelo 302
Monoespaço 440

N

Navegação à Direita 411
Navegação à Esquerda 409
Navegação Embaixo 410
Navegação no Topo 409
Navegação no Topo à Esquerda 410
Nome 455
noresize 236
nowrap 145

O

Objeto Imagem 503
objetos 93
Objetos de Formulários 497
Objetos DOM W3C 506
Objetos internos 506
Objetos personalizados 506
Obrigatórios 553
onclick 182
onreset 172
onsubmit 171
Operador de Strings 512
Operadores de Atribuição 510
Operadores de Comparação 511
Operadores Lógicos ou Booleanos 512

P

Pacotes estatísticos 628
Páginas Iniciais 411
Pasta de Scripts 548
pixels 95
PNGs 93
Porcentagens 301
Posicionamento Absoluto 368
Posicionamento Fixo 370
Posicionamento Relativo 367
Posicionando com CSS 364
preenchimento obrigatório 471
Programação 484
Projeto de Largura Fixa 399
Propriedades 256, 268
pseudo-classes 327
Pseudo-Classes 288
Pseudo-Elementos 355

Px 300

Q

Quebras de Linha 25

R

readonly 180
recurso de pesquisa 450
Regra 255
resolução 95
Resolução 393
Return 514
Rodapé 151
Rolagem 503
Rolagem de Imagens 581
rotulagem 463
Rótulos mega 631
Rótulos para Controles 203
rows 231
rowspan 145, 156
rules 139

S

sans-serif 440
scope 145
scrolling 237
Selecionando Todo o Conteúdo 573
Seletor 293
Seletores 292, 297
senha 455
span 158
src 235
Style 267
style sheet 16
Style Sheets Modularizadas 362
submenus 446
subseções 446
summary 140

T

tabelas 431

Tabelas 343
Tabelas Aninhadas 425
Tabelas Ordenáveis 593
tabindex 180
table 135
Tabulação 567
Tamanho 393
target 174
tbody 151
td 142
Termos Especiais 38
Teste Piloto 622
textarea 179
Texto Excluído 57
Texto Pré-formatado 27
tfoot 151
th 142
thead 151
Tipo de Documento 9
Tipos de Dados 540
Tipos de Objetos 506
tr 140
transformar 93
transparente 98
type 180

U

Unidades 300

V

Validação 545, 548
valign 142, 146
Valores 256
Variáveis de Programação 43
velocidades de conexão 448

W

width 140

Z

z-index 371